HISTOIRE
DE LA
VILLE D'ORLÉANS.

A ORLÉANS,

Chez l'Auteur, rue Royale, n° 84.
Chez ROUZEAU-MONTAUT jeune, Libraire, rue Royale, n° 78.
Et chez les principaux Libraires.

A PARIS,

Chez RORET, Libraire, rue Hautefeuille.

A TOURS,

Chez MOYSI, Libraire, rue Royale.

OUVRAGES DU MÊME AUTEUR
Qui se trouvent aux mêmes adresses.

Traité sur la Poudre la plus convenable aux armes à piston.
Mémoire sur le Macaroner Allard, ouvrier cordonnier.
Manuel du Veneur. — Jouve, Palais-royal.
Notices historiques sur l'ancien grand Cimetière et sur les Cimetières actuels de la ville d'Orléans.
Album du département du Loiret. — Recueil composé de Notices historiques par C. F. VERGNAUD-ROMAGNÉSI, et de Lithographies par MM. N. ROMAGNÉSI, Professeur de Dessin au Collège royal de Marine d'Angoulême, et Ch. PENSÉE, Professeur de Dessin à Orléans, Membre de la Société royale académique d'Orléans, et de celle des Vosges.

POUR PARAITRE PROCHAINEMENT.

Histoire complète du siège d'Orléans, en 1428.
Tablettes chronologiques de l'histoire générale de l'Orléanais.
Mémoire sur les usages pratiqués dans tous les temps pour les sépultures dans l'Orléanais.

HISTOIRE
DE LA
VILLE D'ORLÉANS,

DE SES ÉDIFICES, MONUMENS, ÉTABLISSEMENS
PUBLICS, ETC.,

AVEC PLANS ET LITHOGRAPHIES.

DEUXIÈME ÉDITION

DE

L'INDICATEUR ORLÉANAIS,

AUGMENTÉE D'UN PRÉCIS SUR L'HISTOIRE DE L'ORLÉANAIS;

PAR

Membre de la Société royale de Sciences, Belles-Lettres et Arts d'Orléans, de la
Société d'encouragement pour l'industrie nationale, de a Société Linnéenne de
Paris, de la Société d'émulation des Vosges, de la Société académique du
département de la Loire-Inférieure et de la Société d'horticulture de Nantes, de la
Société royale des Antiquaires de France, etc.

TOME Ier.

A ORLÉANS,

De l'Imprimerie de ROUZEAU-MONTAUT aîné,
Imprimeur de l'Évêché, etc.

Lithographie de SENEFELDER et de VERGNAUD-ROMAGNÉSI.

1830.

PROSPECTUS.

Les habitans d'Orléans et du département du Loiret désirent depuis long-temps un Ouvrage qui contienne des notions exactes et précises sur leur ancienne et riche province. Les étrangers manifestent souvent leur étonnement de ne pouvoir se procurer, dans un département si voisin de la Capitale, aucun guide à l'aide duquel ils puissent être dirigés dans leurs recherches sur ce que l'Orléanais possède de remarquable en antiquités, en édifices, en souvenirs historiques, et qui les éclaire enfin sur l'état actuel de son agriculture, de son commerce et de son industrie.

Divers écrits sur Orléans et sur quelques parties de l'Orléanais ont été publiés dans les deux derniers siècles; mais ces Ouvrages, généralement incomplets ou volumineux, sont devenus rares; la plupart d'ailleurs sont aujourd'hui moins susceptibles d'être lus que d'être consultés. En outre, plusieurs monumens ont disparu et d'autres se sont élevés; de nouvelles branches de commerce ont succédé à celles qui nous ont échappé; nos Cités s'embellissent chaque jour, et leur Administration civile, politique et religieuse, a subi des changemens qu'il nous paraît important de faire connaître.

L'Ouvrage que nous publions a pour objet de présenter une Description concise, et néanmoins complète, de la ville d'Orléans et du département du Loiret. Aidé des conseils d'hommes instruits et éclairés, nous mettrons tous nos soins à ne rien omettre de ce qui nous paraîtra mériter d'être connu, et à classer nos recherches de manière que le moindre renseignement soit facile à trouver.

Nous osons nous flatter que tous les Orléanais s'empresseront d'encourager une entreprise que nous croyons être dans l'intérêt de notre patrie commune. Dans cet espoir, nous réclamerons des habitans de notre département la communication des documens historiques qu'ils peuvent avoir en leur possession, pour les joindre à ceux que nous sommes déjà parvenus à réunir.

Puisse ce travail contribuer à perpétuer l'antique célébrité de notre beau pays ! Puissent les faits historiques dont nous rappellerons le souvenir, et les monumens que nous signalerons à la curiosité des étrangers, les engager à venir visiter souvent une ville et un département dont les richesses en objets de sciences et d'arts sont beaucoup plus considérables qu'on ne le pense généralement !

PRÉCIS HISTORIQUE
SUR L'ORLÉANAIS.

Le territoire de la ville d'Orléans (*Genabum Aurelianum*) (1), situé, d'après les plus anciens historiens, vers les confins du pays des *Carnutes*, à peu près au milieu du cours de la Loire et sur les bords de ce fleuve, était, selon Strabon, la contrée où se réunissaient habituellement les divers peuples de la Gaule pour y former un marché commun. Tel était leur usage lorsque César vint asservir les Gaules, l'an de Rome 702, cinquante ans avant la naissance du Christ.

Ce conquérant, oppresseur d'une nation belliqueuse et sans cesse portée à recouvrer son indépendance, ne laissa guère subsister de l'*oppidum* gaulois de *Genabum*, que des habitations dévastées et des baraques en bois construites à la hâte, lorsque, venu à marche forcée pour comprimer la révolte des Carnutes, il fut contraint d'y faire séjourner ses légions.

Deux ou trois cents ans après, les Aurèles, vers l'année 161 de notre ère, ou, plus tard, Aurélien, vers l'année 272, firent rebâtir Genabum et lui donnèrent leur nom.

Elle fit alors partie de la quatrième Lyonnaise dont Sens était la capitale; aussi son évêché releva-t-il long-temps de cette métropole.

(1) Voyez page 162.

Quoique nos premiers historiens aient assuré que saint Altin, l'un des soixante-douze disciples, enseigna la foi catholique à Orléans, néanmoins il paraît certain, d'après Grégoire de Tours, que ce fut seulement vers l'an 250, sous le consulat de Dèce, que sept évêques furent envoyés dans les Gaules pour y prêcher la foi; d'où l'on doit raisonnablement conclure que les peuples de l'Orléanais ne commencèrent à abandonner le culte druidique, pour adopter la religion chrétienne, que vers le quatrième siècle.

Saint Euverte (1) semble avoir été le premier évêque remarquable de l'Eglise d'Orléans, et monta sur le siège épiscopal l'an 320.

Saint Aignan (2) lui aurait succédé immédiatement. Ce qu'il y a de plus assuré, c'est qu'il en était évêque lorsque Attila vint en faire le siège en 451. Le patrice Aétius commandait alors dans les Gaules, envahies sur divers points par les Barbares, et Sangisban était gouverneur de la ville d'Orléans.

Gilles ou Gillon, qui succéda à Aétius, vint ensuite près d'Orléans combattre Frédéric, frère de Théodoric II, Roi des Visigoths : il le défit et le tua dans un combat livré entre la Loire et le Loiret (*intra Ligerim et Ligerulum*).

Quelques années plus tard, vers l'an 478, Childéric, frère de Clovis, franchit le Rhin, entra dans les Gaules et les ravagea jusqu'à Orléans, d'où il partit pour aller combattre en Anjou Odoacre, Roi des Saxons.

Siagrius, fils de Gilles, succéda à son père dans le gouvernement des Gaules qu'il opprimait.

Enfin Clovis Ier s'empara de l'Orléanais qui resta au pouvoir des Rois de France Mérovingiens. Clovis, dont le règne abonde en actions d'éclat, comme en

---

(1) Voyez pages 487 et 511.
(2) Voyez page 690.

crimes, crut sans doute racheter ses forfaits par des fondations d'églises et de couvents, au nombre desquels fut celui de Mici (1) (Saint-Mesmin). En 511 il convoqua en outre, à Orléans, un concile national où trente-trois évêques assistèrent.

Après la mort de Clovis, son fils aîné Clodomir établit, vers l'année 512, Orléans capitale du royaume qui lui était échu en partage, et qui se composait de la Sologne (2), de la Beauce (3), du Blaisois, du Gâtinais, de l'Anjou, et du Maine. Bientôt trois des enfans de Clovis, Clodomir, Childebert et Clotaire, se liguèrent contre Sigismond, Roi de Bourgogne, dont Clodomir tenait déjà la seconde femme et les deux fils prisonniers à Orléans. Sigismond ayant été vaincu, fut de même enfermé à Orléans, et de là transféré à *Columna*, probablement Saint-Sigismond ou Coulmiers en Beauce (4), où Clodomir le fit précipiter, en 522, dans un puits, à l'approche de Gondemar qui accourait pour le délivrer.

Les troupes de Bourgogne ayant été battues par le féroce Clodomir, il succomba néanmoins lui-même sous les coups des soldats de Gondemar ; et l'Orléanais devint, à ce qu'il paraît, la proie de Childebert, Roi de Paris, qui convoqua, en 533, le second

---

(1) On montrait à l'abbaye de Mici-Saint-Mesmin, près d'Orléans et de l'embouchure du Loiret, une charte que les Moines affirmaient être de Clovis Ier, et qui leur concédait tout le terrain qui était situé entre la Loire et le Loiret.

(2) *Segalonia* : ce pays auquel on donne Romorantin pour capitale, est situé entre la Loire et le Cher. Son nom semble être dérivé du mot celtique *secal* ou *segal*, seigle, espèce de blé qu'on récolte presque exclusivement dans cette contrée.

(3) Fortunat, auteur du sixième siècle, est le premier qui ait donné le nom de *Belsia* ou *Belsa* à ce pays placé entre la Seine et la Loire, et fertile en excellens grains.

(4) On montre encore à Saint-Sigismond un puits appelé le *puits-du-Roi*, où l'on prétend que ce prince fut précipité.

concile réuni à Orléans. C'est sous le règne de ce prince que les monumens druidiques, qui existaient encore, furent détruits tant dans l'Orléanais que dans ses autres états. Il existait dans les anciennes archives du duché d'Orléans une copie, avec seing de Childebert, d'une charte qui ordonnait aux paysans, qui en avaient été avertis, de faire disparaître de leurs champs les idoles (figures consacrées au démon) et de laisser aux prêtres toute liberté de les anéantir, sous peine de donner caution et d'être condamnés comme sacrilèges. En 536 et en 543, deux autres conciles furent aussi formés à Orléans : le dernier avait pour but principal de mettre un frein à la dépravation des mœurs.

Mais trop souvent les princes se regardèrent comme au-dessus de la loi commune ; aussi Clotaire, lorsqu'il réunit, en 558, à la mort de Childebert, tous les états de Clovis, avait-il épousé la femme de son frère Clodomir, et avait-il eu trois femmes en même temps.

Clotaire, après avoir fait périr dans les flammes son fils rebelle, Chrame, et avoir expié ses *débordemens de tout genre*, *suivant les expressions du Clergé de ce temps*, *par des dons précieux à Saint-Martin de Tours et à d'autres églises*, mourut au retour de la chasse, en 562, à Compiègne, laissant ses états à Caribert, Gontran, Sigebert et Chilpéric Ier, quatre fils qui lui restaient de ses nombreuses femmes.

Gontran eut en partage le royaume d'Orléans ; mais quoiqu'il soit appelé par divers historiens Roi d'Orléans, néanmoins il avait réellement pris le nom de Roi de Bourgogne et avait fait Châlons-sur-Saône sa capitale, parce qu'on avait détaché de ce royaume la Touraine, etc., pour la joindre au royaume de Paris, tandis qu'on y avait ajouté la Bourgogne, le Nivernais, la Champagne, la Franche-Comté, une partie de la Provence et de la Savoie.

Sous le règne de ce prince, qui donna à ses

sujets le triste spectacle de la luxure la plus effrénée, et qui n'en devint pas moins un saint après sa mort, attendu ses offrandes aux églises et aux couvens ; Orléans devint la proie des flammes, et eut le douloureux spectacle du supplice de Goudebart, que le Roi, son père, ordonna de faire périr (1).

Dès l'année 573, Gontran avait adopté son neveu Childebert, et lui laissa à sa mort, en 593, ses royaumes d'Orléans et de Bourgogne. Childebert II, qui avait réuni à l'Austrasie, suivant la volonté de Gontran, les royaumes d'Orléans, de Bourgogne, et d'une partie de celui de Paris, mourut, en 596, empoisonné et laissant pour héritiers deux enfans, sous la tutelle de leur aïeule Brunehaut.

Thierry II, l'un de ces deux enfans, devint Roi de Bourgogne et d'Orléans en 604. Mais Clotaire, Roi de Paris, profita de la mésintelligence de la régente et des maires du palais, pour s'emparer des villes entre la Seine et la Loire, et faire assiéger Orléans par Landry, maire de son palais. Il fut obligé de lever le siège, et perdit une grande bataille, près d'Etampes, contre Bertheau, maire du palais de Thierry, qui l'avait même provoqué en duel.

En 613, Thierry mourut à Metz de la dyssenterie, et fut le cinquième et dernier Roi d'Orléans ou plutôt de Bourgogne.

Clotaire II régna donc seul, comme Clotaire Ier, sur le royaume de France, dont l'Orléanais ne fut plus séparé.

Sous la première et la seconde race des Rois de France, l'Orléanais était gouverné par des comtes héréditaires qui se déchargèrent peu à peu de ce soin, pour le remettre à des vicomtes amovibles; les comtes

---

(1) Gontran vint à Orléans en 588 où il fut harangué en langue hébraïque, syriaque et latine (*Voyez* page 582); et en 594 on lui offrit des vins de l'Orléanais, qui étaient déjà en réputation.

prirent aussi le titre de duc, qui correspondait à celui de général : ils percevaient les droits sur les marchandises et les denrées, et finirent par exercer des exactions qui firent abolir leur charge.

Vellechaire est le premier comte bien connu qui gouverna Orléans en 584. Pendant les querelles de Gontran et de ses frères, il força le duc de Limoges, qui défendait Tours pour Childebert, à lui livrer cette ville et à reconnaître Gontran.

Sous Clovis II, en 645, eut lieu le sixième concile d'Orléans; et, vers l'année 647, fut fondée, par l'abbé de Saint-Aignan d'Orléans, la célèbre communauté de Fleury-Saint-Benoît-sur-Loire, dont Raho, élevé à la dignité de comte d'Orléans par Charlemagne, se montra, vers 1792, un des plus ardens ennemis, si l'on en croit le moine Aldrevalde.

Marfroy, en 826; Eudes, vers 830; Guillaume, fils d'Eudes, décapité à Senlis par ordre de Charles-le-Chauve en 866; Robert-le-Fort, qualifié de duc et marquis de France en 867; son fils Eudes, en 888, depuis tuteur de Charles-le-Simple et ensuite Roi de France; Robert II son frère, abbé de Saint-Aignan en 922, devenu Roi de France et tué près de Soissons par Charles-le-Simple, furent tous successivement comtes ou gouverneurs de l'Orléanais.

Hugues-Capet, fils de Robert II et petit-fils de Robert-le-Fort, d'où la dynastie régnante tire son origine, était duc de France, comte de Paris et d'Orléans, lorsqu'il parvint au trône en 988; plus encore par son adresse à se rendre favorable par des libéralités excessives les suffrages du Clergé, que par ses talens et sa valeur.

Pour affermir son usurpation, il fit bientôt couronner à Orléans, par l'évêque Arnulphe, son fils Robert, après avoir fait enfermer Charles, héritier de son Roi légitime, dans une tour de la même ville (1).

(1) Voyez page 580.

Depuis cette époque, l'Orléanais resta uni au royaume de France sans avoir de gouvernement particulier. Vers 768, Orléans eut part aux prodigalités de Charlemagne, et, sous l'épiscopat de Théodulphe, vit rebâtir l'église de Saint-Aignan. Louis-le-Débonnaire fit enfermer ce prélat à Angers, comme conspirateur (1).

Charles-le-Chauve fut sacré à Orléans en 841, et Jonas, successeur de Théodulphe, assista à son sacre. Louis-le-Débonnaire, pour appaiser la rébellion de ses fils, y convoqua les états et les y manda en 832; mais ses enfans le firent déposer, au synode de Lyon.

En 848, les grands d'Aquitaine secouèrent le joug de Pépin, et vinrent reconnaître pour Roi, à Orléans, Charles-le-Chauve. En 855, les Normands, sous l'épiscopat d'Agius (2), remontèrent la Loire et s'emparèrent de cette ville qu'ils dévastèrent. C'est à la même époque qu'eut lieu la translation du corps de saint Euverte (3) et que les Bretons y apportèrent celui de saint Samson (4). On présume que ces Barbares détruisirent alors le pont qui pouvait encore exister, depuis Jules-César (5). Charles-le-Chauve établit, vers ce temps, une chambre des monnaies à Orléans.

On pense que ce fut en 891, sous l'évêque Gauthier, qu'on répara les murailles d'Orléans, et que ce serait alors de cette époque que dateraient les reconstructions postérieures à celles des Romains, et faciles à reconnaître encore sur quelques points (6).

(1) Voyez pages 242 et 583.
(2) Voyez *Notre-Dame-du-chemin*, page 425.
(3) Voyez page 511.
(4) Voyez page 303.
(5) Voyez pages 437 et 550.
(6) Voyez les premières enceintes de la ville, pages 3 et suivantes.

En 1029, le roi Robert fit rebâtir Saint-Aignan et édifier Saint-Hilaire et la chapelle Saint-Louis. Il donna, ainsi que son épouse, dans le même temps, de funestes exemples de fanatisme, d'intolérance et de barbarie, lors du supplice d'hérétiques dont il avait demandé la condamnation (1).

En 1155, Élie, évêque d'Orléans, fut condamné par le pape Eugène, comme simoniaque (2); et, en 1180, Louis VII affranchit tous les serfs qu'il avait à Orléans et à cinq lieues aux environs. En 1292, Boniface VIII fit dresser et publier le sixième livre des Décretales qu'il envoya à l'Université d'Orléans, pour y être enseigné.

Vers le milieu du quatorzième siècle, Philippe de Valois donna Orléans en apanage à son second fils, Philippe.

Humbert, dernier des Dauphins, avait transmis ses états à ce jeune prince; mais le Roi préféra qu'ils appartinssent à son petit-fils, et pour consoler Philippe de cette perte, des lettres-patentes, datées de 1344, ordonnèrent que le fils aîné de France porterait, à l'avenir, le nom de Dauphin, et érigèrent l'Orléanais en duché-pairie en faveur de Philippe.

Ce prince étant mort sans enfans, Charles VI gratifia de ce duché Louis son frère, tige de la branche d'Orléans, qui monta sur le trône dans la personne de Louis XII. Sous Charles VII eut lieu le siège mémorable que les Orléanais soutinrent, en 1428 et 1429, contre les Anglais (3). Louis XII y fit construire divers édifices, l'Université, l'hôtel-de-ville ancien, etc.

---

(1) Le Roi et la Reine assistèrent au supplice de ces malheureux; et la Reine frappa de la canne qu'elle tenait à la main l'un d'eux, qui avait été son confesseur, avec tant de férocité, qu'elle lui *en fit sauter un œil hors de la tête.*

(2) Voyez *Saint-Laurent*, page 522.

(3) Voyez *Jeanne d'Arc* et *Siège*, à la table générale.

François I.er donna successivement à deux de ses fils le titre de ducs d'Orléans, d'abord à Henri qui fut dauphin et Roi de France sous le nom de Henri II, et à Charles qui précéda son père au tombeau.

Les troubles religieux produisirent dans peu de villes autant de dévastations et de crimes qu'à Orléans (1). Charles IX., sous prétexte de les calmer, irrita davantage les esprits et s'y amouracha de Marie Touchet (2).

Henri III, avant de régner, eut aussi l'Orléanais pour apanage. La Ligue amena un nouveau siège d'Orléans en 1562, et le duc de Guise y fut assassiné par Poltrot de Méré. Henri IV vint y faire montre de ferveur catholique en y assistant au Jubilé de 1601, et en promettant de faire réédifier Sainte-Croix.

Louis XIII donna le duché d'Orléans à son frère Gaston de France, dont la fille se présenta avec intrépidité dans la ville capitale, en en forçant les portes, lors de la guerre de la Fronde (3).

Enfin Louis XIV gratifia de cet apanage Monsieur, Philippe de France, tige de la branche d'Orléans actuelle. L'évêque d'Orléans, M. de Coislin, préserva, sous ce règne, la ville confiée à ses soins spituels de la honte et du fléau des *dragonades*, en défrayant de ses propres deniers les soldats et en recevant dans son palais les officiers du régiment de dragons envoyés pour extorquer le peu qui restait aux malheureux Protestans qui n'avaient pas fui lors de la funeste révocation de l'édit de Nantes. Cette conduite, digne des plus grands éloges, et diverses fondations établies par une piété éclairée, lui acquirent l'affection des Catholiques et des Protestans. Sa

(1) Voyez *Troubles de religion*, et *Protestans*, à la table générale.

(2) Voyez *Touchet*, à la table générale.

(3) Voyez page 453.

charité évangélique en convertit un grand nombre, plus sûrement que les prétendues rigueurs salutaires d'alors.

Depuis Philippe de France, le duché d'Orléans a été possédé, jusqu'en 1789, par ses descendans.

Lorsque la France était divisée en douze gouvernemens généraux, l'Orléanais comprenait, outre son territoire, la Touraine, l'Anjou, le Maine, et même le Berri. En dernier lieu son gouvernement et sa généralité se composaient de l'Orléanais proprement dit, du pays Chartrain, du Dunois, du Vendômois, du Blaisois et du Gâtinais.

A ces comtes, vicomtes et ducs anciens, ainsi qu'à ces échevins, avait succédé pour les citoyens, l'Administration municipale, créée par Charles IX, et modifiée depuis à diverses fois (1) et pour le Roi et les apanagistes, les gouverneurs, intendans, chanceliers, etc. En 1789, le besoin d'un nouveau mode de gouvernement était généralement senti et réclamé par tous les Français. L'Orléanais joignit sa voix à celle des autres provinces, mais avec cette modération qui caractérisa, dans les momens des plus grands troubles, la douceur et le jugement de ses habitans. En 1791, les infortunés prisonniers de l'Abbaye furent amenés à Orléans, et il ne dépendit point de ses citoyens de leur accorder une protection assurée (2). Sur le champ de bataille on vit accourir des bataillons formés d'Orléanais; ils y périrent presque tous; aucun d'entre eux ne fut compté au nombre des vandales et des proscripteurs. Orléans fut la première des communes à renverser ces municipalités si faussement qualifiées de municipalités constitutionnelles; des proconsuls sanguinaires lui furent envoyés, elle souffrit et ne partagea point leurs crimes (3). Au 9 thermidor les

(1) Voyez pages 382 et suivantes.
(2) Voyez page 270.
(3) Voyez pages 227 et 387.

Orléanais applaudirent à l'heureux changement qui venait de s'opérer, mais ils méprisèrent de se venger et donnèrent des larmes et des secours à tous les malheureux. Au retour du chef de l'armée d'Egypte, la population resta calme et fut accusée d'une tiédeur qui n'était que de la prudence, car elle sut toujours applaudir au succès de nos armes et rester muette devant les actes arbitraires du despotisme.

Le gouvernement général de l'Orléanais avait été le même que celui de toute la république française depuis la création, en 1790, du département du Loiret qui forma sept districts, et comprit, outre l'Orléanais proprement dit, une portion du Gâtinais, etc. En l'an VIII (1799), lors de la nouvelle division en préfectures, sous-préfectures, cantons, etc., le département du Loiret eut pour premier préfet M. P. Maret, dont les vertus modestes et l'équité firent aimer ce nouveau mode d'Administration. A l'époque du rétablissement du culte, en 1802, E. A. J. B. M. Bernier vint occuper à Orléans le siège épiscopal qu'avaient illustré jadis les saint Euverte, les saint Aignan, et parmi les modernes, les de l'Aubespine, de Montmorenci, de Coislin.

En 1814, l'Orléanais eut à souffrir, comme plusieurs départemens de l'intérieur, les charges de l'invasion ennemie, et supporta avec douleur le séjour des troupes prussiennes et bavaroises, après avoir admiré la discipline et partagé la résignation des débris encore formidables de l'armée française qui traversa les murs d'Orléans et de Gien, pour se cantonner de l'autre côté de la Loire.

Le retour du roi Louis XVIII ramena le calme et rendit au fils du duc d'Orléans, à titre honorifique seulement, l'apanage du duché d'Orléans.

Aujourd'hui la circonscription du département du Loiret est la même qu'en 1790. Sa préfecture est subdivisée en trois sous-préfectures placées à Pithiviers, à Gien et à Montargis; en quatre arrondissemens communaux, dont les chefs-lieux sont Orléans, Montargis, Pithiviers et Gien; et en trois cent soixante-trois communes. Cent onze de ces communes composent l'arrondissement d'Orléans dont l'étendue est d'environ 2,139 kilomètres carrés, et la population de 137,741 habitans répartis comme il suit : Orléans, 40,340; ses cantons sud, 7,409; nord-ouest, 9,555; nord-est, 6,684; Beaugenci, 12,956; Châteauneuf, 10,012; Cléry, 5,614; Jargeau, 8,198; La Ferté, 5,020; Meung, 10,666; Neuville, 8,315; Artenay, 6,516; Patay, 6,456.

INDICATEUR
ORLÉANAIS.

VILLE D'ORLÉANS.

Topographie, Etablissemens publics anciens et modernes, Enceintes et Accrues.

ORLÉANS (*Genabum, Aurelianum*), ville très-ancienne et recommandable à plus d'un titre, est située à 47° 54' 4" de latitude et à 19° 34' 22" de longitude : sa distance légale de Paris est de 123 kilomètres (environ 31 lieues de 2,000 toises).

Cette antique Cité, bâtie au nord de la Loire, sur la rive droite de ce fleuve et sur la pente modérément inclinée d'un coteau fertile, se déploie majestueusement au sud, et offre un très-bel aspect, surtout depuis le prolongement à peine terminé de ses quais. Sa situation, à peu près au centre de l'ancienne Gaule celtique et de la France, vers le milieu du cours d'un des plus beaux fleuves de l'Europe, entre la Beauce, le Gâtinais, la Sologne et le Berri, enfin au milieu d'un vignoble considérable et assez renommé, rendit dans tous les temps sa possession précieuse aux conquérans et l'objet de la sollicitude de nos Rois. Dans plusieurs momens désastreux pour la Monarchie elle devint le *Palladium* du royaume, et dernièrement encore elle vit une armée formidable, plutôt découragée que vaincue, se retrancher dans ses faubourgs de la rive gauche de la Loire. Souvent en butte aux ennemis de la France, ses habitans déployèrent dans des circonstances qui mirent la

Monarchie en péril, un courage et une fermeté qui les a rendus chers à leurs Rois particuliers, à leurs Ducs, aux Rois de France, et qui valurent à leur ville des monumens dont une grande partie a disparu pendant les troubles de 1565 et récemment. Le peu qui reste encore de ces édifices indique quelle a dû être la célébrité d'une ville que son commerce, ses manufactures, les riches produits de son territoire, et l'industrie de ses habitans ont placée depuis long-temps au rang des cités les plus considérables de France.

La population d'Orléans a été en décroissant d'une manière sensible depuis la révocation de l'édit de Nantes. Si nous en croyons plusieurs historiens, elle était à cette époque de 54,000 habitans; il y a quelques années elle était encore de 45,000; mais aujourd'hui elle est certainement au-dessous de 40,000. Cette ville, ancienne capitale d'un royaume particulier, d'un des premiers diocèses établis dans les Gaules, plus nouvellement d'un Duché-Pairie, apanage ordinaire des seconds Fils de France, et d'un gouvernement de province, était en outre le siège d'une intendance, d'un bailliage et d'un siège présidial; elle possédait un bureau des finances, une université célèbre, une maîtrise des eaux et forêts, une juridiction consulaire, une chambre des monnaies, une élection, un grenier à sel, une maréchaussée, etc.

Maintenant elle est le chef-lieu du département du Loiret, et l'une des bonnes villes de France : elle jouit des établissemens qui, dans l'état politique actuel, sont attribués aux villes les plus marquantes du royaume; préfecture; cour royale; tribunal de commerce; évêché; direction de l'enregistrement; direction des contributions directes et indirectes; recette générale; inspection des forêts; société royale des sciences, belles-lettres et arts; académie et collège royal; bibliothèque publique; musée; jardin botanique ; etc. Il y réside un maréchal de camp commandant la 6e. subdivision de la 1re. division militaire, un capitaine de gendarmerie, un ingénieur en chef, un capitaine du génie militaire, un inspecteur des bois de la marine, un inspecteur des poids et mesures, etc.

Les différens sièges qu'Orléans a soutenus, l'influence que cette ville a plusieurs fois exercée sur les événemens de la Monarchie, la part qu'elle a prise à nos troubles religieux, ont attiré sur elle, en différens temps, de grandes calamités et des destructions totales et partielles dont elle s'est constamment relevée avec plus ou moins d'éclat. Aussi voyons-nous dans ses accroissemens des traces de construction de presque tous les âges, depuis les Romains jusqu'à nos jours.

PREMIÈRE ENCEINTE.

L'époque de la première enceinte d'Orléans remonte évidemment au temps de la domination romaine, ainsi que l'attestent des fragmens de murailles bâties par ces conquérans ou à leur manière. Ces murailles formaient un carré presque parfait : on leur ajouta postérieurement, en les réparant et en en relevant la majeure partie, des tours de distance en distance, et des portes dont la construction ainsi que les fondations sont différentes de celles des portions les plus anciennes qui se sont conservées jusqu'à nous.

La tour neuve, démolie depuis quelques années, occupait à peu près la même place qu'une tour plus antique qu'on croit avoir été ruinée du temps du siège d'Attila. Ces tours étaient situées auprès de la rue qui conserve leur nom, et faisaient l'angle sud-est de la première enceinte, dont les murs remontaient vers le nord et se voient encore le long de la rue de l'écu vert jusqu'à la tour blanche qui subsiste en son entier. A droite et à gauche de cette tour on reconnaît facilement les restes des murailles de construction romaine, caractérisés par des assises régulières de trois rangs de briques et de trois rangs de pierres cubiques liées par un mortier rougeâtre (1). De la tour blanche, la muraille continuait toujours, à la distance d'environ 17 toises et demie (ou 33 mètres 79 centimètres), de la rue de la tour neuve jusqu'à une troisième tour appelée tour d'Avalon. Elle était un peu plus éloignée de la rue de la tour neuve, vers la quatrième tour nommée tour de St.-Flou, et bordait presque la rue de ce nom. L'église de la Conception, qui avait été élevée sur les débris de celle de Saint-Flou, se trouvait un peu au sud de cette quatrième tour, et s'appuyait aux anciens murs romains qu'on distingue facilement jusqu'à 5 ou 6 pieds hors de terre dans les chantiers qui remplacent l'église. En remontant toujours au nord, le mur continuait de la tour de Saint-Flou jusqu'à la porte de Bourgogne bâtie dans la rue villeneuve, long-temps appelée rue vieille porte de Bourgogne. Cette porte était flanquée de deux tours placées un peu en avant du coin Est de la rue de la corne-de-cerf ; l'une à droite, l'autre à gauche de la rue villeneuve. C'est tout dernièrement, en 1817, qu'on a démoli la tour Nord de cette porte, et ses fondemens n'ont offert aucune trace de construction romaine (2). De la vieille porte de Bourgogne, l'enceinte suivait une ligne droite jusqu'au coin de la rue de l'évêché, en

---

(1) Ces briques ont dans cet endroit dix pouces de long et huit pouces de large ; les pierres ont huit pouces de tête et huit à dix pouces de long. Le mortier qui les lie est très-dur et contient une petite quantité de ciment qui lui donne la teinte rouge remarquée dans toutes les constructions de ce temps.

(2) Deux médailles ont cependant été trouvées dans cette démolition; l'une est de *Hadrien* et l'autre de *Néron*.

longeant la rue du bourdon-blanc, et en se rapprochant peu à peu des limites de la rue actuelle. Cette partie des murs de ville était également défendue par quatre tours disposées à peu près à la même distance les unes des autres, savoir la tour Saint-Etienne, la tour du champ Egron, qu'on voit encore en partie dans le jardin d'une maison, rue du bourdon-blanc, n° 13, la tour Aubilain ou messire Baudas, enfin la tour de la fauconnerie. Les fondations de la tour Aubilain existent (1) ainsi qu'une partie de la tour de la fauconnerie qui se trouve aujourd'hui dans la basse-cour de l'évêché. Mais il paraît qu'on avait élevé depuis le siège des Anglais (1428), entre ces deux dernières tours, une autre tour sur le nom et l'existence de laquelle nous n'avons trouvé d'autre renseignement que celui-ci : *La tour et les bâtimens avoisinant l'ancienne tour de la fauconnerie ont été faits pour servir de prison et de trésor à l'évêché.* Cette note, sans nom d'auteur, et en marge d'un manuscrit fort ancien qui nous a été confié, n'a rien de précis et d'authentique : néanmoins il est de fait que cette tour ne peut être ni celle du champ Egron, ni celle Aubilain ; et nous croyons que depuis la vieille porte de Bourgogne jusqu'à la tour de la fauconnerie il a existé cinq tours au lieu de quatre indiquées par les comptes de la ville et par les divers auteurs. Cette tour pourrait être celle que M. Geffrier, receveur de la ville, a fait démolir pour accroître son jardin : elle était de plus petite dimension que les autres, et trop rapprochée de la tour de la fauconnerie pour faire supposer qu'elle eût été élevée dès le principe. Sous la première marche de l'escalier de cette tour était

(1) Dans l'épaisseur des murs de l'enceinte on a trouvé dernièrement en cet endroit (maison, rue du bourdon-blanc, n° 37) une médaille d'argent, petit module de M. Aurelius Verus associé par Marc-Aurèle à l'empire, et près de là un casque de fer qui a été donné au musée.

une chauve-souris sculptée avec soin. On peut, d'après cet indice, présumer que sa construction a eu lieu dans les temps modernes avec des débris de matériaux plus anciens, mais cependant d'une époque où la sculpture avait déjà acquis de la perfection. Il existe encore dans la même maison une espèce de cabinet dont les murs sont très-épais et les fenêtres garnies de barreaux de fer.

La ligne des murs de ville au nord était droite, de la tour de la fauconnerie jusqu'à la tour de Saint-Samson placée près de la porte d'entrée et en dedans du collège royal. Il ne reste plus de trace de la muraille que dans l'ancienne maison de l'aleu Saint-Mesmin, ouvrant rue des hennequins. L'habitation particulière construite dans cet enclos est appuyée sur un mur de clôture bâti à la manière des Romains (1).

La porte Parisis, située près de la porte principale de l'hôtel-Dieu, dans le passage qui conserve son nom, partageait de ce côté l'ancienne enceinte en deux parties inégales. Entre la tour de la fauconnerie et cette porte nous n'avons reconnu la position que de trois tours : la tour du plaidoyer de Mgr. l'Evêque, un peu en avant de la chapelle de l'évêché, la tour de S^{te}.-Croix, presqu'en face de la petite porte latérale Nord-Est de l'église, et la tour salée, un peu à l'ouest de la nouvelle chapelle de l'hôtel-Dieu.

De la porte Parisis à la tour Saint-Samson nous n'avons pu parvenir à savoir la position que de deux tours, quoique nous ayons presque la certitude qu'il en existait trois, avant le siège de 1428. Cette troisième tour s'appelait tour de Jean-Thibaut, et était la

---

(1) Cette portion de muraille romaine, citée par plusieurs auteurs et par M. Polluche, ne semble pas avoir été faite dans le même temps que celles dont nous avons déjà parlé : les briques sont d'une dimension plus petite, les pierres de même, et le mortier beaucoup plus blanc.

plus

plus rapprochée de la porte Parisis; mais il semble qu'à cette époque il n'y en avait que deux, la tour Saint-Mesmin, un peu à l'est de la maison de l'aleu Saint-Mesmin, et la tour des vergers Saint-Samson, entre cette tour et la tour Saint-Samson, qui formait l'angle nord-ouest de la ville.

A l'ouest, les murs étaient aussi à peu près en droite ligne de la tour Saint-Samson jusqu'à la tour des carnaux (créneaux), maintenant du musée. Il y avait entre ces deux tours, outre la poterne Saint-Samson située dans la rue de ce nom, une ou deux autres tours qui furent démolies vers 1330, et dont les noms et l'emplacement sont complètement ignorés. De la tour du musée à la porte Dunoise, le mur formait l'un des côtés d'un angle très-obtus dont cette tour faisait le sommet; l'autre côté se trouvait figuré par le mur qui, partant de la tour Saint-Samson, venait aboutir à la tour du musée en longeant une partie de la rue de la barillerie. De la tour du musée, la muraille passait dans l'intérieur des maisons actuelles, et suivait la direction de la rue de l'aiguillerie jusqu'à la porte Dunoise. Ce dernier espace était coupé par une tour qu'on a démolie lorsque l'on a construit l'église de Sainte-Catherine, et dont on ne sait plus le nom.

La porte Dunoise, accompagnée comme les autres de deux tours, se trouvait un peu à l'est des coins de la rue de la cordonnerie (ou porte Dunoise) avec les rues de l'aiguillerie et des hôtelleries. Les murailles continuaient vers le sud, parallèlement à cette dernière rue, en dedans des maisons. On ne connaît dans cette portion que deux tours; la première un peu au-dessus de l'entrepôt des sels (prison Saint-Hilaire), et la deuxième au coin de la rue Saint-Jacques; elle soutenait le jambage de la porte intérieure de ce nom. Néanmoins long-temps avant la suppression de cette clôture de l'ouest, il existait deux autres tours; l'une appelée tour du char, que nous placerions vis-à-vis la rue du charriot, par analogie de nom, et la tour de Brigandeau, que nous indiquerions, par les mêmes motifs, en face de la rue appelée par corruption rue de Brigondeau.

En face de la chapelle Saint-Jacques, les murs formaient une demi-lune ou une place octogone qui, s'étendant dans la rue de la pierre percée, rejoignait la tour ouest de la porte du pont, nommée également porte du châtelet et porte Jacquin-Rousselet, qu'il ne faut pas confondre avec le pont Jacquin qui séparait les tourelles des Augustins.

Au sud, la Loire baignait les murs de ville, excepté dans deux ou trois endroits et pendant les basses eaux. Les murs de l'enceinte de cette époque ne sont pas précisément les mêmes que ceux dont nous voyons les restes dans plusieurs endroits, et qui n'ont été faits que lors de la quatrième enceinte. Il devient presque impossible maintenant de fixer la ligne précise qu'ils occupaient en premier lieu, d'autant plus que dans différentes parties on rencontre les vieux murs et les murs plus récens à une petite distance les uns des autres, notamment près de la rue des tanneurs. Mais on sait qu'ils étaient généralement plus en dedans de la ville que ceux qu'on a rétablis depuis 1428; et qu'à partir du châtelet, placé à l'angle sud-ouest de la ville, on trouvait à peu près en face de la rue du petit-puits la tour feu maître Pierre-le-gueux; vis-à-vis la rue creiche Menfroi, la tour du même nom; plus loin, la poterne Chesneau; un peu au-dessus de Saint-Benoît-du-retour, la tour Aubert; plus haut que la rue des bouchers, la tour à huit pans, ou carrée, ou cassée; enfin, avant la tour neuve, celle des tanneurs, à l'entrée de la rue du même nom.

La ville était dans cet état lors du siège d'Attila en 451, et en 855 et 865, lorsque les Normands la prirent. Si nous en croyons les légendaires dont on n'a aucun motif de se méfier lorsqu'il ne s'agit que de faits matériels, elle avait près de 5,000 combattans; ce qui supposerait 12 à 15,000 âmes de population et 800 feux qui peuvent permettre de présumer l'existence de 1,000 à 1,200 maisons. Elle n'avait que quatre entrées principales ; la vieille porte de Bourgogne à l'est, la porte Parisis ou de Paris au nord, la porte Dunoise ou du pays Dunois à l'ouest, et la porte du châtelet au sud : le pont était défendu du côté de la Sologne par des fortifications dont nous parlerons plus loin. En outre on entrait à Orléans par deux poternes, la poterne Saint-Samson à l'ouest, et la poterne Chesneau au sud, qui ouvrait sur la rivière ; il y avoit aussi probablement quelques guichets dont les noms ne sont pas venus jusqu'à nous, non plus que leur position.

DEUXIÈME ENCEINTE

OU PREMIÈRE ACCRUE DE LA VILLE.

Auprès d'Orléans, à l'ouest, existait de temps immémorial un village ou bourg nommé *Avenum*. Des différens avaient souvent lieu entre ses habitans et ceux d'Orléans pour des droits municipaux : ces altercations engagèrent les Orléanais à demander la réunion de ce bourg à leur ville, ce qu'ils obtinrent malgré les réclamations des citoyens du bourg d'Avenum. L'époque de cette jonction n'est pas très-précise ; néanmoins l'opinion la plus commune et qui semble la mieux établie par les écrits antérieurs et subséquens (1), est que cette addition se fit sous

---

(1) Sous Saint-Louis, le bourg d'Avenum n'était pas joint à la ville, suivant Vincent de Beauvais qui s'exprime ainsi : *Est quoddam municipium Aurelianensi civitati proximum, quod Avenum nuncupatur.* En 1302, Philippe-le-Bel institua douze notaires pour les douze quartiers d'Orléans, ce qui prouve que déjà le bourg d'Avenum était joint à la ville. En 1323, sous Charles IV ou le-Bel, on travaillait encore aux *closures de la cité.* Sous Charles V il est parlé de la rue d'Avignon ou d'Avenum comme étant dans la ville.

Philippe-le-Bel, en 1300; mais que les murailles qui entouraient cette accrue ne furent terminées que vers 1329, sous Philippe de Valois.

Cette première accrue d'Orléans fut ceinte de murs qui, remontant de la tour Saint-Samson à travers l'île de maisons placée aujourd'hui en face de Saint-Pierre-en-sente-lée jusqu'au tiers environ de la place du martroi (1), aboutissaient à une porte qu'on bâtit un peu en avant du coin Est de la rue royale. Entre cette nouvelle porte, qui prit le nom de Bernier (Bannier), et la tour Saint-Samson, était la tour du heaume, à la hauteur de la rue neuve. De la porte Bernier, les murs se dirigeaient à l'ouest, à travers les maisons qui occupent l'espace compris entre la rue de la vieille poterie et de la hallebarde; là se trouvait la tour feu Michau-Quanteau, dont on voit les restes assez bien conservés dans le fond d'une maison de la rue de la vieille poterie, n°. 15.

De la tour feu Michau-Quanteau, l'enceinte était en ligne directe jusqu'au coin du marché de la porte Renard qui a conservé le nom de la porte qu'on y avait construite et flanquée de deux tours, l'une à droite, l'autre à gauche de la rue du tabourg, au-dessus de la boucherie actuelle.

De cette porte, les murs allaient du nord-est à l'ouest-sud vers le milieu du cimetière de Saint-Paul, où se voyait la tour de l'eschiff Saint-Paul, sur les fondemens de laquelle on a bâti celle de l'église. De cette tour jusqu'à la rivière il y avait, en longeant la rue de Recouvrance, la tour ronde dont une partie subsistait vers le milieu du sanctuaire de l'église de

---

(1) En creusant dans la place du martroi pour y établir *la montagne*, l'une des plus odieuses et des plus folles conceptions des gouvernans de 1793, on trouva, dans cet alignement, des fondations de maisons et les restes du mur de ville, entre la rue du barillet supprimée vers 1750 et la place du martroi.

Recouvrance, lorsqu'on la reconstruisit; et sur le bord de la Loire, la tour de la barre flambert qui formait l'angle sud-ouest de la ville, et se trouvait entre la rue de l'écu d'or et celle de Recouvrance.

Le long de la rivière, le mur était droit et allait rejoindre la porte du châtelet. La demi-lune dont nous avons parlé, et qui se trouvait en avant de la chapelle Saint-Jacques, fut détruite; et l'on plaça, pour défendre les murs et donner accès aux habitans sur le bord de l'eau, la tour Notre-Dame, à la hauteur de la rue des sonnettes, la tour et porte de l'abreuvoir, vis-à-vis la rue du héron, enfin un peu plus loin la porte ou herse de la faux, entre la rue royale actuelle et la rue des hôtelleries.

Indépendamment des tours dont nous avons donné la position dans cette accrue, il paraît certain qu'il en existait d'autres, si nous en croyons les titres de quelques maisons particulières, et qu'elles étaient dans la muraille de l'ouest. L'une d'elles s'appelait la tour des tamellerons : nous supposons qu'elle devait être entre la tour feu Michau-Quanteau et la porte Renard, en raison de l'analogie de son nom avec celui que portait alors la rue du tabourg, appelée rue de la tamellerie. Une autre s'appelait, depuis le siège de 1428, la tour Londeau : nous pensons que ce n'était qu'un cavalier construit pendant le siège ou peu avant, et destiné à protéger la porte Renard : il pouvait être situé dans la direction de la rue du puits London ou Londeau, non loin de la tour de l'eschiff Saint-Paul.

Orléans avait cette étendue, ces limites et ces fortifications, lorsque les Anglais en firent le siège en 1428. La porte Dunoise, la poterne Saint-Samson et les vieilles murailles de l'ouest étaient détruites; et remplacées par les portes Bernier et Renard ainsi que par la nouvelle clôture. La population était de 15 à 20,000 âmes et le nombre des maisons de 1,800 à 2,000. La tête du pont, vers la Sologne, était défendue par des fortifications appelées les tourelles (ou tournelles), dont les trésoriers de France et M. Fleury nous ont conservé l'aspect et quelques détails. Ces fortifications, qui existaient de temps immémorial, furent un peu augmentées par les habitans à l'approche des Anglais, et eux-mêmes y firent beaucoup travailler après s'en être rendus maîtres.

Il y avait alors, vers le tiers de la longueur du pont, deux îles, ou plutôt une seule île coupée en deux par le pont dont les cinquième, sixième et septième arches s'appuyaient sur ce terre-plein. L'une de ces îles, en *amont* (à l'est), s'appelait motte Saint-Antoine, du nom d'une petite chapelle qui s'y trouvait; l'autre portion d'île, en *à bas* (à l'ouest), se nommait la motte des poissonniers, et contenait l'aumône ou hôpital Saint-Antoine. Sur ces deux îles les habitans, lors du siège, avaient pratiqué quelques ouvrages de défense et surtout à la bastille Saint-Antoine, espèce de porte qui coupait le pont en deux vers cet endroit, et qui semble avoir été élevée peu de temps avant le siège.

Les fortifications de la ville avaient un peu souffert pendant le siège, tant à l'est qu'au sud : c'est pourquoi Charles VII, en accordant aux chanoines de Saint-Aignan des indemnités pour reconstruire leur église et appaiser leurs récriminations contre les habitans d'Orléans qui l'avaient détruite pour faciliter leur défense, affecta aussi quelques fonds pour réparer les murs de ville et dédommager les Orléanais des pertes qu'ils avaient éprouvées. Ces ordonnances furent données à Jargeau pendant la tenue des états de 1430. Les réparations faites en 1430 et 1431 changèrent peu l'aspect de la ville, ses murs et ses fortifications.

En 1431, suivant les archives de l'évêché, on ouvrit une porte près de la tour de la fauconnerie, vis-à-vis l'hôtel épiscopal; elle subsista long-temps, et remplaçait la tour du plaidoyer de Mgr. l'évêque.

TROISIÈME ENCEINTE

OU DEUXIÈME ACCRUE DE LA VILLE.

Les chanoines de Saint-Aignan avaient commencé à réédifier leur collégiale, lorsque Louis XI ayant marié sa fille au Duc d'Orléans, encore très-jeune, prit l'Orléanais en affection. Sa conscience, toujours bourrelée, avait besoin de l'intercession des Saints les plus vénérés : aussi, lorsqu'il vint à Orléans, il manifesta une grande dévotion à Saint-Aignan; il résolut de reconstruire l'église avec magnificence; et, pour être plus à portée de cette basilique, il se fit bâtir une maison tout auprès. Afin de mettre ces nouveaux édifices à l'abri des insultes de l'ennemi, il proposa aux habitans d'augmenter leur ville de ce côté, et leur offrit d'accorder des franchises pour peupler promptement ce nouveau quartier. Les Orléanais y ayant *consenti*, on éleva en 1466, un peu à l'est de la tour neuve, la porte du même nom, et l'on prolongea les murs d'enceinte jusqu'à l'endroit où fut bâti depuis le fort Alleaume. Par un retour d'équerre on continua jusqu'au fort de la brebis (motte sans-gain) qui forma l'angle sud-est de la ville; de là on remonta au nord jusqu'à la nouvelle porte de Bourgogne, qu'on fortifia avec soin. Entre le fort de la brebis et la nouvelle porte furent placés un cavalier et la tour de la vallée ou de l'étoile, qu'on voit encore en partie dans le jardin de la filature ou des moulins à vapeur.

A partir de la porte de Bourgogne, le mur était droit, s'étendait au nord jusqu'à la tour des conins, ainsi nommée d'une garenne qui était en face de cette tour, et arrivait jusqu'au coin nord-est du couvent de Saint-Euverte, où l'on avait élevé une tour : elle prit le nom de cette communauté et formait l'angle nord-est d'Orléans.

De la tour Saint-Euverte on enferma le nouveau quartier, au nord, par des murs de même épaisseur, et par la tour ou porte de la forêt, appelée aussi porte de Saint-Euverte et tour à Pinguet, aujourd'hui le dépôt des reverbères. Enfin, vis-à-vis la rue du petit Saint-Loup on éleva la tour Juranville, et plus loin, avant la rue des bouteilles, la tour de Pénincourt dont on voit encore la forme. Cette clôture fut jointe à l'ancienne par une muraille qui aboutissait de cette dernière tour à celle de la fauconnerie, située, comme nous l'avons vu, au coin de la rue du bourdon-blanc, dans la basse-cour de l'évêché.

Ces nouvelles murailles et les tours furent achevées en quatorze années, et par conséquent terminées en 1480. Le terrain qu'elles enfermèrent fut rapidement bâti et peuplé, car en 1485 le nombre des maisons d'Orléans est évalué de 2,000 à 2,500, et celui des habitans de 25,000 à 28,000. Indépendamment de ces travaux commencés et terminés par Louis XI, ce Roi avait formé le projet d'en faire exécuter d'autres; car, suivant Lemaire, à la sollicitation du prieur des Augustins, il avait résolu de joindre le portereau à la ville, en le ceignant de murailles; mais il renonça à ce projet, parce qu'on lui représenta que les crues fréquentes de la Loire inondaient souvent ce faubourg, les levées actuelles n'existant point encore à cette époque.

QUATRIÈME ENCEINTE

OU TROISIÈME ACCRUE DE LA VILLE.

La ville présentait dans cet état une figure très-irrégulière que Louis, Duc d'Orléans, résolut de rendre plus uniforme. En conséquence les habitans, de concert avec lui, sollicitèrent du Roi Charles VIII la permission d'accroître leur ville au nord et à l'occident ; ce qu'il leur accorda en assignant des fonds pour la construction de cette clôture, sur les gabelles de *Languedoc et Languedouy*. Les travaux commencèrent vers l'année 1486, sous la direction de commissaires choisis par les habitans et par le Duc d'Orléans. L'on continua bientôt au nord les murs élevés par Louis XI, et l'on arriva par un angle droit jusqu'à la tour de Bourbon et à la porte de Saint-Vincent qui fut comme les autres accompagnée de deux tours.

De la porte de Saint-Vincent on traça l'alignement jusqu'à l'endroit de la porte Bannier, qu'on éleva sur le modèle des autres portes, après avoir bâti successivement la tour Saint-Avit, à peu près vis-à-vis la rue du sanitas, la tour du Saint-Esprit, un peu plus haut que la rue Saint-Martin-du-mail, la tour Saint-Pierre, au-dessus de la rue des Anglaises, et la tour Saint-Michel ou de la courtine, sur laquelle se trouve maintenant un café, vis-à-vis la rue des huguenots. Les travaux en étaient là ou environ, en 1489, lorsque Charles VIII approuva la nomination de deux nouveaux commissaires MM. Jean de Gourville et Yvon d'Illiers ; il fit défendre en même temps de bâtir aucune maison à une lieue de distance des murs de la ville. Ces commissaires activèrent les travaux et donnèrent leur nom à deux rues des quartiers qu'ils ont joints à Orléans.

Continuant la muraille depuis la tour Saint-Pierre, ils firent faire la tour terrasse ou terrassée, vis-à-vis le jardin du palais de justice actuel, la tour belles masures ou masurer, à la hauteur du jardin de l'hôtel des postes, la tour le Roi, en face de la croupe de l'église Saint-Paterne ; enfin ils achevèrent la porte Bannier.

Le Duc d'Orléans étant monté sur le trône sous le nom de Louis XII, activa cette entreprise et renouvela la défense de construire des maisons à la distance d'une lieue des murs de la ville ; il fit même démolir toutes celles qui avaient été bâties au mépris de l'ordonnance de Charles VIII. On reprit donc, vers 1509, la clôture de la ville de la porte Bannier à la porte de Saint-Jean, en élevant la tour gouvernante à la hauteur de l'angle formé par les rues des petits champs et des grands champs, et la tour des arquebusiers un peu au-dessus de la rue de la Lionne.

La porte de Saint-Jean, bâtie de même qu'étaient les autres, est la seule qui soit restée à peu près intacte jusqu'ici. De cette porte on continua l'enceinte jusqu'à la porte Madeleine, en partageant cet espace par deux tours placées à égale distance : on les appela tour Saint-Louis et tour Balthasar. De la porte Madeleine, ornée de deux tours comme les autres, on descendit vers la rivière en construisant la tour Saint-Joseph vis-à-vis le jardin de l'hôpital, et la tour de la ridenne ou rideuve, entre la rue de Saint-Laurent et la rue du canon. Au coin sud-ouest de la ville on éleva une tour plus grosse que les autres, appelée tour de Saint-Laurent ou des orgerils, détruite lors des troubles de 1562 et 1567.

On acheva sous Louis XII d'enfermer la ville du côté du sud en longeant la Loire, et bâtissant la tour Rose au coin Est de la rue de ce nom, la tour terrasse au bout de la rue du cours aux ânes, et la tour de Recouvrance à l'extrémité de cette rue.

La ville resta quelque temps dans cet état, quoique ses murs et ses tours fussent un peu démantelés du côté de la Loire.

François Ier, peu après son avénement au trône, résolut de rendre Orléans très-fort en terminant les constructions entreprises par Louis XII; ce qui doit s'entendre des réparations qui restaient à faire aux anciennes fortifications du sud et de quelques additions à celle du nord et du nord-est de l'enceinte de Louis XI. Il avait entre autres projets celui de supprimer l'angle qui se trouve entre la tour de Bourbon et celle de Saint-Euverte. Mais il fut détourné, dit-on, de ces résolutions par Charles-Quint, lors de son passage à Orléans. Ce prince lui représenta qu'il serait dangereux d'avoir une ville aussi bien fortifiée dans l'intérieur de ses Etats, où elle pourrait devenir *le boulevard d'un parti*. Quant aux réparations du sud, elles étaient déjà exécutées lors de l'observation de Charles-Quint; mais comme on y a travaillé depuis les troubles de 1567, il est impossible de savoir bien précisément ce qu'y fit faire François Ier.: seulement il est certain que sous son règne, et depuis, on profita d'une partie des anciennes fortifications, et l'on bâtit des portions entières de nouveaux murs, ainsi que des tours, en rentrant dans la ville, suivant les localités, pour ménager des accès aux habitans sur le bord de la rivière.

Ce fut donc sous François Ier., pendant et depuis les troubles de religion, qu'on a bâti ou restauré la ligne des murailles du sud telle qu'elle était en dernier lieu. De ces deux époques dataient la construction ou les réparations, 1°. de la porte brûlée ou porte Rose, 2°. de la porte Colin-Girault ou du cours-aux-ânes, près de la tour terrasse, 3°. de la porte de Recouvrance, près la tour du même nom, 4°. de la tour du bassin, en face de la rue de l'écu d'or, 5°. de la porte croquenaud au lieu de la tour Notre-Dame, 6°. de la porte de l'abreuvoir, en avant de la rue du puits Saint-Christophe, 7°. de la porte du héron ou tour Saint-Michel, à l'extrémité de la rue royale actuelle; 8°. on perça le guichet Saint-Benoît, où était, dit-on, l'ancienne porte d'Algère; 9°. on ouvrit la porte des tanneurs à côté ou sur l'emplacement de la tour de la première enceinte qui portait ce nom; 10°. enfin l'on releva ou réédifia totalement la tour neuve, telle qu'elle était lors de sa démolition dernière.

Orléans demeura ainsi jusqu'au règne de Charles IX, au commencement duquel les Protestans s'étaient emparés de la ville. Ce Roi y étant venu après la paix des vallins résolut, pour leur ôter à l'avenir la possibilité de s'y maintenir, de faire démolir les fortifications et de construire une citadelle à la porte Bannier. Les habitans obtinrent quelques sursis à ce projet. Néanmoins il reçut en partie son exécution du côté de la Loire. En 1563 l'on construisit la citadelle de la porte Bannier, en ouvrant une porte près de la tour le Roi, qu'on appela porte de l'évangile et qui fut destinée au service des habitans. On abattit en même temps quelques tours qui n'avaient jamais été totalement terminées, entre la porte Bannier et la porte de Saint-Vincent : de ce nombre furent aussi la tour des conins, près de Saint-Euverte, et la tour Saint-Laurent, à l'angle sud-ouest de la ville. Sur son emplacement on éleva depuis, en 1591, le fort ou ravelin Saint-Laurent auquel on donna la forme d'un cœur : il n'en reste plus que les bâtimens du jardin de botanique.

Le fort Alleaume fut élevé plus tard sur le bord de la rivière, pour s'opposer au passage des factieux qui, sous Henri III et Henri IV, communiquaient avec les autres villes situées sur les bords de la Loire, comme Jargeau, Sulli, etc.

Le fort de la motte sans-gain avait été construit dans le même but ou à peu près par un habitant riche, sur les débris du fort de la brebis, à dessein de s'emparer des bateaux qui montaient ou descendaient la Loire, au mépris des défenses ; mais la paix ayant été faite, cette dépense fut en pure perte et *sans gain* (1).

---

(1) M. Polluche indique entre les tours l'existence de quelques cavaliers ou mottes. Vis-à-vis la tour le Roi était la motte tonneau; près le guichet de la brebis la motte *sans gain* ; dans l'enclos des nouvelles Catholiques ou de la Croix, la motte Bruneau où se trouve le moulin de l'hôpital. Mais ces élévations n'ayant été faites qu'accidentellement, nous n'avons pas cru devoir en parler, et les mettre au nombre des fortifications de la dernière enceinte.

Catherine

Catherine de Médicis, ayant eu Orléans pour son douaire en 1566, fit planter des ormes sur les remparts. Charles IX., en 1571, ordonna la continuation de ces plantations en renouvelant l'ordre qu'il avait précédemment donné et commencé à mettre à exécution, de détruire les tours et de baisser les murs. En 1589, les habitans s'emparèrent de la citadelle de la porte Bannier, et la détruisirent en partie. Ils obtinrent ensuite, lors de leur soumission en 1594, qu'il ne serait plus à l'avenir construit de citadelle dans leur ville, sous aucun prétexte. Un arrêt du Conseil, du 16 décembre 1653, ordonna la destruction totale de la porte Bannier; et l'on mit à sa place une grille en fer.

En 1730, pour niveler les quais, on aplanit le ravelin de gazon élevé du temps de la ligue à la tour Saint-Laurent. En 1736 les quais n'étaient pavés, élargis et nivelés que depuis le châtelet jusqu'à la porte de Recouvrance; mais ils demeurèrent obstrués par le châtelet, la tour neuve et le fort Alleaume.

La ville, jusque sous le règne de Louis XV, fut à peu près dans cet état : elle avait, comme aujourd'hui, 5,750 pas communs de tour, ce qui revient à 2,577 toises ou 5,021 mètres; savoir, de la motte sans-gain à la porte de Bourgogne 250 pas; de la porte de Bourgogne à la porte Saint-Vincent 900 pas; de la porte Saint-Vincent à la porte Bannier 1,150 pas; de la porte Bannier à la porte Saint-Jean 750 pas; de la porte Saint-Jean à la porte Madeleine 300 pas; de la porte Madeleine à la porte Barentin, jadis ravelin St-Laurent, 400 pas; enfin les quais, du jardin de ville à la motte sans-gain 2,000 pas.

On comptait à Orléans, après la dernière accrue, près de 5,000 maisons et 30 à 35,000 habitans dont le nombre augmenta encore beaucoup jusque sous le règne de Louis XIV.

L'ancien pont étant en mauvais état, particulièrement vers les tourelles où il avait beaucoup souffert en différens temps, les maire et échevins sollicitèrent de Louis XV l'établissement d'un pont plus large et placé vers le milieu de la ville. Ils l'obtinrent, et la première pierre du pont actuel fut placée le 7 septembre 1751, sous la direction de M. Hupeau, premier ingénieur des ponts et chaussées.

En 1793, on enleva les grilles du pont et de la porte Bannier que des planches ou madriers fermèrent ensuite pendant long-temps. On vendit plus tard le châtelet, et il fut abattu quelque temps après. La tour neuve avait été détruite et le fort Alleaume démoli. Par ce moyen les quais se trouvèrent totalement déblayés; mais le mur de ville les masquait le long de la rue des moulins, et ils avaient besoin d'être prolongés de ce côté jusqu'à la motte sans-gain. Ce mur de ville disparut. En 1808 on replaça de nouvelles grilles aux portes du pont et Bannier. En 1811 on éleva à la porte de Bourgogne les deux pavillons qui servent de logement au portier ainsi qu'au receveur de l'octroi, et l'on plaça plus tard une grille à cette porte. Les mêmes constructions furent bientôt exécutées à la porte Saint-Vincent et à la porte Madeleine.

En 1821, on enleva les terres qui formaient une grande élévation au-delà de la motte sans-gain, et on les employa à former le quai du Roi, tant en deçà qu'au-delà de la ville. Bientôt on établit en avant de la motte sans-gain une barrière; on conserva celle de Saint-Laurent ou Barentin, et l'on applanit de même son quai, hors la ville, en l'alignant jusqu'à l'ancien couvent de la Madeleine. On travaille encore à terminer ces quais ainsi que les boulevards entrepris par la ville au dehors des murs, en comblant une partie des fossés et les plantant d'arbres qui formeront des promenades très-agréables dans peu d'années. Les débris des tours de ville, dont nous ne pouvons nous empêcher de regretter la destruction, ont servi à ferrer ces promenades et à faire les glacis des nouveaux quais.

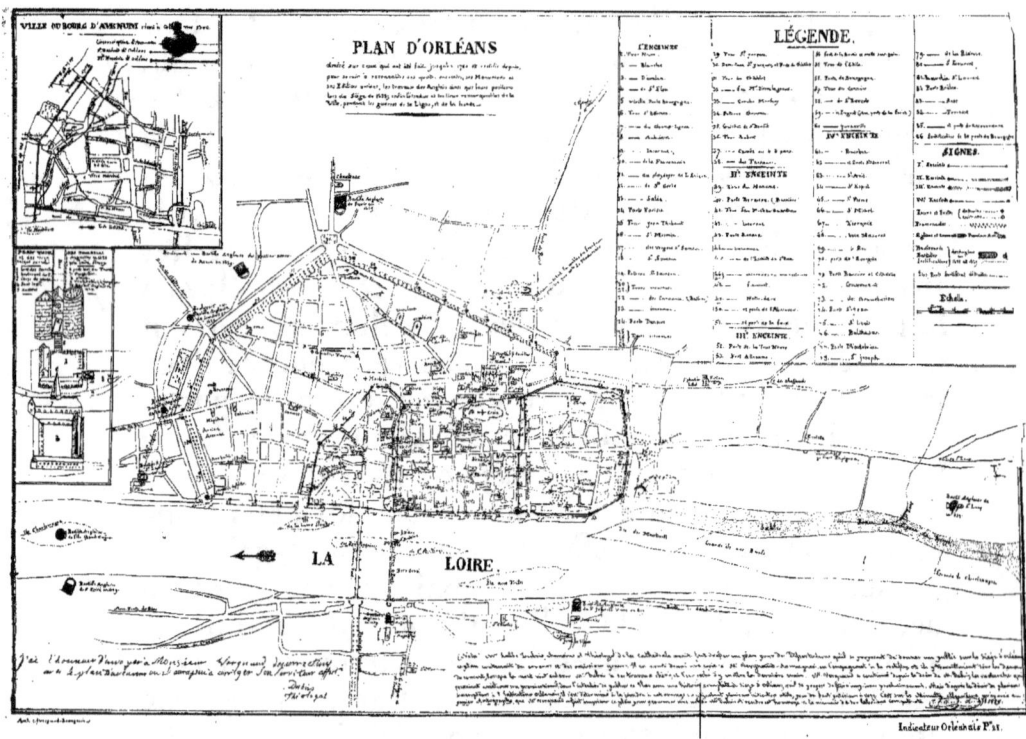

Orléans est aujourd'hui environné des murs de sa dernière enceinte, baissés généralement à hauteur d'appui, dépouillés de leurs tours et protégés par un fossé peu large, conservé pour assurer la perception de ses droits d'entrée.

On arrive dans la ville par huit portes; la porte du pont ou des tourelles, la porte ou barrière du Roi (de la motte sans-gain), la porte de Bourgogne, la porte de Saint-Vincent, la porte Bannier, la porte Saint-Jean, la porte Madeleine, la porte de Saint-Laurent ou Barentin. Sa plus grande largeur, de la porte du pont à la porte Bannier, est de 600 toises ou 1,169 mètres, et sa plus grande longueur de la porte Madeleine à la porte de Bourgogne, de 1,000 toises ou 1,948 mètres 40 centimètres. Si le projet qu'on dit être médité par son Administration municipale reçoit son exécution, elle possédera dans peu d'années une belle place d'armes qui lui manque. Elle serait située dans l'espace qui existe entre la tour de Bourbon et le coin de S^t.-Euverte. François Ier. voulait, comme nous l'avons déjà dit, le joindre à la ville par des murs construits en ligne directe de l'un à l'autre coin. Cette augmentation rendrait l'aspect de la ville plus régulier, sans lui donner pourtant encore la forme d'un arc dont la Loire serait la corde et la route de Paris la flèche, ainsi que l'ont écrit nos anciens auteurs, grands amateurs de métaphores et de comparaisons.

PLANS ET VUES D'ORLÉANS.

Des divers Plans manuscrits, gravés et lithographiés (1).

1°. Nous désignerons comme le plus ancien plan d'Orléans, une espèce de vue perspective au simple trait, fort mal gravée sur bois, sans titre ni date, et seulement avec des numéros et des lettres de renvoi.

Ce plan est rare et ne se trouve que dans les collections d'un petit nombre d'amateurs. Il n'offre que la première enceinte de la ville formant un carré presque parfait, et doit avoir été destiné à un ouvrage ignoré aujourd'hui. Quoiqu'il représente la ville antérieurement à 1329, par conséquent avant que le bourg d'Avenum y fût joint, cependant nous pensons qu'il a été gravé postérieurement à cette époque.

Le n° 6 indique le lieu de la pâtisserie (2); et cet endroit conserva le nom de talmellerie, qui signifiait la même chose, jusque vers 1530. Sous la lettre C sont indiqués l'hôtel-de-ville et Sainte-Catherine; or l'hôtel-de-ville ne fut établi dans la rue de l'aiguillerie qu'en 1441, lorsque les échevins cédèrent le local qu'ils occupaient au châtelet pour loger la cour du

---

(1) En plaçant cette nomenclature historique et critique des plans et des vues d'Orléans immédiatement après les différentes accrues de la ville, notre intention a été d'indiquer les plans auxquels on doit recourir pour obtenir des renseignemens historiques ou de localité à telle ou telle époque. L'utilité de ce travail avait été sentie avant nous par plusieurs auteurs versés dans l'histoire de notre cité; mais aucun d'eux n'avait mis ce projet utile à exécution.

(2) Aujourd'hui rue du tabourg, près le marché de la porte Renard.

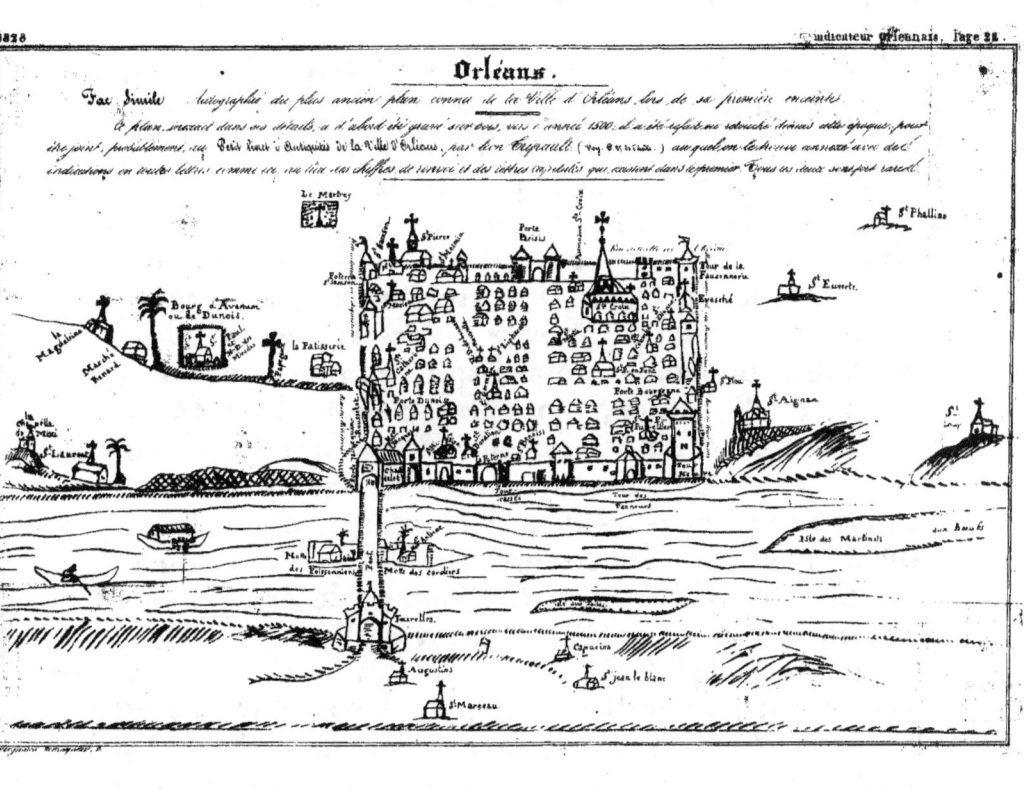

Duc d'Orléans, après sa captivité. D'après ces observations, et quoique la plupart des indications soient omises ou rétablies à la plume dans tous les exemplaires que nous avons vus, nous croyons pouvoir fixer le moment où il a paru à l'année 1500. Du reste, les positions extérieures sont tout-à-fait inexactes; dans l'intérieur de la ville la place des principaux édifices est assez vraie; en général l'exécution indique la naissance de l'art, ou une main bien peu exercée.

2°. *Vray pourtraict de la ville d'Orléans comme elle estoit lors du siège des Anglois*, en l'an 1428. Ce *vray pourtraict*, un peu moins mal gravé que le numéro premier, contient les deux premières enceintes. Il ne porte ni la date ni le nom du graveur.

Sous le n° 23 se trouve désignée la maison de l'Annonciade, près de la porte Renard, avec cette dénomination *maison Boucher, à présent du sieur Desfrancs*. Ce fut dans cette maison, comme on sait, et chez M. Bouchier, alors trésorier du Duc d'Orléans, que descendit la Pucelle, à son arrivée. Cette maison devait huit livres de rente à l'hôtel-de-ville; et, en 1556, cette rente, suivant les comptes de la ville, fut encore payée par *Michelle Sevin*, veuve du sieur Doinvilliers. M. Desfrancs, le premier de ce nom, qui a possédé la maison de l'Annonciade, est mort en 1598 (1).

Le fort des tourelles est appelé dans ce plan *fort des Tournelles*, dénomination inconnue à Orléans avant le journal du siège, dont la première édition parut en 1576.

La porte de ville, qui était située près de l'évêché, s'y trouve figurée. Elle ne fut ouverte, suivant les archives de S^{te}. Croix déposées à l'évêché, qu'en 1481.

(1) Voyez la généalogie de la famille Colas sieurs Desfrancs, imprimée en 1768 à Orléans.

Ces trois remarques nous portent à croire qu'il a pu être fait de 1557 à 1598. Il n'est guère probable qu'on l'ait destiné à être joint au journal du siège ; et cependant nous l'avons trouvé relié dans deux exemplaires de l'édition imprimée à Lyon en 1619. Quoique cette édition soit moins rare que celles de 1606 et 1621, nous n'avons pu parvenir à nous en procurer d'autres exemplaires pour nous assurer s'il y était annexé, ce qui fixerait sa publication plus tard que nous ne le présumons. Quoi qu'il en soit, son inexactitude est frappante dans les positions respectives de la Madeleine et de St.-Laurent, de Saint-Loup et de Saint-Jean-le-blanc, etc. On sera étonné de n'y point voir l'île aux toiles, l'île Charlemagne dans laquelle les Anglais avaient un fort, le boulevard des douze pierres, celui du pressoir *ars*, celui de la porte Parisis et de la porte de Bourgogne, tandis qu'on y voit la motte St.-Antoine et la motte des poissonniers hérissées de canons, ce qui est contraire à la vérité.

Cette gravure, exécutée sans soin et sans exactitude, ne nous semble avoir d'autre mérite que celui d'être ancienne et très-difficile à rencontrer.

3°. Plans de la ville d'Orléans, dressés par ordre des trésoriers de France en 1543.

Ces plans partiels sont réunis en un volume in-f°., et déposés aux archives de la direction des domaines.

Ils contiennent des renseignemens curieux sur différentes censives très-anciennes et sur quelques positions des premières enceintes d'Orléans. Néanmoins il faut se méfier de leur exactitude, car ils sont défectueux en plusieurs points.

4°. *Figure de la ville d'Orléans où sont toutes les paroisses*, etc. (déposé à la bibliothèque publique).

Ce plan manuscrit, sur parchemin, a été fait en 1640 par Fleury, arpenteur-juré. Toutes les enceintes y sont réunies ; Sainte-Croix y est représentée avec une seule tour et son ancien portail.

Il est fort exact, et il a été dressé pour établir les propriétés de la ville, sujettes aux cens et rentes des dames religieuses de la Madeleine.

Le même Fleury, dont les talens et l'exactitude sont remarquables pour le temps où il vivait, a levé plusieurs plans partiels, et sur une grande échelle, des différentes accrues de la ville, notamment de la dernière. Quelques-uns de ces plans sont encore aux archives de la préfecture, et d'autres en la possession de particuliers. Il serait bien à désirer qu'on pût réunir tous ses travaux dans un seul et même lieu où l'on pourrait les consulter utilement.

5°. Plan de la ville d'Orléans (en 1640). C'est une copie du plan n° 4 de Fleury. M. l'abbé Dubois l'avait fait faire pour son usage, et l'a légué à la bibliothèque avec ses manuscrits; il s'y trouve encadré.

6°. *Figure d'une place close de points rouges, étant en la censive des dames religieuses de Sainte-Marie-Madeleine-lès-Orléans, ainsi qu'elle est à présent, avec les maisons qui y ont été basties depuis quelque tems, comme aussi sont figurés les environs d'icelle place par moy Jean Fleury, arpenteur-juré au bailliage d'Orléans, le mois de février 1676.*

Figure d'une place close de points rouges, étant en la censive des dames religieuses de Sainte-Marie-Madeleine-lès-Orléans, ainsi qu'elle estoit depuis l'an 1500 jusqu'en 1543, en laquelle année les sieurs trésoriers d'Orléans firent recherche de toutes les maisons d'Orléans, de quelle censive elles étaient, ainsi qu'il se voit dans un livre fait par lesdits trésoriers en ladite année 1543, etc.

Ces deux *figures* réunies sur une seule feuille de parchemin sont très-curieuses. Elles représentent le fort des tourelles et ses ouvrages avancés, tels qu'ils étaient en 1500 et tels qu'ils se trouvaient en 1676. C'est peut-être le seul document authentique qui nous reste sur la forme des tourelles et sur leurs fortifications avancées, au moment du siège de 1428.

Fleury dressa ces *figures* pour les dames de la Madeleine qui avaient une censive jusqu'aux tourelles. Les travaux qu'on exécuta du temps de la ligue nécessitèrent ces plans pour établir les droits des religieuses. On avait pratiqué alors un ravelin ou une esplanade jointe au boulevard et entourée d'un large fossé rempli par l'eau de la Loire, de manière qu'il était impossible d'entrer dans le ravelin ni d'en sortir, sans passer sur un pont dont la tête était fortifiée. Ce ravelin, qui s'étendait beaucoup à l'est et au sud, avait compris dans son enceinte plusieurs maisons de la censive du couvent de la Madeleine. Pour indiquer la position de ces propriétés, il était indispensable de représenter les lieux tels qu'ils étaient avant la construction du ravelin : Fleury s'aida, pour régler ces droits, d'un plan qu'il découvrit dans les archives des trésoriers de France qui avaient fait relever en 1543, comme nous l'avons dit au n° 2, toutes les censives d'Orléans telles qu'elles étaient en 1500.

Le plan de Fleury est copié sur celui des trésoriers de France avec quelques rectifications. Le seul changement apporté aux tourelles, depuis 1429 jusqu'en 1500, ayant été, suivant les comptes de la ville, la construction d'un mur pour environner le boulevard qui auparavant était composé de pieux enfoncés obliquement et de fascines. Il nous paraît certain que ce plan doit être regardé comme donnant l'aspect fidèle des tourelles et de leurs fortifications lors du siège, et qu'en cela il est extrêmement précieux.

7°. Plan d'Orléans dans la cosmographie universelle de Belleforest, tome 1, page 325, édition de 1575.

Ce plan est un des plus anciens et un des plus exacts qu'on connaisse : malheureusement il est dessiné en perspective cavalière ; ce qui empêche de bien juger de la longueur des rues et de la position respective des monumens dans la partie septentrionale de la ville.

Voici ce qu'on lit au sujet de son exécution dans les notes manuscrites sur Lemaire, que nous a laissées Hector Desfriches. « M. Léon Tripault (1), conseiller au bailliage et siège présidial d'Orléans, s'est
» acquis une réputation immortelle au siècle précédent, parce que, outre ses doctes écrits pour
» honorer sa patrie, et par une magnificence toute
» extraordinaire, il reçut dans sa maison, logea
» et traita trois mois entiers à sa table François
» Raneurel, graveur et tailleur le plus expert de son
» temps, à lui envoyé par le grand historiographe
» royal, le sieur de Belleforest, pour tailler et réduire
» au petit pied le plan de cette ville, toutes ses
» églises, places et rues; sur le récit qu'on lui avait
» fait de l'honnêteté, libéralité et amour de sa patrie dudit sieur Tripault, lequel en outre fit un
» honnête présent au tailleur, et le chargea de mémoires, antiquités et autres choses remarquables
» de cette ville. » Belleforest a témoigné sa reconnaissance des services que ce conseiller au bailliage lui rendit en cette occasion, en faisant imprimer qu'il doit tout ce qu'il a dit d'Orléans « aux mémoires
» qu'il a reçus de très-docte et très-grand rechercheur d'antiquités le seigneur Léon Tripault,

---

(1) C'est à M. Léon Tripault qu'on doit la conservation des seuls renseignemens détaillés que nous possédions sur le siège d'Orléans. Il fut le premier éditeur de l'*Histoire et Discours au vrai du siège qui fut mis devant la ville par les Anglois, le mardi douzième jour d'octobre* 1428. Saturnin Hotot; Orléans, 1576, in-4°.

Cet ouvrage fut tiré d'un vieux manuscrit en parchemin qui existait autrefois aux archives de l'hôtel-de-ville d'Orléans, et dont nous ne connaîtrions pas l'existence sans le travail de M. Léon Tripault. Quant au livret de M. Tripault sur les antiquités d'Orléans, il se trouve joint à quelques éditions de l'histoire du siège, et présente peu d'intérêt.

» duquel bon et courtois juge royal *je ne veux*, ami
» lecteur, que vous ignoriez et la diligence et la
» suffisance tant en tout genre de sçavoir, qu'en ce
» qui concerne les antiquités de sa ville, desquelles
» il a fait un petit livret dédié à M$^{gr.}$ de l'Aubepine,
» évêque de Limoges ».

Le plan dressé et gravé par Raneurel avec talent est le seul, dans lequel on trouve la citadelle de la porte Bannier et le chemin qui établissait une communication entre cette citadelle et la porte Bannier. On y remarque en outre la porte de l'évangile, ouverte près la tour de Bellenaud ou tour le Roi, la première des tours en allant de la porte Bannier à la porte Saint-Vincent; le duis prolongé jusqu'à l'île aux toiles; l'église Saint-Paul avec deux clochers inégaux des deux côtés du portail principal; enfin, les deux tours de la porte de ville qui avait été bâtie fort anciennement dans la rue de S^t.-Jacques.

8°. Dans le troisième volume de l'ouvrage de Georges Braun, imprimé à Cologne en 1606 sous ce titre, *Urbium præcipuarum totius mundi Libri*, est inséré un plan d'Orléans copié sur celui de Belleforest, quoique sur une échelle plus grande. On a cru devoir y conserver la vue peu agréable d'un criminel attaché à la potence sur la place du martroi, et y ajouter quelques bateaux à la voile. Cette addition n'a pas été heureuse, car on n'a pas pensé qu'on ne s'est jamais servi de voile pour descendre la Loire, mais seulement pour la remonter.

9°. Plan d'Orléans par Tassin, dans son recueil des plans et profils de toutes les principales villes et lieux considérables de France; in-4°.; Paris, 1634, tome 2, page 39; et table du cours de la Loire, n° 14.

Les renseignemens que donnent ces plans manquent d'exactitude en différens points, ce qui ferait révoquer en doute que ce Tassin fût Orléanais, comme l'ont avancé quelques auteurs, et donnerait lieu de croire qu'il était plutôt de Lyon, comme l'affirment plusieurs autres.

Parmi les omissions qui nous ont frappé, nous signalerons l'oubli des rues de la porte Saint-Jean, de la lionne, des huguenots, du pot-de-fer, du chapon, du bœuf-Saint-Paterne, etc.

10°. Plan et profil au naturel de la ville d'Orléans, dédié à M. Dufos, chanoine de Saint-Aignan. Orléans, chez Gilles Hotot, imprimeur du Roi et de la ville. (Sans date).

Ce plan doit avoir été gravé entre 1637 et 1645, car les deux tours qui étaient à la porte de ville du châtelet, et que Lemaire affirme avoir vu détruire en 1637, ne s'y trouvent point, tandis qu'on y distingue la paroisse de Sainte-Colombe dont le clocher fut abattu peu après sa suppression qui eut lieu en 1645.

Il est très-étendu, composé de deux feuilles, et gravé sur cuivre; mais il est tellement en perspective cavalière, qu'il est impossible de bien juger des distances dans sa partie septentrionale. La notice imprimée, qui accompagne ce plan, offre peu de renseignemens intéressans, et contient une erreur relative à la deuxième enceinte de la ville dont elle fixe les travaux à l'an 1312, tandis qu'on ne les commença qu'en 1328 au plutôt.

On voit dans ce plan l'éperon et le pont-levis qui étaient en avant de la porte de Bourgogne, mais l'île aux toiles y est omise.

11°. Plan de la ville d'Orléans, dédié à M. du Cambout de Coislin, par Inselin.

On a fait trois éditions de ce plan. La première, presque introuvable, donne la figure de l'éperon et du pont-levis qui était en avant de la porte de Bourgogne; elle porte le nom d'Hérinam ou Hérinan, au lieu de celui d'Inselin, et doit avoir été gravée vers 1665 ou 1666, dans les premières années de l'épiscopat de M. de Coislin.

La deuxième édition de cette planche retouchée

offre une place et une croix au lieu de l'éperon et du pont-levis de la porte de Bourgogne dont on a déterré dernièrement trois arches en nivelant ce terrain. Cette édition porte le nom d'Inselin; et nous la présumons de 1680, toujours sous l'épiscopat de M. de Coislin.

La troisième édition contient le nouveau pont sur la Loire, au lieu de l'ancien qu'on voit dans les deux autres; la rue royale et les deux pavillons y sont également indiqués. Il porte le nom d'Inselin, mais il doit avoir été fait depuis l'épiscopat de M. de Coislin et vers l'année 1760, époque à laquelle le nouveau pont fut terminé, la rue royale commencée et les pavillons construits.

La première et la troisième édition de ce plan sont les plus rares; il est généralement correct, mais les rues y sont presque toutes indiquées droites, probablement pour en faciliter la recherche.

12°. Plan de la ville d'Orléans, 1705; chez le sieur Defer, avec une jolie vignette représentant la Pucelle terrassant les Anglais.

On trouve dans ce plan, très-soigneusement gravé, l'éperon de la porte de Bourgogne, l'ancien pont, les mottes et les tourelles avec les derniers travaux qu'on y avait faits.

13°. La ville d'Orléans par Beaurin. Ce plan sans date n'a d'autre intérêt que de compléter la collection des plans d'Orléans; on le croit de 1690. On y voit la croix du martroi, sous la dénomination de perron, et l'île de maisons qui se trouvait en avant de la rue neuve, et séparée par la rue Galliot qui n'existe plus. Ces maisons ont été totalement démolies vers 1750; ce qui confirme l'opinion générale sur la date de ce plan.

14°. Il existe dans le bureau des contributions, à la préfecture, un plan manuscrit, sur une grande échelle, que l'on présume avoir été dressé ou copié vers 1740. Il offre cette singularité que la ville et le faubourg

faubourg Saint-Marceau sont placés en sens inverse de leur position naturelle, ce qui nuit beaucoup aux recherches.

15°. Plan de la ville d'Orléans, dédié aux maires et échevins par Perdoux; 1773. Il est un des plus exacts et assez bien gravé : deux lignes ponctuées y indiquent l'emplacement de l'ancien pont.

16°. *Plan historique de la ville d'Orléans, assujetti à ses nouveaux accroissemens, par Moitley;* 1775; avec une vignette des tours de Sainte-Croix, suivant l'élévation qu'elles avaient en 1775 et le projet alors adopté pour les terminer. Ce plan, dédié au Duc d'Orléans, est bien gravé et très-soigné; mais les rues y sont figurées plus larges et plus droites qu'elles ne le sont effectivement, afin qu'on puisse les trouver avec plus de facilité. La place qu'occupait l'ancien pont est marquée par des points. Enfin, c'est un des mieux exécutés que nous connaissions; mais il est tellement rare qu'il est presque impossible de se le procurer. Il doit être recherché sous le rapport historique, parce que les différentes enceintes y sont indiquées. Nous avons cependant remarqué qu'on a oublié de joindre la troisième enceinte à la seconde, à partir du coin de l'évêché jusqu'à la tour de Pénincourt, et que les lignes des enceintes n'y sont pas tracées très-exactement.

17°. Nouveau plan d'Orléans, augmenté de ses faubourgs, etc., présenté à M. de Cypierre, etc., par Letourmy, gravé par Lattré.

Ce plan sans date est une réduction de celui de 1773 de Perdoux, ainsi qu'il est facile de s'en convaincre. Il est bien gravé, assez exact, mais d'une dimension un peu trop petite. On le trouve joint à la deuxième édition des essais historiques de Polluche, publiée et augmentée par M. Beauvais de Préau. Il est probable qu'il a été gravé de 1778 à 1780. Plusieurs noms de rues y sont omis, et beaucoup d'autres incorrectement écrits.

18º. Carte visuelle du siège d'Orléans en 1428 et 1429, placée à la page 246 de l'ouvrage de M. Berriat Saint-Prix, intitulé *Jeanne d'Arc*.

Sans doute ce plan a été dressé sans qu'on ait eu une connaissance bien précise des documens qui nous sont restés de la forme d'Orléans en 1428 : aussi y trouve-t-on de nombreuses inexactitudes que M. l'abbé Dubois a relevées, l'objet spécial de ses recherches ayant été le siège d'Orléans.

Voici les principaux reproches que lui fait Monsieur Dubois.

1º. La ville avait la forme d'un rectangle, tandis qu'on lui a donné celle d'un trapèze.

2º. Il n'a jamais existé de bastilles anglaises dans le faubourg Saint-Vincent, non plus qu'entre ce faubourg et celui de la porte Bannier : c'est donc à tort qu'on en a figuré.

3º. L'île aux toiles, représentée comme plus près de la rive droite que de la rive gauche de la Loire, était plus rapprochée de Saint-Jean-le-blanc, puisque d'Aulon dit dans sa déposition qu'il ne fallut que deux bateaux pour établir la communication entre cette île et la turcie Saint-Jean-le-blanc.

4º. On y voit un chemin qui n'a jamais existé entre les tourelles et le boulevard. Il n'y avait entre eux qu'un bras de la Loire, sur lequel était un pont : c'est ce pont que la Pucelle fit sauter lorsque les Anglais voulurent se retirer dans les tourelles, et c'est dans ce bras de la Loire qu'ils se noyèrent.

5º. L'île-aux-bœufs, située entre Saint-Loup et Saint-Aignan, y est oubliée.

En outre la bastille des Augustins est au sud-est des tourelles, tandis qu'elle était au sud et plus rapprochée. Le quai indiqué à droite et à gauche du pont, n'existait pas ; car la Loire baignait les murs du châtelet, et l'on était forcé d'entrer en ville pour sortir ensuite sur le quai par la porte de la faux. L'église de Saint-Loup était dans la bastille de ce nom, et non pas au dehors, puisque les Anglais s'étaient retirés dans le clocher pour s'y cacher. Les Carmes se trouvaient à l'ouest de la porte Renard, et n'ont jamais été placés au sud, entre cette porte et la Croix-Morin; etc. etc.

19°. Plan de la ville d'Orléans en 1428, lors du siège des Anglais que Jeanne d'Arc leur fit lever.

Ce plan manuscrit, dressé sous les yeux et par les soins de M. l'abbé Dubois, contient les quatre enceintes bien distinctes, un petit plan du bourg d'Avenum et un des tourelles, d'après Fleury. Il s'y est glissé quelques erreurs assez importantes, malgré le travail et les soins qu'il a coûtés à son auteur. Il est déposé à la bibliothèque.

20°. M. Rouzeau-Montaut père, l'un des hommes instruits d'Orléans qui se sont occupés de réunir des matériaux pour l'histoire de cette ville, possède un plan d'Orléans qui donne la figure des deux premières enceintes. Ce plan manuscrit est une copie parfaitement exécutée de celui que nous supposons être de l'année 1555, et que nous avons signalé sous le n° 2.

21°. Plan de la ville d'Orléans et partie de ses faubourgs en 1816.

Ce plan manuscrit, sans nom d'auteur, est l'ouvrage de M. Petit, géomètre, employé alors au cadastre. Il a été dressé avec soin et rendu avec une grande pureté. M. Beaufort-Guyot, libraire, en est propriétaire.

22°. Plan de la rue de Bourbon et de la ville d'Orléans, dédié aux Autorités municipales et départementales.

Ce plan lithographié, dont le but est indiqué par le titre même, n'a que l'intérêt du moment et ne figurera probablement par la suite que dans la collection des amateurs qui veulent tout avoir. Les tours de Sainte-Croix et la figure de la Pucelle, placées aux deux angles supérieurs de ce plan, sont à peine dignes, par leur forme et leur exécution, des premiers âges du dessin.

23°. Plan d'Orléans, lithographié par Auguste Macaire, de Paris, suivant les opérations géométrales du cadastre; 1824.

Un tel titre ne permet guère d'observations : aussi nous les laissons à faire aux personnes qui pourront avoir besoin d'y recourir.

24°. Plan d'Orléans, dressé par M. Pagot, architecte de la ville et du département. Ce plan manuscrit est d'une exactitude rigoureuse; il serait à désirer que les occupations nombreuses de M. Pagot lui permissent d'y ajouter les travaux exécutés par la ville depuis qu'il a été fait, et qu'il fût ensuite rendu public.

25°. Plan de la ville d'Orléans et de sa banlieue, dressé par le cadastre.

Les plans du cadastre, déposés à la préfecture et à la mairie, forment le travail le plus complet que nous possédions. L'un deux, sur une grande échelle, contient la ville seulement, *intra muros* ; un autre contient la ville, sur une petite échelle, et toute la banlieue ; des cartes partielles donnent encore à ce travail plus de développement. Commencé en 1812, et vérifié plusieurs fois depuis, il a acquis à peu près toute la perfection désirable.

Indépendamment des plans que nous venons de signaler, nous en connaissons plusieurs manuscrits, tant chez quelques particuliers que dans les différentes Administrations ; notamment un de 1750, au bureau de la police à la mairie. Tous ces plans ne sont guère que des copies plus ou moins étendues de ceux dont nous avons parlé. Néanmoins nous désignerons les plus marquans de ces plans partiels déposés aux archives de la préfecture comme très-utiles pour des renseignemens locaux, ou comme copies de plans qui n'existent plus.

26°. Plan de diverses maisons, rue de la treille,

de l'ételon, de Saint-Magloire, des noyers, de la charpenterie, des juifs, de la venelle Saint-Germain, du bœuf, de la rue neuve. Un très-grand plan de toutes les masses et îles de maisons traversées par les rues du bourdon-blanc, de Saint-Euverte, de Saint-Victor, jusqu'au rempart de la porte de la forêt et de la porte de Bourgogne. Enfin, plusieurs plans du grand et du petit hospice de S^t.-Loup ou petit Saint-Loup, dressés en 1752.

Toutes ces cartes ont été faites pour les religieuses de l'abbaye de Saint-Loup, et contiennent des renseignemens sur les propriétés qui y sont désignées.

27°. *Plan, figure et arpentage des héritages de la Chartreuse d'Orléans.*

Ce plan est très-intéressant, parce qu'il s'étend de la porte Bannier jusqu'aux Aides, et comprend toutes les propriétés environnantes, ainsi qu'une partie des murs et des fossés de la ville.

28°. Trois plans sur parchemin, contenant presque toute la partie Nord de la ville, et *dressés par Fleury, géomètre, en* 1689.

Ces plans, qui sont du même Fleury dont nous avons déjà parlé, semblent avoir fait partie d'un très-grand plan dont il ne reste que ces fragmens. On remarque sur l'un d'eux que la porte Bernière est appelée porte Parisis, et la porte Parisis porte de l'hôtel-Dieu. Il paraîtrait, d'après ce renseignement et quelques titres que nous avons vus, qu'on donna réellement pendant quelque temps le nom de porte Parisis à la porte Bernière, lorsque la seconde clôture de la ville fut terminée, ou lorsqu'on sortit par là pour se rendre à Paris.

29°. Plan géométrique et très-étendu, contenant la totalité ou à peu près des terrains situés entre la rue d'Illiers, la rue de la porte Saint-Jean, le petit mail, la rue Bannier et le martroi, dressé en 1785.

Ce plan indique tout ce qui était, dans la ville, *à fief, à cens, à relevoisons à plaisir*, etc. de l'évêché d'Orléans. Il présente beaucoup d'intérêt en ce qu'on y trouve les différens *clos* ajoutés à la ville lors de la quatrième enceinte, tels que le clos du coulombier, longeant la rue de ce nom; le clos Lebert, qui y tenait et se rapprochait de la porte Saint-Jean en suivant la rue d'Illiers; le clos Bourrelier, entre la rue d'Illiers et la porte Saint-Jean; le clos du *pressoir-ars*, intéressant par l'histoire du siège de 1428, et circonscrit par les rues actuelles du pot-de-fer et des petits-champs au nord, de la lionne au sud, du bœuf-Saint-Paterne à l'est, et de l'oie à l'ouest. En outre on y voit le plan de l'ancien hôtel-de-ville (musée), de l'église de Sainte-Catherine, de celle de Saint-Eloi, avec les maisons de la fontaine de jouvence, de l'écu de France et des francs meuriers, qui y tiennent.

30°. Copie, sans date, d'un plan qui comprenait toutes les maisons formant le côté gauche de la rue des hôtelleries jusqu'à Saint-Jacques. Elle est très-curieuse en ce qu'elle contient la figure et les dimensions exactes du grand marché, de la poissonnerie, de la boucherie, des halles, y compris la halle aux cuirs, de l'église de Saint-Hilaire, de la prévôté, des prisons et de l'ancien mur de la première clôture qui traversait toute cette masse de bâtimens en suivant la rue des hôtelleries.

31°. *Figure du clos et quartier de la ville d'Orléans, appelé la Croix-Morin.*

32°. *Plan et figure d'une portion de plusieurs maisons de la rue royale, donnant vers le martroi;* 1771. Ce plan offre des détails assez précieux sur les lieux qui y sont représentés.

33°. Plan de la maison de la Croix d'or, rue du tabourg, maintenant n° 34.

Ce plan est le seul sur lequel on trouve indiqué l'emplacement de l'ancienne porte Renard, tenant d'un côté à la maison de la Croix d'or et de l'autre à l'Annonciade.

34°. Sept feuilles des plans du couvent des Carmélites et maisons adjacentes.

35°. Deux feuilles de plans de l'abbaye de Saint-Euverte. Ce sont deux portions de plans échappées à la destruction, et utiles pour les renseignemens qu'on pourrait désirer sur l'église et sur la maison conventuelle (filature de M. Villevêque).

36°. Plan sans aucune indication, représentant l'église de Saint-Paul, son caveau souterrain, sa tour avec le mur de ville de la seconde enceinte, ses constructions primitives et celles qu'on y a faites depuis, enfin son cimetière avec ses galeries, son séminaire et son presbytère, les maisons et les rues qui l'environnent, telles que l'Annonciade, la maison de l'âne qui veille, la rue du nez-d'argent ou des curés, etc.

Ce plan local est un des plus précieux que nous connaissions en raison des documens qu'il présente et que nous venons de faire remarquer. Il a été dressé en l'année 1788, mais sur des plans beaucoup plus anciens.

37°. Trois plans de l'hôtel-Dieu et de sa chapelle actuelle, portant la date de 1729.

38°. Plusieurs plans de Sainte-Croix, dont deux en 1706, lorsque les bâtimens de l'hôtel-Dieu se prolongeaient jusqu'à la place des tours actuelles; et d'autres de 1752, signés de l'évêque, des magistrats et des notables, contenant les projets d'embellissemens intérieurs et extérieurs, notamment le portail principal.

39°. *Plan de l'ancienne maison de la congrégation de l'Oratoire et des maisons voisines.*

40°. Plan partiel de la ville, contenant une partie du martroi, le collège, l'église de Saint-Pierre-en-sente-lée et quelques maisons de la rue d'Escures. C'est la copie d'un plan dressé vers 1760.

41°. Trois feuilles représentant tout l'emplacement occupé par les bâtimens et par l'église des Bénédictins, avec les rues environnantes jusqu'à Ste.-Croix.

Ce plan, qui offre la rue de l'écrivinerie, telle qu'elle était avant l'ouverture de la rue Pothier qui l'a remplacée, est bon à consulter sous ce rapport, et aussi parce qu'il conserve le souvenir des constructions de la maison de bonne-nouvelle, remplacée aujourd'hui par la préfecture.

Des diverses Vues d'Orléans dessinées, peintes, gravées ou lithographiées.

1°. La chambre du conseil, à l'hôtel-de-ville, est ornée d'un tableau très-ancien, représentant Orléans vu de la rive gauche de la Loire et au levant des tourelles.

Cette peinture sur bois, peu satisfaisante sous le rapport de l'art, est néanmoins très-précieuse et fournit beaucoup de renseignemens qui nous aideront à fixer le temps vers lequel elle a été faite.

Un des plus intéressans est relatif au monument de Jeanne d'Arc. Il y est représenté tel que Pontus Heuterus l'a vu avant les troubles et tel qu'il l'a décrit.

Ce monument, et celui de la belle-croix qu'on distingue aussi dans ce tableau, furent détruits par les Protestans totalement ou en grande partie en 1562. Ils ne sont figurés avec détail dans aucun autre tableau ou gravure d'Orléans.

Les églises s'y trouvent telles qu'elles étaient avant les troubles : Sainte-Croix, avec ses anciennes tours dont l'une était terminée par une flèche, l'autre par un toit à deux pentes ; Saint-Pierre-en-pont, avec sa tour surmontée d'une flèche très-élevée ; Saint-Pierre-le-Puellier, avec deux tourelles dont l'une est plus grosse que l'autre ; Saint-Jacques, avec un clocher terminé par une statue de ce saint.

On voit sur la tour de l'hôtel-de-ville la lanterne qui y fut construite, et couronnée d'une statue de Saint-Michel terrassant le diable.

La porte Bannier est flanquée de deux grosses tours. L'on remarque parmi les personnages un chanoine à genoux près de la belle-croix, dont l'aumusse est brune d'un côté et couverte de l'autre de plusieurs bandes de petit gris, et un cordelier habillé en gris, couleur qui n'était affectée qu'à quelques couvens du midi : c'est sans doute une erreur du peintre. Les habitans sont généralement vêtus d'une robe sans manches et d'un pourpoint avec des manchettes. Ils portent des colerettes, mode du siècle de François Ier.

Au haut du tableau se trouve un ange tenant un globe, et aux quatre angles on lit des versets de pseaumes écrits en caractères gothiques.

D'après tous ces renseignemens, nous croyons pouvoir fixer avec vraisemblance la date de ce tableau antérieurement à 1562 : il a certainement été fait sur les lieux, et devient pour nous un des documens les plus assurés de la forme qu'avaient nos principaux édifices avant les guerres de religion qui les ont mutilés.

2°. Un grand tableau sur bois, nouvellement restauré, décore la salle du conseil municipal : il porte la date de 1746 et les lettres S. D. Il ne présente de remarquable que sa dimension. Au haut se voient les armes du Roi, celles du Duc d'Orléans et de la ville. Les tourelles sont présentées sous un singulier aspect et d'une manière peu fidèle, ainsi que la plupart des monumens de la ville. Saint-Aignan y est peint avec sa tour et la portion de l'église qui la joignait tout à fait en ruine.

3°. M. Moiret, percepteur des contributions de Saint-Denis-en-val, possède (à Colin et Jeanne) un tableau qui représente Orléans vu du côté des Capucins. Cette peinture, souvent restaurée par des mains moins habiles encore que celles qui l'ont créée, offre néanmoins des détails bons à recueillir.

On y voit les habitans réunis au tir de l'oiseau,

attaché au haut d'un mât fixé sur la tourelle du pont, du côté de l'est (1).

Ce fut en juin 1636 que pour la première fois on plaça l'oiseau au haut des tourelles, usage qui subsista jusqu'à la suppression des arquebusiers. Le tableau, d'après cela, ne peut avoir été fait que vers cette année ou postérieurement.

4°. M. Lefebvre, notaire, possédait un tableau ovale, peu connu, de la vue d'Orléans prise du côté du sud, et son pendant qui doit être la vue d'une des écluses du canal.

Ce tableau, bien supérieur aux précédens, comme peinture, semble avoir été fait sur des données anciennes et positives, ou copié sur des dessins ignorés maintenant. Il est signé du nom de Martin qu'on dit avoir été élève de Vandermeulen. Les tourelles s'y trouvent représentées telles qu'elles étaient depuis la ligue, et comme l'indique le plan de Fleury. En avant et près le petit pont on voit la porte fortifiée qu'on avait élevée ; le mât destiné à tirer l'oiseau est fixé sur les tourelles, comme dans celui que possède M. Moiret ; le pont est orné de la belle-croix et du monument de Jeanne d'Arc ; le bastion de la motte sans-gain est à demi ruiné ; Saint-Aignan est entier et se prolonge jusqu'à la tour ; le clocher de Saint-Pierre-en-pont est sans flèche ; celui de Saint-Jacques et de la tour de ville sont ornés de leurs statues.

Ces indications qui offrent des erreurs de date, nous confirment dans l'opinion que ce tableau a été fait de souvenir ou composé sur des données antérieures, car le clocher de Saint-Pierre-en-pont fut

---

(1). Dans le compte de la ville, du 3 juin 1636, on lit : « Payé 4 francs à Boisenier, charpentier, pour avoir posé un » mât sur le haut des tourelles pour tirer l'oiseau par les » arquebusiers, à l'occasion du refus fait par MM. du chapitre » de Saint-Aignan qu'il fût mis sur la tour de leur église, ainsi » qu'il était accoutumé. »

détruit en même temps qu'une partie de S.-Aignan, et à la même époque disparurent les statues de Saint-Jacques et de la tour de ville. En outre le châtelet est dégarni de tours, ainsi que la porte du pont. Du reste les bateaux placés sur la Loire ont une forme singulière, et le costume des habitans indique le siècle de Louis XIV. Effectivement, si Martin est élève de Vandermeulen, ce tableau a dû être fait sous ce règne et vers 1690.

5°. Il existait aussi une peinture d'une grande dimension, sur bois, mais très-grossière, à la crèche Saint-Nicolas, près de la poterne. Cette peinture, dont il ne reste plus que les planches, avait été faite lors de l'établissement du quai, et représentait Orléans. On prétend qu'elle avait été placée dans l'endroit même où nos anciens auteurs disent avoir vu une pierre portant une inscription romaine relative aux bateliers de la Loire. (*Voyez* Polluche, *p.* 26.)

6°. Dans le troisième volume de l'ouvrage de Charles Braun, imprimé à Cologne en 1606, et que nous avons cité sous le n° 8 des plans, se trouve une vue d'Orléans peu intéressante.

7°. *Orléans*, dessiné par Silvestre et gravé par Colignon. (Sans date.) Cette vue, remarquable par son exécution, est rare et recherchée. On y distingue, à Saint-Aignan, le prolongement à demi ruiné de cette église jusqu'à la tour.

8°. Quelques amateurs ont joint à leur collection une vue d'Orléans qu'on reconnaîtrait à peine sans le titre. Elle est ordinairement coloriée, sans date, et à peine digne d'orner un almanach.

9°. Profil de la ville d'Orléans, etc., dessiné par le sieur D. C., peintre de l'Académie. (Sans date et sans adresse.)

Cette image de dominoterie ne mérite aucune attention. Elle est infidèle en presque tous ses points, quoiqu'elle paraisse avoir été copiée sur le grand tableau de la mairie, coté ici sous le n° 2. La motte sans-gain y est désignée sous son vrai nom de motte *sans-gain* et non point *sans-guin*, comme on l'écrit souvent.

10°. Vue d'Orléans par M. Desfriches. Cette vue, fort bien gravée en 1766, est chez presque tous les Orléanais.

Un des originaux, car il paraît que M. Desfriches en fit plusieurs, avait été donné à M. de Cypierre, intendant d'Orléans. Il se trouvait en dernier lieu chez Monsieur Duboscq, ancien employé de l'intendance (1).

La vue d'Orléans de M. Desfriches, malgré les légères incorrections qu'on s'accorde à lui reprocher, est très-estimée, et les belles épreuves en sont très-rares.

11°. Deux vues d'Orléans, de grande dimension, dessinées par M. Salmon, l'une prise de l'île Arraut, l'autre des Capucins, et gravées en 1808.

Nous laisserons aux dessinateurs le soin d'en apprécier le mérite sous le rapport de l'art en nous bornant à faire observer qu'elles donnent une idée des quais avant la destruction totale des murs de ville, du côté du sud-est.

12°. Deux petites vues du même, gravées en médaillon, et qui sont une réduction des grandes.

13°. Vue d'Orléans, jointe à l'annuaire de 1822 de M. Jacob aîné. Cette vue, prise de l'île Arraut, est sans nom d'auteur : ce fut le premier essai en lithographie de M. Romagnési jeune.

14°. Deux vues d'Orléans ; l'une au temps de Jeanne d'Arc, l'autre en 1825. Celle du temps de Jeanne d'Arc a été composée d'après les renseignemens que nous ont transmis le tableau de la mairie,

---

(1) Un marchand de tableaux l'a acheté et nétoyé. Il porte cette signature : « *Desfriches, Aurelianensis* ; 1761. » Au bas est écrit d'une autre main : « Présenté à M. Fr. Cl. Perrin de » Cypierre, intendant d'Orléans, par le Corps de ville et M Desfriches qui l'a dessiné en 1761. » Il vient d'être donné au musée.

n° 1,

n°. 1, le plan des tourelles de Fleury et celui de Hotot. La vue de 1825 a été faite d'après nature; malheureusement la réussite lithographique n'a pas répondu aux soins que s'était donnés l'auteur, et la forme ovale qu'il a adoptée nuit aux développemens qu'on pourrait désirer.

Nous terminerons cette notice des vues d'Orléans en émettant le vœu de voir réunis au musée les tableaux que nous avons décrits et les dessins originaux faits à différentes époques; et, afin de ne rien omettre des renseignemens que nous nous sommes procurés avec beaucoup de peines et de soins, nous signalerons aux amateurs de médailles deux jetons frappés en cuivre et en argent, l'un en 1735, aux frais de la société des marchands fréquentant la Loire, avec ces inscriptions : « *Aurelia. — Ex libertate commercii ubertas.* » Il représente la ville, lors de la première et deuxième enceinte, d'après le plan que nous avons signalé sous le n° 2; et il est par cela même assez curieux. Le second, frappé en 1760, représente le nouveau pont et une partie de la ville, avec ces inscriptions : « *Quantum decus additur urbi! — Ponte Aurelianensi fauste peracto.* » Il a eu pour but de rappeler l'époque à laquelle ce pont a été terminé.

DIVISIONS
ANCIENNES ET ACTUELLES
DE LA
VILLE D'ORLÉANS.

La ville d'Orléans, dont la forme resta à peu près carrée jusqu'en 1329, comme nous l'avons vu, se trouvait alors partagée en quatre quartiers formés naturellement par les rues qui, de l'est à l'ouest, la coupaient en deux parties presque égales, de la vieille porte de Bourgogne à la porte Dunoise (1), et par celles qui, la traversant du sud au nord, la divisaient aussi en deux moitiés, de la poterne Chesneau à la porte Parisis (2). Le premier quartier était celui de la cathédrale, le second celui de Saint-Samson, le troisième celui des écoles, le quatrième celui du châtelet.

Après la réunion du bourg d'Avenum à la ville, elle fut partagée en deux parties principales; l'ancienne ville et la nouvelle. Ces deux parties étaient subdivisées, vers 1302, en douze quartiers (3), et plus tard en huit quartiers seulement (4).

(1) Ces rues étaient la rue Saint-Liphard, la rue Saint-Sauveur, la grand' rue de Saint-Pierre-en-pont, et la rue porte Dunoise.

(2) Ces rues étaient la rue de la poterne, la rue de l'homme-rouge, la rue du battoir-vert, la rue Saint-Martin-de-la-mine.

(3) Philippe-le-Bel, le 30 janvier 1302, érige en titre d'office douze notaires pour les douze quartiers de la ville, avec privilège de passer tous contrats en tous lieux du royaume. Cette création nous confirme dans l'opinion que nous avons émise que ce fut sous son règne, en 1300, qu'on joignit Avenum à la ville.

(4) Chaque quartier avait son chef nommé *quartinier*; celui-ci commandait à dix *dixainiers* qui eux-mêmes recevaient les rapports relatifs à l'ordre public des chefs de rue établis en même nombre que les rues de chaque quartier et y demeurant. Cette police était rigoureuse, et d'autant mieux exercée dans le principe, que les habitans nommaient eux-mêmes ces différens chefs, et qu'on tenait à honneur d'occuper un de ces emplois. C'est dans le plus beau moment de cette institution qu'eut lieu le siège d'Orléans sous Charles VII, et c'est probablement à elle qu'on dut en grande partie l'ordre qui régna pendant le siège, l'unanimité d'opinions et le beau caractère que déployèrent alors tous les habitans. Malheureusement plus tard il en fut de ces charges comme de beaucoup d'autres; dès que le Gouvernement crut dans son intérêt de les rendre vénales ou rétribuées, elles ne produisirent plus les mêmes résultats, et furent bientôt méprisées. Au temps de la ligue, en 1590 et 1591, *l'on établit huit vingts chefs des rues*, à cause d'une prétendue confrairie du

Sous Charles VIII, après que Louis XI eut ajouté le faubourg de Saint-Aignan à la ville, elle forma quelque temps trois portions distinctes : 1°. l'ancienne ville, 2°. Avenum ou Saint-Paul, 3°. la nouvelle ville ou Saint-Aignan. Ces trois portions furent pendant plusieurs années partagées en douze quartiers.

Sous Louis XII, lorsqu'Orléans se fut agrandi au point où nous le voyons encore, il reçut une première division en seize quartiers; ensuite on le sépara en douze quartiers seulement. Plus tard on désigna ces quartiers par le nom des paroissses, et ils furent comme elles au nombre de vingt-quatre *intra* et *extra muros* (1). En 1770, afin d'éviter la confusion, et pour porter des secours avec plus de certitude lors des incendies alors assez fréquens, on le partagea, pour cet objet seulement, en six quartiers (2). De nos jours il fut divisé en onze sec-

---

nom de Jésus qu'on y vouloit introduire. C'est ainsi que dans tous les siècles on chercha bien des fois et l'on réussit trop souvent à abuser du nom de la religion pour exciter le peuple à la rébellion et au désordre.

(1) Ces paroisses étaient l'alleu Saint-Mesmin, Saint-Benoît-du-retour, Sainte-Catherine, la Conception, jadis Saint-Flou, le crucifix Saint-Aignan dans l'église collégiale de Saint-Aignan, Saint-Donatien, Saint-Euverte, Saint-Hilaire, Saint-Laurent et Recouvrance, Saint-Liphard, Saint-Maclou, jadis Saint-Samson, Saint-Marc, Saint-Marceau, Saint-Maurice ou Saint-Eloi ; Saint-Michel qui réunissait celles de Saint-Georges et Saint-Avit, depuis leur suppression, Notre-Dame-du-chemin, Saint-Paterne, Saint-Paul, St.-Pierre-en-pont, St.-Pierre-en-sente-lée, St.-Pierre-Lentin, Saint-Pierre-le-Puellier, Saint-Victor et Saint-Vincent. Il y avait aussi les collégiales de Sainte-Croix et de Saint-Aignan, ainsi que celles de Saint-Pierre-en-pont, Saint-Pierre-le-puellier, Saint-Avit, Saint-Flou, qui étaient en même temps des paroisses. En outre on comptait beaucoup d'oratoires, de chapelles et de communautés dont on trouvera les noms dans chaque quartier à la suite de la rue qu'elles occupaient.

(2) Le premier de ces six quartiers était borné au sud par les quais de la tour neuve et du bourdon-blanc ; au nord par les rues de l'évêché, la place de l'étape, la rue d'Escures, la place du mar-

tions.(1), en justices de paix, etc.; enfin, en dernier lieu, la ville était séparée en quatre quartiers,

troi; à l'ouest par la rue royale. Le second était séparé des autres par les rues de la tour neuve, du bourdon-blanc, du hurepoix et Saint-Vincent. Le troisième s'étendait depuis la porte Saint-Vincent, en comprenant son faubourg, et se trouvait circonscrit en ville par les rues du hurepoix, de l'évêché, l'étape, la rue d'Escures, le martroi et la rue Bannier jusqu'à la porte du même nom. Le quatrième, dont le faubourg Bannier faisait partie, était borné par la rue Bannier, le martroi, les rues de la hallebarde, des Carmes et de la porte Saint-Jean. Le cinquième était entouré à l'ouest par les remparts de la porte Saint-Jean à la porte Barentin; au sud par les quais jusqu'à la rue royale; à l'est par la rue royale, et au nord par les rues de la hallebarde et le martroi, la rue des Carmes et de la porte Saint-Jean. Le sixième quartier comprenait le faubourg Saint-Marceau et les portereaux. La sonnerie d'alarme ou tocsin réglait ses coups d'après cette division.

(1) Ces sections étaient au nombre de onze.
1°. Celle de Brutus, dont les séances tenaient aux grandes écoles.
2°. Celle de la loi, ... aux Carmes.
3°. Celle de Lepelletier, ... à l'hôpital.
4°. Celle de la fraternité, ... à St.-Marceau.
5°. Celle de l'unité et de l'indivisibilité, . . au châtelet.
6°. Celle de la liberté et de l'égalité, . . { à Saint-Paul, à Recouvrance.
7°. Celle { des sans-culottes, de la montagne, } . . . { à l'Oratoire et aux Ursulines.
8°. De Gemmappe, ... à la Croix.
9°. Celle des piques, ... au collège.
10°. Celle de Jean-Jacques Rousseau, . . . à l'évêché.
11°. Celle de Marat, ... { à St Euverte, à Saint-Aignan.

Nous avons été obligé de donner ici ces dénominations. La plupart sont aujourd'hui ridicules seulement, d'autres rappellent des noms odieux à tous les honnêtes gens; mais il est déjà si difficile de reconnaître la position de propriétés qui ont subi des mutations sous ces indications, qu'il est essentiel d'en conserver le souvenir pour des temps plus reculés. C'est ce qui nous a déterminé à donner également la nomenclature républicaine des rues, places publiques et monumens.

comme aujourd'hui; mais leur circonscription était bien différente (1).

Maintenant la ville d'Orléans et sa banlieue sont divisées en quatre quartiers, par un arrêté du préfet du 7 vendémiaire an 9 (29 septembre 1800) (2). D'après un autre arrêté du maire, du 3 janvier 1818, approuvé par le préfet, chaque quartier est distingué par la couleur du fond du numéro des maisons qui s'y trouvent. Dans le premier quartier ce fond est rouge, dans le deuxième vert, dans le troisième jaune, et dans le quatrième bleu.

Elle contient aussi deux divisions de justice de paix *intra muros*. Les deux autres divisions sont *extra muros*. La première, en ville, comprend toute la partie Est, et est séparée de la seconde par les rues Bannier et royale; la seconde se compose de tout le côté Ouest. Hors la ville, le troisième arrondissement est formé du faubourg Saint-Marceau et des

---

(1) Le quartier ouest était séparé des autres par les rues du cours-aux-ânes, des chartiers, de mes-chevaux, du pot-d'argent, des grands-champs et de l'oie. Celui qui y attenait était séparé des deux autres par la rue royale, le martroi, une partie de la rue Bannier, les rues de la cerche, de Malthe, Vaslin et des huguenots. Le quartier du centre était environné par la rue royale, le martroi, une partie de la rue Bannier, la rue de la cerche, de Malthe, Vaslin, de la bretonnerie, la place de l'étape, la rue Parisis, de Saint-Martin-de-la-mine, du battoir-vert, de la roche-aux-Juifs, de l'épée-d'écosse et de la poterne. Enfin le quartier de l'est avait pour bornes les remparts et les rues des huguenots, de la bretonnerie, la place de l'étape, les rues Parisis, Saint-Martin-de-la-mine, du battoir-vert, de la roche-aux-Juifs, de l'épée-d'écosse et de la poterne.

(2) En 1801 on installa dans leurs fonctions quatre commissaires de police, d'après cette division. Mais aujourd'hui l'un d'eux est chargé du premier et quatrième quartiers, rouge et bleu; un autre du deuxième quartier, vert; le troisième du quartier jaune. Le quatrième commissaire, chef du bureau central, tient ce bureau à la mairie.

communes adjacentes ; le quatrième a dans ses attributions les faubourgs Saint-Vincent, Saint-Marc, Bourgogne et communes adjacentes. (1).

L'archidiaconé et doyenné rural de l'arrondissement comprend onze paroisses et douze oratoires ou chapelles (2). Pour la banlieue d'Orléans, les paroisses sont *intra muros* Sainte-Croix, chapître et cure de canton, ayant pour oratoire Saint-Pierre-en-sentelée (3), Saint-Pierre-le-Puellier (4), Saint-Donatien (5), Saint-Paul (6), cure de canton, Notre-

---

(1) Le tribunal de police municipale se tient à l'hôtel de la mairie ; il est présidé alternativement par chacun des juges de paix ; un commissaire de police y fait les fonctions du ministère public.

(2) Il y a, en outre, dans la ville plusieurs chapelles ; celle du Séminaire, de l'hôtel-Dieu, de l'hôpital-général, de l'hospice de la Croix, des prisons, du bon Pasteur, des dames Ursulines, des dames du Calvaire, des dames Carmélites, de l'évêché.

(3) La paroisse de Sainte-Croix est bornée à l'est par le rempart de Saint-Euverte et par la rue du bourdon-blanc ; à l'ouest par une partie de la rue royale, du martroi et de la rue Bannier ; au sud par les rues de Saint-Sauveur, de Saint-Liphard et villeneuve ; au nord par les rues de la cerche, de Malthe, Vaslin, des huguenots, et par le grand mail et le rempart de la porte de Saint-Vincent.

(4) Saint-Pierre-le-puellier vient d'être érigé en paroisse ; c'était un des oratoires dépendant de Sainte-Croix. Elle est bornée au sud par les quais de la tour neuve et de la poterne ; à l'est par la rue de la tour neuve ; à l'ouest par les rues de la roche-aux-Juifs, de l'épée-d'écosse et de la poterne ; enfin au nord par les rues Saint-Sauveur, Saint-Liphard et villeneuve, dont les côtés ou plutôt les bordures Sud sont restées dépendantes de la paroisse Sainte-Croix.

(5) La paroisse Saint-Donatien est environnée par le quai du châtelet, les rues de la poterne, de l'épée-d'écosse, roche-aux-Juifs, de l'ormerie, de la pomme-de-pin, de la cordonnerie, de la faverie et la rue royale.

(6) La paroisse Saint-Paul est circonscrite par les rues royale, d'Illiers, du puits-Saint-Christophe, de la chèvre-qui-danse, du chat-qui-pêche, de la croix-de-bois, de Saint-Laurent, et par le boulevard du jardin de ville.

Dame-de-Recouvrance (1), Saint-Paterne (2), cure de canton, Saint-Aignan (3), cure de canton; et *extra muros* Saint-Marc (4), Saint-Vincent (5), Saint-Laurent (6), N.-D. des aides (7), et S^t.-Marceau (8).

Lemaire, dans l'édition in-4°. de son *Histoire d'Orléans*, a inséré une nomenclature des rues d'Orléans. Cette liste, qu'il a supprimée depuis dans l'édition in-f°. de 1648 au lieu de la rendre plus exacte, serait encore très-utile s'il l'eût faite avec soin, et s'il nous eût conservé le souvenir des changemens opérés avant lui et de son temps. Nous croyons devoir éviter ce reproche, en plaçant ici des tableaux complets sur ces objets importans pour les mutations de propriétés et pour l'histoire topographique d'Orléans.

---

(1) La paroisse de Recouvrance est entourée par les quais Barentin et de Cypierre, les rue royale, du puits-Saint-Christophe, de la chèvre-qui-danse, du chat-qui-pêche, de la croix-de-bois, de Saint-Laurent, et par le rempart du jardin de ville.

(2) La paroisse de Saint-Paterne est bornée par la rue d'Illiers, la place du martroi, les rues Bannier, de la cerche, de Malthe, Vaslin, et des huguenots, et par le petit et le grand mail.

(3) La paroisse de Saint-Aignan comprend en ville le quai du fort Alleaume, la rue des singes, le champ et la rue du champ-Saint-Euverte, la rue des noyers, du bourdon-blanc et de la tour neuve; hors ville le faubourg Bourgogne, la venelle-à-quatre-sols, et la rue du bourg Saint-Marc lui servent de limites.

(4) La paroisse Saint-Marc s'étend depuis la rue du poirier-rond jusqu'à la rue d'Ambert à l'est et à l'ouest; elle est bornée au nord par la rue du bignon.

(5) La paroisse Saint-Vincent comprend tout le terrain qui se trouve entre les rues verte et du poirier rond, à l'ouest et à l'est; elle est bornée au nord par la rue du clos neuf, des moulins, de la croix-galette, et la route de Chanteau.

(6) La paroisse de Saint-Laurent est bornée au sud par la Loire; au nord par la rue du faubourg Madeleine ou la route de Blois; à l'est par la ville; à l'ouest par la rue de l'école et la paroisse de Saint-Jean-de-la-ruelle.

(7) La paroisse de Notre-Dame-des-Aides est située entre celle de Saint-Vincent et celle de Saint-Laurent, et s'étend au nord jusqu'à la rue des Aides.

(8) La paroisse de Saint-Marceau comprend les deux porte-reaux, et suit la circonscription de la banlieue de la ville.

PREMIER QUARTIER.

Ce quartier, dont les numéros sont peints sur un fond [r]ouge (1), est situé au nord-ouest et se trouve circonscrit [pa]r le petit mail ou mail Rocheplatte à l'ouest et au nord; [pa]r la rue Bannier, le martroi, une portion de la rue [Ro]yale à l'est; par la rue du tabourg, la rue des Carmes [et] la rue de la porte Saint-Jean au sud et au sud-ouest. Il comprend en outre, hors de la ville, les faubourgs Bannier et Saint-Jean. On y compte 62 rues, 7 monumens ou établissemens publics; il en contenait 17 qui ont été supprimés ou détruits, ou qui ont changé de nom et de destination.

NOMS ACTUELS DES RUES DE L'EST A L'OUEST.	NOMS ANCIENS OU CORROMPUS PAR L'USAGE.	MONUMENS ET ÉTABLISSEMENS PUBLICS, LIEUX REMARQUABLES	
		ACTUELS.	ANCIENS, SUPPRIMÉS OU DÉTRUITS.

Suite du premier Quartier.

Noms actuels des rues de l'est à l'ouest.	Noms anciens ou corrompus par l'usage.	Monumens et Établissemens publics, Lieux remarquables Actuels.	Anciens, supprimés ou détruits.
Rue du colombier.	Ou coulombier.	....	Ancienne salle de spectacle.
Rue de la Croix.	An 6 ou 1797, des vieux remparts.	Hospice de la Croix.	Anciennement les nouvelles Catholiques.
Rue de la lionne.			
Rue du pot-de-fer.	Ou Mesland.		
Rue des petits-champs.			
Rue du chapon.			
Du sud au nord.			
Rue royale, une partie Ouest.	An 6 ou 1797, de l'égalité.	....	Ancien monument de la Pucelle.
Place du martroi,	Idem.	....	Anc. chancellerie du Duc d'Orléans. Ancien corps-de-garde. Monument provisoire de Jeanne d'Arc, restauré en 1804.
Rue Bannier, côté Ouest.	{ En 1646, de la porte Bannière ou Bernière. An 6 ou 1797, de la liberté. }	Porte Bannier.	Citadelle de la porte Bannier, et jadis, à côté, la porte de l'évangile. Porte Bernière (en 1400), à l'extrémité sud, dans le martroi. An 6 ou 1797, porte de la liberté. Saint-Mathurin, devenu la Visitation. (Couvent détruit.)
Rue de la vieille poterie.		....	{ Ancienne maison du père de Marie Toucher, lieutenant particulier, n° 7. Tour feu Michau-Quanteau, dans la maison n° 15. }

Vincent, Saint-Marc et Bourgogne, sept coups pour le faubourg Saint-Marceau, et huit coups pour les faubourgs Saint-Jean, Madeleine et Saint-Laurent. Nous avons cru devoir conserver les dénominations données à certaines rues par arrêté de la Commune, du 14 brumaire an 6 (1797), afin que l'on puisse trouver par la suite les propriétés désignées par cette nomenclature dont les noms de saints, comme on sait, étaient retranchés : ainsi la rue Saint-Victor s'appelait rue Victor, etc, etc. Il a été inutile de noter cette suppression, toutes les fois que la rue a conservé son nom primitif.

Suite du premier Quartier.

Noms actuels des rues du sud au nord.	Noms anciens ou corrompus par l'usage.	Monumens et Établissemens publics, Lieux remarquables Actuels.	Anciens, supprimés ou détruits.
Rue de la hallebarde.	En 1646, des arbalestriers.		
Rue meslée.	Ou Sablery, ou Sablay.		
Rue du grenier-à-sel.			Ancien grenier à sel.
Rue des hilaires.	En 1492, des hilarieux, et depuis des halles. En 1646, rue Barrat.		
Rue du bœuf-Saint-Paterne.	En 1500, des estelies. En 1646, des étillaires.		
Rue de mes-chevaux.	Des chevaux, ou Poitevin.		
Rue du pot-d'argent.			
Rue de la grange-au-diable.			
Rue des grands-champs.	Anciennement de l'oie couronnée (au bout Nord).		
Rue du vert-galant.			
Rue de la poêle.	Ou des portes, ou des postes.		
Rue de la limarre.	Anciennement limace.		
Rue de l'oie.	Ou des remparts. Anciennement du poitevin.		
Rue de bon-état.	Ou des bons états.		
Mail Rocheplatte.	Ou rempart de la porte Saint-Jean, ou petit mail.		Tour gouvernante.

BOULEVARDS EXTÉRIEURS.

Boulev^d. du duc d'Angoulême.	Anciennement fossés du petit mail, ou du rempart de la porte St-Jean.		

Suite du premier Quartier.
FAUBOURG BANNIER.

Ce faubourg qui, en 1797, avait reçu la dénomination de faubourg de la liberté, est borné au nord par la commune de Saran et la rue des Aides; à l'est par la rue verte, qui le sépare du faubourg Saint-Vincent; à l'ouest par la rue de la marre-des-Sologneaux et la rue des closiers, qui le séparent du faubourg Saint-Jean; et au sud par les boulevards du Duc d'Angoulême et de MONSIEUR, qui le séparent de la ville.

Noms actuels des rues de l'est à l'ouest.	Noms anciens ou corrompus par l'usage.	Monumens, Établissemens publics, Lieux remarquables	
		Actuels.	Anciens, supprimés ou détruits.
Rue de la grenouillère............			
Rue Guignard....................			
Rue Caban......................			
Rue de la bourrée-blanche........			
Rue des fesseurs.................			
Venelle des trois croissans........			
Rue Masse......................			
Rue croix-de-raie................			
Rue du clos-neuf................			
Rue des Aides, côté Sud.........			
Du nord au sud.			
Rue verte, côté Ouest............			
Venelle de la grenouillère........			
Rue de la bourrée...............			
Rue à Gault....................			

Suite du premier Quartier.

Noms actuels des rues du nord au sud.	Noms anciens ou corrompus par l'usage.	Monumens, Établissemens publics, Lieux remarquables Actuels.	Anciens, supprimés ou détruits.
Rue du faubourg Bannier, ou route de Paris..........		La chapelle des Aides. Place de la porte Bannier, marché aux chevaux et au foin.	Couvent des Chartreux (détruit).
Rue des murlins.			
Rue de la marre-des-Sologneaux, côté Est.			
Rue des closiers, *Idem*.			

FAUBOURG DE SAINT-JEAN.

Ce faubourg est borné à l'est par la rue de la marre des Sologneaux et celle des closiers, qui le séparent du faubourg Bannier; au sud par la rue basse d'Ingré, qui le sépare du faubourg Madeleine; à l'ouest et au nord par la commune de Saint-Jean-de-la-ruelle et la rue Croix-Fauchets.

Noms actuels des rues de l'est à l'ouest.	Noms anciens ou corrompus par l'usage.	Monumens, Etablissemens publics, Lieux remarquables. Actuels.	Anciens, supprimés ou détruits.
Rue basse d'Ingré, côté Nord.			
Rue du faubourg St.-Jean, ou route de Châteaudun........		. . . .	Au coin de la venelle de Beaumont, en 1428, boulevard de la grange-de-cuivre, ou des douze pierres, ou du coulombier Turpin, ou de Londres.
Venelle Saint-Jean.			
Venelle gratte-minots............		. . . .	Au coin, vers le lieu des hauts-champs, en 1428, boulevard du Pressoir-ars ou de Rouen.
Rue des hauts-champs.			

Suite du premier Quartier.

Noms actuels des rues de l'est à l'ouest.	Noms anciens ou corrompus par l'usage.	Monumens, Établissemens publics, Lieux remarquables Actuels.	Anciens, supprimés ou détruits.
Rue des vaupulans.........			
Rue de la grange-des-groux.....			
Du sud au nord.			
Rue de la marre-des-Solo- gneaux, côté Ouest.........			
Venelle de Beaumont, une partie.			
Rue des closiers...........			
Venelle Saint-Jean.........			
Rue Croix-Fauchets, côté Est.....			

DEUXIÈME QUARTIER.

CE quartier, dont les numéros sont peints sur un fond vert, est le plus grand des quatre. Il est situé au nord-est, et comprend la moitié environ de la première enceinte, une petite partie de la seconde et de la troisième, et enfin la majeure partie de la quatrième. Il est borné au sud par les rues de Bourgogne, de Villeneuve, de Saint-Liphard, de Saint-Sauveur, de l'ormerie, de la pomme de pin, de la cordonnerie et de la faverie; à l'ouest par une partie de la rue royale, de la place du martroi et par le côté Est de la rue Bannier; au nord par le grand mail, l'ancien rempart de la porte Saint-Vincent et celui de la tour à Pinguet; à l'est par l'ancien rempart de Saint-Euverte. Il comprend en outre les faubourgs St.-Vincent, Saint-Marc et de Bourgogne. On y compte 116 rues et places en ville, et 63 hors ville. Les monumens ou établissemens publics y sont au nombre de 47. Il en contenait autrefois 77 qui ont été supprimés ou détruits, ou qui ont changé de nom et de destination.

Suite du deuxième Quartier.

NOMS ACTUELS DES RUES DE L'EST A L'OUEST.	NOMS ANCIENS OU CORROMPUS PAR L'USAGE.	MONUMENS, ÉTABLISSEMENS PUBLICS, LIEUX REMARQUABLES ACTUELS.	ANCIENS, SUPPRIMÉS OU DÉTRUITS.
Rue de Bourgogne, côté Nord.	Ou de la côte d'or, près la rue Villeneuve.	. . . .	Chapelle Saint-Michel. Église Saint-Victor; plus anciennement Saint-Léger.
Rue Villeneuve, *Idem.* . . .	Ou vieille porte de Bourgogne. . . .	. . . .	Très-anciennement la porte Bourgogne.
Rue Saint-Liphard, *Idem.* . .	An 6 ou 1797, de l'humanité. . . .	. . . .	Saint-Liphard. (*Église détruite.*)
Rue Saint-Sauveur, *Idem.* . .	An 6 ou 1797, de la philosophie. . .	. . . .	Commanderie du temple, de Malthe ou Saint-Sauveur. (*Chapelle détruite.*)
Rue de l'ormerie, *Idem.* . .	Anciennement ormerie.		
Rue de la pomme-de-pin, *Id.*			
Rue de la cordonnerie, *Idem.*	Ou savaterie, ou porte Dunoise. . . .	. . . .	Très-anciennement la porte Dunoise et Dunoise.
Rue de la faverie, *Idem.* . . .	Coin Maugars (à l'est).	. . . .	Maison ou coin des papegaux.
Cul-de-sac de la cour Hado, *Id.*			
Rue des cornes.			
Rue Rose.			
Rue du dévidet.			
Rue des trois poêlons.			
Rue des ormes-Saint-Victor.			
Cul-de-sac Sainte-Colombe.	En 1646, de Bardilly.	Communauté des dames du Calvaire.	Ancienne chapelle Sainte-Colombe.
Rue des trois Maries.	An 2 ou 1793, des républicains.		
Rue des trois clefs.			
Rue de Sémoi.			
Rue de la clouterie.	Ou des grands ciseaux.		
Rue de la petite-horloge.			
Rue du champ Saint-Euverte.			

Suite du deuxième Quartier.

Noms actuels des rues de l'est à l'ouest.	Noms anciens ou corrompus par l'usage.	Monumens, Établissemens publics, Lieux remarquables Actuels.	Anciens, supprimés ou détruits.
Rue longue-haie.			
Rue des Juifs.	An 2 ou 1793, de Bayle.		
Rue du cloître Sainte-Croix.		Nouveau Bon-Pasteur. Nouveau Séminaire, et sa chapelle.	
Cul-de-sac Saint-Etienne.			
Rue de Saint-Pierre-Lentin.	En 1646, cloche-perce.	Temple protestant.	Ancienne église de S.-Pierre-Lentin
Rue des Albanais.	Anciennement ruelle des Albains.	Maison remarquable, dite de Diane de Poitiers.	
Rue aux ours, une partie Est.	Ou aux auix, ou aux os, ou aux oies.		
Rue Saint-Magloire.			
Rue des noyers.	Très-anciennement ruelle des neix.		
Rue des éperonniers.	Anciennement du gros-ferrement. En 1646, de la poule-blanche.		
Rue des hennequins.	An 2 ou 1793, du temple.	Maison curieuse attenant à Saint-Eloi.	Anc. tour des vergers St.-Samson. Anc. église de Saint-Mesmin-l'alleu, n° 245. Ancienne tour de Saint-Mesmin. Maison remarquable intérieurement, n° 10.
Rue des basses-gouttières.	Très-anciennement des écoles.		
Rue de la poterne-St.-Samson, ou Saint-Samson.	An 2 ou 1793, du club.		Anciennement poterne St.-Samson.
Rue du cloître Saint-Sulpice.			
Cul-de-sac des barbecannes.	Ou de l'épervier, ou de la porte Parisis. En 1646, du petit-alleu.	Direction de l'enregistrement et des domaines.	Anciennement le Calvaire.
Rue tillesac.	Ou vide-sac, ou pille-sac.		

TOPOGRAPHIE D'ORLÉANS.

Suite du deuxième Quartier.

Noms actuels des rues de l'est à l'ouest.	Noms anciens ou corrompus par l'usage.	Monumens, Établissemens publics, Lieux remarquables Actuels.	Supprimés ou détruits.
Rue de Saint-Euverte.	An 6 ou 1797, du contrat social.	.... Ecoles des Frères de la Doctrine chrétienne. Les Dames de la Visitation.	Ancienne église de Saint-Euverte, et couvent.
		Halle au blé ou de St.-Louis, et, an 6 ou 1797, place du manège.	Ancien grand cimetière. Chapelles Sainte-Anne, — Saint-Esprit, — Trois-rois, — Saint-Hubert, — St.-Lazare, ou de la communauté, ou du martrol-aux-corps.
Rue de l'évêché.	En 1646, du grand hôtel-Dieu. An 6 ou 1797, de J.-J. Rousseau.	Consultations gratuites, fondation du docteur Petit. Caserne du Séminaire.	Ancien Séminaire, et églises Saint-Georges et Saint-Avit.
		Evêché ou palais épiscopal et chapelle. Hôtel-Dieu et chapelle.	Anciennes tours de l'église Sainte-Croix, du plaidoyer de monseigneur l'évêque, salée.
Rempart de la tour à Pinguet. Rue des bouteilles.	Ou de la forêt.	Dépôt des reverbères.	Ancienne porte de la forêt, appelée depuis tour à Pinguet. Tour Juranville et tour de Pénincourt.
Cul-de-sac du cloître Saint-Georges.	Anciennement rue du cloître Saint-Georges. An 2 ou 1793, du bien-monté.		
Cul-de-sac de la rue de la Salamandre.	Anciennement rue de la Salamandre.		
Rue pavée.	Ou du Bon-Pasteur. En 1808, rue Pioyre.		

Suite du deuxième Quartier.

Noms actuels des rues de l'est à l'ouest.	Noms anciens ou corrompus par l'usage.	Monumens, Établissemens publics, Lieux remarquables Actuels.	Anciens, supprimés ou détruits.
Rue d'Escures.	Rue des Frères Saint-Lazare. Ancien¹. rue de l'étape aux vins. An 6 ou 1777, de la réunion.	. . . .	Frères de Sainte-Croix et de Saint-Lazare.
Rue des Récollets.	Anciennement des Cordeliers.	. . . .	Ancien couvent des Cordeliers, et depuis des Récollets.
Rue de la bretonnerie.	Champ de la bretoillière. En 1646, de la bretonnière. An 6 ou 1797, de Hoche. An 2 ou 1793, des sans-culottes.	Caserne de gendarmerie. Palais de justice. Prisons. Direction des droits réunis. Hôtel de la poste aux lettres. La Croix-rouge, rel. en 1805. Maison remarquable, n° 66.	Anciennement les PP. de l'Oratoire. Anciennement les Dames Ursulines. Maison du Roi, ancienne intendance.
Rue du bourg-neuf.			
Rue des bons-enfans.			
Rue Vaslins.	An 2 ou 1793, de la prudence.		
Rue croix de Malthe.	An 6 ou 1797, de la tempérance.		
Rue de la cerche.	En 1646, de l'asseray.		
Rue des fauchets.	En 1490, des fauchons. En 1646, des sauchets.		
Grand – mail.	Rempart de la porte Bannier.	Champ de la foire du mois de juin.	Anciennes tours Saint-Avit, Saint-Esprit, Saint-Pierre, St.-Michel, terrassée, belles-masures, le Roi.
Rue de Bourbon (projetée).	Rue de Jarente, projetée en 1777. Du roi de Rome, projetée en 1811.		

Du sud au nord.

Rempart de Saint-Euverte.	Anciennement rempart des conins.	. . . .	Anc. tours des conins, de St.-Euverte.
Rue de la chasse.			
Rue au loup.			

7 *

Suite du deuxième Quartier.

Noms actuels des rues du sud au nord.	Noms anciens ou corrompus par l'usage.	Monumens, Établissemens publics, Lieux remarquables Actuels.	Anciens, supprimés ou détruits.
Rue de l'ételon.			
Rue de la rose.			
Rue du petit Saint-Loup.			Ancien couvent ou hospice du petit Saint-Loup.
Rue des francs-bourgeois.	An 6 ou 1797, de l'équité.		
Rue du petit Saint-Michel.	Ou de Saint-Michel. An 2 ou 1793, des sansculotides. An 5 ou 1797, rue Michel.		Ancienne chapelle de Saint-Michel ou des maçons.
Rue des trois pucelles.	Ou des raquettes, ou des baguettes.		
Rue de Saint-Victor.	De Saint-Léger. An 2 ou 1793, de Beaurepaire.		Anc. église et paroisse de St.-Victor.
Rue des pensées.			
Rue de la treille.			
Rempart de Saint-Vincent.		Magasin à poudre.	Ancienne tour de Bourbon.
Rue du bourdon-blanc.	Anciennement des vieux remparts. An 2 ou 1793, des vieux fossés.		Anciennes tours Aubilain, de la fauconnerie, de Saint-Étienne, du champ-Egron.
Rue du hurepoix.	Ou du puits Laurent. Ou de la Croix.		
Rue de la porte St.-Vincent.	Ou de Saint-Vincent. An 2 ou 1793, de Marat.	Porte Saint-Vincent.	An 2, porte de Marat.
Rue du cloître Saint-Etienne.		Marché Saint-Etienne.	Ancienne église de Saint-Etienne.
Rue serpente.			
Rue du sanitas.		Académie royale des sciences, belles-lettres et arts.	Ancien sanitas. Ancien collège de chirurgie.
Rue des gobelets.	Ou gobelins, ou des trois gobelets, ou porte jaune, ou de chenailles.	Maison curieuse, n° 2.	Ancienne école de Droit.
Rue Saint-Martin-du-mail.	Anciennement clos des potiers. An 2 ou 1793, de Descartes.		Anc. église de Saint-Martin-du-mail.
Rue Pothier.	Anciennement de l'écrivinerie.	Maison qu'habita M. Pothier.	
Rue de la bibliothèque.		Bibliothèque.	Anc. église et couv. du bon-Pasteur.

Topographie d'Orléans.

Suite du deuxième Quartier.

Noms actuels des rues du sud au nord.	Noms anciens ou corrompus par l'usage.	Monumens, Établissemens publics, Lieux remarquables Actuels.	Anciens, supprimés ou détruits.
Rue du bœuf-Sainte-Croix.	Ou rue caquetoire. An 6 ou 1797, Francklin.		
Rue du battoir-vert.			
Rue de Saint-Martin-de-la-mine.	En 1646, de la Véronique.		Très-anc. église de Saint-Martin-de-la-mine.
Rue de la porte Parisis.	Ou passage de l'hôtel-Dieu, de l'épervier.		Ancienne porte Parisis.
Rue du cloître Saint-Pierre-en-pont.			Anc. église de Saint-Pierre-en-pont.
Rue de Saint-Eloi.	An 2 ou 1793, du faisceau.		Ancienne église de Saint-Eloi.
Rue des Anglaises.	Anciennement frélet. Ou des Carmélites. An 6 ou 1797, du grand boulevard.	Caserne des Carmélites (en construction).	Ancien couvent des Carmélites.
Rue du coq-d'Inde.	En 1646, de l'arche de Noé.		Ancien couvent ou succursale du couvent de Voisins.
Rue des pâtureaux.	Anciennement pastoureaux. An 2 ou 1793, révolutionnaire.		Ancienne maison des Du Lys, n° 14.
Rue de la vieille-monnaie.	Anciennement de la chèvrie. Ou de la monnaie. An 2 ou 1793, des assignats.		
Rue des huguenots.	En 1500, du pommier-rouge. Anciennement vieille réparée. An 6 ou 1797, de Guillaume-Tell.		Ancien cimetière protestant. Ancienne académie de musique.
Rue des petits-souliers.			
Rue Saint-Maclou.	Du haut-puits, ou haute-monnaie.		Très-ancienne Monnaie. Très-ancienne église de St.-Maclou.
Rue Sainte-Anne.	An 6 ou 1797, de Beauvais.		
Rue de la bourrée.	(Entre les Pères de l'Oratoire et les Dames Ursulines.)		
Rue du coq.			
Rue de l'aiguillerie.	Sainte-Catherine.	Musée.	Ancien hôtel-de-ville, — Palais de justice, — Salouer ou 1er grenier à sel. Ancienne paroisse de Sainte-Catherine (détruite). Maison des religieux de Bonneval.

Suite du deuxième Quartier.

Noms actuels des rues du sud au nord.	Noms anciens ou corrompus par l'usage.	Monumens, Établissemens publics, Lieux remarquables	
		Actuels.	Anciens, supprimés ou détruits.
Rue de la barillerie.			
Rue de Saint-Pierre.	An 2 ou 1793, des piques. Ou des Jésuites, ou du Lycée ou du Collège.	Oratoire et église de Saint-Pierre-en-sente-lée. Collège royal, et sa chapelle.	Jésuites, — Lycée, — Anc. abbaye de Saint-Symphorien, et ancienne église Saint-Samson. Ancienne tour Saint-Samson.
Rue des gourdes.	Du cormereau.		
Rue neuve et cul-de-sac de la rue neuve.			
Rue de la levrette.	En 1646, de la lepvrière.		
Rue de Gourville.	Anciennement de la leurière. An 6 ou 1797, de la vérité.	Maison remarquable, n° 4.	
Rue royale, une partie Est-Nord.			
Rue Bannier, le côté Est.		Paroisse et égl. de St.-Paterne.	Ancien hôpital Saint-Pouair. En 1428, bastille anglaise de Saint-Pouair ou Paris, un peu au sud de l'église, en face de la rue du chapon.
PLACES.			
Du champ Saint-Euverte.	An 6 ou 1797, de l'orient.		
De Saint-Euverte.			Ancienne église et couvent de Saint-Euverte.
Du cloître Saint-Etienne.	An 6 ou 1797, du marché-neuf.	Marché aux légumes pour les revendeuses.	
		Eglise cathédrale de Sainte-Croix.	
Du parvis et cloître Ste.-Croix.	An 6 ou 1797, du temple.	Maison remarquable intérieurement, n° 9. Marché à la féraille.	

Suite du deuxième Quartier.

Noms actuels des rues du sud au nord.	Noms anciens ou corrompus par l'usage.	Monumens, Établissemens publics, Lieux remarquables Actuels.	Anciens, supprimés ou détruits.
Du cloître St.-Pierre-en-pont.		. . . .	Anc. église de Saint-Pierre-en-pont.
De l'étape.	Etape aux vins.	Caserne de J.-J. Rousseau ou des Jacobins.	Ancien couvent des PP. Jacobins. Ancienne église de Saint-Germain-des-fossés ou d'Auxerre.
		Salle de spectacle.	Ancienne église de Saint-Michel.
		Hôtel de la mairie.	Ancien hôtel du bailli Groslot, et intendance. Ancienne tour de Jean-Thibault.
Des quatre coins.		Marché aux fleurs.	
Du cloître Saint-Samson. . .	An 2 ou 1793, place du club.		
Du cloître Saint-Sulpice. .	Vieil-martroi. . . . . An 6 ou 1797, des vétérans.		Ancienne église de Saint-Sulpice (détruite).
Du martroi, partie Est, Nord et Sud.	En 1339, du martrone. . . . . Anciennement martré et martrey. An 6 ou 1797, de la république.	Nouveau monument de Jeanne d'Arc. Marché aux arbres et arbustes, aux légumes, aux fruits à cidre, aux oiseaux, au gibier.	Chapelle Saint-Vrain. Ancienne tour du heaume. Ancienne rue Gilliot, supprimée vers 1750. Ancienne rue du barillet, supprimée vers 1750.

BOULEVARDS

EXTÉRIEURS.

Boulevard de MADAME. . . .	Anciens fossés de Saint-Euverte et de Saint-Vincent.		
Boulevard de MONSIEUR. . .	Anciens fossés de la porte Bannier et rempart de la porte St.-Vincent.	. . . .	Champ carré, ancien cimetière des Anglais et des pestiférés.

FAUBOURG DE SAINT-VINCENT.

Ce faubourg est borné à l'est par la rue du poirier-rond, qui le sépare de Saint-Marc; à l'ouest la rue verte le sépare du faubourg Bannier; au nord il est séparé de la commune de Fleury-aux-choux par les rues du clos-neuf et des moulins ou de la Croix-galette; au sud il est borné par le boulevard de MONSIEUR.

Suite du deuxième Quartier.

Noms actuels des rues de l'est à l'ouest.	Noms anciens ou corrompus par l'usage.	Monumens, Établissemens publics, Lieux remarquables Actuels.	Anciens, supprimés ou détruits.
Venelle du bourg chévecier.			
Rue de la poule-à-quatre-œufs..............		Cimetière de la ville ou de Saint-Vincent.	
Rue de claye.			
Venelles Saint-Vincent.			
Rue des moulins ou de la Croix-galette................		Croix-galette.	
Du sud au nord.			
Rue du poirier-rond, côté Ouest.			
Venelles Saint-Vincent.		{ Croix-de-la-pointe. Croix-Fleury. Eglise paroissiale de Saint-Vincent.	
Rue du faubourg St.-Vincent.	{ An 2 ou 1793, du faubourg Marat. Ancienne route de Paris.		
Rue du moine.			
Rue Guillerot.			
Rue de la chaude-tuile.			
Rue verte, côté Est.			

Suite du deuxième Quartier.

FAUBOURG DE SAINT-MARC.

Ce faubourg est borné à l'est par les communes de St.-Jean-de-Braye et de Sémoi qui bordent la rue d'Ambert; au nord et au nord-ouest par la commune de Fleury-aux-choux, la route de Chanteau et la rue du bignon; à l'ouest par la rue du poirier-rond, qui le sépare du faubourg St.-Vincent, et au sud par le boulevard de Madame.

Noms actuels des rues de l'est à l'ouest.	Noms anciens ou corrompus par l'usage.	Monumens, Etablissemens publics, Lieux remarquables	
		Actuels.	Anciens, supprimés ou détruits.
Rue aux Ligneau.			
Rue du bourg Saint-Marc............		Eglise de Saint-Marc....	Chapelle de Saint-Phallier.
		Croix des chafauds.	
Rue basse..........	Ou de bellevoie...........	Croix de bellevoie.	
Rue du bourg-neuf.			
Rue de la borde.			
Rue carrefour de Bellebat.			
Rue du château-Gaillard.			
Rue du champ-bourgeois.			
Rue du grand-villiers.			
Rue du paradis.			
Rue des châteliers............		Croix des châteliers.	
Rue de baille-vache.			
Rue de la monnaie.			
Rue du fil-soie au petit-villiers.			
Sente aux veneurs.			
Rue vilaine.			
Rue du coin-rond.			

Suite du deuxième Quartier.

Noms actuels des rues de l'est à l'ouest.	Noms anciens ou corrompus par l'usage.	Monumens, Etablissemens publics, Lieux remarquables	
		Actuels.	Anciens, supprimés ou détruits.
Rue du grand-champ-de-l'écho.			
Rue des hors-fosses.			
Rue du petit-champ-de-l'écho.			
Rue des prateaux.			
Rue Gaudier.			
Rue des moulins.			
Rue du bignon, côté Sud.			

Du sud au nord.

Rue d'Ambert, côté Ouest............		Croix-Feuillâtre.	
Rue de l'orbette, *Idem.*			
Sentier aux moutons.			
Rue du petit-villiers.			
Rue du nécatin.			
Rue renôte.			
Grand' rue Saint-Marc.			
Rue du petit-clos.			
Rue des hautes-maisons.			
Rue de la fosse-au-diable.			
Rue creuse.			
Rue Saint-Samson.			

8 **

Suite du deuxième Quartier.

Noms actuels des rues du sud au nord.	Noms anciens ou corrompus par l'usage.	Monumens, Établissemens publics, Lieux remarquables Actuels.	Anciens, supprimés ou détruits.
Rue Saint-Denis.			
Rue du fil-soie.			
Rue du colombier.			
Rue du pressoir-neuf.			
Rue du petit-pont.			
Rue de la fontaine.			
Venelle Saint-Marc.			
Rue du poirier-rond, côté Est.			
Route de Chanteau,	Idem............	Croix-Croiseau.	

FAUBOURG DE BOURGOGNE.

Ce faubourg est borné à l'est par la venelle-à-quatre-sols; à l'ouest par le boulevard du Roi ou de la motte-sans-gain; au nord par la rue du faubourg de Bourgogne; au sud par le quai du Roi, ou route de Briare.

Noms actuels des rues de l'est à l'ouest.	Noms anciens ou corrompus par l'usage.	Monumens, Établissemens publics, Lieux remarquables Actuels.	Anciens, supprimés ou détruits.
Quai du Roi. (Route de Briare.)	....	Ile aux bœufs et de Charlemagne, hors la banlieue.	
Rue de la folie.			
Rue du faub. de Bourgogne, ou ancienne route de Briare.	An 2 ou 1793, de la côte-d'or.	Croix-de-pierre.......	Ancien couvent de Saint-Loup, hors de la banlieue. En 1428, bastille anglaise.

Suite du deuxième Quartier.

Noms actuels des rues du sud au nord.	Noms anciens ou corrompus par l'usage.	Monumens, Établissemens publics, Lieux remarquables Actuels.	Anciens, supprimés ou détruits.
Venelle-à-quatre-sols, côté Ouest. Route de Briare (*Nouvelle*). Rue de l'abreuvoir............		Croix-pêchée.	

TROISIÈME QUARTIER.

Ce quartier, dont les numéros sont tracés sur un fond jaune, est très-allongé et peu large. Il est placé au sud-est de la ville, et comprend environ la moitié de la première enceinte ainsi que de la troisième dite de Louis XI, et en outre une petite portion de la deuxième enceinte ou du bourg d'Avenum. Il est entouré au sud par la Loire; à l'ouest par le côté *Est* d'une partie de la rue royale; au nord par le côté sud des rues de la faverie, de la cordonnerie, de la pomme-de-pin, de l'ormerie, de Saint-Sauveur, de Saint-Liphard, de villeneuve, de la côte-d'or et de Bourgogne; à l'est extérieurement par le boulevard du Roi. On y a joint tout le faubourg Saint-Marceau. On y compte 99 rues et places en ville, et 59 hors ville. Il s'y trouve 15 monumens et établissemens publics en ville, et 4 hors ville. Il y en avait jadis 45 qui ont été supprimés ou dénaturés.

NOMS ACTUELS DES RUES DE L'EST A L'OUEST.	NOMS ANCIENS OU CORROMPUS PAR L'USAGE.	MONUMENS ET ÉTABLISSEMENS PUBLICS, LIEUX REMARQUABLES ACTUELS.	ANCIENS, SUPPRIMÉS OU DÉTRUITS.
Quai du Roi........	Anciennement rue de la planche.	Barrière du Roi......	Ancien fort de la brebis, ou motte sans-gain. Ancien guichet motte-sans-gain.
Quai du fort Alleaume....	Réuni à la rue des moulins.	....	Ancien¹. au bout le fort Alleaume.

Suite du troisième Quartier.

Noms actuels des rues de l'est à l'ouest.	Noms anciens ou corrompus par l'usage.	Monumens, Établissemens publics, Lieux remarquables Actuels.	Anciens, supprimés ou détruits.
Quai de la tour-neuve.			Anciennem‍t. la tour neuve (*détruite*). La tour des tanneurs, et la tour à 8 pans, depuis porte des tanneurs.
Quai de la poterne.			Anciennem‍t. la tour Aubert, depuis porte de la poterne.
Quai de la porte-du-soleil.			Anciennement la tour creiche Menfroi, depuis porte du soleil.
Quai des chamoiseurs.			Anciennement la tour de Maître Pierre-le-gueux.
Quai du châtelet.	An 6 ou 1797, national.		Le châtelet et la chapelle Saint-Louis (*détruits*). La porte de la herse ou de la faux (*détruite*).
Rue du crucifix-S‍t.-Aignan.	An 2 ou 1793, de Challier. An 6 ou 1797 de l'amitié.		
Rue des tanneurs.			
Passage des porteaux.	Des porte-eaux.		
Cul-de-sac Vaudour.			
Rue Vaudour.			
Rue de la pierre-percée.		Maison remarquable intérieurement, à droite, n° 4. Maison remarquable extérieurement, à gauche, vis-à-vis la précédente.	
Rue de Saint-Jacques.			
Rue de la folie.			
Rue du cloître Saint-Benoît.			
Rue de la corroierie.	Ou des trente-sans-hommes.		
Cul-de-sac Sainte-Barbe.			
Rue du plat-d'étain.	Rue de l'école.	Ancienne maison des étuves, depuis des écoles publiques, n‍os 4 et 6.	

TOPOGRAPHIE D'ORLÉANS.

Suite du troisième Quartier.

Noms actuels des rues de l'est à l'ouest.	Noms anciens ou corrompus par l'usage.	Monumens, Établissemens publics, Lieux remarquables Actuels.	Anciens, supprimés ou détruits.
Rue de la courcaille.	Ou couvaille.		
Rue de la butte-motte-sans-gain.	Ou motte sans-gain.		
Rue de la treille-motte-sans-gain.	Ou d'enfer.		
Rue des cinq marches.			
Rue des Africains.	Anciennement musique-ronde. Ou de l'abavois.		
Rue des sept-dormans.			
Rue des images.	Ou du chat-noir. An 2 ou 1793, de la franchise.		
Rue de l'impossible.	Anciennement coin mon-conseil.	Maison remarquable, n° 20.	
Rue de la charpenterie.			
Rue de Saint-Donatien.		Eglise et paroisse de Saint-Donatien.	
Rue du brigondeau.	Ou brigondeau. An 6 ou 1797, de la justice.		Anc. tour brigondeau (détruite).
Passage des halles.			
Rue du roi David.	An 6 ou 1797, de l'unité.		
Carrefour Notre-Dame.			
Rue du paradis.	En 1646, du puits Saint-Armel. An 2 ou 1793, de la montagne. An 6 ou 1797, du bonheur.		Couvent de Saint-Armel (détruit).
Rue des quatre-degrés.			
Rue du chêne-percé.			
Rue du puits-de-linière.	Ou de Lignères.	Les Dames Carmélites.	Anciennem. les Carmes déchaussés.
Rue du pommier.			
Rue Saint-Germain.	An 2 ou 1793, de Curtius. An 6 ou 1797, rue Germain.	Puits de la circoncision.	

Suite du troisième Quartier.

Noms actuels des rues de l'est à l'ouest.	Noms anciens ou corrompus par l'usage.	Monumens, Établissemens publics, Lieux remarquables Actuels.	Anciens, supprimés ou détruits.
Rue du poirier.			
Rue de l'huis-de-fer.	Anciennement de la charbonnerie, ou du marché aux balais.	Maison remarquable à l'extérieur, n° 18. Maison remarquable à l'intérieur, n° 19.	Ancien marché aux balais.
Rue du charriot.	Ou du charriot-d'or. En 1646, de l'étoile.		Ancienne tour du char (*détruite*).
Rue de la triperie.	Ou de la friperie; et, à l'extrémité Est, de la pâtisserie.		
Rue des coquilles.			
Rue de Bourgogne, côté Sud.		Porte de Bourgogne.	Ancienne égl. de N.-D.-du-chemin.
Rue de la côte-d'or, *Idem*.			
Rue Villeneuve, *Idem*.	Ou vieille porte Bourgogne.		
Rue de Saint-Liphard, *Idem*.			Anc. église de Saint-Liphard (*détr.*).
Rue de Saint-Sauveur, *Idem*.	Ou de bonne-nouvelle (à l'est). Ancien coin du mauvais-riche.	Hôtel de la préfecture. Boucherie de St.-Germain. Maison curieuse, n° 7.	Anciennement Bénédictins; Notre-Dame-de-bonne-nouvelle; — Tour Charlemagne. Saint-Germain ou Saint-Germain-des-Juifs, église détruite.
Rue de l'ormerie, *Idem*.		Maison remarquable, n° 1.	
Rue de la pomme-de-pin, *Id*.		Maison curieuse intérieurement, n° 19.	
Rue de la cordonnerie, *Idem*.	Ou de la porte Dunoise.		

Du sud au nord.

Boulevard du Roi (hors ville).	Ancien rempart de la motte sans-gain, ou de la porte de Bourgogne.		

Suite du troisième Quartier.

Noms actuels des rues du sud au nord.	Noms anciens ou corrompus par l'usage.	Monumens, Établissemens publics, Lieux remarquables Actuels.	Anciens, supprimés ou détruits.
Cul-de-sac N.-D.-du-chemin.	Ou rue des vieilles-murailles.		
Rue des singes.	En 1646, des potiers. Ou de la vallée de Notre-Dame-du-chemin.	Moulins à vapeur.	Ancienne motte sans-gain. Ancienne filature du Duc d'Orléans, et ancienne tour de l'étoile.
Rue des quatre-fils-Aymond.			
Rue de l'égoût Saint-Aignan.	Ou de l'arcade Saint-Aignan.		
Rue de Saint-Aignan.			Ancienne porte du cloître.
Rue de l'oriflamme.			
Rue de Saint-Côme.	An 6 ou 1797, des tentes.		Très-ancienne chapelle de S^t.-Côme.
Rue de la tour-neuve.	En 1646, de la Croix. (Au nord) de la Conception.		Porte de la tour neuve. Ancienne église de Saint-Flou, et depuis de la Conception.
Rue de l'écu-vert.		La tour blanche, dans une maison ouvrant sur la rue de la tour-neuve, n° 13.	
Rue de Saint-Flou.	An 6 ou 1797, de la tolérance.		Ancienne tour d'Avalon (détruite).
Rue de la corne-de-cerf.			
Rue du gros-anneau.	Ou des Augers. Ou des deux Anges.		
Rue de l'éperon.			
Rue de la tour Saint-Pierre-le-puellier.			
Rue Saint-Gilles.	An 6 ou 1797, de l'intelligence.		
Rue de l'Université.	Ou des grandes écoles. An 6 ou 1797, de Brutus.		L'Université (détruite).
Rue des bouchers.			
Rue Guillaume.	En 1646, de froidure.		
Venelle Saint-Germain.			
Guichet de Saint-Benoît.	Ou guichet de la poterne, anciennement d'Alger.		

Suite du troisième Quartier.

Noms actuels des rues du sud au nord.	Noms anciens ou corrompus par l'usage.	Monumens, Établissemens publics, Lieux remarquables Actuels.	Anciens, supprimés ou détruits.
Venelle de la poterne.			
Rue de la poterne.			
Rue de l'épée-d'écosse.	Ou de l'homme-rouge, ou du petit-Ambert.		
Rue roche-aux-Juifs.	An 2 ou 1793, de l'activité. An 6 ou 1797, de la roche-de-mai.		Ancien couvent d'Ambert (*détruit*).
Rue cloche-Mefroy.	Creiche Menfroi, ou pavée d'andouilles.		
Rue de la trée.			
Rue porte du soleil.			Ancienne porte du soleil (*détruite*).
Rue du soufflet.			
Rue de l'empereur.			
Venelle de Saint-Donatien.			
Rue du petit-puits.			
Rue au lin.			
Rue du châtelet.			
Rue de la chollerie.	Ou choberie, ou chelcorie.		
Rue des hôtelleries.	Ou de Sainte-Catherine, ou du vieil-pont.	Maison remarquable, n° 62.	Ancienne tour des créneaux. Ancienne chapelle Saint-Jacques. A l'extrémité sud le vieux pont, sur lequel étaient l'ancien monument de la Pucelle, la chapelle Saint-Antoine et la belle-Croix; au bout les tourelles et le pont Jacquin-Rousselet.
Rue de l'écrevisse.			
Rue des bahutiers.			
Rue passe-Loire.	Ou passe-contre, ou passe-côte.		
Rue bouche-pénil.	Ou rebouche-pénil, ou rebrousse-pénil.		

Suite du troisième Quartier.

Noms actuels des rues du sud au nord.	Noms anciens ou corrompus par l'usage.	Monumens, Établissemens publics, Lieux remarquables	
		Actuels.	Anciens, supprimés ou détruits.
Rue royale, une partie du côté Est..........		Le pont.......... Marché au bois, à la demi-lune du pont; et au lait, à l'entrée du pont.	A l'extrémité sud, ancienne tour et porte du héron (*détruite*).
PLACES, MARCHÉS, etc.			
Du cloître Saint-Aignan...	An 6 ou 1797, des tentes......	Maison de la Providence. Paroisse et église de Saint-Aignan.......... Communauté des Dames Ursulines. Ancienne maison remarquable, n° 11. Emplacement de la foire du 18 novembre.	Ancienne collégiale et ancienne paroisse du crucifix.
Du cloître Saint-Pierre-le-puellier...........	An 2 ou 1793, méridionale. An 6 ou 1797, place Fleurus....	Oratoire de Saint-Pierre-le-puellier.	
Du cloître Saint-Benoît..........		....	Chapelle Saint-Benoît-du-retour.
Du marché à la volaille............		Marché à la volaille, aux balais, aux fromages. Maison curieuse, n° 6... Entrepôt des sels......	Ancienne prévôté. Ancienne prison.

Suite du troisième Quartier.

Noms actuels des rues du sud au nord.	Noms anciens ou corrompus par l'usage.	Monumens, Établissemens publics, Lieux remarquables Actuels.	Anciens, supprimés ou détruits.
De la cour des halles.....	Halle neuve. Halle vieille. Halle aux chiffons.	Marché à la friperie... Idem aux vieux souliers... Idem aux chiffons.....	Anc. église de St.-Hilaire (détr.). Ancien couvent de Béguines. Ancien pilori.
Grand marché..................		Poissonnerie. Grande boucherie. Marché des revendeuses et des regrattiers.	

FAUBOURG DE SAINT-MARCEAU.

Ce faubourg est borné à l'est par la commune de St.-Jean-le-blanc; à l'ouest par celle d'Olivet et de Saint-Privé; au nord par la Loire, qui le sépare de la ville, et au sud par la commune d'Olivet. Il se subdivise en trois parties appelées portereaux; l'une à l'est, dénommée portereau du coq; l'autre au sud, portereau de St.-Marceau; l'autre à l'ouest, portereau tudelle.

Noms actuels des rues de l'est à l'ouest.	Noms anciens ou corrompus par l'usage.	Monumens, Établissemens publics, Lieux remarquables Actuels.	Anciens, supprimés ou détruits.
Rue des balletières.			
Rue de la motte-minsard, côté nord.			
Rue de barbotte,	Idem.		
Rue aux loups,	Idem.		
Rue de bizette,	Idem.		

TOPOGRAPHIE D'ORLÉANS.

Suite du troisième Quartier.

Noms actuels des rues de l'est à l'ouest.	Noms anciens ou corrompus par l'usage.	Monumens, Établissemens publics, Lieux remarquables Actuels.	Anciens, supprimés ou détruits.
R. de la cossannière, côté Sud.			
Rue Moreau.			
Rue greffier.			
Rue de la cigogne.			
Rue du pressoir-blanc.			
Rue de la corne-de-cerf.			
Route de Sandillon.		Caserne de Saint-Charles. . .	Anc^t. couvent de S^t.-Charles, etc.
Rue du coq.			
Rue de la bascule.		. . . .	Anciennement couvent des Augustins (*détruit*). En 1428, bastille anglaise des Augustins.
Rue des anguignis.			
Rue portereau tudelle.			
Rue chardon.			
Rue tudelle.			
Rue du lièvre-d'or.			
Rue vieille-levée.			
Chemin neuf.			
Route de Cléri.	Ancienne route de Blois.		
Rue de Guinegaut.			
Levée de Saint-Privé.			
Basse levée de Saint-Privé.		Tuilerie de la folie.	En 1428, bastille anglaise vers ce lieu.
Levée des Capucins.		. . . .	Ile aux toiles (*détruite*).
Levée des Augustins.			
Quai neuf.			

Suite du troisième Quartier.

Noms actuels des rues du sud au nord.	Noms anciens ou corrompus par l'usage.	Monumens, Établissemens publics, Lieux remarquables Actuels.	Anciens, supprimés ou détruits.
Rue du bois-Gérault.			
Sentier de la planche-aux-moutons, côté Ouest.			
Rue de la binoche,	Idem.		
Rue de la maison-rouge,	Id.		
Rue du trou-baleine,	Idem.		
Rue des Capucins.		. . . .	Anciennement les Capucins, sur le côté Est et hors la banlieue.
Rue de la brèche.			
Rue des montées.			
Rue Tabart.			
Rue des hauts-sentiers.			
Rue basse.			
Rue de la mouillère.			
Rue Saint-Marceau.	An 6 ou 1797, de la fraternité. . .	Eglise paroissiale de Saint-Marceau.	
Venelle de Saint-Marceau.			
Rue Croix-de-la-Pucelle.		Croix de la Pucelle.	Ancien emplacement du ravelin des tourelles.
Route de Toulouse.			
Rue Dauphine.	An 6 ou 1797, de l'indivisibilité.		
Rue neuve-tudelle.			
Rue Fouqueau.			
Rue fosse-de-meule.			
Rue des lavandières.			
Rue des chabassières.			

10 *

Suite du troisième Quartier.

Noms actuels des rues du sud au nord.	Noms anciens ou corrompus par l'usage.	Monumens, Etablissemens publics, Lieux remarquables	
		Actuels.	Anciens, supprimés ou détruits.
Rue Croix mort-tua-le-vif........		Croix mort-tua-le-vif.	
Rue de l'île Arraut.			
Rue de boyau.			
Rue pied de Grouille.			
Rue de la folie.			
Rue du champ-aux-ânes.			
Rue du gros-raisin, côté Est.			
Rue de la fontaine.			
Rue Huttau ou de la Croix-Maréchal, côté Est.			

QUATRIÈME QUARTIER.

Ce quartier, dont les numéros sont peints sur un fond bleu, est assez étendu; mais il est moins peuplé que les autres, et généralement mal bâti. Situé au sud-ouest de la ville, il est composé de la majeure partie de la deuxième enceinte ou bourg d'Avenum, et du tiers environ de la quatrième. Il est borné au sud par la Loire; à l'ouest extérieurement par le boulevard des princes et par celui du Duc de Berri; au nord par le côté sud des rues de la porte St.-Jean, des Carmes et du tabourg; à l'est par le côté Ouest de la rue royale. Il comprend en outre les faub. Madeleine et St.-Laurent. Il est coupé par 67 rues et places en ville, et 20 hors ville. On y voit encore 10 monumens et établissemens publics en ville et un hors ville. Il y en avait jadis 32 qui ont été supprimés ou dénaturés.

Suite du quatrième Quartier.

NOMS ACTUELS DES RUES DE L'EST A L'OUEST.	NOMS ANCIENS OU CORROMPUS PAR L'USAGE.	MONUMENS ET ÉTABLISSEMENS PUBLICS, LIEUX REMARQUABLES ACTUELS.	ANCIENS, SUPPRIMÉS OU DÉTRUITS.
Quai de Cypierre.	Ou du héron, anciennement de la barre-Flambert.		Anciennement la porte du héron. Anciennement la tour de l'abreuvoir, plus nouvellement porte de l'abreuvoir. La tour Notre-Dame. La tour du bassin. La tour de la barre-Flambert.
Quai de Recouvrance.	Ou du bassin.		La tour de Recouvrance. La tour terrasse, depuis porte de Recouvrance. La tour Rose.
Quai Barentin.	Ou de la tour Rose.	Porte Barentin.	La porte brûlée. Le ravelin Saint-Laurent et la tour Saint-Laurent des orgerils.
Rue du héron.			
Rue haute-vallée.			
Rue du taureau.			
Rue des sonnettes.	Ou des trois sonnettes, et anciennement gros-Guénault.		
Rue du griffon.	An 2 ou 1793, de Gaspetin.		
Rue Croix-par-Dieu.	Ou du ravelin.		
Rue Turcie-Saint-Laurent.	Ou du ravelin Saint-Laurent. An 6 ou 1797, de la franciade.	Jardin des plantes, jardin de Ville, du Roi, des apothicaires.	
Cul-de-sac de la rue Rose.			
Rue de la main-qui-file.			
Rue du canon.			
Rue d'Avignon.			
Rue du coulon.	Des vifs-et-des-morts.		
Rue Muzène.	Ou musaine, ou muzerelle.		

TOPOGRAPHIE D'ORLÉANS.

Suite du quatrième Quartier.

Noms actuels des rues de l'est à l'ouest.	Noms anciens ou corrompus par l'usage.	Monumens, Etablissemens publics, Lieux remarquables.	
		Actuels.	Anciens, supprimés ou détruits.
...e gâte-bois.			
...e de la chèvre-qui-danse.			
...e du chat-qui-pêche.			
...e de la Croix-de-bois.	An 6 ou 1797, de l'abondance.		
...e de Saint-Laurent.	Ou des buttes. An 2 ou 1793, des couvreturiers.		
...elle Saint-Paul.	Venelle Saint-Michel.		

Suite du quatrième Quartier.

Noms actuels des rues du sud au nord.	Noms anciens ou corrompus par l'usage.	Monumens, Établissemens publics, Lieux remarquables Actuels.	Anciens, supprimés ou détruits.
Rue royale, côté Ouest, une partie.			
Rue des trois maillets.			
Rue de la vieille-peignerie.			
Rue du puits-St.-Christophe.	An 2 ou 1793, de la vérité.		
Rue de la vannerie.			
Rue vieille-foulerie......	Ou du cheval-rouge. Ancien'. de la poullerie, et de l'asne-qui-veille.		
Cul-de-sac du taureau.			
Rue du Pont-de-Cé......	Ou haute-forêt, ou basse-du-vieil-marché.		
Rue de l'écu-d'or......	Ou de Rome. Anciennement vieille-munerie. An 2 ou 1793, du bien-public.		Anc. chapelle de Saint-Eufroy. Ancienne tour du bassin.
Rue de Saint-Paul.	An 2 ou 1793, de l'amitié.		
Rue des cloches.	En 1566, du nez-d'argent. En 1600, des Curés.		
Rue de Recouvrance.	Anciennement des fossés. An 2 ou 1793, de la surveillance.	Eglise et paroisse de Recouvrance. . . . . Maison très-remarquable, n° 28.	Ancienne porte de Recouvrance.
Rue mâchecloux.	Anciennement des fourneaux.		
Rue pourpointelle.	Bourg-pointel.		
Rue de la botte.			
Rue de l'arche-de-Noé.			
Rue du cours-aux-ânes. ...	Ruelle de la fouette.		Porte Colin-Girault, Pile de la barre-Flambert vis-à-vis (détruits).
Rue des charretiers.			
Rue grison.			

TOPOGRAPHIE D'ORLÉANS.

Suite du quatrième Quartier.

Noms actuels des rues du sud au nord.	Noms anciens ou corrompus par l'usage.	Monumens, Établissemens publics, Lieux remarquables Actuels.	Anciens, supprimés ou détruits.
Rue de l'Ange.	An 6 ou 1797, de l'invisible.		
Rue Rose.	Ou des petites-écoles.		
Rue du four-à-chaux.	Au sud, rue et coin de Saint-Hubert.		
Rue jolie.	Ou Bardou, ou Bardon.		
Rue des curés.	Ou château-Gaillard, ou des carés. An 6 ou 1797, de la réforme.		
Rue creuse.	Ou du four-à-ban, ou vieil-Carme.		
Rue Saint-Jacques-le-brûlé.	An 6 ou 1797, de l'homme-armé.		
Rue des Anges.	An 6 ou 1797, de la bonne-foi.		
Rue de la grille.			
Cul-de-sac du moulin de l'hôpital.			Ancienne motte Bruneau.
Cul-de-sac de la rue de la porte Saint-Jean.			
Boulevard neuf, *intérieur*.	Rempart du jardin du Roi.		Tour Balthazar, Rideuve, Saint-Joseph, Saint-Louis.
Boulevard des Princes, *extérieur*.	Chemin des Princes.	Marché aux bestiaux. Abattoir.	
Boulevard du Duc de Berri, *extérieur*.		Cimetière Saint-Jean.	
PLACES ET MARCHÉS.			
Du marché aux veaux.	Ou vieux marché.	Marché aux chardons à gratter *les laines*, aux pains pour les *brenaciers*, et aux raisins.	Anc. caserne de la maréchaussée.

Suite du quatrième Quartier.

Noms actuels des rues du sud au nord.	Noms anciens ou corrompus par l'usage.
Du cimetière Saint-Paul.........	
Du petit marché........	Ou marché de la porte Renard.

Monumens, Établissemens publics, Lieux remarquables Actuels.	Anciens, supprimés ou détruits.
Eglise et paroisse Saint-Paul. Puits de Jacob. Marché des revendeuses et regrattiers. Marché aux trippes.	Ancienne tour de l'eschiff St.-Paul, tour Londeau, chapelle St.-Jean.

FAUBOURGS MADELEINE ET SAINT-LAURENT.

Ces faubourgs sont bornés à l'est par le boulevard du Duc de Berri et celui des Princes ; à l'ouest par la commune de St.-Jean-de-la-ruelle ; au nord par la rue basse d'Ingré, qui les sépare du fg. St.-Jean ; au sud par la Loire.

Noms actuels des rues de l'est à l'ouest.	Noms anciens ou corrompus par l'usage.
Quai de Saint-Laurent....	An 2 ou 1793, des meuniers.
Rue Agathe...........	
Rue Drufin.	
Rue du sanitas...........	
Rue du puits.	
Rue du faubourg Madeleine, ou route de Blois...........	

Monumens, Établissemens publics, Lieux remarquables Actuels.	Anciens, supprimés ou détruits.
Place, église et paroisse de St.-Laurent-des-orgerils....	En 1428, bastille anglaise nommée Saint-Laurent.
Ancien sanitas (manufacture de poterie)........	Vis-à-vis était la petite île Charlemagne (détruite), où il y avoit, en 1428, une bastille anglaise.
Croix-buisée ou boisée....	En 1428, boulevard de la Croix-boisée, élevé par les Anglais. Ancien'. couvent de la Madeleine. Anciennement Saint-Jean l'Évangéliste, couvent.

Suite du quatrième Quartier.

Noms actuels des rues de l'est à l'ouest.	Noms anciens ou corrompus par l'usage.	Monumens, Établissemens publics, Lieux remarquables	
		Actuels.	Anciens, supprimés ou détruits.
Rue brise-pain.			
Rue aux os.			
Rue basse d'Ingré, côté Sud.			
Du sud au nord.			
Rue de l'échelle.			
Rue de l'écu.			
Belle rue Saint-Laurent.	An 2 ou 1793, de Gemmape.		
Rue de l'école.			
Rue des maltôtiers.			
Rue sous-les-Saints.			
Venelle du croc.			
Rue de l'écorcherie.			
Venelle de Beaumont.			
Rue de l'écale, côté Est.			
Rue Madeleine, *Idem*.			Vis-à-vis était l'île de la Madeleine, ou petite île aux bœufs (*détruite*).

TABLE ALPHABÉTIQUE

Des Rues, Places, Carrefours, Quais, Boulevards, Lieux remarquables, Edifices, Monumens anciens et modernes, conservés, détruits ou supprimés, tant dans la Ville d'Orléans que dans sa Banlieue (*).

A

Abattoir, sur le boulevard des Princes. 4.
Abavois de l', V. Africains.
Abondance de l', V. Croix-de-bois.
Abreuvoir de l', faubourg Bourgogne. 2. S-N.
Académie de musique, rue des huguenots. Sup.
Académie des sciences, belles-lettres et arts, rue du sanitas. 2.
Activité de l', V. roche-aux-Juifs.
Africains des. 3. E-O.
Agathe, faubourg Madeleine. 4. E-O.
Aiguillerie de l'. 2. S-N.

(*) On a mis dans cette table tous les noms anciens et nouveaux, même ceux qui n'ont été donnés que passagèrement, afin d'en faciliter la recherche dans les quartiers, et par-là de procurer des renseignemens utiles pour tous les actes passés à diverses époques ainsi que pour les événemens historiques.

Le chiffre arabe indique le quartier; les lettres E - O, si la rue est classée dans le quartier au nombre de celles qui vont de l'est à l'ouest ; enfin les lettres S - N, si elle est mise au nombre de celles qui suivent la direction du sud au nord.

Le mot *Sup.* marque que le monument, la rue, etc., sont supprimés ; la lettre D, qu'ils sont détruits ; et la lettre V (*voyez*), le renvoi à un autre nom.

Aides *des*, faubourg Bannier. 1. E-O.
Albanais *des*. 2. E-O.
Alger *Porte d'*, V. guichet Saint-Benoît.
Alleaume *Fort*, sur le quai du Roi. D.
Allée *Grande*, près de la porte Parisis. Sup.
Ambert *d'*, faubourg Saint-Marc. 2. S-N.
Amitié *de l'*, V. crucifix et Saint-Paul.
Ane-qui-veille *de l'*, V. vieille foulerie.
Ange *de l'*. 4. S-N.
Anges *des*. 4. S-N.
Anglaises *des*. 2. S-N.
Angleterre *d'*. 4. E-O.
Anguignis *des*, faub. Saint-Marceau. 3. E-O.
Arbalestriers *des*, V. hallebarde.
Arcade Saint-Aignan *de l'*, V. égout St.-Aignan.
Arche de Noé *de l'*, V. coq-d'Inde.
Arche de Noé *de l'*, 4. S-N.
Arsenal *Ancien*, V. hôpital général.
Asseray *de l'*, V. cerche.
Assignats *des*, V. vieille-monnaie.
Augers *des*, V. gros-anneau.
Augustins *Couvent des*, faubourg St.-Marceau. D.
Aulx *aux*, V. ours.
Avignon *d'*. 4. E-O.

B

Baguettes *des*, V. trois pucelles.
Bahutiers *des*. 3. S-N.
Baille-vache *de*, faub. Saint-Marc. 2. E-O.
Balletières *des*, faub. Saint-Marceau. 3. E-O.
Bannier. 1. 2. S-N.
Barbacannes } *cul-de-sac des*. 2. E-O.
Barbecannes
Barbotte *de*, faubourg Saint-Marceau. 3. E-O.
Bardilly *de*, V. cul-de-sac Sainte-Colombe.
Bardou, V. jolie.

Bardon, V. jolie.
Barillerie *de la*. 2. S-N.
Barillet *du*, place du martroi. Sup.
Barrat, V. des hilaires.
Barre-Flambert *de la*, V. quai de Cypierre.
Barrière du Roi. 3. E.
Bascule *de la*, faub. Saint-Marceau. 3. E-O.
Basse, faubourg Saint-Marc. 2. E-O.
Basse, faubourg Saint-Marceau. 3. S-N.
Basse d'Ingré, { faubourg Saint-Jean. 1. E-O.
{ faubourg Madeleine. 4. E-O.
Basse du vieil-marché. V. Pont-de-Cé.
Basse levée de Saint-Privé, faubourg Saint-Marceau. 3. E-O.
Basses-gouttières *des*. 2. E-O.
Bastille de la croix-boisée, élevée en 1428 par les Anglais, à la croix-buisée.
—— de Saint-Laurent, *idem*, place de l'église de Saint-Laurent.
—— de Rouen, *idem*, au *licu* des hauts-champs, faubourg Saint-Jean.
—— de Londres, *idem*, coin de la venelle de Beaumont, faubourg Saint-Jean.
—— de Paris, *idem*, rue Bannier, vis-à-vis la rue du chapon.
—— des Augustins, *idem*, au sud de la Croix de la Pucelle.
Bastille de Saint-Loup, élevée en 1428 par les Anglais, *hors de la banlieue*, à l'ancien couvent de ce nom.
—— de Saint-Jean-le-blanc, *idem*, vers l'église de ce nom.
—— des champs Saint-Privé, *idem*, vers la tuilerie de la folie.
Bastille de l'île Charlemagne, élevée en 1428 par les Anglais dans la petite île de ce nom.
Battoir-vert *du*. 2. S-N.
Bayle *de*, V. Juifs.

D'ORLÉANS.

Beaumont *Venelle de*, faub. Madeleine. 4. S-N.
Beaurepaire *de*, V. Saint-Victor.
Beauvais *de*, V. Sainte-Anne.
Béguines *Couvent de*, sous les halles. D.
Belle rue St.-Laurent, faub. Madeleine. 4. S-N.
Bellevoie *de*, V. basse-Saint-Marc.
Bénédictins *Couvent des*, V. préfecture.
Bernière, V. Bannier.
Biche *de la*, en 1646, paroisse de Saint-Pierre-Lentin. Sup.
Bibliothèque *de la*. 2. S-N.
Bibliothèque publique, rue pavée. 2.
Bien-monté *du*, V. Saint-Georges.
Bien-public, V. écu-d'or.
Bignon *du*, faubourg Saint-Marc. 2. E-O.
Binoche *de la*, faub. Saint-Marceau. 3. S-N.
Bizette, faubourg Saint-Marceau. 3. E-O.
Bœuf-Sainte-Croix *du*. 2. S-N.
Bœuf-Saint-Paterne *du*. 1. S-N.
Bois-Gérault *du*, faub. St.-Marceau. 3. S-N.
Bon-état *ou* bons-états *de ou des*. 1. S-N.
Bonheur *du*, V. Paradis.
Bonne-foi *de la*, V. Anges.
Bonne-nouvelle *de*, V. Saint-Sauveur.
Bonneval *Couvent de*, rue des hôtelleries. Sup.
Bon-Pasteur *Eglise du*, V. bibliothèque.
Bon-Pasteur *du*, V. pavée.
Bon-Pasteur *Maison de refuge du*, rue du cloître Sainte-Croix. 2.
Bons-enfans *des*. 2. E-O.
Borde *de la*, faubourg Saint-Marc. 2. E-O.
Botte *de la*. 4. S-N.
Bouche-pénil *de*. 3. S-N.
Boucherie du grand marché. 3. Sup.
Boucherie du petit marché. 1. Sup.
Boucherie de Saint-Germain. 3. Sup.
Bouchers *des*. 3. S-N.
Boulevards *des grands*, V. Anglaises.

Boulevards Anglais,　　　　　　　　　V. bastilles.
Boulevard du Duc de Berri.　　　　　4. S-N.
———— du Duc d'Angoulême.　　　1. S-N.
———— de Monsieur.　　　　　　　2. E-O.
———— de Madame.　　　　　　　2. N E-O.
———— neuf (*intérieur*).　　　　　4. S-N.
———— des Princes.　　　　　　　4. S-N.
———— du Roi.　　　　　　　　　3. S-N.
Bourbon de, projetée depuis 1777.　2. E-O.
Bourdon-blanc du,　　　　　　　　2. S-N.
Bourg chévecier Venelle du, faubourg Saint-
　Vincent.　　　　　　　　　　　　2. E-O.
Bourg-cointel,　　　　　　　V. chats-ferrés.
Bourg-neuf du.　　　　　　　　　　2. E-O.
Bourg-neuf du, faubourg Saint-Marc. 2. E-O.
Bourg Saint-Marc du, fg. Saint-Marc. 2. E-O.
Bourgogne de.　　　　　　　　　2. 3. E-O.
Bourgogne de,　　　　　　　　V. côte-d'or.
Bourg-pointel,　　　　　　　V. pourpointel.
Bourie,　　　　　　　　　　V. trois-voisins.
Bourrée de la, faubourg Bannier.　1. S-N.
Bourrée de la　　　　　　　　　　2. Sup.
Bourrée-blanche de la, faub. Bannier. 1. E-O.
Bourse La, rue d'Illiers.　　　　　　1.
Bouteilles des.　　　　　　　　　　2. E-O.
Boyau de, faubourg Saint-Marceau.　3. E-O.
Brèche de la, faub. Saint-Marceau.　3. S-N.
Bretollière Champ ou rue de la, V. bretonnerie.
Bretonnerie }
Bretonnière } de la.　　　　　　　2. E-O.
Brigondeau }
Brigandeau } du.　　　　　　　　3. E-O.
Brise-pain, faubourg Madeleine.　　4. E-O.
Brutus de,　　　　　　　V. de l'université.
Buttes des,　　　　　　　　V. Saint-Laurent.
Butte des arbalêtriers,　V. caserne des buttes.
Butte-motte-sans-gain de la, V. motte-sans-gain.

C

Caban, faubourg Bannier. 1. E-O.
Cacquetoire *du*, V. bœuf-Sainte-Croix.
Calvaire *Le*, V. magas. des subsistances militaires.
Calvaire *Communauté du*. 2.
Calvaire *Très-ancien couvent du*, V. barbecannes.
Canon *du*. 4. E-O.
Capucins *Couvent des*, hors la banlieue. D.
Capucins *des*, faubourg Saint-Marceau. 3. S-N.
Carés *des*, V. curés.
Carmélites *des*, V. Anglaises.
Carmélites *Ancien couvent des*, V. casernes.
Carmélites *Communauté des Dames*. 3.
Carmes déchaussés, V. Carmélites.
Carmes *Couvent des*, rue des Carmes. D.
Carmes *des*. 1. 4. E-O.
Carrefour de Bellébat *Rue du*, fg. S.-Marc. 2. E-O.
Carrefour Notre-Dame. 3. E-O.
Caserne des buttes. 4.
———— Jean-Jacques Rousseau. } 2.
———— des Jacobins.
———— du Séminaire. 2.
———— des Carmélites. 2.
———— de St.-Charles, faub. St.-Marceau. 3.
———— de la gendarmerie, V. gendarmerie.
Cathédrale, V. Sainte-Croix.
Cerche *de la*. 2. E-O.
Chabassières *des*, faubourg St.-Marceau. 3. S-N.
Challier, V. crucifix.
Champ-aux-ânes *du*, faub. St.-Marceau. 3. S-N.
Champ-bourgeois *du*, faub. St.-Marc. 2. E-O.
Champ-carré, V. cimetière Saint-Vincent.
Champ Saint-Euverte *du*. 2. E-O.
Chancellerie *La*, place du martroi.
Chapon *du*. 1. E-O.
Charbonnerie *de la*, V. huis de fer.

Chardon, faubourg Saint-Marceau. 3. E-O.
Charpenterie *de la*. 3. E-O.
Charretiers *des*. 4. S-N.
Charriot } *du*.
Charriot-d'or } 3. E-O.
Chartreux *Couvent des*, faubourg Bannier. D.
Chasse *de la*. 2. S-N.
Chasse-coquin. 4. E-O.
Château-Gaillard *du*, V. curés.
Château-Gaillard *du*, faub. Saint-Marc. 2. E-O.
Châtelet *Le*. 3. D.
Châtelet *du*. 3. S-N.
Châteliers *des*, faubourg Saint-Marc. 2. E-O.
Chats-ferrés *des*. 4. E-O.
Chat-noir *du*, V. images.
Chat-qui-pêche *du*. 4. E-O.
Chaude-tuile *de la*, faubourg Saint-Marc. 2. S-N.
Chaudron *du*, ancienne paroisse Saint-Paul. Sup.
Chemin des Princes, V. boulevards.
Chemin-neuf, faubourg Saint-Marceau. 3. E-O.
Chenailles *de*, V. gobelets.
Chêne-percé *du*. 3. E-O.
Cheval-rouge *du*, V. vieille-foulerie.
Chevaux *des*, V. mes-chevaux.
Chèvre-qui-danse *de la*. 4. E-O.
Chévrie *de la*, V. vieille-monnaie.
Cholerie }
Choberie } *de la*. 3. S-N.
Chelcorie }
Cigogne *de la*, faub. Saint-Marceau. 3. E-O.
Cimetière S^t.-Jean, boul. du Duc de Berri. 4.
—— Saint-Vincent, rue de la poule-à-quatre-œufs. 2.
—— Saint-Marceau, faubourg Saint-Marceau. 3.
—— S^t.-Marc, rue du bourg S^t.-Marc. 2.
—— de Notre-Dame-des-Aides, faubourg Bannier. 1.

Cimetière

Cimetière protestant *Ancien*, rue des huguenots. Sup.
Cimetière *Grand*, V. halle au blé.
Cinq-marches *des*, 3. E-O.
Citadelle de la porte Bannier, V. porte Bannier. D.
Claye *de*, faubourg Saint-Vincent. 2. E-O.
Cloches *des*, 4. S-N.
Cloche-Meffroi ou Menfroi. 3. S-N.
Cloche-perce, V. Saint-Pierre-Lentin.
Cloîtres, V. places.
Cloître Saint-Benoît *du*. 3. E-O.
Cloître Sainte-Croix *du*. 2. E-O.
Cloître Saint-Etienne *du*. 2. S-N.
Cloître Saint-Pierre-en-pont *du*, V. clouterie.
Cloître Saint-Sulpice *du*, 2. E-O.
Clos-neuf *du*, faubourg Bannier. 1. E-O.
Closiers *des*, faubourg Bannier. 1. S-N.
Closiers *des*, faubourg Saint-Jean. 1. S-N.
Clouterie *de la*, 2. E-O.
Club. V. Saint-Samson et place.
Coin des papegaux, rue faverie. V. coin Maugars.
—— du mauvais-riche. V. Saint-Sauveur.
—— Maugars, rue faverie. 2. 3.
—— mon-conseil. V. impossible.
Coin-rond *du*, faubourg Saint-Marc. 2. E-O.
Collège *du*, V. Saint-Pierre.
Collège-royal, rue de Saint-Pierre. 2.
Collège de chirurgie. V. Académie des sciences, belles-lettres et arts.
Colombier *du*. 1. E-O.
Colombier *du*, faubourg Saint-Marc. 2. S-N.
Communité *Chapelle de la*, halle au blé. D.
Conception *Notre-Dame de la*, église détruite, rue de la tour-neuve.
Conception *de la*, V. tour-neuve.
Consultations gratuites *Hôtel des*, rue de l'évêché. 2.
Contrat-social *du*, V. Saint-Euverte.
Coq *Cul-de-sac du*, V. moulin de l'hôpital.

Coq du.   2. S-N.
Coq du, faubourg Saint-Marceau.   3. E-O.
Coq-d'Inde du,   2. S-N.
Coquille de la. }
Coquilles des.   }   3. E-O.
Corbillon du,   4. E-O.
Cordeliers,   V. Récollets.
Cordeliers des,   V. Récollets.
Cordonnerie de la.   2. 3. E-O.
Cormerie de la,   V. ormerie.
Cormereau du,   V. gourdes.
Cornes des.   2. E-O.
Corne-de-cerf de la.   3. S-N.
Corne-de-cerf de la, faub. St.-Marceau.   3. E-O.
Corps-de-garde, { sur le martroi.   1.
                 { sur l'étape.   1.
Corroierie de la,   3. E-O.
Cossanière de la, faub. St.-Marceau.   3. E-O.
Côte-d'or de la, ou Bourgogne et faubourg Bour-
  gogne.   2. 3. E-O.
Coulombier.   V. colombier.
Coulon du.   4. E-O.
Courcaille }
Couvraille } de la.   3. E-O.
Cour-Hado ou cour-Hudo cul-de-sac de la.   2. E-O.
Cours-aux-ânes.   4. S-N.
Couverturiers des,   V. de Saint-Laurent.
Cracquenault,   V. gros-Guenault.
Creiche Menfroi,   V. cloche Meffroi.
Creuse.   4. S-N.
Creuse, faubourg Saint-Marc.   2. S-N.
Croche, en 1646, paroisse St.-Benoît-du-retour. Sup.
Croix de la,   V. hurepoix.
Croix de la,   V. tour-neuve.
Croix de la.   1. E-O.
Croix-de-bois de la.   4. E-O.
Croix-de-bellevoie, (Croix) fg. St.-Marc.   2.
Croix-de-la-pointe, (Croix) fg. St.-Vincent.   2.

Croix-de-la-Pucelle *de la*, faubourg Saint-Marceau. 3. S-N.
Croix-de-la-Pucelle, (Croix) faubourg Saint-Marceau. 3.
Croix-de-Malthe *de la*. 2. E-O.
Croix-de-pierre, (Croix) fg. Bourgogne. 2.
Croix-de-raie *de la*, faubourg Bannier. 1. E-O.
Croix-des-chafauds, (Croix) fg. St.-Marc. 2.
Croix-des-châteliers, (Croix) fg. St.-Marc. 2.
Croix-d'or *de la*, dans la rue des trois clefs. Sup.
Croix Belle-, V. vieux-pont.
Croix-Croiseau, (Croix) faub. St.-Marc. 2.
Croix-fauchets, (Croix) faub. St.-Jean. 1.
Croix-Feuillâtre, (Croix) fg. St.-Marc. 2.
Croix-Fleuri, (Croix) faub. St.-Vincent. 2.
Croix-galette, (Croix) faub. St.-Vincent. 2.
Croix-galette *de la*, faub. St.-Vincent. 2.
Croix-Maréchal, V. Huttau.
Croix-Morin, (Croix) rue des Carmes. 4.
Croix-Morin *de la*, V. Carmes.
Croix mort-tua-le-vif *de la*, faubourg Saint-Marceau. 3. S-N.
Croix mort-tua-le-vif, (Croix) fg. St.-Marceau. 3.
Croix-par-Dieu *de la*. 4. E-O.
Croix-pêchée, (Croix) faub. Bourgogne. 2.
Croix-rouge, (Croix) rue bretonnerie. 2.
Croc *Venelle du*, faubourg Madeleine. 4. S-N.
Crosse *de la*. 4. E-O.
Crucifix Saint-Aignan *du*. 3. E-O.
Crucifix *Ancienne paroisse du*, V. Saint-Aignan.
Curés *des*, V. cloches.
Curés *des*. 4. S-N.
Curtius *de*, V. Saint-Germain.

—D—

Danoise, V. porte Dunoise.
Dauphine *Rue*, faub. Saint-Marceau. 3. S-N.

Dépôt des réverbères, Pinguet.   rempart de la tour à 2.
D'Escures.   V. Escures.
Descartes de,   V. Saint-Martin-du-mail.
Deux-Anges des,   V. gros-anneau.
Dévidet du.   2. E-O.
D'Illiers,   V. Illiers.
Direction des droits réunis, rue de la bretonnerie.   2.
Direction de l'enregistrement et des domaines, cul-de-sac des barbecannes.   2.
Dominicains *Couvent des*,   V. Jacobins.
Dousset,   V. hilaires.
Drufin, faubourg Madeleine.   4. E-O.

E

Ecale *de l'*, faubourg Madeleine.   4. S-N.
Echelle *de l'*, faubourg Madeleine.   4. S-N.
Ecole des Frères, rue Saint-Euverte.   2.
Ecole *de l'*, faubourg Madeleine,   4. S-N.
Ecole *de l'*,   V. plat d'étain.
Ecoles Saint-Samson *des*,   V. basses-gouttières.
Ecoles de droit,   V. Université.
Ecoles *Grandes*,   V. Université.
Ecorcherie *de l'*, faubourg Madeleine.   4. S-N.
Ecrevisse *de l'*.   3. S-N.
Ecrivinerie *de l'*,   V. Pothier.
Ecu *de l'*, faubourg Madeleine.   4. S-N.
Ecu-d'or *de l'*.   4. S-N.
Ecurie *de l'*,   V. triballe.
Ecu-vert *de l'*.   3. S-N.
Egalité *de l'*,   V. royale.
Egoût-Saint-Aignan *de l'*.   3. S-N.
Eguillerie *de l'*,   V. Aiguillerie.
Enfer *d'*,   V. treille-motte-sans-gain.
Empereur *de l'*.   3. S-N.
Entrepôt des sels, marché à la volaille.   3.

Epée-d'Ecosse de l'.	3. S-N.
Eperon de l'.	3. S-N.
Eperonniers des.	2. E-O.
Epervier de l',	V. barbecannes.
Epervier Passage de l',	V. porte Parisis.
Equité de l',	V. francs-bourgeois.
Escures d',	2. E-O.
Estelles des,	V. Etillaires.
Etape aux vins,	V. place de l'étape.
Etape aux vins de l',	V. rue d'Escures.
Etelon de l'.	2. S-N.
Etillaires,	V. bœuf-Saint-Paterne.
Etoile de l',	V. charriot-d'or.
Etuves des,	V. plat-d'étain.
Evêché de l'.	2. E-O.
Evêché Hôtel épiscopal de l', rue de l'évêché. 2.	

F

Faisceau,	V. Saint-Eloi.
Faubourg Bannier.	1.
Faubourg Bannier du.	1. S-N.
Faubourg de Bourgogne.	2.
Faubourg de Bourgogne du.	2. E-O.
Faubourg de Saint-Marc.	2.
Faubourg de la Madeleine.	4.
Faubourg de la Madeleine du.	4. E-O.
Faubourg de Saint-Laurent.	4.
Faubourg de Saint-Jean.	1.
Faubourg de Saint-Jean du.	1. E-O.
Faubourg de Saint-Marceau.	3.
Faubourg de Saint-Vincent.	2.
Faubourg de Saint-Vincent du.	2. S-N.
Fauchets des.	2. E-O.
Fauchons des,	V. fauchets.
Faverie de la.	2. E-O.
Fesseurs des, faubourg Bannier.	1. E-O.
Filature du Duc d'Orléans Ancienne, rue des singes.	

TOPOGRAPHIE

Fil-soie *du*, faubourg Saint-Marc. 2. S-N.
Fil-soie au petit-Villiers *dit*, fb. St.-Marc. 2. E-O.
Foires *Champs de* : en juin, sur le grand mail; et en novembre, place du cloître Saint-Aignan.
Folie *de la*, faubourg de Bourgogne. 2. E-O.
Folie *de la*. 3. E-O.
Folie *de la*, faubourg Saint-Marceau. 3. S-N.
Fontaine *de la*, faub. Saint-Marceau. 3. S-N.
Fontaine *de la*, faubourg Saint-Marc. 2. S-N.
Force *de la*, V. des Carmes.
Forêt, *Porte de la*, V. dépôt des réverbères.
Fosse-au-diable *de la*, fb. Saint-Marc. 2. S-N.
Fosse-de-meule, faubourg Saint-Marceau. 3. S-N.
Fossés *des*, V. Recouvrance.
Fossés de St.-Euverte, } V. boulev. de MADAME.
Fossés de St.-Vincent,
Fossés du petit mail, V. boulevard du Duc d'Angoulême.
Fossés de la porte Bannier, V. boulev. de MONSIEUR.
Fouette *de la*, V. cours-aux-ânes.
Fouqueau, faubourg Saint-Marceau. 3. S-N.
Four-à-chaux *du*. 4. S-N.
Four-à-ban *du*, V. creuse.
Fourneaux *des*, V. mâchecloux.
Franciade *de la*, V. turcie-Saint-Laurent.
Franchise *de la*; V. des images.
Francklin *de*, V. bœuf-Sainte-Croix.
Francs-bourgeois *des*. 2. S-N.
Fraternité *de la*, V. Saint-Marceau.
Frelet, V. Anglaises.
Frères-prêcheurs *Couvent des*, V. Jacobins.
Friperie, V. triperie.
Froidure *de*, V. Guillaume.

G

Galliot, place du martroi. Sup.
Gasparin *de*, V. griffon.

Gâte-bois. 4. E-O.
Gaudier, faubourg Saint-Marc. 2. E-O.
Gault à, faubourg Bannier. 1. S-N.
Gemmape de, V. belle rue de Saint-Laurent.
Gendarmerie royale, rue de la bretonnerie.
Gobelets } des. 2. S-N.
Gobelins }
Gourdes des. 2. S-N.
Gourville de. 2. S-N.
Grand-boulevard du, V. Anglaises.
Grand-champ-de-l'écho du, faubourg Saint-Marc. 2. E-O.
Grand'rue, V. tabourg, St.-Sauveur, ormerie.
Grand'rue St.-Marc; faubourg St.-Marc. 2. S-N.
Grand hôtel-Dieu du, V. Evêché.
Grand'rue porte-Bernière, V. Bannier.
Grand-Villiers du, faub. Saint-Marc. 2. E-O.
Grands-champs des. 1. S-N.
Grands-ciseaux des, V. clouterie.
Grange-au-diable de la. 1. S-N.
Grange-des-Groux de la, fg. St.-Jean. 1. E-O.
Gratte-minots Venelle de, fg. St.-Jean. 1. E-O.
Greffier, faubourg Saint-Marceau. 3. E-O.
Grenier-à-sel du. 1. S-N.
Grenier à sel Ancien, rue du grenier-à-sel, V. aussi salouer.
Grenouillère de la, faubourg Bannier. 1. E-O.
Grenouillère Venelle de la, fg. Bannier. 1. S-N.
Griffon du. 4. E-O.
Grille de la. 4. S-N.
Grison. 4. S-N.
Gros-anneau du. 3. S-N.
Gros-ferrement, V. éperonniers.
Groslot Hôtel du bailli, V. mairie.
Gros-raisin du, faub. Saint-Marceau. 3. S-N.
Gros-Guenault de, V. trois sonnettes.
Gueule, en 1646, paroisse Saint-Sulpice. *Ignorée*.
Guichet de la motte-sans-gain, V. quai du Roi.

Guichet de la poterne, V. Saint-Benoît.
Guichet de froidure, rue Guillaume. D.
Guichopin *Venelle de*; près le musée. Sup.
Guignard, faubourg Bannier. 1. E-O.
Guillaume. 3. S-N.
Guillaume-Tell *de*, V. huguenots.
Guillerot, faubourg Saint-Vincent. 2. S-N.
Guinegaut *de*, faubourg Saint-Marceau. 3. E-O.

H

Halles *des*, V. hilaires.
Halles *Passage des*. 3. E-O.
Halle aux chiffons, V. place de la cour des halles.
Halle au blé ou de Saint-Louis. 2.
Hallebarde *de la*. 1. S-N.
Halle-neuve }
Halle-vieille } V. halle aux chiffons.
Hannequins, V. hennequins.
Haute-monnaie *de la*, V. Saint-Maclou.
Haute-forêt *de la*, V. Pont-de-Cé.
Haute-vallée *de la*. 4. E-O.
Hautes-maisons *des*, faub. Saint-Marc. 2. S-N.
Hauts-champs *des*, faub. Saint-Jean. 1. E-O.
Hauts-puits *des*, V. Saint-Maclou.
Hauts-sentiers *des*, faub. St.-Marceau. 3. S-N.
Hennequins *des*. 2. E-O.
Héron *Quai du*, V. Cypierre.
Héron *du*. 4. E-O.
Hilaires *des*. 1. S-N.
Hilarieux *des*, V. hilaires.
Hoche *de*, V. bretonnerie.
Homme-armé *de l'* V. Saint-Jacques-le-brûlé.
Homme-rouge *de l'*, V. épée-d'Ecosse.
Hôpital Saint-Antoine, sur le vieux pont. D.
Hôpital-général et moulin, rue porte Madeleine.
Hôpital Saint-Lazare, V. Chartreux.
Hors-fosses *des*, faubourg Saint-Marc. 2. E-O.

Hospice de la Croix, rue de la Croix. 1.
Hôtel-de-ville *Ancien*, V. musée.
Hôtel-de-ville, V. mairie.
Hôtel-Dieu, rue de l'évêché. 2.
Hôtel-Dieu *Passage de l'*, V. porte Parisis.
Hôtelleries *des*. 3. S-N.
Huguenots *des*. 2. S-N.
Huis-de-fer *de l'*. 3. E-O.
Humanité *de l'*, V. Saint-Liphard.
Hurepoix *du*. 2. S-N.
Huttau, faubourg Saint-Marceau. 3. S-N.
Hutton, V. Huttau.

I

Ile-Arraut *de l'*, faub. Saint-Marceau. 3. S-N.
Ile aux bœufs et Charlemagne, hors la banlieue, vis-à-vis le quai du Roi.
Ile aux toiles, levée des Capucins. D.
Ile de la barre-Flambert, vis-à-vis la rue du cours-aux-ânes. D.
Ile de Charlemagne *Petite*, vis-à-vis le grand sanitas. D.
Ile aux bœufs *Petite*, ou de la Madeleine, vis-à-vis le couvent de ce nom. D.
Ile des martinets, V. grande île aux bœufs.
Illiers *d'*. 1. E-O.
Images *des*. 3. E-O.
Impossible *de l'*. 3. E-O.
Indivisibilité *de l'*, V. Dauphine.
Intelligence *de l'*, V. Saint-Gilles.
Intendance *Ancienne*, ou maison du Roi, rue bretonnerie. 2.
Intendance du Duc d'Orléans, V. chancellerie.
Intendance, V. mairie.
Invisible *de l'*, V. de l'Ange.

J

Jacobins *Couvent des*,   V. caserne.
Jardin des plantes, rue turcie Saint-Laurent. 4.
Jarente *de*,   V. Bourbon.
Jeanne d'Arc *Nouv. monum. de*, place du martroi. 2.
Jésuites *des*,   V. Saint-Pierre.
Jésuites *Couvent et église des*,   V. collège royal.
Jolie *ou* Joly.   4. S-N.
Juifs *des*.   2. E-O.
Justice *de la*,   V. brigondeau.

L

La Croix,   V. hospice.
Lavandières *des*, faub. Saint-Marceau. 3. S-N.
Lepelletier *Rue de la porte et Porte*, V. St.-Jean.
Lepvrière (Lévrière),   V. levrette.
Leurière,   V. Gourville.
Levée de Saint-Privé, faub. St.-Marceau. 3. E-O.
Levée de Saint-Privé *Basse*, faubourg Saint-Marceau. 3. E-O.
Levée des Augustins, faub. Saint-Marceau. 3. E-O.
Levée des Capucins, faub. Saint-Marceau. 3. E-O.
Levrette *de la*.   2. S-N.
Liberté *de la*,   V. Bannier.
Lièvre-d'or *du*, faub. Saint-Marceau. 3. E-O.
Ligneau *aux*, faubourg Saint-Marc.   2. E-O.
Limace *ou* limarre *de la*.   1. S-N.
Lin *au*.   3. S-N.
Lionne *de la*.   1. E-O.
Lodon,   V. puits Londeau.
Loi *de la*,   V. des Carmes.
Longue-haie.   2. E-O.
Loup *au*.   2. S-N.
Loups *aux*, faubourg Saint-Marceau. 3. E-O.
Lycée,   V. collège royal.
Lycée *du*,   V. Saint-Pierre.

M

Mâchecloux. 4. S-N.
Madeleine *Couvent de la*, route de Blois. D.
Madeleine, faubourg Madeleine. 4. S-N.
Mail *Grand*. 2. E-O.
Mail *Petit*. 1. S-N.
Mail Rocheplatte, V. petit mail.
Malmusse *de*, paroisse S^t.-Pierre-le-Puellier. Sup.
Maltôtiers *des*, faubourg Madeleine. 4. S-N.
Main-qui-file *de la*. 4. E-O.
Mairie *Hôtel de la*, place de l'étape. 2.
Maison remarquable, rue Saint-Eloi, n° 1.
—— rue de l'ormerie, n° 1.
—— rue de la bretonnerie, n° 66.
—— rue de l'impossible, n° 20.
—— rue de la pomme-de-pin, n° 19.
—— rue de la pierre-percée, n° 4 et en face.
—— rue de l'huis-de-fer, n°s 18 et 19.
—— rue des hôtelleries, n° 62.
—— rue de Gourville, n° 4.
—— cloître Saint-Aignan, n° 11.
—— place du cloître Sainte-Croix, n° 9.
—— marché à la volaille, n° 6.
—— rue des hennequins, n° 10.
—— rue de Recouvrance, n° 28.
—— rue de Saint-Sauveur, n° 7.
Maison de M. Pothier, rue Pothier.
Maison du Roi, V. intendance.
Maison *des Du Lys*, rue des pâtureaux, n° 14.
Maison *dite* d'Agnès-Sorel, rue du tabourg, n° 15.
Maison de l'Annonciade, rue du tabourg, n° 35.
Maison *dite* de Diane de Poitiers, rue des Albanais.
Maison *dite* de Marie Touchet, rue de la vieille-poterie, n° 7.
Maison des étuves, rue du plat-d'étain, n°s 4 et 6.
Maison des papegaux, V. coin Maugars.

Maison-rouge *de la*, faub. S*t*.-Marceau. 3. S-N.
Marat *Rue* et *Porte*, V. Saint-Vincent.
Marché aux arbres, sur le martroi.
—— aux balais, rue de l'huis-de-fer et marché à la volaille.
—— aux bestiaux, boulevard des Princes.
—— aux chevaux, porte Bannier.
—— aux fleurs, place de l'étape.
—— aux chardons, vieux marché.
—— aux foins, porte Bannier.
—— aux fruits à cidre, place du martroi.
—— à la ferraille, place du parvis de S*te*.-Croix.
—— à la friperie, place des halles.
—— au lait, à l'entrée du pont.
—— au bois, à l'entrée du pont.
—— aux légumes et gibier, place du martroi.
Marché *Grand*, rue de la chelcorie.
Marché *Petit*, rue du tabourg.
—— neuf ou de Sainte-Catherine, rue du cloître Saint-Etienne.
Marché *Vieux*, rue royale.
—— au pain, vieux marché.
—— aux raisins, vieux marché.
—— aux veaux, V. vieux marché.
—— à la volaille, au sud du grand marché.
—— de la porte Renard, V. petit marché.
—— aux oiseaux, place du martroi.
—— aux vieux souliers, place des halles.
—— aux tripes, petit marché.
Maréchaussée *Ancien hôtel de la*, vieux marché, V. gendarmerie.
Marre-des-Sologneaux *de la*, } f*g*. Bannier. 1. S-N.
} f*g*. S*t*.-Jean. 1. S-N.
Martré, martrey, } V. place du martroi.
Martrone, }
Martroi-aux-corps *Chapelle du*, grand cimetière. D.
Masse, faubourg Bannier. 1. E-O.
Maugars, V. coin.
Mêlée

Mêlée. 1. S-N.
Mes-chevaux *de*. 1. S-N.
Mesland, V. pot-de-fer.
Meuniers *Quai des*, V. Saint-Laurent.
Minimes *des*, V. Illiers.
Minimes *Couvent des*, V. Bourse.
Moine *du*, faubourg Saint-Vincent. 2. S-N.
Monnaie *de la*, faubourg Saint-Marc. 2. E-O.
Monnaie, V. vieille-monnaie.
Monnaie (anc. hôtel des monnaies), r. S.-Maclou. D.
Monnaies *Hôtel des*, rue d'Illiers. Sup.
Montées *des*, faubourg Saint-Marceau. 3. S-N.
Monument de la Pucelle *Ancien*, sur l'ancien pont et dans la rue royale. D.
Montagne, V. paradis.
Moreau, faubourg Saint-Marceau. 3. E-O.
Motte-Bureau, } V. moulin de l'hôpital.
Motte-Bruneau, }
Motte-Minsard *de la*, fg. St.-Marceau. 3. E-O.
Motte sans-gain *La*, V. filature. 3.
Mouillère *de la*, faub. Saint-Marceau. 3. S-N.
Moulin de l'hôpital *Cul-de-sac du*. 4. S-N.
Moulins *des*, V. Croix-galette.
Moulins *des*, faubourg Saint-Marc. 2. E-O.
Moulins *des*, } anc. quai du fort Alleaume. Sup.
Moulin à vent *du*, }
Moulins à vapeur, V. filature.
Mouton-blanc *du*, au collège. Sup.
Murlins, faubourg Bannier. 1. S-N.
Musée, rue des hôtelleries. 2.
Musique-ronde, V. Africains.
Muzaine, muzène, muzerelle. 4. E-O.

N

Nécatin *du*, faubourg Saint-Marc. 2. S-N.
Neix *Ruelle des*, V. rue des noyers.

Neuve, 2. S-N.
Neuve-tudelle, faubourg Saint-Marceau. 3. S-N.
Neuve Cul-de-sac de la rue. 2. S-N.
Nez-d'argent, V. cloches.
Notre-Dame-de-bonne-nouvelle, V. préfecture.
Notre-Dame-de-Recouvrance, V. Recouvrance.
Notre-Dame-des-Aides Chapelle, f. Bannier. 1.
Notre-Dame-des-forges, (chap. détr.). V. puits-des-forges.
Notre-Dame-du-chemin, r. de Bourgogne. Egl. sup.
Notre-Dame-du-chemin Cul-de-sac de. 3. S-N.
Nouvelles-catholiques Les, V. hospice de la Croix.
Noyers des. 2. E-O.

O

Oie de l'. 1. S-N.
Oies aux, V. ours.
Oie-couronnée de l', V. grands-champs.
Oratoire, V. palais de justice.
Oratoriens, V. collège royal.
Orbette de l', faubourg Saint-Marc. 2. S-N.
Orient de l', V. place du champ Saint-Euverte.
Oriflamme de l'. 3. S-N.
Ormerie de l' 2. 3. E-O.
Ormes Saint-Victor des. 2. E-O.
Os aux, V. ours.
Os aux, faubourg Madeleine. 4. E-O.
Ours aux. 1. 2. E-O.

P

Palais de justice, rue de la bretonnerie.
Palais de justice Ancien, V. musée.
Papegaux, V. coin des papegaux.
Paradis du. 3. E-O.
Paradis du; faubourg Saint-Marc. 2. E-O.
Paroisses, V. Saints.

Passage de la poissonnerie,	V. poissonnerie.
Passage des halles,	V. halles.
Passage des porteaux (porte-eau).	3. E-O.
Passage du musée,	V. musée.
Passe-Loire,	
Passe-coutre,	3. S-N.
Passe-côte,	
Pastoureaux des,	V. pâtureaux.
Pâtisserie,	V. triperie.
Pâtureaux.	2. S-N.
Pavée.	2. E-O.
Pavée-d'andouilles,	V. cloche-meffroi.
Pensées des.	2. S-N.
Petit-alleu,	V. barbecannes.
Petit-Ambert du,	V. épée-d'Ecosse.
Petit-Ambert (couv. sup.), rue de l'épée-d'Ecosse.	
Petit-champ-de-l'écho du, fs. St.-Marc.	2. E-O.
Petit-clos du, faubourg Saint-Marc.	2. S-N.
Petite-horloge de la.	2. E-O.
Petites-écoles,	V. Rose.
Petit-pont du, faubourg Saint-Marc.	2. S-N.
Petit-puits du.	3. S-N.
Petit Saint-Michel,	V. Saint-Michel.
Petit Saint-Loup du.	2. S-N.
Petits-champs des.	1. E-O.
Petits-souliers des.	2. S-N.
Petit-Villiers du, faub. Saint-Marc.	2. S-N.
Philosophie de la,	V. Saint-Sauveur.
Pied-de-Grouille, faubourg Saint-Marceau.	3. S-N.
Pierre-percée de la.	3. E-O.
Pieyre,	V. pavée.
Pille-sac,	V. tillesac.
Pilori,	V. halle aux chiffons.
Piques,	V. Saint-Pierre.
Place de Fleurus, V. cloître St.-Pierre-le-Puellier.	
—— de la cour des halles, aux halles.	
—— de la république,	V. martroi.
—— de l'étape.	2.

Topographie

Place de l'orient,   V. du champ Saint-Euverte.
——— de Saint-Euverte.   2.
——— des quatre coins.   2.
——— des tentes,   V. cloître Saint-Aignan.
——— des vétérans,   V. cloître Saint-Sulpice.
——— du champ-carré,   boulevard de MONSIEUR.
——— du champ de Saint-Euverte.   2.
——— du cimetière de Saint-Paul.   4.
——— du cloître Sainte-Croix ⎤
——— du parvis de Sainte-Croix ⎦   2.
——— du cloître Saint-Aignan.   3.
Place et rue du cloître Saint-Etienne,   V. marché.   2. S-N.
——— du marché neuf,   V. du cloître St.-Etienne.
——— du cloître St.-Pierre-en-pont.   2. S-N.
——— du cloître Saint-Pierre-le-Puellier.   3.
——— du cloître Saint-Benoît.   3.
——— du cloître Saint-Samson.   2.
——— du cloître Saint-Sulpice.   2.
Place du club,   V. Saint-Samson.
——— du manège,   V. halle au blé.
——— du martroi.   1. 2.
——— du temple,   V. du parvis Sainte-Croix.
——— du vieil-martroy,   V. cloître St.-Sulpice.
——— méridionale,   V. du cloître Saint-Pierre-le-Puellier.
Planche *de la*,   V. quai du Roi.
Planche-aux-moutons *Sentier de la*, faub. Saint-Marceau.   3. S-N.
Plat-d'étain *du*.   3. E-O.
Plisson, en 1646, paroisse Saint-Sulpice.   *Ignorée*.
Poêle *de la*.   1. S-N.
Pointe *de la*.   1. E-O.
Poirier-rond, faubourg Saint-Marc.   2. S-N.
Poirier-rond, faubourg Saint-Vincent.   2. S-N.
Poissonnerie *La*,   V. grand marché.
Poitevin *du*,   V. mes-chevaux et de l'oie.
Pomme-de-pin *de la*.   2. 3. E-O.

Pommier du. 3. E-O.
Pommier-rouge, V. sanitas.
Pont Le. 3.
Pont et ses tourelles Le vieil-, vis-à-vis la rue des
  hôtelleries. D.
Pont-de-Cé du. 4. S-N.
Porteaux, V. passage des.
Porte Bannière et Bernière, V. Bannier.
Porte Bernière Ancienne, place du martroi. 3.
Porte Bannier, rue Bannier. 1. 2.
Porte Barentin, quai Barentin. 4.
Porte brûlée, quai Barentin. 4. D.
Porte Colin-Girault, rue du cours-aux-ânes. 4. D.
Porte Croquenaud, V. tour Notre-Dame.
Porte de Bourgogne, rue de Bourgogne.
——— de Bourgogne Vieille, rue Villeneuve. D.
——— de Jacquin-Rousselet, V. du châtelet.
——— de la faux, quai du châtelet. D.
——— de la forêt, V. dépôt des réverbères.
——— de la loi, V. Madeleine.
——— de la poterne, quai de la porte du soleil.
——— de la tour neuve, quai de la tour neuve. D.
——— de l'évangile, citadelle de la porte Bannier.
——— de Recouvrance, rue de Recouvrance. 4. D.
——— des tanneurs, quai de la poterne.
——— du châtelet, rue des hôtelleries. 3. D.
——— Dunoise, rue cordonnerie. D.
——— du soleil, quai de la porte du soleil. D.
——— jaune, rue des gobelets. D.
——— Le Pelletier, V. Saint-Jean.
——— Madeleine, rue de la porte Madeleine.
——— Marat, V. Saint-Vincent.
——— Parisis, près l'hôtel-Dieu. D.
——— Renard, rue du tabourg.
——— Saint-Jean, rue de la porte Saint-Jean.
——— Saint-Vincent, rue de la porte St.-Vincent.
Porte-Dunoise Rue de la, V. cordonnerie.
Porte-Madeleine de la. 4. E-O.

Porte-Parisis *de la.* 2. S-N.
Porte-Saint-Jean *de la.* 1. 4. E-O.
Porte-Saint-Jean *Cul-de-sac de la.* 4. S-N.
Porte-Saint-Vincent *de la.* 2. S-N.
Porte-du-soleil *de la.* 3. S-N.
Portes, V. aussi tours.
Portereaux, V. faubourg Saint-Marceau.
Portereau-tudelle *du*, fg. St.-Marceau. 3. E-O.
Poste aux lettres *Hôtel de la*, rue de la bretonnerie.
Poste aux lettres *Boîtes de la*, rue de la bretonnerie, place de l'étape, rue royale et rue des Minimes.
Poste aux chevaux, rue d'Illiers.
Postes *ou* portes *des*, V. poêle.
Pot-d'argent *du.* 1. S-N.
Pot-de-fer *du.* 1. E-O.
Poterne Chesneau *ou* poterne, quai de la poterne. 3.
Poterne *de la.* 3. S-N.
Poterne *Venelle de la.* 3. S-N.
Poterne Saint-Samson, rue de la poterne Saint-Samson. D.
Poterne-Saint-Samson *de la.* 2. E-O.
Pothier. 2. S-N.
Potiers *des*, V. singes.
Potiers *Clos des*, V. Saint-Martin-du-mail.
Poudre à tirer *ou* poudrière *Magasin de la*, rempart de Saint-Vincent.
Poule-à-quatre-œufs *de la*, faubourg Saint-Vincent. 2. E-O.
Poule-blanche *de la*, V. éperonniers.
Poullerie, V. vieille-foulerie.
Pourpointelle. 4. S-N.
Prateaux *des*, faubourg Saint-Marc. 2. E-O.
Préfecture *Hôtel de la*, rue St.-Sauveur. 3.
Pressoir-blanc *du*, faub. St.-Marceau. 3. E-O.
Pressoir-neuf *du*, faubourg Saint-Marc. 2. S-N.
Prêtres *Ruelle aux*, V. St.-Donatien *Venelle*.
Prévôté *Ancienne*, marché à la volaille. 3.

Prison *Ancienne* de Saint-Hilaire, V. entre-
pôt des sels. 3.
Prison (des Ursulines), rue de la bretonnerie. 2.
Providence *Maison de la*, cloître Saint-Aignan.
Prudence *de la*, V. Vaslin.
Puits-de-la-Circoncision, rue Saint-Germain.
Puits-de-Jacob, marché de la porte Renard.
Puits *du*, faubourg Madeleine. 4. E-O.
Puits-de-Linières *ou* Lignières *du*. 3. E-O.
Puits-Laurent, V. hurepoix.
Puits-Lodon, rue du puits-Lodon. D.
Puits-Lodon *du*. 4. E-O.
Puits-mont-Berry, V. rue des images et des sept-
dormans.
Puits-Saint-Christophe *du*. 4. S-N.

Q

Quai Barentin. 4. E-O.
——— de Cypierre. 4. E-O.
——— de la porte du soleil. 3. E-O.
——— de la poterne. 3. E-O.
——— de la tour neuve. 3. E-O.
——— de la tour Rose, V. Barentin.
——— de Recouvrance. 4. E-O.
——— de Saint-Laurent, fg. Madeleine. 4. E-O.
——— des chamoiseurs. 3. E-O.
——— des Meuniers, V. Saint-Laurent.
——— du bassin, V. Recouvrance.
——— du châtelet. 3. E-O.
——— du fort Alleaume. 3. E-O.
——— du Roi. 3. E-O.
——— du Roi, faubourg de Bourgogne. 2. E-O.
——— national, V. du châtelet.
——— neuf, faubourg Saint-Marceau. 3. E-O.
Quatre-degrés *des*. 3. E-O.
Quatre-fils-Aymond *des*. 3. S-N.
Quatre-massues, anc. paroisse St.-Paul. *Ignorée*.

R

Raquettes *des*, V. trois-pucelles.
Ravelin *du*, V. croix-par-Dieu.
Ravelin Saint-Laurent *du*, V. turcie St.-Laurent.
Ravelin de Saint-Laurent (fortification détruite), porte Barentin.
Rebouche-pénil, } V. bouche-pénil.
Rebrousse-pénil, }
Récollets *des*. 2. E-O.
Récollets *Couvent des*, rue des Récollets. D.
Recouvrance *de*. 4. S-N.
Recouvrance *Notre-Dame de* (paroisse), rue de Recouvrance.
Réforme *de la*, V. curés.
Remparts *des*, V. oie.
Rempart de la motte-sans-gain, V. boulevard du Roi.
Rempart de la porte Bannier, V. grand mail.
——— de la porte de Bourgogne, V. boulevard du Roi.
——— de la porte de la forêt, V. de la tour à Pinguet.
——— de la porte Saint-Jean, V. petit mail.
——— de la porte Saint-Vincent, V. boulevard de Monsieur.
——— de la tour à Pinguet. 2. E-O.
——— de Saint-Euverte, V. boulevard de Madame.
——— de St.-Euverte (*intérieur*). 2. E-O. S-N.
——— des conins, V. de St.-Euverte (*intérieur*).
——— du jardin des plantes, V. boulevard-neuf.
Renotte *ou* Renôte, faubourg Saint-Marc. 2. S-N.
République *Place de la*, V. martroi.
République *de la*, V. Illiers.
Républicains *des*, V. trois Maries.
Réunion *de la*, V. Escures.

Révolutionnaire, V. pastoureaux.
Roche-aux-Juifs } *de la,* 3. S-N.
Roche-de-mai
Roi-David *du.* 3. E-O.
Rome *Du Roi de ,* V. Bourbon.
Rome *de ,* V. écu-d'or.
Rose. 4. S-N.
Rose *Cul-de-sac de la rue.* 4. E-O.
Rose. 2. E-O.
Rose *de la.* 2. S-N.
Rousseau *de Jean-Jacques,* V. évêché.
Route de Blois, faubourg Madeleine. 4. E-O.
Route de Gien, Briare, faubourg de Bourgogne. 2. E-O.
Route de Châteaudun, f⁸. Saint-Jean. 1. 4. E-O.
Route de Cléri, Blois, faub. S^t.-Marceau. 3. E-O.
Route de Paris, faubourg Bannier. 1. S-N.
Route de Paris *Ancienne*, faubourg Saint-Vincent. 2. S-N.
Route de Toulouse, faub. Saint-Marceau. 3. S-N.
Route de Sandillon, Sulli, faubourg Saint-Marceau. 3. E-O.
Royale *Rue.* 1. 2. 3. 4. S-N.

S

Sablay }
Sablery } V. mêlée.
Sache-coquin, V. chasse-coquin.
Saint-Aignan *Eglise et paroisse de.* 3.
Saint-Aignan *Rue de.* 3. S-N.
Saint-Antoine *Chapelle de, sur l'ancien pont.* D.
Saint-Armel *Couvent, rue du Paradis.* D.
Saint-Avit *Chapelle et cure de,* V. caserne du Séminaire.
Saint-Benoît *Guichet de.* 3. S-N.
Saint-Benoît-du-retour *Chapelle, place du cloître Saint-Benoît.*

Saint-Charles *Couvent de*, V. caserne.
Saint-Côme *Rue de.* 3. S-N.
Saint-Denis *de*, faubourg Saint-Marc. 2. S-N.
Saint-Donatien *de.* 3. E-O.
Saint-Donatien *Venelle de.* 3. S-N.
Saint-Donatien. *Eglise et paroisse de*, rue Saint-Donatien. 3.
Sainte-Anne *Rue de.* 2. S-N.
Sainte-Anne *Chapelle* (D.), V. halle au blé.
Sainte-Barbe *Cul-de-sac.* 3. E-O.
Sainte-Catherine (église dét.), rue des hôtelleries.
Sainte-Catherine, V. des hôtelleries, de l'aiguillerie.
Sainte-Colombe *Cul-de-sac.* 2. E-O.
Sainte-Colombe *Chapelle de*, V. Calvaire.
Sainte-Croix *Cathédrale et paroisse de*, 2.
Saint-Eloi *de.* 2. S-N.
Saint-Eloi *Eglise de*, rue Saint-Eloi. 2. Sup.
Saint-Esprit *Chapelle du* (D.), V. halle au blé.
Saint-Etienne *Cul-de-sac de.* 2. E-O.
Saint-Etienne *Eglise de*, rue du cloître Saint-Etienne. 2. D.
Saint-Etienne, V. marché.
Saint-Eufroy *Anc. chapelle*, rue de l'écu-d'or. D.
Saint-Euverte *Eglise de*, place St.-Euverte. 2. Sup.
Saint-Euverte *Rue de.* 2. E-O.
Saint-Evrou *Eglise ou chapelle* (D.), porte St.-Jean.
Saint-Flou *Rue de*, 3. S-N.
Saint-Flou *Eglise de* (D.), V. Conception.
Saint-Georges *Eglise de* (D.), V. caserne du Séminaire.
Saint-Georges *Cul-de-sac de* (anciennement *Rue du cloître de*). 2. E-O.
Saint-Germain-d'Auxerre ou des fossés *Eglise de*, V. jacobins.
Saint-Germain *Venelle de.* 3. S-N.
Saint-Germain ou St.-Germain-des-Juifs *Eglise de*, (Sup.) V. boucherie.
Saint-Germain *Rue de.* 3. E-O.

Saint-Gilles *de*. 3. S-N.
Saint-Hilaire *Eglise de* (D.), V. halle.
Saint-Hubert *Chapelle de*, V. halle au blé.
Saint-Hubert *Rue et coin*, V. four-à-chaux.
Saint-Jacques *Chapelle*, r. des hôtelleries. 3. Sup.
Saint-Jacques *Rue de*. 3. E-O.
Saint-Jacques-le-brûlé. 4. S-N.
Saint-Jean *Venelle de*, fg. St.-Jean. 1. E-O. S-N.
Saint-Jean *Chapelle*. (D.), V. Saint-Paul.
Saint-Jean l'évangéliste *Couvent*. (D.), V. Madeleine. 4.
Saint-Laurent *Rue de*. 4. E-O.
Saint-Laurent-des-orgerils *Eglise et paroisse de*, faubourg Madeleine. 4.
Saint-Lazare *des Frères de*, V. Escures.
Saint-Léger, V. Saint-Victor.
Saint-Liphard *Rue de*. 2. E-O.
Saint-Liphard *Eglise de*, rue de St.-Liphard. 3. D.
Saint-Louis *Chapelle de*, marché à la volaille. 3. D.
Saint-Loup *Petit*, rue Saint-Euverte. 2. Sup.
Saint-Loup *Couvent*, hors de la banlieue, route de Briare. Sup.
Saint-Maclou *Eglise de*, rue St.-Maclou. 2. D.
Saint-Maclou *de*. 2. S-N.
Saint-Magloire *de*. 2. E-O.
Saint-Marc *Venelle de*, fg. St.-Marc. 2. S-N.
Saint-Marc *Eglise et paroisse de*, rue du bourg Saint-Marc. 2.
Saint-Marceau *Eglise et paroisse de*, rue de Saint-Marceau. 3.
Saint-Marceau *Venelle de*, faubourg Saint-Marceau. 3. S-N.
Saint-Marceau *Rue de*. 3. S-N.
Saint-Martin-cuisse-de-vache, V. Saint-Aignan.
Saint-Martin-de-la-mine *Eglise de*, rue St.-Martin-de-la-mine. 2. Sup.
Saint-Martin-de-la-mine *Rue de*. 2. S-N.
Saint-Martin-du-mail *de*. 2. S-N.

Saint-Martin-du-mail (chapelle détruite), rue Saint-Martin-du-mail. 2.
Saint-Mathurin, V. Visitation.
Saint-Mesmin-l'alleu *Chapelle de*, rue des hennequins, n° 24. 2. Sup.
Saint-Michel *Ancienne paroisse de*, V. spectacle.
Saint-Michel *Petit* (chapelle supprimée), rue de Bourgogne. 2.
Saint-Michel *ou* petit-St.-Michel *Rue du*. 2. S-N.
Saint-Paterne *Eglise et paroisse de*, rue Bannier. 2.
Saint-Paul *de*. 4. S-N.
Saint-Paul *Eglise et paroisse de*, place du cimetière Saint-Paul. 4.
Saint-Paul *Ruelle de*. 4. E-O.
Saint-Phallier *Chapelle*, rue du bourg Saint-Marc. 2. Sup.
Saint-Pierre *Rue de*. 2. S-N.
Saint-Pierre-aux-bœufs, V. Saint-Aignan.
Saint-Pierre-en-pont *Eglise de*, rue de l'ormerie. 2. Sup.
Saint-Pierre-en-sente-lée *Succursale et oratoire de*, place du martroi. 2.
Saint-Pierre-le-Puellier *Eglise et oratoire de*, place du cloître de Saint-Pierre-le-Puellier. 3.
Saint-Pierre-Lentin *Eglise de*, V. temple protestant.
Saint-Pierre-Lentin *de*. 2. E-O.
Saint-Pouair *Eglise et hôpital*, V. Saint-Paterne.
Saint-Samson *de*, faubourg Saint-Marc. 2. S-N.
Saint-Samson *Eglise de*, V. collège royal.
Saint-Sauveur *Commanderie de*, rue St.-Sauveur. D.
Saint-Sauveur *de*. 2. 3. E-O.
Saint-Sulpice *Place de*, V. place.
Saint-Sulpice *Eglise de* (D.), V. rue cloître Saint-Sulpice. 2.
Saint-Symphorien, V. Saint-Samson.
Saint-Victor *Eglise de*, rue St.-Victor. 2. D.
Saint-Victor *Rue de*. 2. S-N.
Saint-

Saint-Vincent *Eglise et paroisse de*, rue du faub. Saint-Vincent. 2.
Saint-Vincent *Venelles de*, faubourg Saint-Vincent. 2. S-N. E-O.
Saint-Vrain *Chapelle de*, dans le martroi. D.
Salamandre *Cul-de-sac de la*, jadis rue de la Salamandre. 2. E-O.
Salouer, premier grenier à sel, V. musée.
Sanitas *Ancien hospice du*, rue du petit-sanitas. 2.
Sanitas *Ancien hospice du*, fg. Madeleine. 4.
Sanitas *Rue du*, faubourg Madeleine. 4. E-O.
Sanitas *du*. 2. S-N.
Sans-culottes *des*, V. brétonnerie.
Sans-culottides *des*, V. Saint-Michel.
Sauchets *des*, V. fauchets.
Savaterie *de la*, V. cordonnerie.
Séminaire *Ancien*, V. caserne.
Séminaire *Nouveau*, rue du cloître Ste-Croix. 2.
Sémoi *de*. 2. E-O.
Sentier-aux-moutons *du*, fg. St.-Marc. 2. E-O.
Sept-dormans *des*. 3. E-O.
Serpente *Rue*. 2. S-N.
Singes *des*. 3. S-N.
Sonnettes *des*, V. trois-sonnettes.
Soufflet *du*. 3. S-N.
Sous-les-Saints, faubourg Madeleine. 4. S-N.
Spectacle *Salle de*, place de l'étape. 2.
Spectacle *Anc. salle de*, rue du colombier. 1. D.
Subsistances militaires, V. magasin des, etc.
Surveillance *Rue de la*, V. Recouvrance.

T

Tabart, faubourg Saint-Marceau. 3. S-N.
Tabourg *du*. 1. 4. E-O.
Talmellerie *de la*, } V. tabourg.
Talmelliers *de la*,
Tannellerons *des*,

Tanneurs des (ou de la tannerie). 3. E-O.
Tareau du. }
Taureau du. } 4. E-O.
Taureau Cul-de-sac du. 4. S-N.
Tempérance de la, V. Croix-de-Malthe.
Temple protestant, rue de Saint-Pierre-Lentin. 2.
Temple du, V. hennequins.
Tentes des, V. Saint-Côme.
Tille-sac. 2. E-O.
Tolérance de la, V. Saint-Flou.
Tour et fort Alleaume, quai du fort Alleaume. 3. D.
Tour à huit pans, quai de la tour-neuve. 3. D.
Tour à Pinguet, rempart de la tour à Pinguet. 2.
Tour Aubert, quai de la poterne. 3. D.
Tour Aubilain, rue du Bourdon-blanc. 3. D.
Tour Balthazar, boulevard neuf. 4. D.
Tour blanche, rue de l'écu-vert. 3.
Tour belles-masures, grand mail. 2. D.
Tour carrée ou cassée, V. tour à huit pans.
Tour Charlemagne, V. Bénédictins.
Tour creiche-Menfroi, quai porte du soleil. 3. D.
Tour d'Avalon, près la rue de Saint-Flou. 3. D.
Tour de Bourbon, V. poudrière.
——— de brigondeau, rue du brigandeau. 3. D.
——— de Jean Thibaut, jardin de la mairie. 2. D.
Tour de la barre-Flambert, quai de Cypierre. 4. D.
Tour et fort de la brebis, motte sans-gain, quai du
  Roi. 3. D.
Tour de la fauconnerie, rue du bourdon-blanc. 2. D.
——— de la Rideuve, boulevard neuf. 4. D.
——— de la vallée, V. de l'étoile.
——— de l'eschiff Saint-Paul, place du cimetière
  Saint-Paul. 4. D.
——— de l'église Sainte-Croix, rue de l'évêché. 2. D.
——— de l'étoile, dans la filature (motte sans-gain). 3.
——— de messire Baudas, V. Aubilain.
——— de Mgr. l'Evêque, V. fauconnerie.
——— de Pénincourt, rempart de la tour à Pinguet. 2. D.

Tour de Recouvrance, quai de Recouvrance. 4. D.
Tour de Saint-Etienne, rue du bourdon-blanc. 2. D.
——— de Saint-Euverte, rempart de Saint-Euverte. 2. D.
Tour de ville, V. créneaux.
——— des arquebusiers, petit mail. 1. D.
——— des conins, rempart de St.-Euverte. 2. D.
——— des créneaux, V. musée. 2.
——— des talmellerons, près la porte Renard. 4. D.
——— des vergers-Saint-Samson, à l'alleu Saint-Mesmin. 2. D.
——— du bassin, rue de l'écu-d'or. 4. D.
——— du champ-Egron, rue du bourdon-blanc. 2.
Tour du char, rue du charriot-d'or. 3. D.
——— du heaume, place du martroi. 2. D.
——— du plaidoyer de Monseigneur l'Evêque, rue de l'évêché. 2. D.
Tour feu maître Pierre-le-gueux, quai des chamoiseurs. 3. D.
Tour feu Michau-Quanteau, rue vieille-poterie. 1.
Tour gouvernante, petit mail. 1. D.
——— Juranville, remp. de la tour à Pinguet. 2. D.
——— Le Roi, grand mail. 2. D.
——— Londeau, près Saint-Paul. 4. D.
——— neuve, quai de la tour-neuve. 3. D.
Tour-neuve *Rue de la.* 3. S-N.
Tour Notre-Dame, quai de Cypierre. 4. D.
Tour et porte de l'abreuvoir, quai de Cypierre. 4. D.
——— de la forêt, V. tour à Pinguet.
——— de la herse *ou* de la faux, quai du châtelet. 3. D.
——— du héron, rue royale. 3. D.
——— des tanneurs, quai de la tour-neuve. 2. D.
Tour ronde, rue de l'écu-d'or. 4. D.
——— Rose, quai Barentin. 4. D.
——— Saint-Avit, grand mail. 2. D.
——— Saint-Esprit, grand mail. 2. D.
——— Saint-Joseph, boulevard neuf. 4. D.

14 *

Tour Saint-Laurent, porte Barentin. 4. D.
——— Saint-Louis, boulevard neuf. 4. D.
——— Saint-Mesmin, près de la rue des hennequins. 2. D.
——— Saint-Michel, grand mail (café). 2.
——— Saint-Michel, V. porte et tour du héron.
——— Saint-Pierre, grand mail. 2. D.
——— Saint-Samson, collège royal. 2. D.
——— salée, rue de l'évêché. 2. D.
——— terrassée, grand mail. 2. D.
——— terrasse, quai de Recouvrance. 4. D.
Tourelles, } (D.)
Tournelles, } V. vieux pont.
Tour Rose de la, V. quai Barentin.
Tour Saint-Pierre-le-Puellier de la. 3. S-N.
Trée de la. 3. S-N.
Treille-motte-sans-gain de la, 3. E-O.
Trente-sans-hommes, V. corroierie.
Triballe de la, détruite pour faire la rue royale au sud.
Tribunaux, V. palais de justice.
Tricolore, V. crosse.
Trinité Chapelle de la.
Triperie de la. D.
Trois-clefs des. 3. E-O.
Trois-croissans Venelle des, fg. Bannier. 2. E-O.
Trois-gobelets, 1. E-O.
Trois-maillets des. V. gobelets.
Trois-Maries des. 4. S-N.
Trois-poêlons des. 2. E-O.
Trois-pucelles des. 2. E-O.
Trois-Rois Chapelle des, 2. S-N.
Trois-voisins (en 1646, paroisse Saint-Paterne). Ignorée.
Trois-sonnettes des. 4. E-O.
Trou-baleine du, fg. Saint-Marceau. 3. S-N.
Tudelle, faubourg Saint-Marceau. 3. E-O.
Turcie-Saint-Laurent de la. 4. E-O.

U

Unité de l', V. Roi David.
Université de l'. 3. S-N.
Université, rue de l'Université. Sup.
Ursulines *Communauté des Dames*, place du cloître Saint-Aignan.
Ursulines *Ancien couvent des*, V. prison.

V

Vachot (en 1646, paroisse de Notre-Dame-de-bonne-nouvelle). *Ignorée.*
Vair (en 1646, paroisse Saint-Paterne). *Ignorée.*
Vallée Notre-Dame-du-chemin *de la*, V. des singes.
Vannerie *de la*. 4. S-N.
Vaslins. 2. E-O.
Vaudour. 3. E-O.
Vaudour *Cul-de-sac*. 3. E-O.
Vaupulans *des*. 1. E-O.
Veneurs *Sente aux*, faub. Saint-Marc. 2. E-O.
Venelle Saint-Michel, V. ruelle Saint-Paul.
Venelle-à-quatre-sols, faub. de Bourgogne. 2. S-N.
Vérité *de la*, V. Gourville, puits Saint-Christophe.
Véronique *de la*, V. Saint-Martin-de-la-mine.
Verte, faubourg Saint-Vincent. 2. S-N.
Verte, faubourg Bannier. 1. S-N.
Vert-galant *du*. 1. E-O.
Vide-sac, V. tillesac.
Vieil-Carme *du*, V. creuse.
Vieille-foulerie *de la*. 4. S-N.
Vieille harengerie, V. passage de la poissonnerie.
Vieille levée, faubourg Saint-Marceau. 3. E-O.
Vieille monnaie *de la*. 2. S-N.
Vieilles murailles, V. cul-de-sac Notre-Dame-du-chemin.
Vieille munerie *de la*, V. écu-d'or.

Vieille-poterie *de la*.   1. S-N.
Vieille-peignerie.   4. S-N.
Vieille-porte-de-Bourgogne,   V. Villeneuve.
Vieille-réparée,   V. huguenots.
Vieil-marché,   V. marché aux veaux.
Vieil-martroi,   V. place du cloître Saint-Sulpice.
Vieil pont *du*,   V. hôtelleries.
Vieux fossés, }
Vieux remparts, }   V. bourdon-blanc.
Vieux remparts *des*,   V. de la Croix.
Vilaine, faubourg Saint-Marc.   2. E-O.
Villeneuve.   2. 3. E-O.
Visitation *Couvent de la*, rue Bannier.   D.
Visitation *Les Dames de la*, rue de Saint-Euverte.
Voisins *Succursale du couvent de*, rue du coq-d'Inde.
Voltaire *de*,   V. Angleterre.

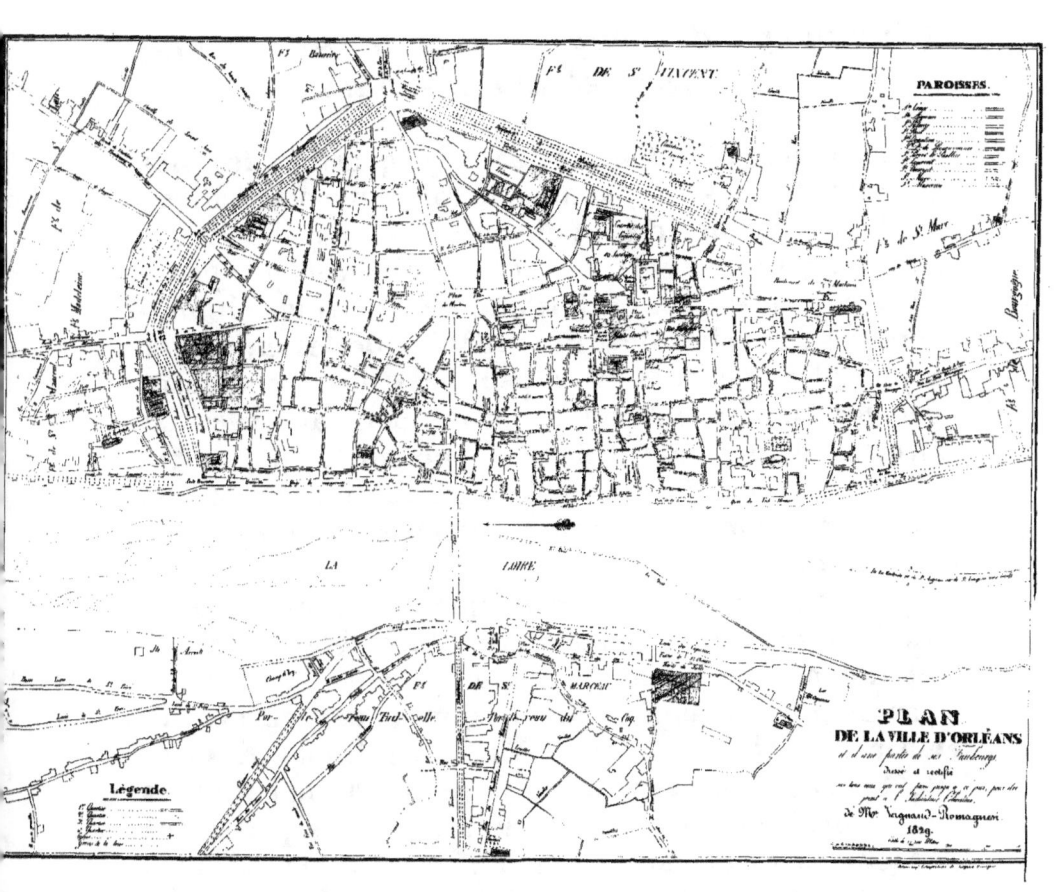

RUES, PLACES ET CARREFOURS
DE LA VILLE D'ORLÉANS.

Etymologie de leurs noms, Souvenirs historiques et anecdotiques.

Les maisons d'Orléans, dans les quartiers les plus anciens de la ville, sont généralement mal bâties ; la plupart même le sont en bois. Les façades *en colombage* commencent, à la vérité, à disparaître peu à peu ; cependant on en fait encore. Le danger imminent des incendies devrait empêcher de les employer aujourd'hui ; elles sont à peu près aussi coûteuses que les façades en pierre, et donnent aux rues, si étroites dans toutes les cités anciennes, un aspect sombre et peu flatteur à l'œil, à moins qu'elles ne soient fréquemment peintes, comme on le pratique dans le nord de la France.

Les maisons élevées en brique ou en pierre dans les deux derniers siècles sont très-solides ; mais il est inconcevable que dans une ville où se trouvent d'aussi jolis modèles d'habitations, des règnes de Charles VII, de Charles VIII, de Louis XII, et de François Ier, l'on ait pu faire autant de bâtimens de mauvais goût dans leur ensemble, sans parler des ornemens extérieurs et intérieurs, car peu d'entre eux sont exempts d'une juste critique. Nous ne dirons rien non plus des distributions intérieures : elles sont généralement à Orléans ce qu'on les voit à Rouen et dans les villes où la trace des habitudes domestiques de nos ancêtres s'est conservée avec les cénacles qu'ils habitaient. Partout des pièces trop vastes, trop élevées ; d'énormes cheminées et d'étroites croisées en petit nombre, comme si l'on eût prévu, dès ces temps reculés, l'établissement d'un impôt sur la lumière. Dans quelques-unes des demeures les plus apparentes on a cherché à approprier de nouvelles distributions à nos habitudes modernes ; alors on a lutté péniblement, et rarement avec succès, contre le vice primitif ; et ces maisons ne présentent guère que des habitations incommodes, quelquefois même malsaines.

Quant aux maisons récemment construites, il en est un bien petit nombre auquel on ne ferait pas les reproches les plus graves : aussi la majeure partie a-t-elle été faite sans les avis toujours nécessaires des gens de l'art.

Il serait donc bien à désirer que l'on pût bâtir des demeures agréables à l'extérieur et à l'intérieur, dans une ville où le besoin de fixer de nouveaux habitans se fait si vivement sentir ; sous ce rapport il serait impossible de ne pas applaudir à des projets qui tendraient à ce but sans porter aucune atteinte au droit de propriété garanti par les lois.

L'exécution sévère des alignemens arrêtés par l'Administration, nous procurera peu à peu des rues plus larges, plus droites, et par conséquent des communications moins dangereuses ainsi qu'un air plus pur dans les habitations. Néanmoins plusieurs de nos rues rappelleront long-temps par leur peu de largeur l'époque où les litières, les mules et les porteurs tenaient lieu des voitures si nombreuses aujourd'hui. Il en existe même quelques-unes tellement étroites et tortueuses qu'il sera bien difficile de les rendre jamais droites, saines et habitables : elles sont en petit nombre ; et des indemnités, offertes par la Ville aux propriétaires, pourraient effectuer assez promptement ce que le ravage du temps n'amènera que bien longuement. C'est ainsi que le pavage général des rues, quoiqu'ordonné le 12 octobre 1492 par Charles VIII, *avec pouvoir aux maîtres des ponts et* chaussées d'Orléans de contraindre les locataires et propriétaires à paver le devant de leurs maisons ne reçut une exécution prompte, rapide et entière qu'au moment où les échevins employèrent quelques deniers de la ville, dont ils n'étaient alors comptables qu'à leurs concitoyens (sauf plainte de la part de ceux-ci), à indemniser les propriétaires et à faire paver le milieu des rues qui ne l'étaient point encore. Un autre moyen d'atteindre ce but serait peut-être, et nous le croyons, de supprimer ou au moins de diminuer les droits de voirie qui doivent être peu profitables à la ville et nuisent aux embellissemens que les propriétaires seraient tentés de faire dans les quartiers où les loyers sont de bien mince valeur (1).

Avant l'emploi si simple et si utile des numéros pour désigner les maisons dans chaque lieu où il s'en trouve un certain nombre d'agglomérées, on n'avait d'autre moyen de désigner la demeure des particuliers que celui d'indiquer l'enseigne de la maison qu'ils habitaient ou la plus connue de celles qui l'avoisinaient. De là était venu l'usage de marquer dans chaque rue, par des sculptures ou des peintures, presque toutes les maisons, ou au moins les plus apparentes, lors même qu'elles appartenaient à des *bourgeois manans, non trafiquans, ou non travaillans*. Ainsi la rue du tabourg avait la maison de la tête-de-bœuf, de l'Annonciade, de la croix-d'or, des trois-barbeaux, etc.; la rue de la faverie offrait celles des travaux d'Hercule, des papegaux, etc.; la rue de la vieille-foulerie, la maison de l'âne-qui-veille, du cheval-rouge, etc., etc.

Ces dénominations de maisons furent même données à des familles qui les portèrent d'abord comme surnom et les conservèrent ensuite comme nom

---

(1) Un arrêté rendu sur la délibération du Conseil municipal le 18 décembre 1816, fixe des droits pour toute espèce de constructions sur la grande comme sur la petite voirie.

propre. Nous voyons entre autres la famille Compaing, si recommandable par le noble usage qu'elle fit de sa fortune, par son désintéressement et par les services qu'elle a rendus à notre ville sous Charles VII, tirer son nom de l'enseigne des compaings (1) affectée à l'une de ses nombreuses propriétés. Ces enseignes donnèrent à plus forte raison leur dénomination aux rues dans lesquelles elles se trouvaient figurées: telles sont les rues de la lionne, du griffon, des quatre-fils-Aymond, et tant d'autres.

Les métiers, réunis jadis en corporation, étaient exercés presque exclusivement dans telle ou telle rue qui en recevait un nom analogue; comme la rue de la vannerie, des vanniers qui l'habitaient; celle de la savaterie, des savatiers ne pouvant faire *neuf* et seulement *savaties* (2), qui y demeuraient.

Les édifices, les monumens, les établissemens publics, les communautés, les couvens, les confréries-même donnèrent quelquefois leurs noms aux rues et aux places dans lesquelles ils se trouvaient.

Des temps qu'on ne rappelle jamais sans les déplorer, changèrent de nos jours ces dénominations en d'autres noms généralement ridicules ou justement

---

(1) Pasquier donne au mot *compaing* une étymologie assez naturelle: il présume que cette expression est formée des deux mots *cum* et *panis* (qui mangent le même pain). Quoi qu'il en soit, on l'employait fréquemment dans le vieux langage en l'écrivant *compainz*, *compeing*, *compoing*, *compang*, qui nous semblent tout simplement venir de *compago*.

   Li hermites se merveilla
   De ce que ses compainz fesoit,
   Por les chevaliers s'estoupoit,
   Et pas nel fist por la charoigne.
    (*Fabliau de l'hermite qui s'acompaigna à l'Ange.*)

(2) *Savaties*, expression des plus anciennes ordonnances: vieilles chaussures, vieux souliers, savates.

exécrés, si ce n'est pourtant le petit nombre de ceux des grands hommes qui, comme Descartes, Voltaire, Rousseau, honoreront toujours leur patrie, et qui assurément auraient été conservés s'ils n'avaient point été imposés dans un moment de vertige et dans un temps d'affliction pour tous les gens de bien.

Quelques noms de rues, anciens et modernes, tirent leur origine des traditions populaires, des événemens qui s'y sont passés, ou des faits historiques consignés dans nos annales; d'autres enfin conservent l'étymologie de leur destination première ou du *champ* qu'elles ont remplacé. Ecartant tout ce qui nous semblera peu digne de croyance ou peu instructif sur ces étymologies, ces anecdotes, ces faits historiques, nous donnerons seulement les renseignemens qui nous ont paru de quelque vraisemblance, de quelque intérêt ou de quelque utilité, sans garantir la véracité d'aucune des traditions singulières (1) que nous croyons devoir signaler, mais seulement l'exactitude des faits historiques que nous emprunterons à nos anciens écrivains.

ORLÉANS. Avant de rechercher les origines des différens noms des rues d'Orléans, il nous semble

---

(1) On trouvera peut-être que nous avons admis beaucoup trop de ces traditions populaires; mais à travers ces traditions on parvient quelquefois à découvrir la vérité; en outre on se rappellera que nous n'en garantissons nullement l'authenticité; et, si l'on daigne parcourir cet ouvrage avec quelque attention, on verra que nous avons toujours eu un motif pour conserver celles qui paraîtront les plus singulières, soit pour rappeler l'état des mœurs à telle ou telle époque, soit pour faire remarquer combien les querelles de religion excitent d'animosités et répandent de fiel entre des hommes trop ignorans pour se former une opinion avec connaissance de cause, soit enfin pour éclaircir des faits historiques ou des événemens douteux. Du reste notre intention étant de joindre à la fin de ces volumes la nomenclature historique et critique des livres et des manuscrits où nous puisons nos renseignemens, nous avons cru pouvoir nous dispenser de les citer dans le cours de l'ouvrage, afin d'éviter les nombreuses répétitions.

convenable de donner ici quelques renseignemens sur les différentes dénominations données à la ville même.

Orléans, appelé d'abord *Genabum* du temps de Jules-César, et plus tard *Cenabum*, prit ensuite celui d'*Aurelia* des *Aurèles* qui l'auraient relevé de ses ruines, ou celui d'*Aurelianum*, de l'empereur *Aurélien* qui en est regardé par plusieurs auteurs comme le fondateur ou au moins le restaurateur. Elle est appelée par les anciens historiens latins, *Urbs Aurelianensis*, *Civitas Aurelianorum*, *Aureliana*, *Aureliani*, *Aurilianis*, *Aurelianum*, *Aurelia*, *Aureliæ*, etc., et par corruption *Orlianum*, *Orlia*.

De nombreuses et savantes dissertations ont été publiées pour prouver qu'Orléans est le *Genabum* des commentaires de César; d'autres écrivains ont cherché à démontrer que le nom de *Genabum* et la position indiquée par le vainqueur des Gaules à cet *oppidum* des Gaulois convenaient à Gien et à d'autres petites villes, et nullement à Orléans (1).

Au milieu de ces discussions, ce qui nous paraît sans réplique et trancher la question en faveur d'Orléans, ce sont les distances indiquées par l'itinéraire d'Antonin, le seul renseignement positif sur lequel on puisse fixer une opinion; car les écrits de Jules-César marquent la position de *Genabum* d'une manière trop vague pour qu'il soit possible de les invoquer. Cependant ils seraient encore en notre faveur, comme nous l'avons dit dans la notice sur Gien, insérée dans l'Album du département du Loiret. Laissant de côté les positions maintenant douteuses de l'itinéraire d'Antonin, nous voyons qu'il y avait de *Brinodunum*, incontestablement Briare, à *Belca* 15 milles; de *Belca* (ville dont la position est incertaine et qu'on suppose, en raison des nombreux fragmens

---

(1) Voyez les dissertations et les mémoires de MM. Lancelot, Polluche, l'abbé Le Beau, etc.

de

de briques et de poteries romaines qu'on déterre dans des champs, près de *Dampierre*, avoir existé dans ce lieu) à *Cenabum* 22 milles, ce qui fait en tout de Briare à *Cenabum* 37 milles, ou environ 19 lieues. Cette distance ne peut convenir à aucune des villes qu'on a désignées comme ayant été l'ancien *Genabum*, et moins encore à *Gien* qu'à toute autre, puisqu'il n'y a que trois lieues de *Briare* à cette dernière ville. De *Cenabum* à *Salioclitum* il y avait 24 milles, et de *Salioclitum* à *Lutetium* 24 milles. Le lieu qu'occupait *Salioclitum*, qu'on croit avec raison être *Saclas*, près Etampes, étant encore douteux, nous calculerons de *Cenabum* à *Lutetium* 48 milles, environ 28 lieues, distance applicable à *Orléans*, et nullement à *Gien* ou aux autres villes.

De nombreux faits viennent en outre à l'appui de notre opinion sur le nom primitif d'Orléans : tels sont les ruines de constructions évidemment romaines, les nombreuses médailles et les fragmens de statues des Dieux du paganisme trouvés en différens temps dans divers endroits de la ville.

Notre conjecture est encore confirmée par la découverte récente des Arènes, dans un clos qui a long-temps porté ce nom, près de la motte sans-gain ; par celles de fragmens de briques, de tessons de vases romains, d'une pierre déposée au musée, portant une inscription, et déterrés ensemble presque sur un même point à la fontaine de l'Etuvée, très-près de l'ancienne route de Paris ; enfin par les nombreux fragmens de vases en terre rouge, évidemment romains, et par les autres objets antiques mis à découvert lors des fondations de la halle au blé (1). Aucun de ces indices ne s'est rencontré dans les environs

---

(1) Voyez MM. Deluchet et Polluche, les annales de la Société royale des sciences, belles-lettres et arts d'Orléans, et les notices historiques sur les cimetières d'Orléans, que nous avons publiées en 1824.

ou dans les différentes fouilles des villes qu'on prétend avoir été le *Genabum* des commentaires de César.

Quant au nom d'*Aurelianum* et à la reconstruction d'Orléans par *Aurélien*, nous n'en trouvons pas la plus légère preuve; et jusqu'ici les assertions à cet égard ne reposent que sur des médailles de cet empereur, trouvées çà et là; mais on en rencontre aussi fréquemment, et dans les mêmes lieux, d'Adrien, d'Antonin, de Néron, etc. Nous croirions plus volontiers que cette ville a été relevée ou au moins réparée sur plusieurs points par *Marc-Aurèle*: car si l'on a déterré des monnaies des autres empereurs sur plusieurs points de la ville et des environs, toutes celles qu'on a recueillies dans les murailles mêmes de la première enceinte sont de Marc-Aurèle et de Lucius-Aurelius-Vérus qu'il avait associé à l'empire (1). Nous fixerions donc d'après ces médailles, et avec plus de certitude, la réédification d'Orléans, vers l'an 161 de notre ère, sous l'empire de Marc-Aurèle.

Le nom français d'Orléans a beaucoup varié, et on le trouve écrit *Aurelians, Oreliens, Orliens, Orlins*.

(1) En 1643 on trouva sous les murailles de la première enceinte d'Orléans, vers le lieu où était la tour du *plaidoyer de Monseigneur l'Evêque*, des médailles qui portaient cette légende: IMP. CÆS. M. AUREL. ANTONINUS - AUG. P. M. Au revers se voyaient Marc-Aurèle et Lucius-Aurelius-Verus, debout, se donnant la main, avec ces mots: CONCORD. AUGUSTOR. TR. P. XV. COS. III.

Ce même revers se trouve sur des médailles connues pour avoir été frappées l'an 161 de Jésus-Christ, dans l'année où ces deux princes succédèrent à Antonin. Nous avons signalé dans la note de la page 5 une médaille de Lucius-Aurelius-Verus, trouvée récemment dans la muraille auprès de la tour Aubilain. La figure d'Aurelius-Verus est bien conservée, et on lit ces mots en légende: IMP. L. AUREL. VERUS. AUG.

Au revers se voit une figure de femme drappée, tenant d'une main une corne d'abondance, et de l'autre un globe avec ces lettres en légende: P P O V D F O R T. R P COS II.

Le nom d'Orléanais, que portent ses habitans, a nécessairement éprouvé aussi des altérations. On les a appelés *Aurelianois*, *Aurlianois*, *Aurlenois*, et même *Orlénois* (1).

RUE DES AFRICAINS. Cette rue appelée aussi rue de l'*Abavois*, et en 1646, par Lemaire, rue de la *musique-ronde*, est souvent dénommée dans les titres de 1200 et postérieurement, rue des *Aufricans*, des *Africans*, et même des *Turs Africans*, expression du sire de Joinville, qui nous porterait à croire qu'on logea, dans cette rue de la première enceinte d'Orléans, lors du retour de Saint-Louis ou des autres Croisés, ceux des *Sarrazins* qui s'étant convertis accompagnèrent en France les débris de notre armée. Elle avait donné son nom à l'un des quatre collèges de la ville qui florissaient avant l'établissement de celui des Jésuites : ce collège y était placé dans une maison, aux fenêtres de laquelle on apperçoit encore des restes de sculpture.

R. DE L'AIGUILLERIE. Elle semblerait avoir tiré son nom d'une fabrique d'aiguilles qui s'y serait formée jadis. Nous n'avons pu en acquérir la preuve; seulement nous avons vu qu'en 1770 on y fabriquait des aiguilles à tricoter et des épingles; mais ce genre d'industrie était assez nouveau à Orléans et plus récent que le nom de la rue. Le terrain qu'elle occupe aujourd'hui était autrefois le revers du fossé de la première enceinte, et les champs qui l'avoisinaient s'appelait *Eguilars*, d'où peut être venue l'orthographe, adoptée dans quelques vieux plans, d'*Eguilarie*, et récemment, par corruption, d'*Eguilerie*. Le mot

---

(1) On trouve ces vers dans un très-ancien fabliau de la bibliothèque royale, intitulé *Richaut*, v. 514.

Au chevalier en vint corant,
De lui en resache autretant ;
Puis au Borjois
Cent sax en sache d'Orlénois,

Eguilard, en langue romane, était synonyme d'*Aguilaneu* ou à *Gui-l'an-neuf*. Se serait-il conservé de l'usage où l'on était de faire dans cet endroit qui était voisin de la porte Dunoise, l'une des principales de la ville avant 1300, les cérémonies usitées par les Gaulois au renouvellement de l'année, et dont la pratique s'est perpétuée jusqu'à nous?

Saint François de Paule habita cette rue pendant quelques jours, lorsqu'il se rendit près de Louis XI. Il y fût reçu charitablement « par un bourgeois qui » avait son logis en la rue Sainte-Catherine, au » côté droit de l'église de ce nom ». Cette maison a été depuis possédée et habitée par la famille Lasaussaye.

Hazon, Orléanais moins connu par sa fortune que par la franchise de sa réponse à M. de Colbert, demeurait dans la même rue, près de la maison des moines de Bonneval. Le ministre Colbert avait convoqué plusieurs négocians d'Orléans et des villes voisines de Paris pour les consulter sur les moyens de vivifier le commerce, alors presque anéanti. Le jour de la réunion, aucun d'eux n'osait prendre la parole, quoique Colbert les pressât de s'expliquer et les engageât à parler librement. Hazon voyant que tous se taisaient, s'exprima ainsi : « Je vous dirai » franchement, Monseigneur, qu'à votre arrivée au » ministère vous avez trouvé le charriot sur le côté, » et que depuis vous ne l'avez relevé que pour le ren» verser de l'autre. » — « Comme vous parlez, mon ami! » lui répliqua Colbert avec vivacité. — « Mon» seigneur, je vous demande humblement pardon de » la folie que j'ai faite de croire aux promesses d'un » ministre, ajouta Hazon, et je n'en dirai pas da» vantage ». M. de Colbert fit ensuite de vains efforts pour engager les autres à émettre leur pensée : aucun d'eux ne rompit le silence, et il fut obligé de terminer la conférence en se contentant de cet avis qu'on aurait pu donner bien des fois depuis à ses successeurs.

R. DES AIDES. Le nom d'*Aydes* ou d'*Aides*, donné non-seulement à cette rue, mais à toute l'extrémité Nord du faubourg Bannier, vient de l'ancienne chapelle dédiée à Notre-Dame-des-aides ou de bon secours, qui dépend de la commune de Saran, et dont la construction est antérieure à l'établissement de la route de Paris dans ce faubourg.

R. DES ALBANAIS. On lit dans quelques actes anciens *ruelle des Albains*. Cette dénomination pourrait donner lieu de croire que le nom d'Albanais viendrait de guerriers d'Albanie ou de la campagne de Rome, envoyés au secours des Orléanais antérieurement au siège de 1428 ou à cette époque, et cantonnés dans ce quartier. Ce qui ajouterait à la vraisemblance de cette conjecture, c'est que le mot *Albainz* est employé dans cette acception par les écrivains de ce temps, et notamment par Clotilde de Surville dans son héroïde à son époux qui était allé trouver Charles VII au Puy en Vélay pour combattre les Anglais.

Clotilde au sien amy doulce mande accolade;
A son époux, salut, respect, amour.
Ah! tandiz qu'esplorée, et de cœur si malade,
Te quier la nuict, te redemande au jour,
Que deviens? . . . .
Bellone au front d'arhain ravage nos provinces;
France est en proie aux dents des léopards:
Banny par ses subjects, le plus noble des princes
Erre, et, proscript en ses propres remparts,
Contrainct de fuyr. . . . .
Pour toy, né d'un héroz si digne de ta race,
Que, de son sang, mon siècle a veu payer
L'heur de luy retracer le triomphe d'Horace
Qui fist *Albainz* sous les aigles ployer; . . . .
Bedfort, de tes pareilz va quérrant alliance;
Plus qu'ung, séduicts, ont desmenty leur nom. . .
De vergogne estouffez, qu'à deffaut de la fouldre
Périssent tous soubz le faix des remords!
François qui veult la France aider à se dissoudre,
N'a-t-il, responds, mérité mille morts?

On peut aussi conjecturer, et c'est notre opinion, que ce nom vient des troupes écossaises au service de Charles VII, qu'on pouvait alors appeler *Albains*, *Albanois*, de l'*Albanie*, *Braid Alban*, au royaume d'Ecosse. Il est encore possible, mais nous ne le croyons point, qu'il soit venu des *Albanais*, hérétiques qui troublèrent l'Eglise dans le 7e. siècle.

GRANDE ALLÉE. On appelait ainsi une promenade ou boulevard extérieur de la première enceinte de la ville, qui conduisait de la porte Parisis à la rue de Saint-Pierre. Cette promenade, plantée d'arbres, longeait les bâtimens de l'hôtel de l'épervier, de l'aleu Saint-Mesmin et du collège; elle fut totalement dénaturée vers 1700. Les plans de 1773 et 1778 en indiquent la position, et il en existe encore des parties dans l'ancienne maison de l'aleu Saint-Mesmin ainsi que dans le collège. Lorsque les Jésuites s'emparèrent des dépouilles des chanoines de Saint-Samson et établirent un collège, malgré l'évêque et malgré les échevins, ces derniers conservèrent une terrasse de soixante-dix-huit toises de long, qui était établie sur les remparts extérieurs de la première enceinte de la ville et faisait partie de la grande allée; mais en 1698 ces Pères ayant su mettre dans leurs intérêts quelques-uns des membres du corps municipal, la ville leur abandonna cette terrasse plantée de très-beaux arbres. L'entrée de la grande allée se trouvait précisément en face de la grande porte de l'hôtel-Dieu, et elle aboutissait à la rue de Saint-Pierre, entre l'église de ce nom et la porte du collège.

R. DES ANGLAISES. Voici ce que nous lisons relativement à cette rue dans des additions aux notes d'Hector Desfriches, possédées par une famille Orléanaise. « Après les succès de Charles VII et de Jeanne
» d'Arc, il resta dans les environs d'Orléans quel-
» ques Anglais épars çà et là, principalement des
» femmes. On en prit à Jargeau et dans la campa-
» gne, d'où elles furent conduites à Orléans. On

» les logea dans le faubourg qui touche au cimetière
» qui leur servait pendant le siège ; quelques-unes
» d'entre elles se fixèrent à Orléans et s'y marie-
» rent : de là sont venus quelques noms étrangers
» qu'on remarque dans les familles d'Orléans. »

Le cimetière des Anglais était, comme on sait, vers le champ carré, à la porte actuelle de Saint-Vincent. Il serait donc assez probable, d'après ce renseignement, que la rue des Anglaises aurait pris son nom du quartier où on logea ces femmes. Nous ne voyons pas du reste comment des alliances d'Orléanais avec des Anglaises ont pu amener parmi nous des noms de famille étrangers, à moins que ce ne soit des surnoms ou *sobriquets*, alors très en usage.

R. D'ANGLETERRE. Cette rue a conservé le nom d'un *ost d'Anglois estably entre leur bastille Saint-Laurent et la rivière*, comme on le verra lorsque nous parlerons du siège de 1428.

R. DES ANGUIGNIS. Du temps des troubles de 1562 on supplicia vers ce lieu quelques Catholiques; à l'époque de la Ligue on y fit pendre des soldats maraudeurs, ce qui nous donne lieu de conjecturer qu'autrefois il était destiné aux exécutions qu'on ordonnait de faire hors la ville. L'origine du nom de cette rue du faubourg Saint-Marceau, assez rapprochée de la ville lorsque l'ancien pont subsistait, pourrait alors venir de *Anguegne*, tristesse, douleur extrême, strangulation, vieux mot français dont l'étymologie serait le verbe *angere*, étrangler, suffoquer. Du reste la maison de Saint-Charles s'appelait avant 1656 maison de Guigni ; et le nom de la rue pourrait aussi être venu de cette expression populaire encore usitée, *aller en Guigni*, au lieu de *aller à Guigni*. Vers le milieu de cette rue il existait, sous Louis XII, une croix au pied de laquelle se payait la censive de Saint-Jean-le-blanc, dont ce Roi, lorsqu'il n'était que duc d'Orléans, avait gratifié Gabriel de la

Châtre, seigneur de la Maison-fort, en raison des services qu'il lui avait rendus.

R. D'AVIGNON. Avenum, comme nous l'avons dit, était un bourg qui avoisinait Orléans à l'ouest, et qu'on joignit à la ville lors de la seconde clôture. La rue d'Avignon, selon plusieurs auteurs, était la rue principale d'Avenum dont elle a conservé le nom changé par corruption en celui d'Avignon. Le nom primitif d'Avenum, auquel on a cherché des étymologies forcées, signifiait tout simplement dans l'origine, le lieu aux avoines, et vient d'*avena*, de même qu'on disait Saint-Laurent-des-orgerils ou du champ des orges. Le terrain où s'éleva le bourg d'Avenum était plus bas que la ville, et sûrement marécageux dans le voisinage de la rivière, si nous en jugeons par une digue qui le garantissait des inondations de la Loire, d'où est venu le nom de la *barre Flambert*, placée près de Recouvrance. C'était, à ce qu'il paraît certain, une digue ou une vanne destinée à retenir l'eau de la Loire ou d'un ruisseau. Là se rendait un petit ruisseau, appelé rivière Flambert, qui traversait le bourg et dont on a retrouvé dernièrement des traces lors de l'affaissement subit d'une maison très-ancienne, située au coin des rues de la vieille-foulerie et du coulon : cette disposition de terrain rappellerait l'expression, encore en usage dans quelques provinces, d'*avenoms* et d'*avenaries* pour désigner un endroit frais et propre aux avoines.

R. DES BAHUTIERS. Les layetiers et menuisiers faiseurs de *bahus* demeuraient jadis au-delà de la porte Dunoise et dans le faubourg. Les habitans de la campagne appellent encore *bahus* ou *mets*, des coffres en bois qui leur servent à faire le pain et à le serrer.

R. BANNIER. L'étymologie du nom de cette rue est la même que celle de la porte dont elle a pris le nom. En 1428 les Anglais avaient élevé une bastille à laquelle ils avaient donné le nom de Paris, et dont quelques auteurs fixent la position à la hauteur de la rue du chapon. C'est vers le même lieu, dans l'emplacement d'une partie de l'auberge de Saint-Nicolas et de celui d'une croix qui y fut élevée pour en conserver le souvenir, qu'était placé l'hospice de Saint-Pôuair ou Saint-Paterne.

Depuis l'agrandissement de la ville et de la nouvelle route de Paris, les hôtelleries établies près de la chapelle de Saint-Jacques furent abandonnées, et celles de la rue Bannier devinrent les seuls beaux hôtels de la ville. En 1720 Mehemet Effendi, ambassadeur extraordinaire de la Porte, descendit dans cette rue à l'hôtel des trois-empereurs, escorté par deux cents jeunes Orléanais élégamment vêtus et qui avaient été au-devant de lui jusqu'à Cléry. Il témoigna le lendemain sa satisfaction de la réception qu'on lui avait faite par ordre du Roi, en parcourant les principales rues de la ville, monté sur un de ses plus beaux chevaux richement enharnaché. Les échevins lui offrirent le café, et il leur dit en faisant ses adieux « qu'il n'avait pas encore vu en France de plus belle » ville qu'Orléans et de pays mieux situé. » L'hôtel du dauphin, maintenant supprimé, était aussi en possession de recevoir d'illustres étrangers. Celui de Saint-Nicolas a toujours été affecté, comme il l'est encore aujourd'hui, aux marchands déballans.

CUL-DE-SAC DES BARBACANNES. *Barbacannes, barbecannes, barbocannes* signifiaient jadis un parapet élevé sur les murs d'une ville fortifiée, les fentes pratiquées pour tirer sur l'ennemi, crenaux, avant-mur, etc. Cette expression est encore d'usage dans quelques-unes de ces acceptions. Ce cul-de-sac était autrefois une rue ou plutôt un chemin de ronde pratiqué derrière les murs de la première enceinte, et il a conservé un nom analogue à son ancienne position.

La ville ont bien fermée et bien édifiée,
Et fut la *barbacanne* contreval tresbuchiée.
(*Vie de Duguesclin.*)

R. de la Barillerie. Le prolongement de cette rue dans la place du martroi portait le nom de *rue du Barillet*. Toutes les deux sont désignées dans les anciens titres, sous les dénominations de *barierie* et *barriet*, dont on aura fait *barillerie* et *barillet* par corruption. Nous ne pensons pas que ces divers noms soient venus du lieu où se tenaient les barilleurs faiseurs de barils. Nous croyons plus probable qu'ils sont derivés du mot *barri* ou *barrie*, en basse latinité *barrium*, *barra*, faubourg, portes d'une ville, dont nous avons fait barrière. En Provence et dans l'Auvergne on s'en sert encore pour indiquer l'entrée d'une cité, d'un village. Si nous considérons la position primitive de ces deux rues, elles étaient effectivement dans les faubourgs de la ville, près de la poterne ou porte Saint-Samson, ce qui appuye notre conjecture; en outre, si ces expressions étaient venues de *barilus*, petit baril, nous les aurions trouvées écrites dans les anciens actes *barriel* et *barriellerie*.

R. des Basses Gouttières. Avant les troubles de 1565 cette rue n'était guère qu'un passage, et nous l'avons trouvée appelée *ruette aux rètres*, probablement de *reistres* dont on a fait depuis *reîtres*, troupes allemandes au service du prince de Condé. Ces soldats peuvent avoir été logés dans ce quartier lorsque les religionnaires, après s'être emparés de la ville, établirent leur prêche, comme on le verra, dans la maison des quatre coins, tout près de là. Quant au nom moderne, il vient évidemment du désagrément qu'on éprouvait en parcourant par la pluie cette rue étroite, lorsque les descentes de gouttières n'étaient pas usitées. Très-anciennement les écoles de Saint-Samson étaient établies dans cette rue.

R. du Bignon. On croit que le nom de cette rue du faubourg Saint-Marc vient d'une pièce d'eau ou marre qui s'y trouvait. *Bignon*, en vieux langage, désigne une truble, un filet, et l'endroit où l'on s'en sert ; en langage provençal ce mot veut encore dire lieu où l'on pêche.

R. DE LA BINOCHE. *Binoche*, *binotte*, *binot*, hoyau, sont à peu près synonymes, et distinguent un outil de vigneron qui a pu donner son nom à cette rue du faubourg Saint-Marceau, où la vigne est cultivée depuis long-temps.

R. BIZETTE. On appelle encore *bizet* ou *biset* le pigeon de fuie, et quelquefois *bizette* sa femelle. La rue du faubourg Saint-Marceau, qui porte ce nom, l'aura sans doute emprunté de cette expression, car nous verrons dans la ville et aux environs les différens noms de ces oiseaux appliqués à des rues et à des quartiers.

R. DU BŒUF-SAINT-PATERNE ou des Etillaires, et très-anciennement champs des *estelles*. *Estelle*, *esteille* et *estilles*, en vieux langage, signifiaient des éclats de bois ou des copeaux, ce qui pourrait faire présumer que ce quartier, autrefois hors ville, était occupé par des chantiers de construction. *Estelle* signifiait aussi étoiles, et le nom d'*estellé* ou d'*estillaire* peut également avoir été donné à cette rue en raison de sa position au nord-ouest de la ville où paraissent les premières étoiles.

> Et li ciel que l'on voict si plains
> D'estelles au nort faict serains,
> Cil qui est si *estellez*
> Est li firmament.
> (*Vieux fabliau.*)

C'est dans cette rue qu'eut lieu la première des scènes révolutionnaires qui furent heureusement rares à Orléans. Elle fit présager à tous les gens de bien les suites que pourrait avoir la licence effrénée de la dernière classe de la société.

Le 24 avril 1789, la populace excitée par le prix du blé et encore plus par les terreurs qu'on cherchait à lui inspirer pour l'avenir sur le prix des denrées de première nécessité, se porta en foule à la maison de M. Rime, située dans cette rue, n° 23. Ce négociant en grains et en épicerie ne parvint à sauver sa tête et celle de son épouse qu'en se cachant sous la toiture de son habitation qui fut dévastée en peu d'heures. Des magasins d'eau-de-vie ayant été enfoncés, les hommes et les femmes s'en gorgèrent à tel point que dans cette maison et dans les rues adjacentes, des individus gisaient ivres-morts ; et l'huile, le vin et l'eau-de-vie coulaient dans les ruisseaux. Enfin l'on parvint à calmer cette effervescence, et M. Rime fut indemnisé d'une partie des pertes qu'il avait éprouvées.

R. BOUCHE-PÉNIL. Cette rue a été appelée rue des *pénils*, de la *pénillière*, *rebouche-pénil* et *rebrousse-pénil*, expressions qui se trouvent presque toutes employées dans les procès-verbaux des *matrônes*, *ventrières* et *sages-femmes* appelées alors à constater un crime puni dans tous les temps avec une sévérité qu'on ne peut trop approuver. Si nous ajoutons foi à la tradition, cette rue qui se trouvait entre la ville et le bourg d'Avenum, avait été affectée de temps immémorial aux filles de mauvaise vie qui auraient continué pendant long-temps de s'y loger. Leur nombre fut souvent considérable, surtout lorsque des soldats indisciplinés comme ceux du prince de Condé, en 1565, habitèrent Orléans. Dans ces temps de licence et de dépravation, une jeune demoiselle de *bonne maison* fut attirée astucieusement dans la demeure d'une de ces femmes vouées à l'infamie. Un crime affreux dans ses détails y fut commis par un soldat ; les parens de la jeune fille se plaignirent, et l'on dressa un procès-verbal qui contient des expressions très-bisarres et analogues au nom de cette rue. Les coupables ayant été arrêtés on les brûla vifs dans une des îles de la Loire. Nous empruntons ce fait à un journal tenu par un Protestant qui accuse un officier Catholique de cette action infâme. On voit

voit dès-lors que la haine présidait à sa rédaction, car il ne pouvait guère se trouver de capitaine Catholique dans une ville occupée par les troupes de la religion réformée. Quelle qu'ait été la religion et la qualité du coupable, justice fut faite, et ce supplice donna sans doute lieu au nom de la rue. Dans d'autres historiens du même temps, nous lisons que les chefs Protestans, pour maintenir la discipline, sévirent avec indignation contre le Seigneur de Courtenay, qui vainement cita sa jeunesse et sa naissance comme excuse d'une insulte grave faite à une jeune Orléanaise. Arrêté à Paris après s'être échappé d'Orléans, il y fut mis à mort. Ces deux crimes pourraient bien n'en être qu'un seul, avec des détails différens.

Nous rappellerons, à l'occasion de ce quartier, qu'en 1430, Charles, Duc d'Orléans, pour réprimer *la licence des camps et restablir le calme dans la ville capitale de son Duché*, renouvela différentes ordonnances, et entre autres un réglement dont l'existence est constatée par un jugement du prévôt d'Orléans, rédigé en ces termes : « Nous avons condamné et
» condamnons Jehanette la huande, Macé de hart,
» Guillemette la quarrée, Jehanette la perrière,
» Jehanette du Mans, Catherine de Saint-Omer,
» Crispine de Lorraine, et Alison Sence, filles de
» vie de leur consentement, demeurantes au quartier
» de la pierre-percée, à rendre et payer chacun
» an, à toujours et doresnavant, elles et toutes au-
» tres de même vie, de quinze jours en quinze jours,
» à M⁰. Pierre Robert, exécuteur de la haute justice
» de Monseigneur le Duc d'Orléans, chacune quatre
» deniers pour certains droits que ledit exécuteur
» prend sur les filles de vie, et est accoutumé de
» prendre, etc. »

BOULEVARDS. Elévation de terre, et même de maçonnerie, destinée à protéger les villes contre les attaques de l'ennemi, particulièrement avant l'emploi des armes à feu.

Ce mot est diversement écrit; *Bolevète, bouleverch, boulevert*, et vient de *bolvetus* en basse latinité. Nous ne pouvons admettre l'étymologie donnée à ce nom par ceux qui le font dériver de *boule* et *waer*, expression flamande qui veut dire *garder*, ce qui donnerait au mot boulevard la signification de défense contre les boulets; car la dénomination de ces fortifications est plus ancienne que l'usage des projectiles. Cependant l'origine qui lui est encore donnée de *boule verte*, lieu où l'on jouait à la boule, n'est guère plus satisfaisante.

Boulevard de Madame. Ce boulevard, ou plutôt cette promenade extérieure pratiquée sur les fossés remblayés de la quatrième enceinte de la ville, s'étend depuis la porte Bourgogne jusqu'à celle de Saint-Vincent; elle n'est pas encore nivelée ni plantée d'arbres. Elle a pris son nom récemment de Madame la Duchesse d'Angoulême.

Le 12 août 1814 cette Princesse arriva à Orléans par la route de Bourgogne, et parcourut ce boulevard jusqu'à la porte Saint-Vincent au milieu d'une population ivre d'espérance et de joie. Malgré ses refus réitérés, la compagnie des pompiers dételà les chevaux au bas du grand mail et la conduisit dans sa voiture jusqu'à la préfecture, où elle descendit après avoir parcouru le mail, la rue Bannier, le Martroi; la rue d'Escures, l'Étape, le cloître Sainte-Croix et la rue Pothier. Pendant son séjour elle voulut bien se rappeler que la ville d'Orléans avait proposé la première de la remettre à sa famille : plusieurs habitans, parmi lesquels on distingue un de nos députés, ont revendiqué par des écrits l'honneur d'avoir fait cette proposition. Vainement on a prétendu que le représentant Louvet l'avait suggérée : il paraît constant qu'elle appartient tout entière à la ville d'Orléans, qui d'ailleurs n'a jamais attendu des conseils étrangers pour faire le bien, et a souvent su résister au mal quand on a tenté de l'y exciter.

Toutes les fois qu'on fouille dans l'histoire on est malheureusement presque certain de trouver à côté d'une action qui honore l'humanité des faits blâmables et coupables, et cette réflexion pénible est produite ici par les renseignemens suivans relatifs au même rempart extérieur d'Orléans. C'est entre la tour Juranville et la tour de Pénincourt qu'eut lieu, selon divers manuscrits, le plus grand massacre des protestans lors de la Saint-Barthélemy. Nous transcrirons ici le récit qu'on trouve dans l'un d'eux.

« L'ordre étoit venu de la veille, et devoit-on bien
» s'attendre, après la tuerie des quatre-coins et de la
» tour Juranville, à autres maux. Aussi ne falloit-il
» demourer en la ville et bien en la campagne,
» comme fisrent beaucoup des nostres. Quelques
» bourgeois refusoient de suivre les mandemens de
» Paris; mais le maire et les eschevins donnèrent à
» leurs soldats des quartiers pour occir et piller, et
» outre nos malheureux frères tués en la ville en furent
» bien menés douze cents hors des murailles,
» auprès de la tour qui avoit déjà été le tombeau de
» bien deux cents, et là furent tous percés de lance,
» arquebusés ou épierrés; et vit-on par la ville, en
» des places, des potences dressées pendant la se-
» maine entière où continua le massacre, auxquelles
» on pendit jusqu'à des Catholiques qu'aucuns di-
» soient mauvais, pour vuider à net leurs maisons:
» et de compte faict périt bien en tout, tant en la
» ville qu'aux remparts, dix-huit cents à deux mille
» personnes, dont les pauvres cadavres étoient tout
» dépouillés, même de leur surcot, et nuds par les
» rues où des tombereaux les enlevoient et jettoient
» ès fossés de la ville et dans la Loire, à tant que
» l'eau en estoit rougie et infestée jusqu'à Bois-
» gency, etc., etc. » (*Voyez* cloître Saint-Samson, place des quatre-coins, tour Juranville.)

Boulevard du Roi. Différens noms ont été donnés à cette promenade extérieure ; on l'a appelée rempart de la brebis, de la motte sans-gain, de la filature. Avant la seconde clôture que Louis XI fit faire à la ville, ce terrain, et ceux qui l'avoisinent à l'ouest, s'appelaient *cloz* et *champ des Arènes*, ainsi que le constate le legs fait au chapître de Saint-Aignan par une dame pieuse. En 890, elle donna aux chanoines des vignes au clos des Arènes, en face de l'île des martinets qui forme aujourd'hui la pointe ouest de la grande île aux bœufs ou de Charlemagne. Lors des fouilles qui furent faites, dans les hivers de 1820 et 1821, pour applanir une élévation qui existait vis-à-vis la pompe à feu et pour former le quai du Roi, on découvrit les fondations d'un amphithéâtre ou d'Arènes dans l'emplacement du séchoir de l'hôtel-Dieu, situé entre la rue de l'abreuvoir et le boulevard dont nous nous occupons. Ces restes de constructions avaient été évidemment faits par les Romains ou de leur temps ; et, outre les fragmens de colonnes qu'on rencontra dans les décombres, on recueillit encore quelques médailles de Néron, d'Adrien, etc., ainsi que deux ou trois petits instrumens d'airain destinés à écrire sur les tablettes enduites de cire alors en usage. (*Voyez*, pour les fouilles, les annales de la Société royale des sciences, belles-lettres et arts d'Orléans, tome IV.)

Boulevard de Monsieur. C'est également une nouvelle promenade pratiquée sur une partie des anciens fossés comblés et sur quelques terrains avoisinans. En avant du champ-carré, et dans la portion de ce champ qui fait maintenant partie de la promenade, on a trouvé, en 1826, lors de la plantation des arbres, des ossemens et un assez grand nombre de petits pots en terre commune, semblables à ceux dont nous avons parlé dans les notices sur les cimetières d'Orléans, et contenant également du charbon joint dans le principe à de l'encens et de l'eau-bénite. En outre, on a déterré plusieurs poids à peser, en terre cuite, et des médailles du Bas-Empire. Ces fouilles confirment la conjecture que nous avions formée dans ces notices relativement à la position du cimetière des Anglais, pendant le siège de 1428, et à celle du cimetière des pestiférés qui lui succéda.

R. DE BOURBON. Vers l'année 1777, M. de Jarente, évêque d'Orléans, chargé de la feuille des bénéfices, conçut le projet de faire une rue de la largeur de trente-six pieds, à partir du commencement de la rue des hennequins, en face du portail de Sainte-Croix, jusqu'à la rue royale, et de lui donner pour point de vue le monument de la Pucelle qui était alors placé à l'extrémité Nord de la rue de la vieille-poterie. Ce projet était encore plus ancien, car nous avons lu dans un testament de 1750 la stipulation d'une soulte ou retour de deniers pour des héritiers, dans le cas où l'on viendrait à faire une rue de S^{te}.-Croix à la porte Madeleine, dans les trente ans du décès de la donatrice. M. de Jarente, qui devait donner son nom à la rue, était autorisé à prendre les fonds sur la caisse des économats, et rien ne semblait devoir entraver ces constructions; mais il remit la feuille des bénéfices, ce qui l'obligea d'en ajourner indéfiniment l'exécution. Vers 1811, un membre du conseil municipal proposa de percer cette rue et de lui donner le nom de rue du Roi de Rome : sa demande fut accueillie, mais les besoins de la guerre empêchèrent de donner suite à cette proposition. En 1819 le Gouvernement approuva les alignemens généraux de la ville, au nombre desquels se trouvait le percement, dans une largeur de vingt mètres, de la rue dénommée alors rue de Bourbon.

Le 25 avril 1820 le conseil municipal proposa de nouveau l'ouverture de cette rue par une société anonyme, dont les fonds auraient été de 2,000,000 fr. divisés en deux cents actions de chacune 1000 fr. L'aperçu de la dépense pour l'achat des maisons était de 450,000 fr., celui des constructions à faire s'élevait à 1,750,000 fr.; total 2,200,000 francs. La ville offrait à la compagnie de lui céder ses droits qu'elle étendait à la dépossession de terrains dans une largeur de soixante mètres, c'est-à-dire de vingt mètres de chaque côté de la rue, ce qui faisait quarante mètres ou les deux tiers en sus de ce qui était nécessaire à l'utilité publique. Les calculs les plus avantageux pour les actionnaires étaient énoncés dans ce prospectus qui fut affiché et déposé chez le notaire de la mairie, et la mise de fonds devait rapporter au moins 7 pour cent, etc., etc. Cependant il ne se trouva pas assez d'amateurs de ce lucre pour former cinq cents actionnaires, nombre déterminé pour arrêter les statuts de la société, fixer sa durée, etc., etc. En 1824 une société anonyme de Paris ayant fait des offres pour mettre à exécution le projet de 1820, une enquête fut affichée. Sur les réclamations présentées au conseil d'état par des propriétaires qui se trouvaient lésés par la dépossession, au profit de la compagnie, dans une étendue plus considérable des deux tiers que celle nécessaire à la rue, et qui ne voyaient dans aucune loi ce droit accordé aux municipalités, le nouveau projet demeura suspendu.

Enfin, le 16 septembre 1825, une ordonnance qui autorise seulement le percement de la rue de Bourbon dans une largeur de vingt mètres, conformément au plan arrêté en 1819, a été rendue et publiée. Les actionnaires de la compagnie dite de la rue de Bourbon ont fait paraître depuis ce temps un projet de statuts et réglemens, dans lequel on remarque que le capital de la société sera de 4,000,000 fr., et que les propriétés à acquérir, tant dans la largeur de la rue que celles à acheter de gré à gré au-delà de cette largeur, sont évaluées à 1,200,000 francs.

Ces projets excitèrent en 1824 des écrits pour et contre : chacun ayant été alors à même de former son opinion sur cette opération, nous nous abstiendrons de toutes réflexions sur des travaux qui pourraient amener à Orléans quelques entrepreneurs étrangers, et y retenir des cosmopolites quelques jours de plus. Nous les réserverons pour indiquer, d'après les avis de quelques négocians éclairés, les moyens reconnus généralement comme étant les plus propres à stimuler notre industrie manufacturière, qui a besoin d'être encouragée, et qui, nous le croyons, produirait une richesse plus assurée à notre ville que des constructions nouvelles, qu'il ne faut jamais négliger, mais toutefois regarder comme des moyens secondaires de prospérité.

R. DU BOURDON BLANC. Cette rue, appelée anciennement rue des vieux-fossés, lorsque Louis XI étendit la ville de ce côté et fit combler les fossés de la première enceinte, qu'elle a remplacés, fut nommée depuis rue des vieux-remparts. Jadis le *Puceau* (on nommait ainsi le jeune garçon qui représentait la Pucelle) et les Autorités s'arrêtaient à l'endroit de la jonction de cette rue avec celle de Villeneuve, et saluaient la ville en se retournant de son côté, lorsqu'ils se rendaient à Saint-Aignan pour assister au service qu'on y célèbre le 9 mai pour le repos des guerriers qui périrent en défendant vaillamment Orléans. Nous pensons que cet usage consigné dans une très-vieille relation de la fête de la délivrance d'Orléans, avait pour objet de saluer l'ancienne porte Bourgogne, par laquelle Jeanne d'Arc entra à Orléans, ou peut-être quelques saints placés au-dessus de cette porte avant sa destruction.

R. DES BOUTEILLES. Lorsque les échevins, autorisés par Louis XI, eurent employé tous les moyens de peupler promptement la partie de la ville qui venait de recevoir une nouvelle accrue, quelques habitans essayèrent d'y établir des manufactures au nombre desquelles fut probablement une petite verrerie; car nous voyons qu'il y avait dans ce quartier, vers 1500, des fours à couler *verre et émail*, dont probablement serait venu le nom de cette rue.

En 1668, Bernard Perrot, sieur de Beauvais, obtint du Duc d'Orléans un brevet exclusif pour exercer son art de verrier-émailleur à Orléans. Il avait exposé que de longs voyages ainsi que des travaux assidus l'avaient mis à même de connaître plusieurs secrets, particulièrement ceux de teindre le verre en aussi beau rouge que les anciens, et d'appliquer l'émail sur du cuivre laminé, façonné en carreaux, en colonnes, etc. Les échevins s'empressèrent de favoriser cette entreprise que la nouveauté fit d'abord prospérer. Mais Paul de Massalai ayant obtenu du Roi une autorisation semblable, chercha à établir une concurrence devenue sans résultat par le crédit du Duc d'Orléans, qui parvint à maintenir le brevet exclusif accordé par lui à son gentilhomme verrier. Bernard Perrot sentit bientôt la nécessité de fabriquer des choses utiles préférablement à des choses curieuses ou d'agrément, et ses fourneaux produisirent des verreries à l'instar de celles que fabriquait à Nevers Castelleau son oncle, fondateur de la verrerie qui existe encore dans cette ville. Les premières officines de Perrot furent établies près des murs de la ville, et non loin de la tour de Martinville (probablement Juranville), par conséquent vers la rue des bouteilles.

R. DE LA BRETONNERIE. Elle porta d'abord le nom de rue de la Bretolière et ensuite de la Bretonnière, et fut bâtie en partie sur un clos de vignes appelé les *Bretoles*. Le mot *bretole*, en vieux langage, signifiait danse, concert, assemblée de plaisir, et était synonyme de *carole*, car dans le roman de la rose on lit :

> Dont l'un s'enfuyt à la *bretole*,
> L'autre au moustier, l'autre à l'escole ;

tandis que, dans d'autres manuscrits, *bretole* est

remplacé par *carole*, venant de *chorea* (*chœurs*), d'où l'on pourrait penser que ce quartier était celui des réunions joyeuses.

Le 12 mai 1632 un tremblement de terre fut ressenti à Orléans, particulièrement dans cette rue où il jeta la consternation dans les communautés des Dames Ursulines et des Pères de l'Oratoire.

Le 28 février 1689, Jacques II, roi d'Angleterre, allant visiter Chambord, logea dans cette rue chez M. Boulard, qui demeurait au-dessous de l'Oratoire. L'Intendant lui avait préparé un repas splendide; dans les autres villes ce furent les maires et échevins qui l'offrirent et le servirent eux-mêmes. La maison de M. Boulard porte aujourd'hui le n° 32, et presque en face on en voit une dont les sculptures sont dignes d'être remarquées. La même année, Jacques II, se rendant en Irlande par la Bretagne, passa à Orléans, fut reçu à l'ancienne intendance, dans la même rue, et les habitans se cotisèrent pour aider ce Roi malheureux dans son entreprise.

R. CABAN. En 1567 le capitaine Caban commandait à Orléans pour le Roi; il se laissa surprendre par le capitaine Lanoue que le prince de Condé avait envoyé pour s'emparer de la ville, dans laquelle il pénétra avec quinze chevaux seulement, en les faisant entrer trois à trois, et en se déguisant lui-même en paysan. Les Orléanais se défendirent jusque sur le martroi, où les quinze cavaliers les chargèrent si vigoureusement qu'ils furent obligés de se disperser. Le capitaine Caban se réfugia dans la citadelle de la porte Bannier, devant laquelle il y eut encore un petit combat, vers la rue qui porte son nom.

R. DU CANON. Cette rue qui ne fut jointe à la ville que lors de la quatrième enceinte, n'était à l'époque du siège de 1428 qu'un chemin rural situé presque en face de la bastille anglaise de Saint-Laurent. Elle a pris, dit-on, son nom du premier essai d'un gros canon que les habitans avaient fait

fondre par un nommé Duisy, et qu'on pointa contre une bastille des Anglais élevée dans une petite île de la rivière, entre Saint-Laurent et la Madeleine. Un fait d'armes, qui se passa le 3 mars 1428 vers ce lieu, pourrait également lui avoir donné ce nom, et avec plus de probabilité. « Les Orléanois
» fisrent une sortie sur les Anglois qui faisoient une
» tranchée pour aller, à couvert, de leur boulevard
» de la croix-boissée jusqu'à Saint-Laurent.... En
» cette sortie maistre Jean (1), canonnier des
» assiégés, en tua cinq avec sa couleuvrine, en
» deux coups, l'un desquels fust le seigneur de
» Grez, neveu du deffunct comte de Salisbury. Le
» mesme jour se passa encore une forte et rude es-
» carmouche: car les François sortirent pour la
» seconde fois, et allèrent jusqu'au fort des Anglois
» qui estoit à la croix-boissée, et gagnèrent un de
» leurs canons qui jettoit des pierres grosses comme
» une boule, etc.

(1) Maître Jean, dont il est très-souvent question dans le journal qui nous est resté du siège d'Orléans, coopéra beaucoup par son adresse à la défense de la ville. Il était du pays de Jeanne d'Arc, et cependant on ne voit pas qu'elle lui ait fait un accueil particulier lors de son arrivée, quoiqu'il se fût déjà distingué. Il paraît qu'il joignait à beaucoup de gaieté une bravoure et une adresse peu communes : aussi le voit-on constamment accompagné de sa couleuvrine dont il se servait presque à coup sûr, soit pour débusquer l'ennemi, soit pour délivrer quelques troupes en péril, soit enfin pour sauver quelques officiers de marque ou la Pucelle elle-même au siège de Jargeau. Depuis ce dernier exploit, il n'est plus parlé de ce canonnier dont les historiens du siège ont dit : « (1er. décem-
» bre 1428.) Mais sur tous faisoit beaucoup de mal aux Anglois
» un canonnier natif de Lorraine, qui estoit de la garnison d'Or-
» léans, nommé maistre Jean, qu'on tenoit estre le plus ex-
» pert de son temps, comme il le fist paroitre en effet, car
» il avoit une grosse couleuvrine, dont il tiroit souvent sur
» les assiégés, desquels il tua et blessa un grand nombre : et
» pour se moquer d'eux il se laissoit tomber à terre, feignant
» d'estre mort, ou blessé, et ainsi se faisoit porter en la ville:

R. DE LA CERCHE. Le nom de cette rue s'écrivait par une S, et venait d'une enseigne qui s'y trouvait encore en 1678, ainsi que le constate un procès consigné dans le registre manuscrit du président du Présidial. Le 15 septembre 1678, deux jeunes officiers qui s'étaient querellés et injuriés dans un jeu de paume, se donnèrent rendez-vous dans cette rue pour se battre à l'épée. L'un d'eux y entrait par l'une des extrémités, lorsque son adversaire arrivait par l'autre. S'élançant avec une égale impétuosité, ils se rencontrèrent vis-à-vis l'enseigne de la *grande serche*; et se frappèrent avec tant de furie que le provocateur du démêlé reçut dans la mamelle droite un coup dont il mourut peu d'instans après. Les lois étaient alors fort-rigoureuses contre le duel, et un procès très-grave fut la suite de ce combat qui donna lieu à un monitoire intitulé *Monitoire de conséquence*. Il fut affiché dans les paroisses de la ville et lu aux messes du dimanche.

R. DE LA CHARPENTERIE. C'était probablement le quartier où demeuraient principalement les charpentiers, et nous voyons qu'on y fit tailler les pièces d'un grand *couillard* (sorte de baliste destiné à jeter de grosses pierres) dont M. l'abbé Dubois a beaucoup parlé dans ses recherches manuscrites sur le

» mais il retournoit incontinent à l'escarmouche, et faisoit en
» sorte que les Anglois reconnoissoient qu'il estoit encore en
» vie, à leur grand domaige, déplaysir et confusion. »

« (12 juin 1429.) En cette occasion (assaut de Jargeau) ser-
» vit grandement aux assiégeans maistre Jean le canonnier;
» et, une fois entre les autres, la Pucelle allant à l'escalade
» près la tour du septentrion vers Orléans, elle fust renver-
» sée dans le fossé par un Anglois qui lui jetta sur la teste
» un gros caillou qui l'obligea de se seoir à terre : aussitôt cet
» Anglois gros et gras à merveilles, lequel se présentant sur
» la muraille renversoit continuellement hommes et eschelles
» autant qu'il s'en présentoit, fust abattu dans la ville par la
» couleuvrine de maistre Jean, etc., etc. »

siège d'Orléans. Cette machine de guerre, construite pendant le siège de 1428, était placée sur l'une des portes de ville (la porte Renard), d'où elle servait à favoriser les sorties des assiégés.

A la même époque « les Anglois tirèrent contre la » ville d'une bombarde dont la pierre cheust en la » rue de la charpenterie où elle tua trois personnes. »

R. DES CHATS FERRÉS. — R. DU CHAT QUI PÊCHE. Nous avons lu que le nom de la première de ces rues prit son origine du fait suivant, à l'époque du siège de 1428. Les Anglais s'étant avancés à petit bruit, bien armés, et par une nuit obscure, furent trahis par les fers des talons de leurs bottes qui frappaient sur le pavé. Ce bruit entendu des sentinelles, donna l'éveil aux habitans qui, s'élançant hors des murs, en firent un grand carnage. Nous ne pouvons croire à cette origine, parce que cette rue était alors dans les champs et non pavée ; en outre, nous avons vu qu'elle portait un autre nom comme chemin rural, même depuis le siège. Plus tard elle est dénommée rue du *chat-ferré*. Nous aimerions presque autant adopter une version de 1565, assez originale et tout aussi vraisemblable, que nous empruntons aux anecdotes recueillies pendant les troubles religieux.

Un *savatier* de la rue du *bourg-cointel* (coin du bourg d'Avenum) avait un chat qu'il affectionnait beaucoup. Un Catholique du même état s'en empara, tandis que la Loire était gelée, lui *contreferra les pattes*, et le lança au milieu de la glace où son maître faillit périr en allant le chercher. Ce mauvais tour excita une rixe entre les voisins de religion différente et du même quartier. Quelque temps après, les Protestans étant protégés par *le prince* (de Condé), le savatier de la rue du *bourg* résolut de se venger de son confrère : à cet effet il guetta le chat du voisin, s'en empara, et lui ayant attaché une baguette *en forme de leigne* (ligne) entre les *pattes de devant*, il le jeta dans

l'eau

l'eau à la *barre-Flambert*. Nouvelle querelle entre les deux savetiers, qui devint sérieuse parce que leurs amis réciproques s'en mêlèrent. Bientôt on se moqua des deux champions, et la maison de l'un fut appelée *maison du chat ferré*, tandis que l'autre porta le nom de *maison du chat qui pêche*.

R. DE LA CHAUDE TUILE. Elle a pris son nom de nombreux fourneaux à briques qui y étaient situés et qui ont été célébrés en vers latins par Aimon Monnet, professeur de droit, dans un poëme intitulé *Calda Tegula*.

> Hàc lateres effodit humo quicumque propinquam
> Coctilibus muris primus circumdedit urbem,
> Ex ipso, nec vana fides, mihi nomine venit
> Tegula, quo dici meruit calidissima quondam,
> Calda novis deinceps dici est incœpta colonis.

R. DES CLOCHES. Cette petite rue, appelée aussi rue des Curés, et, vers 1567, rue du nez-d'argent, aurait-elle pris son nom d'un Protestant qui ayant échappé aux infâmes massacres de la Saint-Barthélemy, après y avoir perdu le *nez et une oreille*, se fit mettre un nez d'argent, chose alors très extraordinaire, abjura, et demeura ensuite près de Saint-Paul, dans la rue d'Avignon. Cette anecdote nous est transmise par les religionnaires du temps.

COIN MAUGARS. Cette petite place, située à l'extrémité Ouest de la rue de la faverie, et dans l'endroit de sa jonction avec la rue Royale, a pris son nom moderne d'un habitant d'Orléans qui y fit construire une maison lorsqu'on perça cette dernière rue. Cet endroit s'appelait anciennement *le champ des papegaulx* et plus récemment *le coin des papegaulx*. Avant la jonction du bourg d'Avenum à la ville, les arbalétriers et la jeunesse des environs se réunissaient en ce lieu, à certains jours de l'année, pour y tirer l'oiseau, usage qui a dû se perpétuer jusqu'au moment où les arquebuses ont été généralement employées comme armes de guerre. Cette *moquette* d'oiseau se plaçait au haut d'un mât, et avait assez communément une forme bizarre. On l'appelait aussi *papegaud*, *papegay* et *papejai*.

> En un lieu avoit rossignaulx
> Et puis en l'autre *papegaulx*.
> . . . .
> Le rossignol adonc s'esforce
> De chanter et faire joie,
> Lors s'esvertue et se resjoie
> Le *papegault* et la calendre.
> (*Roman de la Rose*.)

Lors de la procession des palmes ou des rameaux, l'officiant, monté sur un âne, s'arrêtait sur cette place, alors en avant de la porte Dunoise; il s'y reposait quelques instans dans un fauteuil préparé à cet effet, et prononçait un discours. Pendant ce temps le paisible animal, figurant celui que montait notre Seigneur à son entrée dans Jérusalem, mangeait à l'écart de l'avoine et du foin que devait lui fournir une maison des environs. La procession reprenait ensuite sa marche, et l'officiant chantait l'*Attollite portas* à la porte Dunoise qui se trouvait fermée.

(*Voyez, pour la procession des rameaux, l'article* Eglise de Saint-Laurent.)

R. DU COLOMBIER. Son nom vient du clos du *coulombier-Turpin* qu'elle a remplacé. Ce clos, désigné au n° 29 des plans, est souvent appelé simplement champ Turpin. On lit dans un de nos anciens historiens : « Ce mesme jour (11 janvier 1429) se de-
» vait faire un gaige de bataille de six François con-
» tre six Anglois, au prochain champ de la porte
» Bernière (martroi actuel), là où souloit estre le
» coulombier-Turpin; mais il ne se fist point, com-
» bien qu'il ne tînt aux François, car ils se présen-
» tèrent contre leurs adversaires qui ne vindrent ni
» ne comparurent et mesme n'osèrent saillir. »

Tout récemment on vient de déterrer dans l'emplacement de l'ancienne salle de spectacle, jadis jeu de paume, situé dans cette rue, des ossemens humains enfouis à une moyenne profondeur : ces ossemens avaient été probablement déposés en ce lieu dans le temps du siège.

R. DU COQ D'INDE. Il semblerait, d'après des notes qui nous ont été confiées sur l'abbaye de Voisins, dont nous aurons occasion de donner l'histoire dans le second volume de cet ouvrage, que les religieuses se procurèrent les premières dans l'Orléanais de ces oiseaux de basse-cour, dont l'introduction en France est faussement attribuée aux Jésuites. Elles en élevèrent dans la maison de cette rue qui leur servit de refuge pendant les guerres. Les habitans y venaient voir par curiosité ces animaux alors très-rares, si communs aujourd'hui dans nos environs, et qui ont pu donner leur nom à cette rue. On voit, par les comptes de la ville, qu'en 1580 un coq d'Inde servi dans un festin donné par les échevins coûta 30 sols tournois, ce qui indiquerait que déjà il y en avait de répandus dans la campagne.

R. DE LA CORROIRIE. En 1579 presque tous les habitans d'Orléans furent atteints de la coqueluche, et peu après de la peste qui fit de tels ravages que la ville était presque déserte. Dans une seule rue trente femmes furent privées de leurs maris, et, selon l'expression d'une supplique, présentée vers ce temps pour obtenir des secours et des allégemens de subsides, elles se trouvaient *trente* sans *hommes*. Delà est sans doute venu le nom de rue des trente-sans-hommes, et non pas des trente-*cents*-hommes, ou même des trois-mille-hommes, ainsi qu'on l'a écrit sur quelques plans. Les tanneurs, mégissiers, corroyeurs, s'étant fixés depuis dans cette rue, elle a pris la dénomination actuelle de rue de la corroirie. Il y a quelques années on y voyait encore l'enseigne d'un vinaigrier, qui rappelait l'origine du nom de cette rue. Nous avons sous les yeux cette enseigne peinte avec soin et même avec goût, sur un morceau de fer battu, de la largeur de cinquante centimètres sur soixante-dix centimètres de hauteur : on y distingue trente femmes disposées en échelons. Les trente têtes ont un caractère d'expression différent; et leurs costumes, semblables à ceux du règne de Louis XIII, sont assez variés. Chacune de ces femmes, en grande parure, porte attaché sur le haut de la tête et pendant sur les épaules, le voile noir ou ancien chaperon noir alors en usage pour les veuves à Orléans.

R. DU COULON. Cette rue qui a pris son nom du mot *coulon*, par lequel on désignait quelquefois, dans le vieux langage, les colombes ou pigeons, s'appelait, vers l'année 1500, rue des vifs et des morts, ce qui rappellerait une action mémorable du siège de 1428, et se rattacherait à ce que nous dirons de la rue du puits-Lodon et de la vieille-foulerie.

R. DU COURS AUX ANES. Elle est ainsi appelée d'un marché qui s'y tenait pour ces utiles bêtes de somme.

R. CREUSE. Son nom primitif était vieil-Carme, parce que dans l'origine ces religieux y étaient établis.

R. DE LA CROIX DE BOIS. Les premières fabriques de chapeaux de feutre ont été établies à Orléans dans cette rue, et, en 1577, les fabricans obtinrent la permission de *tenir formes à chapeaux pour l'Orléanais*. Il paraît qu'elles étaient différentes de celles des autres provinces.

R. DE L'EMPEREUR. On assure que l'empereur Charles-Quint se rendant à Saint-Aignan, dans le logement que lui avait fait préparer François Ier., passa par cette rue qui depuis a porté le nom de rue de l'empereur. La dénomination de cette rue peut bien avoir eu pour cause le passage de Charles-Quint à Orléans; mais nous voyons dans le procès-verbal, très-curieux, de son entrée, qu'il suivit, pour se rendre à Saint-Aignan, la rue des hôtelleries, de Sainte-Catherine, le martroi, la rue des Cordeliers, celle de l'écrivinerie, la grande rue jusqu'à la porte Bourgogne, et qu'enfin il entra dans le cloître Saint-Aignan par la porte de la chapelle Saint-Michel ou de l'oriflamme.

R. DE L'EPÉE D'ECOSSE. La tradition donne pour origine du nom de cette rue le séjour que firent à Orléans en différens temps les troupes écossaises au service de nos rois.

R. DES EPERONNIERS. Vers 1500, on l'appelait rue de l'*esperon* et *des esperons*, ce qui a pu donner lieu de croire qu'elle avait pris son nom de la journée si connue, dans laquelle on prétend que Jeanne d'Arc dit au comte de Dunois : — Avez-vous vos esperons? — Pourquoy, Jeanne? — Parce qu'ils (les Anglais) fuyront devant nous.

Nous pensons que l'origine de sa dénomination vient tout simplement des fabricans d'éperons qui s'y trouvaient établis jadis; elle a porté très-anciennement le nom de rue du gros-ferrement, et depuis celui de rue de la poule-blanche; d'une enseigne qui s'y trouvait.

R. D'ESCURES. Pierre Fougeu, seigneur d'Escures et du Poutil, bâtit, vers l'année 1600, les quatre pavillons en brique qui existent encore à l'extrémité Nord-est de la rue d'Escures, sur un terrain planté d'ormeaux où s'était jadis distribué le vin *clairet et non lignaige*, et qu'il tenait de la générosité d'Henri IV son *ami*. Précédemment cette rue s'appelait rue des frères-Saint-Lazare ou rue des frères-de-Sainte-Croix, qui y habitaient une vaste maison; elle a aussi été désignée sous la dénomination de rue des Cordeliers, en raison de son voisinage du couvent des religieux de ce nom, et plus anciennement rue de l'*estape* aux vins, parce qu'elle conduit à la place de l'étape et en faisait alors partie à son extrémité Est.

M. d'Escures, qui a laissé son nom à cette rue, après avoir été employé utilement par Henri IV comme diplomate, fut nommé maire d'Orléans en 1613, et vécut heureux dans sa retraite du Poutil, près Olivet. Henri IV et la belle Gabrielle vinrent quelquefois visiter ce séjour où mourut M. d'Escures, après avoir rendu de grands services à l'Etat et à ses concitoyens en obtenant la réparation et l'élévation des levées qui avoisinent la ville.

R. DE L'ETELON. Les évêques d'Orléans qui devaient coucher la veille de leur entrée à la cour-Dieu et le jour même à l'abbaye de Saint-Euverte, en sortaient par la rue de l'Etelon pour se rendre à Saint-Aignan. Etelon, en vieux langage, était synonime d'*estalon*, et signifiait comme aujourd'hui un cheval de haras, un cheval entier.

FAUBOURG BANNIER. Henri III ayant excité ses courtisans à former des confréries de pénitens de diverses couleurs, les Orléanais suivirent l'exemple de la cour, et l'on vit pendant quelque temps des processions de pénitens *blancs* et *bleus* se rendre de la cathédrale à la chapelle des aides, située à l'extrémité de ce faubourg. En 1584 le Roi vint à Orléans, où il arriva à pied, « *accompagné* de quarante-sept » frères pénitens des plus jeunes et dispos pour bien » aller à pied, etc... En entrant dans la ville, le » duc d'Aumale portait une grande croix de bois, » que chacun prenait à son tour. »

Pendant son séjour dans notre ville, Henri III fut toujours vêtu en pénitent, et l'on fit de la cathédrale à Notre-Dame-des-aides, du faubourg Bannier, une grande procession où il se trouvait au milieu des Capucins, des Minimes et des pénitens blancs et bleus, *se flagellant par le chemin et chantant en chœur les heures de Notre-Dame.*

Pour achever de peindre les mœurs de cette époque et le caractère d'Henri III, nous ajouterons que dans le même temps il toucha les *écrouelles*, s'amusa beaucoup *dans des festins nocturnes et joyeusetés, etc.;* ... enfin il signa les lettres-patentes des *maistres ménestriers de la ville et de la province*.

Faubourg de Bourgogne. Les expressions injurieuses appliquées par les Catholiques aux Protestans, *Il est de la vache à Colas*, que le Parlement fut obligé de défendre de chanter sous peine de la *hart*, parce qu'un *tas de faquins séditieux s'en emparèrent pour insulter les Calvinistes*, et qu'elles avaient été l'occasion de querelles et de meurtres, prirent naissance d'un fait très-simple arrivé dans ce faubourg.

Depuis la réduction du parti protestant, les religionnaires avaient établi leur prêche dans une maison près du pont de Bionne, à l'embranchement du chemin de Combleux. Ils y célébraient paisiblement la Cène, lorsque la vache d'un vigneron nommé Colas Pannier, demeurant faubourg Bourgogne, près de l'Orbette, entra dans le temple. Les Protestans virent dans le mouvement spontané de l'animal une insulte faite à leur culte par les Catholiques, qu'ils accusèrent d'avoir forcé cette vache à s'introduire au milieu d'eux. Pour se venger de l'affront qu'ils croyaient avoir reçu, ils s'emparèrent de l'innocente bête et la mirent en morceaux qu'ils distribuèrent aux passans. Colas Pannier les fit comparaître devant le bailliage d'Orléans, qui condamna tous les Protestans de la ville et des faubourgs à payer solidairement au propriétaire le prix de sa vache. Cette sentence donna lieu à une complainte sur la mort de la vache à Colas, et le refrain s'en est conservé jusqu'à nous.

Vers le milieu de ce faubourg, se trouve, au-dessus de la porte d'une maison, n° 98, une pierre incrustée depuis sa dernière construction et portant des caractères gothiques, dont quelques-uns sont effacés et d'autres mal formés. Le vrai sens qu'ils présentaient est aujourd'hui très-difficile à trouver. Les habitans de ce quartier y voient depuis long-temps ces mots: *Saut ce Peycelle à Perpignan*, et prétendent que la Pucelle étant arrivée à une maison, n° 118, appelée encore Perpignan, son cheval ne fit qu'un saut de ce lieu, qui est distant de deux cents pas au moins, jusqu'à celui où l'on a posé cette pierre pour en conserver le souvenir. M. l'abbé Dubois, qui s'est essentiellement occupé de tout ce qui a rapport à Jeanne d'Arc et au siège d'Orléans, sans partager la crédulité des habitans, pensait néanmoins que cette inscription avait rapport à la Pucelle, et la lisait ainsi : *L'antré Pucelle de Perpignan.* Nous avons inutilement cherché à lui donner un sens satisfaisant et à trouver quelques renseignemens à cet égard; si nous avions pu y lire assez clairement le mot *Pucelle*, nous aurions pensé aussi que cette pierre avait été placée pour rappeler le lieu où les échevins, gouverneurs et habitans furent au-devant de Jeanne d'Arc, lorsqu'elle entra de nuit à Orléans, le 29 avril 1429. La justice de Cornay se tenait, de temps immémorial, dans une maison près de l'Orbette, et en 1790 elle se tenait encore à Perpignan, faubourg Bourgogne ; ce qui a donné lieu de croire encore que cette pierre servait à désigner la maison de la justice de Cornay. Quelques attributs, un peu mutilés et sculptés au sommet de la pierre, pourroient donner du crédit à cette opinion : cependant rien n'indique dans l'inscription qu'elle ait pu avoir ce motif.

Le 18 février 1814, quinze cents cosaques environ, après avoir éprouvé à Châteauneuf une faible résistance, arrivèrent jusqu'à Bionne, répandirent la consternation dans tout le pays et poussèrent des reconnaissances jusqu'à Saint-Loup, où nous les vîmes prendre d'abord une attitude inquiète, qui devint bientôt hostile en raison des coups de fusils qu'ils reçurent de quelques habitans et de soldats disposés en tirailleurs, avec autant d'intrépidité que de talent, par le major Lagneau. Ce brave militaire se trouvait fortuitement à Orléans : il sut profiter du peu de troupes (cinq cents hommes de divers corps) qui étaient dans la ville, et de seize dragons qui y arrivèrent dans la journée, pour repousser cette avant-garde russe, lui faire éprouver une perte de plus de deux cents hommes, et délivrer Orléans d'un coup de main. Malgré sa bravoure, les habitans eussent été rançonnés par ces pillards, sans la victoire de Montereau, qu'ils apprirent dans la nuit et qui les força à rétrograder. Ils s'étaient avancés en reconnaissance jusqu'au pont et au chemin du riau de Saint-Loup, où l'on avait barricadé la route ; par conséquent ils ne vinrent point jusqu'au territoire de la commune d'Orléans et jusqu'aux limites de la paroisse de Saint-Aignan.

FAUBOURG MADELEINE. Presque en face de la rue sous-les-Saints, existait une maison connue sous le nom de Mauléon. Lebrun-Desmarets y venait souvent passer la belle saison dans un appartement que les propriétaires lui offraient chaque année : il y composa son voyage liturgique, sous le nom de Pierre de Mauléon ; ce qui explique pourquoi il a laissé plus de détails sur le diocèse de notre province que sur les autres.

Dans ce faubourg était un fief et un castel appelé la Chaussée, long-temps possédé par la famille des Beauharnais avant qu'ils ne fussent seigneurs de la Grillère, Villechauve et Château-vieux. Cette famille est Orléanaise, et la plupart de ses actes de naissance sont inscrits dans les registres de la paroisse de Saint-Laurent. La première collection de livres connue dans notre ville, fut, dit-on, réunie à la Chaussée par des membres de la famille de Beauharnais, alors magistrats à Orléans, et illustrée de nos jours plus encore par sa bienfaisance et ses hauts faits que par le rang qu'elle a occupé.

Devons-nous rappeler, avec nos anciens annalistes, que des feuilles tachées de sang parurent en 1591 près du couvent de la Madeleine, et effrayèrent le peuple, dont on aimait alors à entretenir les idées superstitieuses. Nous rapporterons avec plus de satisfaction l'empressement que le docteur en médecine de Massac et Charles Desfriches, chirurgien, mirent à se rendre sur les lieux pour rechercher les causes physiques de cette *pluie de sang* produite par des insectes.

Hors de la banlieue d'Orléans, à l'extrémité de ce faubourg, existe toujours une très-belle maison de campagne appelée Maison-rouge. Louis XIV s'y arrêta souvent en allant à Chambord et en en revenant, lorsqu'il évitait de traverser Orléans. Elle appartenait alors à M. d'Antin, fils de Mme. de Montespan. C'est là que le Roi fit venir le marquis de Duras, et qu'il apprit de lui avec satisfaction, en 1685, que, par suite de la funeste et injuste révocation de l'édit de Nantes, tous les Protestans de l'Orléanais avaient abjuré ou fui.

FAUBOURG DE SAINT-MARC. On croit que les Etats du royaume s'assemblèrent dans ce faubourg, par ordre de Clotaire, afin de satisfaire la haine qu'Ebroin, maire du palais, avait conçue contre Annemont, archevêque de Sens. Il est plus vraisemblable que les Etats se réunirent au faubourg Saint-Marceau, selon l'opinion de quelques auteurs; car dans ces temps reculés, le faubourg Saint-Marc était dans les bois, ou plutôt n'existait point, à moins qu'on ne fasse remonter jusqu'à cette époque l'origine du prieuré de Saint-Phallier, dont nous parlerons plus loin.

FAUBOURG DE SAINT-MARCEAU. Ce faubourg, aussi appelé portereau, diminutif de port, *porticellus*, ainsi que le nomment les anciens titres, est célèbre par les exploits de Jeanne d'Arc, dont nous parlerons en décrivant le vieux pont et les tourelles. Ce fut le 12 octobre 1428 que le comte de Salisbury s'empara de ce faubourg, et vint mettre le siège *à grande puissance* devant Orléans.

FAUBOURG DE SAINT-VINCENT. A l'angle du passage qui conduit à l'église de ce nom, se trouvait une maison qu'on n'a reconstruite que depuis peu d'années. Mademoiselle de Montpensier, qui l'a qualifiée de misérable dans ses mémoires, s'y rendit en 1652, lors de la guerre de la Fronde. C'est là que se réunirent tous les seigneurs ligués contre Mazarin, lorsque Mademoiselle eut trouvé le moyen de se faire ouvrir les portes de la ville, après y avoir pénétré furtivement par la porte brûlée. Dans une de ces assemblées de Frondeurs, les ducs de Beaufort et de Nemours ayant été d'opinion différente sur la marche de la petite armée dont Mademoiselle disposait, se querellèrent, se frappèrent, et mirent l'épée à la main dans la salle même. Les témoins du duel séparèrent les combattans, et Nemours ne voulut remettre son épée qu'à Mademoiselle, qui finit par obtenir de lui qu'il embrasserait son beau-frère, ce qu'il promit *d'une fort méchante manière*. Beaufort le fit de bon cœur, mais Nemours conserva beaucoup de ressentiment contre son beau-frère, et peu de temps après il l'appela de nouveau à un combat singulier, dans lequel le premier eut le triste avantage de tuer le nouvel agresseur.

R. DES FAUCHETS. Elle s'est d'abord appelée rue des *fauchons*, et plus tard rue des trois-fauchets. Une enseigne sculptée sur pierre, et qui s'y trouve encore au-dessus de la porte d'entrée de la maison n° 10, indique qu'elle a pris son nom de l'instrument employé particulièrement aux récoltes de blés et de foins.

R. DE LA FAVERIE. L'emplacement qu'elle occupe était hors de la ville avant 1200, et servait de marché à la porte Dunoise. Il paraîtrait, par le nom qui est demeuré à la rue, que ce marché était spécialement affecté à la vente des fèves, pois et autres légumes secs.

R. DE LA FOSSE AU DIABLE. Ce chemin rural de la banlieue, dans le faubourg Saint-Marc, donne son nom au quartier où il se trouve situé. Nous avons entendu raconter par des personnes crédules, dans notre enfance et depuis, une de ces fables populaires auxquelles un petit nombre de gens de campagne ajoutent encore foi, mais qui reprendrait aisément du crédit sur l'esprit d'un plus grand nombre d'entre eux, si l'instruction cessait de répandre ses bienfaits. Le diable, sous la figure d'une bonne femme, se cachait dans une marre ou fosse située dans cet endroit ; il en sortait rarement le jour, si ce n'est lors des éclipses ou des comètes ; mais la nuit il se mettait en course et tourmentait les habitans des environs pour acheter leurs âmes par des promesses ou de la fausse monnaie. Le nom de cette rue lui a-t-il été imposé par la crédulité de nos pères? Nous le penserions d'après ce vieux conte.

R. des Francs Bourgeois. Ce nom lui a été conservé en mémoire des franchises accordées par Louis XI au nouveau quartier qu'il ajouta à la ville, lorsqu'il fit construire la troisième enceinte.

R. du Four a chaux. Au coin Est de cette rue l'on voyait une statue de Saint-Hubert, avec une oraison à peu près semblable à celle que nous avons signalée dans les notices historiques sur les cimetières d'Orléans : aussi cette rue fut-elle appelée pendant assez de temps rue de Saint-Hubert ; et enfin du four-à-chaux, d'un établissement de cette espèce qui s'y trouvait.

En 1744, le Duc d'Orléans donna au collège de médecine, dont les séances avaient tenu jusque-là chez le doyen, une maison et un jardin pour les plantes usuelles, dans la rue du four-à-chaux. Les médecins possédèrent ce local et y tinrent leurs séances jusqu'en 1791.

R. Gaudier. — R. a Gault. La première de ces rues est dans le faubourg Bannier, et la seconde dans le faubourg Saint-Marc. Toutes les deux se trouvent dans la campagne, jadis couverte de bois, et aujourd'hui bien cultivée ; ce qui nous indique l'origine de leur dénomination qui est aussi celle du nom de plusieurs

plusieurs familles d'Orléans. Gaud, gault, gaudine, gaudière et gaudier signifiaient un lieu planté de bois, et des hommes occupés dans les forêts.

> Ainsi les satyres et les fées
> Sont moult dolens en lor pensées,
> Quand ils perdent par telles cretines
> Leurs délicieuses *gaudines*.
>
> (*Roman de la Rose.*)

R. DES GOBELETS. Cette rue, appelée par corruption rue des *gobelins*, portait aussi, vers 1700, le nom de rue des *trois-gobelets*. Précédemment on la trouve dénommée rue de *chenailles*, d'une maison ou pied-à-terre que les seigneurs de Chenailles avaient fait arranger et décorer, et qui avait servi antérieurement au collège de Sainte-Colombe. Cette maison, n° 2, offrait encore, il y a peu de jours, des sculptures remarquables et des médaillons jadis dorés représentant des têtes d'empereurs, d'un beau travail : tout ce qui était extérieur vient de disparaître ; mais dans l'intérieur il reste encore aux portes et aux croisées des arabesques bien conservées.

M. Jousse, l'un de nos jurisconsultes les plus distingués, habitait dans cette rue une maison dont l'entrée se trouve dans le cul-de-sac Sainte-Colombe, n° 2. Le *parloir* de la porte est encore garni d'une grille formée par son chiffre composé d'un D et d'un J.

L'ancienne salle de l'Université, qui sert aujourd'hui de magasin de verres à vitres, est dans la même rue.

R. DE GOURVILLE. Elle conserva long-temps le nom des clos de vignes appelés les *leurières*, qu'elle remplaça. M. Jean de Gourville, l'un des commissaires nommés par Charles VIII pour parfaire la quatrième enceinte d'Orléans, lui donna plus tard son nom. (*Voyez* rue de la levrette.)

R. de la Grange au Diable. Voici encore une rue dans laquelle le diable fit plusieurs tours de son métier. Suivant un conte absurde, il y avait pendant le siège d'Orléans une grange très-vaste, placée dans cette rue, alors chemin rural, près le *coulombier Turpin*. Elle se trouvait pleine de grains lorsque les Anglais attaquèrent la ville ; ils s'en emparèrent et voulurent faire battre le blé qui s'y trouvait entassé ; mais ils furent contraints de renoncer à s'en donner la peine, parce que toutes les gerbes qu'ils avaient battues dans la journée reprenaient leurs grains pendant la nuit par la puissance du diable. Alors ils essayèrent d'enlever le grain aussitôt qu'il était séparé de l'épi, mais ils furent également obligés d'y renoncer, parce que, sans doute toujours possédé du démon, il refusait de prendre l'eau lorsqu'on voulait le pétrir pour en faire du pain. Il eût été plus singulier encore d'ajouter que les assiégés ayant repris la grange, le pouvoir diabolique cessa ; mais cela n'est point de tradition. Heureusement de nos jours les petits enfans ne sont plus bercés de narrations aussi puériles, et le souvenir de la puissance matérielle et sensible du diable sous toutes les formes disparaîtra avec les contes de revenans, de loups-garous, etc., etc.

R. de la Grange des Groux. Elle a pris son nom d'une ferme qui existe toujours, et dans laquelle se trouvait un oratoire ou chapelle desservie par un chapelain. En 1657 M. Alphonse d'Elbène, évêque d'Orléans, supprima cette chapelle et en réunit les revenus à la paroisse de Saint-Paterne.

R. Guichopin. Petite rue de la première enceinte de la ville, située derrière l'église de Sainte-Catherine, supprimée aujourd'hui, et qui conduisait à un guichet pratiqué, à ce qu'il paraît, vers 1330, dans les murs de la première enceinte. De temps immémorial, les habitans de Meung, et du côté Ouest de la ville, apportaient, sur des ânes, du pain au marché d'Orléans, situé d'abord hors de la ville, d'où est venue pour les Magdunois l'épithète injurieuse dont on leur a fait à tort l'application. Cette petite rue et la porte qui était à l'extrémité conduisaient au marché au pain, et l'on a fait de ces deux mots par syncope le nom de *guichopin*, guichet au pain.

R. DU GRENIER A SEL. L'ancien grenier à sel qui s'y trouvait placé dans des magasins qui servent aujourd'hui d'atelier à un marbrier, a donné son nom à cette rue. Indépendamment de ce grenier, on en avait établi deux autres en 1690 : l'un à la tour neuve, l'autre à la porte Bannier ; et on les appelait entrepôts de sel à distribuer. Plus anciennement le sel était emmagasiné dans un des caveaux de l'hôtel-de-ville (musée). (*Voyez* entrepôt des sels.)

R. GUIGNARD. L'oiseau succulent qu'on trouve encore dans la Beauce et dans le Gâtinais, vers les mois de novembre et décembre, se prenait autrefois jusqu'aux portes de la ville, et a probablement donné son nom à la rue du faubourg Bannier, ainsi appelée. Plus abondans à cette époque qu'aujourd'hui, les guignards furent néanmoins dans tous les temps un gibier très-recherché, car nous avons trouvé qu'on les paya quatre sols parisis la pièce, ce qui était très-cher, pour un repas donné en 1582 au Duc d'Orléans et à sa suite.

R. DE LA HALLEBARDE. Avant la quatrième enceinte de la ville, il y avait deux compagnies d'*arbalestriers* et de *hallebardiers*. L'une d'elle avait sa butte ou son lieu d'exercice, entre la poterne Saint-Samson et la porte Dunoise, au-delà des fossés, dans l'endroit occupé maintenant par la rue de la hallebarde, qui s'est aussi appelée rue de l'*arbalestre*.

R. DES HILAIRES. La rue des hilaires était anciennement désignée sous la dénomination de rue des *hilareux* et *hilarieux*, ce qui annoncerait qu'elle était particulièrement affectée à la joie, à la gaîté, ces noms venant d'*hilaris*. En 1646, lorsqu'elle s'appelait rue Barat, il y existait encore un nombre considérable de cabarets. Nos ancêtres auraient-ils fait consister leur plus grande joie à se rendre au cabaret, de même que de nos jours beaucoup d'individus trouvent du plaisir à *tuer le temps* au café?

R. DES HENNEQUINS. On l'a appelée long-temps indifféremment rue des *hennequins* et des *hannequins*, de *hannart*, *hennart*, *henne*, mulet, cheval, venant de *hinnus*. Ce nom lui serait-il demeuré des écuries destinées à la cavalerie, qui s'y trouvaient placées lorsqu'elle avoisinait les murailles de la première enceinte? car nous voyons que les cavaliers, vers 1500, étaient logés près de la porte Parisis. C'est par erreur qu'on l'a aussi dénommée dans quelques titres *hellequin*, qui signifierait lutin, esprit follet, fée, fantôme, etc., etc.

Nous emprunterons à Palma Cayet l'anecdote suivante, relative à Hugues Burlart, mort dans sa maison de la rue des hennequins, le 20 décembre 1614. Il était chanoine d'Orléans, théologal, pénitencier et curé de Sainte-Catherine; il fut très-connu par la procession qu'il avait fondée en mémoire de la victoire remportée à Auneau par le duc de Guise sur les Reîtres, et plus encore par les libelles qu'il publia contre Henri III. Boucher, curé de Paris, osa avancer dans un sermon, que le Roi offensé des injures de Hugues Burlart, avait eu la cruauté de le faire arrêter et jeter dans la Loire. Henri III se vengea de cette imposture en faisant venir le docteur et en lui demandant pourquoi il avait prêché tel mensonge. « — On me l'a dit. — L'avez-
» vous vu mort? — Non; mais il m'a été affirmé pour
» fait véritable. — Pourquoi voulez-vous plutôt
» croire le mal que le bien, et prêcher dans la chaire
» de vérité une menterie aussi évidente? » Boucher demeura interdit de cette réprimande, et devint encore plus confus lorsque le Roi eut fait venir Burlart, qu'il s'était contenté de retenir dans une

chambre du château d'Amboise pour l'empêcher de déclamer contre lui (1).

R. DES HÔTELLERIES. *Toutes les auberges d'Orléans, qui se trouvent ès faubourgs, se réunirent en la ville après la deuxiesme closture, et le plus avoisinant que peurent du chastelet.* Delà est venu le nom affecté à cette rue. Pendant le siège de 1428, on fabriqua dans une maison de cette rue, appartenant au Duc d'Orléans, et très-forte en murailles (peut-être l'ancienne prison de Saint-Hilaire), de la poudre *à canon et à bombarde*. La poudre qu'on faisait pendant le siège, et dont la manipulation singulière a été extraite par M. l'abbé Dubois des comptes de la ville, se composait, outre le salpêtre, le soufre et le charbon, dans des proportions assez bien calculées, de dix pintes (cinquante-sept pouces cubes la pinte) de vinaigre (acide acétique) sur soixante-cinq livres de matière qui en était humectée pendant le battage (2).

A la même époque, selon le journal du siège, les Anglais lançant des pierres de bombardes sur la ville, il en *cheust une dans la rue des hostelleries sur l'auberge de la teste noire : elle y tua trois personnages*

---

(1) On nous a communiqué quelques fragmens de ces libelles manuscrits, dont l'écriture est assez belle et qu'on attribue à Jacques Burlart. Ils contiennent en général des faits exagérés et tout-à-fait incroyables, s'il ne s'en rencontrait pas quelques-uns à peu près semblables, rapportés par l'Etoile, et depuis par M. Dulaure.

(2) Nous ne voyons pas quel pouvait être le motif de l'emploi du vinaigre au lieu d'eau. Nous avons essayé ce mélange, sans en obtenir de résultats meilleurs qu'en employant de l'eau pure. M. Riffault, ancien administrateur des poudres, avait répété la même expérience, sur la note que nous lui avions adressée : il n'en a pas été plus satisfait que nous. Aurait-on pensé alors que l'acide acétique, employé de nos jours à rafraîchir les pièces trop échauffées, produisait le même effet lorsqu'il avait servi à fabriquer la poudre ? ce qui serait une erreur bien excusable à l'époque où la science chimique n'était même pas dans l'enfance.

de la ville, l'un desquels estoit marchand et se nommoit Jean Turquois.

R. DE L'HUIS DE FER. Pendant quelque temps elle a porté le nom de rue des *charbonniers*, qui lui avait été donné à cause d'une enseigne assez bien sculptée qui s'y trouvait et dont on voit encore les restes. Ensuite elle fut appelée rue des *lacs d'amour*, d'une autre enseigne également sculptée et qu'on voit encore dans le mur de la maison qui forme l'angle Nord-ouest de la rue de l'empereur. Enfin elle a pris le nom, qu'elle a conservé, de rue de l'*huis de fer*, parce qu'il y avait, dit-on, une maison dont les *huisseries et linteaux* étaient de ce métal et avaient été forgés comme chef-d'œuvre par un serrurier qui l'habitait. *Huis*, *huiz*, *us* et *ui* signifiaient, comme on sait, porte, entrée, d'où est venu huissier, portier d'audience.

    Et li convenanz telz estoit,
    Que la dame le manderoit,
    Quand ses sires seroit errez,
    Lors venist aux deux *huiz* serrez
    Du vergier qu'el li enseigna.
        (*Fabl. de Borgoise d'Orliens.*)

    Tot jor estoit *huisseries* cloz,
    Jà ne vousist que nus entrast.
        (*Fabl. des trois boçus.*)

R. DES HUGUENOTS. Cette rue a pris son nom d'un cimetière affecté aux Protestans, qui s'y trouvait, et sur l'emplacement duquel on construisit plus tard l'académie de musique, devenue loge de francs-maçons sous le nom de Jeanne d'Arc, et maintenant un café.

En 1593, le maire d'Orléans fut obligé, par une ordonnance du Roi, de faire construire l'égout qui existe encore pour conduire dans les fossés extérieurs les eaux de la rue des huguenots, alors appelée par confusion avec une rue qui séparait l'enclos de l'Oratoire de celui des Ursulines, rue des trois-voisins (1).

R. du Hurepoix. Nous lisons dans les anecdotes recueillies pendant les troubles religieux, qu'une espèce de *démoniaque*, contrefaisant l'inspiré, demeurait dans cette rue et parcourait la ville en débitant des prédictions, telles que l'incendie d'Orléans, la mort du duc de Guise, la fin du monde, etc. Il serait possible que ce fanatique eût donné le nom de hurepoix à la rue qui s'appelait, antérieurement à 1560, rue du puits-Laurent et rue de la Croix; car *hurepoix, hurepez, hurichez* et *hurichiez*, dont nous avons fait *hérissé*, signifiaient un homme *effaré, hors de lui*, dont les cheveux étaient dressés sur la tête.

> A l'hermitaige vinct hideux et *hurepez*;
> La teste *hurepée* n'est pas sovent lavée.
> (*La conqueste d'outre-mer.*).

R. d'Illiers. Le nom de cette rue conserve le souvenir d'un des commissaires choisis, sous Charles VIII, pour terminer la troisième et dernière accrue de la ville. Pendant le siège de 1428, un capitaine de ce nom vint au secours des assiégés avec des soldats bien armés, et se conduisit avec beaucoup de vaillance.

R. des Juifs. Les Juifs étaient nombreux à Orléans vers l'an 1000, et faisaient presque exclusivement le commerce de la ville. Leurs richesses causèrent leur perte, bien plus encore que leurs correspondances avec les *Sarrasins*, dont on leur fit de grands crimes. Nos anciennes chroniques assurent que les Juifs d'Orléans, sous les Rois Robert et Henri Ier.,

---

(1) Ce nom des trois-voisins a été donné à plusieurs rues de la paroisse de Saint-Paterne, ce qui nous a obligé de mettre dans la table générale, *ignorée*.

envoyèrent différens affidés, bien déguisés, pour engager les Mahométans à s'emparer de Jérusalem et à en interdire l'accès aux pélerins ou même à les rançonner. Quoi qu'il en soit, le 22 janvier 1171, plusieurs Juifs ayant été accusés d'avoir tué un enfant Chrétien et d'avoir jeté son cadavre dans la Loire, on les condamna à être brûlés vifs, ce qui eut lieu à l'extrémité de la principale rue de leur quartier. Chassés impitoyablement, maltraités, tués, massacrés principalement dans l'Orléanais à cette époque, ils revinrent néanmoins l'habiter plus tard, car en 1377, le 24 novembre, selon Lemaire, les Orléanais obtinrent de les contraindre à ne demeurer que dans un seul quartier, sans pouvoir *vaguer* dans les rues parmi les autres habitans.

Dans l'origine ils habitaient près les halles, et leur synagogue se trouvait à côté du prieuré de Saint-Hilaire. Lorsqu'ils revinrent à Orléans pour la seconde fois, ils en bâtirent une nouvelle, près de la rue roche-aux-Juifs. On les en déposséda encore, et les Templiers en firent leur chapelle sous l'invocation de Saint-Sauveur. Enfin, pour la troisième fois, ils se réunirent hors de la ville, dans la rue dont nous nous occupons; ils y disposèrent une synagogue et un cimetière dont ils ont joui paisiblement jusqu'en 1326. Alors Charles-le-Bel donna leur cimetière et leur synagogue à Jean de Cherchemont, doyen de Poitiers et chancelier de France, avec autorisation d'en disposer pour lui et pour ses descendans. Nous voyons encore aujourd'hui sur cet emplacement une très-belle maison particulière avec un vaste jardin. Quant aux Juifs, ils ne quittèrent point Orléans, mais ils y vécurent disséminés jusqu'au moment où le roi Jean ordonna qu'ils fussent distingués par une plaque d'étain, visiblement attachée sur leur épaule. A cette époque, les échevins, fatigués de leurs rapines et de leur usure, firent exécuter les ordres du Roi avec tant de sévérité, que les

Juifs disparurent, et l'on n'en vit plus qu'un petit nombre à Orléans.

LEVÉES. Les levées ou jetées qui bordent la Loire existent de temps immémorial, et doivent sans doute leur origine à la nécessité qu'éprouvèrent les riverains de se garantir des crues subites et fréquentes de ce fleuve. Charlemagne est le premier de nos Souverains qui, dans ses capitulaires, se soit occupé de régulariser ces travaux (*De aggeribus juxta Ligerim faciendis, ut bonus missus eidem operi præponatur quatetenùs opus prædictum perficiatur. Cap. Caroli magni, lib.* 4). Sous Charles VII, lors du siège d'Orléans, elles étaient encore très-basses, et leur entretien était confié à deux notables bourgeois préposés aux *soins des turcies et levées*. Louis XI les fit exhausser près de la ville, surtout devant les Augustins qui le lui avaient demandé. Louis XII y fit faire aussi quelques additions et des réparations. Mais les plus importantes ont été exécutées à la sollicitation de M. d'Escures sous Henri IV. C'est depuis ce règne et après la construction du nouveau pont qu'ont été faites la levée actuelle des Capucins, à une petite distance de la basse-levée, et une partie de celle de Saint-Privé.

Malgré ces levées la Loire cause souvent de grands dégâts sur ses bords, soit en rompant ses digues, soit en passant par-dessus. Parmi les inondations extraordinaires de ce fleuve on compte celle de 581, rapportée par Guaguin; celles de 1037, 1414, 1428, 1570, 1586, 1608, 1628, 1641, 1707, 1709, 1710, 1733, 1789, 1790, 1804, 1823, 1825.

R. DE LA LEVRETTE. La quatrième enceinte de la ville avait été continuée à peu près jusqu'à la hauteur de cette rue et de la rue de Gourville qui en est le prolongement, et les travaux avaient été suspendus entre la tour Terrasse et la tour Saint-Michel, lorsque M. d'Illiers et M. de Gourville furent nommés commissaires pour faire continuer cette enceinte.

Alors on lui donna le nom de rue de la *Leporière*, qui était peut-être une corruption de celui de *Leurière* que portait la rue de Gourville ; ce qui nous paraît plus probable que de penser avec un auteur moderne qu'elle a pris son nom des filles de mauvaise vie qui s'y étaient établies lors de la Ligue, et auxquelles on donnait alors la dénomination de *leporières* (levrettes), nom qui est demeurée à la rue, et que porte une enseigne renouvelée depuis peu.

Les médecins d'Orléans, réunis en collège, rue du four-à-chaux, y établirent conjointement avec la ville une pharmacie pour les indigens. Elle existe encore et joint ses secours à ceux qu'une intarissable charité prodigue aux malheureux.

R. DU LIÈVRE D'OR. Jusqu'en 1600 environ, la maison dite du lièvre d'or, qui donne son nom à cette rue du faubourg Saint-Marceau ou portereau Tudelle, portait pour inscription *à la livre d'or* (*libra auri*). On prétend, mais sans preuve, que c'était en raison d'une redevance seigneuriale due à cette maison, aujourd'hui occupée par l'un de nos établissemens de pépinières les plus marquans.

LE GRAND MAIL. Ce rempart intérieur de la ville, et l'une de ses plus agréables promenades pendant les chaleurs de l'été, a pris son nom d'un jeu de *palmail* qui y fut établi par des lettres-patentes de Henri IV, datées du 10 juillet 1598, au sujet desquelles il existe une ordonnance du prévôt d'Orléans, du 14 avril 1601, qui prescrivait au fermier de ce jeu et aux joueurs de laisser la promenade libre en hiver à quatre heures après midi, et en été à sept heures du soir. Vers le même temps les arbres de cette promenade que Catherine de Médicis avait fait planter furent abattus et remplacés par ceux qui existent encore en partie.

En 1803, on affecta l'emplacement de cette promenade à une foire annuelle de huit jours. Le but de la création de cette foire était d'exciter à amener, pendant sa durée, des laines et des bestiaux, ce qui eût donné un accroissement aux opérations de commerce en gros de la ville; mais jusqu'ici il a été presque impossible d'y parvenir utilement. La foire dite *du mail*, dont la durée est maintenant de quinze jours, et qui commence le 1er. juin, est demeurée une simple foire de détail, et donne un peu plus de mouvement à la ville pendant sa durée.

Le petit Mail. Ce rempart, placé entre la porte Bannier et la porte Saint-Jean, fut long-temps la promenade favorite et le lieu de réunion des écoliers qui s'y exerçaient à différens jeux. Antérieurement à l'année 1816, l'Administration municipale avait fait abatîre les arbres de cette promenade, et projetait d'en diminuer l'élévation; à cette époque, l'inactivité des manufactures et le manque presque absolu de récoltes obligèrent de venir au secours de la classe indigente. Un appel fut fait à la bienfaisance qu'on n'invoqua jamais en vain dans notre ville; et les fonds offerts par les habitans, joints à ceux qu'on obtint de la munificence de la famille royale, donnèrent à l'Administration les moyens de secourir les indigens infirmes à domicile, et la facilité d'occuper ceux qui pourraient travailler à l'exécution des projets de l'Administration précédente. Le 9 octobre 1816, des travaux de charité ont été commencés dans ce lieu sous la direction de l'architecte de la ville; ils continuèrent pendant une partie de la saison rigoureuse, et ont été repris au commencement de l'hiver de 1817. Pendant ce temps, quarante-sept mille trois cent seize journées ont été employées à diminuer la hauteur du petit mail de 51,350 mètres cubes de terres destinées à rétrécir la largeur des anciens fossés pour y pratiquer la promenade actuelle. Ce travail coûta 52,073 fr. 63 c. Dans le même temps on démolit les tours Gouvernante et des Arquebusiers (*Voyez* Tours), et l'on planta, peu de mois après, les marroniers de la promenade intérieure. Le total de la dépense, sans y comprendre le prix des arbres et leur plantation, s'éleva à 70,271 fr. 62 c.; savoir: ouvrages en terre, 50,073 fr. 63 c.; démolition des tours, 10,700 f.; réparation des murs, 667 fr. 45 c.; conduite des travaux, 827 fr. 54 c.

R. des Maltôtiers. Elle a long-temps porté le nom de Mauléon, qui était celui d'un petit castel seigneurial qui l'avoisinait et dont nous avons parlé. Elle prit ensuite celui des maltôtiers, probablement en raison du nom qu'on donnait alors aux préposés à la surveillance des entrées de la ville, qui y faisaient des rondes fréquentes pour empêcher la fraude.

Marchés. Lors de la 4e. enceinte, Louis XII ordonna de prendre sur les vieux fossés et sur les boulevards de la ville des terrains destinés à y établir des marchés, devenus nécessaires par l'accroissement d'Orléans. C'est ainsi qu'on laissa l'emplacement du martroi pour le marché au blé, celui de l'étape pour le marché aux vins, et celui de la porte Renard pour la vente des légumes, etc.

L'exécuteur des hautes-œuvres exerçait alors dans les marchés un droit qui déplaisait depuis long-temps aux vendeurs et aux acheteurs: c'était le *havage*, *havagium* ou *havée*. Il consistait à prendre autant de grains ou de certaines denrées que la main en pouvait tenir (une poignée). Les habitans se plaignirent de n'avoir que les restes du bourreau, et les magistrats semblaient disposés à écouter leurs réclamations, lorsque l'exécuteur, pour conserver son droit, fit faire une main en fer battu, au moyen de laquelle il le perçut encore quelque temps; mais il continuait à marquer sur le bras avec de la craie ceux qui avaient été *havagiés*, c'est-à-dire qui avaient payé. Ces marques excitèrent de nouvelles plaintes: les Orléanais renouvelèrent leurs doléances sur ce qu'ils n'avaient que les restes du bourreau. Enfin, en 1674, le présidial ordonna qu'à l'avenir le droit de *havée* serait remplacé par un droit en argent payé en passant les chaînes

chaînes des marchés et sans marque, mesure plus convenable et que nécessitèrent diverses *émotions* du peuple, parmi lesquelles on remarque celle de 1630, où il se porta chez M. de Poinville, alors maire, et qui eut beaucoup de peine à se sauver de sa fureur. Le haut prix du grain fut aussi le prétexte du pillage de sa maison qui était située au coin Sud-est de la porte Renard.

Nos marchés, comme presque tous ceux des villes du centre et du sud de la France, ont l'inconvénient grave de se tenir en plein air. Ne serait-il pas possible d'affecter au moins aux revendeurs des locaux couverts, tels que la grande boucherie, devenue inutile, aux habitués du grand marché, etc., etc.

R. des Moulins. Cette rue, qui n'existe plus et qui a été jointe en décembre 1812 au quai du fort Alleaume, avait pris son nom de moulins à eau qui se plaçaient en face, avant la troisième enceinte de la ville, époque à laquelle on leur assigna une autre station. En 1428 ils étaient vers cet endroit, lorsque les boulets de pierre des Anglais les détruisirent, et forcèrent les habitans à fabriquer des moulins à bras et à chevaux, qui leur furent très-utiles pendant le siège.

R. Neuve. A l'époque où l'on joignit le bourg d'Avenum à la ville, cette rue, construite une des premières, était probablement aussi l'une des plus belles, et conserva toujours le nom qu'on lui avait donné alors. Outre les maisons que nous décrirons en raison des sculptures remarquables qu'elles offrent, il en existait plusieurs dans cette rue qui attestaient le soin apporté à leur construction. Dans la façade de l'une d'elles, aujourd'hui n° 33 *bis*, on enleva avec précaution, en 1778, deux grands bas-reliefs en pierre de liais que nous possédons. L'un d'eux représente la chute de Phaëton, et l'autre l'enlèvement de Proserpine. Tous deux sont bien composés et les personnages très-soignés ; de petites colonnes, surmontées de chapitaux gracieux, entouraient ces deux reliefs. On voyait encore en 1790, dans une maison, n° 14, aux voûtes d'un vestibule, des emblêmes et des H enlacés avec des D. Ces ornemens rappelaient le séjour que Henri II et Diane de Poitiers firent dans notre ville. On prétend même que tous les seigneurs de la cour et l'évêque d'Orléans avaient leurs hôtels dans cette rue. (*Voyez* rue de l'ormerie et maison de Diane de Poitiers.) M. Desfriches, dont les dessins originaux et gravés ornent les cabinets de presque tous les amateurs des arts, habitait cette rue; il y est mort dans la maison n° 4. Mme. de Limé, sa fille, qui l'occupe aujourd'hui, possède une grande partie des tableaux que sa galerie renfermait, et plusieurs des dessins qui lui ont mérité la réputation d'habile paysagiste.

R. DES NOYERS. Elle semblerait avoir pris son nom d'arbres de cette espèce qui s'y trouvaient plantés lorsque Louis XI augmenta la ville, mais nous n'avons rien trouvé qui puisse appuyer cette conjecture. Nous avons vu, au contraire, que ce terrain s'appelait le clos des *neix*, et la rue, dans l'origine, ruelle aux *neix*, probablement en raison de sa position sous le vent nord-est de la ville. *Neix*, en vieux français, voulait dire neige : c'est dans cette acception que l'employaient nos anciens poètes, et que s'en sert *Barbe de Verrue*, lorsqu'elle fait le portrait de sa personne.

> Por mon seyn (ne soict blan de *neix*)
> Qui n'arsit rien qu'à sa peincture?
> Donc est biau? Non, maiz comme Phéneix,
> Croy n'ha sien pair en la nature.

R. DE L'ORBETTE. Cette rue, située vers le milieu du faubourg de Bourgogne, a pris son nom de la maison ou plutôt du quartier de l'Orbette, ainsi appelé de temps immémorial. On a dit, et l'on a écrit que cette dénomination est formée de deux mots latins *orbati lumine*, privés de lumière, et qu'elle est restée à ce lieu depuis qu'Attila et ses troupes se hâtant de surprendre Orléans pour le mettre au pillage, furent arrêtés par un brouillard épais qui déroba la ville à leurs yeux. La narration de nos anciens historiens, à l'égard de ce fait, est bien connue. Ils racontent très-sérieusement que Saint-Aignan étant monté sur les murs de la ville, cracha du côté où Attila et son armée se présentaient, et qu'aussitôt un orage épouvantable et un brouillard épais les empêchèrent de mettre leur projet à exécution, en donnant le temps à Aétius d'arriver avec les légions romaines qu'il amenait au secours des habitans. En 1428, les Anglais avaient établi à l'Orbette un poste ou une védette en avant du fort Saint-Loup; mais les habitans le surprirent le 16 avril 1429, peu avant l'arrivée de la Pucelle, et tuèrent les soldats *qui faisoient le guêt*.

R. DE L'ORIFLAMME. Les évêques d'Orléans, le jour de leur entrée, après avoir suivi avec leur cortège les rue de l'ételon et de Bourgogne jusqu'à la petite chapelle de Saint-Michel, se rendaient à l'église de S^t.-Aignan par cette rue. Le clergé du chapitre de S^t.-Aignan les y attendait à la porte du cloître qui la fermait. Aussitôt leur arrivée on allumait les cierges, on chantait des hymnes en musique, et l'on déployait l'oriflamme de l'église. Cette rue a sans doute pris son nom de la bannière du chapitre.

R. DE L'ORMERIE. On a écrit que le nom de cette rue venait de ce qu'elle était habitée par les *Lormiers* ouvriers en fer et en cuivre. Nous pensons qu'elle a pris sa dénomination du mot *ormerie*, *ormier*, *or*, or haché, or moulu, et par conséquent qu'elle était occupée par les doreurs et les bijoutiers.

Plus que faucon ne vole quant a faim de mangier,
Point li dus le cheval des esperons d'*ormier*,

Roi qui faict traïson ne doist estre esgardé,
Ni tenir le roïaume, ne coronne porter.
    (*Roman d'Aïe d'Avignon.*)

Et se volt de sa mère moult de près aprochier,
Car il tent à avoir joyaux, argent, *ormier*,
Pour avoir armeures et noble destrier.
    (*Vie de Duguesclin.*)

Raoul de Gaucourt, gouverneur d'Orléans, dont la conduite fut si honorable pendant le siège de 1428, et à la fermeté duquel les habitans durent une partie de leurs succès, se *desnoua* le bras dans cette rue, devant Saint-Pierre-en-pont, en parcourant la ville à cheval, pour les exciter à une vigoureuse défense. Il fut aussitôt porté aux étuves pour appareiller. (*Voyez* maison, rue du plat-d'étain.) Diane de Poitiers, maîtresse de Henri II, pendant son séjour à Orléans, se fractura la jambe, vers le même endroit, en tombant de cheval *malgré son adresse à le bien conduire*. Il aurait semblé, ajoute Brantôme, « que telle » rupture et les maux qu'elle endura, auraient dû » changer sa belle face; point du tout, je la vis si » belle encore que je sache cœur de roche qui ne » s'en fust esmu. » *On la porta de suite dans son logis de la rue neuve où elle guarit assez longuement*. (*Voyez* rue neuve et maison de Diane de Poitiers.)

R. aux Ours. Son nom a subi bien des variations, et dans l'origine on l'appelait rue aux *aulx*, ce qui nous donne lieu de conjecturer que cet endroit, anciennement hors ville, servait de marché aux plantes bulbeuses, de même que la rue de la faverie était affectée à la vente des graines potagères.

R. des Pastoureaux. *Les Pastoureaux vinrent à Orléans avec grande force et grand appareil;* c'étaient des bergers et de mauvais sujets qui, réunis sous le prétexte d'une Croisade pour la délivrance de Saint-Louis, déclamaient contre l'ambition et la cupidité des évêques, des moines, etc., en se souillant eux-mêmes de toutes sortes d'excès et de débauches. Leur chef, hongrois de nation, s'appelait le maître de Hongrie, et était parvenu à réunir près de cent mille hommes armés d'épées, de couteaux, de coutres de charrues, etc. Le 11 juin 1251 il arriva à Orléans avec une troupe assez nombreuse, et annonça qu'il allait prêcher. Un écolier de l'Université l'interrompit dans sa prédication en lui reprochant de débiter des erreurs et de tromper le peuple: aussitôt un des Pastoureaux lui fendit la tête d'un coup de hache, tandis que le reste de ces brigands se jetèrent sur les assistans, massacrant principalement les écoliers et les ecclésiastiques. *Delà s'éleva un grand tumulte à la fin duquel il se trouva que vingt-cinq ecclésiastiques avaient été tués.* Ce tumulte ayant pris naissance dans la rue des Pastoureaux, elle conserva le nom de ces aventuriers; mais il attira l'attention de la Régente qui jusque-là avait toléré les excès de cette *troupe de bandits* qu'on dispersa bientôt totalement. Il paraît que le peuple de la ville écouta volontiers les Pastoureaux et ne prit point la défense des ecclésiastiques, qui alors, à la vérité, abusaient de leur ascendant sur la Reine pour accroître des richesses qui dans tous les temps causèrent leur ruine; car Mathieu de Bussy, évêque d'Orléans, mit la ville en interdit, après avoir défendu d'assister aux réunions des Pastoureaux.

R. DES PETITS SOULIERS. Les Anglais, en 1428, jetaient dans la ville, à l'aide de leurs bombardes, des pierres qui pesaient jusqu'à soixante-quatre liv. « qui *firent plusieurs maux et dommages en plusieurs* » *maisons et beaux édifices de la cité, sans tuer ni* » *blesser personne; entre autres en la rue des petits-* » *souliers en cheust une en l'hôtel et sur la table* » *d'un homme qui dînoit, lui cinquième, sans faire* » *de mal à personne.* »

PLACE DE LA COUR DES HALLES. Ce fut aux halles que s'assemblèrent les habitans pour nommer les maires et échevins, à peu près tout le temps qu'on leur laissa la liberté de choisir leurs magistrats. Ces nominations ont été généralement heureuses pour la ville, parce que les électeurs y apportaient la plus scrupuleuse attention, tandis que les élus *tenaient à honneur* d'obtenir cette marque de la confiance de leurs concitoyens. On se rassemblait aussi dans le même lieu pour délibérer sur les affaires de la ville, auxquelles chaque habitant prenait alors un intérêt bien vif. A la sortie d'une de ces assemblées qui honorèrent le patriotisme des Orléanais, les généraux de l'armée royale de Charles VII ayant annoncé leur projet de se retirer de la ville, en conseillant aux principaux citoyens de traiter avec le duc de Bourgogne, on vit les femmes, réunies sur la place, demander qu'on se défendît jusqu'à la dernière extrémité, et offrir leurs bijoux, dorures, et croix de *métails précieux*. Elles affermirent ainsi leurs maris dans la généreuse résolution qui sauva la France, de même qu'elles les secondèrent avec résignation et courage dans la défense de la ville, comme on le verra à l'article des Tourelles. C'était donc un dévouement semblable, une détermination aussi courageuse que Jeanne d'Arc trouva dans son sexe en arrivant à Orléans : aussi l'enthousiasme et l'amour de la patrie se manifestèrent rarement à un plus haut degré.

Le 15 décembre 1569, le bâtiment des halles, qui était très-ancien, peu solide et mal disposé, s'écroula subitement et ne fut point relevé.

Les Juifs, comme nous l'avons dit, avaient jadis une synagogue tout près des halles, et l'on croit même qu'elle occupait la maison attenant au nord à l'ancienne prison de Saint-Hilaire.

Non loin de là était le pilori, lieu où s'exécutaient les jugemens criminels ordinaires. Sa cage, à peu près de la même forme que celle du pilori de Paris, décrite par Dulaure, se trouvait encore, en 1600, dans la chambre de la question au châtelet. Le lieu où il était élevé servait de marché alors comme aujourd'hui ; car on trouve une ordonnance du Duc d'Orléans, fort ancienne, qui défend à l'exécuteur des hautes-œuvres de rien exiger à l'avenir et prendre *aucunes choses* aux marchands de légumes et gens de la campagne pour la place qu'ils occuperaient dans cet endroit.

PLACE DE L'ETAPE. Le nom d'*estape*, foire, marché public, semble être venu du mot *estuppe*, pieu ou perche, destinés à soutenir les toiles et les appentis provisoires des marchands, d'où sont dérivés *estupper* et *estupler*, étaler, exposer en vente. M. Léon Tripault veut que la dénomination de cette place ait pris son origine du mot grec σταφις, *uva passa*, parce qu'on y vendait le vin ; mais cette étymologie, probable en apparence pour Orléans, n'est pas confirmée par la destination primitive des places appelées du même nom dans d'autres localités. La place de l'étape à Orléans, située d'abord en dehors de la porte Parisis, servait, à la vérité, à la vente du vin, d'où elle était connue sous le nom d'étape aux vins, mais elle servait aussi à d'autres usages. Lorsqu'elle fut réunie à la ville, elle était plantée de beaux ormes qui s'étendaient jusque devant les Récollets ; les soldats s'exerçaient sous leur ombrage, les marchands s'y réunissaient vers le milieu du jour pour *parler de trafic*, et les habitans s'y promenaient le matin et le soir.

Quelques souvenirs historiques, outre ceux qui ont rapport à l'hôtel du bailli Groslot (la mairie), aux Dominicains (la caserne des Jacobins), à Saint-Michel (la salle de spectacle), se rattachent à cette place. En 1560, on avait élevé sur le milieu une vaste salle en charpente pour l'assemblée des Etats convoqués à Orléans par François II, qui en fit l'ouverture le 17 octobre de la même année. Le 2 novembre 1562, le prince de Condé s'étant emparé d'Orléans, logea dans une grande maison *de l'étape*, non loin des Dominicains, et que l'on croit être la même où il avait été détenu, en 1560, par ordre de François II. Le 14 avril 1568, les Catholiques brûlèrent les deux prêches que les Protestans possédaient, l'un sur la place de l'étape, l'autre dans la rue d'Illiers. En 1812, on essaya de pratiquer un puits artésien sur la place de l'étape, vis-à-vis la rue de l'évêché; mais les succès n'ayant pas répondu à l'attente de l'Administration, les travaux ont été abandonnés, quoique l'on fût déjà parvenu à une grande profondeur, et que notre ville ait un besoin urgent de fontaines, surtout depuis qu'on a comblé une grande partie des puits publics, creusés jadis à grands frais aux dépens des quartiers où ils se trouvaient.

En 1790, les amateurs de peinture et d'arts s'empressaient de visiter, entre autres cabinets précieux, celui de M. Haudry qui avait réuni dans une galerie, disposée dans sa maison, place de l'étape, n° 10, une collection très-remarquable de meubles antiques, de dessins et de tableaux disséminés aujourd'hui et placés au musée de Paris, à celui de notre ville et chez beaucoup de particuliers. Plus tard M. Lebrun, architecte, avait aussi composé une galerie d'objets précieux dans la maison qu'il a construite sur la même place, mais cette collection a été transportée en grande partie à Châteauneuf.

PLACE DES QUATRE COINS. L'étendue de cette place était encore occupée, en 1569, par un bâtiment carré très-vaste, entouré de rues très-étroites et appelé les *quatre-coins*, en raison de sa forme. Les Protestans d'Orléans nous ont laissé sur cette maison des renseignemens qui éclaircissent un fait horrible et précurseur de la Saint-Barthélemy. Des Catholiques priaient agenouillés sur les ruines de la cathédrale, lorsque de jeunes Protestans les *gaussèrent* de propos. Bientôt des fanatiques outrant ce qui venait de se passer, parcoururent la ville en poussant des cris de vengeance. Le gouverneur, sous prétexte de rétablir la tranquillité, donna l'ordre d'arrêter tous les Protestans. On en remplit la tour Juranville et la maison carrée qui, après leur avoir servi de temple, devint leur prison et bientôt leur tombeau; car, le 15 juillet, des Catholiques se portèrent en grand nombre à la maison des quatre-coins, où ils égorgèrent tout ce qu'ils rencontrèrent, et mirent le feu pour consumer les cadavres dont les restes furent ensuite enfouis sur le lieu même. (*Voyez* tour Juranville.) Depuis cette époque, ses débris, situés dans la censive des Célestins d'Ambert et abandonnés, servaient de refuge aux vagabonds. Le 26 octobre 1579, les maire et échevins réunirent les habitans pour les engager à acheter ce terrain aux Moines, qui le cédèrent moyennant trente livres de rente. Le 19 janvier 1581, on obtint du Roi la permission d'abattre ces masures pour en former une place, et les mêmes lettres-patentes autorisèrent à contraindre les propriétaires voisins de contribuer à l'achat de ces maisons et à leur démolition, ce qui fut bientôt exécuté.

Place du cloître et Place du parvis de Sainte-Croix. La place du cloître Sainte-Croix était bornée au sud par la *Psalette* ou maison des enfans de chœur, à côté de laquelle était une prison du chapitre. C'est dans ce local que le tribunal de commerce a long-temps siégé, et jusqu'à la construction du nouveau palais de justice. A l'ouest elle était bornée par la salle du chapitre, démolie après avoir servi quelque temps de salle de festins et de concerts. La maison de la Psalette est aujourd'hui remplacée par une maison particulière encore en construction; la place qu'occupait la salle du chapitre est vacante et a servi à élargir le passage étroit qui, longeant une partie du côté Sud de Sainte-Croix, conduisait de la place du parvis à la place du cloître, appelée aussi quelquefois cloître des libraires.

La place du parvis de Sainte-Croix fut long-temps

obstruée par des pierres et par une machine ingénieuse, dit-on, mais peu solide, destinée à la construction de l'édifice, et qu'un violent orage renversa avec fracas en 1739.

En 1530, on célébra pour la dernière fois, avec autorisation du chapitre, sur la place du cloître, la fête des fous ou des innocens (1), à laquelle l'évêque d'Orléans mit enfin un terme l'année suivante pour ôter aux partisans de la religion naissante de Calvin un prétexte de ridiculiser les cérémonies du culte Catholique. Avec cet usage cessa celui de la foire des étrennes, qui se tenait sur la même place et

---

(1) La fête des fous, espèce de saturnale célébrée à Sens, avait des imitateurs dans plusieurs provinces et principalement dans le bas-chœur de la Cathédrale d'Orléans. Le jour des Innocens, les chantres, les enfans de chœur et les musiciens s'emparaient de l'église et même du chœur pour y chanter, revêtus d'ornemens bizarres, une prose composée de trois vers dont le refrain était le braiement d'un âne, contrefait par une seule voix. Les choristes poussèrent la licence jusqu'à paraître au chœur avec des masques et des déguisemens indécens. Plusieurs fois les chanoines avaient tenté d'abolir cet usage; ils profitèrent de ces excès pour fermer la porte de leur église le jour de la fête des fous, en permettant toutefois de la célébrer dans la place du cloître, et à la condition que le programme serait soumis au doyen pour effacer les *plates indécences* qui se trouveraient dans le spectacle qu'on représenterait sur des tréteaux élevés le long de la Psalette. Les chanoines eux-mêmes encouragèrent ensuite ces spectacles en y contribuant de leurs deniers; mais bientôt la licence fut portée à un tel point que le chapitre se trouva forcé de sévir contre des musiciens et des chantres. Malgré leurs défenses la fête continua d'avoir lieu, et l'on crut les éluder en représentant des mystères au lieu de farces. Le chapitre ferma les yeux au point de nommer trois chanoines pour assister à ces représentations; mais il fallut plus tard recourir à de nouveaux réglemens, parce que de jeunes chanoines eux-mêmes excitaient le désordre par leurs libéralités et par leur présence. Un enfant de chœur essaya d'obtenir de nouveau la permission, en 1531, par une supplique en vers latins que le chapitre trouva si bien faite et si originale, qu'on donna au bas-chœur la somme de frais allouée ordinairement pour la fête, mais sous la défense expresse de la célébrer.

attirait non-seulement les enfans, mais les femmes qui y prenaient part à des danses peu décentes. L'habitude de planter le *mai* à la porte du cloître, avec des mascarades et des farces grossières ou obscènes, se perdit vers la même époque. Cependant toutes ces ridicules pratiques ne cessèrent totalement que sous le règne de Louis XIII.

Les religionnaires nous ont aussi conservé une anecdote sur la place du cloître. Une poule et six poussins grattant dans le jardin d'un chanoine, y avaient mis à découvert des vases remplis de pièces d'or. Le chanoine donna ce trésor au chapitre pour l'achèvement de Sainte-Croix, à la condition de suspendre dans une des chapelles une poule d'argent doré et ses six poussins, ce qui fut exécuté. En 1562, les soldats du prince de Condé ayant eu ordre de conduire à la tour neuve toute l'argenterie des églises, l'un d'entre eux sonnait en avant une clochette, et criait à haute voix : *On fait savoir qu'il a été perdu une grosse poule rousse et ses six poussins de même plumage : on prie ceux ou celles qui les trouveront de les ramener à la tour neuve.* Nous avons vu renouveler de nos jours d'aussi plates ironies, tant il est vrai que les troubles politiques et religieux ont tous de la ressemblance dans leurs excès.

En 1824, des Missionnaires conçurent le projet de rétablir, en pierre, l'ancien monument de Jeanne d'Arc, avec quelques additions, et de provoquer, à cet effet, une souscription au nom des dames et des demoiselles d'Orléans. Les dons ayant été insuffisans, ils furent employés aux frais d'une lithographie dont la vente ainsi que le surplus de la quête servirent à la plantation de la croix qu'on remarque dans l'angle sud-ouest de la place du cloître Sainte-Croix où elle a été placé définitivement, car les Missionnaires avaient choisi divers autres lieux. Nous croyons devoir consigner ici dans une narration fidèle et rapide la cérémonie qui eut lieu à ce sujet, et que nos descendans ne verront probablement pas se renouveler avec des détails aussi remarquables. La croix, placée sur un long brancard, était portée par quelques habitans et par des militaires de la garnison choisis pour cet objet. Les deux côtés de la procession étaient bordés par de jeunes filles et des femmes chantant et tenant toutes à la main de petits drapeaux blancs et bleus, que leur vendaient des marchands de chapelets établis aux deux portes latérales de S^{te}.-Croix : des hommes suivaient en chantant aussi des cantiques français. Les Autorités, la garde nationale sous les armes, ainsi qu'un régiment de la garde royale, commandés à cet effet, faisaient partie du cortège qui suivit la rue de l'évêché, celle du bourdon-blanc et celle de la tour-neuve. A l'extrémité de cette rue la croix fut embarquée sur trois grands bateaux accouplés et planchéiés. Elle descendit ainsi la Loire jusqu'au dessous du pont, vis-à-vis le quai de Recouvrance, tandis que la procession suivait les quais jusqu'au même lieu. Là elle fut débarquée et conduite à sa destination par les quais, la rue royale, le martroi, la rue Bannier, la rue de la Bretonnerie, l'étape, la rue Parisis et la place du parvis de Sainte-Croix. Diverses stations eurent lieu pendant ce long trajet sur terre et sur l'eau, et des discours religieux furent prononcés au départ, lors de l'embarcation et pendant la plantation de la croix.

PLACE DU CLOÎTRE SAINT-AIGNAN. Une partie de cette place, au sud, était très-anciennement occupée par l'église, le surplus servait de cimetière aux chanoines et probablement à toute la ville ; car, en 854, Agius, évêque d'Orléans, donna au chapitre la permission d'établir un cimetière supplémentaire et de construire la chapelle de Saint-Aignan (Notre-Dame-du-chemin), parce que le cimetière ancien était trop rempli de sépultures entassées les unes sur les autres. (*Voyez les notices historiques sur les cimetières d'Orléans.*)

léans.) En dernier lieu le cloître était fermé par quatre portes, et la place plantée de très-beaux ormes; les portes étaient placées dans les rues de l'oriflamme, de l'égout Saint-Aignan, des cinq-marches et des quatre-degrés; les ormes ont été abattus en 1820. Les fouilles pratiquées en 1822 pour le nivellement de cette place et pour la disposer en amphithéâtre, nécessitèrent l'enlèvement de terres qui ont servi aux remblais du quai du Roi. Ces travaux ont mis à découvert plusieurs cercueils en pierre, des médailles et un caveau sépulcral que nous présumons être de construction romaine. Nous avons conservé sur ces objets des notes très-détaillées et des dessins que nous nous proposons de publier; mais leur description nous entraînerait ici trop loin.

Depuis un temps immémorial il se tient sur la place du cloître Saint-Aignan, le 17 novembre, jour de la fête de ce saint, une foire assez importante pour la vente des arbres et des chevaux. On lit à ce sujet, dans le recueil des histoires et chroniques des Gaules, par dom Bouquet et autres Bénédictins, cette note du Roi Robert si connu par sa dévotion à Saint-Aignan: « Les écoliers qui ne se rendent à la foire » qu'après avoir visité les reliques de Saint-Aignan, » sont assurés de passer la journée sans faire aucune » faute, et sans mériter la correction scolastique. » Il s'agit ici d'une correction qui était alors d'un fréquent usage, mais que les étudians de nos jours ne connaissent plus guère que de nom, si ce n'est chez quelques anciens pédagogues encore persuadés que c'est le seul moyen de graver profondément la science dans la tête de la jeunesse.

Il y a peu d'années, le marché aux bestiaux, placé maintenant en face de l'abattoir, tenait deux fois la semaine dans cet endroit. En 1797, cette place avait pris la dénomination de place des tentes, à cause des ateliers qu'on avait placés dans l'église pour en fabriquer et en approvisionner nos armées.

Vers l'année 1801, un riche particulier fit disposer en salle de spectacle les magasins et greniers du chapitre de Saint-Aignan, situés derrière le chevet de l'église, où l'on voit encore des colonnes qui décoraient la façade. La troupe d'Audinot, celle des jeunes élèves de la rue de Bondy et une association de jeunes Orléanais y jouèrent successivement; mais son éloignement du centre de la ville la fit abandonner dès que la mode des *comédies bourgeoises* eut cessé.

PLACE DU CLOÎTRE SAINT-SAMSON. Il se tenait anciennement sur cette place, le 1er. novembre de chaque année, une foire dont *les droits de justice et de coutumes* avaient été cédés par Philippe Ier. aux religieux de Saint-Samson, dépendans alors de l'abbaye de Saint-Martin-des-champs de Paris. L'usage de se réunir dans cette place pour louer des domestiques à la Saint-Jean et à la Toussaint s'est conservé jusqu'à nous.

La première victime de la Saint-Barthélemy (*excidat illa dies!* selon l'expression d'un de nos historiens) tomba sous le fer de ses bourreaux devant la porte du cloître Saint-Samson, le 25 août 1572. Le lendemain et pendant huit jours les massacres continuèrent, et le nombre des victimes est porté dans les diverses relations de 1600 à 2000.

PLACE DU CLOÎTRE SAINT-SULPICE. Cette petite place, à peine connue maintenant, était le vieil martroy, l'ancien marché au blé de la ville, situé près de la porte Bernière au moment de la deuxième clôture d'Orléans. Elle a conservé le nom de l'ancienne église détruite qu'elle avoisinait. En 1314, suivant la chronique de Nangis, Gaulthier d'Aunoy et son frère, ayant été accusés d'avoir débauché les femmes des enfans de Philippe-le-Bel, furent écorchés vifs et pendus au même gibet sur le *martré* d'Orléans qui était alors situé dans ce lieu.

PLACE DU MARTROI. Le nom de *martroy, martray, martré*, a beaucoup exercé les étymologistes, et nous avons déjà eu lieu de le faire remarquer dans les notices historiques sur les cimetières d'Orléans. Les uns le font dériver de *martyrium*, lieu destiné au supplice, au martyr : quelques autorités, et entre autres ce passage des sermons de Saint-Bernard, semblent étayer cette opinion. « Tote li triniteiz at semeit en » nostre terre, li engle i ont semeit, et li apostole, » semeit i ont assi *murtré*, et li confessor et li virgi- » nes, etc. » Cependant dans les actes anciens nous trouvons toujours ce mot écrit *martreyum* et *martreium*, mais jamais *martyrium* ni *martiriacum*. D'autres auteurs prétendent que cette dénomination vient d'un ancien mot gaulois qui signifiait marché, place publique : à la vérité ils n'en donnent aucune preuve. Enfin l'on a prétendu qu'elle tirait son origine de Matfroy, comte d'Orléans, ce qui ne peut avoir de vraisemblance, car elle est employée pour désigner les places publiques de plusieurs autres villes. Dans la description curieuse de l'entrée de Charles-Quint à Orléans, en 1539, consignée dans les mémoires de Martin et Guillaume Dubellay, on trouve cette place appelée *martrone*. « Puis l'empereur dudict pont vinct » par la rue des hostelleries, et par la rue de Saincte- » Katherine, jusques au *murtrone* où estoit ung por- » tail moult bien faict et à l'antique, et là y avoit » ung bataillon de moult belles gens ; et fault enten- » dre que toutes les rues estoyent tapissées de belles » tapisseries, et n'y avoit autre chose. Dudit mar- » troy d'Orléans vinct, etc. »

Cette place, jadis hors de la ville et touchant à la troisième clôture, a été accrue en 1750 par la suppression des maisons qui existaient entre la rue du barillet et la rue Galliot, à l'extrémité Nord de la rue neuve. Il serait à désirer, pour son embellissement, qu'on fît disparaître les maisons qui la déparent dans son angle Nord-ouest, et celles qui l'obstruent au Sud-est en la séparant de l'église de Saint-Pierre.

Depuis son établissement, il s'y est passé bien des faits et beaucoup d'événemens différens. Nous nous bornerons à en rapporter quelques-uns.

En 1563, le 23 mai, Dandelot y fit pendre un fourrier gascon, convaincu d'avoir livré les tourelles aux soldats du duc de Guise. La même année, Deslandes, convaincu d'avoir débauché Godarde, femme de Jean Godin, y fut pendu comme adultère.

Pendant la guerre de la Fronde, en 1651, il existait une croix appliquée le long des murs de l'hôtel des trois-Maures. M. Legras était alors intendant d'Orléans, et tandis qu'il balançait à se décider pour la Cour ou pour la Fronde, les habitans le soupçonnant d'être pour *Mazarin et contre la ville* s'emparèrent de sa personne, le forcèrent à se revêtir de sa robe de cérémonie, à venir devant cette croix et à crier à genoux: *Vive le Roi! point de Mazarin!* C'était un spectacle plaisant, ajoute Mademoiselle dans ses mémoires « que de voir ce pauvre Legras, ancien » maître des requêtes, avec sa robe de satin, tom- » ber à genoux devant une populace émue, et ra- » cheter sa vie par le cri de *Vive le Roi! point de* » *Mazarin!* »

En 1691, on alluma avec pompe, pour la première fois, un feu de joie sur cette place, en réjouissance de la prise de Nice : antérieurement ces sortes de réjouissances avaient lieu au bout du pont ou sur l'étape.

Vers l'année 1720, on supprima une grande croix appelée aussi le perron et qui se trouvait entre la rue Bannier et la rue royale. Jusqu'à la suppression des offices, la vérification des poids et mesures, qui se fait maintenant à la préfecture, eut lieu sur le martroi. L'aubergiste des trois-Maures était alors en possession de cette charge. *Tout individu des ville, faubourg et banlieue, travaillant au marteau, était tenu de se présenter, la veille ou le jour de Saint-Luc, au bureau de l'inspecteur, et d'y payer un léger droit. Faute par lui de s'être présenté, il était puni d'une amende portée au double du droit.* De son côté l'inspecteur-vérificateur était obligé d'avoir *devant sa porte, pendant ces deux jours, une charette pleine de sable, dans son bureau un très-bon feu*, et de donner, outre la quittance, *un verre de vin et trois poires à chaque individu qui se présentait.*

En 1790, on construisit aux frais du Duc d'Orléans et de la ville, un corps-de-garde demi-circulaire, sur les dessins de M. Lebrun, architecte, qui le fit graver. Cette élégante, mais peu solide construction, ne dura guère qu'un an, et le souvenir n'en est conservé que par les épreuves assez rares de la gravure qu'il en avait fait faire.

En 1789, la première fédération eut lieu sur cette place avec beaucoup de pompe et de solemnité.

En 1792, la deuxième scène révolutionnaire qui affligea vivement tous les honnêtes habitans, commença sur cette place au coin de la rue neuve. La populace, excitée par des agens provocateurs étrangers, s'empara d'un malheureux porte-faix qui déchargeait du blé. La garde nationale parvint à l'arracher de ses mains et à le conduire au corps-de-garde pour le soustraire à sa fureur; mais bientôt il fut arraché de leurs mains, mis à mort, sa tête coupée et promenée au bout d'une pique dans les principales rues de la ville. La maison du marchand de blé devant laquelle l'infortuné Joachim Bobet avait été d'abord maltraité, fut pillée, et cinq autres eurent le même sort pendant les journées des 16 et 17 septembre. La garde nationale, réunie à la municipalité, montrait, quoiqu'en petit nombre, la plus vive impatience de se porter avec ses canons contre les attroupemens pour arrêter le pillage; mais elle était paralysée par les coupables hésitations d'un maire dont le nom n'est encore prononcé qu'avec exécration. Il fit décharger les canons dans la cour même de la municipalité, et défendit aux citoyens d'arrêter *ce bon peuple qui devait, selon lui, se calmer tout seul.* Mais un accident affreux vint augmenter le désordre:

un des canons qu'on venait de recharger, soit imprudence, soit malveillance, partit inopinément, et huit à neuf citoyens recommandables furent victimes de cet événement. Cependant quelques gardes nationaux, impatiens de mettre un terme à des brigandages qui menaçaient toutes les propriétés, s'étaient rendus dans la rue égalité (royale) où un grand feu consumait les meubles amoncelés d'un pharmacien distingué et officier municipal. L'un deux n'hésita point à ajuster un des malheureux forcenés qui les insultaient par une des croisées; sa chute intimida le reste, la maison se vida rapidement, et la tranquillité se rétablit peu après (1).

Le 11 septembre 1793, on planta entre la rue royale et la rue Bannier, à peu près dans l'endroit qu'avait occupé l'ancienne croix, un arbre dit *de la liberté*, auquel on appendit beaucoup de vers sortis des cerveaux exaspérés des poëtes du temps. Nous avons cru devoir en conserver quelques-uns comme utiles à fixer cette époque d'une manière historique (2).

Bientôt l'instrument des supplices remplaça l'autel de la fédération et fut placé non loin de l'arbre de la liberté; mais grâce à la sagesse de quelques gens

---

(1) Voyez le compte rendu au directoire du district d'Orléans des événemens des journées des 16 et 17 septembre 1792, etc., imprimé chez Rouzeau-Montaut, le 27 thermidor an III, et la délibération du département sur la demande en indemnité des citoyens qui ont éprouvé des pertes les 16 et 17 septembre 1792, imprimée chez Couret et Capmartin, en l'an III.

(2) Un arbre, si l'on croit aux récits de Moïse,
 Nous rendit tous sujets de Belzébut;
Un arbre, si l'on croit aux dogmes de l'Eglise,
 Rouvrit pour nous le chemin du salut:
Mais sur ces arbres-là quelle étrange croyance!
 Quels souvenirs ils offrent au chrétien!
L'un devint par son fruit l'écueil de l'innocence,
 L'autre vit sur son bois périr l'homme de bien.

de bien restés dans la composition des tribunaux et à la modération des Orléanais, il servit peu dans notre ville. Dans le même temps on creusa dans la portion Sud de cette place, les fondations de la montagne, conception affreuse ou bizarre. Ces fouilles durèrent peu de temps, et furent comblées sans avoir été terminées.

L'arbre de la liberté ayant disparu, on posa dans le même endroit la première pierre seulement de la colonne départementale; et, en 1803, le premier Consul ayant approuvé le rétablissement d'un monument en l'honneur de Jeanne d'Arc, on l'éleva provisoirement sur le lieu que devait occuper cette colonne.

R. DU PLAT D'ÉTAIN. *Maistre Jehan, l'habile couleuvrinier*, cité dans nos annales comme ayant beaucoup contribué par son adresse et son intrépidité à la défense d'Orléans en 1428, logea dans cette rue pendant son séjour en notre ville, si nous nous en rapportons à quelques annotations manuscrites faites au journal du siège, qu'on nous a communiquées et qu'on croit être de l'écriture de M. Guyon l'aîné. « *Un jour il se laissa cheoir à dessein, comme s'il estoit* » *mort, devant les Tourelles*, et s'estant faict porter » en son logis près des estuves, il revint bientôt à l'es- » carmouche pour faire connoître aux Anglois qu'il » estoit encore en vie, et leur envoya bien juste en » leur fort deux coups de bombardes, de la poterne » Chesneau qui estoit non loin dudict logis. »

R. DU POT DE FER. Saint-Louis est le premier de nos Rois qui ordonna de punir de mort les blasphémateurs. Lorsqu'il n'y avait pas une grande pu-

---

L'arbre auquel tout Français consacre un juste hommage
N'offrira pas au moins ces pensers déchirans :
L'auguste liberté, par un plus digne usage,
En fera tour-à-tour la couronne du sage
Et le supplice des tyrans.

blicité, on se contentait de couper l'oreille et de percer la langue avec un fer chaud. Ces deux supplices furent employés à Orléans en mai et en juin 1411. Louis XII gradua les peines, et l'on ne coupa plus la langue qu'au huitième blasphème. Les troubles religieux rappelèrent l'ancienne sévérité; et, en 1581, une ordonnance renouvela l'usage de percer la langue et de mettre à mort : en conséquence, « Un jeune homme
» de seize ans, fils d'un cabaretier à l'enseigne du
» pot de fer, qui donne son nom à la rue, fut con-
» damné, par arrêt du Parlement, pour avoir blas-
» phémé publiquement, à avoir la langue coupée
» ou percée et à être pendu; l'exécution eut lieu au
» pilori. »

R. POTHIER. Il y a peu d'années, cette rue, très-étroite, s'appelait encore rue de l'écrivinerie, parce qu'elle avait été habitée spécialement par les maîtres écrivains qui formaient à Orléans une corporation considérable avant qu'on y fît usage de l'imprimerie. Jusqu'en 1490 les écrivains furent seuls en possession de transmettre *les idées d'autrui par des copies lisibles et soignées*. Jusque-là même nos évêques avaient fait imprimer leurs livres liturgiques à Paris. Mathieu Vivier ou Vivien imprima, vers cette époque, soit comme domicilié, soit comme passager, et dans une des salles basses de l'Université, le *Manipulus curatorum*. Pierre Asselin ou Arselin, qui imprima les ouvrages de M. d'Anglebermes, est regardé comme le second typographe; Eloi Gibier fut le troisième, et nous a laissé quelques livres intéressans pour l'histoire d'Orléans. On lisait sur la dernière feuille d'un manuscrit de la bibliothèque de Saint-Germain-des-prés, avant l'incendie qui la consuma, *L'an de grâce 1606, le dernier jour de mars avant Pâques, fut achevé le livre nommé* le Miroir historial, *par Nicolas Boivin, écrivain, demeurant à Orléans, dans la rue de l'écrivinerie.* C'était une histoire des Papes, dont les caractères étaient très-bien peints et les lettres de belle proportion.

— La ville ayant fait élargir cette rue en 1810 pour démasquer la préfecture, on l'avait nommée rue Pothier, mais le préfet crut devoir faire placer sur cette inscription une plaque portant *Rue de la préfecture*. Par délibération du conseil municipal la plaque a été enlevée, et la rue a gardé le nom de M. Pothier, qui habitait une maison située dans son prolongement vers Sainte-Croix. (*Voyez* maison de M. Pothier.)

— R. du Puits Lodon. C'est à tort qu'on a appelé dernièrement cette rue du nom de Landeau qu'elle n'a jamais porté. Il y avait jadis dans cette petite rue un puits appelé encore en 1500 puits Lodon; antérieurement il portait la dénomination de puits London, et postérieurement on l'a quelquefois désigné sous le nom de puits Londeau, qui était resté à la rue. Nous pensons qu'il avait été ainsi appelé en mémoire d'un engagement qui eut lieu entre les assiégeans et les assiégés en 1428, pendant lequel les uns et les autres rentrant confusément dans la ville, pêle-mêle, par la porte Renard qui en était voisine, des Anglais tombèrent ou furent jetés dans ce puits, où on les tua avec des pierres. Ce qui appuyerait encore notre conjecture, c'est le nom des vifs et des morts, ou des trois-vifs et des trois-morts, que portait peu après le siège la rue du coulon qui en est voisine et où le combat eut lieu. Les Orléanais appelèrent long-temps les Anglais des Lodons, car en 1567 nous voyons parmi les reproches adressés dans un procès par un Protestant à un Catholique ceux d'être un Lodon, un Godon, un voleur, un fraudeur, un homme sans foi, etc. Il paraît que toutes ces qualifications étaient alors synonymes d'Anglais, et leur avaient été données par les Orléanais justement irrités contre eux.

— Quais. Au mois de mars 1466, les habitans présentèrent une requête au Roi, pour obtenir la permission de faire des quais et des abords pour mettre à l'abri les marchandises débarquées sur les rives de la Loire et souvent exposées aux inondations, ce qui leur fut accordé.

Quai de Recouvrance. En 1621, M. Pierre Fougeu, seigneur d'Escures et du Poutil, bâtit une partie de ce quai.

Quai de Cypierre. Il portait anciennement le nom de *Garre-Flambert* et précédemment celui de *Barre-Flambert*. Il paraît constant que le pied de la tour de la seconde enceinte portant cette dénomination, était baigné par un ruisseau qui, traversant le bourg d'Avenum, passait au chevet de Saint-Paul (*Voyez* rue vieille-foulerie), et se jetait dans la Loire par une vanne convertie en un fort bâtardeau lors des inondations. Ce ruisseau, appelé la rivière Flambert pendant le siège de 1428 et antérieurement, aurait donné son nom au quai et à la tour. Un forgeron avait pris pour enseigne, vers 1560, *A la barre flambante*, ce qui a fait croire que l'enseigne avait produit l'ancien nom du quai, mais c'est une erreur. On a cru également que ce mot tirait son origine de *flambar* et *flamberd*, torches enflammées, et qu'il était venu des *brandons* qu'on allumait vers cet endroit, certains jours de l'année, pour parcourir ensuite le bord de l'eau avec ces flambeaux; mais alors comment aurait-on donné ce nom à un ruisseau? Il était du reste impossible de parcourir le bord de l'eau avec des brandons avant le déblaiement du quai.

M. de Cypierre, intendant d'Orléans, fit élargir ce quai qui porte encore son nom. Vers 1771, la ville d'Orléans y avait fait bâtir des façades régulières à partir de l'angle de la rue royale jusqu'à la rue de Recouvrance; elle s'était fait autoriser à acheter les maisons qui se trouvaient derrière, afin d'élever des bâtimens commodes; néanmoins elle avait trouvé peu d'acquéreurs, lorsque M. Lebrun, architecte, lui proposa en 1791 d'acheter ces façades et de se mettre en son lieu et place pour les droits qu'on lui avait concédés sur les maisons de derrière. Le 31 janvier 1793, ces façades lui furent vendues à raison de 250 francs la toise courante : il devait les utiliser, mais il en reste encore plusieurs qui ne sont pas habitées.

QUAI DU CHATELET. Avant la démolition du châtelet et le déblaiement total des quais, on avait battu des pieux en avant de cet édifice et formé le quai actuel, dans le lit de la Loire, pour communiquer avec celui de la porte du soleil sans être obligé de rentrer en ville. Ces travaux furent achevés en 1785.

QUAI DU ROI. Ce quai est un prolongement de celui du fort Alleaume. Il a été pris en grande partie sur le lit de la Loire, surtout en face de la motte sansgain où il est facile de remarquer encore l'existence de la tour de la brebis, devenue la salle de bains de l'ancienne filature. A l'ouest il a été élargi par la rue des moulins qu'on y a jointe, ainsi que par l'épaisseur du mur de ville qui avait été précédemment démoli; à l'est il a été élevé jusqu'à l'embranchement de la route de Briare, sur un terrain qui servait de voirie aux chevaux. Les travaux de remblais et de nivellement ont coûté 71,000 fr., sans y comprendre les terres apportées de l'aplanissement du boulevard du Roi, de la place de Saint-Aignan, de la rue des singes et autres rues adjacentes. Ceux des perrés, de leur bordure, des rampes, escaliers, boucles d'ancrage, et pavage jusqu'à l'ancienne route de Briare, sont revenus à 43,200 fr. Les frais de la plantation de peupliers, de sycomores et d'ormes qui s'y trouvent, se sont élevés à 43,000 fr., en y joignant ceux des encaissemens de terre végétale dans lesquels les arbres sont plantés. L'établissement de ce quai a donc coûté au total 118,500 fr. employés par les ponts et chaussées; et, en y joignant 30,000 f. de dépenses faites par la ville pour les terrassemens des travaux de charité dont nous avons parlé, il est revenu à 148,500 fr. environ. Commencé le 15 septembre 1819, il a été livré au public le 1er. mars 1821, et totalement terminé le 1er. mai 1822.

QUAI DE LA MADELEINE. Depuis long-temps on réclamait l'élargissement de ce quai, surtout à partir du Sanitas où il ne se trouvait plus qu'un étroit passage escarpé et dangereux. Des travaux considérables y ont été déjà exécutés depuis cinq ans; et, malgré les ravages que les grandes crues de la Loire y ont causés, on peut espérer de le voir terminer prochainement.

R. ROYALE. C'est la plus belle rue d'Orléans et la plus active de la ville, en raison du grand nombre de magasins de détail qui s'y trouvent et du passage continuel des voitures publiques qui parcourent la route de Paris à Toulouse. Sa largeur est de 40 pieds (13 mètres). Ses façades sont régulières et d'une noble simplicité, mais elles seraient infiniment plus agréables à l'œil si le *cordon* qui règne d'un bout à l'autre était toujours à une hauteur égale relativement à la pente de la rue. Elles ont été bâties sur les dessins de M. Hupeau, qui présida aussi à la construction du pont. On les commença vers 1750, mais elles ne furent guère terminées que vingt années après. La forme des cintres du rez de chaussée et les distances laissées entre les croisées, y rendent les distributions intérieures difficiles et peu commodes, d'autant plus qu'on a laissé subsister dans beaucoup de parties les anciens bâtimens, en les liant aux façades nouvelles.

Le monument de la Pucelle s'y trouvait encore en 1793, à l'angle de la rue de la vieille-poterie. (*Voyez* monument de Jeanne d'Arc.)

En 1816, on fit dans cette rue les premiers essais lithographiques tentés à Orléans. En 1823, ils furent renouvelés avec plus de succès et dans le but d'enrichir la ville de cette nouvelle industrie. Espérons que le Gouvernement accordera enfin au moins à chacune des bonnes villes un atelier lithographique,

vivement

vivement réclamé par les besoins du commerce et par ceux des arts, depuis que cette utile découverte a fait des progrès tels qu'ils surpassent toutes les espérances qu'on en aurait pu concevoir dans le principe.

R. Sainte-Anne. En 1561, Arthur Désiré, député vers le Roi d'Espagne par les zélés Catholiques de Paris pour le prier de s'opposer aux diverses factions qui menaçaient de déchirer la France, fut reçu à Orléans, et logea rue Sainte-Anne où les magistrats de cette ville le firent arrêter. Envoyé à Charles IX avec les dépêches dont il était porteur, le Parlement condamna à mort ce messager; mais la Reine-mère commua la peine en une retraite aux Chartreux, d'où il sortit *sans doute bien avisé, car oncques il ne fit plus parler de lui.* Les Jésuites logèrent aussi dans cette rue lors de leur première apparition à Orléans. (*Voyez* Collège royal.)

Cul-de-sac de Sainte-Barbe. On lit dans un de nos historiens que le nom de cet impasse est venu d'une chapelle dédiée à S^{te}.-Barbe, qu'on y voyait. Nous n'en avons trouvé aucunes traces, et seulement qu'il fut établi, assez imprudemment, dans ce quartier, à diverses époques, et notamment au temps de la Ligue, un magasin à poudre au-dessus de la porte duquel on avait placé une statue de S^{te}.-Barbe: peut-être ce magasin avait-il succédé à un oratoire.

Cul-de-sac de Sainte-Colombe. C'était jadis une rue qui conduisait de la rue des gobelets à celle du cloître Saint-Étienne; mais en 1632 le curé de la paroisse de Sainte-Colombe consentit à sa suppression et à ce qu'on n'en réservât qu'un impasse pour conduire à son église.

Cul-de-sac de Saint-Georges. Cet impasse était autrefois une rue qui traversait l'emplacement du jardin du séminaire, et prenait son nom de l'église paroissiale de Saint-Georges qui s'y trouvait. Il y a peu de temps encore elle communiquait avec le grand cimetière par une porte que l'administration municipale a fait clore lors de la construction de la halle au blé, nonobstant les réclamations de quelques habitans ou propriétaires de cette rue qui prétendaient avoir droit à ce passage.

R. DE SAINT-JACQUES-LE-BRULÉ. Vers 1665, un incendie consuma une petite chapelle dédiée à Saint-Jacques, qui se trouvait vers le milieu de la rue.

R. DE SAINT-MARTIN DU MAIL. L'emplacement de cette rue portait, avant la quatrième clôture de la ville, le nom de clos des *poictiers*, que nous croyons devoir lire *potiers*; et l'on y avait élevé plus récemment une chapelle qui a donné son nom à la rue, lors de la quatrième enceinte. Les nombreux fragmens de poterie, trouvés en différens temps, lors des fouilles de quelques puits du voisinage, et ceux qu'on a mis à découvert en creusant les fondations de la halle, donnent lieu de conjecturer qu'il y avait très-anciennement des fabriques de poterie établies par les Romains, ou à leur instar, dans cet endroit. Mais quoique des puisards rencontrés sur deux ou trois points de la halle puissent donner de la vraisemblance à cette opinion, et faire présumer qu'on en extrayait de la terre propre à la poterie; néanmoins, d'après quelques essais tentés sur ces terres argileuses, marneuses, crayeuses et même micacées, qu'on a trouvées par filons, nous ne croyons pas qu'elles aient pu servir seules ou mélangées ensemble, sans addition d'autres terres, à fabriquer les vases d'une pâte homogène et généralement d'un beau rouge dont nous avons examiné et admiré les fragmens. Du reste ces vases couverts d'ornemens analogues à ceux qu'on rencontre sur les poteries de cette époque étaient la plupart marqués d'un nom Romain ou d'une terminaison latine.

CUL-DE-SAC DE LA SALAMANDRE. Avant l'établissement de la halle au blé, ce cul-de-sac communiquait avec le grand cimetière par une rue fort étroite et par une porte au-dessus de laquelle on voyait jadis une Salamandre qu'on disait avoir été sculptée lors du séjour de François Ier. et de Charles-Quint à Orléans.

R. DU SANITAS ou du PETIT SANITAS. Avant 1583 cette rue portait le nom du pommier-rouge, mais alors on y bâtit un hospice pour les pestiférés, et elle en prit la dénomination.

R. DU TABOURG. Le premier nom de cette rue fut celui de la *talmellerie* ou des boulangers, pâtissiers; ensuite elle a été appelée rue des *tannellerons* par corruption, puis *grand'rue*, enfin rue du tabourg, lorsque le tabourg ou tambour de ville vint y demeurer et y placer son enseigne *non loin de celle de la tête de bœuf*. Alain Dubey, prévôt d'Orléans, qui mourut pendant le siège de 1428, et dont la fermeté ainsi que l'équité furent si utiles aux Orléanais à cette époque désastreuse, avait sa maison dans cette rue, *près le coin de la rue de l'asne-qui-veille* ou de la vieille-foulerie.

R. DE LA TOUR NEUVE. Lemaire, dans l'édition in-4º. de son histoire d'Orléans, prétend qu'elle prit le nom de rue de la croix, parce qu'elle faisait la croix avec la rue de Bourgogne. Elle s'appela aussi rue de la Conception, mais seulement dans les environs de cette église.

R. DES TROIS MARIES. Les statues de S^{te}.-Marie, mère de Dieu, de Sainte-Marie, sœur de Marthe, et de Sainte-Marie-Madeleine, qui se trouvaient placées dans une crèche au coin de cette rue, lui ont donné le nom qu'elle porte encore. La maison nº 11, qui y est située, a été possédée par la famille de Beauharnais, et le dernier lieutenant au bailliage de de ce nom, François de Beauharnais, y est décédé.

R. DE LA TURCIE SAINT-LAURENT. *Pierre Barrière*, dit *la Barre*, qui conçut l'horrible dessein d'assassiner Henri IV, naquit, dit-on, dans cette rue. Il était voiturier par eau, et fut poussé à cet acte de frénésie, soit par la faction espagnole, *ce qu'il dénia;* soit par l'amour qu'il avait conçu pour une des femmes de Marguerite de Navarre, *ce dont il ne convint point*. Son projet ayant été découvert, il fut arrêté, tenaillé et rompu vif à Melun en 1593. C'est ainsi que bien des villes populeuses, en se glorifiant d'avoir donné le jour à des hommes recommandables par leurs talens et leurs vertus, déplorent la naissance de monstres dont le nom est un opprobre.

R. Vair. Cette rue, ignorée aujourd'hui, se trouvait dans l'enclos du couvent des Dames Ursulines. Lorsqu'elle n'était pas encore bâtie on l'avait affectée aux *peaussiers et pelletiers* pour y faire sécher les *sauvasgines, fourreures et menu vair*. Cette dernière fourrure, qui a pu donner son nom à la rue, recevait alors probablement un apprêt qui en nécessitait la dessication; elle n'était portée jadis, comme nous l'apprend Joinville, que par la haute noblesse. « Mestre
» Robert. . . . . me dist : je vous veil demander se
» le Roy se séoit en cest prael, et vous vous aliez
» séoir sur son banc plus haut que li, se en vous en
» devroit bien blasmer, et je li diz que oïl; et il me
» dist : Dont faictes vous bien à blasmer, quant
» vous estes plus noblement vestu que le Roy ;
» car vous vous vestez de *vair* et de vert, ce que le
» Roy ne faict pas ; et je li diz : Mestre Robert,
» salve vostre grace, je me foiz mi à blasmer se je
» vest de vert et de *vair*, car cest habit me lessa mon
» père et ma mère ; mès vous faictes à blasmer, car
» vous estes fils de vilain et de vilaine, et avez lessié
» l'abit vostre père et vostre mère, et estes vestu
» de plus riche cameline que le Roy n'est. »

R. Vachot. Nous sommes parvenus, après quelques recherches, à connaître la position juste de cette petite rue. Elle avait pris son nom des tueries et boucheries qui s'y trouvaient avant la construction de la boucherie de Saint-Germain. En 1661, le Duc d'Orléans accorda aux Bénédictins la permission de supprimer cette rue qui se trouvait en face de l'Université et de la joindre à leur jardin. Il paraît qu'elle faisait suite à la rue de S^t.-Germain et à celle du poirier.

Sente aux Veneurs. Ce chemin rural existe de temps immémorial, et sous Charles IX il traversait les forêts de Blois, de Marchenoir et d'Orléans.

Venelle a quatre sols. Le nom de cette venelle du faubourg de Bourgogne, et qui sert de ce côté de limite à la banlieue d'Orléans, vient probablement d'un procès intenté par le propriétaire du *Mont*, maison voisine, aux vignerons ses riverains pour des terrains usurpés sur ce passage. L'arrêt condamna les deux parties à laisser subsister la venelle sans l'obstruer, et les défendeurs à quatre sols Parisis d'amende, ce qui donna lieu à de vifs débats, à des querelles nouvelles et à des voies de fait.

R. de la Vieille Foulerie. En 1500 on l'appelait également rue de l'âne qui veille, en raison d'une ancienne tradition et d'une enseigne qui s'y trouvait placée au-dessus d'une maison avoisinant Saint-Paul. On nous a assuré que sur cette enseigne se trouvait sculpté un âne enharnaché et dans l'attitude que prend cet animal lorsqu'il brait; sur le fond on voyait groupés des habitans et des soldats armés. On assurait que cette enseigne rappelait un fait du siège de 1428, peu détaillé dans les histoires de ce siège, et qu'on peut comparer à celui des oies du capitole. « Un convoi de graisses étant parvenu dans la ville, par la porte Renard, malgré la surveillance des Anglais et à la grande satisfaction des assiégés, on aurait logé près de cette porte dans une écurie les bêtes de somme, mulets et ânes qui l'auraient apporté. Pendant la nuit, les assiégeans cherchant à profiter de l'obscurité, s'approchèrent des murailles et de la porte pour surprendre les gardes, ce qu'ils seraient parvenus à effectuer, sans les braîmens des bêtes de somme qui les entendirent et donnèrent ainsi l'éveil. »

Cette enseigne, au contraire, n'aurait-elle pas eu pour but de rappeler que ce quartier fournissait à l'âne, monture de l'officiant à la procession des rameaux, l'avoine et le foin qu'il mangeait à l'écart pendant la station du coin des Papegaux? (*Voyez* Papegaux.)

La petite rivière Flambert, dont nous avons parlé à l'article du quai de Cypierre, traversait cette rue. Une maison qui s'y trouve située n° 4, s'étant affaissée subitement, il y a peu d'années, on trouva sous ses fondemens un lit de cailloux semblable à celui d'un ruisseau. Cette maison, fort ancienne, était ornée dans l'intérieur de bas-reliefs sculptés avec assez de soin, et représentant, entre autres choses, une espèce de triomphe ou d'ovation romaine. Ces bas-reliefs ont été transportés à la maison de la Motte, près d'Olivet, et se trouvent maintenant incrustés dans une descente qui conduit au Loiret.

R. DE LA VIEILLE MONNAIE. Il paraît que le premier hôtel des monnaies de nos Ducs était placé dans cette rue, et il y existait encore dans la maison n° 1, avant la construction de l'hôtel de la rue d'Illiers. Les Jésuites formèrent leur premier établissement dans cette même rue et dans la maison n° 7.

R. VILLENEUVE. Cette rue a pris son nom de la ville nouvelle que Louis XI faisait bâtir au-delà de la vieille porte de Bourgogne.

R. DE LA VIEILLE POTERIE. Il y avait autrefois une fabrique de poterie dans ce lieu, car on voit une somme allouée comme dédommagement de cet établissement lors de la construction des murs de la deuxième enceinte de la ville. En 1517, le 21 mai, le peuple excita *une sédition* à la suite de laquelle il pilla la maison de Jean Besnard, qui devint plus tard celle du père de Marie Touchet, et se trouvait vers le milieu de la rue. Les bourgeois ayant pris les armes, arrêtèrent quatorze des principaux factieux qui furent pendus au pilori.

HISTOIRE
DE LA
VILLE D'ORLÉANS.

A ORLÉANS,
CHEZ L'AUTEUR, RUE ROYALE, N° 84.
CHEZ ROUZEAU-MONTAUT JEUNE, LIBRAIRE,
RUE ROYALE, N° 78.
Et chez les principaux Libraires.

A PARIS,
CHEZ RORET, LIBRAIRE, RUE HAUTEFEUILLE.

A TOURS,
CHEZ MOYSI, LIBRAIRE, RUE ROYALE.

OUVRAGES DU MÊME AUTEUR
Qui se trouvent aux mêmes adresses.

Traité sur la Poudre la plus convenable aux armes à piston.
Mémoire sur le Marronnier d'Inde et sur ses produits.
Manuel du Veneur. — JOUVE, Palais-royal.
Notices historiques sur l'ancien grand Cimetière et sur les Cimetières actuels de la ville d'Orléans.
Album du département du Loiret; — Recueil composé de Notices historiques par C. F. VERGNAUD-ROMAGNÉSI, et de Lithographies par MM. N. ROMAGNÉSI, Professeur de Dessin au Collège royal de Marine d'Angoulême, et Ch. PENSÉE, Professeur de Dessin à Orléans, Membre de la Société royale académique d'Orléans, et de celle des Vosges.

POUR PARAITRE PROCHAINEMENT.

Histoire complète du siège d'Orléans, en 1428.
Tablettes chronologiques de l'histoire générale de l'Orléanais.
Mémoire sur les usages pratiqués dans tous les temps pour les sépultures dans l'Orléanais.

HISTOIRE

DE LA

VILLE D'ORLÉANS,

DE SES ÉDIFICES, MONUMENS, ÉTABLISSEMENS PUBLICS, ETC.,

AVEC PLANS ET LITHOGRAPHIES.

DEUXIÈME ÉDITION

DE

L'INDICATEUR ORLÉANAIS;

AUGMENTÉE D'UN PRÉCIS SUR L'HISTOIRE DE L'ORLÉANAIS;

PAR

C. F. Vergnaud-Romagnési,

Membre de la Société royale des Sciences, Belles-Lettres et Arts d'Orléans, de la Société d'encouragement pour l'industrie nationale, de la Société Linnéenne de Paris, de la Société d'émulation des Vosges, de la Société académique du département de la Loire-Inférieure et de la Société d'horticulture de Nantes, de la Société royale des Antiquaires de France, etc.

TOME II.

A ORLÉANS,

De l'Imprimerie de ROUZEAU-MONTAUT aîné,
Imprimeur de l'Évêché, etc.

Lithographie de SENEFELDER et de VERGNAUD-ROMAGNÉSI.

1830.

ÉDIFICES, MONUMENS,
ÉTABLISSEMENS PUBLICS,
LIEUX REMARQUABLES.

Époques de leur fondation, Souvenirs historiques et anecdotiques.

ABATTOIR. Nos ancêtres avaient senti l'inconvénient grave pour la salubrité, de la position des tueries et des boucheries particulières dans les différentes rues de la ville. Ils avaient cherché à diminuer les dangers de cet usage en faisant construire des boucheries publiques; mais les tueries subsistaient toujours, et, outre l'odeur infecte qu'elles répandaient, leurs immondices obstruaient les ruisseaux de plusieurs quartiers. En 1808, l'Administration municipale tenta de supprimer ces tueries établies dans des maisons de la ville, et de les réunir sur un seul point hors des murs; mais les plans qu'elle présenta furent rejetés par le Ministre de l'intérieur, attendu qu'ils ne remplissaient point les conditions désirables sous le rapport du local et de son étendue.

Un nouveau projet ayant été présenté par M. Pagot fils, architecte de la ville, il fut adopté par le conseil des bâtimens, et reçut l'approbation du Ministre. Enfin l'adjudication de l'abattoir, en faveur de M. Boyer, entrepreneur, ayant eu lieu le 25 novembre 1818, il fut rapidement bâti, et la dépense totale de sa construction s'est élevée à la somme de 240,000 fr. environ.

L'abattoir situé sur un terrain élevé vis-à-vis l'emplacement de la tour de la Rideuve, et à droite du boulevard des Princes en allant vers la Loire, a été fondé sur un terrain jadis excavé qui nécessita des frais plus considérables qu'on ne l'avait prévu d'abord. La première pierre, placée à l'angle interne Nord-est du bâtiment intérieur, a été posée le 2 juillet 1820 ; et une médaille représentant la façade de cet édifice a été frappée peu de temps après pour en perpétuer le souvenir. La première adjudication du fermage a été donnée pour neuf ans au prix de 26,500 fr. par année, et les bouchers ont été mis en possession de ce local le 1er. juin 1821.

Ce monument laisse peu à désirer sous le rapport de l'aspect, de la distribution et de la construction ; mais on pourrait regretter qu'une somme plus considérable n'ait pas été consacrée à lui donner plus d'étendue, et que des motifs d'économie aient empêché de le placer tout près de la rivière, sur le quai de Saint-Laurent qu'il aurait décoré. Cet établissement réunit des étables, des fondoirs pour les suifs et des rafraîchissoirs pour les viandes ; par conséquent il préserve la ville de la majeure partie des exhalaisons putrides qui y firent plusieurs fois d'horribles ravages ; il est seulement à regretter qu'on n'en ait pas éloigné les triperies. Une surveillance active y est exercée sur les animaux abattus, et la santé des habitans se trouve à l'abri, par cette sage mesure, du danger d'être altérée par des alimens mal-sains. Malheureusement, les bouchers ayant depuis peu repris leurs boutiques dans les rues de la ville, la même surveillance est plus difficile à exercer dans leurs domiciles qu'elle ne l'était dans les anciennes boucheries publiques. (*Voyez* boucheries.)

ACADÉMIE DE MUSIQUE. La musique a été cultivée à Orléans avec succès et à différentes reprises. Si nous en croyons les Moines de Saint-Benoît et quelques anciens historiens, elle y était habilement professée, en 840, pendant la jeunesse du Roi Robert et du temps de l'évêque Théodulphe qui mit en usage à Angers ses talens pour la poésie et pour le chant afin d'obtenir sa liberté. Les élèves de l'Université recevaient des leçons de musique d'assez bons maîtres, et nous voyons au quinzième siècle un grave professeur reprocher aux étrangers de venir à Orléans étudier la *flûte* plus que toute autre chose. Cependant aucun Orléanais n'excella dans cet art, si ce n'est, vers 1570, Bernard Emery, auteur d'une méthode de chant. Vers 1670, on établit une académie de musique dans un bâtiment construit sur l'emplacement d'un cimetière protestant situé à l'angle Nord-ouest de la rue des huguenots. Au-dessus de la porte intérieure on fit sculpter une lyre et des cailloux semblables à ceux des armes de la ville avec cette devise : *Et saxa moventur*; on apperçoit encore les restes de ces reliefs. Outre les concerts très-suivis qui eurent lieu dans ce local, il servit aux premiers *bals* connus à Orléans sous cette dénomination, et le premier bal masqué qui ait été donné dans notre ville fut disposé dans le jardin avec beaucoup de frais. L'académie de musique subsista peu d'années, et fut ensuite remplacée par une loge de francs-maçons qui portait le nom de *Jeanne d'Arc*, lors de sa dissolution récente. Aujourd'hui un café occupe ce bâtiment. Le goût de la musique avait été anéanti dans notre ville, comme dans toutes les autres, par les calamités publiques; mais il reparut avec le calme, et, jusqu'en 1820, des concerts publics et particuliers très-fréquens entretinrent l'étude de cet art. Il est encore professé avec succès par quelques hommes à talent parmi lesquels nous citerons les compositeurs Vern et Démar, et étudié avec fruit sous le rapport instrumental par de nombreux élèves; mais, soit défaut d'organisation, soit faute de persévérance, il est bien rare de rencontrer dans notre province une belle voix d'homme ou de femme.

ACADÉMIE DES SCIENCES, BELLES-LETTRES ET ARTS. Cette Académie porte le titre de *Société royale des sciences, belles-lettres et arts*, et elle occupe, rue du sanitas, le local affecté autrefois à l'école de chirurgie, qui lui a été donné en 1819. L'origine de cette réunion semble plus ancienne que l'établissement de l'Académie française instituée en 1635, et dont les premières séances ne remontent guère qu'à l'année 1630; car, vers l'année 1615, Nicolas de Heère, doyen de la collégiale de Saint-Aignan, avait fondé à Orléans une Société littéraire. Dans l'avant-propos du recueil imprimé de ses séances, après avoir établi l'utilité de ces conférences scientifiques, il ajoute : « Nous étions six qui prîmes la résolution » de nous réunir : au discours d'ouverture j'eus pour » auditeur un des plus doctes prélats de France, » Gabriel de l'Aubespine, qui se divertit un instant » de ses plus sérieuses études pour délecter son es- » prit en ces conférences qu'il enrichit depuis de ses » très-excellens discours. » Cette Société réduite à quatre membres, y compris l'évêque, publia un volume de discours signés par de Heère, Claude Petau et Raoul Fournier, docteur régent de l'Université. Presque tous ces écrits ont pour objet des points de philosophie morale, et sont composés avec plus de science que de goût. Il paraît que la Société ne survécut pas à son fondateur, car on n'en trouve plus de traces après sa mort.

En l'année 1741, MM. Caillard, chanoine; Cosme, religieux-Carme; Polluche; Boilève, prieur de la Conception; Vallet, docteur-régent de l'Université; Beauvais de Hilleria, archi-prêtre; Cordier, chanoine; Gentil, curé de Saint-Benoît; Perdoulx, docteur agrégé; Bourdin, médecin; Poullin; Breton, docteur agrégé, et Guyot, docteur régent, se réunirent dans une salle du prieur de la Conception, et rédigèrent les statuts d'une Société littéraire. Bientôt M. Paris, évêque d'Orléans, accepta le titre de président honoraire, et M. Pajot, intendant de la province, en approuvant ces statuts, reçut celui d'associé honoraire. Dans l'une des premières séances, M. Polluche offrit et lut son mémoire sur Genabum. Peu après, on voit par une lettre du Duc d'Orléans, en réponse aux félicitations que lui adressèrent ces littérateurs sur le mariage du Duc de Chartres avec Mlle. de Bourbon-Conty, qu'il encourageait leurs travaux, dont le but principal était l'histoire de l'Orléanais. Il ne nous est resté des mémoires présentés ou lus à cette Académie, que les dissertations de M. Polluche ; et nous ignorerions probablement aujourd'hui cette particularité, et peut-être même l'existence de la Société qui dura une vingtaine d'années, sans les notes que nous a laissées à son sujet monsieur Guyot, l'un de ses membres.

Le 18 juin 1761, par arrêt du conseil d'Etat, on forma à Orléans une *Société royale d'agriculture*, et nous voyons en 1781, au nombre de ses membres, MM. de Reyrac, Genty, d'Autroche, etc., etc.

Dans le même temps, ces littérateurs distingués et plusieurs hommes instruits dans les sciences physiques, chimiques et minéralogiques, formèrent une autre Société pour cultiver les lettres et les arts et s'éclairer mutuellement dans leurs travaux. La première assemblée eut lieu le 23 avril 1781 ; le Ministre l'autorisa le 24 septembre suivant ; et le 20 mars 1784 cette association prit par arrêt du conseil d'Etat le titre de *Société royale de physique, d'histoire naturelle et des arts*, en s'imposant l'obligation de tenir deux séances publiques par an, l'une après la Saint-Martin, l'autre après Pâques. Indépendamment de quelques autres travaux, elle publia, en 1784, un essai sur la topographie d'Olivet, imprimé à Orléans, chez Couret de Villeneuve, dû aux soins de messieurs Roussel, Prozet, Couret de Villeneuve et Beauvais de Préau, et qui devait être suivi d'essais semblables sur toute la province. Le 15 octobre 1786, son établissement fut confirmé par des lettres-patentes du Roi, datées de Fontainebleau et enregistrées au parlement le 20 décembre, sous la dénomination d'*Académie royale des sciences, arts et belles-lettres*. Placée sous la protection du Duc d'Orléans, le nombre de ses membres s'accrut rapidement ; et en 1787 et 1788 elle comptait parmi eux, comme honoraires, Francklin, Lamoignon de Malesherbes, le marquis Ducrest, etc., etc. ; au nombre de ses associés libres, Vicq-d'Azir, Parmentier, Sigaud de Lafont, l'abbé Rosier, Valmont de Bomarre, etc. Enfin dans les titulaires nous indiquerons quelques Orléanais qui ont écrit dans le but d'être utiles à leur pays : tels sont MM. Defay-Bouteroue, Huet de Froberville, Marcandier, Beauvais de Préau, l'abbé Dubois, l'abbé Pataud, etc., etc.

Cette Académie ainsi que la Société royale d'agriculture, qui en demeura toujours distincte, tinrent leurs séances dans les salles du jardin de ville et à l'intendance jusqu'au 8 août 1793, lorsqu'elles furent supprimées par un décret.

En 1795, le député Lakanal essaya, mais en vain, de rassembler les membres épars de ces deux Sociétés, et de former une Académie de la réunion de ces hommes instruits qui, suivant l'expression d'un de leurs collègues, *fournirent plus d'une victime et jamais un bourreau.*

Vers le mois de juin de l'année 1808, les médecins des hôpitaux et du bureau des consultations gratuites, dans l'intention de se communiquer réciproquement leurs observations et de transmettre au public celles qui en paraîtraient dignes, tinrent des assemblées dans le local des consultations gratuites du docteur Petit. Bientôt des réglemens furent proposés et adoptés. Enfin, le 18 avril 1809, le préfet du département, d'après l'approbation du Ministre de l'intérieur, donna à cette réunion une plus grande consistance et le titre de *Société des sciences physiques et médicales.* Le 16 janvier 1812, elle prit celui de *Société des sciences physiques, de médecine et d'agriculture;* elle se donna de nouveaux réglemens et augmenta le nombre de ses membres. Depuis sa fondation, cette nouvelle Société publia des bulletins intéressans particulièrement
ment

ment sous le rapport médical, et qui forment sept volumes in-8°; mais ses travaux furent interrompus en 1814.

M. de Choiseul, étant devenu préfet du Loiret, chercha à ranimer chez les membres des anciennes Sociétés littéraires d'Orléans le désir de rendre de nouveaux services à leur patrie, par des travaux utiles. Il parvint à recomposer une Académie qui prit le titre de *Société des sciences, belles-lettres et arts*, qui se donna des réglemens le 27 février 1818, et tint sa première séance sous sa présidence. Quelque temps après, le 18 janvier 1819, elle a reçu du Roi l'autorisation d'ajouter à son titre celui de Société royale. Cette Académie se compose aujourd'hui de vingt membres honoraires, de soixante membres titulaires et d'un nombre indéterminé de correspondans. Elle publie en ce moment le huitième volume de ses annales, auxquelles contribuent tous ses membres, et principalement les titulaires divisés en quatre sections, l'une d'agriculture et d'histoire naturelle, l'autre de sciences médicales, la troisième de belles-lettres, et la quatrième des arts. Elle est sous la protection de Sa Majesté, et reçoit du conseil général du département une somme pour ses dépenses particulières. A différentes époques, diverses sommes ont été mises à sa disposition pour des prix qu'elle a proposés, et il serait à désirer que cette faculté lui fût donnée plus souvent, afin d'entretenir une heureuse émulation.

La première Académie d'Orléans avait pour but de donner des renseignemens sur l'histoire et la statistique de la province; presque toutes les réunions qui lui ont succédé ont eu le même désir : cependant leurs travaux sur cet objet sont bien peu nombreux. La Société actuelle a souvent émis le même vœu; mais pour parvenir à donner un travail complet dans ce genre, il serait indispensable d'obtenir des fonds *ad hoc* du Gouvernement, afin d'indemniser de leur déplacement les membres qui seraient chargés de recueillir, sur les lieux, les notions indispensables pour ce travail.

L'*Ecole de chirurgie*, dont la Société des sciences occupe le local, avait été établie assez récemment. Plus anciennement, les écoliers étudiant en chirurgie étaient obligés d'aller entendre les leçons publiques des docteurs en médecine et des maîtres en chirurgie. Ils se nommaient un chef qu'ils appelaient Abbé : celui-ci choisissait quatre adjoints-conseillers, un lieutenant, un trésorier et un greffier. Leurs fonctions étaient de veiller au maintien du bon ordre et de percevoir les rétributions de chacun pour les leçons. L'élection se faisait du consentement du premier chirurgien du Roi, devant lequel on prêtait le serment, ainsi que le constatent les lettres données par Jean Roubault, maître chirurgien, et lieutenant du premier chirurgien du Roi, datées du 3 septembre 1676. Des lettres-patentes du 23 juin 1759, enregistrées au Parlement le 7 septembre et au bailliage d'Orléans le 4 décembre, établirent l'Ecole de chirurgie dont les réglemens sont du 2 septembre 1763. Elle se composait en dernier lieu d'un président, lieutenant du premier chirurgien du Roi, de trois professeurs démonstrateurs, de deux prévôts qui changeaient annuellement, d'un greffier du premier chirurgien du Roi, et de tous les maîtres en chirurgie de la ville. Nous croyons devoir placer ici l'histoire du collège de médecine, établi, comme nous l'avons dit, dans la rue du four-à-chaux.

Le Collège royal de médecine existait bien anciennement à Orléans; car, en 1405, Fulcon, prêtre et soi-disant médecin, fut envoyé par-devant le collège de médecine pour être examiné. Le collège l'ayant refusé, les échevins s'adressèrent à M. de Prunelay, évêque d'Orléans, qui lui interdit de pratiquer la médecine dans son diocèse. En 1577, pareilles défenses furent faites à Jehan Loiseau par arrêt du Parlement. Les membres de ce collège ont toujours joui des mêmes privilèges que l'Université, ainsi que le constatent plusieurs lettres-patentes, arrêts du grand-conseil et jugemens du bailliage. Il fallait être agrégé au collège pour exercer la médecine à Orléans, et les docteurs des autres Universités du royaume ne pouvaient y être admis qu'après avoir subi un examen rigoureux sur la médecine théorique et pratique. Ce droit avait été confirmé par Henry III en 1582, et par des sentences du bailliage en 1737 et 1738.

Le président faisait, tous les six mois, la visite des officines des apothicaires de la ville ; et le collège autorisa en 1648 l'impression d'un dispensaire sous le titre de *Pharmacopea Aurelianensis*, sur la demande des apothicaires, qui se plaignaient d'être obligés d'avoir dans *leurs boutiques* beaucoup de drogues composées, inutiles et d'un usage peu fréquent. On remarque dans cette pharmacopée les formules de l'eau thériacale, du laudanum, du vin émétique, etc., et l'on voit qu'il y avait alors quatorze médecins parmi lesquels on distingue Pierre Viot de Mercure, dont le père avait été valet de chambre de Henri IV. Le nombre des apothicaires était de vingt-un ; quatre d'entre eux préparèrent en public, avec beaucoup d'appareil, le 12 avril 1745, la thériaque d'Andromaque ; et publièrent une feuille in-folio qui contient la formule de ce médicament auquel on attachait encore de grandes vertus en 1768, car monsieur Prozet fut alors chargé par l'intendant d'Orléans d'en composer pour être distribué aux pauvres de la ville et de la campagne.

Les assemblées du collège de médecine se tinrent chez le doyen jusqu'en 1744. Alors le Duc d'Orléans lui accorda une gratification annuelle et la maison de la rue du four-à-chaux où ses membres cultivèrent des plantes usuelles et donnèrent des consultations gratuites aux pauvres, deux fois la semaine ; jusqu'au moment de sa dissolution en 1791. Ce collège a fourni plusieurs fois des premiers médecins à nos Rois; Jacques Ponceau, médecin du collège de médecine d'Orléans, devint premier médecin de Charles VIII; Antoine Petit fut nommé premier médecin de Henri IV et de Louis XIII, etc., etc.

COUVENT DES AUGUSTINS. Les religieux frères ermites de l'ordre de Saint-Augustin, vinrent en France, selon quelques auteurs, du temps de Saint-Louis, après sa dernière croisade. Suivant Lemaire et M. Deluchet, ils s'établirent à Orléans, en 1280, du consentement des habitans qui leur firent même construire au portereau, en face des tourelles, une église dédiée à la Sainte-Vierge. M. Polluche pense que dans le principe cette communauté portait le nom de couvent des *frères aux sacs* ou *sachets*, ainsi dénommés de leur habit fait en forme de sac. Ils avaient été institués à Marseille en 1251, et mis sous l'observance des ermites de Saint-Augustin par le pape Alexandre IV, en 1261 (1).

Le couvent des Augustins, par sa position dans le Val presqu'au niveau des moyennes eaux de la Loire, et à l'une des entrées les plus importantes de la ville, était exposé à deux fléaux terribles; l'eau dont il n'était garanti que par une digue peu élevée, et la guerre toutes les fois qu'Orléans était menacé. Aussi, très-souvent inondé et ravagé, il ne fut relevé plusieurs fois que par les libéralités de nos Rois. Lors du siège de 1428, les Anglais, après s'être emparé des portereaux, établirent une forteresse ou *bastille* sur les débris du couvent et de l'église qui

---

(1) En 1256, dans les comptes des prévôtés et baillies de France, se trouvait, à l'article d'Orléans, 300 liv. pour l'achat d'une maison pour les frères-aux-sacs, *pro emptione domûs fratrum saccor. apud Aurel.* CCC. lib.; et en 1258, *pro domo fratrum saccorum* LX. l. Jeanne de Châtillon, comtesse de Blois, entre autres dispositions de son testament pour les couvents d'Orléans, donne en 1291 : Item *as frères des sas d'Olliens, etc.*

n'étaient alors séparés des tourelles que par un chemin assez large, anciennement la route de Blois. Aussi, Charles VII accorda spécialement aux Augustins, lors des Etats de 1430, des indemnités pour les pertes considérables qu'ils avaient faites à cette époque. Sous le règne de Louis XI, une inondation de la Loire leur causa de grands dégâts, et ils engagèrent ce Roi à les en préserver à l'avenir en faisant entourer le faubourg qu'ils habitaient d'un mur épais, semblable à celui dont il ceignit le quartier de Saint-Aignan. Louis XI y consentit, et les manda au Pont-de-l'Arche, ainsi que des notables d'Orléans, pour arrêter les plans de cette construction; mais elle fut reconnue impraticable à cause de l'impétuosité du fleuve. En 1567, les Calvinistes s'emparèrent de cette communauté et la dévastèrent; dans le même temps plusieurs crues de la Loire augmentèrent encore ces dégâts.

Sous la régence de Marie de Médicis, les Religieux obtinrent de sa libéralité et de la générosité de quelques habitans d'Orléans des secours pour rebâtir leur monastère, ainsi que le constatait cette inscription attachée au portail de leur église :

« Le Roi Louis XIII ayant égard que le couvent
» des Augustins, qui leur avait été donné par Phi-
» lippe-le-Long son prédécesseur, situé ci où pré-
» sentement sont le ravelin et fossés des tourelles,
» pour être trop proche de la porte du pont, avoir
» été démoli pendant les guerres des huguenots et de
» la Ligue; afin de le rebâtir dans un lieu plus as-
» suré, et sans crainte de nouvelles ruines; a, du
» consentement de MM. les maire et échevins de la
» ville, fait acheter cette place, et commencé la ré-
» édification, des deniers de son épargne; et par ses
» lettres-patentes, amorti, fait don et délaissement
» à perpétuité de tous les cens et rentes que les
» lieux nécessaires pour la construction dudit cou-
» vent pourraient lui être redevables. M. Fougeu

» d'Escures, maréchal général des logis des armées,
» mit la première pierre de l'église au nom de la Reine,
» mère de Sa Majesté, et Mgr. Gabriel de l'Aubespine
» en fit la cérémonie le 6 novembre 1613. »

D'après cette inscription il paraît que les Religieux-Augustins ne comptaient leur établissement à Orléans avec l'agrément du Roi, ou tout au moins l'accroissement de leur monastère, que du règne de Philippe-le-Long, vers l'année 1320, et qu'ils devaient à la générosité de ce Roi l'emplacement qu'ils occupaient lors du siège de 1428 et des troubles religieux. Ce terrain leur avait été enlevé en partie pour accroître les fortifications à l'époque de la Ligue, et le peu qui leur en restait n'était encore séparé du ravelin des tourelles que par la route de Blois (1). Ces motifs déterminèrent la Reine-régente à leur donner un emplacement plus éloigné et moins exposé aux fureurs de la guerre. Ils construisirent donc leur église, qui jusque-là avait occupé le lieu vers lequel est aujourd'hui la croix de la Pucelle, dans l'endroit où elle était en dernier lieu, et ils réédifièrent leurs bâtimens claustraux. On remarquait en 1790, dans l'église de ce couvent, des fragmens de vitraux représentant la prise des tourelles par Jeanne d'Arc, transportés de l'ancienne église; les boiseries du chœur sculptées par un Lorrain nommé Bonnaire; un très-beau Christ en bois, maintenant à S^te. Croix, et dû au ciseau d'Hubert (2); enfin les armes de la Châtre et Chabot, très-bien exécutées, au-dessus de la chapelle de Notre-Dame-des-aides.

Le 15 janvier 1791, les bâtimens claustraux et

---

(1) Voyez, pour ces positions, les plans que nous avons indiqués sous le n° 6, page 25.

(2) C'est à peu près le seul morceau qui nous reste de ce sculpteur Orléanais recommandable, et il donne lieu de regretter vivement la perte des nombreuses statues dont il avait décoré les édifices d'Orléans.

jardins des Augustins ont été mis en vente sur la prisée de 27,000 fr. Adjugés peu après pour une somme plus forte, on les transforma en une raffinerie que bénit avec solennité M. de Jarente d'Orgeval, évêque d'Orléans. Depuis l'anéantissement de ces usines à Orléans, celle-ci, l'une des plus belles de la ville, resta vacante et servit en 1814 d'hôpital aux blessés qui affluèrent en telle quantité que Saint-Charles se trouva trop petit pour contenir tant de victimes de l'ambition du chef qui gouvernait alors. Vendue depuis cinq à six ans, elle a été divisée en plusieurs portions où se trouvent aujourd'hui un atelier de teinture et une fabrique de très-beaux carreaux à carreler les appartemens. Lors de la dernière démolition de la majeure partie de ses bâtimens, disparurent quelques vitraux de son église qui avaient échappé jusque-là à la destruction.

BASTILLES ANGLAISES. Le nombre des redoutes, forts, boulevards, ostz ou bastilles, ainsi qu'on les nommait, élevés en 1428 par les Anglais pour tenir la ville assiégée, est indiqué, ainsi que leurs positions, d'une manière peu précise par le journal du siège que nous ont transmis M. Léon Tripault, Symphorien Guyon, la Chronique sans titre, et autres écrits (1). Cependant, à l'aide de ces documens et des comptes de la ville, il est possible d'en

---

(1) Il y a eu plusieurs éditions de l'histoire du siège, publiée par Léon Tripault sur un ancien manuscrit conservé de son temps aux archives de l'hôtel-de-ville. Celle de 1606, in-8°., chez Ruynard, à Orléans, et celle de 1621, in-12, chez Charles Rose, sont les plus précieuses en raison des additions assez nombreuses qu'elles contiennent. Symphorien Guyon a travaillé d'après les mêmes documens que Léon Tripault et sur quelques autres renseignemens; il en existe même des exemplaires qu'on dit avoir été annotés de son temps par son frère Jacques Guyon, auteur de la préface de son histoire d'Orléans.

Le siège d'Orléans, extrait de Symphorien Guyon, a été imprimé avec quelques légers changemens sous le titre de *Parthénie Orléa-*

déterminer la quantité et d'en fixer assez exactement les positions, ce qu'a tenté de faire, après beaucoup de recherches curieuses, M. l'abbé Dubois dans des dissertations que malheureusement il n'a eu le temps ni de revoir ni de publier. Il a consigné en outre ses données à cet égard dans un projet de plan qu'il avait fait dresser et que nous avons indiqué sous le n° 19. Quelques auteurs, sans doute trompés par les ambiguités du journal du siège et aussi par le peu de connaissance des localités, ont élevé le nombre de ces bastilles jusqu'à 16, de même qu'ils ont porté le nombre des assiégeans de 20 à 25,000 combattans. Pour nous, il nous semble avéré que les Anglais n'ont jamais construit plus de 10 forts principaux pour bloquer Orléans, et que le nombre de leurs soldats n'a jamais été à plus de 10 ou 12,000 hommes. A la vérité on voit dans les écrits contemporains, que momentanément, et pour s'opposer aux sorties des habitans, ils firent sur différens points des ouvrages en terre ou en fascines, dont la quantité, y compris celle des bastilles, peut être portée, lors de la levée du siège, à un bien plus grand nombre. Dans ces ouvrages se trouvent compris des commencemens de fossés qu'ils n'eurent pas le temps d'achever, et qu'ils avaient entrepris pour se rendre, à couvert, d'une bastille à l'autre. Les bastilles, assez fortes pour le temps, étaient composées de débris de murailles des édifices où elles se trouvaient situées, de pieux, de fascines et de bois, ainsi que le prouve l'incendie de celle de St.-Loup; mais il ne nous en a été transmis aucun dessin fidèle, soit pour l'intérieur, soit pour l'extérieur; on pense que celle de la porte

---

naise. La *Chronique sans titre*, imprimée par Godefroy sous le titre d'histoire de la Pucelle, existe dans plusieurs bibliothèques avec des additions et des suppressions. Parmi les autres écrits, le journal d'un bourgeois de Paris, sous Charles VII et Louis XI, est un des plus curieux.

Bannier ou Saint-Pouair, celle de Saint-Loup, celle de Saint-Jean-le-blanc et celle de Saint-Laurent étaient carrées, avec une demi-lune en avant, où se faisait le *guet*, et que les autres avaient une forme ronde, toujours avec une redoute en demi-lune au-devant pour faire le *guet*; mais tous ces renseignemens ne sont guère que des conjectures.

Presque tous les plans du siège d'Orléans, qui ont paru jusqu'à ce jour, contiennent des erreurs plus ou moins graves sur les positions des bastilles, et le dernier qui vient d'être joint à l'ouvrage de M. de Barente sur les ducs de Bourgogne, contient malheureusement des inexactitudes plus nombreuses encore que les autres. Nous avons déjà indiqué la position des dix bastilles dont l'existence seule nous semble certaine, et l'on remarquera que, sans avoir égard à tous ces plans, nous n'en avons point placé entre la bastille de Saint-Pouair et celle de Saint-Loup, parce que nous avons reconnu avec M. l'abbé Dubois que tout ce côté de la ville est constamment resté découvert : cela est si vrai, qu'on voit les assiégés aller jusqu'à la croix Fleury pour protéger l'entrée de marchands qui leur amenaient des vivres (1), et que, lors de l'assaut du fort Saint-Loup, les Anglais de cette bastille n'attendaient du secours que de ceux de la bastille de Saint-Pouair qui ne purent leur en porter, ayant été contraints de se retirer par les généraux qui secondaient l'attaque de Jeanne d'Arc (2).

(1) « Le 27 d'avril 1429, qui estoit un mercredy, les François qui estoient dans Orléans sortirent en grande diligence, et en fort belle ordonnance, et allèrent jusqu'à la croix de Fleury pour secourir quelques marchands qui leur amenoient des vivres du pays blaisois, d'autant qu'ils avaient sçeu que les Anglois les attendoient au passage; mais lorsqu'ils furent arrivez audict lieu de la croix de Fleury, ils apprirent qu'ils n'y pourroient rien faire, d'autant que les ennemis avoient destroussé les marchands, etc. » (*Symphorien Guyon.*)

(2) « Le même jour (4 mai 1429), après midy, partirent de la

On voit donc clairement que s'il eût existé un fort ou une bastille entre celle de Saint-Loup et celle de Saint-Pouair, il en eût été question dans ces deux relations.

La bastille de Paris ou de Saint-Pouair est celle dont la position semble la plus incertaine : nous l'avons indiquée vis-à-vis la rue du chapon, entre l'église actuelle de Saint-Paterne et la place qu'occupait l'aumône Saint-Pouair, remplacée aujourd'hui par une croix et par l'auberge de Saint-Nicolas. Cette place nous a paru la plus vraisemblable, parce que les Anglais du fort Saint-Pouair venaient harceler les assiégés jusqu'à l'église de l'aumône Saint-Pouair : cependant il serait possible, et nous serions assez porté à croire que cette bastille était un peu plus éloignée, et entre la porte Bannier actuelle et les Chartreux. Le journal du siège dit : *Vers la porte Bannier*. S'il s'agissait de la porte Bannier actuelle, ce serait vers l'endroit que nous désignons en dernier lieu ; mais s'il est question de la porte *Bernière*, alors dans le martroy actuel, la première indication convient mieux. Quelques écrivains ont dit qu'elle occupait la place de l'aumône même, ce que nous ne

---

» ville la Pucelle et le Bastard d'Orléans, menans en leur com-
» pagnie grand nombre de noblesse et environ *quinze cents* combat-
» tans, et allèrent attaquer le fort de Sainct-Loup où ils trouvèrent
» grande résistance. Car les Anglois qui avoient fait cette forte-
» resse la défendirent vaillamment l'espace de trois heures que dura
» l'assaut ; mais enfin les François se rendirent maistres de ce fort,
» l'abattirent, le bruslèrent et le démolirent entièrement, tuèrent
» *cent quatorze* Anglois et en amenèrent *quarante* prisonniers dans
» la ville. Ce premier succez des armes de la Pucelle irrita grande-
» ment les Anglois. Leurs soldats qui avoient leur poste dans le
» fort de Saint-Paterne, voulurent s'opposer à son dessein, et du-
» rant l'assaut du fort de Saint-Loup, sortirent en grand nombre
» pour aller secourir leurs gens, dont ceux d'Orléans furent ad-
» vertis par la cloche du Beffroy qui sonna deux fois. Pour empes-
» cher ce secours des ennemis, sortirent d'Orléans en grande dili-
» gence le mareschal de Saint-Sévère, etc., etc. (*S. Guyon.*)

pouvons croire, puisque les assiégés détruisirent l'église après que les Anglais eurent construit leurs bastilles. Mais il est certain qu'ils y avaient leur *guet* (1), ce qui nous confirme dans l'opinion que la bastille était peu éloignée, puisqu'après avoir forcé ce poste on voulait mettre le feu à l'*ost*, et que le guet se faisait ordinairement dans la demi-lune qui précédait la bastille.

La bastille de Saint-Jean-le-blanc présente aussi quelque doute. On l'a placée sur le lieu qu'occupe aujourd'hui l'église de Saint-Jean-le-blanc, mais nous ne pouvons adopter ce sentiment; d'un autre côté on a pensé qu'elle occupait l'emplacement des Capucins, et nous partageons assez volontiers cette opinion, parce qu'en 1396 il y existait un vieux château appelé le château de Saint-Jean-le-blanc. Il est donc présumable que les Anglais ont dû s'emparer des ruines de ce château pour s'y retrancher : d'ailleurs cette position les rapprochait de la rivière qu'ils avaient intérêt à surveiller. En outre, nous voyons, par ce que dit Lemaire du couvent des Capucins, que l'église de Saint-Jean-le-blanc y était jointe, et ce n'est que depuis sa nouvelle construction par M. d'Escures, sous Henri IV, qu'elle a été placée dans le lieu qu'elle occupe aujourd'hui. Nous pensons donc qu'on doit fixer le lieu qu'occupait cette bastille entre l'église des Capucins et la route de Sandillon, ou même sur l'emplacement exhaussé de l'église de ce couvent.

Quant aux autres bastilles, nous en avons indiqué les emplacemens en nous aidant des documens les

(1) Florent d'Illiers, Lahire et plusieurs chevaliers firent une sortie par la porte de Paris, « et chargèrent, estendars desployez, » sur l'ost des Angloys, tant qu'ils les firent reculler et gaignèrent » la place là où ilz avoient faict le guet qu'ilz tenoient à la place » de Saint-Pouair, à deux traicts d'arc de la ville. » (*Journal du siège.*)

plus certains, et nous croyons l'avoir fait d'une manière aussi exacte que possible. (*Voyez* page 122.)

BÉGUIGNES. Suivant les comptes du Duché d'Orléans, il existait sous la halle aux tanneurs un couvent de Béguignes, filles pieuses vivant en commun de leur travail, auxquelles la recette de la greneterie devait une rente chaque année; car on lit dans les comptes de 1396 rendus par Guillaume Lemoine : « A Agnès du Gué, maîtresse du béguignage et à Marguerite la marchande béguigne illec, » lesquelles prennent de rente à vie sur ladicte recette, savoir ladicte maîtresse, onze sols Parisis » par semaine et cinquante sols pour robe par an, » et ladicte marguerite dix-huit deniers Parisis par » semaine et vingt sols pour robe par an. » Et dans ceux de 1439, rendus par Robin Baffart : « Pour » loyer d'une chambre en manière de *souspende* étant » à la halle où vendent les tanneurs d'Orléans, en laquelle les Béguignes souloient demourer. » Ces Béguignes existaient encore probablement en 1456, du temps du poète Villon que Boileau regarde comme le fondateur du parnasse français; car il dit dans son grand testament :

Item aux frères mendians,
Aux dévots et aux *béguines*,
Tant de Paris que d'Orléans,
Tant turpelins que turpelines,
De grasses soupes jacobines
Et flans leur fais oblation.

BIBLIOTHÈQUE PUBLIQUE. Le local qu'elle occupe maintenant a été disposé et construit en partie par M. Pagot, architecte de la ville, dans les bâtimens d'une maison de retraite appelée *le bon Pasteur* (*V.* bon Pasteur), dont l'église assez régulière sert de salle principale. Cette église avait remplacé la paroisse de Saint-Pierre-Lentin ; et reçut, en 1789, les habitans, lorsque le peu de solidité de cette paroisse

obligea

obligea de la fermer : elle servit ensuite aux premières réunions de l'une des onze sections de la ville qui fut peu après transférée à l'évêché, et enfin de magasin de fourrage lorsqu'il y avait de la cavalerie au grand cimetière. Le Gouvernement accorda depuis les bâtimens du Bon-Pasteur à M. Bernier, évêque d'Orléans, qui les céda à la ville pour y établir la bibliothèque publique et les écoles de dessin et d'architecture qu'on vient de transférer au musée. La première pierre des nouvelles constructions a été posée le 11 juin 1806, et la bibliothèque a été ouverte au public le 20 août suivant.

On prétend, comme nous avons déjà eu l'occasion de le faire remarquer, que la première réunion de livres un peu considérable eut lieu au château de la Chaussée, faubourg Saint-Jean, et par les soins de la famille de Beauharnais. Cependant il existait antérieurement dans plusieurs monastères, ainsi qu'à l'Université, des collections de manuscrits. On voyait dans les archives de Sainte-Croix l'époque de l'établissement de sa *librairie* en 1455, sous l'épiscopat de Thibaut d'Assigny ; elle était placée dans le cloître ; tous les chanoines en avaient la clef ; mais ils promettaient en la recevant de ne la prêter à aucun étranger et de ne les y point laisser seuls s'il leur convenait d'en introduire quelques-uns. Les livres précieux étaient attachés avec une chaîne de fer, et le doyen seul avait la clef du cadenas qui la fermait. Dès l'année 1490, les évêques d'Orléans avaient fait imprimer quelques livres liturgiques, et, en 1588, Jean de l'Aubespine, l'un d'eux, fit tirer à un assez grand nombre d'exemplaires presque tous les livres d'église de son diocèse ; jusque-là la plupart étaient manuscrits et se louaient aux prébendés. Un bréviaire, pour en avoir l'usage pendant sa vie, était payé sept écus ; un bréviaire noté, avec les frais d'une reliure solide, coûtait seize sols par an. La librairie ou bibliothèque du chapitre de

Sainte-Croix s'accrut beaucoup en 1644 sous monsieur Nicolas de Netz qui fit alors réimprimer tous les livres d'église de son évêché, et, à ce qu'il paraît, d'autres ouvrages. Cette réunion peu importante avait été disséminée pendant les troubles religieux de 1563, et les chanoines donnaient en dernier lieu une date récente à la fondation de leur bibliothèque. Le chapitre de Saint-Aignan possédait aussi, avant l'arrivée du Prince de Condé, une collection de livres et de manuscrits qui disparut également vers 1565.

En 1790 il existait à Orléans cinq bibliothèques ouvertes au public, et, en outre, celles du Séminaire, du Collège, de l'Académie, et de quelques communautés religieuses. *La bibliothèque de l'Université* où de la nation germanique avait été fondée en 1567 par Hubert Van-Giffen (*Giphanius*), et composée de livres de droit, afin de faciliter les travaux de ceux de ses concitoyens qui venaient étudier à Orléans. Elle s'était accrue peu à peu par les dons que lui firent les élèves allemands de l'Université; et lors de sa suppression en 1793 elle contenait des ouvrages précieux qui furent réunis au dépôt littéraire du département. Il en reste encore plusieurs à la bibliothèque actuelle qui donnent lieu de rendre à cette collection plus de justice que ne l'ont fait des étrangers contemporains (1). *La bibliothèque de*

(1) Nous citerons, pour justifier notre réflexion, ce passage du voyageur anglais, Pierre Helluin, qui séjourna à Orléans sur la fin du règne de Louis XIII : « Les professeurs de l'Université vous » conduisent sous les décombres d'une vieille chambre qu'ils ap- » pellent leur bibliothèque, et qu'on nommerait plus convenable- » ment une boutique de bouquiniste ; car les livres qu'on y trouve » sont vieux comme l'imprimerie, entassés les uns sur les autres » avec des toiles d'araignées pour enveloppe commune ; cette mal- » heureuse bibliothèque sert aussi de salle de dispute, etc., etc. » On pourrait croire davantage à la véracité de ce récit qui ne préjuge cependant rien quant au mérite des livres dont le bon con-

Sainte-Croix, dont l'existence est plus ancienne, avait été détruite par les Calvinistes, et rétablie en 1694 par Marin Grostête-de-Mahis, diacre et chanoine, jadis ministre protestant au temple de Bionne, qui légua la sienne au chapitre. Son exemple fut imité depuis par plusieurs ecclésiastiques et par M. Morel, horloger, possesseur de livres et d'estampes alors très-recherchés, qui imposa au chapitre l'obligation de montrer ses dons au public une fois la semaine pendant deux heures. M. Paris, évêque d'Orléans, accrut aussi cette collection qui contenait principalement en 1793, lors de sa réunion au dépôt littéraire, des livres de théologie et un petit nombre de manuscrits. *La bibliothèque de Saint-Euverte*, composée de livres de théologie et de jurisprudence canonique possédait en outre quelques bons ouvrages d'histoire générale : elle avait été léguée en 1754 aux chanoines réguliers par M. de Cougniou, à la condition de l'ouvrir au public le jeudi de chaque semaine. *La bibliothèque des prêtres de l'Oratoire* leur avait été donnée en 1763 par M. Carré de Boucheteau, pour en faire jouir les habitans le samedi de chaque semaine ; mais elle était peu considérable. *La bibliothèque de Saint-Donatien*, qui avait été réunie par les soins de M. Cossart, prieur-curé de cette paroisse, et donnée par lui à la fabrique, était peu nombreuse, et fut réunie au dépôt littéraire comme toutes les autres. Enfin *la bibliothèque des Bénédictins* de Bonne-nouvelle, plus considérable à elle seule que toutes les autres ensemble, avait été confiée aux Bénédictins, sous la surveillance de l'administration de la Ville ; le 6 avril 1714, par monsieur Prousteau, acquéreur, en 1679, des livres précieux de M. Henri de Valois. M. Prousteau,

---

ditionnement faisait, à ce qu'il paraît, tout le prix aux yeux de cet Anglais, si ses motifs n'étaient pas facilement découverts lorsqu'on lit ses descriptions des Universités d'Angleterre.

docteur-régent de l'Université, avait reconnu, pendant cinquante années de professorat recommandable, combien il était difficile aux jeunes gens studieux de se procurer des livres hors de la portée des particuliers : non content d'en avoir réuni beaucoup et de leur donner les moyens de les consulter, il affecta en outre les fonds nécessaires à l'entretien et à l'augmentation de cet établissement. Depuis M. Prousteau, M. l'abbé Hautefeuille, en 1724 ; M. l'abbé le Jay de la Massuère, en 1738; M. Vaslin des Bréaux, en 1742 ; M. Artérié, médecin, en 1764 ; et le célèbre Pothier, en 1772, augmentèrent successivement de leurs legs le nombre des volumes de cette collection dont nous possédons un catalogue fait par dom Fabre avec beaucoup de talent, et réimprimé en 1777. Cette bibliothèque, après la suppression des Bénédictins, est devenue la propriété de la ville et forme encore la majeure partie de nos richesses actuelles en ce genre. Lors de la suppression des communautés on avait amené des divers points du département les bibliothèques des couvents et celles de plusieurs particuliers. Tous ces livres étaient amoncelés dans l'ancien local des Bénédictins, et l'on chercha à les classer dans l'église en donnant à cette accumulation de volumes le nom de dépôt littéraire du département ; mais beaucoup de manuscrits et de livres précieux furent enlevés par le Gouvernement, ou disparurent par la négligence des préposés à leur conservation : l'infidélité même d'agens subalternes força, dit-on, de mettre un frein à ces dilapidations, et un catalogue fut dressé. Plus tard, des ouvrages doubles ont été vendus, et d'autres mis au poivre, lors de la démolition de l'église de Bonne-nouvelle. Le nouveau local destiné à la bibliothèque étant prêt, on y transporta, la bibliothèque de la ville, fondée par M. Prousteau, ainsi que les livres du dépôt littéraire que le Gouvernenement permit de conserver à Orléans (1). Aujourd'hui la bibliothèque publique, outre ses richesses en ouvrages imprimés, possède des manuscrits nombreux sur l'histoire de la ville et du département : ce sont de riches matériaux qui attendent, pour être mis en œuvre, une main habile, expérimentée et toute dévouée. Parmi cette réunion précieuse d'écrits sur notre province, nous citerons ceux de M. Hector Desfriches, de l'abbé Carré, de l'abbé Pataud qui a légué, outre ses travaux personnels, de nombreux recueils de documens auxquels nous avons contribué dans un temps où nous étions loin de penser qu'un jour nous imiterions son exemple; enfin ceux de M. l'abbé Dubois, concernant spécialement Jeanne d'Arc et le siège de 1428. Elle contient aussi une belle collection de médailles.

En 1820 M. A. Septier, bibliothécaire de la ville, donna au public un catalogue des manuscrits dont il trouva les matériaux préparés dans le dépôt confié à ses soins et auxquels il ajouta des renseignemens puisés dans le catalogue de dom Fabre, sur les anciennes bibliothèques. Lors de son décès, il s'occupait, dit-on, de la publication d'un catalogue général, vivement désiré et depuis bien long-temps par tous les Orléanais qui cultivent les lettres et les sciences.

(1) Le Gouvernement accorda 20,000 volumes à prendre sur le dépôt; mais précédemment il avait été fait un choix en faveur de la bibliothèque de Montpellier, et 6,000 volumes avaient été donnés à M. le comte Auguste de Talleyrand, chambellan de l'Empereur. L'évêque d'Orléans, le séminaire, et la grande aumônerie en avaient obtenu à peu près le même nombre. 3,000 volumes choisis par le préfet étaient restés à la préfecture; et enfin le seul manuscrit rare qui s'y trouvait, un volume in-16 des discours extraits de Theucidide, et qui passait pour avoir été écrit par Ange Verger, dont les caractères grecs étaient si beaux qu'ils ont servi de type aux matrices faites sous François Ier. pour l'impression des ouvrages en cette langue, avait été demandé et enlevé pour la bibliothèque publique de Paris, en l'an XII.

COUVENT DE BONNEVAL. Lors de la réunion du bourg d'Avenum à la ville, il existait hors des murs et sur les fossés, en face du lieu où l'on a construit depuis l'église de Sainte-Catherine, une maison et très-probablement une auberge appelée le cheval-blanc. Pendant qu'on travaillait à la deuxième enceinte, Jean Christianisati, Suédois d'origine et devenu bourgeois d'Orléans, acheta cette maison et la fit reconstruire. Le 12 mars 1364 il la donna aux Religieux du monastère de Bonneval, près de Châteaudun, et elle leur servit d'hospice et de refuge en temps de guerre, jusqu'en 1552, époque à laquelle il paraît qu'ils cessèrent de l'occuper. Cette maison qui conserve encore sur la rue de l'aiguillerie toute l'apparence d'un ancien monastère, porte aujourd'hui le n° 25, et offre à son angle Nord un moine sculpté qui soutient la toiture. Elle a reçu divers accroissemens, et tout récemment le propriétaire vient d'y joindre une maison ouvrant sur la rue neuve; dans laquelle on remarque des arabesques très-bien conservées aux croisées, ainsi que des têtes en relief sculptées du temps de Henri II, incrustées dans les murailles et dignes d'être remarquées.

Il existait au grand cimetière, lors de sa suppression, les fragmens d'une épitaphe en l'honneur de Jean Christianisati, relative à la donation de cette maison. Elle avait excité la curiosité de plusieurs étrangers; elle était en caractères *runiques*, et très-maculée. Nous avons cherché à en conserver le souvenir et à l'expliquer dans les notices historiques que nous avons publiées sur les cimetières d'Orléans.

La maison de Bonneval a été mise à prix le 10 novembre 1790 pour 12,500 francs, et adjugée pour une somme plus forte.

COMMUNAUTÉ DU BON-PASTEUR. Cet établissement occupait le local où se trouve aujourd'hui la bibliothèque publique; il avait été fondé par messieurs Foucault, curé de Saint-Benoît-du-retour, qui le premier à Orléans fit dans ses prônes un cours de morale publique ; François Perdoulx des Bourdeliers, auteur d'une explication des épîtres et évangiles, et Grostête-de-Mahis qui avait été ministre protestant et s'était converti. M. de Coislin, évêque d'Orléans, le prit, dès sa naissance, sous sa protection; il sollicita et obtint des lettres-patentes du Roi en 1703. Le Parlement les enregistra le 11 juin 1704, et le 30 avril suivant le lieutenant-général de police et le procureur du Roi donnèrent leur consentement en ces termes : « Ladite Communauté établie pour y être les filles de mauvaise conduite qui s'y retirent volontairement, reçues *gratis* et sans aucune pension. » Cette utile fondation n'avait pas de revenu fixe, et n'existait que par le travail des filles qui s'y retiraient et par les aumônes des habitans. L'évêque d'Orléans, représenté par un ecclésiastique, en avait la direction, et le lieutenant de police la surveillance. Une fondation aussi philantropique aurait dû trouver grâce devant les destructeurs de toutes les institutions de nos pères ; mais il n'en fut point ainsi : le bon et le mauvais, confondus dans une proscription générale, eurent le même sort. Pendant long-temps le Bon-Pasteur fut oublié ; mais depuis dix années environ, des dames pieuses ont consacré leurs soins et leur fortune à arracher au vice et à la dépravation les malheureuses filles sur lesquelles le repentir et la morale ont encore quelque accès : elles avaient formé une nouvelle maison de refuge dans la rue de St.-Pierre-Lentin, dans une maison n° 4. En 1820 elles achetèrent la maison qu'elles occupent maintenant, rue du cloître Sainte-Croix, n°s 3 et 5, où elles ont fait bâtir une chapelle et exécuter des dispositions intérieures qui rendent ces bâtimens aussi commodes et aussi sains qu'ils sont utiles.

BOUCHERIES. Il existait encore, il y a bien peu de

temps, à Orléans trois boucheries publiques dont quelques habitans étaient propriétaires au moyen d'*étails* ou étaux que la Ville affermait en leur en remettant le produit, sous la déduction des frais de réparations ; mais aujourd'hui les bouchers peuvent vendre dans des boutiques placées dans les diverses rues de la ville les chairs des animaux tués à l'abattoir. Vers 1178, Philippe-Auguste avait autorisé ces étaux ; et en 1262, Saint-Louis confirma l'établissement de *quarante étails* dans les boucheries de la ville et des faubourgs, au prix de trente-huit sols Parisis. Nos Rois cédèrent ensuite ces droits avec l'apanage du Duché d'Orléans, et il paraît, autant qu'on peut le conjecturer par le peu de titres qui existent des boucheries, que plus tard les Ducs les aliénèrent à des particuliers qui alors ont fait réparer et augmenter les bâtimens de la grande boucherie. Nous avons laissé à chacune des boucheries leur dénomination pour conserver le souvenir de leur existence, et dans l'espoir de les voir bientôt rendues à leur destination : autrement les mesures de salubrité qu'on s'est proposées en construisant l'abattoir ne seraient qu'imparfaitement remplies, et le désagrément de voir dans toutes les rues des viandes saignantes exposées en vente, ce que nos pères avaient voulu éviter, se renouvellerait de nos jours avec des désagrémens et des inconvéniens plus graves. L'une des boucheries situées dans le grand marché existait de temps immémorial. La boucherie de la place Renard, bâtie à l'angle Nord-Est de cette place, avait été projetée sous Louis XII, lors de l'achèvement de la quatrième clôture de la ville, car il ordonna de réserver des places sur les anciens fossés pour les marchés, boucheries, etc. ; mais elle ne fut bâtie qu'en 1520 par lettres-patentes de François Ier, demandées par nos échevins qui y établirent dix étaux évalués à 4 liv. 4 s. chacun et huit étassons à 10 liv. La boucherie de Saint-Germain, la plus petite des trois, était aussi la plus récemment construite : elle avait pris et conservait le nom de la petite paroisse de Saint-Germain, près de laquelle elle se trouvait au coin Nord-Ouest de la rue du même nom.

L'un des premiers réglemens connus, relatifs aux bouchers d'Orléans, est du 23 juillet 1545, et porte pour titre : « Réglemens et statuts du corps des » bouchers, écorcheurs, appareilleurs de chair, » langayeurs et autres entremetteurs du faict et es- » tat de boucher, par Charles, fils du Roi de France, » Duc d'Orléans. » On remarque dans ce régle- ment qu'il est défendu d'exécuter les prises de corps sur les bouchers lorsqu'ils sont à leur *étail* de la boucherie, de même que d'y saisir leur viande, et aussi que les filles de bouchers ne peuvent *vendre ni couper chair en boucherie*, à moins d'être assistées de bouchers ou garçons bouchers. En 1617, un ar- rêté de la police défend aux bouchers de payer les étaux plus de 100 liv. : cependant plus tard ils furent portés à 150 liv. et même à 200 liv. De nombreux réglemens existent relativement aux boucheries et aux bouchers. Un des plus curieux, et en même temps des plus sévères, est celui qui enjoint aux bouchers, sous des peines graves, de tenir registre *fidèle et loyal* de ceux qui obtiennent la permission de faire gras pendant le carême. La surveillance à cet égard s'étendait même au-delà des boucheries, car les ha- bitans qui avaient de semblables permissions ne de- vaient *en user que pour eux personnellement et dans leur propre maison*. Une telle mesure aurait quelque excuse si des motifs de religion l'avaient dictée, mais malheu- reusement la fiscalité s'y montre à découvert, et le prix cher et varié de ces exemptions *du maigre absolu* prouve la vérité de cette assertion. Le 13 septembre 1731, le lieutenant de police d'Orléans rendit une or- donnance que nous venons de voir renouveler : elle en- joignait aux bouchers de marquer la viande de vache avec une branche de laurier pour la distinguer du bœuf.

Nous n'avons pas pu découvrir l'origine d'une singulière redevance due par le chapitre de Sainte-Croix aux bouchers d'Orléans. Ceux-ci payaient annuellement au chapitre et à la léproserie de Saint-Lazare, située dans le faubourg Bannier, une rente de 20 s. 7 d.; mais les chanoines étaient tenus de donner en échange aux bouchers de la ville et des faubourgs un repas pendant lequel on tenait douze torches allumées derrière les convives *assis*, et chacun d'eux pouvait emporter en se retirant la sixième partie d'un porc et quelques langues fourrées. Charles IX, sur la demande du chapitre, abolit cette double redevance par des lettres-patentes du 6 août 1565.

LA BOURSE. Des réunions de négocians ont toujours eu lieu à Orléans, à des heures que l'habitude consacrait. Très-anciennement elles se tenaient sous les arbres qui ombrageaient la place de *l'étape aux vins*; plus récemment on adopta l'emplacement de la porte Bannier et l'entrée du petit mail. Avant 1799 les opérations de commerce se traitaient volontiers dans des sociétés où l'on se rendait le soir pour s'occuper d'affaires et se délasser à divers jeux. La dépréciation du papier-monnaie et les variations subites des marchandises rendirent indispensables et plus fréquentes les assemblées de commerçans; à cette époque elles se formèrent dans la matinée sur la place du martroi; un peu plus tard elles reçurent la dénomination, peut-être méritée pour quelques *agioteurs*, mais injuste pour le plus grand nombre de ceux qui s'y rendaient, *de forêt noire*. Dès que la marche du commerce put reprendre quelque assurance et quelque sécurité, les négocians louèrent en commun un local convenable pour s'y rassembler à une heure fixe. Cette démarche fut bientôt régularisée par un arrêté du Gouvernement, du 13 messidor an IX (1ᵉʳ août 1801), qui autorisa l'établissement d'une Bourse à Orléans, dans le local déjà choisi; mais en même temps il fixa le nombre des courtiers à quinze, avec un cautionnement de 4,000 fr. augmenté depuis; et celui des agens-de-change à quatre, avec un cautionnement de 6,000 fr. On nomma dix courtiers seulement, et leur nombre est le même aujourd'hui; les places d'agens-de-change ne furent point remplies. La police de la nouvelle Bourse fut placée dans les attributions du maire de la ville; et les réglemens dans celles du préfet pour l'approbation. Six commissaires, dont trois choisis parmi les négocians et trois parmi les courtiers, furent nommés et louèrent définitivement l'ancienne église du couvent des Minimes, devenue propriété particulière. Les frais de loyer, ainsi que ceux occasionnés par quelques embellissemens qu'on y a faits depuis, ont été répartis, comme ils le sont maintenant, sur la classe des habitans patentés, ainsi que les dépenses de la chambre de commerce établie dans le même temps.

Notre ville réclame donc encore un monument public approprié comme dans toutes les grandes villes aux réunions des négocians, indispensables de nos jours pour les transactions et les négociations. On avait eu pendant quelque temps le projet de donner à l'église de Saint-Pierre-en-sente-lée cette destination; et le local était heureusement choisi; mais cet oratoire ayant été rendu au culte, il est resté jusqu'ici au commerce de la ville le regret de dépenser, par succession de temps, en loyers annuels, le prix d'un édifice qui embellirait l'une de nos places publiques.

Les Religieux Minimes avaient été reçus à Orléans en 1612, et la Ville leur avait donné, dans une assemblée tenue à cet effet le 26 avril, le terrain qu'ils demandaient et qu'occupaient les *arbalestriers*. Les archers et arbalêtriers, mécontens de cette concession, en contestèrent la validité; elle fut confirmée par arrêt du Parlement le 28 mai 1613. Les Minimes, avant d'obtenir cet emplacement de la générosité des habitans, avaient cherché à traiter avec les Religieux de Saint-Samson pour le local qu'ils possédaient. Ils furent bientôt supplantés par les Jésuites qui, après divers pourparlers, finirent par expulser ou à peu près les Religieux de Saint-Samson de leur communauté. Le couvent des Minimes fut construit assez régulièrement ; et l'on y remarquait, outre leur cloître, une statue de Saint François-de-Sales, sculptée par Hubert et placée au-dessus de la porte d'entrée intérieure, les figures et les ornemens du maître-autel exécuté sur les dessins de Claude Godard, ingénieur d'Orléans, enfin un tableau de la Pentecôte, peint par Hallé. Les Minimes furent interdits par l'évêque d'Orléans le 23 octobre 1789, et leur couvent fut mis en vente le 12 janvier 1791, sur l'appréciation de 20,000 fr. Adjugé pour une somme plus forte, le Gouvernement le revendiqua peu après pour en former une maison d'arrêt destinée aux prisonniers de la haute-cour nationale, et les malheureuses victimes massacrées à Versailles sortirent de cette maison de détention (1). La suppression de la haute-cour n'entraîna pas celle des prisons, et les cachots des Minimes qui lui survécurent virent entasser en 1793 et 1794 des citoyens de la ville, sous la dénomination captieuse de *suspects*. Plus d'une victime nouvelle sortit des cellules encombrées de cette maison dont le nom seul faisait trembler l'homme le plus irréprochable. Enfin le calme succéda à la tourmente, et Franconi donna pour la première fois à Orléans le spectacle de ses étonnans exercices d'équitation dans la cour du cloître

---

(1) Nous aimons à rappeler ici avec quelle fermeté le bataillon des Volontaires Orléanais exprima, le 15 septembre 1792, son indignation d'être accusé d'avoir participé à ce massacre, tandis qu'aucun d'eux n'avait quitté son rang, et n'avait mis bas les armes que lorsqu'ils se virent entourés de plus de dix mille forcenés.

que tant de malheureux avaient baigné naguères de leurs larmes. Déjà une filature de coton commençait à se former dans les bâtimens claustraux, occupés maintenant par une fabrique de couvertures de laine. (*Voyez, pour les arbalêtriers, la* Caserne des buttes.)

COMMUNAUTÉ DU CALVAIRE. On attribue l'établissement des Dames du Calvaire à Orléans, au capucin Joseph du Tremblai, si connu sous le nom d'*Éminence grise*, et que le cardinal de Richelieu appelait son *bras droit*. Directeur de Marguerite Mallier, femme de Jean Cardinet, prévôt d'Orléans, il inspira à sa pénitente le désir de fonder à Orléans un couvent du Calvaire dont il avait lui-même institué l'ordre à Paris. Cependant il ne parvint qu'en l'année 1637, un an avant sa mort, à vaincre les difficultés qu'opposaient à cet établissement, dans l'intérêt de la ville déjà trop surchargée de couvens, l'évêque M. de Netz, et les maire et échevins. Avec la permission de Louis XIII et l'agrément du Duc d'Orléans, six Religieuses du monastère du marais à Paris arrivèrent alors, habitèrent une maison du cul-de-sac des barbecannes et y formèrent une espèce d'hospice. Le 24 juin 1640 elles changèrent de demeure, et prirent possession, sous la conduite du curé de Saint-Paul, des bâtimens qu'elles occupaient en dernier lieu rue de la porte Madeleine. On y admirait une descente de croix de Boullogne l'aîné, ainsi qu'une sainte famille, d'un peintre inconnu, placées dans l'église. En 1780, cette communauté se trouvant réduite à deux Religieuses, était sur le point d'être réunie aux économats, lorsque la supérieure générale obtint la permission de la revivifier en recevant des novices et des pensionnaires à l'éducation desquelles de nouvelles Religieuses consacrèrent leurs soins jusqu'au moment où des forcenés venus de Paris, et par cela seul appelés *Parisiens*, vinrent les chasser de leur maison en les obligeant à quitter l'habit claustral. Elles vécurent ignorées pendant les tempêtes politiques, et se réunirent ensuite dans une maison de la rue de la corne-de-cerf; peu après elles occupèrent un autre local rue des quatre-degrés, et y reçurent de nouveau de jeunes personnes dont on leur confia l'éducation. Enfin en 1806 elles se sont fixées dans le cul-de-sac de Sainte-Colombe et y ont fait disposer une maison claustrale. Depuis quelques années leur enclos s'est beaucoup accru; elles ont fait construire une chapelle, et ont formé un pensionnat de jeunes demoiselles dans le bâtiment de l'ancienne paroisse de Sainte-Colombe : en outre elles reçoivent comme pensionnaires des dames âgées ou qui aiment à vivre dans le repos et la solitude.

La chapelle de Sainte-Colombe, jadis église paroissiale, dont le titre avait été supprimé par monsieur de Netz le 7 juillet 1645, fut démolie en partie en 1750.

Les paroissiens de Sainte-Colombe avaient été répartis entre les paroisses voisines, Saint-Liphard, Saint-Pierre-Lentin et Bonne-nouvelle. Le bénéfice était resté à la nomination du doyen de l'église d'Orléans, quoique dans l'origine il dépendît de l'abbaye de Colombs, près de Chartres, à laquelle il avait été donné par Oldoric, évêque d'Orléans, neveu de Roger, évêque de la même ville, qui semble être le vrai fondateur de l'église dont nous nous occupons, suivant un acte du Roi Robert, de l'an 1028. (*Voyez, pour l'ancienne maison du Calvaire, l'article* Magasin des subsistances militaires.)

Couvent des Capucins. Les Anglais, pendant le siège d'Orléans, avaient établi le 20 avril 1429, selon quelques chroniques, un fort ou bastille sur l'emplacement et dans les ruines d'un vieux château situé près de l'église de Saint-Jean-le-Blanc, afin d'empêcher, de ce côté, les communications avec la ville par la Loire et les chemins avoisinant ce quartier. La prise du fort de Saint-Loup, premier exploit de Jeanne d'Arc le 4 mai, les épouvanta tellement qu'ils abandonnèrent sans le défendre le fort de Saint-Jean-le-Blanc, et se réfugièrent dans celui des Augustins. Le vieux château dans lequel ils s'étaient retranchés et le terrain qui en dépendait avaient été achetés en février 1396 par le Duc d'Orléans, frère du Roi Charles VI, d'un chevalier appelé Guillaume de Giversay. Depuis l'expulsion des Anglais le château avait été réparé; et son enclos assez bien planté avait pris le nom de jardin des Ducs d'Orléans; mais l'un et l'autre furent de nouveau dévastés lors des guerres de religion. En 1578, Henri III ayant envoyé des Capucins à Orléans, Catherine de Médicis s'empressa de contribuer à leur établissement, et leur donna ce château et ses dépendances qu'elle possédait dans son douaire assigné sur le Duché d'Orléans. Mathurin de la Saussaye, évêque d'Orléans, bénit peu après l'église que ces Moines élevèrent, à l'aide des aumônes des habitans, dans un lieu trop bas et par conséquent sujet aux inondations fréquentes de la Loire dont elle n'était garantie que par une petite turcie ou levée. Ces motifs engagèrent à la placer dans un lieu plus à l'abri des crues du fleuve et où elle se trouve encore. M. de Netz, évêque d'Orléans, la consacra le 17 novembre 1641, sous le titre de la Visitation de la Vierge Marie ou Notre-Dame-de-bon-secours. Elle était ornée en 1793 d'un tableau attribué à Snelle ou à Blanchard, représentant l'ouverture du tombeau de Saint François, d'une Annonciation peinte par le chevalier Lenfranc, gâtée en quelques parties par des restaurations; enfin d'un tableau de la Visitation placé au-dessus du maître-autel et attribué à Lahire.

Les Capucins sortirent de leur couvent au mois d'août 1792, et dès le 16 septembre de la même année les bâtimens et jardins furent mis en vente sur la prisée de 16,000 fr. Adjugés pour une somme plus forte, on y transféra bientôt une petite fabrique de porcelaine élevée dans le faubourg Madeleine. Elle y prit d'assez grands accroissemens : cependant elle ne put soutenir long-temps la concurrence des autres manufactures, et cessa son travail après avoir été transportée dans une maison de la rue de l'égoût-Saint-Aignan. Un atelier de produits chimiques, et particulièrement de sel de saturne (acétate de plomb), lui succéda dans le local des Capucins, où il fut lui-même remplacé par le dépôt des lits militaires de la garde royale en garnison à Orléans, qui s'y trouve aujourd'hui.

Deux personnages marquans, et ayant entre eux quelque analogie, attirèrent, à peu près dans le même temps, l'attention sur le couvent des Capucins d'Orléans. Le premier, frère Ange de Joyeuse, ce guerrier aussi brave qu'il devint moine ardent, tour à tour général d'armée, supérieur de couvent, maréchal de France, capucin, enfin cardinal, « aujourd'hui dans un casque et demain dans un froc, » vint à Orléans en 1601 pour y gagner les indulgences du jubilé. Il y fut alors un des plus éloquens prédicateurs, si nous en croyons les contemporains; et la même voix qui électrisant nos soldats les avait si souvent conduits à la victoire, les persuada des vérités de la religion et en convertit un grand nombre. « Il prit, quitta, reprit la cuirasse et la hère, » et mourut peu après en 1608 près de Turin. Le second personnage qui, après cette *Eminence*, se fit remarquer à Orléans, fut l'*Eminence grise*, le père Joseph du Tremblai, dont nous avons déjà parlé à l'article du Calvaire. Après avoir beaucoup voyagé et combattu sous le nom de baron de Mastée comme officier d'infanterie, il prononça ses vœux, malgré sa famille, aux Capucins d'Orléans, et y provoqua en 1617 un chapitre général pour faire connaître ses projets sur l'établissement des Religieuses du Calvaire. En 1624 il en réunit un second pour représenter que ses infirmités ne lui permettaient point de se rendre à Rome, ainsi que cela avait été convenu. Ce chapitre tenait encore lorsqu'il reçut l'avis de Richelieu de se rendre près de lui; il en hâta la fin pour aller à la cour, et ne prétexta point sa santé pour refuser le ministre. Il mourut à Ruellé en 1638, et sa mémoire est demeurée flétrie de la plupart des cruautés qu'on reproche à Richelieu pendant qu'il fut près de lui. M. Anquetil dit qu'on ne lui remarqua d'affection que pour les Religieuses du Calvaire, et ses contemporains nous ont laissé cette épitaphe :

Ci gît au chœur de cette église
Sa petite Eminence grise ;
Et quand au Seigneur il plaira,
L'Eminence rouge y gira.

Les voies de faits exercées contre les Protestans à Orléans, antérieurement à la Saint-Barthélemy, commencèrent vers le lieu qu'occupent les bâtimens du couvent des Capucins, sur la levée qui bordait leurs murs de clôture et servait de chemin pour aller au château de l'île, appartenant au bailli Groslot, où se trouvait alors établi un *prêche*. Nous emprunterons le récit de cette journée, qualifiée trop sérieusement par les religionnaires de *petite Saint-Barthélemy*, et trop légèrement par les Catholiques de *journée des chaperons*, aux écrits d'un Protestant qui semble en avoir été témoin oculaire, parce qu'il nous a transmis des développemens peu connus sur les causes de cette rixe et des détails curieux sur ce qui s'y passa; nous en rapprocherons néanmoins ce qu'en ont écrit nos historiens les plus estimés.

Les Catholiques avaient détruit les temples des Protestans dans la rue d'Illiers, sur l'étape, aux quatre-coins, et même la maison d'une demoiselle de Marteville, au cloître de Saint-Pierre-en-pont, pour empêcher les huguenots de s'y réunir. Néanmoins ceux-ci avaient formé (tant le fanatisme était poussé à l'excès de part et d'autre) un nouveau prêche dans le château de l'île, propriété du bailli Groslot, l'un des plus zélés sectaires : plusieurs réunions y avaient eu lieu sans trouble, lorsque des *brûlots* catholiques insultèrent sur le chemin des Protestans qui revenaient paisiblement. Charles IX ayant eu connaissance des nouveaux troubles qu'excita cette insulte, vint à Orléans vers la *mi-juin 1569 et assista à la procession du Saint-Sacrement. Il se pourmenoit chacuns soirs sur le pont, et s'accolant à la belle croix avec quelques seigneurs et chevaliers voyoit passer un chacun revenant du presche Groslot. Il s'esbattoit même parfois à chanter en gausserie des pseaumes de Théodore de Bèze et aucunes chansons mal plaisantes pour nous* (1). Cette conduite du Roi était peu propre à appaiser l'effervescence qui se manifestait de nouveau à Orléans où il passait ses soirées avec les dames et les demoiselles les plus jolies de la ville en *danses et festins*. Il y fit connaissance de la fille du lieutenant particulier Touchet *qui avoit été des nostrés et nous avoit deslachés depuis. Sa fille, alors belle comme Dalila, appelée Marie, vendit au Roi son corps comme son père avoit vendu son asme à la convoitise des honneurs* (2). Ils s'en-

---

(1). Lemaire rapporte ces faits avec moins de détails, et cite les passages des pseaumes que chantait Charles IX. (Edition in-f°, page 272.)

(2) En 1562 le père de Marie Touchet se trouve porté sur une liste dressée par le Parlement et contenant les noms des religionnaires les plus forcenés. C'est alors que les Protestans d'Orléans rendirent responsable de cet arrêt de proscription Jacques Guéret, curé de Saint-Paterne, comme l'ayant sollicité. Le bailli Groslot le fit condamner par un tribunal protestant à être pendu, ce qui fut exécuté ; et l'on attacha même au-dessus de sa tête une *épigramme* contre lui, composée par François Desneux, chirurgien. (*Voyez* la chapelle des Aides.) Quant au père de Marie Touchet, il paraît que plus tard il avait abandonné la réforme pour conserver sa place.

namourèrent vivement tous deux et venoient en même compaignie aux tourelles nous mocquer au retour du presche. Charles IX ayant témoigné à sa maîtresse sa surprise de ce que dans les réunions des femmes les plus aimables de la ville il ne s'y trouvait aucune des dames et des demoiselles de la religion réformée, lui demanda s'il y en avait de *belles et accortes.* Marie Touchet lui apprit qu'il y en avait de très-jolies, qu'elles ne sortaient pas de leur logis depuis son arrivée, mais qu'il était facile de les voir, s'il le désirait, en allant les attendre sur la *turcie Saint-Jean-le-Blanc,* au retour d'une grande cérémonie de nouvelles mariées qui devait avoir lieu *au presche de l'isle. Le Roy, ses courtisans, et, disent aucuns, plusieurs notables d'Orléans et quelques dames, mesmement Marie Touchet, se rendirent sur la levée auprès des Capucins. Les nouvelles mariées, ornées de bouquets et chaperons détroussez, vindrent à passer en la conduite de dames et des ministres.* Elles rabattirent leurs chaperons; et leurs figures se trouvant cachées par ce vêtement, au grand *déplaisyr du Roy,* un jeune seigneur s'avança et releva le chaperon d'une des mariées (il paraît que c'était une espèce de voile attaché à leur coëffe). Charles IX trouvant l'espièglerie de son goût, encouragea les autres chevaliers et pages à en faire autant. Le vent était très-fort, et dans les débats qu'occasionnèrent ces violences, l'un des chaperons fut emporté dans la Loire. Cet événement fut un signal donné aux autres courtisans; en un instant toutes les femmes se trouvèrent déchaperonnées et leurs *chaperons jettés emmi les flots,* malgré la résistance des mères, des époux et des ministres dont quelques-uns furent blessés grièvement, et l'un *de nous déroulé en la Loire d'où il ne revinst que pour mourir tost après. Un chascun s'en fust en la ville assez tristement, où il ne dust plus être en doubte de ce qu'on nous vouloit faire pour le plus tard. Adonc des parents dont les filles avoient été insultées, et aucuns* disent baisées sur les joues par ces impudiques et mauvais Chrétiens, s'enfuyrent dès là en d'autres pays, et bien firent.

En 1814, les malheurs de la guerre forcèrent à établir à Saint-Charles un hôpital militaire pour y recevoir les malheureux blessés qui arrivaient à Orléans par charretées : ce local devenant insuffisant, on établit un autre hospice dans la raffinerie des Augustins, et un troisième dans l'église des Capucins ; une maladie contagieuse se manifesta bientôt, et le cimetière de Saint-Jean-le-Blanc reçut chaque jour un si grand nombre de victimes qu'on fut obligé de l'agrandir.

RELIGIEUSES CARMÉLITES. Les Dames Carmélites occupaient en 1792 un très-beau local dans la rue des Anglaises. (*Voyez* Caserne des Carmélites.) Maintenant elles sont propriétaires de l'ancien couvent des Carmes déchaussés ou petits Carmes.

En 1617 elles furent reçues à Orléans où elles habitèrent, pendant cinq ou six ans, une petite maison à côté de l'église de Saint-Pierre-en-sentelée. Le 9 juin elles prirent possession de leur maison, rue des Anglaises, où elles firent célébrer avec pompe, le 12 du même mois, la canonisation de Sainte Thérèse, à laquelle assistèrent l'évêque d'Orléans et toutes les autorités de la ville. Elles sortirent de leur cloître au commencement de l'année 1792, et vécurent long-temps inconnues et dispersées. Vers l'année 1808, quelques personnes pieuses achetèrent et leur donnèrent les débris du couvent des petits Carmes, où elles sont maintenant établies et vivent dans la retraite avec une grande austérité.

Les Carmes déchaussés, remplacés aujourd'hui par les Dames Carmélites, n'avaient pu parvenir à obtenir l'autorisation de s'établir à Orléans qu'en 1646, quoiqu'ils eussent obtenu des lettres-patentes du Roi et du Duc d'Orléans, dès l'année 1644, portant permission d'y fonder une maison. Mais les autres Religieux mendians s'étant opposés dès ce moment à ce qu'ils fussent reçus, ils ne parvinrent à fonder leur couvent que sous la promesse expresse de faire les fonds nécessaires à leur monastère sans pouvoir quêter ni être à charge aux autres mendians. Ils habitèrent d'abord la rue du bourdon-blanc et y disposèrent une chapelle sur la paroisse de Saint-Victor; deux ans après ils achetèrent une maison vis-à-vis l'église de Saint-Pierre-en-pont, et le 14 mai 1654 ils prirent possession de celle qu'ils avaient en dernier lieu. Quelques fraudes pieuses, employées pour éluder les défenses du Roi et des échevins de quêter dans la ville et dans sa banlieue, les mirent à même de disposer avec somptuosité les bâtimens de leur nouveau monastère (1).

(1) Parmi ces moyens employés pour se procurer des secours et des aumônes, nous citerons celui mis en usage par un frère Arnoux de Saint Jean-Baptiste, parce qu'il est peu connu et bien extraordinaire.

Ce frère zélé faisait souscrire à ses pénitentes des contrats de mariage avec Jésus-Christ, et n'oubliait pas le couvent; il recevait ces actes comme son secrétaire. Nous transcrivons ici la teneur d'un de ces actes qui existait encore en original en 1669 chez le curé de Saint-Donatien.

« Je Jésus, fils du Dieu vivant, l'époux des âmes fidèles, » prends ma fille Madeleine Gasselin pour mon épouse, et » lui promets fidélité et de ne l'abandonner jamais, et lui » donner pour avantage et pour dot ma grâce en cette vie, » lui promettant ma gloire en l'autre et le partage à l'héri- » tage de mon Père; en foi de quoi j'ai signé le contrat ir- » révocable de la main de mon secrétaire. Fait en présence de » mon Père éternel, de mon amour, de ma très-digne mère » Marie, de mon père Saint Joseph, et de toute ma cour cé- » leste, l'an de grâce 1650, jour de mon père Saint Joseph. »

« Jésus l'époux des âmes fidèles. Marie mère de Dieu. Jo- » seph l'époux de Marie. L'Ange gardien. Madeleine la chère » amante de Jésus. »

« Ce contrat a été ratifié de la très-sainte Trinité, le même » jour du glorieux Saint Joseph en la même année. Frère Arnoux

En 1677 ils avaient cédé leur maison à d'autres Religieux étrangers à la province; mais la ville s'opposa à ce marché, et ils furent contraints de rester. En 1703 ils bâtirent leur église sous la direction de M. Lefebvre, architecte Orléanais, et sur le modèle de celle des Jésuites de la rue du pot-de-fer à Paris. Le portail était beau, mais mal placé; le chœur n'était pas achevé, le plafond de la fausse coupole représentait le ravissement d'Elie peint en camaïeu, avec talent, par Elie, peintre de l'Académie. On y voyait avec plaisir un tableau de Sainte Anne et de Saint Joachim, attribué faussement à Vignon, et un autre, généralement admiré, peint par un nommé Huquier d'Orléans. Les petits Carmes furent forcés d'abandonner leur maison en 1792 : elle fut vendue peu après, et l'on y établit une fabrique de bonnets, façon de Tunis, puis une filature de coton. L'église fut démolie, et les jardins ont servi long-temps de chantier pour le bois à brûler.

" de Saint Jean-Baptiste, Carme déchaussé, indigne secrétaire
" de Jésus. "

" Je Madeleine Gasselin, indigne servante de Jésus, prends
" mon aimable Jésus pour mon époux, et lui promets fidélité,
" et que je n'en aurai jamais d'autre que lui; et lui donne
" pour gage de ma fidélité mon cœur et tout ce que je ferai
" jamais, m'obligeant à la vie et à la mort de faire tout ce
" qu'il désirera de moi, et de le servir de tout mon cœur pen-
" dant toute l'éternité; en foi de quoi j'ai signé de ma propre
" main ce contrat irrévocable, en la présence de la sur-ado-
" rable Trinité, de la sacrée Vierge Marie, mère de Dieu, mon
" glorieux père Saint Joseph, mon Ange gardien, et toute la
" cour céleste, l'an de grâce 1650, le jour de mon glorieux
" père Saint Joseph. "

" Jésus l'amour des cœurs. Marie mère de Dieu. Joseph l'époux
" de Marie. L'Ange gardien. Madeleine la chère amante de
" Jésus. "

" Ce contrat a été ratifié de la sur-adorable Trinité, le
" même jour du glorieux Saint Joseph, en la même année. Frère
" Arnoux de Saint Jean-Baptiste, Carme déchaussé, indigne secré-
" taire de Jésus. "

Couvent des grands Carmes. En 1265 les PP. Carmes habitaient déjà Orléans et possédaient une maison voisine de Saint-Laurent-des-orgerils, dont le terrain porte encore dans les titres le nom de *vieux Carmes.* En 1358 l'armée du prince de Galles détruisit ce monastère, et en 1366 les Religieux obtinrent de Philippe, premier Duc d'Orléans, des lettres d'amortissement pour un terrain que leur céda un nommé Hervé, libraire et bourgeois d'Orléans. Cette seconde maison eut le sort de la première, et les bâtimens en furent rasés par les Anglais, en 1428, lors du siège : ils étaient situés hors ville, dans la rue Creuse qui a long-temps porté le nom de *Vieil-Carme.* Après la retraite des Anglais, la Ville leur donna un emplacement adjacent à celui qu'ils possédaient, afin de les dédommager de leurs pertes, et ils y bâtirent un monastère qui subsista jusqu'aux troubles de religion. En 1502, les Carmes et le chapitre de Sainte-Croix eurent un démêlé assez vif occasionné par un musicien de la cathédrale, qui étant entré dans le cloître des Religieux, se permit de les insulter et de déchirer un tableau d'indulgences qui était dans leur église. Les Moines se saisirent de lui, le flagellèrent fortement, et le tinrent plusieurs jours au cachot au pain et à l'eau. Le choriste, nommé Cochereau, se plaignit amèrement au chapitre d'un traitement aussi cruel, et se garda bien de parler de ses provocations ; bientôt les Religieux, à la demande des chanoines, furent condamnés à subir la même peine qu'ils avaient infligée à Cochereau ; mais tout fut appaisé lorsqu'on apprit que le père provincial avait puni les Religieux et tenait le prieur en prison au pain et à l'eau.

En 1561 les calvinistes firent dans l'église des Carmes les premiers exercices publics de leur religion ; mais ce choix de leur part et cette condescendance des Carmes ne sauva point le monastère d'une dévastation générale, car six ans après il fut ruiné de fond en comble.

En 1568 Charles IX leur permit d'aliéner une portion de leurs fonds pour relever leur couvent, et en 1570 il leur accorda une rente de 250 liv., dont ils ont toujours joui, pour payer le loyer d'une maison qu'ils occupaient en attendant que leurs bâtimens fussent construits dans le lieu où ils se trouvaient lors de leur suppression. Pendant le jubilé de 1601, Henri IV leur donna 3,000 liv. pour la construction de leur église, et la reine Marie de Médicis une somme assez forte pour être employée à la décoration du maître-autel. Hubert, sculpteur Orléanais, contribua beaucoup par son talent à orner cet édifice; outre une statue de la Madeleine faite par *Parry*, qu'on y admirait, il avait exécuté une statue d'Elie, deux de la Sainte Vierge, deux petits anges et un Christ en croix qui attiraient l'attention des artistes. Les Carmes assuraient que le plafond avait été fait par Perelle l'aîné, peintre bien connu et né à Orléans, et ils montraient dans leur cloître un fort beau tableau de Saint Joseph, peint par Corneille, également né à Orléans.

Les grands Carmes quittèrent leur couvent en 1790, et le 6 décembre de la même année il fut mis en vente sur l'estimation de 37,000 fr. Adjugé, le 15 janvier 1791, pour une somme beaucoup plus forte, le propriétaire en fit démolir tous les bâtimens, et éleva à leur place les maisons particulières qui portent aujourd'hui les n°s 37 à 51, tant dans la rue des Carmes que dans celles de l'arche-de-Noé, des chats-ferrés et des chartiers.

La fête du pardon des Carmes rappelle encore chaque année, au quatrième dimanche de carême, l'existence de ce monastère et les indulgences qu'on y gagnait; car quoiqu'il ait disparu, et qu'on ne fasse plus la procession qui portait ce nom, et dont la plus célèbre eut lieu le 15 octobre 1629, Gaston, Duc

Duc d'Orléans et toute sa cour s'y trouvant, néanmoins les habitans d'Orléans et des environs ont conservé l'usage de se réunir vers cet ancien couvent, où l'on tient la première assemblée appelée dans notre province les Corps-saints.

CASERNE DES BUTTES. Il existait de toute ancienneté à Orléans un corps d'arbalêtriers de la ville, qui était partagé en deux compagnies, dont l'une avait ses buttes, ou son lieu d'exercice, entre la porte Parisis et la poterne Saint-Samson, hors de la ville; l'autre s'exerçait près de la porte Dunoise, dans le lieu qu'occupe la rue de la hallebarde. Ces buttes furent supprimées lors de la quatrième clôture de la ville, et l'on réunit les deux compagnies dans un même local vers le milieu de la rue d'Illiers. Ce nouvel emplacement leur ayant été enlevé malgré leurs réclamations, pour en gratifier les Minimes, comme nous l'avons dit, ils se réunirent plus haut dans la même rue et se mirent sous la protection de M. de Pomponne, abbé de St.-Médard de Soissons, et en cette qualité regardé comme maître des arbalêtriers de France. Cette académie prit même des accroissemens jusqu'en 1734, mais alors le nombre de ses membres diminua sensiblement.

Depuis l'usage des armes à feu il s'était formé parmi les arbalêtriers une compagnie de l'arquebuse, et il semble que c'est depuis ce moment qu'ils prirent la dénomination d'académie. Nous voyons l'existence de la compagnie de l'arquebuse constatée en 1539 lors de l'arrivée de Charles-Quint à Orléans; car on lit dans le procès-verbal de son entrée : « Le len-
» demain matin partirent à quatre heures, de la
» ville, les hacquebutiers ordinaires de la ville, en
» trois bandes, et à chacune bande ung capitaine
» et une enseigne, et furent donner le réveil-matin
» à l'Empereur, et estoyent bien des hacquebutiers
» ordinaires deux mille trois cent vingt et douze,
» et en deslaschant tous ensemble firent grand paour

» à ceulx du villaige de Cléry. » Après son arrivée au cloître de Saint-Aignan, « le lendemain matin » vindrent les hacquebutiers ordinaires donner le » réveil audit Empereur; et faisoit bon ouyr ces » hacquebutes péter. »

En 1559 les Echevins d'Orléans obtinrent de François II, qui à son avénement au trône avait défendu le port d'armes à feu, la permission pour les arquebusiers de s'assembler et de s'exercer à l'ordinaire dans leur butte. Le 28 octobre de la même année, à l'entrée du Roi à Orléans, ils étaient sous les armes, mais au nombre de quatre cents seulement : plus tard, les différends et les querelles qui renaissaient sans cesse entre les arquebusiers et les arbalêtriers forcèrent les échevins à les séparer ; à cet effet ils achetèrent en 1577 le jardin de la Nivelle, derrière l'arsenal, aujourd'hui l'hôpital-général, et le donnèrent aux arquebusiers qui y sont restés jusqu'en 1700. Alors on joignit ce jardin à l'hôpital, et on leur affecta un autre local tout près de celui qu'ils occupaient. Louis XIII approuva cette académie par des lettres-patentes du mois de juillet 1614, dans lesquelles il est dit que ce prince *tira à cette butte* et fit tirer ses confrères en sa présence. L'usage était encore d'avoir pour but une élévation de terre dans laquelle les balles s'amortissaient. En 1731, par ordre de M. d'Antin, gouverneur d'Orléans, le nombre des chevaliers de l'arquebuse fut fixé à cent, non compris quatre officiers; on leur retira les arquebuses à mèches, et on leur interdit toute autre arme que *des fusils à pierres uniformes et de largeur convenable*. Ces chevaliers étaient dans l'usage de tirer chaque année, à la Pentecôte, un oiseau placé sur la tour de l'église de Saint-Aignan ; mais en 1636 le chapitre s'opposa à ce qu'il y fût placé, et depuis on le mit sur une des tourelles du pont. Ils tiraient aussi un pavois sur la tour des arquebusiers qui avait été affectée aux arbalêtriers lorsque ces corps furent séparés. Celui d'entre eux qui abattait l'oiseau était promené par la ville et déclaré roi des arquebusiers ou des buttes ; la Ville lui donnait cinquante écus, et il jouissait de différens *privilèges, franchises et exemptions*. Précédemment, le 8 mai, jour de la délivrance d'Orléans par Jeanne d'Arc, les échevins donnaient au *roy des arbalestriers un esmail d'or aux armes de la ville, nommé cœur de lys* : en 1465 Jean de Domare en était décoré et jouissait des priviléges de sa charge, exemption de tailles, de subsides, d'entrée de vin, etc. Cet établissement cessa vers 1746, et son emplacement fut approprié depuis au logement des troupes, notamment de la garde départementale qui en avait pris le nom sous l'Empire. Il sert toujours au casernement ; ses bâtimens intérieurs sont modernes, mais le portail extérieur offre encore des arabesques bien soignées et d'un joli dessin, ainsi que des cartouches dont les armoiries sont mutilées. Ces armoiries étaient celles de Henri III et celles de la Ville ; d'où l'on conjecture que les sculptures ont été faites sous ce Roi et sur le modèle de celles du musée et d'autres édifices : autrement il faudrait en reporter l'exécution vers le règne de Louis XII ou de François Ier. Ces deux dates semblent incompatibles avec celle de 1700, époque à laquelle on donna ces buttes aux arquebusiers, mais on y transféra les *mottes de terre, establissemens et ornemens*; le portail fut probablement du nombre, car on remarque que son fronton n'est nullement en harmonie avec le reste de la construction et semble plus récent.

CASERNE DES CARMÉLITES. Cette caserne, encore en construction, a pris le nom de la communauté dont nous avons parlé qui s'y trouvait établie en 1792. Le 12 novembre de la même année les bâtimens et les jardins furent mis en vente sur l'estimation de 30,000 fr. et adjugés pour 40,300 fr.

On leur donna bientôt diverses destinations. La maison conventuelle fut disposée en habitations de particuliers, décorées avec un luxe inconnu jusque-là à Orléans. Après avoir été occupé par divers étrangers, ce vaste hôtel servit à l'établissement d'un pensionnat de jeunes gens très-nombreux et qui jouit pendant quelques années d'une espèce de célébrité. L'église alors employée en ateliers pour une fabrique de pipes devint la chapelle des élèves. A cette maison d'éducation succédèrent comme locataires de la maison divers particuliers, et plus tard M. de Chabrol-Crousol, premier président par interim de la cour d'appel d'Orléans en 1807. Vers la même époque l'église avait été disposée en loge de francs-maçons, sous le titre de *parfaite union*, et il en existait peu d'aussi bien distribuées et d'aussi élégamment ornées, ce que remarqua l'archi-chancelier Cambacerès lorsqu'il y fut reçu solennellement en 1807, à son retour de Bordeaux.

L'entreprise des lits militaires et le quartier général occupèrent la majeure partie des bâtimens à l'époque où Orléans a été désignée comme une des garnisons de la garde royale, et l'entreprise du casernement ne le quitta pour occuper les Capucins que lors de la vente qui en a été faite récemment pour y bâtir une caserne. L'église, quoique les réunions maçoniques n'eussent plus lieu, était encore possédée par cette association. Tous ces bâtimens, les cours et les jardins qui dépendaient de l'ancienne communauté des Carmélites, et quelques maisons particulières sur la rue de Saint-Martin-du-mail, formeront une caserne d'autant plus vaste et d'autant plus commode qu'elle sera jointe à celle des Jacobins pour ne devenir qu'un seul établissement ; mais il est malheureux que la disposition des lieux ait empêché d'en faire un monument en évidence, et par conséquent une décoration pour notre ville.

CASERNE DES JACOBINS. Cette dénomination, que

nos derniers troubles politiques ont rendu une injure, fut long-temps en vénération dans notre ville par les écoles qui étaient établies chez les Religieux Dominicains appelés depuis Jacobins.

En 1218 ou 1219, des Religieux de Saint Dominique furent envoyés à Orléans pour y fonder un couvent de leur ordre : les habitans les gratifièrent d'un emplacement et d'une église qui dépendaient du chapitre de Saint-Pierre-en-pont et qui s'appelait Saint-Germain-d'Auxerre ou des fossés, en raison de sa position hors des murs de la ville. Ces Moines s'adonnèrent aux sciences, et l'on plaça dans leur monastère les écoles de théologie et de droit qui y restèrent jusqu'en 1337.

En 1370 d'abord, et depuis en 1428, les armées anglaises ravagèrent cette communauté qui fut réparée assez promptement après la levée du siège d'Orléans. En 1473 la communauté des marchands fréquentans la Loire, et M. Compaing, riche bourgeois, achetèrent un terrain contigu à l'église des Dominicains, et y firent construire une chapelle sous l'invocation de Notre-Dame-de-Pitié, dont le chapitre général de l'ordre agréa la fondation (1). Depuis

---

(1) Vers l'année 1501, un mari et sa femme, réputés *sorciers* à Meung-sur-Loire, avaient pour compères un autre ménage d'Orléans. Ils moururent et laissèrent leurs *secrets*, leurs *livres cabalistiques* et leur *pacte avec le diable* aux deux Orléanais. Ceux-ci exercèrent *leur magie* aux dépens de la crédulité de leurs voisins, et se trouvèrent assez certains de leur *prétendue science* pour mettre dans la confidence le prieur des Jacobins qu'ils rendirent témoin de leurs *évocations*, *conjurations*, etc., etc. Le prieur crut de son devoir de se faire initier à tous ces mystères pour les dévoiler ensuite et les dénoncer à l'official. Les magiciens furent arrêtés, accusés, et, à ce qu'il paraît, convaincus de profanation envers des *hosties consacrées*; car M. de Brilhac, alors évêque d'Orléans, ordonna à ce sujet une procession générale expiatoire qui se fit avec autant de solemnité que *la Fête-Dieu*. Quant à la punition des sorciers, elle nous est inconnue.

la quatrième clôture de la ville, ce monastère, totalement reconstruit et augmenté, se trouvait dans l'intérieur des murs, ce qui ne le préserva point d'une ruine presque totale, en 1567, lors des troubles religieux. Peu de temps après, Jacques Alleaume, receveur de la ville, fit relever l'église, ce qui lui valut en 1571 un bref de félicitation du Pape (1). M. d'Escures répara plus tard les cloîtres et divers bâtimens auxquels ses armoiries furent apposées ; mais ces constructions disparurent vers 1777, lorsque les Pères Jacobins rebâtirent en totalité leur maison avec plus de régularité et de commodité. En dernier lieu on lisait au-dessus de la porte de l'église

---

(1) En 1588, le duc de Guise et le cardinal ayant été assassinés à Blois par ordre de Henri III, les ligueurs, alors très-nombreux à Orléans, traitaient le Roi de meurtrier et d'hérétique, et qualifiaient les deux Guise de martyrs de la foi. Ils avaient fait faire deux mannequins avec des têtes de cire représentant les deux frères revêtus de leurs dignités militaires et ecclésiastiques : ces deux mannequins ayant été successivement possédés par chaque association *ligueuse* dans le local de ses réunions, se trouvaient placés en dernier lieu dans l'église des Jacobins. L'enthousiasme commençait à se calmer, et déjà Henri IV était monté sur le trône, lorsqu'un de ces *boutefeux*, si communs dans les temps de trouble, chercha à exciter du tumulte et à en profiter avec quelques autres *misérables* pour piller des maisons riches de la ville. A cet effet, il se rendit dans l'église des Jacobins ; et se croyant seul il abattit, à l'aide de deux perches jointes ensemble, les mannequins, objets d'une récente vénération ; puis courant sur la place de l'étape, il répandit le bruit que des *matois* et des *politiques* avaient par mépris cassé les deux têtes de cire, et qu'il fallait venger cet affront. Ses complices, retenus au cabaret par leur intempérance, contribuèrent, en retardant de se trouver au rendez-vous, à faire avorter ce complot, que des habitans honnêtes démasquèrent bientôt, car ils prévirent les excès auxquels on voulait porter le peuple, et ils arrêtèrent le chef de cette trame. Des témoins qui l'avaient vu abattre les mannequins, le convainquirent aisément d'imposture en rapportant les deux perches dont il s'était servi, et la police le fit enfermer dans la prison du chapitre de Sainte-Croix qui tenait à la Psalette, d'où ses affidés le firent évader peu après.

cette inscription : *Cette présente église des Jacobins fut détruite l'an 1567, et depuis réédifiée des deniers et aumônes de noble homme Jacques Alleaume et Magdeleine Compaing son épouse, l'an 1575.* Deux statues placées dans le fond du cœur et sculptées par Hubert étaient dignes d'être remarquées, ainsi que le tableau du maître-autel, peint par Perelle.

L'église des Jacobins fut désignée en 1789 pour y tenir l'asemblée des trois ordres, afin de nommer les électeurs qui devaient ensuite choisir leurs députés. C'est dans le jardin de cette communauté qu'on célébra pour la première fois la fête républicaine de l'agriculture, en y traçant un large sillon avec une charrue ornée de guirlandes et de fleurs. Ses bâtimens et tout l'emplacement qu'elle occupait ont été depuis disposés en caserne qui avait d'abord pris le nom de caserne de J.-J. Rousseau ; elle est désignée maintenant sous celui que nous lui avons donné, et elle va être réunie incessamment à celle des Carmélites.

CASERNE DU SÉMINAIRE. En 1670 M. de Coislin, évêque d'Orléans, établit dans ce lieu un séminaire qu'il accrut des terrains occupés par l'église de Saint-Avit, par celle de Saint-Georges et par une portion de la rue du même nom. (*Voyez* Saint-Avit, Saint-Georges *et* cul-de-sac Saint-Georges.) Le Duc d'Orléans approuva cette réunion le 18 mars 1682. Dès l'année 1668 M. de Coislin avait réuni au séminaire qu'il projetait de former, les prébendes de la collégiale de Saint-Avit, et en 1671 il obtint des lettres-patentes, enregistrées en 1674, pour y joindre l'ancien prieuré de Notre-Dame-des-champs du diocèse de Paris, dont il était titulaire. Les Religieux de Marmoutiers, auxquels il appartenait, y avaient consenti en 1672.

En 1707 les prêtres de la communauté de Saint-Sulpice de Paris prirent la direction de ce séminaire par une transaction passée entre eux et l'évêque d'Orléans ; ils y firent de bons élèves, et quelques-uns des hommes lettrés de notre ville se rappellent encore d'avoir étudié en dernier lieu dans cet établissement auquel M. Fleuriau d'Armenonville, évêque d'Orléans, avait joint un petit séminaire où l'on enseignait la philosophie. La chapelle était fort bien décorée, et l'on y remarquait un tableau de Leclerc, fils du célèbre graveur, représentant la *Présentation de la Sainte Vierge au temple*. Le Séminaire possédait une bibliothèque assez belle : elle devait sa création à M. Jean de Fourcroy, doyen de l'église d'Orléans, qui lui avait légué ses livres en 1681.

Depuis la suppression des séminaires ce local servit de maison de détention, à l'époque où les villes étaient désertes et les prisons encombrées; plus tard on y plaça les magasins d'équipemens militaires ; il fut ensuite affecté au quartier-général du département du Loiret. Enfin on le disposa en caserne ; tel est encore son emploi jusqu'au moment où la caserne des Carmélites sera terminée, et permettra de le rendre à sa première destination. (*V*. Séminaire.)

CASERNE DE SAINT-CHARLES. Il existait à l'extrémité orientale du faubourg du Portereau une vaste maison appelée Guigni et Anguigni, suivant quelques historiens modernes qui ont confondu, au moins nous le pensons, le nom d'une rue qui l'avoisinait avec la maison elle-même. Cette maison et son enclos dont nous avons déjà parlé à l'article de la rue des Anguignis, furent choisis par M. Alphonse d'Elbène, évêque d'Orléans, pour y établir des Religieuses qu'il tira du couvent des Ursulines de la ville, alors composé de quatre-vingts sœurs dans une extrême pauvreté. Elles y furent installées le 22 août 1656, et elles prirent le nom d'Ursulines de Saint-Charles, suivant la permission que l'évêque avait obtenue du Duc d'Orléans le 14 avril 1655, confirmée peu après par le Roi et les échevins d'Orléans. Cette communauté ne subsista que jusqu'en 1769, et le beau tableau qu'on admirait dans son église, *Saint Charles à genoux*, peint par Champagne, fut employé à décorer la chapelle de l'évêché.

Deux années après, des lettres-patentes du 20 décembre 1771, enregistrées en 1772, autorisèrent l'établissement d'un hôpital royal, ou plutôt d'une maison de force, dans ce local. Les individus qu'on y enfermait n'y étaient transférés ou conduits que par ordre du roi ou en vertu de jugemens, et avec une pension annuelle dont le minimum était 150 liv. par an. Le service intérieur s'y fit pendant quelque temps par des sœurs de Saint-Maurice-lès-chartres; mais elles furent congédiées en 1777, et l'administration demeura confiée à l'intendant de la Province, aidé de deux inspecteurs et d'un caissier.

Depuis 1790 la maison de St.-Charles est devenue successivement maison d'arrêt, caserne et prison militaire pour les Autrichiens et les Anglais pris les armes à la main. Plus tard on y a fait des constructions et des distributions pour l'approprier à un dépôt de mendicité créé à Orléans par un décret impérial. Mais le directeur fut nommé et installé en 1811, sans qu'il ait jamais eu de mendians sous sa direction. Enfin on y a fait depuis 1815 divers changemens pour y établir une caserne occupée en premier lieu par les régimens suisses de la garde royale, et depuis par les autres régimens de la même garde.

CASERNE DE LA GENDARMERIE. La gendarmerie occupe maintenant une partie du local des Pères de l'Oratoire, et sa caserne est contiguë au palais de justice. La maréchaussée à laquelle ce corps, comme on sait, a succédé, fut d'abord placée près du châtelet et de la prison de Saint-Hilaire; long-temps après il fut transféré dans les bâtimens de l'ancienne aumône ou hospice de Saint-Paul, situé dans le marché-aux-veaux ou vieux marché, maison n° 28, qui porte encore le nom d'hôtel de la maréchaussée. La gendarmerie fut ensuite transférée en 1808 dans la caserne qu'elle occupe aujourd'hui, et son ancien hôtel servit à différens usages. En 1812, lors de la disette de grains, il se trouvait rempli de sacs de farine de pois et autres peu salubres ; mais les soins et l'activité de l'Administration qui les avait emmagasinés remplacèrent, peu après ces farines par des blés achetés en Belgique. Dans cette année la famine se fit sentir à un tel point dans les campagnes environnantes, que plusieurs habitans moururent d'avoir mangé de la luzerne et des racines peu nourrissantes ou malsaines. Le 14 mai 1827 cet hôtel a été mis en vente sur la prisée de 7,000 fr.

Avant 1720 il y avait à Orléans deux compagnies de maréchaussée : l'une d'elles était sous les ordres du prévôt provincial, et l'autre sous ceux du prévôt général ; mais un édit du Roi supprima cette organisation et établit dans l'Orléanais un prévôt général et cinq lieutenans dont deux résidaient à Orléans. Outre ces officiers il y avait un assesseur, un procureur du Roi et un greffier de la maréchaussée pour l'instruction des procès criminels poursuivis à la diligence du prévôt. Aujourd'hui le corps de la gendarmerie est organisé uniformément dans tout le royaume, et celle du département du Loiret fait partie de la deuxième légion dont le colonel réside à Chartres. Il n'y a à Orléans qu'un chef d'escadron, un lieutenant, un maréchal-des-logis et un brigadier.

CHANCELLERIE. Les archives du duché d'Orléans se trouvaient placées de temps immémorial dans une des salles du châtelet ; mais lors de la construction de la rue royale on éleva sur la place du martroi, entre la rue royale et celle de la hallebarde, et aux frais du Duc d'Orléans, un bâtiment orné d'une belle façade et décoré de ses armes. Les archives y furent placées, et une partie de cet hôtel devait être occupé par le Prince et par ses officiers. On avait le projet d'élever de l'autre côté de la place un édifice semblable pour y transférer l'hôtel-de-ville ; mais une portion seulement de cette construction fut achevée. Depuis la suppression de l'apanage du Duc d'Orléans, son hôtel appelé la chancellerie, nom qui lui est demeuré, est devenu une propriété particulière divisée aujourd'hui en plusieurs habitations et en magasins au rez-de-chaussée. La majeure partie occupée dans le principe par l'établissement des diligences Lebrun et compagnie, l'est maintenant par son successeur Vincent Caillard, Lafitte et compagnie. Quant au bâtiment formant l'autre angle de la rue royale, après avoir été long-temps habité par un marchand de draps, il est en ce moment employé à *l'exploitation des messageries royales* qui jadis étaient placées dans une vaste maison de la rue d'Illiers. Sur la même place, et presque en face de ces deux messageries, se trouvent les diligences appelées *Jumelles* et l'*Orléanaise*, entreprise toute récente. Les voyageurs regrettent, et avec juste raison, de ne point voir cet établissement occuper des hôtels avec de vastes cours où ils monteraient en voiture au lieu de le faire sur la place même où ils sont exposés aux intempéries des saisons et obsédés par les indigens, les curieux et même les filoux.

CHARTREUX. Suivant une chartre du roi Louis-le-Gros, de l'année 1112, il existait, dès ce temps, dans le lieu où s'éleva depuis le monastère des Chartreux, au faubourg Bannier, une léproserie desservie par des frères réguliers de l'ordre de Saint-Augustin. Cet hospice portait le nom d'hôpital de Saint-Lazare en 1289, lorsqu'il fut *réglé* que la juridiction spirituelle appartiendrait à l'évêque d'Orléans; et que le maître ainsi que les frères rendraient compte du temporel à la Ville représentant les fondateurs. Il en fut ainsi jusqu'en 1622; alors le Roi Louis XIII donna à l'ordre des Chartreux les bâtimens et les jardins de l'hôpital de Saint-Lazare pour y fonder un couvent, à la condition d'acquitter tout le service de la léproserie, de faire restaurer les bâtimens d'une autre léproserie située à Saint-Mesmin, dévastée par la guerre, et enfin d'y installer les malades qui se trouveraient dans l'hospice de Saint-Lazare, de même que ceux qu'on y amènerait par la suite. Les lettres-patentes de Louis XIII ne furent enregistrées au conseil qu'en 1623, et les Chartreux ne prirent possession de ce local qu'en 1624. Ils y firent bâtir un très-beau couvent dont Gaston, de France, Duc d'Orléans, posa la première pierre le 16 juillet 1635.

On remarquait dans l'église, en dernier lieu, un très-beau tableau de Jouvenet, représentant Jésus-Christ au jardin des oliviers; au-dessus de la porte d'entrée une statue de Saint Bruno, sculptée par Hubert, et dans le trésor un beau Christ en ivoire dont les Chartreux attribuaient le travail précieux à Jaillot. Ces deux derniers objets ont disparu : quant au tableau il décore maintenant le derrière du maître-autel de Sainte-Croix.

Les Chartreux furent les premiers à faire le sacrifice de leur argenterie pour les besoins de l'Etat, et ils en envoyèrent, le 15 décembre 1789, 56 marcs 2 onces 4 gros à la monnaie d'Orléans (1). Obligés

---

(1) En 1789, les pillards qui avaient commencé la dévastation de la maison de M. Rimé, dont nous avons parlé à l'article de la rue du Bœuf-Saint-Paterne, guidés par une femme de mauvaise vie, se portèrent le lendemain au couvent des Chartreux. Leur projet était de faire subir aux moines une opération qu'on est étonné de voir conseillée par une Messaline. Déjà ils avaient pénétré dans la première cour et étaient maîtres de deux ou trois Religieux, lorsque des voituriers normands, *habiles bâtonistes*, indignés du traitement qu'on leur préparait, tombèrent *à bras raccourcis* sur la troupe et la forcèrent de rentrer en ville. Néanmoins elle se rallia pour se rendre au couvent de la Visitation, mais la maréchaussée et quelques gardes bourgeois s'emparèrent de la *furie* qui leur servait de chef, ainsi que des plus audacieux, et mit fin à tous ces désordres.

peu

peu après, comme les autres Religieux, d'abandonner leurs cellules, ils se dispersèrent. Leur maison, mise en vente sur la prisée de 60,000 fr., fut adjugée en deux portions pour 120,600 fr. à des négocians en vins qui l'approprièrent à leur commerce. Il reste encore une grande partie des bâtimens conventuels disposés en plusieurs habitations particulières, quelques cellules avec leurs jardins, et les arcades du préau. Les boiseries sculptées avec beaucoup de talent par Métas, que les Religieux destinaient à l'ornement du chœur de leur église, n'ont jamais été posées; elles n'étaient même pas totalement achevées lors de leur suppression. Elles ont été préservées en majeure partie de la destruction par un ami des arts, et sont dignes de décorer richement une de nos églises rendues au culte.

Le Chatelet. Nos anciens historiens font remonter la construction primitive de ce bâtiment qui n'existe plus, jusqu'au règne d'Auguste. Il était situé sur le quai qui porte encore son nom, et il occupait tout l'espace qui se trouve compris entre les rues des hôtelleries et au lin. La Loire baignait le pied de ses murailles à mâchicoulis, sa forme était à peu près quadrangulaire, sa construction très-ancienne était dépourvue de tous ornemens, et présentait, dans toutes ses parties antiques, l'aspect d'un château fort *d'une structure à la rustique, estant nue et crue, n'y ayant mignardise ni délicatesse,* selon les expressions de Lemaire qui nous a transmis des détails sur sa distribution intérieure. Des salles vastes et peu dignes de remarque composaient ce bâtiment dont la longueur totale était d'environ deux cent dix pieds; la plus grande de ces salles avait près de cent pieds de long sur trente pieds de large, elle était voûtée et toute boisée. On remarquait dans quelques parties les armoiries de Louis XII et d'Anne de Bretagne, ce qui indiquait probablement les travaux ou les restaurations qu'ils avaient fait faire pendant leur règne; celles de Henri II, composées de trois croissans entrelacés, d'une H couronnée et de ces lettres initiales disposées autour, D. T. C. O. (*donec totum compleat orbem*), s'y trouvaient aussi assez bien peintes et sculptées.

Il paraît que le châtelet était déjà le palais de nos Rois du temps de Clovis Ier., car plusieurs de nos anciens annalistes assurent que ce fut dans l'une de ces salles que s'opéra le miracle de la coupe de Clovis, confiée dans un festin à Saint Fridolin, brisée par la maladresse du saint, et raccommodée par ses prières et la foi du Roi. Gontran, Roi d'Orléans, l'habitait, et y reçut en 588, lors de son entrée dans notre ville, tous les évêques, au nombre desquels se trouvait Grégoire de Tours qui dit expressément que le Roi les convia à un festin dans son palais.

Le Roi Robert occupa également le châtelet, et fit construire dans son enclos la chapelle de S^t. Etienne, dédiée ensuite à S^t. Louis. En 1160 Louis-le-jeune y épousa Constance, fille d'Alphonse, Roi de Castille, et en 1176 il fit à la chapelle de Saint Etienne de *l'hostel du Roy à Orléans* divers dons. En 1393 le Duc d'Orléans y tint ses grands jours, et les échevins de la ville lui firent quelques présens, entre autres ils lui donnèrent *plusieurs oyes et quatorze mines de navets, mis dans une botte*. En 1399 et en 1405 Louis, Duc d'Orléans, y tint également ses grands jours, ce qui fut renouvelé en 1415, 1458 et 1460.

En 1440, Charles, son fils, et Marie de Clèves son épouse firent leur entrée à Orléans par la porte de Bourgogne, et furent conduits au châtelet par Oudin de S^t. Avy qui *menoit la bande des hauts ménestriers*, et Jean de Champeaux qui *conduisoit celle des joueurs de luth*. En 1460, leur fille Marie d'Orléans fut également conduite des Augustins au châtelet par Macé Averdet, chef des hauts ménestriers, et *les dames et demoiselles de la ville y dansèrent dans la cour* le Roy (1), *pourquoy fust payé* (suivant les comptes de la ville) *22 sols Parisis aux ménestriers pour la danse des dames.*

Le châtelet cessa d'être habité par les Rois de France et par les Ducs d'Orléans même, depuis que Louis XI, pour se rapprocher de Saint-Aignan, fit bâtir un hôtel dans le cloître de cette collégiale.

Ce furent les Ducs d'Orléans qui installèrent au châtelet les diverses juridictions de la province ainsi que les échevins. Ces derniers y tinrent leurs assemblées jusqu'au moment où ils achetèrent un hôtel dans la rue de l'aiguillerie; quant aux tribunaux, ils y demeurèrent bien plus long-temps, et jusqu'au moment où on les transféra dans le local du musée actuel. Il paraîtrait, d'après un acte jadis déposé dans les archives de Sainte-Croix et sous la date du 9 fé-

(1) C'était la grande cour du châtelet. Elle portait ce nom de temps immémorial, et le châtelet était appelé dans les anciens titres *hostel du Roy, palais, maison du Roy.* C'est dans la *cour le Roy*, couverte de voiles et disposée à cet effet, que tint en 1583 l'assemblée des trois ordres de la province pour la dernière réformation de la coutume : elle était présidée par Achille de Harlai, accompagné de Jacques Violle et de Nicolas Perrot, conseillers au Parlement. Le travail préparé par Jacques Alleaume et les docteurs en droit de l'Université leur fit beaucoup d'honneur : on remarquait dans cette réunion le prince de Condé, le baron de Sully, M. de Beauharnais, et principalement l'historien de Thou. Charles VII, en 1453, avait ordonné que les coutumes des provinces qui jusque-là n'étaient que de tradition, ce qui donnait lieu à des procès interminables, seraient écrites; mais son édit rendu au Montil-lès-Tours ne fut point exécuté. Louis XI et Charles VIII en ordonnèrent la révision; Louis XII la fit réformer de nouveau en 1509, et elle fut imprimée pour la première fois chez Eloi Gibier, avec des notes de Léon Tripault. Plus tard on découvrit encore des vices dans notre droit coutumier, ce qui nécessita l'assemblée dont nous avons parlé, l'une des plus marquantes de la province par le nombre et l'illustration de ses membres. M. Pothier acheva d'éclaircir cette coutume en 1740. Ce fut son premier ouvrage, et c'est encore un de ceux qu'on estime le plus, malgré la suppression des coutumes.

vrier 1432, que la chambre des comptes des Ducs d'Orléans, lorsqu'ils en établirent une, ne se réunissait pas au châtelet, mais dans un local à côté. Dans cet acte Charles d'Orléans déclare que sa chambre des comptes ne tient ses séances dans la *maison claustrale* de Jean Davy, chanoine de Sainte-Croix, qu'en raison de son grand âge et de l'impossibilité dans laquelle ce dernier est de se rendre en la maison près du châtelet où elle *se réunit ordinairement, ce qui ne peut porter atteinte aux droits du chapitre.* Depuis Gaston de France, les Ducs d'Orléans se servirent de la chambre des comptes établie à Blois, et n'en formèrent plus à Orléans.

Le mauvais état du châtelet dans plusieurs de ses parties, et le désir d'élargir les quais, nécessitèrent son abandon, le déplacement des tribunaux, celui des instrumens de supplice (1) et la démolition de

---

(1) En dernier lieu il ne se trouvait dans les caves du châtelet que la cage de l'ancien pilori, les potences qui servaient à pendre et la roue; précédemment on y montrait les instrumens de la question, torture contre laquelle s'élevèrent plus d'une fois nos magistrats, et à laquelle le célèbre Pothier se refusa de condamner personne et ne voulut jamais assister.

Jadis la question ordinaire à Orléans consistait à mettre une clef de fer entre les deux revers des mains du patient, liées avec force l'une sur l'autre derrière son dos; ensuite, au moyen d'une corde passée dans une poulie on l'élevait à un pied de terre après lui avoir attaché un poids de 250 livres au pied droit. Dans cet état, on lui donnait par trois fois une forte secousse qu'on nommait *estrapade*. Ce supplice faisait presque toujours perdre connaissance à l'homme le plus robuste, il n'était donc que cruel, car il ne pouvait produire des aveux, et quels aveux.... que ceux de la question!... Nos magistrats sollicitèrent et obtinrent en 1697 le remplacement de cette question par celles de l'eau et des brodequins usitées à Paris; la civilisation n'avait pas encore fait assez de progrès pour en demander l'abolition. Nos anciens criminalistes seraient bien étonnés de voir aujourd'hui moins de forfaits, plus d'*aveux*, et cependant des supplices qui, sans être féroces, produisent le même effet que ceux qui nous étaient restés des temps de barbarie.

ses bâtimens. On ne commença guère à l'abattre qu'en 1804, quoiqu'il fût vendu depuis long-temps. Ces travaux durèrent deux ou trois ans; enfin, les matériaux étant enlevés et la place déblayée, on élargit le quai et l'on construisit quelques maisons particulières. Une grande portion de ce terrain resta vacante jusqu'en 1812 où l'on vit s'élever le bâtiment qui forme l'angle Sud-Est de la rue des hôtelleries.

Il ne reste plus d'autres traces du châtelet que les pilastres d'une grande porte donnant du côté de l'entrepôt des sels ou ancienne prison. Cette porte avait été faite en 1732, aux frais du Duc d'Orléans, sur les dessins de Verbreicht, pour remplacer l'ancien portail en forme de haute tour couverte et qui datait du règne du Roi Robert. Suivant une tradition populaire, il existait sous la Loire une communication entre le châtelet et les tourelles de l'ancien pont : on en a vainement cherché l'entrée en démolissant les fondations de ce vieil édifice. Un chemin étroit se dirigeant vers la Loire dans le talus très-incliné des murs, ainsi disposés jadis et revêtus de pierres de taille pour résister aux crues et aux glaces du fleuve qui les battait, avait pu donner lieu à cette tradition qui ne mérite aucune croyance, car il est certain que ce passage n'allait pas au-delà de la pente inclinée des murailles extérieures, et qu'il n'a jamais existé de chemin sous le fleuve. S'il eût été pratiqué, on trouverait nécessairement des renseignemens à cet égard dans les relations des sièges qu'Orléans a soutenus ou dans les comptes de la ville.

CIMETIÈRES. Orléans, comme presque toutes les grandes villes, avait son lieu de sépulture hors de son enceinte ; mais depuis ses divers agrandissemens il en contenait un assez grand nombre dans l'intérieur de ses murailles. Indépendamment du grand cimetière, dont nous parlerons à l'article de la halle au blé, la plupart des paroisses et même des communautés avaient leur cimetière attenant à l'église dans laquelle en outre on enterrait les ecclésiastiques et quelques personnes de distinction. Cet usage contraire à la salubrité avait continué malgré les sages observations des médecins et de quelques philantropes, lorsque le 10 mai 1776 une déclaration du Roi défendit d'inhumer à l'avenir dans les églises.

Vers 1780, l'Administration municipale éclairée par la défense d'enterrer dans les églises, par les avis de médecins expérimentés et les plaintes de quelques habitans, représenta à M. de Jarente, évêque d'Orléans, les dangers des cimetières dans l'intérieur de la ville, et en outre le peu de décence qui régnait dans ces séjours de paix dont quelques-uns servaient de passage et même de promenade. Elle obtint en 1786 une ordonnance de l'évêque portant suppression à perpétuité de tous les cimetières de la ville (1), à la charge d'en établir de nouveaux, de grandeur suffisante, hors des murs. On acheta donc des deniers municipaux deux emplacemens au-delà des boulevards extérieurs; on les entoura de murs, et ils prirent les noms des portes près desquelles ils se trouvèrent situés; l'un s'appela cimetière Saint-Jean, et l'autre cimetière Saint-Vincent.

Cimetière de Saint-Jean. Ce cimetière placé à l'ouest de la ville, près de la porte qui lui a donné son nom, offrait un carré presque parfait avant l'addition qu'on y a faite en 1826. Lorsqu'il fut destiné aux sépultures on avait construit en face de la porte principale quelques arcades à l'instar de celles du grand cimetière, et un petit nombre d'épitaphes y avaient été transportées par des fa-

---

(1) Ces cimetières étaient au nombre de onze : celui de Saint-Paul, de Saint-Paterne, de Saint-Pierre-en-sente-lée, de Notre-Dame-de-la-Conception, du crucifix Saint-Aignan, de Saint-Victor, de Notre-Dame-du-chemin, de Saint-Euverte, de Saint-Paul hors ville, de Notre-Dame-de-Recouvrance hors ville, enfin le grand cimetière.

milles qui usèrent de la permission que les Autorités en avaient donnée généralement lors de la suppression des autres cimetières ; mais les arcades et les inscriptions disparurent en 1792. Ce cimetière, assez long-temps abandonné depuis, et pour ainsi dire à la discrétion des concierges ; attira enfin l'attention de l'Administration qui le fit partager en carrés par des allées sablées et planter d'arbres qui ont peu prospéré. La première inhumation y fut faite le 26 août 1786, le jour même de la date de l'ordonnance de M. de Jarente, qui supprime définitivement les anciens cimetières. On y voit maintenant un grand nombre de pierres tumulaires et de tombeaux parmi lesquels on remarque celui de l'architecte Lagardette, élevé à sa mémoire par ses élèves, et décoré de son portrait en demi-relief et en bronze ; celui de Mme. An. Ch. Salignac de la Mothe Fénélon, petite nièce du célèbre évêque de Cambrai ; celui de Mme. L. Ch. G. de Villedieu, vicomtesse de Morogues, exécuté sur les dessins de M. Romagnési jeune ; enfin la pierre tumulaire d'un jeune Talbot-Chester, descendant du général anglais si connu au temps de Jeanne d'Arc. Depuis peu de temps on a construit deux chapelles sépulcrales dont l'une est destinée aux sépultures de la famille Baguenault, et récemment on a transporté et réédifié à l'entrée principale de ce cimetière le portail latéral du grand cimetière, qui avait été exécuté sous la direction de M. Godard, mais dont les squelettes remarquables couchés jadis sur son fronton ont disparu depuis long-temps.

Cimetière de Saint-Vincent. Ce cimetière, situé au nord de la ville, est près de la porte et dans le faubourg qui lui a donné son nom. Sa forme est un carré fort allongé et irrégulier : il contient le cimetière des Juifs et celui des suppliciés, qui en sont séparés par des murs et une entrée particulière, ainsi que celui des Protestans entouré d'une haie : il vient d'être augmenté à l'ouest. Son emplacement a été choisi en même temps que celui du cimetière Saint-Jean, et les mêmes observations générales s'y rattachent quant aux anciennes arcades, aux anciennes inscriptions, à l'abandon pendant bien des années, à la division en carrés et à la plantation d'arbres. Une chapelle abandonnée aujourd'hui au concierge, mais dont le *clocheton* existe encore, avait été conservée près de son portail principal, ainsi qu'une cave dont l'entrée est dans un des carrés du cimetière. Deux chapelles sépulcrales viennent d'y être construites, et l'une d'elles est destinée aux inhumations de la famille de Talleyrand. Parmi les monumens assez nombreux et les pierres tumulaires qui s'y trouvent on distingue celles de M. L. Genty, correspondant de l'Académie des sciences et auteur de plusieurs ouvrages estimés ; de M. Deloynes d'Auteroche, traducteur d'Horace, de Virgile, du Tasse, de Milton, etc. ; de M. Lambron, chirurgien dont les talens, la bienfaisance et les vertus seront long-temps vénérés ; de M. Payen, chirurgien en chef de l'hôtel-Dieu, recommandable par ses connaissances dans son art. (*Voyez, pour les diverses inscriptions, les* Notices historiques sur les Cimetières d'Orléans, *que nous avons publiées en* 1824 *et* 1825.)

En face de ce cimetière se trouve une place appelée *le champ-carré*, jadis plantée de fort beaux ormes, et qui servit de cimetière aux Anglais en 1428, et depuis, en 1745, de sépulture à des étrangers qui s'étaient refugiés à Orléans, parce que la peste ravageait leur province (1). Le champ-carré était affecté depuis long-temps aux exécutions mili-

(1). Au mois de mars 1826, en plantant les arbres de la promenade extérieure dans l'alignement et sur le terrain de l'ancien champ-carré on a trouvé beaucoup d'ossemens, de petits pots en terre cuite contenant du charbon, et semblables à ceux

taires. On nivelle en ce moment le terrain, et il sera incessamment planté d'arbres qui déroberont, comme par le passé, la vue du cimetière un peu trop rapproché de la plus belle de nos promenades publiques.

Indépendamment de ces deux cimetières il en existe trois autres dans la banlieue : celui de *Saint-Marc*, celui de *Saint-Marceau*, et celui de *la nouvelle chapelle de Notre-Dame-des-Aides;* mais aucun d'eux n'offre de monumens ni d'inscriptions remarquables, et ils sont situés près des églises dont ils portent le nom.

Collège royal. L'emplacement du Collège royal fut occupé dans l'origine par l'abbaye de Saint-Symphorien dont la dénomination fut changée en celle de Saint-Samson ; les Jésuites s'y établirent ensuite : leur Collège subsista après leur expulsion. Le même local servit plus tard à l'Ecole centrale, au Lycée et enfin au Collège actuel.

Saint Symphorien, né et martyrisé à Autun, était très-vénéré de Gontran, Roi d'Orléans, qui faisait prêter serment à ses vassaux sur les reliques de ce Saint dont il se faisait presque toujours accompagner. Dans ses fréquens voyages à Orléans il résolut d'y élever une église en l'honneur du Saint qu'il affectionnait particulièrement, et il choisit à cet effet un terrain hors des murs de la ville pour donner à cette chapelle plus de similitude avec celle d'Autun. Il y déposa quelques portions du corps de Saint Symphorien, et choisit pour la desservir un certain nombre de clercs ou de chanoines qu'il gratifia de beaux revenus en fonds de terre. Les Normands ayant ravagé et détruit tous les édifices, tant à Orléans que dans les environs, l'abbaye de Saint-Symphorien était en ruine, lorsque, vers l'année 868, Menon,

---

qu'on a déterrés au grand cimetière, enfin quelques monnaies romaines et des poids à peser en terre cuite.

évêque de Dole, et quelques chanoines de son église, fuyant ces mêmes Barbares, arrivèrent à Orléans avec les reliques de Saint Samson. Ils se fixèrent au milieu des débris de l'abbaye de Saint-Symphorien et se joignirent à quelques anciens chanoines de ce monastère. Les Normands ayant été chassés, l'évêque de Dole retourna dans sa patrie, après avoir laissé à Orléans, à la sollicitation des chanoines de Saint-Symphorien et de quelques-uns des siens qui y restèrent, des reliques de Saint Samson pour remplacer celles de leur premier patron qui avaient été détruites. En 930 Hugues-le-Grand, qui avait réuni à ses biens ceux de la plupart des maisons religieuses, voulut restituer à l'abbaye de Saint-Symphorien les propriétés qui lui avaient appartenu, et il y ajouta le produit des églises de Saint-Sulpice et de Sainte-Lée. Les chanoines avaient continué d'honorer principalement, dans leur église, leur patron Saint Symphorien; mais ils y avaient établi des offices en l'honneur de Saint Samson dont ils possédaient les reliques, d'autant plus fructueuses pour eux et d'autant plus précieuses pour les habitans, que presque toutes celles qui existaient dans notre province avaient disparu. Le nom de Saint Samson, dont la châsse était en évidence, prévalut dès-lors, et cette collégiale devint en peu d'années très-opulente. La corruption suivit de près les richesses, et Philippe Ier. qui lui avait donné, dès 1067, les droits seigneuriaux d'une foire qui se tenait tous les ans le 1er. novembre auprès de l'église, et qui l'avait jointe à l'abbaye de Saint-Martin-des-champs de Paris, demanda la réforme de cette communauté. Il mourut avant d'avoir exécuté ce projet, et l'on ne voit pas que les chanoines réguliers de Saint-Martin-des-champs aient formé le moindre établissement à Saint-Samson, car bien long-temps après il était encore possédé par des chanoines séculiers. Louis-le-Gros, après avoir

rendu à Philippe I*er*, son père, les honneurs funèbres à Saint-Benoît-sur-Loire, vint se faire sacrer dans la collégiale de Saint-Samson; mais il ne
s'occupa point de réformer les chanoines, ce qu'o-
péra son fils Louis VII. Ce Roi, pendant son voyage
à Jérusalem, fut tellement édifié de la piété des Religieux du mont de Sion, qu'il en ramena plusieurs
et les plaça en 1152 au monastère de Saint-Samson.
Ces nouveaux Religieux, en opérant une réforme indispensable, conservèrent les propriétés du couvent
et augmentèrent l'illustration de ses chanoines, surtout lorsque Philippe de France accepta d'en être le
doyen, ce qui donna à cette collégiale la préémi-
nence sur celles de la ville. En 1175 Hervé, seigneur de Vierzon, donna à cette église le prieuré
de Framée en Sologne. Au quinzième siècle, le relâchement était tel, que la conduite des chanoines,
généralement blâmée, força le Pape Léon X à les
réformer et à les contraindre de vivre en communauté. Leur dernier prieur commandataire fut M. de
Gazille dont les libéralités jointes à celles de monsieur Lhuillier, docteur-régent de l'Université, permirent d'élever tous les bâtimens qui existaient lors
de la prise de possession des Jésuites, et que nous
voyons encore en grande partie. Vers 1600, le
nombre des chanoines de Saint-Samson était peu
considérable; et lorsqu'ils traitèrent plutôt forcément
que de bon gré avec les Jésuites, ils étaient réduits
à quatre qui furent transférés à Saint-Euverte. Antérieurement à l'établissement des Jésuites il avait
existé à Orléans quatre ou cinq collèges, outre l'U-
niversité. Le collège de la justice, dont un sieur Du-
val était principal en 1599; le collège de Champeaux,
qu'on croit avoir été le même que le collège de
Champagne dont Louis Miqueau (*Miquellus*), auteur
d'une histoire latine du siège d'Orléans, dirigeait les
études en 1564; le collège des Africains, placé
dans la rue de ce nom; et celui de Sainte-Colombe

dans la rue des gobelets (1). Ces collèges, dont on trouve à peine la trace, furent peu à peu anéantis par le nouvel établissement des disciples de Saint Ignace (2).

Ces Pères avaient déjà tenté sans succès de se fixer à Orléans, lorsqu'en 1609 ils profitèrent de la nouvelle faveur dont ils jouissaient à la cour de Henri IV pour employer tous les moyens de multiplier leurs couvens. Non contens d'avoir reçu du Roi des lettres-patentes qui les autorisaient à le faire, ils obtinrent en outre de lui *un écrit* « par lequel il » intercédait en leur faveur auprès de ses chers et » bons Orléanais, les priant de recevoir les Jé- » suites, de tenir la main à leur établissement, de » leur ménager un bon traitement tant pour l'habita- » tion que pour ce qu'on jugerait convenable à leur » bien-être. » Une missive du Père Cotton accompagnait celle *de son pénitent*. Il y débute par des éloges outrés sur la position et la richesse de la ville ; il s'appitoye sur les effets désastreux d'une inondation récente ; il désire bien plus capter que forcer les suffrages en faveur de son ordre ; mais au milieu de ces phrases adroites et adulatrices il appuye avec affectation sur la ferme volonté du Roi, sur le désir du chancelier, sur celui de l'Eglise Gallicane, sur le bien général auquel les Jésuites voudraient coo-

---

(1) Denis Petau était élève de ce dernier collège : il s'y distingua tellement à l'âge de dix ans, par une pièce de vers latins, que Denis Baillet l'a placé au nombre des enfans célèbres.

(2) Nous ne plaçons point au nombre des collèges, comme l'ont fait quelques auteurs, sous le titre de collège de la noblesse, un établissement qu'avait formé un sieur Akakia avec la permission des Autorités de la ville, parce que les lettres qui lui avaient été données par le grand écuyer de France, la permission du gouverneur d'Orléans et l'enregistrement au bailliage du 12 octobre 1660, nous ont donné la preuve que ce n'était qu'une académie ou manège pour former la jeunesse à manier un cheval avec grâce et à faire des armes.

pérer

pérer sans nuire à l'*illustre Université*, *sans incommoder personne*, mais à dessein de consacrer à l'éducation nationale tout le corps des Jésuites dont il finit par se dire *le moindre en mérite et le premier en affection*. Malgré ces puissantes recommandations, le Corps-de-ville apporta une grande opposition à ces projets, quoique le maréchal de la Châtre, par politique, en sa qualité de gouverneur, et l'évêque G. de l'Aubespine qui regardait ces Pères comme très-propres à extirper les nouvelles hérésies, fissent tous leurs efforts pour les protéger.

Une assemblée générale des habitans ayant été convoquée pour répondre à leur demande, la discussion y devint orageuse : N. de Tourville essaya de démontrer, et affirma *qu'en France aimer son Roi et les Jésuites était chose incompatible*. Des députés du clergé rappelèrent qu'en 1592 le Jésuite *Bernard et son compagnon* étaient venus de Bourges pour mettre le trouble dans Orléans, qu'ils y avaient soutenu les entreprises blâmables des confrères du petit cordon (1), qu'ils y avaient ameuté contre l'évêque J. de l'Aubespine une foule de séditieux, et étaient parvenus, à force de déclamer contre lui, à l'obliger de prendre la fuite. Des magistrats du bailliage ajoutèrent aux reproches articulés par le clergé, en rappelant qu'ils avaient chassé les deux Jésuites à cause de leurs prédications insensées, et condamné au fouet leurs plus zélés partisans. Mais ces récriminations anciennes ne semblèrent pas devoir motiver le

---

(1) Pendant la Ligue le P. Hilaret, cordelier et prédicateur à Orléans, avait formé en 1590 une confrérie du saint nom de Jésus, plus connue sous le titre du *petit cordon*. Cette association, à l'instar de celle établie à Paris en l'église de Saint-Gervais, correspondait avec l'Espagne contre les intérêts de son pays ; aussi les habitans honnêtes s'y opposèrent autant qu'ils le purent. Les confrères excitèrent tant de scènes scandaleuses qu'on en prononça la dissolution au conseil d'Etat, tenu à Laon le 22 novembre 1591.

refus qu'on faisait alors de recevoir les Jésuites, et on arrêta à l'unanimité la réponse suivante : « Que
» les habitans n'avaient jamais donné charge de pour-
» suivre l'établissement d'un collège de Jésuites dans
» Orléans; que si quelques personnes s'étaient ingé-
» rées de faire instance auprès de Sa Majesté au
» nom de la ville, c'était sans aveu comme sans
» procuration; davantage, que les habitans se trou-
» vaient hors d'état de contribuer aux frais du collège
» des Jésuites à cause de la grande pauvreté où ils se
» trouvaient réduits par des infortunes successives
» depuis plusieurs années, sur les vignes qui sont la
» plus grande ressource du pays; aussi d'une grande
» inondation dernièrement arrivée. Conséquemment
» les Orléanais suppliaient humblement Sa Majesté
» de trouver bon leur *dictum* et circonstances, et les
» vouloir excuser de l'établissement des Jésuites;
» ensemble que par les mêmes raisons et considé-
» rations que dessus, M. le maréchal de la Châtre
» et le révérend évêque seront suppliés se départir
» dudit établissement, des poursuites qu'il leur avait
» plu ci-devant de faire, etc. » Les Jésuites furent donc obligés de renoncer pour le moment à leur dessein, et l'assassinat de Henri IV, arrivé peu après, fut loin de faire changer les Orléanais de résolution. La lettre si connue du P. Cotton, dans laquelle il s'efforce de justifier sa compagnie du soupçon qui planait sur elle, excita une réponse encore plus répandue, l'*anti-Cotton*, dont le véritable auteur, bien long-temps ignoré, était César Dupleix, né à Orléans, avocat au bailliage, seigneur de Lormoy et de Chilly qu'il habitait.

Sous Louis XIII, les Jésuites qui n'avaient pas renoncé à leur projet de s'emparer de l'éducation à Orléans, obtinrent en 1617 de nouvelles lettres-patentes portant permission de s'y établir. Les habitans mirent moins de fermeté dans leur refus et les Pères employèrent plus d'adresse et d'intrigue pour atteindre leur but : ils furent donc mis en possession d'une maison, rue de Sainte-Anne, où ils ouvrirent un collège. Bientôt on leur alloua une somme de 2,380 liv. à prendre sur les recettes des finances d'Orléans; mais cette rente qu'ils rendirent perpétuelle ne leur fut donnée que pour six ans par la chambre des comptes. Ils vinrent alors, à ce qu'il paraît, établir leurs classes dans la rue de la monnaie (vieille-monnaie), près de la place des quatre-coins. *Les professeurs Jésuites soutinrent dans Orléans, mais n'y amenèrent point l'amour des sciences et des lettres.* La nouveauté leur attira des élèves; quelques démarches adroites auprès des parens en augmentèrent rapidement le nombre, et leur local devint insuffisant. Les moines ou plutôt les chanoines de St.-Samson avaient été sur le point de céder leur emplacement aux Minimes; il fixa l'attention des Jésuites qui représentèrent que les Religieux de cette collégiale étaient en bien petit nombre et aussi peu considérés de leurs supérieurs, que du clergé. L'évêque d'Orléans G. de l'Aubespine reçut promptement du Roi l'ordre de donner son avis sur l'expulsion des chanoines; il se prononça, comme il l'avait fait en 1609, en faveur des Jésuites. En conséquence le lieutenant-général de Beauharnais expulsa les possesseurs de Saint-Samson, et y établit leurs successeurs qui avaient traité avec le prieur de Gazille. Le Duc d'Orléans donna sans difficulté son consentement; il n'en fut pas de même du Parlement et de la chambre des comptes; mais le grand conseil applanit les difficultés par un arrêt : le crédit des Jésuites l'emporta, et les habitans consentirent à ce que les frais de reconstruction de l'église fussent pris sur les deniers communs; à la seule condition que les armes de la ville seraient sculptées au-dessus de la porte principale.

En 1622, les Jésuites qui ne voyaient pas sans quelque jalousie les établissemens des Chartreux et des Ursulines, profitèrent d'une occasion favorable pour réveiller l'attention à leur égard; ils préparèrent une fête religieuse pour la canonisation de Saint Ignace et de Saint François-Xavier, à laquelle se rendirent processionnellement presque tout le clergé et les autorités de la ville.

En 1629, après la mort de M. de Gazille, dernier prieur de Saint-Samson, la répugnance des échevins et du bailliage pour les Jésuites se manifesta de nouveau à l'occasion d'une inscription que ce prieur, qui ne pouvait plus la défendre, avait fait placer au-dessus de la porte du Collège. On lisait sur ce marbre : « *Deo optimo maximo, sanctissimæque* » *Matri ac Virgini, necnon Radulphi Gazilei, Parisiensis,* » *æternæ memoriæ consecratum, qui sancti Martini apud* » *Turones Ex-Decanus, ac S. R. E. Pronotarius, et Doc-* » *tor Sorbonicus, Societatis Jesu Collegium hâc in urbe* » *fundavit, anno* CIƆIƆCXVIII. » M. Robert de Bugy, procureur du Roi, leur signifia qu'ils eussent à faire enlever cette inscription, attendu que le Collège d'Orléans était de fondation royale, et qu'ils en attribuaient à tort l'origine à M. de Gazille, leur cessionnaire, restaurateur seulement des bâtimens. Le P. Ignace Guillaume, recteur, répondit « qu'il ne reconnaît aussi pour fondateur du collège » que le Roi, mais d'autant que Raoul de Gazille a » fait bâtir à ses dépens tous les bâtimens des classes, » de la salle des actes, et chambres au-dessus, pour » ce regard ils regardent par toute leur compagnie » ledit pour fondateur, non du prieuré, mais du » collège d'Orléans; que Raoul de Gazille ayant » fait apposer en sa présence le marbre sur lequel » on a gravé son nom, il ne peut faire abattre cette » pierre. » Cette inscription fut ensuite enlevée d'accord, et déposée dans une des nefs de l'église où elle était encore en 1780. Une nouvelle altercation s'éleva en 1647 entre les Jésuites et les échevins relativement à une congrégation que les

Pères voulaient former à Orléans. Un événement regardé alors comme très-important (1) donna lieu à l'évêque M. Alphonse d'Elbène, de se prononcer contre cette société dans deux lettres pastorales où il dit expressément qu'il ne donnera jamais son consentement à la nouvelle confrérie proposée par les Jésuites, et qu'il exigeait d'eux qu'ils *regardassent leur première demande à cet égard comme une indiscrétion*. En conséquence les échevins s'opposèrent à la formation que les Pères voulaient faire dans leur collège, d'une assemblée de particuliers sous le nom de congrégation de Notre-Dame, ils portèrent la cause au bailliage qui se déclara incompétent; mais le conseil du Roi défendit aux Jésuites de s'occuper davantage de ce projet, et aux échevins de faire aucune poursuite à cet égard.

Gaston d'Orléans, vers 1656, fut contraint de se rendre médiateur entre la compagnie de Jésus et M. d'Elbène pour appaiser de nouveaux différends excités par un sermon qu'un Père Crasset, prédicateur alors renommé, avait prononcé sur la Vierge, *en avançant des indiscrétions qui allarmèrent la délicatesse de l'évêque*, et en déclamant contre les partisans de Jansénius avec *un zèle plus qu'indiscret*. Le clergé se plaignit au prélat de ce discours propre à troubler la paix du diocèse. M. d'Elbène publia de suite un mandement contre le Père Crasset; *sa prédication fut déclarée remplie de propositions fausses, calomnieuses et tendantes à la sédition*, et l'interdit fut prononcé contre l'orateur. Sa société le désapprouva et l'obli-

_____

(1) Un Père Jésuite, nommé Destouches, se rendant de Chartres à Orléans, s'arrêta à Arthenay dans une hôtellerie. *Le lendemain on le trouva mort, le visage, la gorge et le cœur percés de coups de canif qu'il tenait encore dans sa main. On trouva sur lui un billet de son écriture, où il disait qu'il préférait périr que d'être tourmenté par l'idée de donner la mort à plusieurs familles d'Orléans.* (*Voyez les manuscrits de l'abbé Pataud*.)

gea à se soumettre sans se justifier. Il voulut le faire ensuite, et une guerre de plume s'engagea entre lui et quelques membres du clergé ; le duc d'Orléans y mit fin en obtenant de l'évêque qu'il leverait l'interdit, et du Père Crasset qu'il reconnaîtrait avoir reçu grâce entière par sa protection.

En 1665, le crédit des Jésuites fut de nouveau altéré par l'arrestation dans notre ville de leur procureur-général le Père Leclerc, accusé d'avoir amassé de grandes sommes pour les employer à son profit particulier.

En 1678, l'un d'eux, François Chesneau, rédigea une histoire de la petite ville de Jargeau sa patrie, et se concilia l'estime de son ordre et de ses concitoyens par ses recherches et par son travail.

En 1698, ils obtinrent des échevins l'abandon d'une partie de la grande allée, comme nous l'avons dit, pour accroître leur collège. En 1703, ils furent chargés de faire des missions, et, avec l'autorisation du chapitre de Sainte-Croix, ils s'en acquittèrent avec zèle dans les paroisses de Terminiers, Sougy et Rouvray-Sainte-Croix.

En 1710, lors de la bulle *Unigenitus*, ils se déchaînèrent contre les écrivains de Port-royal, dont ils firent brûler les livres dans leur cour par les écoliers. Un Janséniste se moqua d'eux dans une requête assez plaisante, faite au nom de l'exécuteur des hautes œuvres dont ils usurpaient les droits, et insérée dans le second volume des *Sarcellades*.

En août 1761, un arrêt du Parlement les supprima. En avril 1762 on les remplaça par des professeurs séculiers, et l'on plaça au-dessus de la porte du collège cette inscription : *Collegium Regium MDCCLXIII.*

Nous avons lu que quelques prêtres de l'Oratoire donnèrent des leçons au collège après l'expulsion des Jésuites ; mais ce fait n'est nullement avéré, et, au contraire, nous avons trouvé la preuve que leur ordre refusa positivement la proposition qui lui avait été faite de se charger de l'instruction à Orléans. Cette institution, pourtant assez florissante sous la compagnie de Jésus, gagna beaucoup après leur expulsion sous le rapport de l'avancement des élèves, et quelques gens âgés se rappellent encore la faiblesse de leurs classes comparativement avec ce qu'elles devinrent sous les nouveaux professeurs choisis pour les remplacer.

Les troubles publics anéantirent les études; et ce ne fut qu'en l'an V (1796) que le Directoire s'occupa d'organiser les écoles centrales. Il s'en forma une à Orléans dans le local de l'ancien Collège : elle prit en l'an XII (1803) le nom de Lycée pour l'établissement duquel on fit de grands changemens et des distributions appropriées à cette nouvelle institution qui a fourni plus d'un sujet distingué à l'Ecole polytechnique et à l'Ecole normale. Le Lycée avait, lors de sa création, cinquante bourses dont dix à pension entière, vingt à trois quarts de pension et vingt à demi-pension. Le prix de la pension était fixé à 700 f., et celui du trousseau à 400 f. Les maîtres de pension particulière étaient contraints d'y conduire leurs élèves; le séminaire lui-même, alors naissant, y envoyait ses pensionnaires; de là résultait une grande émulation toujours profitable, si elle n'était souvent gâtée par des querelles que les écoliers aiment à entretenir, mais dont ils sont rarement les instigateurs. En 1816, le Lycée reprit son ancienne dénomination de Collège royal, qu'il conserve aujourd'hui. (*Voyez, pour de plus grands renseignemens sur l'Ecole centrale et le Lycée, les manuscrits de l'abbé Pataud qui a été long-temps l'aumônier de ce dernier établissement.*)

L'église de Saint-Samson, reconstruite par les Jésuites, est appelée quelquefois improprement église de Saint-Maclou, parce que, lors de la démolition de cette dernière paroisse, on y réunit les habitans du quartier. Elle ne suivit pas toujours la destination des bâtimens du collège, car elle fut occupée par la section des piques et par une société formée d'abord en 1791 au nombre de trente-cinq membres, avec de bonnes intentions, chez un particulier, sous le nom de *Société des amis de la liberté.* Cette réunion occupa ensuite successivement une des salles du jardin de ville et une de celles de l'ancien hôtel-de-ville, sous la dénomination de *Société des amis de la constitution.* Mais en 1792 et 1793 *elle envahit Saint-Maclou* (Saint-Samson), et fit trembler, sous le nom de club, ses premiers fondateurs ainsi que les nombreux citoyens qui ne partageaient point les opinions des énergumènes dont l'exagération fit enfin sentir la nécessité de la dissoudre. Après avoir servi de musée provisoire qui dura peu de temps, et dont les richesses disparurent plus rapidement encore, ce vaisseau avait été donné à l'Ecole centrale pour ses distributions de prix et ses exercices publics; il eut le même emploi pour le Lycée. On y a pratiqué dans l'ancien chœur une chapelle pour les élèves. Sous la basse nef du sud, disposée aujourd'hui en salles d'études, se trouve un caveau dans lequel a été inhumé, avec peu de pompe et sans inscription, le dernier prieur de Saint-Maclou, si connu par son *Hymne au soleil*; M. l'abbé de Reyrac, décédé le 21 décembre 1782.

EGLISE DE NOTRE-DAME DE LA CONCEPTION. Cette église a porté divers noms. En 1152 elle est appelée Sainte-Marie-des-fossés, dans une bulle du Pape Eugène III qui confirme les Religieux de l'ordre de Saint-Augustin dépendans de l'abbaye de Saint-Jean-de-Sens dans la possession de tous les biens appartenans à cette communauté. *In Aurelianensi parochiâ ecclesiam beatæ Mariæ quæ nuncupatur inter murum et fossatum.* Cette dénomination lui venait alors certainement de sa position entre les murs et le fossé de la première enceinte de la ville. Elle est encore désignée dans les chartes sous celles de Sainte-Marie-de-la-Règle, et Sainte-Marie-de-la-Daurade ou de la Dorée,

On ignore comment elle a pris le nom de Saint-Flou qu'elle portait déjà en 1477, et qui avait prévalu sur celui de Notre-Dame. Il paraît que ce changement arriva lorsque l'armée du prince de Galles ravageant tous les environs d'Orléans força à détruire les édifices placés hors de la ville.

Quant à la dénomination qu'elle portait en dernier lieu, elle lui est venue d'une petite chapelle située à côté et consacrée en 1483 sous l'invocation de Notre-Dame-de-la-Conception par Bertrand, évêque titulaire d'Ascalon. Cette chapelle fut ensuite démolie pour agrandir et restaurer l'église de Saint-Flou. Hector Desfriches prétend que cette reconstruction est due à Jeanne de France, fille de Louis XI et femme de Louis XII; d'autres auteurs l'attribuent à Charlotte de Savoye, femme de Louis XI, qui l'aurait fait rebâtir pendant que son mari faisait relever Saint-Aignan. Cette collégiale possédait une prébende canoniale attachée au prieuré de Saint-Flou, dont le titulaire pouvait commettre un vicaire pour la résidence à laquelle il était obligé.

La paroisse de la Conception fut supprimée en 1791, et ses bâtimens vendus peu de temps après; ils ont été démolis, et leur emplacement sert de chantier à un marchand de bois, après en avoir servi à un entrepreneur de bâtimens. Un jardin a été planté sur une de ses ailes soutenue par des arcades. Tout ce terrain formant les n°s 25 et 27 de la rue de la tour-neuve, au coin de la rue du chêne-percé, est séparé des maisons qui bordent la rue de Saint-Flou par l'ancien mur de ville de la première enceinte dont nous avons déjà parlé. Il est assez bien conservé et offre jusqu'à six pieds hors de terre des traces de construction romaine, car on distingue facilement les rangs alternatifs de moellons carrés et de larges briques liés par un mortier rougeâtre.

HÔTEL DES CONSULTATIONS GRATUITES. Cet établissement philanthropique, appelé aussi *Bureau de consultations gratuites*, est situé dans la rue de l'évêché, n° 2. Un marbre placé au-dessus de la porte indique sa destination. En 1786, M. Antoine Petit, médecin recommandable, avait établi à ses frais des consultations gratuites de médecine et de chirurgie. En 1788 il y joignit des consultations gratuites d'avocats et de procureurs, tenus d'instruire et de plaider les affaires des indigens (1). Cet ami de l'humanité affecta des fonds à cette belle institution, et M. Lebrun, architecte, construisit le bâtiment intérieur et la façade. Le 3 juillet 1792 il y prononça un discours relatif à l'inauguration du buste en marbre du fondateur, que M. Bellanger, architecte à Paris, fit faire à ses

---

(1) Le premier acte devant Me. Paulmier, notaire à Paris, sous la date du 24 décembre 1786, est remarquable par les motifs énoncés par M. Petit, qui tous annoncent une belle âme et l'amour de son pays.

La somme affectée était de 66,000 liv. à placer en rentes sur les gabelles, et dont les intérêts devaient servir après la mort du donataire à entretenir l'établissement et à payer 500 liv. à chaque médecin et 250 liv. à chaque chirurgien, avec une rétribution un peu plus forte pour ceux qui seraient chargés des secours à donner hors de l'enceinte de la ville. Il se termine par cette exhortation :

« Je prie mes confrères de vivre entre eux dans l'union la » plus parfaite ; et d'user mutuellement les uns envers les autres » de la charité qui seule peut déterminer, animer et soutenir » leur zèle dans l'exercice de leurs fonctions. »

Le second acte, passé devant Me. Jullien, notaire à Orléans, le 5 mai 1788, exprime le désir *d'arracher à une ruine totale les familles déjà peu fortunées et menacées de procès*. Il établit un conseil gratuit composé de deux avocats consultans, avec 500 liv. chacun d'appointemens, et d'un avocat plaidant, avec 300 liv.; en outre, d'un procureur, avec 250 liv. d'émolumens. Le même acte contient une disposition d'après laquelle *le concierge sera toujours un tailleur âgé et peu fortuné*. « M. Petit, doc- » teur-régent et ancien professeur de la faculté de médecine en » l'Université de Paris, membre des Académies royales des scien- » ces de Paris et de Stokolm, professeur d'anatomie et de chirur- » gie au jardin du Roi, inspecteur des hôpitaux du royaume n'ayant » garde d'oublier qu'il est né d'un père homme de bien et membre

frais pour perpétuer les traits de l'homme bienfaisant dont il avait été l'ami. Ce local n'a guère changé de destination, et parmi les sociétés aux réunions desquelles il a servi, nous citerons la société libre de bienfaisance à laquelle le Gouvernement avait réuni en l'an XII la fondation de M. Petit et celle du comité de vaccine qui rendit beaucoup de services par la propagation de cet utile préservatif d'un des plus grands fléaux de l'humanité. Aujourd'hui il ne reste plus guère de cette institution que le souvenir perpétué par la nomination d'un tailleur âgé et sans fortune comme concierge, selon le vœu du fondateur. Cependant quatre médecins et quatre

>> de la communauté des tailleurs d'Orléans, veut donner à cette
>> communauté des marques particulières de sa bienfaisance; en
>> conséquence il entend que le concierge, etc., soit toujours pris
>> parmi les maîtres tailleurs d'Orléans, et que le choix en tombe
>> sur le membre le plus indigent, pourvu qu'il soit honnête et
>> capable de faire le service, etc., avec traitement de 500 liv. et
>> le logement. »

Les chirurgiens, les avocats et les procureurs ayant refusé de faire partie de cet établissement, M. Petit, par un troisième acte du 22 janvier 1790, annula les deux précédens en ce qui les concernait, et fixa les indemnités à payer aux médecins à 800 liv. Ces refus causèrent quelque chagrin au fondateur, ainsi qu'un article des mémoires attribués à Bachaumont, où ses intentions sont dénaturées et son caractère personnel peu honorablement traité. L'homme qui disposait ainsi de 106,000 liv. de sa fortune pour soulager les malheureux et de 12,000 en outre pour construire un local approprié à l'exécution de ses projets, était sans doute bien éloigné de penser en l'an III, lors de son décès, qu'avant deux années sa veuve, privée de toute ressource, serait obligée de demander des secours à la ville pour laquelle il faisait de si grands sacrifices. Tel fut pourtant le sort de madame Petit, à laquelle la municipalité d'Orléans accorda en l'an V, sur sa demande, une somme de 300 fr. *à titre d'offrande présentée à la veuve d'un homme célèbre à qui la commune d'Orléans en particulier est redevable d'un établissement de bienfaisance.* Madame Petit avait alors perdu toute sa fortune, et les pauvres de la ville leur dotation inscrite au grand livre et dont on ne put jamais obtenir la restitution.

chirurgiens sont toujours nommés par la Ville, et jouissent, de sa part, de quelques immunités. On y pratique annuellement, *gratis*, l'opération de la vaccine (1) dans une de ses salles, et le bureau de bienfaisance tient ses séances dans la grande salle décorée du buste de M. Petit. Ses dépouilles mortelles, apportées avec pompe, en 1794, de la maison de campagne qu'il habitait à Olivet, ont été déposées dans la cour de cet établissement, au pied du mur qui fait face à la porte d'entrée.

CORPS-DE-GARDE. En 1709 les vendanges n'avaient offert ni produit au propriétaire ni travail à la classe ouvrière; le pain valait quatre sols la livre, sans espoir de le voir diminuer pendant l'hiver, la récolte ayant été généralement mauvaise et la guerre empêchant de tirer des blés étrangers. Le désespoir s'emparant des habitans pauvres, on craignit des excès : une assemblée réunie à l'hôtel-de-ville chercha les moyens de pourvoir à la subsistance de la classe indigente, et de veiller au salut de tous les individus en empêchant les vols de nuit qui alarmaient à juste titre les citoyens. On plaça, à cet effet, dans une maison du Martroi un corps-de-garde principal pour la garde bourgeoise et deux autres postes, l'un à la porte de Recouvrance et l'autre à la porte de la tour-neuve; on fit même des patrouilles qui parcouraient la ville en tout sens et à toute heure, avec le maire ou les échevins. Telle a été l'origine du premier corps-de-garde établi à Orléans sous cette dénomination et sur la place du Martroi où il y en a presque toujours eu un depuis cette époque. En 1790 on éleva celui dont nous avons parlé à l'article de la place du Martroi, et qui se trouve décrit dans les

---

(1) Les premières opérations de vaccine ont été faites à Orléans par M. Lambron, chirurgien, et c'est sur le rapport de M. Latour et de M. Lambron, ainsi que par les soins qu'ils se donnèrent, que la Ville établit un comité de vaccine.

Etrennes Orléanaises de Couret de Villeneuve, de 1791. Depuis sa destruction il n'a guère existé d'autres corps-de-garde principaux que ceux actuels, l'un à l'hôtel de la mairie, l'autre sur la place du martroi, le troisième à l'entrée du pont, le quatrième aux prisons. Ils pourraient être remplacés, pour ajouter aux embellissemens de la ville, par des constructions analogues à leur emploi et mieux appropriées à leur destination.

CROIX DE LA PUCELLE. Le 8 mai 1817, suivant une inscription que porte cette croix, elle a été élevée sous la mairie de M. le comte de Rocheplatte. Une autre inscription porte ces mots : « En mémoire » de Jeanne d'Arc dite la Pucelle, pieuse héroïne » qui, le 8 mai 1429, dans ce même lieu, sauva, » par sa valeur, la Ville, la France et son Roi. » La dépense totale s'est montée à 512 fr. 76 c., d'après les comptes de la Ville de 1819.

Nous croyons devoir faire remarquer que cette croix n'est pas précisément sur l'emplacement des tourelles, car elles étaient plus rapprochées de la Loire et vers le milieu de la levée ou du quai actuel, dans l'alignement du vieux pont dont on apperçoit encore les piliers dans les basses eaux. Elle se trouve sur le terrain qu'occupait, lors du siège, l'église des Augustins où les Anglais s'étaient retranchés dans une espèce de fort qui ne put résister à l'enthousiasme de la Vierge de Vaucouleurs, à la bravoure des chefs qui l'accompagnaient, et au dévouement des soldats et des habitans.

CROIX DE PIERRE. Cette croix, relevée depuis quelques années presque en face et un peu au nord-est de la porte de Bourgogne, a été placée peu de temps après le siège de 1428 dans le même endroit où « *le Bastard* d'Orléans fist pendre à un arbre, ès fau- » bourg et masures de la porte Bourgogne, deux » hommes d'armes françois qui avoient rompu leur » sauf-conduit ; mais sitost qu'ils fusrent occits il

» les fist dépendre et enterrer sur le lieu ; où ung
» de leur famille fist par après mettre une croix. »

BELLE CROIX. Elle avait été élevée sur l'ancien pont, en 1407, par Pierre de St.-Mesmin, lieutenant-général au bailliage d'Orléans, et elle survécut au siége de 1428 ; car les habitans, après avoir abandonné les tourelles, firent un boulevard à la Belle-Croix avant que les Anglais n'eussent rompu les deux premières arches du pont. *La Pucelle, le lendemain de son arrivée qui étoit le dernier jour d'avril 1429, s'en alla le soir au boulevard de la Belle-Croix sur le pont, et de là parla au capitaine Glacidas, et aux autres Anglois qui estoient dans les tourelles, et leur dit qu'ils se rendissent leurs vies sauves seulement. Mais Glacidas et ses gens lui répondirent avec plusieurs injures atroces, l'appellans vachère et ribaude, et crians tout haut qu'ils la feraient brusler s'ils la pouvaient tenir; de quoy la Pucelle ne se courrouça aucunement, mais leur répondit simplement qu'ils mentoient, et cela dit elle se retira.* (*Voyez* TOURELLES.)

Les Calvinistes l'abattirent à coups de canons pendant les troubles ; mais elle avait été relevée le 22 mai 1578, et l'on y avait placé cette inscription qui subsistait lors de sa destruction et de celle du pont : *Mors Christi in cruce, nos contagione labis æternorum morborum sanavit, Clodovœus Rex in hoc signo hostes profligavit, et Johanna, virgo Aurelianensis, obsidione tot annos Galliam servitute britannicâ liberavit. Factum est illud, et est mirabile in oculis nostris, in quorum memoriam hæc nostræ fidei insignia, non diù ab impiis dirupta, restituta sunt; anno 1578.*

CROIX DES CHAFAUDS. Cette croix, placée à l'extrémité Est de la rue du bourg Saint-Marc, a pris son nom de fourches patibulaires qui furent placées dans le carrefour où elle se trouve.

CROIX FLEURY. Cette croix existait dès le temps du siége de 1428, et la relation d'une sortie faite jusque-là par les habitans, nous a servi à étayer l'opinion qu'entre la bastille Saint-Pouair et celle de Saint-Loup il n'existait point de fort occupé par les Anglais (*Voyez la note 1 de la page* 255.)

Croix Morin. Cette croix nous donne encore lieu de citer un fait consigné dans l'histoire du siège de 1428, et sa position qui n'a pas varié nous indique que les travaux avancés des assiégés s'étendaient jusque-là. Le premier mai 1429, la Pucelle parcourut les rues de la ville, accompagnée de quelques seigneurs et d'écuyers ; le peuple ne se pouvoit *saouler de la voir, d'admirer sa contenance, et comme elle sçavoit manier son cheval, aussi dextrement qu'eust pu faire un homme d'armes, suivant la guerre dès sa jeunesse. Après cette course faite par la ville, la Pucelle parla de rechef aux Anglois près de la croix-Morin, et leur dit qu'ils se rendissent leur vie sauve tant seulement, et s'en retournassent de par Dieu en Angleterre, ou qu'elle les feroit courroucez ; mais ils lui donnèrent pour response d'aussi vilaines paroles qu'avoient fait ceux des tourelles le jour précédent : ce fut pourquoy elle s'en retourna en la ville.* (Symphorien Guyon.)

Croix-mort-tua-le-vif. Cette croix qui a donné son nom à une rue du faubourg Saint-Marceau ou portereau Tudelle, fut élevée, dit-on, en mémoire d'un duel dans lequel les deux combattans périrent assez singulièrement : voici ce qu'on raconte à ce sujet. Deux officiers, dont un appartenait à une famille opulente de la ville, se rendirent dans ce lieu, à la suite d'une querelle, pour s'y battre à l'épée. Le provocateur fut bientôt percé d'un coup mortel, et tomba presque inanimé : son adversaire le croyant sans connaissance s'approcha de lui pour lui porter des secours et le relever ; mais pendant qu'il cherchait à le soutenir, le mourant lui porta un coup du fer qu'il tenait encore à la main ; soit involontairement, soit par un reste d'animosité calculée, et tous deux retombèrent sans vie sur le lieu même où l'on éleva peu après une croix fort belle et dont les figures placées au pied avaient été sculptées par Hubert.

Croix rouge. La croix rouge était placée au point de réunion de la rue de Gourville et de la rue de la Bretonnerie qui en a, de même que le quartier, conservé le nom pendant quelque temps. Elle avait été élevée sur l'emplacement d'une maison rasée par un jugement qui conduisit au supplice l'innocent au lieu du coupable. Les détails de ce procès prouvent combien les hommes peuvent être trompés par les apparences, et combien est précieuse l'institution du jury qui appelle un grand nombre de citoyens à prononcer sur la culpabilité de leurs semblables, après des débats épuisés devant eux, qui très-souvent changent l'aspect d'une instruction, jadis faite par un trop petit nombre de juges appelés à prononcer en même-temps sur le sort des accusés.

M. Bourglabbé, magistrat à Orléans, au lieu de chasser un laquais sujet à s'enivrer, l'avait fait attacher à un poteau et fouetter jusqu'au sang par ses camarades. Le valet *sologneau*, exaspéré par cette correction, résolut de s'en venger. Pendant que son maître était à la campagne, il revint à la ville chargé par lui de diverses commissions. Il attira adroitement, le 28 novembre 1594, dans la cave de la maison la seule domestique qui était restée à Orléans pour avoir soin des enfans de M. Bourglabbé, et il la poignarda; il tua de même au premier étage le fils et la fille aînée de son maître, et enfin les trois autres enfans qui étaient encore au lit. Après ces assassinats il revint à la campagne, et parut aussi tranquille que s'il n'avait point eu de crimes à se reprocher. Presque un mois entier après, le cocher étant venu à Orléans entra dans la maison, et fut épouvanté du spectacle de ces cadavres déjà putréfiés. La justice informa, et fit arrêter un laboureur qui, à l'issue d'un procès, avait menacé M. Bourglabbé de sa vengeance; il fut relâché, et on accusa un cordonnier voisin dont les réponses embarrassées semblaient annoncer la culpabilité; quelques pièces d'argenterie trouvées chez lui et reconnues pour être à M. Bourglabbé, un marteau laissé près des cadavres et appartenant au cordonnier déposèrent contre ce nouvel accusé. Il convint enfin qu'il était entré dans la maison, inquiet de n'en voir sortir personne depuis plusieurs jours: que sa cupidité avait été tentée par des pièces d'argenterie éparses dans la maison; mais qu'il avait trouvé le crime consommé, et n'était point l'assassin. Il subit la question en persistant dans ces déclarations et sans qu'on pût en tirer un aveu du crime; il fut rompu vif par sentence du prévôt. Le véritable auteur de ce forfait assista à son supplice, sans en avoir l'air ému; et quelque temps après s'étant pris de querelle avec le même cocher qui avait dénoncé le meurtre à la justice, il lui porta un coup de couteau et fut obligé de prendre la fuite. Il s'associa, près de Soissons, à une troupe de scélérats avec lesquels on le prit. Convaincu de plusieurs crimes, on le condamna à mort : ce fut alors qu'il déclara être le seul coupable de l'assassinat des victimes égorgées à Orléans, et qu'il proclama l'innocence du malheureux savetier. M. Bourglabbé, dès qu'il eut connaissance de cet aveu, fit élever la croix dont nous parlons; déjà il avait fait graver des stances adressées à ses enfans, et les avait placées près de leur tombeau dans l'église de Saint-Michel (1).

(1) Ces stances sont remarquables, et nous les avons déjà insérées dans les Notices historiques sur les Cimetières d'Orléans.

Vous deviez, mes enfans, par l'ordre de nature,
De votre père vieil bâtir la sépulture;
Mais Dieu qui peut de nous à son gré disposer,
Après vous m'a laissé pour la vôtre poser.

Ha ! que j'aimerais mieux vous rendre une autre vie ;
Mais puisque l'Eternel ce pouvoir me dénie,

DÉPÔT DES REVERBÈRES. Le magasin des reverbères de la ville est placé depuis quelques années dans l'ancienne porte de la forêt, appelée depuis Tour-à-Pinguet.

Cette porte de la troisième enceinte, construite par Louis XI, subsiste presque en son entier et peut donner une idée des tours et des portes élevées par ce Roi. Un pont-levis en fermait l'entrée du côté du nord, et s'abaissait sur un massif de maçonnerie bâti sur le boulevard extérieur. Dans ce massif était une excavation voûtée à laquelle on parvenait par un chemin pratiqué sous le fossé. On s'est servi de ce souterrain pour en faire une glacière qui appartient à la ville. La porte de la forêt avait été supprimée vers 1777; ses deux entrées furent murées plus tard lorsqu'on destina ses étages supérieurs à devenir une maison de correction pour les jeunes gens dont la conduite était répréhensible, sans nécessiter cependant des jugemens alors infâmans pour les familles. On arrivait à ces étages supérieurs par un escalier en pierre, assez rapide, construit au côté latéral Ouest de la porte, et démoli lorsqu'on a applani ce rempart. Le premier individu dont la famille assez marquante à Orléans sollicita et obtint la réclusion, se nommait Pinguet; tous les habitans allaient le voir avec leurs enfans auxquels ils citaient cette punition comme un exemple d'une juste sévérité : de-là est venue la dénomination de cette tour.

Quant aux reverbères, ils n'y furent déposés que vers l'année 1811. Les lanternes adoptées à Paris

---

J'élève en votre nom ce marbre dur et fort
Qui long-temps après vous publiera votre mort.

Chers enfans qu'une tombe ici dessoubz enserre,
Ames qui maintenant habitez dans les cieux,
Corps qui jadis si beaux n'êtes plus rien que terre,
Avec mille soupirs je vous dis mille adieux.

en 1667, pour éclairer les rues, ne parurent à Orléans qu'en 1670 chez quelques particuliers opulens qui en employèrent dans leurs cours, et qui en firent porter devant eux au lieu de flambeaux de suif mêlé à la résine, dont la fumée incommodait beaucoup, et qu'on étouffait sous de grands éteignoirs en tôle que nous remarquons encore à la porte de plusieurs maisons et de quelques édifices publics. Cependant il paraît qu'antérieurement à cette époque on s'éclairait dans les rues d'Orléans au moyen de lanternes garnies de corne transparente, car nous avons trouvé dans un recueil d'anecdotes du temps de la Fronde, vers 1652, que le jour même de l'entrée de mademoiselle de Montpensier par la porte brûlée, deux habitans s'étant querellés et battus à la nuit pour Mazarin et pour la Fronde, le *Frondeur* brisa avec son flambeau de *poix-résine* les cornes de la lanterne du *Mazarin, et aucuns méchans laquais s'en mêlant, les voies de fait auraient pu devenir plus graves, mais ordre y fut mis promptement.* Vers 1700 on employa quelques lanternes *à l'instar de Paris à illuminer* la cour de l'intendance et celle de l'hôtel-de-ville ; mais ce ne fut qu'au mois de novembre 1776 (1)

(1) A peine les reverbères furent-ils posés, qu'un chansonnier, probablement des rues, nommé la Joie, fit imprimer sous le permis de M. Hudault, maire de la ville, une chanson dont il vendit un grand nombre d'exemplaires. Nous ne citerons qu'un ou deux couplets de cette chanson qu'on trouve encore dans quelques collections de pièces sur l'histoire de notre ville, et dont l'auteur n'était certainement pas né poète.

Orléans, ...
Chéris tes magistrats, tes pères
Qui te donnent des reverbères
Comme à Paris.

Vous qui venez de compagnie,
Et de mener joyeuse vie,
Etes-vous gris:

qu'on acheta et qu'on plaça 500 reverbères conformes à ceux qu'on avait mis à Paris et perfectionnés sous ce nom en 1767.

Aujourd'hui la ville est éclairée par 381 reverbères dont 242 à l'ancien système et 139 à réflecteurs paraboliques qui donnent ensemble 700 becs. L'éclairage particulier des corps-de-garde et des établissemens publics emploie en outre vingt appareils dont six à l'ancien système et quatorze à réflecteurs paraboliques, ce qui forme 30 becs. Quoique les reverbères soient moins multipliés qu'en 1776, cependant la ville est mieux illuminée, tant on a perfectionné les appareils; mais il serait à désirer que ses revenus lui permissent un éclairage égal toute l'année et sans interruption, car les citoyens se trouvent assez souvent privés de lumière dans les soirées orageuses des mois de mai, juin, juillet et août, où ils en auraient le plus grand besoin.

DIRECTION DES DROITS RÉUNIS. Cette administration occupe depuis long-temps des bâtimens particuliers qui forment l'angle Sud-Est des rues Vaslin et de la Bretonnerie ; l'entrepôt des tabacs est réuni dans le même local.

DIRECTION DE L'ENREGISTREMENT ET DES DOMAINES. Les bâtimens occupés par le directeur et par le timbre lui appartiennent, et sont situés au fond de l'impasse des Barbacanes. Le principal corps-de-logis a été construit sur celui qu'occupèrent les Re-

> Vous ne pouvez tomber par terre,
> Car vous avez le reverbère,
>   Comme à Paris.
>
> Jeunes amans qui savez plaire,
> Ne parlez sous le reverbère
>   Qu'à vos amis.
> Si votre amante a cette audace
> On verra tout ce qui se passe
>   Comme à Paris.

ligieuses du Calvaire à leur arrivée à Orléans ; on voit encore dans le jardin les restes des anciennes murailles de la première clôture de la ville.

ÉCOLES DES FRÈRES. Les Frères des écoles chrétiennes furent installées en 1740 par M. Paris, évêque d'Orléans, dans la rue de Saint-Euverte où ils ont été rétablis depuis : ils sont en outre chargés des écoles de quelques paroisses. Ces Frères se livrent à l'instruction des garçons dont les parens sont sans fortune. Mis presque partout en concurrence avec les établissemens d'enseignement mutuel, les préjugés leur ont donné jusqu'ici beaucoup de supériorité dans notre département. Ne serait-il pas possible de concilier les anciennes habitudes avec la nouvelle méthode, en adoptant un mode d'enseignement mixte qui remplirait le but que se proposent tous les amis de la civilisation ; celui de propager avec le plus de promptitude et de certitude parmi le peuple qu'elles policent, les sciences utiles, et la connaissance des devoirs qu'il a à remplir envers la société?

ENTREPÔT DES SELS. Pendant long-temps les amis de l'humanité réclamèrent la suppression de la prison du châtelet, plus connue sous le nom de prison de Saint-Hilaire à cause de son voisinage avec cette église. Un incendie violent qui se manifesta dans l'hiver de 1808 consuma une partie de ses cachots malsains, et les criminels qui l'occupaient à peu près seuls depuis l'établissement de la prison des Ursulines furent transférés dans cette dernière. Les bâtimens que les flammes avaient épargnés demeurèrent quelque temps abandonnés et sans réparations ; mais la ville ayant obtenu le droit de fournir aux douanes des magasins pour l'entrepôt des sels, on disposa ce local, situé rue du châtelet, n° 5, pour cet usage, et le premier produit en 1819 et 1820 s'éleva à 4,247 fr. 47 c.

En 1318, Philippe-le-Long mit sur le sel un

impôt qui ne devait être que momentané. En 1344, Philippe de Valois, loin de le supprimer, l'augmenta et institua les *greniers à sel*. Il y en avait un établi à Orléans en 1389; car un nommé Etienne Molet avait le titre de *grenetier;* on croit qu'il était placé dans la tour neuve. Charles VII, en 1455, accorda aux échevins le droit de vendre le sel, et ils disposèrent un magasin transféré sous Louis XII dans les celliers du nouvel hôtel-de-ville (musée), où il prit le nom de *sallouer* qui lui est resté long-temps. François Ier. rendit cet impôt perpétuel, et Henri II le mit en ferme sous le nom de gabelle. Il dépouilla les échevins d'Orléans du droit que Charles VII leur avait donné, et passa le premier bail de cette ferme générale en 1547. Les fermiers jouirent quelques années du *sallouer*, et disposèrent ensuite des magasins ou greniers dans la rue qui en a conservé le nom. En 1690, sur la demande des habitans, on forma, comme nous l'avons dit, deux entrepôts; l'un à la tour neuve, l'autre à la porte Bannier. La juridiction du grenier à sel se composait, lors de sa suppression en 1790, d'un président, d'un grenetier, d'un contrôleur, d'un procureur et d'un greffier. Bonaparte rétablit en 1806 des droits sur le sel; ils ne furent depuis suspendus qu'un moment, et sont restés dans les attributions des douanes dont les employés dans notre ville sont au nombre de sept; un inspecteur, un receveur, deux vérificateurs, un aide-vérificateur, un receveur aux déclarations, un commis aux expéditions. Les bureaux sont établis rue des basses-gouttières, n°. 3.

ÉVÊCHÉ. Il est à peu près certain qu'Orléans fut une des premières villes de la Gaule qui possédèrent des évêques; mais il est peu avéré que Saint Altin, l'un des soixante-douze disciples, s'y soit fixé vers l'an 69, lorsqu'il vint prêcher dans la Gaule la foi catholique avec S^t. Savinien et S^t. Potentien. Parmi les successeurs immédiats que nos historiens donnent à Saint Altin, qu'ils désignent comme le premier évêque de notre diocèse, on remarque Saint Euverte et Saint Aignan dont les légendes ne sont ni très-authentiques ni exemptes d'erreurs, surtout dans les dates. Au nombre des évêques d'Orléans, outre Saint Euverte et Saint-Aignan, on compte plusieurs autres saints, Saint Prosper, Saint Moniteur, Saint Flou, Saint Eucher, Saint Thierry; des hommes célèbres parmi lesquels nous placerons Théodulphe, Jonas, de Bussy, et Robert de Courtenay, enfin quelques hommes d'état qui ont plus ou moins mérité la reconnaissance ou les reproches de leurs contemporains; tels sont Manassès, Jean de Saint-Michel, de Brilhac, Ant. Sanguin, Jean de Morvilliers, Alphonse d'Elbène, de Coislin, de Jarente, Bernier. En suivant la nomenclature des évêques de notre ville, donnée par MM. Polluche et Beauvais de Préau, et en y ajoutant jusqu'à ce jour ceux qui ont été nommés par le Gouvernement sans avoir été sacrés et ceux qui l'ont été, il y en aurait eu cent vingt-neuf depuis et y compris Saint Euverte. Mais selon Lasaussaye, Lemaire et Symphorien Guyon, qui ne sont pas d'accord entre eux, il y en aurait eu beaucoup plus, en admettant Saint Altin comme le premier.

Les évêques d'Orléans avaient probablement, du temps de Saint Euverte et de Saint Aignan, une habitation qui leur était affectée; cependant, malgré nos recherches à cet égard, nous n'avons pu parvenir à établir aucune preuve, aucune conjecture satisfaisante sur l'endroit de la ville où elle était située: mais il est présumable, par les renseignemens qui nous sont restés sur les agrandissemens successifs de la cathédrale, que leur domicile était près de cet édifice, et peut-être dans les restes de bâtimens d'un vieux château romain situé le long des murs de la première enceinte, vis-à-vis la porte de l'évêque et la porte latérale Nord de Sainte-Croix.

Ce n'est guère qu'en 1278 qu'on reconnaît l'existence d'un palais épiscopal ; à cette époque Robert de Courtenay, afin *de faire réédifier Sainte-Croix et de l'accroître du côté du septentrion*, donna la majeure partie de son palais, et habita, *non loin du cloître, en un logis qu'il achepta de ses deniers*. Ses successeurs n'ayant plus d'hôtel, demandèrent au chapitre une maison pour s'y loger. Les chanoines de S^{te}.-Croix leur en accordèrent une dans leur cloître, tantôt *gratis*, tantôt avec une rétribution, mais toujours sous *la promesse qu'ils ne prendraient aucune juridiction dans ledit cloître et qu'ils n'y resteroient que du bon playsir et consentement d'yceux*, ainsi qu'on le lit dans la déclaration faite à ce sujet par M. de Montmorency, le 2 juin 1358 (1). On voit que dans tous les temps l'envahissement fut le partage des grands, et le désir de conserver ses prérogatives et ses propriétés celui des inférieurs.

En 1631, M. de Netz, évêque d'Orléans, *opéra le retrait* d'une maison bâtie sur le terrain de l'ancien hôtel épiscopal, qui avait été concédée à longues années à l'hôpital, et fit abattre la tour de ville et seigneuriale de la fauconnerie ainsi que les murs de la première enceinte. Sur ces emplacemens il fit travailler à la construction du palais épiscopal actuel qui ne fut terminé que sous son successeur monsieur d'Elbène. Ce dernier y joignit, malgré les réclamations des chanoines, un jardin qu'ils possédaient en commun, et fit construire le portail de ce jardin qu'on vient de restaurer (2), ainsi que le grand portail de la rue de l'évêché, qu'on décora à grands frais.

---

(1) Cette maison, autant qu'on peut le présumer sur des indices à la vérité un peu vagues, serait celle qui forme aujourd'hui l'angle Nord-Est de la rue du cloître-Sainte-Croix et porte le n° 6.

(2) Dans le tympan du fronton de cette porte qui com-

L'architecture

L'architecture de l'évêché est simple et bien appropriée à la destination de ce bâtiment qui n'est pas tout-à-fait assez élevé pour son étendue. Le portail extérieur, d'une dimension trop grande relativement à l'édifice qu'il précède, offre une masse énorme qui était admirée dans le siècle dernier : les architectes actuels y trouvent, avec raison, des parties bien exécutées et d'autres blâmables sous le rapport de l'art et du goût. L'intérieur était décoré jadis de deux fort belles statues de Hubert : l'une représentait un *Solon* dont on avait fait un Saint Pierre, et l'autre la vérité qui était devenue une Sainte Hélène. Il y avait une galerie très-vaste où l'on remarquait des tableaux de Bon Boulogne et les portraits de la majeure partie des évêques. Cette galerie, dépouillée maintenant de tout ce qui en faisait l'ornement, contient provisoirement les dossiers des anciennes stalles de Sainte-Croix, exécutés avec un rare talent en 1706 par Jules Dugoulon.

Les vastes salles de l'évêché servirent, depuis la suppression des évêques jusqu'à leur réinstallation, à la section de J.-J. Rousseau et à diverses réunions publiques ; le jardin fut un instant destiné au plaisir, sous le nom pompeux de Tivoli.

Le 2 avril 1808, l'empereur Napoléon, et, le 6, l'impératrice se rendant à Bayonne descendirent à l'évêché et y furent reçus avec pompe. Le 22 mai suivant, le Roi d'Espagne, Charles IV, et une par-

---

munique du jardin de l'évêché à Sainte-Croix, se trouvent aujourd'hui les armes de M. du Cambout de Coislin, évêque d'Orléans. Quant au jardin, les chanoines en étaient en possession depuis bien long-temps : ils s'y promenaient, et y réunissaient, au mépris des défenses capitulaires, leur famille et même des étrangers. En 1548, l'un d'eux fut sévèrement puni pour y avoir fait danser le jour de Saint-Etienne. Ce jardin est dépeint par un auteur protestant comme le lieu où se tramaient les rébellions des chanoines contre les évêques : ce motif détermina peut-être M. de Netz ou lui servit de prétexte pour se l'approprier.

tie de sa famille y logèrent, lorsque Bonaparte, mettant en pratique l'apologue de l'*Huître et les Plaideurs*, les confina avec le prince de la paix à Compiègne.

En 1814, le 24 janvier, le pape y fut reçu lors de son retour en Italie, et, le 9 avril 1814, l'impératrice Marie-Louise y séjourna avec son fils, dans l'anxiété que devait lui faire éprouver la marche rapide des événemens et les revers de son époux. Le comte Schouvalow et le prince d'Esterhazy, qu'on avait envoyés à Blois et à Orléans au devant d'elle, l'accompagnaient, et étaient parvenus à soustraire à l'avidité des pillards d'avant-garde ennemie les fourgons de Sa Majesté, que ces derniers avaient tenté d'enlever sur la route de Blois.

FILATURE DU DUC D'ORLÉANS. Sur l'emplacement du fort de la motte-sans-gain ou de la brebis et de deux tours qui l'accompagnaient, le Duc d'Orléans et quelques actionnaires résolurent en 1787 de construire une filature de coton, dont le premier établissement eut lieu dans les greniers du grand cimetière, sous la direction d'un Anglais, M. Foxlow. Vers le mois d'octobre, monsieur Lebrun, architecte à Orléans, présenta ses plans; en 1788, M. Louis, architecte du Prince, vint sur les lieux et décida qu'au lieu d'élever le bâtiment principal sur les ruines mêmes du fort de la brebis et faisant face à la rivière, il valait mieux suivre l'alignement des anciens murs de ville, l'asseoir sur leurs fondations, et mettre les façades les plus étendues à l'est et à l'ouest, ce qui eut lieu. Les travaux commencèrent en février 1789, et les métiers devaient y être placés au mois de décembre suivant; mais le directeur de cette filature ayant demandé des additions, une maison élégante pour son habitation, et une pompe à feu dont le mécanisme fut confié à MM. Perrier, ces augmentations retardèrent l'achèvement des bâtimens qui ne furent livrés qu'à la fin de l'année 1790. La dépense totale fut d'environ six cent mille francs, y compris la cheminée de la pompe à feu, élevée de cent vingt-quatre pieds six pouces, ce que nous apprenons des pièces imprimées d'un procès intenté injustement par M. Foxlow, devenu de simple directeur l'un des principaux actionnaires, à M. Lebrun dont on reconnaît les talens dans ces constructions alors bien nouvelles en France.

M. Foxlow, devenu seul propriétaire de cet établissement, continua de filer pendant assez long-temps; il cessa, et cette manufacture, achetée par un de ses créanciers, resta quelques années sans emploi. En 1823 on commença à y travailler pour la disposer à recevoir une machine à vapeur plus simple que celle qui s'y trouvait, et des meules de moulins à farine qui ont été mues par cette machine en 1825 et 1826, après beaucoup d'essais infructueux. Leur produit était considérable et de bonne qualité; il est fâcheux de les voir inactifs, et le reste du bâtiment sans destination. (*Voyez* Tour *et* Fort de la brebis.)

HALLE AU BLÉ. La vente du blé avait lieu très-anciennement sur le vieux Martroi (place du cloître-Saint-Sulpice). Depuis la dernière clôture de la ville, et même un peu avant, elle se faisait sur la place actuelle du Martroi. De temps immémorial les habitans réclamaient l'établissement d'une halle ou de bâtimens couverts pour ce marché exposé jusqu'à nos jours aux intempéries des saisons, et obstruant en outre deux fois par semaine la seule place un peu vaste que nous possédions.

Peu après la suppression du grand cimetière, deux des échevins voulurent convertir cet emplacement en une halle pour le marché au blé en en disposant les galeries de manière qu'il eût lieu à couvert dans les mauvais temps. Cette proposition avait reçu l'approbation du Gouvernement; mais les événemens politiques empêchèrent de la mettre à exécution.

L'Administration municipale a donné de nos jours tous les développemens qu'on pouvait désirer à cet ancien projet, et depuis 1826 Orléans jouit d'un nouvel établissement utile. La première pierre en a été posée en 1824 à l'angle Nord-Est du bâtiment intérieur; et sa construction, exécutée avec rapidité et solidité, fait beaucoup d'honneur aux talens de l'architecte M. Pagot fils et de M. Duvet, entrepreneur, représenté par M. Pacot (1).

Il est facile de discerner dans ce monument ce que l'on a conservé de l'ancien grand cimetière par la forme des arcades en ogive qu'on a été forcé de remplir par des cintres pleins pour les coordonner avec la halle proprement dite, qu'il était impossible de construire dans la même forme sans répéter les contreforts qui eussent augmenté de beaucoup la dépense. En outre il eût été très-difficile d'éclairer la partie supérieure de l'édifice qui eût présenté l'aspect d'une église gothique et par conséquent un caractère nullement en harmonie avec sa destination. On n'a construit à neuf que le bâtiment du milieu, la galerie de l'est et les façades de l'entrée principale qui se trouve placée à peu près où elle était primitivement.

Des mesures en pierre de Château-Landon, auxquelles on a donné le nom de divers-Saints et la contenance d'un hectolitre, d'un demi-hectolitre, etc., ont été disposées sur un massif élevé au centre de la halle; mais ces mesures fixes, et qui pourraient être fort utiles comme *étalons*, ne donnent pas la facilité de mesurer aussi vite que les mesures portatives: aussi l'on a été contraint de renoncer à leur emploi

---

(1) M. Pacot, élève de M. Pagot, a dirigé presque seul l'exécution des travaux; il a eu le soin de réunir avec la plus scrupuleuse exactitude tous les fragmens d'antiquité qui se sont rencontrés dans les fouilles : M. Ch. Pensée en a fait des dessins très-curieux et parfaitement rendus.

journalier. Il serait peut-être à désirer qu'en les enlevant de la halle qu'elles obstruent inutilement, on les replaçât sous une des galeries où elles pourraient servir de point de comparaison et à vérifier les autres mesures.

La démolition et la construction de la galerie de l'est, ainsi que l'établissement des mesures fixes ont beaucoup augmenté les frais de ce monument qui se sont élevés au total à 420,000 fr. L'exploitation de la halle avait été adjugée pour un temps assez long à la somme annuelle de 20,000 fr. : aujourd'hui elle est affermée 15,575 fr.

L'ancien grand cimetière ou cimetière commun d'Orléans était regardé à juste titre comme un des monumens les plus remarquables que la France ait offerts en ce genre : il occupait tout l'espace sur lequel la halle au blé est établie.

Dans l'origine il se trouvait placé hors des murs de la ville, mais il y fut réuni lors de sa dernière clôture, terminée sous Louis XII. Plus tard on reconnut indispensable à la salubrité des cités, et nécessaire pour éviter les maladies pestilentielles qui ravagèrent tant de fois nos provinces, de supprimer tous les cimetières qui se trouvaient enclavés dans l'enceinte des villes, et de les transférer au-dehors.

Aucun renseignement bien positif ne fixe l'époque à laquelle ce cimetière fut établi (1). Le cimetière

---

(1) Les fouilles nécessitées par la construction de la halle ont mis à découvert des espèces de puisards qui peuvent avoir servi à l'extraction de terres propres à une fabrique de poterie établie dans cet emplacement antérieurement au cimetière. Ce qui confirmerait cette conjecture, c'est la rencontre, qu'on a faite sur plusieurs points, d'un grand nombre de tessons et de poteries, couverts d'ornemens et d'une couleur semblable à celle que conservent les terres cuites connues pour avoir été fabriquées par les Romains ou de leur temps. On a déterré en outre les deux meules d'un moulin à blé, en pierre noirâtre, pareilles à celles qu'on sait avoir été en usage au temps de

de Saint-Aignan semble avoir été long-temps le seul à Orléans; car, en 854, son étendue se trouvant insuffisante, l'évêque Agius permit aux chanoines d'en former un autre dans un lieu peu éloigné où ils bâtirent la chapelle de Saint-Aignan qui devint ensuite une paroisse sous le nom de Notre-Dame-du-chemin. Ces deux endroits paraissent avoir été les seuls lieux destinés aux inhumations jusqu'en 1029; alors les chanoines de Saint-Aignan obtinrent du Roi Robert, qui avait fait reconstruire leur église, la permission de joindre leur ancien cimetière à leur cloître. C'est sans doute vers ce temps qu'on désigna l'emplacement du grand cimetière pour servir aux sépultures.

En 1266, la piété des fidèles pour ce lieu de regrets et de repos engagea Robert de Courtenay, évêque d'Orléans, à y faire construire une chapelle. Elle était à peine commencée qu'il la céda à la corporation des maîtres-écrivains, alors très-riche et très-considérable, en raison de la célébrité de l'Université. Il lui imposa la condition de l'achever et d'y faire célébrer le service divin, laissant à sa nomination le chapelain et le concierge. Les écrivains devinrent ainsi les possesseurs et les administrateurs du cimetière public de la ville. Ils restèrent maîtres de cette prérogative, et de plusieurs autres qui en résultaient, jusqu'au moment où l'imprimerie anéantit cette profession. La chapelle qu'ils avaient fait élever et réparer plusieurs fois, fut par la suite abandonnée à la confrérie des menuisiers. Ceux-ci la

---

la domination romaine dans les Gaules, et une bague en or d'une forme extraordinaire, portant une pierre gravée, etc. (*Voyez* rue Saint-Martin-du-mail.) Les tombeaux ont offert une grande quantité de ces petits pots en terre commune dans lesquels on mettait de l'eau bénite, de l'encens et du charbon, pour éloigner le diable du mort, le faire arriver en *bonne odeur* au séjour céleste, et rappeler que l'âme est impérissable.

placèrent sous la protection de Sainte-Anne, leur patronne, et cependant ils conservèrent intacte la pierre votive qui la dédiait en premier lieu à Saint Vrain.

Des *proviseurs* choisis parmi les habitans les plus notables succédèrent aux écrivains dans l'administration des revenus affectés au grand cimetière ; ils en disposaient pour son entretien et pour faire acquitter les fondations pieuses ; chaque année ils rendaient compte aux maire et échevins. En 1514 ils prenaient le titre de *maîtres, gouverneurs et proviseurs*, car c'est ainsi qu'ils sont qualifiés dans une requête présentée au Roi Louis XII, pour obtenir l'autorisation de rendre le cimetière plus régulier, en supprimant une rue qui passait où est maintenant la grande galerie, et en achetant divers terrains. Ils obtinrent la permission qu'ils sollicitaient ; néanmoins ce projet ne fut exécuté que sous François Ier.

Ce fut donc vers 1521 qu'on commença à élever la galerie du couchant, ou grande galerie ; mais en 1562 et 1565 cet édifice, comme tous ceux destinés au culte catholique romain, éprouva des mutilations et des dévastations pendant les guerres de religion. Lorsque le prince de Condé surprit Orléans, ses troupes et les Protestans qui se joignirent à elles détruisirent les galeries et la chapelle Sainte-Anne.

Quelque temps après les troubles on répara cette chapelle ; on recouvrit les galeries, on réédifia celles du couchant et du nord, mais on ne rétablit point leurs voûtes. On continua ce travail jusqu'en 1645, et l'on devait bâtir sur le même plan les galeries du levant et du midi ; ce qui vient d'être fait pour la galerie du levant, afin de rendre la halle uniforme.

Depuis sa suppression le grand cimetière servit de manège (1), et ses galeries d'écuries pour la cava-

---

(1) Il servit aussi quelquefois de cirque au manège de l'é-

lerie. Ses greniers ont été occupés par une filature de coton, transférée peu après à la motte-sans-gain. En dernier lieu il n'avait aucune destination fixe.

Jusqu'au moment où l'on abattit les arbres qui en ombrageaient le centre, les habitans conservèrent l'usage de s'y promener, et précédemment cette habitude avait tellement dégénéré en abus de toute espèce, que le bailliage se vit obligé de réprimer la dissipation et l'indécence qui régnaient dans ce séjour de paix.

Malgré les mutilations que les Protestans avaient fait subir aux monumens funéraires, on remarquait encore en 1787, lorsqu'on supprima ce cimetière, des inscriptions très-intéressantes et qui méritaient d'être conservées; aussi nous devons aux soins de l'Administration municipale de cette époque un procès-verbal très-exact et soigneusement fait par monsieur Blondel, qu'ils chargèrent de recueillir les inscriptions de tous les cimetières *intra muros*, qu'on transporta hors des remparts dans les endroits où nous les voyons aujourd'hui.

Les quatre galeries qui entouraient le grand cimetière portaient chacune un nom particulier en raison de leur position ou des chapelles qui s'y trouvaient.

La première galerie, en face de Sainte-Croix, s'appelait grande galerie ou galerie du levant; la galerie parallèle au mail était désignée sous le nom de galerie du nord ou de Saint-Hubert : à l'entrée de la chapelle de cette galerie on voyait une oraison à Saint Hubert, fort extraordinaire et gravée en caractères gothiques; la galerie à droite, sous celui de galerie du levant ou du Saint-Esprit; à son extrémité

---

cuyer Franconi. Le 4 frimaire an X, l'aréonaute Olivari s'étant enlevé de ce lieu dans une montgolfière par un vent très-violent, fut victime de sa témérité et de son imprudence : le feu prit à son ballon dont les débris ainsi que le cadavre du malheureux Olivari tombèrent dans un champ près de Fleury.

Nord se trouvait le cimetière des Protestans avec une entrée particulière : à côté de la chapelle dédiée au Saint-Esprit, et élevée au milieu de cette galerie, était enterré le célèbre Pothier; enfin la galerie qui longeait la rue de l'évêché, nommée d'abord galerie de Saint-Vrain, était plus connue sous celui de galerie de Sainte-Anne ou du midi.

L'ancienne entrée du cimetière était jadis au milieu de cette galerie, à peu près au même lieu où se se trouve actuellement l'entrée principale de la halle; elle fut supprimée en 1521, et remplacée par celle qu'on ouvrit alors en face de Sainte-Croix. On l'orna d'un très-beau portail remarquable par les sculptures dont il est décoré, et qu'il est bien désirable de voir conserver dans l'intérêt des arts. On lisait sur deux pierres placées à droite et à gauche de ce portail, au milieu des ornemens, ces deux quatrains singuliers :

> Triumphe à tout, car la mort fièrement
> Contre empereurs, papes, rois, ducs et comtes,
> Gentilz, villains, pour la fin de vos comptes
> Fault comparoir au dernier jugement.

> Par accident qui a droict et revers,
> Ce qu'il attainct de fureur extermine,
> Par aage aussi qui lentement chemine
> Faict tous humains rendre viande à vers.

La seconde entrée principale était en face de la rue de Saint-Martin-du-mail : l'architecture et les ornemens de cette porte étaient de mauvais goût.

Une autre entrée avait été faite en 1691, en face de la rue pavée, sous la direction de M. Godard, ingénieur du Roi, Orléanais recommandable par ses talens; on vient de transporter ce portail et de le replacer au cimetière Saint-Jean. Malheureusement deux squelettes en pierre, d'un travail précieux, qui se voyaient sur son fronton, ont disparu depuis

1792. Au-dessus de ce portail, dans l'intérieur de la galerie, on lisait jadis :

Ibimus, ibitis, ibunt.

Et en dernier lieu,

> Par où tu passes j'ai passé,
> Et par où j'ai passé tu passeras ;
> Et comme toy au monde j'ay esté
> Et comme moy mort tu seras.

Aucune des inscriptions qui décoraient ce lieu funèbre, lors de sa suppression, ne remontait au-delà du douzième siècle : on y remarquait celle de monsieur Gendron, médecin d'Anne d'Autriche, un grand nombre d'épitaphes latines en l'honneur de jeunes Allemands, élèves de l'Université, celle d'Audebert, Orléanais connu par ses poésies latines, celle de Jean Chartin, *chirurgien-barbier* de Louis XI, mort en 1489, et dont la tombe était ornée d'arabesques curieuses et très-bien exécutées ; celle de Jean Christianisati, gravée en caractères runiques ; enfin plusieurs autres formant des jeux de mots, et quelques-unes singulières par leur forme ou les pensées qu'elles exprimaient, telles que les deux suivantes, gravées en caractères gothiques.

> Mourir convient. . . . . . c'est chouse seure :
> Souvent advient. . . . . . c'est chouse deure ;
> Et n'en souvient. . . . . . à créateure.

> Ces jours passés le lien du mariage
> Nous rendait ung vivant, en grand repos,
> Mais puisqu'il faut que j'enterre tes os,
> En ton amour j'ai dressé ceste image.

Parmi les faits historiques et anecdotiques dont le souvenir se rattache à ce monument, nous rappellerons que lors du court séjour de Charles-Quint à

Orléans, cet empereur et François Ier. visitèrent ce monument à l'une des portes duquel on sculpta une salamandre en mémoire de cet événement; qu'à l'époque du jubilé de 1601 Henri IV toucha les écrouelles à un si grand nombre d'individus, que les galeries du grand cimetière en étaient remplies, et qu'il y en avait encore dans la rue de l'évêché jusqu'à l'étape.

Il existait à l'entrée, du côté de la rue de Saint-Martin-du-mail, une maison qu'on vient d'abattre et qui portait le nom de maison *de la marmite renversée*, parce que, dit-on, le propriétaire ne pouvant la louer, attendu que le diable renversait la marmite toutes les fois qu'on en mettait une au feu, prit le parti de la faire exorciser par les chapelains du grand cimetière, et se soumit à leur payer une rente annuelle, ce qui ne put sans doute qu'ajouter à l'efficacité de l'exorcisme, car depuis il la *loua toujours bien*.

Nous placerons ici ce qui est relatif à la chapelle de la communauté, appelée dans le principe chapelle de Saint-Lazare-du-Martroi-au-corps, parce que dans l'origine elle faisait partie du grand cimetière. Elle était placée le long des murs extérieurs de la galerie de Sainte-Anne, parallèlement à la rue de l'évêché; l'autel se trouvait dans l'emplacement actuel de l'entrée principale de la halle, et, lors de son déblaiement, on a mis à découvert une construction ronde, souterraine et très-profonde; ses parois intérieures étaient revêtues de pierres taillées avec soin, et son sommet voûté ne laissait qu'une ouverture de deux pieds carrés fermée par une pierre : toute cette espèce de tour se trouvait remplie d'ossemens. Nous avons reconnu que c'était un *ossuaire* ou grande fosse ronde *murée* comme un *colombier*, où l'on déposait les ossemens du grand cimetière avant que les proviseurs n'eussent fait bâtir, vers 1451, cette chapelle pour servir à acquitter les fondations pieuses dont les chapelains de Sainte-Croix étaient chargés. Ils en étaient en possession lors de sa suppression, et elle devint ensuite un atelier pour la fabrication de l'acide nitrique ; à l'époque récente de sa démolition elle servait de salle à des saltimbanques.

Lorsque Henri III vint à Orléans, en habit de pénitent, en 1584, il entendit dévotieusement la messe dans la chapelle de Saint-Lazare-du-Martroi-au-corps ; il y donna ensuite un repas qui se termina par une orgie dont les excès surpasseraient tout ce que les historiens ont écrit de la dépravation de sa cour, si l'on ajoutait foi entière à ce que les écrivains de la religion réformée nous en ont transmis.

(Voyez, pour de plus amples renseignemens sur ces monumens, les Notices historiques *que nous avons publiées en 1824 sur le grand cimetière et les autres cimetières de la ville.)*

Hôpital de Saint-Antoine. Cet hospice ou Aumône, comme on l'appelait encore lors de sa suppression vers l'année 1675, était un des plus remarquables de la ville, et sa fondation très-ancienne. Il était destiné à recevoir les étrangers *pèlerins et passans*, et situé vers le milieu de l'ancien pont, sur l'une des deux îles qui en supportaient les arches et qu'on appelait les *mottes*. La motte en amont sur laquelle il était bâti s'appelait motte d'Orient et motte de Saint-Antoine, pour la distinguer de l'autre motte *en à bas*, désignée sous le nom de motte des Poissonniers ou d'Occident. Dans l'origine, les propriétaires de la motte Saint-Antoine l'avaient cédée aux habitans, à la charge d'y faire construire *une ou deux chambres pour retirer à couvert les pauvres pèlerins et autres passans, et leur donner gîte et couvert pour une nuit seulement.* Suivant les comptes de la Ville et des proviseurs du pont en 1383 et 1386, la direction de cette *Aumosne estoit ès mains de Marguerite-la-Chaumette, maîtresse de l'hôtel-Dieu dessus ledit pont, pour la garde qu'elle prend dudit hôtel-Dieu, dont elle a 6 sols par an.*

Lors

Lors du siège de 1428, les Orléanais avaient détruit cet hôpital pour se fortifier sur les deux mottes et sur le milieu du pont ; mais Louis XII le fit relever en 1501 : cependant la chapelle qui existait, lors de la destruction du pont, n'avait été rétablie qu'en 1637, suivant l'inscription placée au-dessus de la porte.

L'Aumône de Saint-Antoine était chargée d'une redevance annuelle de 134 liv. envers la compagnie des arquebusiers, qui devait l'employer à tirer l'oiseau, d'abord au-dessus de la tour de Saint-Aignan, ensuite au-dessus des tourelles. Après la suppression de l'hospice, la Ville se chargea de cette rente et la paya long-temps : il jouissait en revanche de quelques priviléges, et entre autres de celui qui avait donné lieu au proverbe Orléanais : « *Il est libre et heureux comme les pourceaux de Saint-Antoine.* » Ce privilége consistait à avoir le droit de laisser les pourceaux, qu'on y élevait en assez grand nombre, parcourir les rues sans gardien, nonobstant les diverses ordonnances de police qui défendirent de *laisser libres et vaguer en la ville et faubourgs les lapins, canards, oies, pigeons, porcs, chèvres, etc.*, etc. Seulement les cochons de Saint-Antoine, pour en jouir, devaient être munis d'un collier auquel pendait une sonnette.

HÔPITAL GÉNÉRAL. Différens hôpitaux existaient à Orléans, mais la répartition des indigens dans chacun d'eux ne se faisait pas convenablement ; les habitans s'assemblèrent pour y remédier et arrêtèrent des réglemens approuvés par des lettres-patentes de Henri II, datées de Blois le 16 février 1556. En conséquence, l'hôpital Saint-Pouair, situé près de l'église de ce nom (Saint-Paterne), fut affecté aux hommes et aux garçons ; l'Aumône Saint-Paul, placée dans le vieux marché, fut destinée aux femmes et aux filles qui y apprenaient à travailler ; et l'hospice de Saint-Antoine resta pour les étrangers qui n'y devaient passer qu'une nuit, à moins de maladie.

Les secours donnés aux indigens avaient toujours

été comme aujourd'hui très-considérables dans notre ville ; mais les revenus et le fonds des dotations affectés à ces établissemens par des habitans charitables avaient été dissipés ; en outre la dernière accrue de la ville y avait attiré un grand nombre de mendians et de gens sans aveu qu'il était important de secourir, parce qu'on ne pouvait les chasser tous. Ces motifs qui avaient déterminé la résolution des habitans relative aux hospices, forcèrent Henri II à autoriser la perception d'une taille sur tous les habitans pour leur entretien. Le rôle de cet impôt était fait chaque année par les administrateurs des hospices, appelés *commis de l'Aumosne* et au nombre de dix-sept personnes dont trois appartenant aux corps de justice, trois au clergé, un docteur de l'Université, deux échevins et huit bourgeois.

Vers l'année 1652, les Orléanais témoignèrent le désir de réunir tous les pauvres en une seule maison, et d'y affecter les revenus des Aumônes de Saint-Pouair (1), de Saint-Paul (2) et de Saint-Antoine. Le Duc d'Orléans accueillit leur demande, fit dresser des statuts et réglemens à cet effet, et obtint des lettres-patentes du Roi en mars 1652 : cependant elles ne furent enregistrées au Parlement qu'en février 1655. Quelques contestations s'étant élevées sur leur exécution entre les Bourgeois, réunis à diverses fois tant à l'évêché qu'à l'hôtel de ville, il fallut solliciter une nouvelle autorisation du Duc d'Orléans, qu'il signa en juillet 1671, et des lettres-patentes datées d'avril 1672, enregistrées le 4 juillet.

---

(1) Cet hospice, qui avait pris le nom d'Aumône des garçons, devait son origine à la confrérie des écrivains, qui, en 1298, avait été autorisée par l'évêque à le fonder et à en administrer le temporel, pour retirer pendant la nuit, surtout en hiver, les pauvres sans asile.

(2) Cet hôpital avait été fondé, dit-on, pendant le siège de 1428 ; et il avait pris le nom d'Aumône des filles.

Par ces lettres-patentes Louis XIV supprima la taille qui pesait sur les habitans, et leur permit de choisir un local convenable pour y construire le nouvel hôpital. Bientôt on obtint du grand maître de l'artillerie la concession de l'arsenal qui était abandonné depuis long-temps, et où il ne se trouvait plus que *quelques tas de boulets de pierre et de vieux engins de guerre.* C'est à la transformation de l'arsenal en hospice que faisait allusion cette inscription placée au-dessus de la porte principale :

« *Pauperibus tuta est, quæ fuit Ætna domus.* »

Les administrateurs des Aumônes et monsieur de Coislin, évêque d'Orléans, approuvèrent les plans de construction le 15 juillet 1675. On y travailla avec activité, et la première pierre de la chapelle fut posée le 27 novembre de la même année. Cette première chapelle ayant été réunie aux bâtimens, M. Fleuriau, évêque d'Orléans, posa et bénit la première pierre du maître-autel de l'église actuelle, le 4 septembre 1716 ; elle n'a jamais été terminée, et deviendrait une des plus belles de la ville si les revenus des hospices ou quelques dons du Gouvernement permettaient de l'achever (1).

En 1674 on avait établi dans ce local une *maison*

---

(1) Les loteries avaient à peine été introduites en France par les Italiens, que la police du royaume en indiqua les abus et les défendit sous peine de 300 liv. d'amende. Le Gouvernement était alors bien loin d'en compter le produit au nombre de ses revenus les plus assurés. Elles étaient à peu près inconnues dans notre ville lorsque les administrateurs de l'hôpital-général, dans des vues de bienfaisance, introduisirent le goût de ce jeu qui devait plus tard augmenter les charges des hospices au lieu de lui procurer des ressources. Ils avaient établi dans l'hospice une fabrique de dentelles, et imaginèrent de s'en procurer le débouché au moyen de billets de loterie, ce que la police toléra en 1671 et 1672, malgré les ordonnances contraires. Funeste exemple

de force pour les filles de mauvaise vie qui sont maintenant détenues à la prison des Ursulines.

Les dortoirs occupés par les enfans abandonnés se trouvant insuffisans, on construisit pour eux, le 18 août 1730, de nouveaux cénacles. Le nombre des berceaux est maintenant de quatre-vingt-treize ; il est entré en 1827 deux cent quarante-six enfans, mis en nourrice hors de l'établissement qui en comptait en totalité sept cent cinquante à ses charges. Plus tard on disposa un local pour les aliénés, et récemment on a fait à ces loges des améliorations et des réparations aussi indispensables que bien entendues. Le nombre des fous y est peu considérable, mais celui des indigens est assez grand, et ils y occupent six cent soixante-neuf lits.

Cet hospice est surveillé en ce moment par une supérieure et une coadjutrice ; il est régi par la même administration que celui de la Croix et l'hôtel-Dieu.

En face de l'hôpital-général, à l'extrémité d'un cul-de-sac, se trouve un moulin à vent qui en dépend ; il a été bâti sur l'ancienne motte Bruneau, l'un des cavaliers que les habitans avaient disposés pour se défendre des approches de l'ennemi.

HOSPICE DE LA CROIX. Vers l'année 1648, une dame veuve de Gland forma une association de femmes et de filles pour retirer les nouvelles Catholiques (1). En 1651 elle obtint, comme supérieure, des lettres-patentes qui autorisèrent cette

qui développa les germes d'une passion sur laquelle tant de familles ont eu à gémir depuis.

(1) Ces nouvelles Catholiques étaient les femmes et les filles des malheureux Protestans qu'on forçait à faire abjuration ou à quitter le royaume, lors de la révocation de l'édit de Nantes. Madame Gland et mademoiselle Lafont, que nos annales nous peignent comme des anges de consolation, étaient au contraire regardées par les Protestans comme des femmes astucieuses et fanatiques qui portaient le trouble dans les familles ; en détachant les enfans de la religion de leurs pères. Quoi qu'il en soit, mon-

communauté à posséder des biens fonds et des rentes; en conséquence elle accepta peu après le don d'une demoiselle Lafont, de 5o liv. de rente et de la maison où elle se trouvait établie.

En 1685, M. de Coislin, évêque d'Orléans, obtint pour cette association la confirmation de l'autorisation qui lui avait été donnée précédemment, et il en plaça les membres dans une maison qu'il acheta à cet effet derrière l'hôpital. En 1715, monsieur Fleuriau, évêque d'Orléans, ayant le projet de réunir aux nouvelles Catholiques les filles de la Croix qui avaient commencé à se former à Orléans en 1712, d'abord dans le cloître de Sainte-Croix, ensuite dans celui de Saint-Etienne, acheta une maison assez vaste, et y plaça en 1716 les deux communautés réunies par ses soins (1).

Après la dissolution de toutes les maisons reli-

---

sieur de Coislin, alors évêque, les seconda puissamment, et profita d'un court séjour de Louis XIV à la maison rouge, près la Madeleine, appartenant à M. d'Antin, fils de madame de Montespan, l'une de ses maîtresses, pour obtenir l'autorisation nécessaire aux projets prosélytiques de madame de Gland et autres associées.

(1) L'origine des Filles de la Croix eut un but plus utile. Si le fanatisme et l'ambition de la fondatrice fut égal à celui de la première supérieure des nouvelles Catholiques, au moins il ne divisa point les familles et n'aida à persécuter personne. Simone Gaguin, fille d'un boucher de Patay, refusa dès son enfance de se livrer aux travaux de ses parens pour s'occuper uniquement d'exercices de piété. Une dame riche, de sa petite ville, la prit sous sa protection et la recommanda à l'épouse du garde-des-sceaux, propriétaire de la terre d'Orgères, qui en fit sa *femme de charge*. Une autre dame qui fréquentait l'hôtel s'intéressa à elle, et vint à Patay obtenir de ses parens la permission de l'adopter en lui léguant ses biens. Toutes deux résolurent de fonder à Louviers une maison religieuse, en demandant comme directeurs des Religieux du tiers ordre de Saint François, appelés Pénitens. Des contestations eurent lieu pour les réglemens de ce couvent, et la demoiselle Simone, qui prit dès-lors le nom de *mère Françoise de la Croix*,

gieuses, l'enclos de cette maison devint d'abord un lieu de détention pour les prêtres infirmes qu'on ne pouvait *déporter;* il devint ensuite une prison pour les habitans appelés *suspects;* enfin on lui a donné une destination bien utile et plus en harmonie avec sa première institution. On y reçoit maintenant les femmes et les filles enceintes qui ont besoin de secours. Quelques personnes âgées, et dont les moyens d'existence sont trop bornés, y trouvent aussi la possibilité de couler en paix le reste de leurs jours, au moyen d'une pension modique.

Cet établissement est dirigé par une dame respectable qui a le titre de supérieure; il est surveillé par les mêmes administrateurs que l'hôtel-Dieu et l'hôpital-général.

HÔTEL-DIEU. C'est à tort que M. Beauvais de Préau, ou plutôt M. Polluche, ont réfuté l'assertion du Père Héliot dans son histoire des ordres religieux où il dit positivement *que l'hôtel-Dieu d'Orléans étoit au principe l'infirmerie des chanoines de Sainte-*

---

ayant perdu sa mère adoptive, vint à Paris où elle obtint des lettres-patentes de Louis XIII pour former un hôpital de femmes et de filles malades. L'hôtel-Dieu et les Frères de la charité s'opposèrent à leur enregistrement. Le procureur du Parlement les seconda, mais le Parlement n'eut point égard à ses conclusions; pendant ce temps la mère Françoise avait fait vœu d'établir une maison et un oratoire à Patay, si elle réussissait dans ses projets. Ses adversaires l'accusèrent de magie; mais elle surmonta tous ces obstacles, et avec la protection d'Anne d'Autriche elle fonda diverses communautés, et mit des Religieuses à l'hospice de Beaugenci d'où elles vinrent à Orléans. Depuis une vingtaine d'années les couvens fondés par la mère Françoise prospéraient, lorsqu'elle se trouva compromise elle-même dans les désordres de celui de Louviers : des Religieuses l'accusèrent d'être l'auteur et la complice des pratiques affreuses qui déshonoraient cet hospice; elle fit tête à l'orage et parvint à faire déclarer son innocence.

(*Voyez la vie de la vénérable Françoise de la Croix, institutrice des Religieuses hospitalières de la charité de Notre-Dame, ordre de Saint-Augustin, publiée par un anonyme en* 1745.)

Croix qui la cédèrent ensuite aux pauvres de la ville. A la vérité nos anciens auteurs ne désignent que trois hospices principaux à Orléans avant 1400, celui de St.-Pouair, de St.-Antoine et de St.-Paul, et l'on ne voit pas qu'il en existât d'autres aux charges de la ville, même pendant le siège de 1428. Mais on trouve aussi, et M. Polluche lui-même le dit expressément ailleurs, que les chanoines de Sainte-Croix fondèrent deux prébendes et en affectèrent les revenus à leur hospice, près de la cathédrale, avec l'agrément du Pape Alexandre III. Cette infirmerie ou hospice était tellement sous la surveillance des seuls chanoines, lors du siège, que le 9 mars 1429 on s'apperçut que le mur de *l'Aumosne, près de la porte Parisie,* avoit esté percé sans doute à dessein d'introduire l'ennemi dans la ville. Sitôt qu'on en eut connoissance, *le maistre de l'Aumosne s'enfuyt, et il fit bien, car le peuple se porta audist Aumosne toute la journée, et coupable ou non il auroit péri. Aucuns chanoines mesme se cachèrent, quoiqu'il parust bien que le chapitre n'estoit pas du complot.* Dans le principe cette infirmerie était dirigée par des Religieux de l'ordre de Saint-Augustin qui avaient encouru une excommunication dont Philippe de Berruyer, évêque d'Orléans, les releva en 1235. Quoique le motif de cette excommunication ne soit pas clairement expliqué, il paraît certain qu'elle avait été occasionnée par leur refus de se soumettre en tout à l'obéissance du chapitre. Ce ne fut guère qu'en 1510 que des laïcs commencèrent à être chargés de l'administration de l'hospice du chapitre, lorsque François Ier. considérant la mauvaise gestion des hôpitaux du royaume, en enleva le temporel aux ecclésiastiques pour le remettre *ès-mains des juges royaux.* Il paraîtrait que les Frères y restèrent néanmoins encore plusieurs années : ce qu'il y a de certain c'est qu'ils y étaient en 1480, lorsque Pierre le Vistre leur légua la terre de Gidy, etc. pour former une apothicairerie et avoir toujours un médecin près d'eux, ce que constate une pierre encore placée dans le mur extérieur à l'angle Sud-Est de l'hôtel-Dieu, et dont nous avons donné l'inscription dans les Notices historiques sur les Cimetières d'Orléans.

En 1561, Charles IX confirma l'ordonnance de François Ier., et l'on substitua aux Frères Augustins, dont l'existence jusqu'à cette époque n'est pas bien constante, des Sœurs du même ordre. Le chapitre de Sainte-Croix se regardait tellement comme le fondateur, et par conséquent comme le maître absolu de cet hôpital, qu'il intenta à cette occasion un procès à la Ville. Il fut débouté de sa demande par le bailliage qui n'expliqua pas les motifs de son jugement; mais les chanoines en demeurèrent là et se contentèrent de conserver l'inspection sur le spirituel, qu'ils avaient encore en 1792. Ils continuèrent de même à remettre à la caisse de l'hôtel-Dieu le revenu des deux prébendes sous le nom de Jésus-Christ, dont nous avons rapporté l'antique fondation; ils avaient même approuvé en 1603, et réapprouvèrent en 1621 et 1666 les réglemens que se donnèrent les Sœurs de l'hospice. En 1695 on y avait réuni les revenus de la maladrerie de Saint-Mesmin, de la chapelle Saint-Lazare et ceux de la Ferté-Senneterre, de sorte que ses possessions étaient assez considérables en dernier lieu, lorsqu'on en aliéna la majeure partie.

Les Calvinistes avaient respecté l'hôtel-Dieu, et son église, monument curieux par son ancienneté, mais mal placée et mal décorée à l'intérieur. Elle fut entièrement rasée en 1733, pour faire place aux nouvelles constructions de Sainte-Croix. Bientôt on éleva l'oratoire actuel, qui n'offrait de remarquable que le tableau du maître-autel, attribué à Estiemart, la sculpture du même autel faite par Verchefield, élève de Vertbreich, et le caveau sépulcral des Religieuses.

A l'extérieur, le portail du sud offre aux amateurs

de jolies arabesques et des ornemens très-bien exécutés sous Louis XII et François Ier.

En 1793, les Sœurs furent contraintes par cet amas de bandits qui, prenant le nom de Parisiens, vinrent à Orléans, de quitter leur costume : néanmoins elles soignèrent les malades jusqu'en 1793, époque à laquelle elles furent congédiées. Pendant quelque temps l'hôtel-Dieu a été confié, après leur expulsion, aux soins d'une femme aimable et spirituelle qui a laissé à cet égard des souvenirs honorables.

Les Religieuses furent ensuite rappelées : elles reprirent leur costume en 1803, et l'évêque Bernier y donna le voile blanc la même année ; les premiers vœux solennels n'y ont été prononcés qu'en 1805.

Depuis bien des années les habitans désirent le déplacement de cet hospice et son transfert hors du centre de la ville, tant dans l'intérêt des malades que pour la salubrité générale. On avait, il y a peu de temps, l'espoir de le voir transporter enfin hors des murs, et construire près de la porte Bourgogne vers l'emplacement des anciennes arènes ; mais il paraît que ce projet, le plus utile qu'on ait conçu depuis long-temps, est ajourné indéfiniment.

Tous les hospices d'Orléans, comme nous l'avons dit, ont aujourd'hui la même administration, composée du maire de la ville président-né, d'un vice-président, de quatre administrateurs, d'un contrôleur, d'un receveur et d'un économe, ces deux derniers seuls avec un traitement. Il est impossible d'apporter plus de zèle que ne l'ont fait dans tous les temps les citoyens appelés à surveiller ces établissemens philantropiques, ce qui prouve mieux que tous les raisonnemens que jamais les intérêts d'une ville ne sont mieux soignés que lorsqu'ils sont confiés à des habitans intègres.

ILE AUX BŒUFS *OU* DES MARTINETS. Il y avait anciennement dans la Loire, au-dessus et au-dessous du pont, une île aux bœufs et une île Charlemagne, ce qui a induit en erreur plusieurs auteurs qui n'avaient point une connaissance positive de la localité avant la destruction des îles qui se trouvaient au-dessous de la ville.

L'île aux bœufs, en *amont* du vieux pont, s'appelait la *grande île aux bœufs*, et avait été donnée en 890, avec le clos des arènes, au chapitre de Saint-Aignan par une dame pieuse, et sous la dénomination d'île des martinets. Son extrémité occidentale s'étendait alors jusqu'au fort Alleaume, vis-à-vis l'égout du cloître de Saint-Aignan, dont elle était séparée par une masse d'eau très-considérable, mais moins large qu'aujourd'hui. En remontant du côté de St.-Loup, elle tenait presque à la pente du coteau à la hauteur de l'Orbette, et n'en était séparée, même pendant l'hiver, que par un faible courant d'eau nommé le riau de Saint-Loup, augmenté des eaux du ruisseau de Saint-Jean-de-Braye; le premier se jette maintenant dans la Loire au pont de Saint-Loup et l'autre au pont de Saint-Jean-de-Braye. Tous les deux sont produits par les eaux des étangs de Bussi, d'Ambert et de la forêt. Jusqu'à St.-Loup et un peu au-dessous de la maison construite maintenant sur le milieu de l'île, elle a conservé long-temps le nom d'île des martinets, et l'on apperçoit encore dans cet endroit un bas-fond qui la séparait probablement de l'île supérieure (1). A partir de Saint-Loup, elle se prolongeait vers l'est jusqu'au lieu où l'on voit encore une séparation entre les deux parties de l'île actuelle, et l'on avait donné à cette portion le nom de grande île aux bœufs; mais depuis le riau de Saint-Loup elle était séparée de la côte par une masse d'eau de la Loire assez considérable, au-delà de laquelle se trouvait un avancement de terre à peine disjoint du coteau par le ruisseau de Saint-Jean-de-

(1.) Il paraît qu'au temps du siège de 1428 cette séparation était en face de la croix pêchée, et que l'extrémité de l'île seulement portait le nom d'île des martinets.

Braye dont les eaux venaient se mêler, comme nous l'avons dit, à celles du riau de Saint-Loup pour se perdre ensemble, pendant les trois quarts de l'année, dans les sables qui étaient entre l'île des martinets et les terres du quartier de l'Orbette.

A peu de distance de l'extrémité Est de la grande île-aux-bœufs, et séparée d'elle par un assez fort courant de la Loire qui existe encore dans les grandes eaux, se trouvait la grande île Charlemagne qui s'étendait jusque vis-à-vis Saint-Jean-de-Braye.

Ces trois îles, ou si l'on veut ces trois portions d'île de noms différens, sont à peu près réunies dans ce moment en une seule, si ce n'est dans les crues un peu fortes de la Loire. Elles sont appelées du même nom dans le procès-verbal de mise en vente du 3 juillet 1793, et seulement désignée comme grande île de Charlemagne, depuis Saint-Aignan jusqu'au cours d'eau qui les sépare au-dessus de Saint-Loup, évaluée 7,821 fr., et petite île de Charlemagne faisant suite à la grande au-dessus du cours d'eau, mise à prix pour 3,476 fr.

On voit d'après cela que la navigation tout entière se faisait du côté de Saint-Jean-le-Blanc, dans le lit de la Loire aujourd'hui encombré de sable et presque toujours à sec, tandis qu'elle s'en est formé un autre aux dépens des îles et du coteau de Saint-Loup, qu'on a été obligé de garantir dernièrement de ses ravages par des perrés et des travaux considérables, plus onéreux encore pour les riverains que pour le Gouvernement.

Ces détails de position rendront plus facile l'intelligence de quelques passages du journal du siège qui nous semblaient peu clairs avant de nous être livrés à ces recherches. Nous achèverons donc de compléter ces renseignemens avec l'aide de quelques titres particuliers. Les habitans de Saint-Loup et des environs se servaient en 1428, pour se rendre dans le val de Saint-Denis et en Sologne, d'une charrière ou bac. Le lieu où ils s'embarquaient était sur la grande île-aux-bœufs, et celui du débarquement presque en face, vis-à-vis la maison de campagne appelée l'Amérique, où l'on trouve encore des restes de murs qui formaient un port nommé port de Saint-Loup et port de l'île-aux-bœufs.

Ce lieu fut témoin d'un des premiers engagemens des habitans et des Anglais avant l'arrivée de Jeanne d'Arc. « Le 25 janvier 1429 les assiégeans gangnè-
» rent la charrière, qui estoit au port de Saint-Loup
» et rompirent un certain conduit pour la faire pas-
» ser : mais les assiégés, à trois heures après midy,
» sortirent de la ville, prirent des bateaux et pas-
» sant l'eau vindrent aborder à une île qui estoit de-
» vant les moulins de Sainct-Agnan, pensant re-
» couvrer leur charrière perdue dès le matin. Les An-
» glois qui estoient en embuscade derrière la levée,
» un peu plus loin que Saint-Jean-le-Blanc, vindrent
» fondre sur les François avec de grants cris, et les
» contraignirent de se retirer dans leurs forts, ce
» qu'ils ne purent faire si promptement, qu'il n'en
» demeurast vingt-deux d'entre eux morts sur la
» place. De plus en ceste rencontre furent prins par
» les Anglois deux gentilshommes ; l'un nommé le
» petit Breton, qui estoit au bastard d'Orléans, et
» l'autre appelé Raymonnet, qui appartenoit au ma-
» reschal de Sainct-Sevère. Maistre Jean, ce ca-
» nonnier si expert duquel nous avons cy-dessus
» faict mention, fut aussi en grant danger d'estre
» prins, y ayant perdu sa couleuvrine : car lorsqu'il
» pensa se retirer dans une barque, plusieurs autres
» y entrèrent avec lui, tellement que la barque en-
» fonça dans la rivière. Il tascha donc de se sauver
» dans un plus grant batteau, mais il ne put l'attein-
» dre pour ce qu'il partoit à la haste : toutefois il fit
» tant qu'il se jetta sur la peautre, vint à bord, et
» se sauva dans la ville, laissant sa couleuvrine aux
» Anglois qui l'emportèrent dans les tourelles. »

Île aux toiles. Au-dessous de l'île précédente et de Saint-Jean-le-Blanc se trouvait, en 1428, l'île aux toiles ou des moulins de Saint-Aignan, qui exista jusque vers l'année 1690. Son extrémité orientale était à peu près vis-à-vis de l'angle actuel du mur des Capucins; elle finissait à la hauteur de la rue de la tour neuve et du commencement de la motte Saint-Antoine. Cette petite île, sur laquelle se trouvait une blanchisserie de toiles, que l'on voit représentée sur le plan désigné sous le n° 11, en avait pris son nom. Le bras de Loire qui passait entre elle et la levée était peu considérable, car on voit dans le plan un homme travaillant à battre des toiles qui en occupent toute la largeur. Au temps de Jeanne d'Arc il était plus étendu, sans pourtant l'être beaucoup, car Daulon, son écuyer, lors de la révision du procès de cette femme célèbre, dit expressément qu'il ne fallut que deux bateaux mis au bout l'un de l'autre pour le traverser, lorsque la Pucelle étant sortie par la porte de Bourgogne, rassembla ses troupes dans cette île pour prendre le fort de de Saint-Jean-le-Blanc, et pour attaquer ensuite les tourelles.

Île de la barre Flambert. Son nom venait de sa position au-dessous du pont, vis-à-vis la rivière Flambert dont nous avons parlé à l'article du quai de Cypierre et de la rue de la vieille-foulerie. Elle était très-petite, et séparée de la ville par un canal très-étroit. Entre cette île qui disparut totalement vers 1550, et celle de Charlemagne, qui va suivre, appelées par les contemporains les deux îles de St.-Laurent, eurent lieu, lors du siège, deux combats remarquables par leur singularité. « Le Dimanche de
» Pasques closes, dit *Quasimodo* (1429), se passa
» une forte escarmouche entre les Pages des Fran-
» çois et ceux des Anglois. Ils jettoient force pierres
» et cailloux les uns contre les autres, et n'avaient
» pour escus que de petits panniers pour se con-

» tregarder des coups de pierres, et avoient plu-
» sieurs personnes assemblées pour regarder leur
» combat, la fin duquel fut que les Pages François
» firent reculer les Anglois. Or en ceste petite
» guerre que fisrent à divers jours les Pages Fran-
» çois devant Orléans, ils avoient pour capitaine
» l'un d'entre eux, gentilhomme du pays de Dau-
» phiné, qui avoit nom Aymart Depuiseux, et fust
» depuis nommé *Capdorat* par le seigneur La Hire,
» tant pource qu'il estoit fort blond comme aussi
» pource qu'il estoit fort éveillé, et de grande har-
» diesse entre tous ses camarades, comme il le fist
» bien paroistre depuis en plusieurs beaux faicts
» d'armes, tant en France qu'en Allemagne et ail-
» leurs. Le lundi, quatrième jour d'avril, il y eut
» encore une bataille entre les Pages de l'un et
» l'autre party, vestus et armez comme le jour pré-
» cédent : l'yssue fust qu'il y eust un des Pages
» Anglois tué d'un coup de pierre, et plusieurs de
» blessez de part et d'autre : mais les Pages Anglois
» gangnèrent l'étandart des François. »

PETITE ILE DE CHARLEMAGNE. Cette île appelée aussi île de Saint-Laurent, parce qu'elle était en face de l'église de ce nom, a disparu à peu près dans le même temps que la précédente; elle était située vers le milieu du cours de la rivière. En 1429, les Anglais y avaient établi un fort ou bastille dont les batteries incommodaient beaucoup les assiégés et empêchaient de remonter la Loire : aussi l'on s'empressa dans la ville de faire un gros canon qui lançait des boulets de pierre, de la barre Flambert jusqu'à cette bastille, mais on ne put parvenir à la détruire ni à la faire abandonner.

PETITE ILE AUX BŒUFS. Vis-à-vis le couvent de la Madeleine existait une île qui portait en dernier lieu le nom de cette communauté, et précédemment celui de petite île-aux-bœufs. C'est dans ce lieu détruit par la Loire que fut arrêté le traité entre les

Catholiques et les Protestans, si connu sous le nom de paix de l'île-aux-bœufs, de Caubray, des Vaslins, d'Amboise. Quelques auteurs trompés par la conformité de nom, et la petite île-aux-bœufs n'existant plus, ont placé la conférence tenue à ce sujet dans la grande île-aux-bœufs, au-dessus du pont, et dont nous avons parlé; d'autres ont appelé ce traité paix de Caubray, parce qu'effectivement il fut arrêté dans cette maison, sur le côteau d'Olivet, près du Rondon (1), et paix des Vaslins, du nom d'une habitation du même canton (2); enfin il a aussi été appelé paix d'Amboise, parce que c'est dans ce château que Charles IX le signa définitivement. Le récit des historiens Orléanais rendra plus claires encore nos observations. « Après l'assassinat du duc de Guise » par Poltrot de Méré, dans un chemin creux, près » du pont d'Olivet, la régente Catherine de Médicis

---

(1) On lit encore au-dessus de la porte d'entrée de cette maison de campagne, située immédiatement après le Rondon, à l'occident, une inscription gravée en lettres dorées sur un marbre noir, et replacé par M. Riffé, architecte d'Orléans, lorsqu'il fit reconstruire le bâtiment.

Marmore barbarico, licèt haud sit structa, viator,
   Hæc domus, idcircò, non tibi vilis erit.
Hic propè Guisæus Dux vitæ fata peregit.
   Hospes huic Mater Regia facta casæ est,
Rex comitatus eâ cum fratre hæc tecta subivit,
   Quæ coluit menses plus minùs illa duos.
Aurea de cælo sed et hanc pax venit in ædem,
   Præconum decies hic celebrata tubis.
Villa priùs Caubræa fuit, nunc fœderis ara est.
   Pacem quisquis amas, hunc venerare locum.

(2) On ne doit pas confondre ce lieu qui est dans le quartier de Caubrai, et où l'on dit que la Reine-mère demeura avant de se rendre à Cornet, avec les Vaslins, petit castel près de la route d'Orléans à Lourry, et où il fut arrêté, selon quelques chroniques Orléanaises, une suspension d'armes entre les Catholiques et les Protestans antérieurement à la paix de l'île-aux-bœufs.

» proposa de traiter de la paix : à ceste effect fuct
» dressé ung pavillon violet en l'île-aux-bœufs, près
» de Sainct-Mesmin, dans lequel entrèrent, le 7
» mars 1562, ladicte dame Reyne, le connestable
» de Montmorency, le duc d'Aumale et le secré-
» taire de l'Aubespine ; et de la part des Protestans
» le prince de Condé, d'Andelot-Coligny, Sainct-
» Cire, dict Puy-greffier, gouverneur d'Orléans,
» et d'Aubigné son lieutenant. » La conférence fut
remise au lendemain 8 mars ; mais les articles ne
furent arrêtés et signés à Caubray, où demeurait la
Reine-mère, que le 10 du même mois ; Charles IX
n'y apposa son seing que le 19, au château d'Amboise.

Île Saint-Antoine, Ile des Poissonniers. Ces deux îles, ou plutôt cette même île, sur laquelle s'appuyaient les deux arches du milieu du vieux pont étaient appelées *mottes*. Celle d'Orient, au-dessus du pont, était désignée sous le nom de *motte Saint-Antoine*, en raison d'un hospice qui s'y trouvait et dont nous avons parlé ; l'autre au-dessous, ou à l'occident, se nommait *motte des Poissonniers*, parce qu'ils y avaient *leurs pescheries et gardoirs à poissons*. Ces mottes avaient été fortifiées en 1428 ; elles le furent davantage en 1562 par les Protestans. Les différentes crues de la Loire avaient de beaucoup diminué leur étendue, lorsque le service de la navigation engagea à les faire disparaître tout-à-fait, peu après la démolition de l'ancien pont. (*Voyez* Hospice de Saint-Antoine *et* Vieux pont.)

Ancienne Intendance. Cette maison, située rue de la Bretonnerie, nos 26, 28 et 30, avait pris cette dénomination du séjour qu'y ont fait quelques intendans du Duc d'Orléans, qui l'avaient louée. Elle est aussi appelée la *Grande maison*, dans les relations d'entrées des Ducs d'Orléans qui y sont descendus quelquefois. Elle portait même le nom de *Maison du Roy*, parce que plusieurs Rois de

France y ont logé, notamment en 1614. Louis XIV et la Reine-mère y furent alors reçus avec beaucoup de pompe par M. de la Bruère qui la possédait et qui contribua à la faire meubler et décorer avec magnificence. On remarque que jamais les présens de confiture et de *codignac* d'Orléans, au Roi, à la Reine, à toute la cour, ne furent si abondans qu'à cette réception.

Cet hôtel, très-vaste et très-beau, avait été bâti presque tout en brique en 1430 par François Brachet, intendant de la maison de la Reine Isabelle d'Aragon, veuve de Louis, duc d'Anjou, Roi de Jérusalem. Il est aujourd'hui divisé en trois maisons particulières, mais son beau jardin qui donne sur le grand mail est resté intact. Le dernier propriétaire y avait réuni, avec plus de luxe que de goût, pour la littérature et les arts, une assez belle bibliothèque et des tableaux qui viennent d'être vendus ou disséminés.

JARDIN DES PLANTES *OU* DE LA VILLE, *ET JADIS DES APOTHICAIRES*. La porte de Saint-Laurent, où il est situé, était autrefois très-forte et garnie d'un pont-levis et d'une grosse tour du côté de la rivière. (*Voyez page* 16.) Lors de la démolition de cette tour, de 1562 à 1567, on conserva les cénacles disposés au-dessus de la porte, ainsi qu'un grand espace ou place en avant des bâtimens du côté de la ville. En 1590 on fortifia cette place, et l'on éleva, au-dehors de la porte, des ouvrages en pieux et en terre, qu'on appela, ainsi que la place intérieure, le ravelin St.-Laurent. C'est dans le premier endroit, débarrassé des travaux qui l'obstruaient, que les apothicaires obtinrent, vers 1640, la permission de former un jardin de plantes indigènes et exotiques qu'on admirait encore en 1680 (1). Il paraît qu'en 1760 ce jardin était négligé;

---

(1) Le corps des apothicaires était assez nombreux à Orléans :

mais on y fit alors des dépenses nouvelles, et l'on disposa les salles du bâtiment en serres, cuisines et lieu de réception pour les échevins. En 1788 on admirait la quantité de plantes qui s'y trouvaient et la décoration des appartemens (1). Il fut ensuite à peu-près abandonné, et ses salles servirent aux premières réunions de l'assemblée qui prit ensuite le nom de *club*. En 1818, de nouveaux réglemens, et des acquisitions d'arbres étrangers faites par la Ville au château de la Chapelle, après le décès de Mlle Raucourt qui y possédait de belles serres chaudes, rappelèrent l'existence de ce jardin aux Orléanais. Il est maintenant peu fréquenté; les étrangers y vont examiner quelques plantes rares, et jouir de la vue de sa magnifique terrasse. Les habitans studieux peuvent y suivre un cours annuel de botanique, professé avec talent par le secrétaire général de l'Académie des sciences, belles-lettres et arts. Enfin l'on y trouve une belle glacière dont la ville retire quelques produits par la vente des glaces qu'elle y fait amasser.

MONUMENT DE JEANNE D'ARC. Nous n'entrerons point dans les détails de la vie de Jeanne d'Arc; ses exploits et la valeur qu'un heureux enthousiasme lui fit déployer, sont connus non-seulement des Français, mais de tous les peuples. Nous retracerons donc seulement ici, et très-succinctement, son dévouement et ses malheurs. Ce sera, nous le savons, renouveler dans tous les cœurs l'indignation qu'excitera toujours l'abandon dans lequel on la laissa périr; mais la gratitude de nos concitoyens envers cette femme célèbre en deviendra plus éclatante, et

---

leurs premiers statuts datent de 1555, et ils en dressèrent de nouveaux en 1615. (*Voyez*, page 249, le Collège de médecine.)

(1) On devait sa bonne tenue et les plantes qu'on y remarquait aux soins de M. Prozet, l'un des pharmaciens les plus instruits de notre ville, et auteur de plusieurs mémoires intéressans.

nous contribuerons ainsi à les venger du reproche d'avoir été un seul instant insensibles à son infortune. Notre but sera, du reste, pleinement rempli si nous ajoutons par là aux preuves que dans tous les temps la reconnaissance des contemporains récompensa la générosité des héros qui combattirent pour eux, et que jamais l'indifférence ou l'ingratitude ne trouva place en France que dans le cœur des grands.

Jeanne d'Arc, simple bergère de Domremi, voyait ravager par les troupes étrangères le beau pays qu'elle habitait; le récit des malheurs de nos provinces, la position désespérée du Roi, affligeaient son cœur généreux. Bientôt elle sent développer en elle cet amour de la patrie, cette ardeur qui produisit depuis les Jeanne Hachette, les chevalières d'Eon, et plus récemment encore des guerrières moins connues, combattant avec valeur sous les drapeaux français. Disons-le franchement aussi, de la piété simple, mais un peu mêlée de ce fanatisme et de cette crédulité naïve, si fréquente dans son siècle et si naturelle à son âge, ajoutèrent à la trempe peu commune de son âme. Persuadée qu'elle est appelée à sauver son pays, elle sollicite et obtient enfin de se rendre à Chinon, près de Charles VII. Elle part; sa candeur, son ingénuité, ses nobles sentimens intéressent les guerriers les plus recommandables. Elle est armée; des soldats lui sont confiés; Dunois, La Hire, Saintrailles, le maréchal de Saint-Sévère l'accompagnent, combattent à ses côtés et se laissent plutôt entraîner par ses inspirations, qu'ils ne semblent guider ses pas; Orléans est délivrée et la France sauvée. Elle conduit Charles à Reims, devient le plus bel ornement de son sacre, combat encore pour lui, et trouve aux portes de Compiègne le terme de ses exploits. C'est là qu'une basse jalousie, une noire trahison, l'attendaient; c'est dans les fers, vendue comme une esclave, abandonnée des puissans de la terre pour lesquelles elle sacrifia tout, qu'elle devait éprouver les premières angoisses réservées à son courage. Un jugement inique se prépare, il est prononcé par un évêque indigne de son ministère et du nom français; le bûcher s'élève; elle y monte avec résignation, et meurt en pardonnant l'oubli de son Roi. Quelle récompense, hélas! du plus sublime attachement à son pays...... Mais cet arrêt odieux, rendu par des hommes vendus à l'Angleterre, les couvrit d'infamie en ajoutant à la célébrité de la victime d'une rage impuissante; cependant vingt-cinq années s'étaient écoulées, et la cour de France ne pensait pas à venger sa libératrice. Sa mère, ses frères, accueillis dans nos murs avec vénération, fixés près de nos ancêtres par la reconnaissance, avaient puisé dans les cœurs Orléanais la noble hardiesse de demander à deux fois différentes au monarque qui devait sa couronne à Jeanne d'Arc, une justice trop tardive (1). Enfin une enquête est or-

(1) Les comptes de la commune font foi de la reconnaissance que la ville d'Orléans s'empressa de témoigner aux parens de Jeanne d'Arc. On y voit qu'ils possédaient et habitaient une maison qu'on leur fournissait dans la rue des pastoureaux ; il paraît que sa mère avait même été mise en pension chez un habitant qui en avait soin, car on lit dans le compte de 1440: « Payé 12 liv. 9 s. 2 d. à Henriet Anquetil et Guillaume Bou- » cher, pour avoir gardé et gouverné Ysabeau, mère de Jehanne » la Pucelle, tant en sa maladie comme depuis, et y a esté » depuis le 7 juillet 1440 jusqu'au dernier d'aoust. *Item* payé » 4 s. à la chambrière qui estoit à feu messire Bertran, phi- » zicien (*probablement médecin*), qui avoit gardé ladicte ma- » lade. Payé à Henriet Anquetil 4 liv. 16 s. parisis pour la » dépense de ladicte Ysabeau pendant les mois de septembre » et d'octobre, de marché faict avec lui. En 1441, payé 56 s. 4 d. » à Geuffroy Dijon, apothicaire, pour avoir baillé des choses » de son mestier à la mère de Jehanne la Pucelle, qui a esté » fort malade. » Enfin depuis le mois d'octobre 1440 jusqu'en 1458 on trouve à chaque mois : « Payé 48 s. parisis ou 60 s. » tournois à Ysabeau pour don qu'on lui faict chacun mois, » pour soy vivre ; » et en 1458: « Payé à messire Pierre du » Lys, chevalier, frère de feue Jehanne la Pucelle, pour le

donnée, des témoins déposent de sa piété, de son courage, comme si le Roi, les généraux qui secondèrent son ardeur en avaient pu douter. Le Pape lui-même, qui avait béni ses succès, ne réhabilita point sa mémoire outragée; et son successeur, Calixte III, n'y consentit qu'après la révision minutieuse des pièces mensongères de son assassinat.

Telle fut la gratitude des princes contemporains pour la malheureuse Jeanne, lorsqu'ils lui rendirent, comme au simple instrument de leurs victoires, cet hommage que commandaient ses vertus, et que des raisons politiques forcèrent enfin à lui accorder.

Brûlée en 1431, reconnue innocente en 1456, les habitans d'Orléans la regardèrent dans tous les instans comme la victime de la vengeance des perfides Anglais et de l'ingratitude de la Cour : aussi à peine la révision de son procès fut-elle connue dans nos murs, qu'on s'empressa de lui élever un monument

---

» don que la Ville faisoit chacun mois à feue Ysabeau leur mère;
» pour lui aider à vivre, et pour le mois de novembre dernier passé,
» auquel mois elle trépassa le 28ᵉ jour, pour laquelle cause
» ladicte somme a esté ordonnée estre baillée audict messire
» Pierre, son fils, pour faire du bien pour l'âme d'elle et pour
» accomplir son testament. »

La somme de 60 s. tournois semble bien modique, mais en 1440 le pain d'une livre était taxé à 2 d. et le vin valait aussi 2 d. la pinte ; en 1408, des bœufs gras ne se payaient que 10 liv. 8 s. la paire, etc., etc.

La générosité de la Ville s'étendait aux frères de Jeanne d'Arc; car, outre les libéralités du Duc d'Orléans qui leur abandonna, en 1443, les revenus de l'île-aux-bœufs (probablement la petite), évalués à 7 liv. par année, on trouve dans le compte de 1436 : « Payé 8 s. 9 d. pour dix pintes et chopine de vin ; 38 s. pour
» douze poulets, douze pigeons, deux oisons et deux levratz
» (levreaux), présentés ledict jour 5 aoust à Jehan, frère de la
» Pucelle, et don faict à lui de 12 liv. tournois pource qu'il ve-
» noit de devers le Roy lui annoncer que sa sœur existoit, que
» le Roy lui avoit ordonné 100 liv. et commandé qu'on les lui don-
» nast, ce dont on ne fit rien, et ne lui fust baillé que 20 liv.;
» dont il avoit despendu 12 liv. et ne lui restoit plus que 8 liv.

sur le pont même, témoin de ses premiers exploits. Les dames et les demoiselles d'Orléans en firent tous les frais. C'est faussement que les auteurs vénales ou terrifiés du règne de Louis XI en ont attribué tout l'honneur à Charles VII pour qu'il rejaillît sur son fils ; car il est constant, d'après d'autres autorités, que ce sont les Orléanais qui en conçurent l'idée et la mirent à exécution avec les deniers de la ville et les parures de leurs femmes.

Nos historiens eux-mêmes, entraînés par ces écrits et par l'habitude de rapporter aux chefs du Gouvernement tout l'honneur des conceptions, des entreprises généreuses ou hardies de leurs sujets, ont accrédité la croyance que Charles VII avait fait élever en 1458 le premier monument de Jeanne d'Arc. Mais Pontus Heuterus, historien flamand, né en 1535, qui avait vu ce monument avant qu'il n'eût

---

" qui estoit peu de chose pour s'en retourner à Metz devers sa
" sœur, attendu qu'il estoit lui cinquième à cheval. " On voit qu'il est ici question de la dame des Armoises se disant Jeanne d'Arc. (Voyez la note de la page 374.) Le 18 juillet 1457, on lit : " Payé 52 s. à Simon Mazier pour 51 pintes de vin
" tant blanc que vermeil, présentées par la Ville au disner
" et au souper des nopces du fils messire Pierre du Lys, che-
" valier, frère de feue Jehanne la Pucelle, pour ce qu'il es-
" toit venu faire sa feste du village (il possédait la maison de
" Villiers, à quelques lieues d'Orléans, en Sologne) en ceste
" ville, et n'avoit point de bon vin vieil pour pouvoir festoyer et
" faire plaisir à messires de la justice et autres notables gens
" de la ville et du dehors qui estoient venus auxdictes nopces:
" Item payé à Michellet Filleul, l'un des procureurs de la
" ville, la somme de 20 liv. tournois, qui, par l'ordonnance
" desdits procureurs, a esté par lui présentée au nom de la
" Ville au fils dudit messeigneur Pierre du Lys, chevalier, le
" mardi 19 dudit mois, en augmentation de son mariage, pour
" considération des grands biens, bons et agréables services
" que fist durant le siège feue Jehanne la Pucelle, sœur du-
" dict messeigneur Pierre du Lys, à cette cité d'Orléans. Item
" payé 2 s. 4 d. pour une bourse en quoi a esté présentée la
" somme dessus dicte en monnoie. "

été mutilé par les Protestans, et par conséquent lorsque les souvenirs de son érection étaient encore récens, dit expressément qu'il était dû à la générosité des habitans (1).

Louis d'Orléans, né en 1542, et qui a composé des inscriptions en l'honneur de la Pucelle (2), s'exprime encore plus clairement et d'une manière positive à ce sujet. Enfin les Protestans ajoutent aussi à la vérité de ces assertions lorsqu'ils s'excusent en ces termes de l'avoir détruit : « C'est » pour envie et tort qu'on nous veut faire qu'aucuns » ont dit que les nostres et reistres ont tiré de » leurs canons sur la Pucelle et la Vierge qu'ont faict » faire sur le pont les habitans, des joyaux de leurs

---

(1) *Sunt qui fabulam quæ de Puellâ Joannâ scribimus putant, sed præterquam quod recentioris sit memoriæ, omniumque scriptorum libri qui tunc vixerunt mentionem de eâ præclaram faciant, vidi ego meis oculis in ponte Aureliano trans Ligerim ædificato, erectum hujus Puellæ æneam imaginem comâ decore per dorsum fluente, utroque genu coràm æneo crucifixi Christi simulacro nixam, cum inscriptione, positam fuisse hoc tempore,* operà sumptuique virginum ac matronarum Aurelianensium, *in memoriam liberatæ ab eâ urbis Anglorum obsidione.* (Joannæ d'Arc historia, autore Hordal, p. 122.)

(2) *Ad Dei gloriam incomparabilem, ad virginis matris commendationem, ad Caroli VII decus, ad laudem Janæ Arxeæ et tanti operis æternum monumentum, senatus populusque Aurelianensis, matronæque et virgines Aurelianenses, virgini fortussimæ, viragini cordatissimæ, post annuas decretas supplicationes, hanc crucem, hasque statuas, pontemque tanti miraculi testem, autoritate regiâ poni curaverunt, anno salutis* 1458.

Cette inscription, composée par Louis d'Orléans, est imprimée dans le recueil des inscriptions en l'honneur de la Pucelle, par Charles du Lys, édition in-4° de 1628. On est étonné d'y lire : *Ad Caroli VII decus*; mais cette flatterie alors obligée est loin de la franchise et de la vérité de ces beaux vers de Casimir Delavigne.

Que faisait-il ton Roi ? plongé dans la mollesse,
Tandis que le malheur réclamait son appui,
L'ingrat ! il oubliait aux pieds d'une maîtresse
  La Vierge qui mourait pour lui !

» femmes et filles, pour les jetter en bas, car
» il est bien recogneu que par adventure seulement
» et sans intention mauvaise, a esté abattu d'un coup
» de canon deux des statues ; en se combattant sur
» iceluy pont. » Que ce soit par hasard ou par vengeance, deux figures de ce monument, regardé comme un des premiers fondus en France, furent détruites en 1562, et les huguenots commirent alors tant d'excès, qu'on peut ajouter quelque croyance aux récits des contemporains qui s'accordent à dire que les soldats *se ruèrent* sur la Pucelle et sur la Vierge, et les brisèrent en les jetant dans la Loire.

La seule description qui nous reste de ce premier monument nous a été conservée d'une manière imparfaite par Pontus Heuterus dont nous avons rapporté plus haut les propres expressions, et l'on ne connait ni dessin ni gravure, de la même époque, qui le représente. On regarde comme la plus ancienne et la plus curieuse celle qui se trouve dans l'Histoire de France, in-f°, de Jean de Serres. Charles VII y est représenté à genou, la tête découverte, les mains jointes, armé de toutes pièces et revêtu d'un manteau court; sa couronne est au bas de lui. La Pucelle est en face, à droite ; elle est également à genou, les mains jointes; ses cheveux flottent librement sur ses épaules et sur l'armure dont elle est couverte. Entre le Roi et Jeanne d'Arc se trouve une croix très-simple, au pied de laquelle une Vierge assise soutient la tête et le bras d'un Christ mourant. Toutes ces figures semblent fixées sur une espèce de rocher. On a prétendu que dans ce monument la Vierge était debout près de la croix, et que le Christ était attaché à la croix ou qu'il n'existait pas : nous ne voyons cette conjecture appuyée d'aucun renseignement positif, et fondée seulement sur ce que le coup de canon qui abattit, dit-on, la Pucelle en 1562, n'aurait pu abattre la Vierge si elle n'avait
pas

pas été de même hauteur et sur le même plan, raisonnement qui n'a pas besoin d'être réfuté. M. l'abbé Dubois, qui adopte la première de ces versions (1), dit un peu plus loin que *les Catholiques parvinrent à soustraire à ces fanatiques* (les Protestans) *le Christ et la statue de Charles VII*. Effectivement, en 1570, lorsqu'on voulut rétablir ce monument, on chargea, selon M. Polluche, Jean Lescot, fondeur, de refaire la statue de la Pucelle et celle de la Vierge, de raccommoder le Christ et tous les accessoires qu'on disposa différemment. Il est clair, d'après cela, qu'il existait un Christ; mais nous ne voyons pas pourquoi M. Dubois, qui rapporte à cet égard le texte de M. Polluche, a fait placer en tête de sa notice une lithographie du premier monument d'après des données si peu certaines, et qu'ont suivi les Missionnaires dans la lithographie dont nous avons parlé, page 221.

Dans le monument restauré par Lescot, les statues de Charles VII et de la Pucelle occupèrent les mêmes places; seulement on plaça à côté du Roi un heaume couronné, au lieu d'une simple couronne; et aux pieds de la Pucelle un simple heaume; et ses cheveux, jadis flottans, furent liés au bas de la nuque par un ruban. La Vierge fut assise au bas de la croix, et le Christ placé sur ses genoux; au haut de la croix on ajouta un pélican se saignant pour ses petits. M. Dubois veut encore qu'on ait mis au bras droit de Charles VII une lance, et à celui de Jeanne d'Arc son étendard; il dit aussi que Lescot donna une autre disposition aux bras du Christ : nous n'avons rien trouvé qui puisse appuyer ces assertions.

En 1739, un violent ouragan abattit la croix de bronze du monument : elle fut promptement rem-

---

(1) Notice historique sur Jeanne d'Arc et les monumens érigés en son honneur. Orléans, Jacob, 1824.

placée par une croix en bois. En 1745, les travaux qu'on fut contraint de faire à l'ancien pont, pour en éviter la ruine, obligèrent à enlever le monument de Jeanne d'Arc, qui resta oublié dans les magasins de l'hôtel-de-ville pendant vingt-cinq ans, même espace de temps qui s'était écoulé entre sa mort et la révision de son procès.

A la sollicitation de M. Desfriches, connu par son attachement à sa patrie, son goût et ses succès dans les beaux-arts, les échevins replacèrent en 1771 le monument de Jeanne d'Arc dans la petite place que forme la jonction de la rue royale avec celle de la vieille-poterie. On y fit quelques changemens; des coussins en plomb furent disposés sous les genoux du Roi et de la Pucelle; leurs heaumes furent appuyés le long du rocher de plomb qu'on plaça pour supporter toutes les figures, y asseoir la Vierge, et la tenir un peu élevée; le milieu fut décoré de l'écusson de France; enfin on mit entre le rocher et Jeanne d'Arc une longue lance couchée. Au pied de la croix on plaça aussi un serpent roulé sur lui-même et mordant une pomme, derrière on fixa le nid du pélican qui était jadis au haut.

Le piédestal en pierre, entouré d'une grille de fer exécutée sur les desseins de M. Soyer, ingénieur des turcies et levées, était fort beau : deux tables de marbre s'y trouvaient incrustées ; on y lisait les deux inscriptions suivantes, gravées en lettres d'or et composées par M. Jacques Ducoudray, alors maire d'Orléans.

« Du règne de Louis XV. Ce monument, érigé
» sur l'ancien pont par le roi Charles VII, l'an 1458,
» en action de grâces de la délivrance de cette
» ville et des victoires remportées sur les Anglais
» par Jeanne d'Arc, *dite* la Pucelle d'Orléans, a
» été rétabli dans sa première forme, du vœu des
» habitans, et par les soins de M. Jacques Ducou-
» dray, maire. Isambert de Bagnéaux, Vandebergue

» de Villebouré, Boillève de Domcy, Deloynes de
» Gautray, échevins, Desfriches, Chaubert, Colas
» de Malmusse, Arnault de Nobleville, Boillève,
» Lhuillier de Planchevilliers, conseillers. L'an
» MDCCLXXI. »

D. O. M.
Pietatis in Deum,
Reverentiæ in Dei-Param,
Fidelitatis in Regem,
Amoris in Patriam,
Grati animi in Puellam,
Monumentum
Instauravere Cives Aureliani,
Anno Domini MDCCLXXI.

Depuis la réhabilitation de la mémoire de Jeanne d'Arc, les Orléanais manifestèrent plus librement leur reconnaissance, et instituèrent une fête, le 8 mai, en son honneur, et pour remercier Dieu de la délivrance de la ville qui eut lieu ce jour. Une procession solennelle se rendait, après avoir parcouru diverses rues de la ville, par l'ancien pont jusqu'aux Augustins. Outre les autorités civiles, le clergé, les ordres religieux, les châsses des églises de la ville et des environs, si nombreuses qu'il fallait jusqu'à *cent quatre* hommes pour les porter, on y remarquait la Pucelle représentée d'abord, dit-on, par une jeune fille, et ensuite par un jeune garçon appelé le *Puceau*, et habillé de satin jaune et rouge, disposé en losanges cousus les uns aux autres. Cet habillement à l'espagnol, son chapeau gris relevé par-devant avec un panache, ses bas jaunes et l'étendard fleurdelisé qu'il tient à la main sont bizarres sans doute, et peu conformes aux vêtemens que portait Jeanne d'Arc; mais ils ont encore aujourd'hui un caractère singulier qui ajoute à la pompe de la fête. Le père du jeune enfant tenait près de lui une bannière à l'instar de celle que portait la Pucelle. Des théâtres étaient disposés sur le passage de ce cortège, et l'on y chantait des motets injurieux pour les Anglais, que la Cour interdit en 1514, lors de la paix avec cette nation. Depuis ce temps on ne dressa plus qu'un seul échafaud au bout du pont, sur lequel montait le Puceau pour laisser défiler devant lui toute la procession et saluer chaque Corps avec sa bannière. On distribuait aussi, pendant cette fête, des emblêmes, tels que des pelotons de fil, des simulacres de phénix, d'éperviers, *dont on dit que la femelle vaut mieux que le mâle, et le tout,* ajoute un historien Orléanais, *afin que leur postérité suive la même piste* (1).

En 1792, le 29 août, on préluda aux dévastations que nous déplorons tous les jours; en enlevant le monument de Jeanne d'Arc, qui fut brisé par morceaux et expédié pour être fondu en canons, à l'instigation et par les ordres de Léonard Bourdon qui, non content de nous avoir dépouillés de ce que nous possédions de plus remarquable, vint choisir ensuite les victimes de sa fureur sanguinaire parmi nos infortunés concitoyens.

---

(1) Voici en quels termes s'exprimait un voyageur anglais, P. Helluin, relativement à Jeanne d'Arc, dans la relation qu'il transmit à ses compatriotes, sur son séjour à Orléans, vers le milieu du règne de Louis XIII. « L'histoire d'Orléans cite peu de
» faits aussi mémorables que celui de son siège par les Anglais. Je
» ne retracerai ni la mort du comte de Salisbury, tué devant Or
» léans, ni les exploits de la brave amazone qui en fit lever le
» siège. Sauf le respect que je dois à ceux qui la condamnèrent, il
» est faux que Jeanne d'Arc ait été sorcière : dans sa conduite je
» remarque beaucoup d'adresse, quelquefois même de la valeur,
» mais rien de diabolique.... Abandonnons l'accusation de magie à
» ces écrivains que la partialité éloigne des sentiers de la vérité. Je
» m'inscris sur la liste des Anglais capables de sacrifier tout à la
» gloire de leur pays, excepté la vérité : jamais rien ne pourra
» m'engager à prononcer le nom de cette guerrière autrement que
» celui d'un grand capitaine.... Vous tous dont elle surveille en
» core les bataillons, rendez-lui l'honneur qu'elle réclame, et
» quand vos drapeaux vous guident à l'ennemi, criez pour devise
» de la France : *Saint Denis et Jeanne d'Arc.* »

En 1803, la ville d'Orléans sollicita du Gouvernement la permission d'élever un monument nouveau à la mémoire de la Pucelle (1). On venait de couronner au concours une statue de Jeanne d'Arc, modelée par M. Gois fils : cette statue frappa les yeux de l'Administration municipale qui la choisit, au lieu d'ouvrir un concours ou d'employer tout autre moyen pour obtenir des artistes les plus recommandables un projet digne de la reconnaissance de la Ville et de tous les Français. Le modèle en plâtre, posé provisoirement sur le martroi, entre la rue Bannier et la rue royale, y resta environ une année; on s'aperçut facilement que cet endroit de la place ne convenait point à la petitesse de la statue qu'on enleva pour la mettre dans le jardin de l'hôtel-de-ville où elle se trouve encore. Le 20 mars 1804 on commença à travailler au piédestal dans le lieu où il est maintenant, et, peu de temps après, la statue en bronze et ses accessoires se trouvèrent achevés et placés. La dépense, remplie en grande partie par les souscriptions des habitans, s'est élevée à 40,000 fr. environ, y compris une médaille frappée pour perpétuer le souvenir de cette restauration (2). La statue

―――――――――

(1) Le 29 pluviose an XI (18 février 1803) le premier Consul Bonaparte approuva le rétablissement du monument de Jeanne d'Arc à Orléans. L'apostille à la pétition du corps municipal est en entier de sa main, et ainsi conçue :

« La délibération du conseil municipal m'est très-agréable. L'il-
» lustre Jeanne d'Arc a prouvé qu'il n'est point de miracle que
» le génie français ne puisse opérer, lorsque l'indépendance
» nationale est menacée. Unie, la nation française n'a jamais été
» vaincue ; mais nos voisins abusant de la franchise et de la loyauté
» de notre caractère, semèrent constamment parmi nous ces
» dissentions d'où naquirent les calamités de l'époque où vécut
» l'Héroïne française, et tous les désastres que rappelle notre
» histoire. »

Le ministre de l'intérieur Chaptal souscrivit de suite pour 5,000 francs.

(2) Cette médaille, délivrée aux Souscripteurs, représentait

a huit pieds de hauteur et repose sur un piédestal de neuf pieds de haut sur quatre pieds de large, revêtu de très-beaux marbres et orné de quatre bas-reliefs ; celui du sud représente le combat des tourelles, celui de l'ouest rappelle le moment où Jeanne d'Arc reçut l'épée des mains du Roi ; le troisième, à l'est, retrace l'instant du sacre de Charles VII, et le quatrième la mort affreuse de la Pucelle. On lit sur la face de l'ouest cette simple et convenable inscription : *A Jeanne d'Arc*. La statue représente une femme dans la vigueur de l'âge, coëffée d'un chapeau dont les bords sont relevés et surmontés de panaches ; sa figure et son cou sont découverts, une riche cuirasse dessine sa poitrine et sa taille robuste, les bras sont défendus par une cotte de maille, une longue robe passe sous la cuirasse et descend jusqu'aux pieds chaussés de souliers carrés et très-ornés. Un large ceinturon, passé sur l'épaule, soutient le fourreau d'une épée placée dans la main droite, et dont la pointe est tournée vers la terre ; la main gauche tient un drapeau arraché avec violence à l'ennemi, ce qui imprime à la figure un air farouche qu'on est peu habitué à trouver dans les divers portraits et reliefs de Jeanne d'Arc ; les pieds sont supportés par des débris sur lesquels on apperçoit trois léopards. Nous laisserons du reste aux artistes à apprécier le mérite de ce monument dans son ensemble et dans ses détails.

En 1820, M. Romagnési, statuaire à Paris, et né à Orléans, présenta au conseil municipal le projet d'un autre monument, mieux approprié à la

---

d'abord le premier Consul, d'un côté, et de l'autre la statue de Jeanne d'Arc, avec les noms du ministre, du préfet et du maire d'Orléans. Depuis on a frappé de nouvelles médailles portant la tête du Roi Louis XVIII, d'un côté, la statue de Jeanne d'Arc de l'autre, avec ces mots : *A Jeanne d'Arc. Monument rétabli à Orléans, le 8 mai 1803. Le 8 mai 1429, elle sauva Orléans, la France et son Roi.*

place qu'il devrait occuper, le centre du martroi, et plus digne, par son importance, de l'attachement voué à Jeanne d'Arc par les Orléanais. Elle devait être représentée à cheval, sur un très-beau piédestal et en marbre blanc. Ce projet, qui reçut l'approbation du conseil municipal et du préfet, resta malheureusement sans exécution, en raison des événemens qui survinrent depuis ; mais nous espérons le voir un jour réalisé.

Le 18 floréal an XI (8 mai 1803), sur la demande des habitans et de M. Bernier, évêque d'Orléans, le premier Consul autorisa le rétablissement d'une fête civile, militaire et religieuse de Jeanne d'Arc. Elle fut célébrée la même année, et le cortège sortit de la cathédrale pour parcourir la rue de l'évêché, la place de l'étape, la rue d'Escures, le martroi, la rue royale, le pont, la grande rue de Saint-Marceau jusqu'à l'église, où le discours d'usage fut prononcé. Ce discours ou panégyrique de la Pucelle a eu lieu ensuite, au retour de la procession, dans l'église de Saint-Pierre, et enfin à Sainte-Croix avant le départ. En 1824 on changea la marche du cortège, et l'on suivit, ainsi qu'on le fait maintenant, les rues Pothier, Saint-Sauveur, etc., le grand marché, la rue du châtelet, le quai, le pont ; on alla jusqu'à la croix de la Pucelle où l'on chanta un motet, et l'on revint par la rue royale, le martroi, la rue d'Escures, l'étape, la rue de l'évêché. Depuis 1815 on a rétabli le puceau avec son costume et le cérémonial usité à son égard (1). Le 9 mai on

(1) Le Puceau, appelé dans le programme le représentant de la Pucelle, se rend, la veille de la fête, au haut de la tour de ville, avec les tambours et les trompettes ; il y reste une heure pendant que les tambours battent, les trompettes jouent et la cloche sonne. Il est conduit le soir en prison où il passe la nuit, on ne sait pas trop pourquoi. Est-ce la veille des armes qu'il fait ? ou le souvenir de la captivité de Jeanne qu'il rap-

célèbre à Saint-Aignan un service pour le repos des âmes des défenseurs d'Orléans ; autrefois on en célébrait un pour Jeanne d'Arc dans l'église de Saint-Samson (1). Il serait peut-être à désirer de voir rétablir la cérémonie du mariage d'une rosière, instituée

pelle ? Le lendemain il se rend, avec l'Autorité municipale, au service qui se célèbre à Saint-Aignan pour le repos des soldats et habitans tués pendant le siège de 1428. Jadis il était exempt de milice, récompense extraordinaire pour le représentant d'une guerrière ; aujourd'hui la Ville lui accorde une légère indemnité, et quelques faveurs.

(1) Depuis 1431 jusqu'en 1439 la Ville fit célébrer un service solennel pour Jeanne d'Arc, la veille de la Fête-Dieu, parce qu'elle avait été brûlée la *vigile de cette fête* ; toutes les Autorités y assistaient. En 1436, une dame des Armoises, qui se disait la Pucelle, fabriquant un roman sur la manière dont elle avait été sauvée du bûcher, parvint à se faire reconnaitre des frères de Jeanne d'Arc. Les procureurs de la ville d'Orléans crurent également cette fable, à laquelle le passage d'un des frères de Jeanne d'Arc, qui se rendit de Metz à Chinon, près du Roi, pour lui annoncer cette nouvelle, donnait un grand caractère de vérité. En 1439, cette prétendue Jeanne d'Arc, mariée au seigneur des Armoises ou Hermoises, d'une famille illustre de Lorraine, vint à Orléans, où on la reçut avec distinction ; elle y resta quatre jours, et on lit dans les comptes de la ville de cette année, au 1er août : « Payé à Jehanne des Armoises 210 liv. » parisis pour don à elle fait par délibération faicte avecque le » conseil de la ville, et pour le bien qu'elle a fait à ladicte » ville pendant le siège. » (Ces 210 liv. feraient aujourd'hui environ 2000 fr.) On trouve ensuite dans le même compte : « Payé 10 s. 8 d. pour huit pintes de vin despensées à un souper » où estoient Jehan L'huillier et Thevenon, de Bourges, pour ce » que on les devoit présenter à ladicte Jehanne, laquelle se » partit plustost que ledict vin ne fuct venu. » Il parait effectivement qu'elle s'en alla promptement dès qu'elle eut touché l'argent que lui donna la Ville. Cette dame des Armoises est-elle la même fausse Pucelle que Charles VII fit admonester par le Parlement de Paris en 1440 ? Nous le croirions volontiers ; mais M. Polluche ne le pense pas. Depuis l'arrivée à Orléans de la dame des Armoises, on cessa de faire un service annuel pour Jeanne d'Arc, et il n'a point été rétabli. (*Voyez* M. de Luchet ; M. Polluche, problème historique sur la Pucelle d'Orléans ; D. Calmet, histoire de Lorraine, etc., etc.)

en 1786 par le Duc d'Orléans : ce serait le moyen d'ajouter à la solennité de la fête, et de récompenser la vertu en l'honneur de la Pucelle.

LEVÉES. Le nom de *levée* est donné de temps immémorial, dans notre province, à des amas de terres accumulées sur un point pour s'opposer aux inondations, et l'on trouve dans les notes d'anciennes prières faites à l'occasion de ravages causés par les crues de la Loire, cette phrase qui prouve que ce nom d'*eve* ou *esve* était proprement celui de l'eau : « *Le peuple priant, ses logis desrués par la furor de l'esve, adonc il saulva moult chouses par la grace de Dieu.* » Plus tard on appela *turbies* et *turcies* les remparts ou élévations de terre et de pierres pratiquées pour la défense des villes et pour contenir les rivières dans leurs lits : cette dénomination est donnée aux digues qui existaient le long de la Loire en 1429, à l'époque du siège ; car il y avait la turcie Saint-Jean-le-blanc, derrière laquelle les Anglais s'étaient retranchés, la turcie Saint-Laurent, dont le nom est resté à une des rues de la ville, etc. Ces digues étaient primitivement peu élevées, mais, comme on voit, d'une origine très-ancienne. On doit aux soins du ministre Sully la réparation et l'exhaussement de celles qui avoisinent Orléans ; il en avait personnellement senti la nécessité, car peu après l'achat du château de Sully, il s'y trouva inondé et se sauva avec peine. Sous Louis XIII les maîtres des turcies et levées y firent travailler de nouveau ; mais celles qui bordent le portereau à l'est, jusqu'aux Capucins, et à l'ouest jusqu'à Saint-Privé, ne furent portées à l'élévation qu'elles ont aujourd'hui qu'à l'époque de la construction du pont. Elles auraient besoin d'être réparées de nouveau et rechargées en plusieurs endroits. MM. les Ingénieurs des ponts et chaussées désireraient sans doute que des fonds suffisans fussent mis à leur disposition pour cette opération qui éviterait aux communes du Val les alarmes que leur causent souvent les crues inopinées du fleuve. C'est ainsi qu'au 8 décembre 1825, le Val de Saint-Denis et celui de Saint-Privé furent menacés d'être submergés par la Loire qui passait déjà par-dessus la levée, à *Lumina* et en face de la *Cabredée*. Parmi les crues les plus considérables de la Loire et la rupture ou la submersion des levées, on remarque celles qui eurent lieu en septembre 581, en février 1414, en février 1428, en mai 1527, où la Loire et le Loiret se joignirent dans le Val; en novembre 1542, en juillet 1580, en 1588, en 1608, en mai 1628, en janvier 1641, en 1707, 1709 et 1711, en mai 1733, en décembre 1755, en janvier 1789, où les glaces causèrent de grands ravages; enfin le 14 novembre 1790, le 8 décembre 1825, le 8 décembre 1826, et le 24 mai 1827.

Couvent de la Madeleine. Le couvent de la Madeleine, situé dans le faubourg auquel il a donné son nom, et le monastère de saint Jean l'évangéliste qui en était voisin, devaient leur origine au Roi Louis-le-Gros. Ce monarque, après avoir établi l'abbaye de Fontevrault, engagea le fondateur de cet Ordre, Robert d'Arbrissel, à envoyer quelques Religieuses à Orléans, où elles furent bien accueillies par Jean II, évêque du diocèse, et par le chapitre de Sainte-Croix.

On leur donna, en 1113, à l'ouest de la ville et à quelque distance, un hospice dont l'église était sous l'invocation de sainte Marie-Madeleine, et où l'on recevait de pauvres filles étrangères. En 1119, le pape Calixte II approuva cette donation, et ce couvent prit le nom de Sainte-Marie-de-l'hospice (*Sancta Maria de hospitio*), en raison de la première destination de la maison. En 1267, Robert de Courtenai leur donna des reliques de sainte Madeleine; alors il reprit sa première dénomination. En 1291, Jeanne de Châtillon, comtesse de Blois, leur laissa différens legs par son testament dans le quel elle appelle les Religieuses *les Nonains de l'hôtel des Olliens.*

Quelques-uns de nos Rois ont affectionné cette communauté, et l'ont gratifiée de redevances utiles. Louis-le-Gros lui avait donné le droit de prendre chaque jour une charretée de bois dans la forêt de Chanteau; Philippe-le-Bel étendit ce privilège à celle de Gomas; Louis XIII convertit en une rente de 91 liv 5 s. par an, celle de 5 s. parisis qu'on leur payait depuis l'année 1248.

Les guerres du règne de Charles VII avaient amené le relâchement dans ce monastère, et les Anglais en avaient totalement ruiné les bâtimens: en 1475, Marie de Bretagne entreprit de le réformer et d'y établir une confrérie sous le nom de Saint-Gabriel - Archange; Thiébaut d'Assigny, alors évêque d'Orléans, approuva cette confrérie qui donna son nom à la ferme qui existe encore à l'embranchement de la route qui conduit à Chaingy. Marie de Bretagne fit rebâtir la maison de la Madeleine, relever l'église et réparer une maison succursale ou espèce de ferme appelée Chaumontais, située dans la forêt d'Orléans, et qu'on désigne encore sous le nom d'abbaye aux nonains. Les revenus de cette ferme consistaient, outre les terres, en une redevance créée par Louis-le-Jeune: en 1163 c'était un droit de dîme du pain et du vin de la table du Roi lorsqu'il séjournait à Lorris, et qui était partagée par tiers avec les Religieuses de Brandelon et les lépreux de Lorris. Marie de Bretagne affectionna beaucoup les Religieuses de la Madeleine, parce qu'elle était issue de la maison d'Orléans; elle vint se fixer parmi elles avec six professes de Fontevrault, et voulut être enterrée dans le chœur de l'église où elle fut inhumée en 1477.

Les bâtimens du couvent de la Madeleine souffrirent beaucoup des ravages des Protestans; mais ils avaient été réparés en 1600 par M. d'Escures. Ils étaient en assez bon état lorsque les Religieuses, dont l'occupation principale était d'élever les demoiselles de bonne famille, furent contraintes de quitter leur cloître. Depuis 1792 cette maison abandonnée fut vendue 103,100 fr. sur la mise à prix de 38,000 fr., et démolie entièrement en 1799 : il n'en reste aujourd'hui que l'enclos disposé en blanchisserie de toile.

L'église et le couvent de Saint-Jean-l'évangéliste, dont nous avons parlé au commencement de cet article, étaient occupés par des Religieux, selon la volonté de Robert d'Arbrissel qui, en fondant l'abbaye de Fontevrault, ordonna que près des communautés de femmes de cet Ordre il y en eût toujours un d'hommes, chargés de desservir l'église dédiée à saint Jean. Ces Religieux subsistèrent jusqu'en 1562 ; mais alors leurs cellules ayant été détruites pendant les guerres de religion, on ne les rétablit point, et le titre de prieur qu'avait au principe leur supérieur, ayant été converti, en 1475, lors de la réforme, en celui de confesseur, il le conservait en dernier lieu, quoiqu'il n'eût plus de moines sous ses ordres.

Magasin des subsistances militaires. Ce magasin, qu'on appela long-temps l'étape aux soldats, fut établi dans les bâtimens de l'ancien couvent du Calvaire, rue et près de la porte Madeleine, peu de temps après la sortie des Religieuses. Cette destination a préservé jusqu'ici de toute destruction ces bâtimens peu remarquables. L'église petite, mais assez régulière et dans laquelle on remarquait jadis une belle descente de croix, peinte par Boullogne l'aîné, et quelques autres ornemens, contient aujourd'hui les fours où l'on cuit le pain destiné aux troupes. Le jardin est inculte, et l'habitation des Religieuses transformée en magasins et en appartemens occupés par le munitionnaire. (*Voyez* Communauté du Calvaire.)

Hôtel de la Mairie. L'administration municipale

cipale de la ville occupait, de temps immémorial, plusieurs salles de l'ancien châtelet; mais en 1442, après la délivrance du Duc d'Orléans, prisonnier des Anglais depuis la bataille d'Azincourt, les échevins lui rendirent ce local pour y loger une partie de la suite nombreuse qui l'avait accompagné ainsi que sa nouvelle épouse Marie de Clèves. Les habitans achetèrent une maison assez vaste, rue de l'aiguillerie, appelée l'hôtel des carneaux ou creneaux, ainsi que plusieurs propriétés voisines, et l'on y établit les bureaux de l'hôtel-de-ville. (*Voyez* Musée.)

En 1790, ces bureaux ont été transférés dans le local actuel sur la place de l'étape et dans l'ancien hôtel du bailli Jacques Groslot, chancelier de la Reine de Navarre. Cet hôtel, construit en 1530 par ce bailli, n'éprouva alors aucun changement extérieur, et seulement quelques distributions intérieures nécessaires à sa nouvelle destination. En 1805 et 1806 on y a fait de nouvelles distributions et des embellissemens pour recevoir l'empereur Napoléon et sa famille. Les salles en sont assez belles, mais peu décorées. L'entrée, assez remarquable par son perron et ses deux portes, serait d'un effet plus agréable si elle n'était point masquée par l'ancienne porte extérieure et les bâtimens qui l'avoisinent.

On montrait jadis dans les salles de l'hôtel-de-ville les portraits curieux, surtout pour le costume, de quelques Ducs d'Orléans, d'un grand nombre d'échevins et de presque tous les maires. La grande salle était ornée, sous l'empire, d'un très-beau tableau représentant Napoléon en pied et en costume impérial. Aujourd'hui la salle du conseil est ornée d'une antique vue de la ville, dont nous avons donné la description, et du portrait de Jeanne d'Arc, qu'on croit avoir été copié en 1581 sur un tableau plus ancien et qui tombait de vétusté. Il représente la Pucelle vêtue en amazone avec des manches à l'espagnol, les cheveux flottans, la tête couverte d'un chapeau à bords relevés et orné de trois plumes, la main armée de son épée qu'elle semble présenter en forme de salut. Au bas on lit l'inscription latine suivante :

	TRADUCTION.
In iconem Ianæ Vocolauriæ, Viraginis Aureliæ.	Sur le portrait de Jeanne d'Arc, née à Vaucouleurs, surnommée la Pucelle d'Orléans.
Virgo redit Gallo mutâ vel imagine fœlix Quam Numen quondam patriæ non machina misit Subsidio. Augurium, bone rex Henrice, saluta. De cœlis excita tuis Virgo altera votis, Fortunet regni auspicium, lancemqz retractet Utraqz ut antiquum tua sæcla recudat in aurum!	Français ! vous voyez renaître dans ce portrait la vierge prédestinée que l'Éternel rendit jadis l'instrument de votre délivrance. Bon roi Henri (1), accepte cet augure. Que du haut des cieux une autre Vierge exauce tes vœux, qu'elle rende ton règne prospère, qu'elle fasse refleurir la justice, et qu'ainsi elle ramène parmi nous l'âge d'or des premiers siècles.
G. V. G. P. P. 1581.	

Ce portrait a été gravé par Lemire, et dédié à M. de Cypierre, intendant d'Orléans. C'est encore la meilleure copie qu'on en ait : elle se trouve assez souvent jointe aux essais historiques de Beauvais de Préau. La grande salle est décorée du portrait en pied de S. M. Charles X; une autre salle contient quelques portraits d'échevins, et on a placé dans la salle du conseil de la commune une grande vue de la ville, peinte sur bois, et dont nous avons parlé.

La ville d'Orléans, comme presque toutes les grandes cités du royaume, a été soumise à différens régimes d'administration municipale. Elle jouissait,

---

(1) La date de cette inscription indique que ces vœux et ces espérances s'adressaient au règne de Henri III; et ils sont extraordinaires en 1581.

en premier lieu, du droit de commune et de bourgeoisie qu'elle devait sans doute à son commerce étendu et à sa population. Ces privilèges lui avaient probablement été accordés antérieurement à Louis-le-Jeune, car, selon l'abbé Sugger, ce roi vint exprès à Orléans pour y réprimer l'insolence des chefs de la communauté qui étaient tentés de se mettre en état de rébellion contre l'autorité royale. Philippe-Auguste, que les croisades avaient rendu maître des dépouilles de la plupart des comtes dont Charles-le-Simple et Hugues-Capet avaient cherché à balancer l'autorité et l'indépendance en accordant des privilèges et des communautés aux grandes villes, s'aperçut à son tour que l'autorité de ces communautés diminuait celle des juges royaux. En conséquence, en 1190, avant de partir pour la terre sainte, il donna pouvoir à ses baillis d'établir en place des communautés quatre *prud'hommes*, dans chaque ville, pour vaquer aux affaires municipales.

Le nombre de ces prud'hommes s'accrut dans plusieurs villes, et à Orléans il était de dix en 1383. En 1384, les habitans obtinrent de Charles VI la permission d'élire, en remplacement des prud'hommes, douze notables bourgeois, avec le titre de *procureurs de la ville*. En 1504, des lettres-patentes de Louis XII donnèrent aux procureurs de la ville le nom d'*eschevins* (1). En 1563, les douze échevins se trouvant tous de la religion protestante, les Catholi-

____
(1) Suivant quelques auteurs cette dénomination viendrait d'*eschevir*, avoir soin, mettre ordre, d'où serait dérivé *chévir*, venir à bout de quelqu'un, de quelque chose, et *chevisance*. Néanmoins dans le vieux langage *escheviner* et *eschevinage* avaient une autre signification, et étaient appliqués à des lieux de prostitution, ainsi que le prouvent ces deux vers des *Rebours de Mathiolus*.

Femmes tiennent *eschevinage*
De poules de concubinage.

ques obtinrent de leur en adjoindre douze autres choisis parmi eux; mais, après les troubles religieux, ces 24 échevins furent réduits à 12 comme précédemment. Charles IX, dès l'année 1564, avait ordonné d'élire un maire dans chaque ville; mais cette élection n'eut lieu à Orléans que sur de nouvelles lettres-patentes datées de cette ville du 15 novembre 1568. Le 29 mars 1569 M. Jean Brachet fut nommé maire et agréé en cette qualité par les habitans : M. d'Entragues, alors bailli d'Orléans, reçut son serment. En 1686 le nombre des échevins fut réduit à 6, et en 1789 il était fixé à 5, outre 14 députés ou conseillers, dont 7 officiers et 7 négocians, suivant les lettres-patentes du Duc d'Orléans du 10 septembre 1772.

L'élection des maire et échevins se faisait jadis aux halles : elle était annoncée quelques jours avant dans les rues et carrefours par un crieur public. On nommait dans cette assemblée, à laquelle les citoyens se rendaient avec empressement, sept personnes notables qui se réunissaient immédiatement dans un local de la halle aux tanneurs; là ils choisissaient le maire et les échevins. Le plus âgé d'entre eux venait avec ses collègues annoncer leur choix à l'assemblée des habitans, et les notaires proclamaient leurs noms pour que ces nominations fussent confirmées et approuvées. Depuis l'écroulement subit des halles en 1596, l'assemblée se tint à l'hôtel-de-ville, et depuis que le droit d'élire ses magistrats municipaux fut enlevé aux citoyens, leur confiance dans cette administration diminua sensiblement.

La police était exercée par le lieutenant de police, conjointement avec les échevins. Le maire remplaçait le lieutenant de police, au cas d'absence ou de vacance. Le corps de ville avait sous ses ordres une compagnie de 100 hommes qui étaient réduits à 50 en 1789, non compris un capitaine, un porte-enseigne et des dixainiers, établis par François Ier pour réprimer les séditions et maintenir le bon ordre. Leur uniforme se composait d'un habit rouge avec paremens, doublures, veste et culotte bleues. Ils portaient une large bandoulière de velours cramoisi aux armes de la ville et du Roi, et accompagnaient le corps de ville toutes les fois qu'il marchait. Indépendamment de ces *cinquanteniers* (1) destinés principalement à la police, il y avait à Orléans dix compagnies de bourgeoisie qui avaient été établies en 1569 par Charles IX, sur la demande des habitans, pour réprimer les brigandages des soldats huguenots. Les charges de capitaine, lieutenant, enseigne, celle de colonel et de major, érigées en titre d'office, furent constamment à la nomination des maire et échevins, et réunies au corps de ville par un édit de 1694; mais en dernier lieu, par arrangement avec le corps municipal, les anciens capitaines titulaires disposaient des offices subalternes et choisissaient leurs lieutenans et enseignes qu'ils faisaient agréer par la Ville. Depuis la suppression de l'ancien ré-

---

(1) En janvier 1517, François Ier avait été reçu avec beaucoup de pompe à Orléans. Peu après, des réjouissances eurent lieu pour la naissance du Dauphin, et l'on vit, durant un jour entier, deux fontaines qui jettaient *vin clairet et blanc, et par un petit tuyau sortoit de l'hypocras*, etc. A ces démonstrations de la joie publique succéda bientôt une sédition produite par les maladies contagieuses, la famine et le bruit répandu parmi le peuple que les échevins ne rassemblaient les pauvres dans un vaste local sous le prétexte de les nourrir, que pour les brûler tous et se débarrasser ainsi de bouches inutiles. L'ignorance et la méchanceté excitèrent le peuple contre un des échevins qui habitait *la rue de la vieille-poterie, non loin de la maison des Touchet* : il se porta à son domicile, et le força de se réfugier dans l'église de Saint-Paul, tandis que son fils était caché au fond d'un puits et qu'on pillait sa maison. Les bourgeois prirent les armes; quelques hommes furent punis de mort, et les femmes fustigées par le bourreau. Cette émeute donna lieu à la création de la compagnie de cent hommes réduite ensuite à cinquante, d'où elle a pris le nom de cinquanteniers.

gime municipal, il resta toujours quelques soldats de ville, payés, armés et habillés pour seconder la police, comme il en existe aujourd'hui. Quant aux compagnies de bourgeoisie, elles furent remplacées, comme on sait, par les volontaires nationaux dont le nombre s'élevait dans notre ville, lors de la première fédération, à près de deux mille; par la garde nationale, par la garde urbaine, et enfin par la garde nationale, rétablie sous Louis XVIII et forte de 1,500 hommes appelés et contraints d'en faire partie.

En 1789, le Roi ayant sanctionné le décret de l'assemblée nationale qui instituait des municipalités, le maire, les officiers municipaux et le conseil de la commune furent installés le 9 janvier 1790. Des officiers municipaux seuls succédèrent au maire, et enfin des maires ayant été institués de nouveau, la ville d'Orléans eut un maire, quatre adjoints et un conseil municipal. Aujourd'hui le nombre des adjoints est de trois, et le conseil municipal se compose de trente membres. La police est exercée au nom du maire par trois commissaires de police et un quatrième chargé de tenir le bureau central à la mairie. Les contraventions sont jugées le samedi de chaque semaine par un des juges de paix du canton alternativement, assisté d'un greffier et d'un des commissaires de police faisant les fonctions du ministère public (1). La France entière demande encore et attend avec sollicitude des réglemens qui fixent d'une manière positive les attributions des maires, adjoints et con-

___

(1) Le conseil ou tribunal des prud'hommes, jugeant en dernier ressort les contestations entre les fabricans et les ouvriers, et établi dans notre ville par décret impérial de l'année 1811, est un des démembremens de la police; il rend d'importans services aux manufactures, et c'est une de nos meilleures institutions modernes: il se compose d'un président, d'un vice-président, de cinq juges, de deux suppléans, d'un secrétaire-greffier et d'un huissier, et tient ses séances à l'hôtel de la mairie.

seils municipaux ; car cette administration qui a subi depuis 1790 tant de variations, n'a pour base de la plupart de ses décisions qu'une foule d'instructions vagues qui livrent sans cesse à l'arbitraire les intérêts des administrés, en laissant presque toujours dans un grand embarras les administrateurs éclairés et sans passions. Espérons que bientôt une loi sage sur le régime communal nous sera donnée par le Gouvernement éclairé sous lequel nous vivons, et que la nomination de ses magistrats et membres de l'administration municipale sera rendue aux citoyens dont ils obtiendraient alors nécessairement la confiance absolue.

L'hôtel du bailli Groslot, celui de la mairie actuelle, a été le théâtre de plusieurs événemens historiques. En 1560, François II y logea, et après avoir ouvert les Etats dans la salle construite sur l'étape et fait arrêter le Prince de Condé et le Roi de Navarre, il y mourut d'un mal d'oreille, dans un appartement qu'on croit être celui qui précède aujourd'hui la chambre du conseil (1).

(1) Ce serait dans la chambre du conseil même qu'on devait, dit-on, assassiner le Roi de Navarre, projet qu'aurait conçu Catherine de Médicis, et que la pusillanimité de François II empêcha d'exécuter. Sans ajouter foi entière à ce dire de quelques historiens, nous ferons seulement remarquer que la Reine-mère et les Guise avaient mandé à Orléans jusqu'à *quarante bourreaux des plus experts du royaume* pour l'exécution du Prince de Condé qui ne fut sauvé que par la mort du Roi et le courage de L'hôpital. Le Prince de Condé avait été enfermé dans une maison qui fut grillée avec des barreaux de fer et devant laquelle on avait placé du canon. On croit que cette maison est celle qui forme l'angle Sud-Est de la rue des Anglaises et de la bretonnerie, et qui ouvre sur les deux rues.

Parmi les écrivains que le séjour de François II attira à Orléans, nous citerons Louvain Champion, parce qu'il nous a transmis quelques détails sur l'économie domestique de son temps dans notre ville. Suivant lui, La-Ferté-Nabert produisait alors les meilleurs oignons; Jargeau, les haricots; la Sologne, des na-

Lorsqu'il était habité par le bailli Groslot, Jeanne d'Albret, mère de Henri IV, avait confié le soin de son premier-né, le duc de Beaumont, à l'épouse du bailli. Cette dame fort âgée et craignant excessivement le froid, se renfermait dans un appartement de l'hôtel, qu'on présume être le secrétariat actuel, et dans lequel personne ne pouvait pénétrer. Une cheminée et des poêles y entretenaient une chaleur si forte que l'enfant ne put la supporter. Cette mort attira à la gouvernante de vifs reproches auxquels elle ne répondit que par ce dicton qui lui était habituel : « Il vaut toujours mieux *suer* que *de trembler.* »

Après la mort de Henri III, le maréchal de la Châtre et le duc de Guise étant venus à Orléans pour y rétablir l'ordre, défendirent au capitaine Couldrai qui y commandait d'exercer aucune vengeance, et de tuer, comme il l'en menaçait, son lieutenant Perelle qui lui avait fait fermer les portes du gouvernement. Malgré cette défense expresse, Couldrai poursuivit Perelle dans un cul-de-sac, près de Saint-Étienne, et le tua de deux coups de poignard. La femme de Perelle vint se jeter aux pieds du maréchal au moment où Couldrai lui disait : « Je viens de » tuer Perelle, comme je l'avais dit. » Le maréchal était alors *sur le perron de l'hôtel entre les deux portes d'entrée :* en répondant à Couldrai, *je vous l'avais défendu*, il tire son épée, la lui passe au tra-

---

vets succulens; mais ses cormes, quoique très-bonnes contre la dyssenterie, étaient tellement méprisées que quand il échappait une balourdise à un Orléanais, on disait : *Il a mangé des cormes de Sologne.* Les meilleurs fromages se faisaient à Beaugency et à Saint-Laurent-des-eaux. Les vins rouges de Meung, Messas et de l'abbaye de Voisins, les vins blancs de Lorris et Rebrechien étaient servis sur les meilleures tables. Il ajoute que les épinards étaient peu cuits, hachés menus, pétris en boulettes et vendus exclusivement par les pâtissiers, surtout aux écoliers qui en faisaient leur principale nourriture, etc.

vers du corps, l'essuie, la remet dans le fourreau, et va de suite trouver le duc de Guise qui jouait à la paume dans la rue des grandes-écoles. En entrant il dit au prince : « Couldrai a tué Perelle, et je viens de tuer Couldrai : je vous demande grâce. » *Je vous la donne de bon cœur, répondit le duc, vous avez bien fait, car je lui aurais fait sauter la tête pour venger la mort des malheureux habitans que ce traître a tués l'autre jour.* Un tel fait peint mieux que de longs discours les mœurs de cette époque.

Dans les événemens dont nous avons parlé sous la date des 16 et 17 septembre 1792, à l'article du martroi, figurait le nom d'un homme qui semble y avoir préludé aux nouveaux malheurs qui pesèrent sur notre cité et dont il fut l'odieux instigateur. Le 16 mars 1793, le représentant du peuple Léonard Bourdon vint à Orléans, sans mission pour le département du Loiret, et réunit près de lui tous les énergumènes de cette époque ; bientôt des orgies eurent lieu ; et à l'issue de l'une d'elles, il passa avec ses dignes acolytes devant le corps-de-garde de la municipalité. La sentinelle cria : *Qui vive* : on y répondit par un coup de pistolet ; en un instant plusieurs gardes nationaux en armes se trouvèrent sur le lieu de la scène ; ils se pressèrent et se serrèrent dans l'obscurité autour du représentant et de ses suppôts. Soit par hazard, soit par l'effet d'une juste indignation, il fut frappé au bras d'un coup de baïonnette. On le transporta bientôt dans une des salles ; là un chirurgien pansa la blessure qu'il déclara être très-légère, les autorités s'empressèrent autour de lui et lui prodiguèrent leurs soins. Pendant ce temps, et malgré l'intérêt que lui témoignaient des citoyens calmes et prudens, Léonard Bourdon méditait sa vengeance, écrivait à la Convention et répondait aux empressemens qu'on lui marquait par cet infernal serment qu'il ne tint que trop : *Je veux que vingt-cinq têtes Orléanaises tombent sur l'échafaud pour venger mon assassinat.* D'infortunés chefs de famille, parmi lesquels plusieurs ne se trouvaient même pas à Orléans lors du prétendu assassinat, payèrent peu de temps après, de leur vie, le crime imputé à la Ville qui fut long-temps déclarée en état de rebellion et traitée comme telle.

En 1814, ces mêmes salles virent se réunir avec le même zèle, le même dévouement, une génération nouvelle, qui oubliant que ses pères avaient payé bien chèrement leur amour du bien public, proposa comme garde urbaine de marcher contre les hordes de cosaques qui menaçaient alors nos murs.

Puissent ces jours de trouble, de crainte et de douleur être éloignés à jamais, et ce local n'entendre à l'avenir que les vœux des citoyens pour la conservation de bons administrateurs et pour celle du chef du Gouvernement! Puissent ces vastes salles n'être employées désormais qu'à des réunions fraternelles, à des réjouissances publiques, et servir quelquefois comme aujourd'hui à des réunions consacrées aux arts que stimulent toujours la paix et la concorde!

Les armoiries de la ville d'Orléans, suivant Lemaire, étaient primitivement *écartelées de trois fleurs de lys d'or en champ d'azur et trois cœurs de lys d'argent en champ de gueules* (1). Celles qui leur succédèrent

---

(1) Divers auteurs ont longuement disserté sur l'origine de nos armoiries, sur la forme et le nom affecté aux cœurs de lis, aussi appelés cailloux, sans avoir rien écrit de bien concluant. Nous donnerons donc les opinions qui nous ont paru les plus vraisemblables. C'est vers le 12º siècle, époque de la première croisade, que les armoiries furent d'abord employées; dans le siècle suivant, et sous Louis-le-Jeune, elles devinrent d'un usage presque général. La ville d'Orléans eut des armoiries presque dès l'origine, car un seigneur de Chilly, nommé Macé, et celui de Lorris, appelé Étienne, tous deux bourgeois d'Orléans, et choisis pour arbitres dans un procès survenu entre le Chapitre de Saint-Aignan et les habitans du hameau de *Lallun* près Janville, apposèrent leur sceau à leur décision et la contre-scellèrent des armes de la ville, portant trois pièces assez pareilles

et que la ville avait encore en 1789 étaient à *trois cœurs de lys d'argent, au chef cousu d'azur, chargé de*

aux cœurs de lis. Sous Charles VI les procureurs de la ville soutinrent un procès contre le gouverneur de la ville, qui voulait faire disparaître de l'ancienne porte Bourgogne deux écussons aux armes de la ville, portant des fleurs de lis d'or et des cœurs de lis d'argent. On a vu que les formes et les couleurs données par Lemaire aux armoiries primitives ne sont pas conformes à celles que nous avons décrites comme existant en 1789 et à celles qui sont adoptées aujourd'hui. Il est à croire qu'il ne se sera pas trompé sur un objet regardé alors comme très-important et dont il s'est occupé spécialement. D'ailleurs nous avons vu dans les archives de Saint-Aignan de vieux sceaux qui confirment son dire, d'où il résulterait que les armoiries actuelles ne sont pas précisément celles dont on scellait les actes en 1400. Ce fait ajoute encore aux preuves que long-temps avant Charles VII et Louis XI, Orléans possédait des armes, et par conséquent que c'est à tort qu'on a prétendu que ces Rois les avaient données à notre ville, à moins qu'ils n'en eussent modifié ou changé la forme, ce qui ne pourrait être que conjecturé. Quant aux *cœurs de lys*, c'est la dénomination constante qu'ont donné à *cette pièce* les plus anciens auteurs; elle se trouvait consignée dans l'inscription de la cloche de la ville, fondue en 1453, et elle est appelée constamment en latin *liliorum præcordia*. Le nom de cailloux se trouve employé lors des obsèques de la Reine Anne de Bretagne, femme de Louis XII, en 1514, dans la description des armoiries des villes où son corps passa lorsqu'il fut transféré de Blois à Paris. Mais ces cœurs de lis, tels qu'on les voit dans nos plus anciennes comme dans nos plus récentes armoiries, ne ressemblent pas plus à des oignons de lis, à *des caïeux de lys*, à des stigmates de ces fleurs, que les fleurs de lis elles-mêmes ne ressemblent à de véritables fleurs de lis, soit des jardins, soit des champs; tout est ici de convention, et il est facile de croire avec Hector Desfriches que le nom de cailloux était venu de six cailloux lancés par les Anglais contre la ville en 1429, et placés trois par trois au-dessus de la porte du pont. Les habitans les confondirent avec les armoiries de la ville, et de là serait venue cette erreur bien pardonnable, puisque lui-même, en réfutant Lemaire, en commet une plus grave en affirmant que ce fut Louis XI qui donna des armes à la ville d'Orléans. (*Voyez* Lemaire, le manuscrit d'Hector Desfriches, M. de Luchet, et une dissertation de M. Delaplace de Montevray, imprimée chez madame veuve Huet-Perdoux en 1818.)

trois fleurs de lys d'or ou de France. Elles avaient pour support en dernier lieu *une Jeanne d'Arc armée à dextre et l'abondance à senestre. Elles étaient crénelées et surmontées de drapeaux* au milieu desquels se trouvait une épée antique soutenant sur sa pointe une cotte d'armes. Loui XII avait donné à la ville cette devise, *Hoc vernant lilia corde*, qu'on trouve quelquefois disposée en légende autour des armes. En 1811, l'empereur Napoléon donna principalement aux diverses bonnes villes des armoiries. Celles d'Orléans avaient été composées assez ingénieusement *d'un champ mi-parti, à dextre d'azur, à une Jeanne d'Arc en pied et armée, sur un terrein d'argent, à senestre de gueules à une tierce feuille d'argent, au chef cousu de gueules, à trois abeilles d'or; surmonté d'une couronne murale* d'où sortait *l'aigle impérial.* Elles étaient sans support et entourées d'une *guirlande de feuilles de laurier.* En 1815, par lettres-patentes du 4 novembre, le Roi affecta de nouveau à la ville d'Orléans ses anciennes armoiries qui sont aujourd'hui les mêmes qu'en 1789, excepté qu'elles ne sont *surmontées que d'une simple couronne murale* et seulement entourées de *deux branches de laurier.* M. Beauvais de Préau a donné la liste des maires jusqu'en 1780; leur nombre s'élevait à quatre-vingt-neuf. Depuis cette époque il y a eu 11 maires, y compris deux présidens de l'administration municipale, ce qui fait au total cent maires depuis leur création par Charles IX. Le plus grand nombre d'entre eux a su faire bénir une administration qui devrait être toujours paternelle. Que ne pouvons-nous donner le même éloge à tous indistinctement!

MAISON REMARQUABLE, RUE DES EPERONNIERS, N° 1. Cette maison, construite avec soin, était habitée vers 1580 et depuis par les ecclésiastiques qui desservaient la paroisse de Saint-Eloi. Elle portait le nom de Maison de la fontaine de Jouvence, et quelques sculptures extérieures assez bien exécutées

la

la rendent encore digne d'être remarquée. En 1793 on mutila les armoiries et des têtes qui la décoraient ainsi qu'un bas-relief très-curieux. Il représentait l'arbre de vie planté au milieu d'un bassin circulaire d'où il sortait des hommes et des femmes pleins de force et de santé, tandis que des individus maigres et décharnés semblaient faire de vains efforts pour entrer dans ce bassin au bas duquel on lisait en lettres gothiques : *La vraye Jouwance.*

MAISON REMARQUABLE, RUE DE L'ORMERIE, N° 1. La construction de cette maison servant aujourd'hui de magasin d'épicerie, remonte à l'année 1560 environ. Le Chapitre de Saint-Pierre-en-pont l'avait fait bâtir pour y loger quelques-uns de ses chanoines dignitaires, si l'on en juge par une contestation survenue entre ce Chapitre et les échevins pour une anticipation sur la rue roche-aux-Juifs dont elle fait l'angle Nord-Ouest. Elle offre encore aux curieux quelques sculptures bien travaillées, et un cabinet formant un avancement sur la rue roche-aux-Juifs, décoré avec quelque soin. Dans l'intérieur une galerie soutenue par des colonnes de belle proportion, rappelle le luxe qu'on mettait jadis à avoir dans les grandes maisons des *promenoirs* couverts et aérés.

MAISON REMARQUABLE, RUE DE LA BRETONNERIE, N° 66. Les sculptures peu nombreuses, mais assez bien conservées, qui décorent sa façade, donnent lieu de présumer que sa construction, antérieure au siècle de François Ier, peut avoir eu lieu sous Louis XI. La coquille de pélerin, qui se trouve à sa petite porte d'entrée, et quelques ornemens dans le goût de ceux que ce Roi fit faire à Orléans, appuient cette conjecture. Du reste les plus anciens titres indiquent que c'était un hôtel hors la ville, sous l'enseigne du *cerf-volant.* Elle est aujourd'hui la demeure d'un amateur des arts aussi recommandable par ses talens que par son zèle pour accroître les richesses du musée, dont on peut le regarder comme le fondateur.

MAISON REMARQUABLE, RUE DE L'IMPOSSIBLE, N° 20. Cette petite maison offre dans sa façade un singulier mélange de bon et de mauvais goût. Les artistes la visiteront néanmoins avec quelque plaisir, et penseront probablement avec nous que sa construction date du moment où les arts commencèrent à décliner après le siècle de François Ier.

MAISON REMARQUABLE, RUE DE LA POMME-DE-PIN, N° 19. A l'extérieur elle n'offre aujourd'hui rien qui puisse fixer l'attention, mais dans l'intérieur il reste une galerie sous laquelle on a pratiqué un escalier dont les colonnes, les cintres et les médaillons, représentant des têtes de guerriers, sont dignes d'être remarqués. Il est difficile de fixer l'époque à laquelle elle a pu être bâtie, mais nous croirions volontiers son existence antérieure au règne de Louis XII, par le rapprochement de ses ornemens avec ceux d'autres maisons dont nous parlerons plus loin.

MAISON REMARQUABLE, RUE DE LA PIERRE-PERCÉE, N° 4. Cette rue, très-vilaine et presque abandonnée aujourd'hui, a été pendant long-temps une des plus belles et des plus fréquentées de la ville, parce qu'elle établissait la communication de la vieille ville avec le bourg de Dunois (*Avenum*), sur le bord de la rivière. Diverses constructions détruites depuis peu d'années, et celles qui subsistent encore, indiquaient que de riches habitans y faisaient leur demeure. Les sculptures de la maison n° 4, divisée maintenant en plusieurs corps de logis, sont peu nombreuses extérieurement; mais dans l'intérieur on voit des gouttières en plomb, peintes et dorées, des ornemens de bon goût, des planchers travaillés, jadis peints et dorés. Au premier étage, une vaste cheminée offre dans son *manteau* des bas-reliefs représentant divers sujets de l'Écriture-sainte, d'une assez bonne exécution, mais couverts de restes de peinture et de dorure qui nuisent à leur pureté. Au second étage, il existe encore un cabinet formé d'ais de noyer couverts d'arabesques et de reliefs singuliers.

La façade de la maison située vis-à-vis celle dont nous venons de parler, attire à juste titre les regards des artistes et des amateurs d'antiquités. Tous les ornemens nombreux sont bien proportionnés, parfaitement exécutés, et l'on y distingue des cippes, des consoles, des figures d'enfans d'un très-bon dessin et d'un beau travail. Un des officiers de Louis XII alors Duc d'Orléans, la fit, dit-on, construire pour remplacer un logement qu'il occupait au châtelet et qui menaçait ruine.

Maison remarquable, rue de l'Huis-de-Fer, nos 18 et 19. L'une de ces maisons offre dans sa façade quelques ornemens d'assez bon goût, et l'autre dans l'intérieur de sa cour possède un petit cabinet évidemment replacé avec ses sculptures gracieuses auxquelles on en a joint depuis peu de nouvelles, moulées en plâtre et assez bien ajustées avec les anciennes.

Dans la même rue existe aussi un bas-relief très-gracieux encore, quoique mutilé. Il servait d'enseigne, et on lit au bas: *Aux lacs d'amour.*

Maison remarquable, rue des Hôtelleries, n° 62. Il n'existe aucun titre ancien de cette maison que la tradition prétend avoir été construite pour un lieutenant particulier d'Orléans. Sa façade est un modèle de bon goût, les profils en sont très-soignés, les ouvertures bien disposées, quoique suivant les usages anciens, l'entablement très-riche et les ornemens qui la décorent employés avec sagacité. La menuiserie de quelques portes et leur ferrure sont à peu près les seuls indices qui peuvent aider à fixer l'époque de sa construction. Quant à nous, nous lui donnerons pour architecte, avec beaucoup de vraisemblance, Andróuet du Cerceau, parce que nous voyons qu'il était *dans sa ville natale pour y surveiller la bâtisse d'une maison qu'il se proposoit d'habiter près de la porte Dunoise*, lorsque le prince de Montpensier et le duc d'Aumont voulurent s'emparer de la citadelle de la porte Bannier, en 1585.

Maison remarquable, rue de Gourville, N° 4. M. de Gourville qui fut nommé, comme nous l'avons dit, l'un des commissaires pour veiller à l'achèvement de la dernière clôture de la ville, possédait, dans cette rue qui conserve son nom, une maison avec un petit oratoire qu'il avait fait construire. Cette maison, que nous croyons être celle dont nous nous occupons, serait devenue ensuite la propriété de la famille Colas, soit par alliance, soit par achat : elle la fit rebâtir avec beaucoup de magnificence vers 1650, et ses armes se trouvaient encore en 1793 à l'une des portes d'entrée. Elle a été occupée depuis par un riche négociant, qui le premier perfectionna à Orléans la fabrique des bonnets de laine, connus sous le nom de gasquets de Tunis. Des revers de fortune l'obligèrent à la vendre au négociant qui l'habite aujourd'hui.

Maisons remarquables, cloître St.-Aignan, Nos 2, 4 et 11. Louis XI, après avoir fait construire l'église de Saint-Aignan, se fit bâtir une *vaste maison, à main senestre du chœur de ceste église*. Cet hôtel, assez vaste avant qu'il ne fût divisé, est totalement en briques ; et sa forme, quoique plus élevée et plus régulière, ressemble beaucoup à la maison que ce Roi occupait à Cléry. Charles-Quint (1), François Ier, plusieurs de nos Rois et des princes étrangers y ont été reçus. Il forme maintenant deux

---

(1) Lors de l'entrée de Charles-Quint à Orléans, le 20 novembre 1539, on avait mis dans les arbres du cloître des guirlandes d'étoffe et de papier vert pour imiter les feuilles ; et un Orléanais, monté dans un de ces arbres, se fit remarquer des princes par son habileté à contrefaire le rossignol.

maisons particulières sous les nos 2 et 4, et l'on apperçoit encore au portail de l'une d'elles le cordon de Saint-Michel qui entourait les armes de Louis XI, endommagées lors des troubles de 1565, et totalement mutilées en 1793.

Quant à la maison n° 11, qui se trouve en face, de l'autre côté de la place, on n'en connaît pas d'une manière bien positive le fondateur. Les ornemens nombreux, les arabesques soignés, les médaillons qui en ornaient le portail extérieur et les façades intérieures, les planchers profilés, peints et dorés, tout annonçait un hôtel somptueux. Un chapeau de cardinal, des armoiries analogues à celles de la maison de Coligny, ornaient jadis une des cheminées du premier étage ; un écusson dans lequel on remarquait trois têtes de coq, se trouvait sur les portes, sur les lambris et dans les arabesques, comme ornement. On voit encore aujourd'hui cet écusson répété dans les gracieuses sculptures conservées aux portes et aux fenêtres. On remarque dans la cour deux têtes qui ont survécu à plusieurs autres que le temps et les hommes n'ont point respectées : l'une d'elles est un fort beau Marc-Aurèle. On distingue aussi sur les deux pilastres de la porte d'entrée deux médaillons représentant les *travaux d'Hercule*. Ces restes de magnificence, dont la majeure partie a disparu en 1793, ont donné lieu d'écrire que cette habitation avait été celle de Louis XI, ce qui est une erreur évidente, ou celle du cardinal Briçonnet, ce qui n'est pas plus exact, car nous avons trouvé dans les titres de la famille Compaing, qu'il habita, pendant son exil à Orléans, la maison que sa belle-sœur Anne Compaing, veuve de Pierre Briçonnet, possédait rue du Tabourg (*Voyez* Maison d'Agnès Sorel), et le château de Cornay que cette dame fit bâtir.

Cet hôtel nous semble, avec plus de vraisemblance, avoir été construit ou embelli par la famille de Coligny. Alors le chapeau de cardinal aurait été sculpté pour indiquer la dignité dont fut revêtu l'un de ses membres, Odet de Châtillon, qui en était très-vain, car on sait qu'il poussa l'inconvenance jusqu'à assister en habit de cardinal et donnant la main à son épouse, au couronnement de Charles IX. Les armoiries détruites seraient celles de ce seigneur turbulent, et les têtes de coq auraient été mises pour rappeler sa vigilance, car il les avait prises pour devise pendant les troubles religieux, et le cachet qu'il apposa aux dépouilles de saint Benoît, apportées au château de l'île, les portait; suivant ce texte protestant, ils furent (les ornemens) *contrescellés du cachet à tête de coqs qu'avoit adopté nostre Chastillon, jusqu'à ce qu'on les eust mis en monnoie*. Lors de la réception de Charles-Quint à Orléans, tandis qu'il logeait au cloître Saint-Aignan, près de la maison du Roi François Ier, les trois frères de Coligny, *qui marchèrent presque de pair avec les princes*, s'y trouvaient aussi, *et avoient leur logis non loing de ceulx des deux Rois*. Odet de Châtillon, alors abbé de Saint-Euverte et de Saint-Benoît-sur-Loire, avait personnellement fait faire à Orléans les plus grands préparatifs pour cette entrée magnifique, et les pilastres du portail d'un des hôtels *représentoient les colonnes d'Hercule avec ses travaux*, etc., *au cloistre de Saint-Aignan*. Nous voyons en outre que l'amiral de Coligny avait assigné Orléans à sa première femme, comme un asile pendant les troubles, et qu'elle y habitait une maison du cloître Saint-Aignan, d'où elle insultait, par les fenêtres, les chanoines qui se rendaient à l'office, ce que confirme Hector Desfriches en disant qu'elle mourut à Orléans, en portant le fanatisme de sa religion jusqu'à la grossièreté. En 1562, François de Béthune, père du célèbre Rosny, se rendit à Orléans; selon des manuscrits protestans, il y *habita le logis des Coligny* pendant que le duc de Grammont commandait dans cette ville à

la tête de six mille Gascons tous vieux et bons soldats. La même année 1562, on trouve dans les papiers d'une famille Orléanaise cet ordre cité par l'abbé Pataud : « Il est enjoint à la femme Pierre
» Vaillant, papiste, de la paroisse de Saint-Sul-
» pice, d'apporter ou d'envoyer incontinent et sans
» délai, au cloistre Saint-Aignan, en la maison des
» Coligny et logis de M. le Prince (de Condé), la
» somme de soixante écus d'or à laquelle elle a été
» taxée pour le payement de la garnison entretenue
» à la garde de la ville pendant le quartier courant,
» à peine d'y estre contraincte par toutes sortes de
» voies et mesme par emprisonnement. »

MAISON REMARQUABLE, PLACE DU CLOÎTRE S^{TE}.-CROIX, N° 9. Cette maison est une de celles qu'on prétend avoir été bâtie et habitée par le cardinal Briçonnet; mais il suffit d'examiner la forme des portes et les ornemens qui y restent pour être convaincu que sa construction est antérieure au séjour de ce cardinal à Orléans. Nos recherches à cet égard nous ont donné la preuve que ce prélat n'a jamais habité dans notre ville que les propriétés de sa famille, comme nous l'avons dit dans l'article précédent. Suivant quelques titres d'une maison voisine, dont elle faisait jadis partie, elle aurait été restaurée vers 1460 par un archevêque qui y avait fait placer son buste, et plus récemment par un évêque d'Orléans. Effectivement on y voyait dans une espèce de crèche, avant 1793, le buste d'un cardinal auquel on en a substitué un autre depuis.

Il paraît que cette maison était celle que conservait dans le cloître de Sainte-Croix, *non loin du lieu où l'on tenoit chapistre*, l'archevêque de Lyon, soit comme chanoine, soit comme chapelain de Sainte-Croix. Il était en possession de célébrer dans cette maison, située entre Saint-Martin (*de atrio*) et Saint-Pierre (*lactentium*) les saints offices. En 1450 il demanda au Chapitre la permission *d'y dresser deux échaffauds ou jubés qui serviroient à des gens à lui pour la représentation du mystère du jugement dernier.* Cette singulière permission lui fut accordée, et même d'élever les *échaffauds au-devant de la porte sur le cloistre*, pourvu qu'il remît ensuite le tout dans l'état où cela était. Nous faisons peu de doute, d'après ces renseignemens, que cette maison ne soit celle que désignaient les vieilles chartres de Sainte-Croix comme étant la propriété de l'archevêque de Lyon, et nous voyons en outre que cette même maison a été *prêtée* par le Chapitre à quelques évêques d'Orléans, à cause du mauvais état d'une autre maison du cloître qu'ils habitaient ordinairement (*Voyez page* 330, *note* 1.) avant que l'évêché ne fût bâti. L'un de ces évêques fut Antoine Sansguin, devenu cardinal de Saint-Chrysogone, et plus connu sous le nom de cardinal de Meudon. Nous conjecturerons donc que le buste qu'on y voyait jadis, coëffé d'un chapeau de cardinal, était celui de ce personnage éminent en dignité et oncle de la duchesse d'Étampes.

Maison remarquable, marché à la volaille, n° 6. Cette maison, occupée aujourd'hui par un vannier, a été habitée par un des officiers du châtelet, qui la fit reconstruire vers 1640. L'extérieur offre encore quelques ornemens d'assez bon goût. On croit qu'elle a été possédée par Jean d'Alibert, et qu'elle est désignée par ce renseignement conservé par les Protestans: « Nostre première assemblée se » fist chez M. d'Alibert, homme noble, pieux et » zélé, en sa maison, près du grand marché, le 15 » novembre 1561. » M. l'abbé Pataud ajoute que le curé de Saint-Hilaire dénonça les sectaires, dont il envoya la liste au prévôt, en le priant de s'y transporter pour les disperser; mais le Parlement ayant gardé le silence sur la demande qui lui fut faite à ce sujet, le nombre des prosélytes s'accrut, et prit plus d'assurance.

MAISON REMARQUABLE, RUE DES HENNEQUINS, N° 10. Le bâtiment du fond de cette maison est encore orné de sculptures qui indiquent le soin qu'on avait apporté à sa construction primitive, attribuée à un des abbés de Saint-Mesmin de Mixi, dont la succursale ou *alleu* était voisine. Elle offrait jadis de belles têtes en ronde bosse et des reliefs curieux ; mais presque tous ces ornemens ont disparu lors de sa reconstruction dans le siècle dernier.

MAISON REMARQUABLE, RUE DE RECOUVRANCE, N° 28. Il est impossible, ainsi que nous l'avons déjà observé, de trouver les anciens titres de la plupart des maisons de notre ville que leurs ornemens, leurs chiffres, leurs armoiries, annoncent comme ayant pu faire partie des biens de la couronne. Ici nous nous sommes procuré le titre primitif de cette maison, l'une des plus remarquables d'Orléans et à laquelle la tradition a conservé le nom de *maison de François I*. D'après cette pièce, Louis XII, lorsqu'il n'était que Duc d'Orléans en 1492, donna à *Hugues Bergereau, son escuyer de cuisine, etc., trente toises de terrain en longueur, contenant les douves, foussés et vieilles murailles scituées et assises depuis une tour nommée la tour André, etc., etc.* Pierre Bergereau céda ce terrain à *Jean Mynier, maistre des ouvraiges pour la maçonnerie du Roy à Orléans*, qui en prit possession en 1495. Il recéda, en 1536, la portion des trente toises où se trouve la maison actuelle, à Guillaume Toutin, valet de chambre de monseigneur le Dauphin, qui la fit bâtir en 1538, terminer en 1540, et *décorer des deniers du Roy*, sans en payer, à ce qu'il paraît, les cens et rentes pendant sa vie. Il est difficile, d'après ces documens, de savoir positivement pour qui cet hôtel a été décoré avec autant de soin : seulement on voit que ce sont les ouvriers du Roi qui l'ont sculpté à ses frais, que la date de la construction est celle de la plus grande faveur de la duchesse d'Etampes, et que Guillaume Toutin était bien vu à la

Cour et lié étroitement avec Jean de la Brosse auquel François 1er fit épouser sa maîtresse, alors Mlle de Heilly. Du reste les salamandres qui s'y trouvent encore, la date de 1540 placée dans un des caissons de la voûte d'une tourelle, les chiffres enlacés dans plusieurs salles, et aujourd'hui mutilés, les emblèmes d'amour, les armes de France, celles du Duc d'Orléans et du Dauphin, que le propriétaire actuel a été contraint de faire disparaître, tout indique qu'elle a été destinée à devenir l'habitation de personnes marquantes du règne de François 1er, et probablement d'une femme plus en faveur qu'un simple gentilhomme de la garde-robe du Dauphin.

A l'aide des chiffres qui étaient des F et des H dont on apperçoit encore les traces, de quelques écrits des religionnaires qui affirment que la duchesse d'Etampes favorisa beaucoup *en secret leur croyance religieuse* dans laquelle *elle mourut*, qu'elle venait souvent à Orléans pour les assister et voir son oncle (1), enfin qu'elle accompagnait le Roi lors de l'entrée de Charles-Quint à Orléans, et que *la grand' dame logeoit au quartier Saint-Eufroy*, nous croirons volontiers que la riche demeure dont nous nous occupons, a été construite ou embellie pour la *plus savante des belles et la plus belle des savantes*, Anne de Pisseleu, d'abord Mademoiselle de Heilly, et de-

---

(1) Quoique la duchesse d'Etampes *fust calviniste dans le cœur, qu'elle vescut* (après la mort du Roi) *à la calviniste dans sa maison de campagne, n'allant point à la messe, ne gardant que ceux de ses domestiques qui avaient embrassé la réforme, ne depensant que le strict nécessaire, et mettant le reste de ses grands revenus dans le lieu qu'on appelait alors la boite à Perrette,* suivant l'assertion de divers auteurs; néanmoins elle n'avait point oublié d'obtenir pour sa famille des dignités ecclésiastiques, car ses frères furent pourvus d'abbaye et d'évêchés; ses sœurs devinrent abbesses, et son oncle, Antoine Sansguin, obtint l'abbaye de Saint-Benoît, l'évêché d'Orléans, et le cardinalat.

La chapelle Saint-Eufroy était située précisément derrière la maison dont nous nous occupons.

puis qualifiée du titre de duchesse d'Etampes, la plus célèbre des maîtresses de François Ier. (*Voyez l'Album du département du Loiret.*)

MAISON REMARQUABLE, RUE SAINT-SAUVEUR, N° 7. Quelques sculptures extérieures font encore remarquer cette petite maison construite jadis avec goût.

MAISON DE M. POTHIER. Le célèbre jurisconsulte Pothier, honoré par ses contemporains d'une épitaphe aussi vraie que glorieuse pour sa mémoire, était à peu près inconnu de la génération qui leur succéda. Le lieu de sa sépulture était généralement ignoré (1), et la maison qu'il habita dans notre ville n'était remarquée que par quelques hommes qui l'avaient visitée dans leur jeunesse. Mais cette insouciance pour les hommes érudits, cet abandon des sciences et des lettres ne pouvaient être de longue durée chez les Français. Bientôt les études reprirent leur cours, les droits de tous furent de nouveau distingués, rétablis, et les écrits de Pothier, si justement appréciés lorsqu'ils parurent, servirent de guides aux législateurs nouveaux. Les Orléanais avaient vu avec peine l'oubli dans lequel on laissait leur compatriote : plusieurs fois ils réclamèrent pour ses cendres un mausolée, une simple inscription. Déjà plusieurs projets de monumens en son honneur avaient été présentés, lorsque le Conseil municipal fit faire, en 1818, un très-beau buste de Pothier par M. Ro-

(1) Le 17 novembre 1823 on a exhumé les ossemens de M. Pothier, de la galerie du Saint-Esprit du grand cimetière où ils étaient restés jusque là. Un procès-verbal imprimé constate leur reconnaissance, et ils ont été transportés avec solennité dans le deuxième enclos de la nef latérale gauche de Sainte-Croix. On y lit sur la pierre tumulaire, *Robertus-Josephus Pothier. Orate pro eo.* En face, on a placé le marbre de son épitaphe primitive, conservé d'abord par M. Lebrun, architecte, et en dernier lieu par M. Payen, marbrier. Un monument digne de sa célébrité et de la gratitude de ses compatriotes reste encore à élever; et une souscription ouverte dans ce but, serait, nous le pensons, promptement

magnési aîné, statuaire né dans nos murs. Cet artiste, aidé dans cette tâche difficile d'un portrait peint du vivant de M. Pothier, possédé par sa famille, et guidé par les conseils de plusieurs habitans dans la mémoire desquels ses traits étaient aussi profondément gravés que le souvenir de ses vertus, parvint à produire avec talent la ressemblance de l'auteur du *Traité des obligations*. Bientôt un nouvel hommage fut rendu à sa mémoire : l'ouverture d'une rue, en face de la préfecture, mit plus en évidence la maison

remplie. Voici son épitaphe, composée par M. Ducoudray, maire d'Orléans, et replacée à Sainte-Croix.

	TRADUCTION.
Hic jacet Robertus-Josephus POTHIER, *Vir Juris peritiâ, æqui studio,* *Scriptis, consilioque,* *Animi candore, simplicitate morum,* *Vitæ sanctitate* *Præclarus.*	Ici repose ROBERT-JOSEPH POTHIER, homme illustre par ses profondes connaissances en droit, par son amour pour la justice, par ses écrits, la sagesse de ses conseils, la candeur de son âme, la simplicité de ses mœurs, et la sainteté de sa vie.
Civibus singulis, probis omnibus, *Studiosæ Juventuti,* *Ac maximè Pauperibus,* *Quorum gratiâ pauper ipse vixit,* *Æternum sui desiderium reliquit,* *Anno reparatæ salutis MDCCLXXII,* *Ætatis verò suæ LXXIII.*	Regretté de chacun de ses concitoyens, de tous les gens de bien, de la jeunesse studieuse, et principalement des pauvres en faveur desquels il vécut pauvre lui-même, il mourut l'an de grâce 1772, à l'âge de 73 ans.
Præfectus et Ædiles, *Tàm Civitatis nomine quàm suo,* *Posuêre.*	Les Maire et Échevins de la ville d'Orléans lui ont érigé ce monument, tant en leur nom qu'en celui des Habitans.

Sur un second marbre, placé au-dessous, on lit ce qui suit :

Avec l'autorisation du Roi, sur la demande des habitans d'Orléans, les restes de R.-J. Pothier, inhumés au grand cimetière de cette ville le 4 mars 1772, ont été exhumés et déposés en ce lieu le 17 novembre 1823.

dans

dans laquelle notre illustre concitoyen mourut. Le Conseil municipal décida que cette nouvelle rue porterait son nom, et qu'une inscription rappellerait le lieu que son souvenir rendait cher aux Orléanais. En 1811, on plaça, au-dessus de la maison qui forme l'angle de la place du cloître Sainte-Croix et de la rue de Sémoi, un marbre avec cette inscription en lettres d'or (1):

Robert-Joseph Pothier habitait cette maison; il y est mort le 2 mars 1772.

Ce modeste asile du savoir et de la charité chrétienne, habité maintenant par M. l'abbé Mérault, semble n'avoir point changé de maître, et cette heureuse demeure sera doublement vénérée de la postérité.

MAISON DES DU LYS. La famille de Jeanne d'Arc fut toujours l'objet de la sollicitude des Orléanais, comme nous l'avons fait remarquer à l'article des monumens élevés en l'honneur de la Pucelle; et si les échevins, comprimés dans leur générosité par l'ingratitude de la Cour, mirent quelque parcimonie dans les secours qu'ils donnèrent à sa mère, c'était bien contre le vœu des Orléanais; car nous voyons que lorsqu'elle se plaignait de la rapacité de Henriet Anquetil, sous la tutelle duquel elle semble, pour ainsi dire, avoir été placée, quelques habitans offri-

---

(1) Parmi les inscriptions proposées alors, nous avons distingué celle-ci, composée par un littérateur, alors juge de paix d'un des arrondissemens d'Orléans.

Hâc in domo
ROBERT.-JOSEPH. POTHIER
Manebat,
Juris
Interrogabat, respondebat, scribebat
Oracula.
Pius, simplex, pauperum pater,
Aureliæ decus.
Obiit anno rep. salut. MDCCLXXII.

rent de se cotiser pour augmenter la pension qui lui était faite par la Ville.

Outre les revenus que le Duc d'Orléans accorda à ses frères, tels que ceux de l'Île-aux-bœufs, etc., il est certain qu'ils possédaient une maison à Orléans : probablement leur mère l'habita ; quant à eux, cela était encore de tradition en 1569. Jusqu'ici on ne s'est guère occupé de rechercher quel pouvait être le lieu où ils demeurèrent, et peu de documens certains peuvent aider à fixer une conjecture à cet égard ; le plus concluant serait celui-ci, extrait de la relation du *bruslement et ruine du presche de la maison quarrée*. (*Voyez* Place des quatre-coins.) « Nous » estions (disent les Protestans) pourchassés jusqu'à » la rue des pastoureaux, et ne dusmes nostre vie » saulve qu'au renfoncement de la maison des du » Lys, car ceulx qui estoient en fasce au milieu de » ladicte rue et à main dextre de nous, fusrent » tous occis ou déchassés au loin, marris et blessez. » En rapprochant ce récit des anciens fragmens de plans de la ville, de la même époque ou environ, qui se trouvent aux archives de la préfecture, nous avons reconnu que la maison qui était alors en retraite vers le milieu de cette rue devrait être celle qui porte aujourd'hui le n° 14, sur laquelle il n'existe aucun ancien titre, et qu'on vient de restaurer en conservant quelques restes de sculpture qui indiquent seuls aujourd'hui son ancienneté.

MAISON REMARQUABLE, *DITE* D'AGNÈS SOREL. Les noms des maîtresses de nos Rois se confondent quelquefois dans la bouche des gens sans instruction, et le peuple, qui eut rarement lieu de se rappeler leurs bienfaits, mais plus souvent leur luxe, leur prodigalité, et l'ascendant qu'elles exercèrent sur l'esprit de nos souverains, attribue aux unes ce qu'il doit reprocher aux autres : c'est ainsi que peu à peu la tradition transmet à cet égard des données fausses sur plusieurs points historiques.

La maison située rue du Tabourg, n° 35, appelée primitivement maison d'Agnès Sorel, a été nommée depuis, maison de Marie Touchet; cependant la première dénomination a généralement prévalu. La construction de cet hôtel, dont la richesse d'architecture et d'ornemens a toujours fixé les regards, ne peut être attribuée à Marie Touchet; et, d'après des titres nombreux, nous avons acquis la preuve qu'il existait avant sa naissance; mais la proximité de la demeure de son père, rue vieille-poterie, a pu donner lieu à cette erreur. Quant à Agnès Sorel, il n'est pas très-certain qu'elle ait habité Orléans, et il ne l'est pas davantage qu'elle ait fait décorer cette maison: seulement il est constant, par une succession de titres authentiques, qu'elle a été bâtie peu avant les Etats ou même pendant la tenue de ces Etats convoqués à Orléans par Charles VII en 1430. Elle semble aussi avoir fait partie du domaine royal, et quelques renseignemens, disséminés dans les actes de propriété, font présumer qu'elle a été donnée à la famille Compaing en récompense de services rendus pendant le siège de 1429, et peut-être comme un juste dédommagement des pertes qu'elle avait éprouvées alors. L'absence totale des titres primitifs confirme notre opinion à cet égard, car nous avons déjà vu, et nous aurons encore occasion de faire remarquer, que toutes les maisons présumées provenir du domaine royal, soit par vente, soit par don, sont privées de titres primitifs, parce qu'on n'en remettait point, ou parce que les propriétaires subséquens, craignant les retraits et les revendications, les ont anéantis.

Quoi qu'il en soit de la ressemblance que la tradition affecte, et qu'on peut trouver entre deux portraits en reliefs conservés dans cette maison, avec les figures de Charles VII et d'Agnès Sorel; soit que les conjectures hasardées sur les allégories représentées dans des bas-reliefs en bois sculptés aux portes d'entrée aient quelque fondement et des rapports avec les victoires de Charles VII, ou qu'ils offrent l'image fabuleuse de la boîte de Pandore ; soit enfin que les emblêmes d'amour disposés dans les caissons de la galerie et l'assiette de poires de Rousselet qui s'y trouvent, étayent suffisamment ou non l'opinion qu'Agnès Sorel a pu demeurer dans cet hôtel, il n'en demeure pas moins assuré qu'il existait vers 1430, ainsi que sa riche galerie, sa vaste salle et sa chapelle ; car un titre de 1470 porte une description précise des lieux, et désigne cette propriété comme existant depuis long-temps et étant alors un ancien fief royal possédé par la famille Compaing. En 1512 elle appartenait à la même famille ; et Anne Compaing, veuve de Pierre Briçonnet, fit construire, au château de Cornay, une galerie à l'instar de celle qui existait *du temps des États dans sa maison de la grande rue.* Ce fut à cette époque que le cardinal Briçonnet vint demeurer quelque temps dans notre ville, chez sa parente Anne Compaing. La famille Hatte posséda ensuite cette demeure et la divisa en deux parties. En 1529 elle appartenait *aux Saint-Mesmin ;* depuis elle a été achetée par *les Alleaume*, et en dernier lieu par M. Desfriches, dont les descendans l'ont conservée.

Malgré les ravages du temps, les mutilations qu'elle a subies en 1565, et celles plus récentes dont elle porte les traces, la maison d'Agnès Sorel offre encore aux artistes un ensemble très-remarquable. Il reste bien peu de constructions, d'une époque reculée, aussi intéressantes et aussi bien conservées ; la galerie et son magnifique plafond, les arabesques des croisées, l'escalier, la cheminée de la grand'salle, maintenant divisée en trois parties, les gouttières rubannées d'or et d'azur, tout jusqu'au pavé de la cour, y attire l'attention et commande l'intérêt.

Les armoiries et quelques sculptures avaient été

mutilées lors des troubles religieux, le vandalisme de 1793 anéantit ce qu'il en restait, et nous priva de renseignemens qui auraient pu jeter quelque jour sur nos recherches. Le peu de traces qu'on apperçoit maintenant de ces emblêmes nous présente des fleurs de lis disposées comme dans l'écusson de France sous Charles VII, et on les retrouve dans les caissons de la galerie, ce qui ne laisse aucun doute sur l'habitation de cette maison dans l'origine par quelques seigneurs puissans de la cour de ce Roi, si l'on n'admet point que ce soit par Agnès Sorel.

Vainement et contrairement aux actes on chercherait à alléguer que ces ornemens ne peuvent avoir été exécutés que sous le règne de François Ier et lors de la renaissance des arts ; ils ont sans doute beaucoup de rapport avec ce qu'on connaît de constructions de cette époque, et ils doivent en avoir effectivement, s'ils ont été, comme nous le croyons, l'ouvrage des artistes qui formèrent les premiers degrés de cette période glorieuse et connue par le goût qui présida à ses travaux ; mais il serait illusoire de penser que les arts ont eu une ligne de démarcation fixe en deçà de laquelle rien dans ce genre n'a été fait. Nous avons à Orléans même la preuve du contraire dans quelques édifices des règnes de Charles VIII et de Louis XII, notamment dans les arabesques de l'ancien hôtel-de-ville. Sous Charles VII et sous Louis XI, des monumens tels que le tombeau d'Agnès Sorel à Loches, les restes de l'abbaye de Jumièges, Notre-Dame-de-Cléry, attestent que la sculpture était cultivée avec succès. Ces observations acquerront encore plus de force si l'on considère le peu de temps qui s'écoula entre la tenue des États en 1430 et l'avènement au trône de François Ier en 1515, comparativement à la lenteur ordinaire des progrès dans les arts. (*Voyez* l'Album du département du Loiret.)

MAISON DE L'ANNONCIADE, RUE DU TABOURG,

N.º 35. Cette maison très-ancienne a été construite lors de la deuxième enceinte de la ville, comme on le voit d'après les anciens plans : elle touchait au mur de ville et à la porte Renard, et ne laissait qu'un chemin de ronde entre elle et la muraille. En 1428 elle appartenait à Jacques Bouchier, trésorier du Duc d'Orléans, et après que « *la Pucelle fust entrée*
» *à Orléans le vendredy* 29.ᵉ *jour* d'avril de l'année
» 1429 par la porte de Bourgongne, accompaignée
» des bourgeois et gens d'armes qui estoient allés à
» sa rencontre jusqu'à Chécy. Les bourgeois et les
» bourgeoises se portoient sur son passage en grant
» tumulte, et la regardoient si affectueusement que
» tous avoient les yeux fichés sur elle, tant hommes
» que femmes et petits enfans. Avec cette admiration
» et affection ils l'accompaignèrent tout le long de
» la grand' ruë qui traverse la ville, et la conduisirent
» depuis la porte Bourgongne jusqu'auprès de la
» porte Renard, en l'hostel de Jacques Bouchier,
» pour lors thrésorier du Duc d'Orléans, où elle
» feust honorablement reçuë et logée avec ses deux
» frères et les deux gentilshommes et leur valet,
» qui estoient venus avec elle du païs de Barrois.
» On lui avoit faict appareiller à souper bien et ho-
» norablement ; mais elle fist seulement mettre du
» vin dans une tasse d'argent, où elle mist moitié
» d'eau, et cinq ou six soupes dedans, qu'elle man-
» gea, et ne prist austre chouse tout ce jour, pour
» manger ni boire, quoiqu'elle eust esté tout le jour
» à cheval ; puis s'alla coucher en la chambre
» qui lui avoit esté ordonnée, et avec elle estoient
» la femme et la fille dudict thrésorier, laquelle fille
» coucha avec ladicte Jeanne. Le 1.ᵉʳ de may elle *che-*
» *vaucha par la ville, accompaignée de plusieurs che-*
» *valiers et escuyers, pource que ceulx d'Orléans avoient*
» *si grant volonté de la veoir, qu'ils rompoient presque*
» *l'huy de l'hostel où elle estoit logée, etc.* » Daulon, son écuyer, dit dans son interrogatoire, lors de la ré-

vision de son procès, que la veille du jour où l'on prit le fort Saint-Loup : « Il qui parle se mist sur
» une couchette en la chambre de ladicte Pucelle
» pour un pou soy reposer, et aussi se mist icelle
» avecque sa dicte hostesse sur un autre lict pour
» pareillement soy dormir et reposer ; mais ainsi
» que ledict déposant commençoit à prendre son re-
» pos, soudainement icelle Pucelle se leva dudict
» lict en faisant grant bruit, l'esveilla, et lors lui
» demanda, il qui parle, qu'elle vouloit; laquelle lui
» respondit en nom de Dieu : Mon conseil m'a dict
» que je voise contre les Anglois ; mais je ne sçay
» se je dois aller à leurs bastilles, ou contre Fas-
» colf qui les doict avitailler. Sur quoi se leva ledict
» déposant incontinent, et le plustost qu'il peust,
» arma ladicte Pucelle, etc.; dict que estant montée
» sur le cheval d'un paige elle tira son chemin le
» plus droict qu'elle peust à la porte Bourgongne,
» où le plus grant bruit estoit. Dict que incontinent
» il qui parle suivit ladicte Pucelle : mais sitôt ne
» sçut aller qu'elle ne fust jà à ycelle porte. Dict
» que ainsi qu'ils arrivoient à ycelle porte, virent
» que l'on apportoit l'un des gens d'ycelle cité, le-
» quel estoit très-fort blessé. Et adonc ladicte Pu-
» celle demanda à ceulx qui le portoient qui estoit
» celuy homme, lesquels lui respondirent que c'es-
» toit ung François, et lors elle dict que jamais n'a-
» voit veu de sang françois couler que les cheveulx
» ne lui levassent en sur, etc. » Le même jour, son hôte lui avait fait préparer *une alose, et l'invitoit à en manger avant partir, mais elle remist la partie au retour, après victoire et gain du fort.*

Ces faits historiques rendent bien digne de remarque la maison que Jeanne d'Arc habita dans nos murs, mais malheureusement il n'y reste plus de constructions de son temps. Cette maison, dont Michelle Sévin, veuve du sieur Doinvilliers, était propriétaire en 1556, fut occupée ensuite en 1598 par M. Colas sieur Desfrancs, comme nous l'avons dit au n° 2 des plans de la ville (page 23). Vers 1580, M. Colas fit restaurer toute sa demeure, et ne laissa guère subsister que la façade sur la rue du Tabourg, qui est encore aujourd'hui ornée de sculptures remarquables; mais qui est distraite en partie de la maison de l'Annonciade. Il voulut ensuite transmettre à la postérité le souvenir du séjour que Jeanne d'Arc avait fait dans nos murs, et fit élever sur l'emplacement de la chambre où elle avait couché, un cabinet voûté en pierre, à deux étages, orné à l'extérieur de sculptures d'assez bon goût, et à l'intérieur d'arabesques bizarres. Nous joignons ici un dessin au trait de la moitié du plafond du premier étage; l'autre moitié étant à peu près semblable. On y remarquera deux femmes ailées tenant d'une main une massue, et de l'autre un bouclier: ces deux femmes, dans l'autre moitié du plafond, tiennent une longue javeline au lieu de massue. En face, sont deux espèces de furies à mamelles pendantes, et montées sur des animaux fantastiques. Deux Hercules ailés, terminés en cippes, soutiennent le cartouche placé au centre, où l'on remarque les armes de la famille Colas (1), représentées sur une espèce de parchemin déroulé et déchiqueté. Les reliefs de la voûte du rez-de-chaussée diffèrent de ceux-ci en ce que le centre est occupé par un beau pélican se saignant pour ses petits disposés dans un nid encore doré. Les deux femmes tiennent de la main droite le miroir de la vérité, et de la main gauche une palme. Les figures et les ornemens sont encore revêtus de couleurs du temps: l'or, l'azur, le sinople qui les couvrent ajoutent à leur aspect singulier. La longueur totale de ce cabinet, dans œuvre, est de trois mètres quatre-vingt-dix centimètres ou

---

(1) Ces armes sont *d'or, au chêne de sinople, au sanglier passant de sable.*

Arabesques du Plafond du 1.er étage du Cabinet dit de Jeanne d'Arc (Maison de l'Annonciade).

douze pieds, et la largeur de deux mètres quatre-vingt-dix centimètres ou huit pieds onze pouces. La porte d'entrée du premier étage est décorée d'un buste de femme, de trois-quarts, présentant une fleur. Toutes les sculptures de l'intérieur sont d'un très-fort relief, et semblent avoir été faites sur place et avec beaucoup de soin : néanmoins elles sont peu dignes, par leur dessin, de l'état dans lequel le règne de François Ier laissa les arts. Un auteur moderne a vu dans ces ornemens des allégories à la gloire dont la Pucelle a illustré son nom, à son supplice, aux tourmens de ses bourreaux. Quant à nous, tout en remarquant le parti qu'on peut tirer, pour une semblable explication, du pélican, des femmes armées de javelines et de massues, du miroir de la vérité, des Hercules, de la jeune fille qui offre une fleur, nous pensons que ces allégories sont peu claires, et nous aurions préféré que M. Colas nous eût conservé les lieux témoins des veilles de Jeanne d'Arc dans l'état où ils étaient de son temps, plutôt que de nous avoir transmis ces témoignages de sa vénération pour elle.

MAISON *DITE* DE DIANE DE POITIERS. Le nom imposé par la tradition à cette maison de la petite rue des Albanais, ouvrant aussi sur la rue neuve, n° 22, ne repose sur aucun document certain, car tous les anciens titres ont disparu. Elle a été construite à une époque plus récente que celle d'Agnès Sorel et de François Ier; mais il est impossible d'en préciser l'année. Diane de Poitiers a certainement habité la rue neuve, car d'anciennes relations des entrées de nos Rois à Orléans nous ont transmis qu'elle se cassa la jambe en *chevauchant par la ville, sur un palefroy, malgré son adresse à le bien conduire, et qu'on la porta de suite dans son logis, en la rue neuve, où elle guarit assez longuement.* (*Voyez* Rue de l'ormerie.) Mais dans cette même rue, sous le n° 14, on voyait en 1793, dans une autre maison, outre divers ornemens et quelques emblêmes de galanterie, des H et des D enlacés, ainsi que des croissans, ce qui ferait supposer que ce fut plutôt dans ce lieu que dans la maison dont nous nous occupons, qu'on porta Diane de Poitiers. Ces écussons s'apperçoivent encore à la voûte d'un escalier, ainsi que la trace de quelques fleurs de lis, tandis que rien de semblable ne se rencontre dans la maison de la rue des Albanais. Il serait néanmoins possible que ce fût réellement dans la demeure qui a conservé son nom qu'on aurait déposé Diane après son accident ; car nous avons remarqué que les bâtimens contigus donnant sur la rue neuve, sous les n°s 20, 18, 16, y compris le n° 14, ont dû faire jadis partie de la propriété dont nous nous occupons, et qu'ils n'en ont été séparés que depuis l'époque du règne de Henri II ; dès lors il n'est point extraordinaire que la tradition ait conservé la dénomination de la maîtresse du Roi à la plus apparente de ces habitations.

La façade de celle dont nous nous occupons ici, est extrêmement remarquable par le goût qui a présidé à son ajustement et par le travail soigné des sculptures qui l'ornent. Son aspect est gracieux et élégant ; cependant elle est un peu trop chargée d'ornemens de détail. Malheureusement elle est masquée par le mur aujourd'hui très-élevé de sa porte d'entrée principale et par les maisons qui la séparent de la rue de l'aiguillerie : sans cela, elle ferait face au musée, et ce quartier offrirait aux étrangers deux monumens curieux vis-à-vis l'un de l'autre.

C'est seulement dans l'intérieur de cet ancien hôtel qu'on peut espérer maintenant de rencontrer quelques indices propres à découvrir quel a pu être le fondateur de ce bâtiment. On y voit, dans un petit cabinet formant l'aile droite de la façade, deux plafonds en pierre, sculptés en demi-relief et avec soin. L'un d'eux est couvert de *grecques* au milieu desquels sont les lettres P. C. répétées dans chacun des carrés que ces ornemens forment; l'autre plafond présente deux *cartouches* bien conservés, dont l'un est d'argent, au chevron de même, surmonté de deux étoiles d'or, accompagné de trois feuilles de chêne; et l'autre est parti, d'or, au griffon couronné d'argent, crénelé en tête et à senestre; coupé d'argent au zig-zag et à l'hermine avec un écu d'argent brochant sur l'hermine. Les mêmes armoiries se trouvaient dans la façade; elles ont été détruites en 1793, ainsi que leurs supports et entourages où l'on remarquait des crosses et des mîtres d'évêque. Les ouvriers d'un ébéniste qui occupa cette maison achevèrent d'anéantir un écusson placé dans un appartement du premier étage, et surmonté de deux crosses dont nous avons vu les vestiges, de même que ceux d'une mître à l'une des cheminées du second étage.

Nous avons vainement tenté de chercher à quelle famille pouvaient appartenir ces armes, et nous n'avons trouvé de ressemblance qu'entre le premier cartouche que nous avons décrit et les armoiries de Pierre Châtel, évêque d'Orléans. Cette ressemblance, qui cependant n'est pas parfaite, et les lettres initiales P. C., nous porteraient à croire, ainsi que nous l'avons dit dans l'Album du département du Loiret, que Pierre Châtel ou Chastel, ou Chastelain (*Castellanus*), évêque d'Orléans sous Henri II, aurait fait décorer cette riche demeure vers 1552. Nos évêques n'avaient point encore d'hôtel épiscopal; et quoique Pierre Châtel n'ait occupé le siège d'Orléans que pendant trois années (1);

---

(1) Pierre Châtel, né à Langres de parens pauvres, devint aumônier et bibliothécaire de François Ier. Il permuta l'évêché de Mâcon avec celui d'Orléans occupé par Faulcon; il mourut d'une attaque d'apoplexie dont il fut frappé en prêchant à Saint-Laurent-des-Orgerils, le 3 février 1551. Il avait presque toujours habité Orléans depuis 1540. Il était très en faveur à la Cour, et s'étant brouillé avec la duchesse d'Etampes, il s'était attiré

il est constant que ce prélat, très en faveur sous François Ier et sous Henri II, aimait le séjour d'Orléans, et l'habita avant d'avoir permuté l'évêché de Mâcon avec celui de notre ville. Il est également certain qu'il y reçut Henri II à son passage, suivant ce que nous apprennent les historiens du temps. « Le Roy Henri second et la Reyne Catherine de Médicis, son espouse, firent leur entrée dans Orléans, et y fusrent fort magnifiquement reçus le quatrième jour du mois d'aoust de l'an 1551, et les accompagnoient grand nombre de seigneurs et dames, logés qui çà qui là, quoiqu'il eust été faict de grands préparatifs, et du nombre estoit la duchesse de Valentinois. Or, advint que revenant de Sainte-Croix où l'évêque Duchastel avait harangué la Cour, elle se pensa rompre le col, et en fust quitte pour la jambe droicte, son cheval ayant failli des pieds de devant en passant devant Sainct-Pierre-empont. » On ne sait pas où logèrent le Roi et la Reine pendant leur séjour; ce ne fut point à la maison royale de Saint-Aignan, et probablement pas au châtelet, qui était en si mauvais état, que le Roi le fit réparer depuis en y plaçant ses armes. Quant aux seigneurs de sa suite, ils furent dispersés dans la rue de l'aiguillerie et dans la rue neuve, *aucuns mesme à Bonneval*. D'après cela on pourrait conjecturer que le Roi habitait l'hôtel de Pierre Châtel, rue des Albanais; que Diane et les officiers du Roi occupaient les maisons les plus apparentes du voisinage, et alors celle que nous avons citée comme ayant encore des traces d'emblêmes et des chiffres de Henri et de Diane.

MAISON DE MARIE TOUCHET. La maison qu'occupait le père de Marie Touchet, en qualité de lieutenant particulier, n'est pas connue d'une manière

---

l'affection de Henri II, et surtout de sa maîtresse Diane de Poitiers, duchesse de Valentinois.

certaine. Néanmoins divers renseignemens du temps en indiquent la position dans la rue de la vieille-poterie, et vers le milieu, *à main senestre de la rue du Tabourg*, et là *vint le voir un de ses parens, de Patay, qui entra en son logis, non loin de la tour Quanteau, un jour d'émotion populaire, l'an* 1574, suivant monsieur Hubert (1). C'est d'après ces indices que nous avons pensé que la maison de la rue de la vieille-poterie, n° 7, pouvait être celle de la famille Touchet. C'est, dans cette rue, la seule demeure qui offre dans l'intérieur des restes de construction de cette époque. La façade en a été rebâtie postérieurement, et les médaillons encore masqués qui s'y trouvent incrustés ont été évidemment rapportés lors des constructions qu'on y a faites, ce dont nous avons eu lieu de nous convaincre dernièrement, lors des nouvelles distributions qu'on y a pratiquées.

Nous avons déjà parlé d'un fait peu connu relativement à la maîtresse de Charles IX, dans la notice sur les Capucins : nous consignerons ici les notes que nous avons extraites des manuscrits de M. Hubert et d'autres écrits sur l'origine de Marie Touchet, qui semble avoir joué un plus grand rôle qu'on ne le pense généralement dans les persécutions dirigées contre les Protestans.

La famille de Marie Touchet habitait l'Orléanais. Guillaume Touchet, mort en 1400, Jean Touchet son fils, et Renaud Touchet son petit-fils, tous marchands à Patay en Beauce, sont les premiers membres de cette maison dont les noms aient été conservés. Elle se divisa ensuite en deux branches,

(1) Plusieurs des manuscrits de M. Hubert sont réunis à la bibliothèque publique d'Orléans ; mais l'ouvrage qu'il avait entrepris sur l'origine des familles de l'Orléanais, sur leurs armoiries, etc., etc., se trouve aujourd'hui disséminé : il paraît que du Chapitre de Cléry, où ils étaient conservés, ils ont été dispersés tant à Beaugency, où il en existe douze à quinze volumes, qu'à Orléans, où il y en a deux ou trois en diverses mains.

l'une desquelles porta le nom de Touchet Beauvais. Jean Touchet, sieur de Beauvais, avocat et conseiller du Roi, épousa, en 1492, Marie d'Allier, dont il eut Pierre Touchet, sieur de Beauvais, bourgeois d'Orléans, et Jean Touchet, sieur de Beauvais et de Grillard, conseiller du Roi et lieutenant particulier au bailliage et siège présidial d'Orléans en 1552. Ce dernier épousa Marie Mathy, fille naturelle du sieur Mathy, premier médecin du Roi : de cette union naquit Marie Touchet, etc... C'est probablement à cause de sa mère qu'on a si souvent répété qu'elle était issue d'un apothicaire d'Orléans. Les armoiries de cette famille, qu'on voyait encore en 1640 au château de la chapelle Saint-Mesmin qu'elle avait possédé, étaient d'azur, à deux glaives ou épées d'argent en sautoir, la pointe en chef et la poignée aussi d'argent en croix.

Nous avons cru devoir donner ces détails puisés dans des actes authentiques, pour prouver que Bayle et beaucoup de biographes n'ont pas eu sur Marie Touchet des matériaux auxquels on puisse ajouter foi entière.

MAISON DES ETUVES. Nos ancêtres avaient emprunté des Romains l'usage fréquent des bains, et il est peu de villes anciennes où l'on ne trouve la trace d'établissemens thermaux. Pendant long-temps les maisons destinées à cet emploi portèrent le nom d'étuves, et les chirurgiens conservèrent le titre de chirurgiens-barbiers-étuvistes. La maison rue du plat-d'étain, nos 4 et 6, est désignée, de temps immémorial, comme ayant été le lieu où se trouvaient les *estuves* (les bains) d'Orléans. Elle avait encore cette destination à l'époque du siège de 1428, car on y conduisit, pour *appareiller*, le gouverneur Raoul de Gaucourt qui s'était *desnoué* le bras devant Saint-Pierre-en-pont en *chevauschant* par la ville pour animer les habitans et les encourager à se bien défendre. C'était dans cette rue, et non loin des étuves, qu'était logé le fameux maître Jean, *le plus habile couleuvrinier de son temps*, dont il est si souvent parlé dans l'histoire du siège. La maison des étuves devint ensuite celle des écoles, probablement du temps de Louis XI, si l'on en juge par les serrures des portes dont les clous ont la forme de coquilles. A la vérité l'emploi des coquilles comme ornement était postérieur au règne de ce Roi; mais l'institution qu'il fit de l'ordre de Saint-Michel, et sa grande dévotion à *monsieur Saint Jacques* engagèrent à les multiplier sur les monumens.

L'intérieur de cette maison est aujourd'hui dénué de tout intérêt, mais l'extérieur offre encore quelques restes de sculptures très-anciennes.

HÔTEL DES MONNAIES. Les Ducs d'Orléans et les Rois de France firent frapper des monnaies dans notre ville dans une maison située rue Saint-Maclou, et ensuite dans une autre placée dans la rue de la vieille-monnaie qui en a gardé le nom; il est même probable que ces deux maisons n'en formaient qu'une seule ouvrant sur les deux rues. Sous la première race, la monnaie d'Orléans fut très-occupée; mais Charlemagne ayant réduit le nombre des hôtels des monnaies à un seul établi dans son palais, on cessa de fabriquer dans notre ville. En 854, Charles-le-Chauve mit Orléans au nombre des villes où l'on devait battre monnaie. François Ier lui enleva probablement ce privilège, car on ne voit point qu'il ait affecté de lettres pour marque à la monnaie d'Orléans, tandis qu'il en assigna à toutes les autres. En 1562, le Prince de Condé fit battre monnaie au coin du Roi, et, pendant les troubles religieux, Odet de Châtillon fit, dit-on, frapper aussi quelques pièces au château de l'île; mais nous n'en avons trouvé aucune preuve. On cessa de faire de la monnaie à Orléans au moment de la paix, et ce ne fut qu'en 1646 qu'une ordonnance de Louis XIV rétablit la monnaie dans notre ville. Cette ordonnance resta sans exécution, et en 1716 seulement, sur un nouvel édit, on disposa un hôtel des monnaies, ouvrant sur la rue d'Illiers et sur la rue du colombier. Son balancier ne fut mis en activité que le 25 août 1718 : la lettre R était affectée aux espèces qu'on y frappait. En 1786 on refondit à la monnaie d'Orléans beaucoup de pièces d'or, et en 1796 il en sortit une quantité considérable de monnaie de billon dont on trouve encore une masse trop forte en circulation sur les rives de la Loire. Cet hôtel a été vendu lors de l'organisation des monnaies impériales, et est devenu une maison de commerce qui porte aujourd'hui le n° 54, sur la rue d'Illiers, et conserve, en lettres gravées sur la pierre, son ancienne dénomination du côté de la rue du Colombier.

Musée. Ainsi que nous l'avons dit à l'article de l'hôtel de la mairie, les échevins d'Orléans étaient en possession d'un local dépendant du châtelet et donnant sur la rue au Lin, lorsque le Duc d'Orléans, délivré de la captivité dans laquelle il vivait en Angleterre depuis la bataille d'Azincourt, arriva à Orléans avec sa nouvelle épouse et une cour nombreuse que sa réconciliation avec le Duc de Bourgogne avait encore augmentée. Cette suite et l'intérêt que le Duc de Bourgogne lui avait témoigné donnèrent de l'ombrage à Charles VII ; et le Duc d'Orléans, au lieu de se rendre près de lui, fut contraint de rester à Orléans, où il avait été reçu avec beaucoup de pompe et d'affection. Le châtelet, où ce prince était descendu, se trouvant trop resserré pour loger tous les seigneurs qui l'avaient accompagné, les échevins cédèrent le local qu'ils occupaient, et achetèrent, le 22 mai 1443, des deniers communs, *l'hôtel des carnaux (crenaux.) dans la rue de l'aiguillerie, près de Sainte-Catherine.*

Cet hôtel était assez beau, orné de sculptures et touchant à une tour de ville de la première enceinte (1). Il avait servi d'hôtellerie, et était alors possédé par un riche particulier. Bientôt les échevins l'agrandirent en achetant quelques maisons voisines. Sous Charles VIII on commença à travailler à la façade que nous admirons encore malgré les mutilations qu'elle a éprouvées en 1575 et en 1793. Louis XII la fit achever en 1498, et il fit placer au-dessus de la porte d'entrée deux anges ouvrant un cœur au milieu duquel on apercevait une fleur de lis. Plus tard les échevins firent placer dans les niches de la façade les bustes des Rois qui avaient été couronnés à Orléans ou de ceux qui l'avaient affectionné (2).

Dès l'année 1450, les échevins avaient fait réparer l'ancienne tour de ville qui se trouvait alors jointe à leur hôtel, et en 1453 ils la firent exhausser pour y placer une horloge et la cloche du beffroi, qui fut fondue la même année par Louis Carrel de Nevers. Elle pesait 9,000 livres, et le connétable de Richemont, son parrain, lui donna, en 1459, le nom de *Cœur de lis* (3). Elle a été refondue en 1674; et elle est ornée d'une croix, d'une salamandre, d'une figure de la Sainte-Vierge et d'une branche de lis avec la devise donnée par Louis XII à la ville, *Hoc vernant lilia corde*.

(1) En distribuant les salles du musée, on trouva dans l'épaisseur des murs quelques débris des anciennes sculptures, et entre autres le tronc d'un guerrier armé, d'une bonne exécution et d'un dessin très-pur.

(2) Lors des troubles de 1562, les religionnaires brisèrent ces bustes et les traînèrent à la rivière : *ainsi l'on vit Louis XII et Louis XI, le meilleur avec le plus astucieux de nos Rois, attachés à la même corde, et traînés dans la fange des ruisseaux.* Depuis ce moment il ne resta plus d'effigie de Louis XII à Orléans : il serait bien à désirer qu'on y possédât une statue ou au moins un buste du Roi qui a fait le plus de bien à notre ville et à la France.

(3) Le connétable appelé d'abord à Montargis, et ensuite à Blois, pour le procès du duc d'Alençon, fut invité à cette

En 1568, les Protestans détruisirent une statue de Saint Michel terrassant le diable, qu'on avait placée en 1459 au haut de cette tour (1), ainsi que des reliques pour préserver l'édifice de la foudre, et aussi en mémoire de ce que la ville avait été délivrée, en 1429, la veille de la fête de ce saint. Cette statue ne fut point remplacée, et en 1821 on disposa sur la plate-forme qu'elle avait occupée un télégraphe de nuit ; mais le succès n'ayant point ré-

cérémonie qui se fit avec pompe. Lemaire nous a conservé les vers qui étaient alors gravés sur cette cloche ; nous les donnons ici comme historiques.

  Orléans suis du Roy Charles première,
Et est mon nom propre, le Cœur de Lys.
Ainsi nommée en l'assemblée plenière,
Des trois Estats, où estoient maints d'eslis.
Le Connestable m'a ce nom icy mis
Et plusieurs autres Princes pleins de science,
Pour bien commun appellez et commis,
Et maintenir la bonne paix en France.

  Pour le monstrer je porte en ma banière
Les Fleurs de France dont est mon chef jolis,
Et au dessous par moult belle manière
Trois Cœurs de Lys sur champ de gueulle scis.
Le noble Roy porter le m'a promis,
A qui Dieu doint tousiours bonne alliance,
Et luy doint force et à tous ses amis,
Et maintenir la bonne paix en France.

  Plus de huit mil pesant, saine et entière,
Mil quatre cens cinquante huict fût mis,
Au moins de Iuin et de bonne matière,
Faicte ie fus par maistres bien appris.
Mes habitans, toy Prince qui tout fis,
Vueille garder de guerre et pestilence,
Et de ne cheoir és mains des ennemis,
Et maintenir la bonne paix en France.

(1) Dans le compte de la ville, de 1498, on voit qu'il avait été livré au fondeur 505 livres de cuivre pour faire cette statue ; et comme elle ne pesait que 459 livres après la fonte, il tint compte de 72 sous 9 deniers pour prix de 45 livres 1/2 de cuivre qui lui étaient restées.

pondu à l'opinion qu'on avait conçue de cette ingénieuse machine, on lui substitua peu après un télégraphe ordinaire dont le service a été organisé définitivement lors de la dernière expédition d'Espagne.

Dans une des salles basses ou celliers de cet hôtel, on avait établi le premier grenier à sel qui ait existé à Orléans. Il fut ensuite transporté dans la rue de ce nom et dans les bâtimens remplacés cette année 1828 par ceux de la poste aux chevaux. Ce cellier a long-temps conservé le nom de *sallouer*; il devint ensuite la prison municipale appelée vulgairement *violon*; plus tard on y plaça les instrumens de supplice; aujourd'hui il est rendu à sa première destination, et sert de magasin à sel pour les douanes.

Lorsqu'on eut transféré les bureaux de l'hôtel-de-ville dans le local qu'ils occupent aujourd'hui, on installa les tribunaux d'alors dans le local qu'ils laissaient vacant, et que le district occupa ensuite. Le tribunal de première instance et la cour d'appel y siégèrent plus tard, et ne l'ont quitté que pour être mis en possession du palais de justice actuel.

Immédiatement après l'installation des tribunaux au palais de justice, cet ancien hôtel-de-ville a été disposé pour y réunir des objets d'arts, d'histoire naturelle, et y placer l'école gratuite de dessin. Ce Musée, dont l'ouverture a eu lieu le 4 novembre 1825, est déjà très-riche en tableaux, et en objets précieux dus à la libéralité des habitans et à quelques dons du Gouvernement. Les portes qui lui servent d'entrée intérieure sont celles de l'ancien jubé de Sainte-Croix; et quelques-uns des tableaux de grande dimension, qu'on y remarque, proviennent de cette église où on les avait réunis depuis qu'ils avaient été enlevés aux diverses églises et communautés de la ville.

Orléans a toujours compté de riches amateurs des beaux-arts, et l'on y admirait en 1790 plusieurs collections précieuses parmi lesquelles on citait celles de M. Haudry, de M. Desfriches, etc., etc. Depuis que les arts ont été cultivés de nouveau, d'autres cabinets se sont formés, et les étrangers visitaient avec intérêt ceux de MM. Augustin Miron, Lebrun, architecte, etc., etc. En dernier lieu la plupart des objets d'arts de ces collections étaient disséminés. Le Musée offre un point central où se rassemblent peu à peu toutes ses richesses dont le public jouit difficilement lorsqu'elles sont éparses dans les maisons particulières. La rapidité avec laquelle s'est formé ce nouvel établissement cesse d'étonner lorsqu'on connaît la quantité de belles choses que notre ville possède en ce genre, et il fait honneur au désintéressement de ses habitans qui se sont empressés de seconder les soins actifs de M. le directeur du Musée qu'on doit en regarder comme le créateur.

Notre-Dame-de-Recouvrance. M. Beauvais de Préau a écrit, dans une note qu'il a ajoutée à l'ouvrage de M. Polluche, que la chapelle de Notre-Dame-de-Recouvrance avait été bâtie, après le siège de 1428, sur une des forteresses anglaises appelée Windsor : c'est une erreur. La bastille de Windsor, ainsi nommée par les Anglais, était la même que celle appelée par les assiégés bastille de S^t.-Laurent. Jamais les Anglais ne parvinrent à établir des forts à un *jet de pierre* des murailles, selon l'expression des relations du siège, qui toutes démontrent au contraire qu'ils s'en tinrent toujours assez éloignés, et que les habitans restèrent les maîtres des barrières qu'ils avaient pratiquées en avant et à quelque distance de leurs murs. La barrière de ce côté était au bout de la rue du *cours aux ânes*, parconséquent assez loin de la position actuelle de la paroisse de Recouvrance, et elle correspondait avec une autre barrière placée sur la grève en avant des tours de la barre Flambert et de Notre-Dame.

Voici les renseignemens que nous avons puisés dans des notes éparses sur cette église, et qui nous paraissent plus certains. Peu de temps après le siège des Anglais, on éleva, de quelques débris de fortification en dehors des murs, une petite chapelle près de la barre Flambert. On lui donna le nom de Notre-Dame-de-Recouvrance en mémoire de la délivrance de la ville, et elle dépendit de la paroisse de Saint-Laurent. C'était de la chapelle de la barre Flambert que les habitans partaient, le jour des brandons, pour parcourir la ville, armés *de torches flambantes.* (*Voyez* Quai de Cypierre.) Les habitans de ce quartier étant depuis long-temps dans l'usage de se rendre à l'office dans cette chapelle, voulurent y établir des marguilliers, et soutinrent contre la fabrique de Saint-Laurent un long procès relatif aux revenus et aux droits qui y étaient attachés. Néanmoins ce ne fut qu'en 1709 que le temporel de Saint-Laurent demeura séparé de celui de Recouvrance, sous la surveillance du même curé. Les libéralités de quelques particuliers accrurent assez promptement les biens affectés à cette chapelle, et l'on construisit le chœur d'une nouvelle église plus vaste sur les fondemens d'une vieille tour de la deuxième enceinte, appelée la tour ronde. On conserva alors une tour carrée qui servait de clocher, et que les religionaires respectèrent lors des troubles de 1562 (1). Cette tour existe encore, mais l'église a été dépouillée des statues des quatre Pères de l'Eglise, de la Sainte-Vierge et de Saint Joseph, ainsi que d'un groupe d'enfans qu'on y admirait avant 1793, et qu'on devait au talent du sculpteur Hubert. Les vitraux seuls du fond du sanctuaire ont été respectés:

(1) En 1570, on décida que la cloche de l'Université, la seule *qui n'eût pas été fondue*, serait placée dans la tour de *Recouvrance* pour sonner *l'allarme et servir de beffroi*, ce qui indiquerait que la cloche même de l'hôtel-de-ville n'existait plus.

malheureusement ils étaient assez récens; et, quoique d'un bel effet, ils sont loin de la perfection de ceux qui ornaient quelques autres églises. Celle-ci est maintenant une des paroisses de la ville les mieux restaurées et les mieux entretenues.

, Notre-Dame-des-Aydes. Depuis l'époque où les confréries devinrent un usage, ou plutôt une mode, il existait à St.-Paterne une association de St.-Sébastien pourvue de quelques revenus. Les proviseurs de St.-Sébastien faisaient acquitter, depuis leur fondation, le service de cette confrérie dans l'ancienne chapelle de Notre-Dame-des Aydes qui dépendait de la paroisse de Saran (1); mais en 1718, il survint quelques contestations entre eux et les marguilliers de cette chapelle. Par suite de ce démêlé, les confrères de Saint-Sébastien se joignirent à quelques habitans de ce quartier, et demandèrent à l'évêque d'Orléans la permission de construire une chapelle succursale de Saint-Paterne, dans laquelle ils se rendraient pour le service de la confrérie, et où l'on célébrerait l'office pour les paroissiens trop éloignés de Saint-Paterne. Non-seulement l'évêque leur accorda de suite cette permission, mais il leur donna 2,000 liv. pour les aider à bâtir leur chapelle dans un clos de vignes appelé *la pie*, que les habitans avaient offert, et où il posa pontificalement la première pierre portant cette inscription : *D. O. M. Sub invocatione sancti Sebastiani, et protectione beatæ Virginis Mariæ de consolatione, lapis hic positus est à*

---

(1) Le 30 juillet 1562, les Calvinistes s'emparèrent du curé de Saint-Paterne (*Voyez page 276, note 2*), *inquisiteur de la foi*, et le pendirent sur le martroi. Son corps fut porté et inhumé par le bourreau dans la chapelle des Aydes. M. de la Saussaye, évêque d'Orléans, à la requête du procureur-général de tous les collèges de la compagnie de Jésus, le fit exhumer le 21 janvier 1581, et fit dresser procès-verbal *du transport de ses os et reliques* devant le maître-autel de Saint-Paterne où on les enterra avec pompe.

DD. illustr. et RR. Ludovico Gastone, Episcopo Aurelianensi, anno MDCCXIX, *maii* XXXI, *regnante Ludovico* XV, *Francorum Rege, inclytæ urbis præfecto D. Josepho Lenormand, hujusce et sancti Paterni ecclesiæ rectore Petro de Vernays, doctore Sorbonico.* Trois ans après, le grand pénitencier bénit cette église dès qu'elle fut terminée. Elle avait coûté 21,510 liv. dont l'évêque avait donné 2,000, le curé de Saint-Paterne 1000 liv., et les habitans le surplus.

On lit, à droite de la porte d'entrée, cette inscription en l'honneur de Saint Sébastien, protecteur des voyageurs :

> Toi qui de la céleste voûte
> Protège les mortels,
> Grand Saint, garantis notre route
> D'accidens malheureux ;
> Et dirige vers l'Eternel
> Nos soupirs et nos vœux.

NOTRE-DAME-DES-FORGES. Cette chapelle, qui a donné son nom au puits des forges et au quartier que l'on désigne encore quelquefois ainsi, faisait partie de la paroisse de Saint-Victor à laquelle elle était jointe. (*Voyez* Saint-Victor.)

NOTRE-DAME-DU-CHEMIN. Le cimetière qui entourait l'église de Saint-Aignan semble avoir été le premier de la ville et le seul pendant long-temps. En 854 il se trouvait tellement encombré, que les chanoines demandèrent à Agius, évêque d'Orléans, la permission d'en établir un autre. Par une chartre de cette époque, dont la belle écriture, très-remarquable, contraste singulièrement avec les paraphes qui accompagnent les signatures des chanoines, l'évêque leur permit de former un cimetière dans un clos de vignes en *vue de leur église* et d'y bâtir une chapelle.

Cette chapelle porta long temps le nom de chapelle de Saint-Aignan, et fut rasée le 29 décembre 1428 par les habitans, pour leur défense ; en 1565, les religionnaires y commirent beaucoup de dégâts, mais on les répara peu après, et vers 1605 on y ajouta la nef latérale droite. Elle avait pris depuis long-temps le nom de Notre-Dame-du-chemin qu'elle conserva lors de son érection en paroisse. Supprimée avec plusieurs autres en 1791, sur la demande de l'évêque d'Orléans, du district et de la municipalité ; mise en vente sur la prisée de 5,000 fr., elle fut adjugée le 20 août 1791 pour la somme de 12,100 fr. Depuis ce moment elle a toujours servi de magasin, et son clocher qui menaçait ruine a été enlevé en 1824. Quelques restes de sculptures faites vers 1570, lors de sa restauration, subsistent encore aux deux jambages de sa porte latérale Nord qui sert aujourd'hui d'entrée à une boutique ; mais le fronton en attique et de mauvais goût, élevé au-dessus en 1605, a disparu en 1825. Des fouilles pratiquées à une assez grande profondeur dans cette église pour l'établissement d'une salpêtrerie qui y fut en activité en 1806, n'offrirent aucun objet remarquable ; et seulement dans un cercueil en bois de chêne assez bien conservé, à dix pieds environ sous terre, une tête en pierre, assez grossièrement sculptée, placée entre l'épaule et la tête d'un cadavre, portant à la joue droite une très-forte protubérance conservée à dessein. Il paraît que, suivant l'usage de cette époque, les médecins n'ayant point la facilité de faire mouler en plâtre, employaient ce moyen pour juger du progrès de certaines tumeurs ; et probablement on aura enterré cette tête avec l'individu qui était affecté de la maladie qu'on avait représentée. Cette tête a été placée au-dessus de la porte latérale Est de l'église où elle se trouve encore.

PALAIS DE JUSTICE. Ce palais occupe aujourd'hui dans la rue de la bretonnerie l'emplacement de l'église des PP. de l'Oratoire, de celle des Ursulines, d'une portion des jardins de ces deux couvens, auxquels

quels on a joint quelques maisons particulières placées entre ces communautés; son aile droite est élevée sur les fondations de l'église des Ursulines, et l'aile gauche sur celles de l'église de l'Oratoire. La caserne de la gendarmerie est établie dans le surplus de l'enclos de l'Oratoire, et les prisons dans la maison conventuelle des Ursulines. (*V.* Prisons, Ursulines, Caserne de Gendarmerie.)

Les Pères de l'Oratoire furent accueillis à Orléans, lorsqu'ils vinrent s'y établir, par MM. d'Escures et Raoul Fournier ou Fornier, l'un maire de la ville, et l'autre docteur-régent de l'Université. Dès leur arrivée, en 1614, ils devinrent possesseurs du terrain qu'ils occupaient en dernier lieu, appelé le grand jardin ou jardin de Pormoran, que M. Raoul Fournier échangea avec M. L'huillier d'Interville pour les en gratifier. Bientôt on leur offrit de diriger le collège de la ville, mais leur fondateur, le cardinal de Berulle, refusa. Après l'expulsion des Jésuites, on le leur proposa de nouveau, mais ils ne voulurent point s'en charger. Leur maison n'offrait rien de remarquable: l'église en était simple. On y voyait la pierre tumulaire de M. Fournier leur bienfaiteur, et celle d'un *révérend Père Lefévre que des procès-verbaux notariés assuraient avoir fait des miracles pendant sa vie*. On montrait dans leur sacristie un chapeau de velours bleu, brodé en or, qu'un Père Météran y avait déposé comme ayant appartenu à la Pucelle; mais il n'avait laissé aucun renseignement sur la certitude de ce fait: on ignore aujourd'hui ce qu'est devenue cette espèce de toque de Jeanne d'Arc. En 1763, M. Carré de Bouchetaut leur avait légué une collection de livres dont nous avons parlé à l'article *Bibliothèque*. L'église et les bâtimens de l'Oratoire ont servi long-temps de magasin de fourrage, depuis l'expulsion des Oratoriens; ils furent ensuite affectés à la gendarmerie dont les écuries pratiquées dans l'église ont été supprimées et bâties dans le jardin, lors de la construction du palais.

Antérieurement à l'établissement des tribunaux criminels, de district, de justice de paix, de police correctionnelle, modifiés depuis par les institutions actuelles de l'ordre judiciaire, le châtelet d'Orléans était désigné comme le second du royaume (1), tant qu'on donna cette dénomination, dont l'origine remontait à Saint-Louis, à la réunion des justices dans un même lieu, et presque toujours dans un ancien château appartenant à la Couronne. Il était formé, en 1790, du bailliage et siège présidial, composé d'un grand bailli (2), de deux lieutenans-

(1) Les châtelets du royaume étaient 1°. Paris, 2°. Orléans, 3°. Montpellier, 4°. Melun. Leurs *scels* s'exécutaient dans tout le royaume sans avoir besoin de commissions, *visa* ni *pareatis*.

(2) Dès l'année 1107, il y avait à Orléans des baillis. En 1388, Charles VI les obligea à résidence. En 1537, François Ier créa six conseillers au bailliage pour être adjoints au bailli et à ses lieutenans dont l'institution remontait à 1460. En 1551, Henri II établit des juges présidiaux dans tous les grands bailliages, et en 1552 ils furent installés à Orléans au nombre de douze. En 1749, la prévôté, qui existait de temps immémorial, fut supprimée et jointe au présidial. Le bailliage et le siège présidial étaient escortés, dans les cérémonies publiques, d'une compagnie très-ancienne dans notre ville comme dans plusieurs autres, appelée le guet, qui se rassemblait à Orléans au son de la cloche du beffroi de Saint-Pierre-en-pont, appelée à cause de cela *trompille de la guette*.

Le commandant de cette compagnie s'appelait maître du grand et du petit guet. Une ordonnance du Duc d'Orléans en 1460, renouvelée par Henri II en 1549, avait fixé les droits et le service du guet. On y voit que le maître du grand guet avait le droit de faire marcher, sur l'injonction de son sergent, trente *bigames et non clercs*, armés d'une salade en tête, d'une cuirasse, de gantelets, d'une hache et d'une épée. Mais il était tenu de conduire les bigames (veufs ou veuves qui se remariaient), le jour de leurs noces, *jusqu'à la cour le roy où l'on dansait*, puis de les *ramener en leur logis* où on lui donnait un morceau de gâteau pour récompense. Il accompagnait aussi le Roi de *l'an-gui-l'an-neuf* (au renouvellement de l'année), et partageait avec lui les dons qu'on lui faisait. Le titre de maître du grand guet et capitaine-concierge du châtelet furent remplacés, en

généraux, d'un lieutenant criminel, d'un lieutenant particulier, de douze conseillers, de deux procureurs du Roi, de deux avocats du Roi, de vingt-quatre adjoints aux informations criminelles, de deux greffiers et d'un receveur des épices. La chancellerie du présidial était chargée de la conservation des hypothèques. Il y avait en outre seize avocats, vingt-sept procureurs et trente-deux notaires (1) attachés au châtelet.

1564, par ceux de capitaine ou plutôt chevalier du guet, et donnés comme précédemment à un gentilhomme que cette charge rendait membre de l'ordre de l'étoile depuis le Roi Jean.

(1) Antérieurement aux premières années du 14e siècle, les fonctions attribuées depuis aux notaires, étaient confiées aux procureurs postulans des juridictions révocables à la volonté des juges qui ne gardaient point de minutes de leurs actes. En 1362, Philippe-le-Bel érigea les offices de douze clercs notaires et tabellions du châtelet d'Orléans, *hommes lettrés et bien capables ès lois* (*Voyez page* 44, *note* 3.) qu'ils devaient étudier *en l'Université*. Philippe V déclara ces offices dépendans de son domaine. Charles VIII défendit aux baillis d'en disposer, et aux juges de recevoir aucune transaction volontaire entre les parties. Les minutes du tabellionage ont été vendues à l'encan jusqu'en 1575. Mais Charles IX, par l'ordonnance d'Orléans, supprima les tabellions ; Henri III créa un garde-note en chaque siège royal, et Henri IV réunit les tabellionages aux *boutiques des notaires*. Le nombre des notaires s'accrut à Orléans suivant les besoins du trésor, par l'effet des opinions religieuses et en raison de l'accroissement de la population. En 1368, leur nombre était de quinze, et ils avaient le droit d'exercer partout le royaume, ce qui leur fut long-temps contesté par les juridictions de Chapitres : leur domicile était fixé à Orléans. Un édit de François Ier., de 1519, porta la quantité des charges à vingt-quatre. Les anciens s'opposant à la réception des nouveaux, le bailli Groslot les installa d'autorité en 1522, mais ils ne furent point admis à la communauté. En 1533 ils prirent, d'un commun accord, le titre de notaires royaux qui leur fut contesté par le Duc d'Orléans, et ensuite restitué par le Roi à sa sollicitation. L'édit de 1571 ayant ordonné à *tout officier de judicature* calviniste de se défaire de sa charge, deux d'entre eux firent abjuration, six persistèrent dans leur croyance, et leurs offices *furent déclarés impétrables*. L'édit de pacification leur rendit leurs fonctions à condition que les cinq premières charges

EDIFICES, MONUMENS, ETC.

Indépendamment du châtelet, il y avait, dans la ville et ses faubourgs, vingt-deux justices seigneuriales ; savoir : celle de l'évêché ou tour de la fauconnerie, celle de Sainte-Croix, de Saint-Aignan, de Saint-Pierre-en-pont, de Saint-Pierre-le-Puellier, de Saint-Euverte, de Saint-Samson, de Saint-Mesmin, d'Ingré, de Saint-Laurent, de Saint-Paterne, de Saint-Benoît-du-retour, de Saint-Marc, de Saint-Victor, de Saint-Gervais, de la Chaussée, de Cornay, de la Bretauche, de Villiers, de la Martinière, de Boigny, de Chevilly. La plupart de ces justices et quelques autres plus petites tenaient leurs audiences dans les salles du châtelet, ainsi que l'élection (1) et la basoche (2) ; mais la police siégeait à

vacantes par décès ou autrement demeureraient supprimées. Cette condition fut éludée, et il y eut long-temps vingt-neuf notaires. Pendant le gouvernement du Duc de Mayenne, il en avait été créé deux que Henri IV remplaça par quatre autres, ce qui établit trente-trois notaires au châtelet d'Orléans. Henri III avait créé des offices de commissaires examinateurs ; Henri IV leur attribua le droit exclusif de faire les inventaires et partages. Les notaires d'Orléans, secondés par le bailliage, s'opposèrent à la réception des commissaires nommés par le Roi, et un arrêt solennel du Parlement les maintint dans le droit qu'ils avaient toujours eu de faire inventaire et partage. L'exercice de notaire-greffier de l'hôtel commun était souvent l'objet de contestations entre eux ; et c'est à un de ces démêlés, terminé par un arrêt du Parlement, que nous devons la plupart des renseignemens que nous avons consignés ici.

(1) En 1356, pendant la prison du Roi Jean, on établit les élus, dont les fonctions étaient relatives à la perception des impôts : cependant quelques auteurs pensent qu'il existait des élus avant cette époque. Le premier connu à Orléans fut Jean de l'Etoile, qui vivait en 1403. Charles VII, selon les uns, et Louis XI, suivant les autres, érigèrent ces charges en titre d'office. Depuis 1403 jusqu'en 1509, il n'y eut qu'un seul élu ; mais en 1585, lors de la dernière réforme de la coutume, il y en avait sept. En dernier lieu ce siège était composé d'un président, d'un lieutenant, de six assesseurs, d'un procureur du Roi, et d'un greffier.

(2) Les clercs de notaires et de procureurs formaient, à Orléans comme à Paris, une juridiction connue sous le nom de

l'hôtel-de-ville (1), ainsi que le consulat (2). Il y basoche. Les officiers nommés par les procureurs avaient, de temps immémorial, le droit de *ban* qui consistait à percevoir 12 liv. 16 s. aux premières noces, et 6 liv. 8 s. aux secondes, de tous gentilshommes, officiers d'épée et de robe, bourgeois vivant noblement, employés dans les affaires du Roi, praticiens et même huissiers, qui pourtant ne payaient que *moitié droit*. Ils percevaient cette rétribution dans tout le pays régi par la coutume, excepté la ville de Beaugenci qui pouvait se racheter en envoyant comparaître une fois l'an, le jour de Saint-Nicolas, devant les officiers de la basoche. Ce corps était en outre en possession d'installer les lieutenans particuliers lorsqu'ils entraient en charge. Le premier officier se nommait empereur, et nous devons à Clément Marot une ballade intitulée *Cry du jeu de l'empire d'Orléans*, qui rappelle ce titre pompeux. On y remarque ces vers :

> N'ayez pas peur, dames gentes, mignonnes,
> Qu'en nos papiers on vous vueille coucher :
> Chacun sait bien qu'estes belles et bonnes,
> On ne saurait à vos honneurs toucher :
> Qui est morveux, si se voyse moucher.
> Venez, venez, sots, sages, fols et folles,
> Vous musequins, qui tenez les escolles
> De caqueter, faire et entretenir,
> Pour bien juger que c'est de nos parolles,
> N'y envoyez, mais pensez de venir.
> Princes, le temps et le terme s'approche,
> Qu'empiriens par-dessus la *basoche*
> Triumpheront, pour honneur maintenir :
> Toutes et tous, si trop fort on ne cloche,
> N'y envoyez, mais pensez de venir.

(1) La police d'Orléans, jusqu'en 1792, était exercée par le lieutenant de police avec le maire et les échevins et quatre conseillers du bailliage, assistans et changeans tous les trois mois : en outre deux avocats et le procureur du Roi faisaient partie de cette juridiction, remplacée aujourd'hui par un des juges de paix du canton, un des commissaires de police faisant les fonctions du ministère public, et un greffier. (*Voyez page* 48, *note* 1, *et* Hôtel de la mairie.)

(2) Paris jouissait déjà de la juridiction consulaire instituée sous Charles IX, lorsque les Orléanais s'adressèrent à Catherine de Médicis, et obtinrent pour Orléans le même privilège de *vuider les procès pour faits de commerce* sans procureurs ni avocats. L'édit de création est du mois de février 1564, enre-

avait encore la juridiction du point d'honneur (1);

gistré au bailliage d'Orléans le 21 du mois de mars, après avoir été vérifié au Parlement le 6 du même mois. Le 18 juin de la même année on convoqua cent notables marchands qui élurent pour juges François Colas sieur Desfrancs, et pour consuls, François Stample, Louis Lemasne, Jean Salomon, et Guillaume Aubry. Ces officiers prêtèrent serment au Parlement le 13 octobre, et ce ne fut qu'en 1566 qu'on les dispensa de ce déplacement, en autorisant les baillis, sénéchaux ou leurs lieutenans, à le recevoir. Bientôt la création de ce tribunal, pour ainsi dire paternel, éveilla la jalousie des autres juges royaux qui présentèrent leurs doléances aux États de Blois pour en demander la suppression; mais la supplique du commerce prévalut, et la juridiction consulaire fut heureusement maintenue dans tous ses droits, même celui de choisir son greffier, ce qui lui avait été en outre contesté. L'élection des consuls se faisait en présence des maire et échevins et des négocians qui *votaient tous*. Trois députés du consulat avaient le droit d'assister à l'élection des maire et échevins. Les consuls furent d'abord installés à l'hôtel-de-ville; pendant les troubles religieux ils rendirent leurs jugemens dans une maison en face de Saint-Pierre-en-sente-lée, d'où ils revinrent occuper une des salles de l'hôtel-de-ville En 1716 on nomma quatre conseillers assistans, mais sans voix délibérative. Le tribunal de commerce, créé par l'assemblée constituante, le 24 août 1790, se compose aujourd'hui d'un président, de six juges, de quatre suppléans, de quatre agréés ou défenseurs, de deux huissiers et d'un concierge. Les juges et le président sont toujours choisis par les commerçans, mais il est fâcheux de voir dans beaucoup de villes cette belle institution faussée par la confection des listes d'électeurs qui ne sont pas toujours formées de manière à représenter tous les genres de commerce sans exception, et aussi par l'insouciance des négocians appelés à choisir les juges, qui, négligeant de se rendre à ces assemblées, laissent perpétuer dans quelques familles ou rouler successivement sur les mêmes individus des fonctions honorables que tous devraient ambitionner et obtenir également.

(1) Cette juridiction se composait de deux lieutenans des maréchaux de France, dont un par commission, d'un conseiller-rapporteur et de deux secrétaires-greffiers : quelques archers appelés *la connétablie* étaient sous ses ordres. L'office du lieutenant fut créé par un édit de 1693, et Jean-Maximilien Midou, chevalier, seigneur de Cormes, en fut pourvu.

celle des monnaies (1), du grenier à sel (2), et le bureau des finances (3).

Après la suppression des tribunaux de district, criminels, etc., l'ancien hôtel-de-ville fut occupé par la cour d'appel devenue ensuite cour impériale, puis cour royale, et par le tribunal de première instance. Les affaires criminelles continuèrent à être jugées par les magistrats de la cour et des jurés, dans l'église des Ursulines qui avait été disposée à cet effet lors des séances de la haute cour nationale en 1792. La police municipale continua de siéger à la mairie, place de l'étape; et le consulat, devenu tribunal de commerce, fut mis en possession de la maison dite de la Psalette, où l'on élevait jadis les enfans de chœur de Sainte-Croix.

Aujourd'hui tous les tribunaux et leurs greffes, excepté le tribunal de police municipale, sont réunis au palais de justice. Cet édifice était vivement désiré : sa construction, qui a coûté environ 300,000 fr., arrêtée en 1821, fut promptement mise à exécution. La première pierre a été posée le 14 novembre 1821 par M. le premier président Arthuys de Charnisai. Il était terminé en 1824, et les cour

(1) La chambre ou juridiction des monnaies se composait jadis de deux juges-gardes, d'un contrôleur contre-garde, d'un procureur du Roi, et d'un greffier. Il y avait en outre, à l'hôtel des monnaies, un directeur-trésorier, un essayeur, un graveur, et plusieurs monnayeurs et *ajusteurs du serment de France*. (*Voyez* Hôtel des monnaies.)

(2) Cette juridiction était composée d'un président, d'un grenetier, d'un contrôleur, d'un procureur du Roi, et d'un greffier. (*Voyez* Entrepôt des sels.)

(3) En 1331, Charles VI divisa les trésoriers de France en quatre généralités. Orléans fit partie de celle de Languedouï, établie à Bourges. En 1558, Henri II créa la généralité d'Orléans, supprimée peu après; Charles IX la rétablit en 1573, mais elle ne fut installée qu'en 1575. En dernier lieu, le bureau des finances d'Orléans se composait de deux présidens, de vingt-cinq trésoriers dont un était chevalier d'honneur, de deux avocats, de deux procureurs du Roi et d'un greffier.

et tribunaux y ont été installés le 4 novembre de la même année. C'est aujourd'hui un des plus beaux monumens d'Orléans, et il fait beaucoup d'honneur aux talens de l'architecte M. Pagot, quoique ses plans primitifs n'aient pas été totalement suivis.

PETIT AMBERT. Le Roi Robert paraît être le fondateur du monastère d'Ambert dans la forêt d'Orléans et près de Chanteau : *œdificavit in Cantogilo villâ*, dit Helgaut. En 1134 et 1138, Louis-le-Gros et Louis-le-Jeune gratifièrent les Religieux de Saint-Victor du lieu de Chanteau et d'Ambert ; en 1198, Philippe-Auguste confirma ce don, et on trouve ce monastère ainsi désigné dans la charte de cette époque, *capellam nostram de Cantolio*. En 1300, Philippe-le-Bel échangea ce lieu avec Eudes, abbé de Saint-Victor, auquel il donna 40 liv. Parisis de rente sur le péage de la rivière de Loire. Ce Roi établit à Chanteau douze Religieux Célestins qu'il avait fait venir d'Italie ; mais ceux-ci, au bout de trois ou quatre ans, se fixèrent à Ambert pour être dans une solitude absolue. Le 29 janvier 1363, les Célestins d'Ambert achetèrent des mineurs Moireau, pour 700 royaux d'or, une maison qui prit dès lors le nom de petit Ambert, et est située rue de l'épée-d'Ecosse. Philippe Ier, Duc d'Orléans, leur accorda des lettres d'amortissement pour cette propriété qui dépendait de la haute justice du duché, et ils la firent disposer pour leur servir d'hospice ou plutôt de lieu de retraite pendant la guerre. En 1568, les Pères Augustins, dont le monastère était détruit, obtinrent des Célestins et du gouverneur d'Orléans la permission de se réfugier au petit Ambert, et y firent faire quelques constructions et des sculptures qu'on remarque encore à quelques portes de l'intérieur ; mais lorsqu'il fallut rendre ce local, ils prouvèrent la vérité de l'apologue du bon Lafontaine :

Pour tirer d'eux ce qu'on leur prête

Il faut que l'on en vienne aux coups ;
Il faut plaider, il faut combattre :
Laissez-leur prendre un pied chez vous,
Ils en auront bientôt pris quatre.

Cependant après des querelles, et même des voies de fait, les Célestins obtinrent une ordonnance du conseil privé du Roi pour faire sortir les Augustins du local qu'ils leur avaient généreusement prêté, et ils le firent mettre à exécution.

Dès l'année 1780, les moines d'Ambert, dont nous aurons occasion de parler plus amplement, étaient dispersés, et tous leurs biens en sequestre ; la maison du petit Ambert avait été louée à des particuliers : elle a été vendue depuis, et ses cénacles servent aujourd'hui d'habitations et de magasins à laine.

PETIT SAINT-LOUP. *Voyez* SAINT-LOUP.

POISSONNERIE. La construction de la poissonnerie date à peu près de la même époque que celle de la grande boucherie à côté de laquelle elle est située dans le grand marché. Cette longue halle, dont la couverture est soutenue par des poteaux en bois, ne présente rien de remarquable, et est aujourd'hui très-mal située dans un quartier dont les abords sont difficiles. Des étaux ou places s'y vendaient comme à la boucherie, et, en 1537, suivant les comptes de l'hôtel-de-ville, le seizième étal, du côté de Saint-Hilaire, coûtait 200 liv. à la veuve Gautier. Il y avait aussi à la boucherie de la porte Renard douze places affectées à la vente du poisson. Parmi les divers réglemens relatifs à la poissonnerie, on remarque ceux qui défendaient aux poissonnières d'aller au-devant des *aloses* et du saumon frais, soit du côté des tourelles, soit du côté des Aides, et *sur toutes avenues fréquentées par les marchands* qu'elles devaient attendre à leur lieu ordinaire, ou *bascules* de la motte des poissonniers, qui en avait conservé le nom. La police fut même souvent obligée de protéger les marchands et les pêcheurs contre les menaces, les injures et les mauvais traitemens des poissonnières qui voulaient les empêcher de vendre aux particuliers au-dehors et à l'entrée de la poissonnerie, ce qui leur était permis *par pièces entières et non tranchées*. La marée fut aussi très-souvent l'objet de réglemens particuliers. Elle venait de Dieppe et de Rouen ; les voituriers et gens qui l'amenaient étaient obligés de s'arrêter aux Aides où elle était examinée par des *visiteurs ad hoc*. S'il y avait crainte de contagion sur la route où elle avait passé, les vendeurs ne pouvaient approcher d'Orléans de plus de quatre lieues (Arthenai), et là elle était scrupuleusement visitée pour être ensuite amenée dans la ville par d'autres hommes que ceux qui l'avaient conduite.

Une poissonnerie vaste, commode et bien située, est encore un des édifices qui manquent à notre ville, et il pourrait être construit convenablement en remplacement d'une partie des maisons qui obstruent le quai entre la rue porte-du-soleil et la rue du petit-puits.

Le poisson des étangs de la Sologne abonde à Orléans, mais les carpes et le brochet sont à peu près les seuls qu'on y estime. Le Loiret fournit des anguilles, des carpes, des brochets, des perches, des tanches de très-bon goût. Quant à la Loire, tout le poisson qu'on y pêche est préférable à tous autres, et, parmi les diverses espèces qu'elle produit, on distingue le barbillon, la plie, quelques carpes et peu de brochets ; les poissons voyageurs, tels que l'alose, le saumon et la lamproie, sont d'une qualité supérieure à tous ceux des autres rivières. On y a pêché quelquefois des poissons de mer de grande taille, mais rarement, et l'on cite un esturgeon pris au bas du pont, du côté du portereau, le 18 juin 1769, pesant 400 livres, et débité à la poissonnerie où la curiosité y mit un tel prix qu'il fut vendu à 3 liv. la livre.

LE VIEUX PONT. Ce pont était très-ancien, et

l'on n'en connaissait pas l'origine. Les dernières réparations y avaient été faites en 1686 par Bazin de Besons, intendant d'Orléans. Néanmoins il offrait peu de solidité lorsqu'on prit la résolution de le supprimer. Plusieurs auteurs ont écrit qu'il était de construction romaine; mais lors de sa démolition on n'a rencontré aucun indice, aucune médaille qui puissent appuyer cette conjecture. Sa position dans le principe, relativement à la ville, était singulière; car il se trouvait en dehors à son extrémité Ouest, entre elle et le bourg d'Avenum ou de Dunois. D'après le peu de documens qui nous restent sur ce bourg, joint à la ville en 1300, comme nous l'avons dit, on voit qu'il jouissait, de temps immémorial, du droit d'user du pont, et contribuait à ses réparations. Il paraîtrait même que les habitans d'Avenum avaient contribué à sa construction primitive et exigé qu'il fut placé en dehors des fossés Ouest de la ville, remplacés maintenant par la rue des hôtelleries, afin de pouvoir y passer lors même qu'il plaisait aux Orléanais de s'enfermer dans leur cité. On voit aussi que la demi-lune et les fortifications qui joignaient ce pont aux murs de la ville étaient plus récentes que la fondation du pont, et que le portier du côté d'Avenum était payé des deniers municipaux du bourg, ainsi que la moitié des gages de celui qui était établi à la tête du pont et à son entrée en ville, tandis que le concierge de la porte Saint-Jacques était tout entier à la charge de la ville. Ces renseignemens nous semblent assez clairs pour prouver que le pont détruit en dernier lieu n'était point du temps des Romains ou des Gaulois et encore moins celui dont parle César dans ses commentaires, et qui joignait *Genubum* au pays des *Bituriges*. Nous sommes portés à croire, par les restes de construction qu'on voit encore dans le lit de la Loire, et qu'on nous avait fait remarquer avant que les sables amoncelés derrière le duis ne les eussent couverts (1); par ceux qu'on trouve dans le même alignement du côté de la ville; par le massif de maçonnerie avancé et solide que M. Desroches, ingénieur, fit détruire en 1769, et sur lequel il regretta de ne pouvoir asseoir le quai (2), attendu son éloignement de la porte de la poterne; enfin par le nom primitif latin de l'église de St.-Pierre-en-pont (3), que le premier pont d'Orléans, probablement de construction romaine, existait dans cet alignement et faisait la suite naturelle des rues de la porte Parisis à la porte de la poterne, qui sont droites et partagent la ville primitive en deux moitiés égales du sud au nord.

Le vieux pont était composé de dix-neuf arches; sa longueur était de 182 toises; son entrée du côté de la ville était défendue par deux fortes tours avec

(1) En 1804, la Loire avait détruit une partie du duis attenant à la levée; et elle avait creusé entre cette digue et la levée un bassin très-profond que l'été mit presque à sec. On remarquait dans le fond des restes de construction à ciment, qui s'étendaient vers la ville dans la direction de la porte de la poterne, et que l'entrepreneur des réparations du duis prit pour des restes de l'ancien fort de Saint-Jean-le-blanc, sans réfléchir que ce ne pouvait être la position de ce fort, et qu'en outre les Anglais, qui ne l'avaient possédé que peu de temps, n'avaient pu le construire aussi solidement et le fonder aussi profondément.

(2) « Au mois d'avril 1769, M. Desroches, ingénieur à Or-
» léans, a fait faire, sous la mairie de M. Massuau, le quai du
» châtelet jusqu'au fort Alleaume. Il rencontra quelques obstacles,
» entre autres vis-à-vis la poterne Chesneau un gros massif de
» pierres cimentées qu'on travailla à la mine et qui était bien de
» cent pas en avant du glacis actuel : c'était sans doute une vieille
» redoute, ou, comme il disait, qu'on avait essayé bien ancienne-
» ment de faire un pont dans cet endroit. » (Manuscrit signé des initiales L. M. D.)

(3) Le nom de cette église, l'une des plus anciennes de la ville, semble avoir été dans le principe *Sanctus Petrus virorum* et *Sanctus Petrus in ponte*, dont on a fait plus tard *Sanctus Petrus in puncto*, auquel des commentateurs ont ajouté *civitatis*. Dès lors elle a été désignée sous le nom de *Saint-Pierre-empont*, pour exprimer Saint-Pierre au centre de la ville. (*V. cette église.*)

une

une porte au milieu, appelée la porte Jacquin Rousselet : elles étaient déjà démolies lors de la suppression du pont. Vers le milieu de sa longueur le pont était appuyé sur une île qu'il partageait en deux portions qu'on appelait les mottes. (*Voyez* Ile Saint-Antoine.) Il était orné d'un monument antérieur au siège de 1428, appelé la Belle-Croix. C'était en avant de ce monument que les habitans avaient établi une batterie qu'ils conservèrent après la prise du fort des tourelles. (*Voyez* Belle-Croix.) Son extrémité Sud ou sa tête était protégée par un fort appelé, lors de la résistance qu'il opposa aux Anglais, les *tourelles*, et, depuis le siège seulement, les *tournelles*. Ces tourelles, composées en 1428 *de deux tours rustiques faictes en pierre de tuille à pointe, l'une à faiste, l'autre à demi-faiste, avecque porte au milieu, deux porteaux, un guichet de vedecte, deux herses, et ung pont-levis avecque chaisnes en avant, à trois étages voutés, crénelés et avecque meurtrières pour fauconaux, veugliaires, bombardes, et autre artillerie, faictes et pratiquées depuis quelque cent ans*, étaient en outre entourées par un *boulevert qui estoit faict de fagots et de terre*, que les Anglois assaillirent le 21 d'octobre, et dont ils ne purent s'emparer au bout de quatre heures d'assaut que les habitans soutinrent avec un courage héroïque, aidés et encouragés par leurs femmes qui apportaient de la ville *des huiles, graisses bouillantes, chaux, cendres et chaussetrapes*, à tant qu'ils délaissèrent leur entreprise après avoir eu plus de douze vingt hommes tués ou blessés ; mais, comme ils avoient creuzé un manchon de mine au-dessous du *boulevert* et de la *porte*, force fut faicte aux assiégés d'abandonner les tourelles le 23 d'octobre, après les avoir ruinées et contreminées et s'estre retranchés près de la Belle-Croix en rompant une arche du pont qui estoit en avant. Les Anglais, de leur côté, rompirent deux arches du pont, s'emparèrent des tourelles qu'ils rétablirent et rendirent plus fortes qu'auparavant : le jour même où ils y entrèrent, le comte de Salisbury

voulant contempler l'assiette de la ville dont il se croyait déjà le maître, eut *la joue emportée et le crâne atteinct* d'un coup de *veugliaire* (espèce de pierrier) tiré, dit-on, de la tour Notre-Dame. On le transporta à Meung où il mourut peu de jours après. Glacidas, un des plus intrépides capitaines Anglais, prit le commandement des tourelles, près desquelles il ne se passa point de faits d'armes importans jusqu'à l'arrivée de Jeanne d'Arc, si ce n'est que le 4 janvier 1429, *fust tiré un coup de canon de fer qui estoit braqué sur le boulevert de la Belle-Croix du pont, et donna si impétueusement sur le comble et couverture des tourelles qu'il les jetta par terre.* Enfin la Pucelle étant entrée à Orléans le 29 avril 1429, dès le lendemain, après avoir écrit aux Anglais et réclamé le hérault qu'elle leur avoit envoyé de Blois, *elle se rendit au boulevert de la Belle-Croix sur le pont, et de là parla au capitaine Glacidas et autres qui estoient aux tourelles, et leur dict qu'ils se rendissent de par Dieu, leurs vies sauves seulement. Mais Glacidas et ses gens lui respondirent avec plusieurs injures atroces, l'appelant vachère et ribaude, et crians tout haut qu'ils la feroient arder s'ils la pouvoient tenir*, etc. Après avoir emporté le fort de Saint-Loup, elle tint conseil de guerre, auquel assistèrent quelques bourgeois d'Orléans, et il fut résolu qu'on attaquerait, dès le lendemain 6 mai, les tourelles, quoiqu'elles fussent bien fortifiées et bien approvisionnées. Les troupes et les habitans firent une telle diligence pendant la nuit que tout se trouva prêt dès le matin. « Si-tost que l'aube du jour parut, l'étendard de la
» Pucelle parut aussi par la ville : elle sort par la
» porte Bourgongne, ayant en sa compagnie le bas-
» tard d'Orléans, les mareschaux de Sainte-Sévère
» et de Rays, le seigneur de Graville, messire Flo-
» rent d'Iliers, La Hire, et plusieurs autres cheva-
» liers et escuyers, et environ quatre mille combat-
» tans. Elle passe la rivière heureusement avec toute
» sa troupe entre le fort de Sainct-Loup ruiné et la

» tour neufve, et d'abord emporte la forteresse de
» Sainct-Jean-le-Blanc et se retire avec ses gens dans
» une petite isle qui est vis-à-vis de Sainct-Agnan. »

« Les Anglois des tourelles sortirent furieusement
» sur eux, et faisans de grands cris les attaquèrent
» vivement; mais la Pucelle et La Hire, avec les
» autres capitaines, chargèrent sur les Anglois avec
» tant de courage, que non seulement ils les rem-
» bacrèrent et contraignirent de se retirer dans leur
» fort des tourelles et dans leur grand bastion nommé
» Londres, basti sur les masures de l'église des Au-
» gustins, mais aussi attaquèrent le susdit bastion.
» Cette place fut long-temps disputée par la géné-
» reuse résolution des deux partis, et y furent exé-
» cutez plusieurs beaux faits d'armes : mais enfin ce
» fort fut forcé par les François, lesquels, par une
» double victoire, massacrèrent plusieurs ennemis,
» et délivrèrent plusieurs amis qui estoient des
» prisonniers François qui se trouvèrent dans ce fort.
» Restoit le fort des tourelles, dongeon de la prin-
» cipale deffense des Anglois : mais la Pucelle fut
» d'advis que c'estoit assez pour ce jour, et qu'il
» falloit remettre la partie au lendemain, pour lais-
» ser prendre haleine aux soldats ; ainsi on se con-
» tenta de mettre le siège devant lesdites tourelles
» et boulevaris d'alentour, à dessein de les assaillir
» le lendemain. Cependant ceux d'Orléans firent
» grande diligence de porter toute la nuict pain et
» vin, et autres vivres, à ceux qui tenoient cette
» forteresse assiégée. Le samedi, septième jour de
» mai, les François encouragez par l'avantage des
» deux derniers combats, et se confians entièrement
» en la continuation de l'assistance divine dont la
» Pucelle les asseuroit, assaillirent les tourelles, où
» les ennemis avoient mis leurs meilleurs hommes
» sous la conduite de Glacidas, l'un des plus résolus
» capitaines Anglois. »

« Le combat fut grand et furieux depuis le matin

» jusqu'au soleil couchant. Les Anglois se deffendent
» courageusement non plus pour avancer leurs vic-
» toires, mais pour conserver leurs vies; et quoy
» que les François plantassent leurs eschelles en
» divers endroits, et allassent à l'assaut avec tant
» de résolution, qu'à voir leur hardiesse il sembloit
» qu'ils s'estimassent immortels, si est-ce que les
» ennemis les repoussoient généreusement et les
» faisoient trébuscher du haut en bas. La gresle des
» fléches angloises fondoit avec tant de fureur, que
» nos gens ébranlez semblèrent une fois vouloir
» reculer : *Et, comment donc*, leur dit la Pucelle,
» *avoir si bien commencé, pour si mal finir ? Allons,*
» *allons, ils sont à nous, puisque Dieu est pour nous*.
» A cette voix chacun recueillant ses forces, et s'a-
» moncelant à l'entour de la Pucelle, les Anglois
» aussi de leur costé redoublent leur gresle sur l'é-
» pais de ces troupes. La Pucelle combattant aux
» premiers rangs et exhortant ses gens à bien faire,
» fut aisément choisie entre les autres, tellement
» que voilà une fléche qui la vient frapper entre l'é-
» paule et la gorge, si avant qu'elle passoit outre.
» Tous les François furent fort attristez de cet acci-
» dent, spécialement le bastard d'Orléans, et les
» autres capitaines, qui s'approchèrent d'elle, et
» lui dirent qu'il valloit mieux laisser l'assaut jus-
» qu'au lendemain. Mais elle, sans s'estonner, prend
» la fléche d'une main, et ayant l'épée de l'autre,
» *C'est un coup de faveur*, dit-elle, *ne laissons pas d'al-*
» *ler, ils ne peuvent échapper la main de Dieu*. Et
» comme plusieurs ne la vouloient croire, et pré-
» tendoient remettre l'assaut au lendemain, elle leur
» dit de rechef, toute triste de voir leur décourage-
» ment : *Au nom de Dieu vous entrerez en bref dedans,*
» *n'ayez doute, et n'auront les Anglois plus de force sur*
» *vous : pourquoy reposez-vous un peu, et beuvez et mangez.* »

« Ils la crurent, et après avoir pris quelque rafrai-
» chissement, suivirent ses ordres ; car quand ils

» eurent bien beu, elle leur dit : *Retournez à l'assaut*
» *de rechef, car sans nulle faute les Anglois n'auront*
» *plus de force d'eux deffendre, et seront prises leurs*
» *tournelles, et leurs boulevarts.* Ayant dit cela, elle
» laissa son étendard et s'en alla sur son cheval à
» un lieu un peu écarté faire oraison, et après sa
» prière, qui dura environ demi-quart d'heure, elle
» s'en retourna à l'assaut avec plus de hardiesse qu'au-
» paravant, et dit à un gentil-homme qui estoit là
» auprès : *Donnez-vous garde quand la queuë de mon*
» *étendard sera ou touchera contre le boulevart* ; et ce
» gentil-homme lui dit un peu après : Jeanne, la
» queuë y touche, et incontinent elle respondit :
» *Tout est vostre, et y entrez.* Cette parole fut suivie
» de l'effet, car les François, animez par les paroles
» et exemples de cette fille, recommencèrent l'assaut
» avec une ardeur incroiable. Et quand les vaillans
» capitaines et soldats, qui estoient demeurez dans
» Orléans, sceurent qu'on alloit derechef à l'assaut,
» ils sortirent de la ville pour aller joindre leurs
» compagnons. Et pour ce que plusieurs arches du
» pont estoient rompuës ils menèrent un charpentier,
» et portèrent quelques goutières et eschelles pour
» servir de planches, et leur donner moyen de pas-
» ser ; mais voians qu'elles n'estoient assez longues
» ils joignirent une pièce de bois à l'une des goutiè-
» res, et firent tant qu'elle tint : et sur icelle passa
» premièrement, tout armé, un très-vaillant che-
» valier de l'ordre de Rhodes, dit de Sainct Jean
» de Jérusalem, et à présent de Malthe, lequel
» avoit nom frère Nicole de Giresme, et à son
» exemple plusieurs autres passèrent par dessus cette
» pièce de bois, qui estoit longue et estroite, élevée
» en l'air, et sans aucun appuy : ce qui fut estimé de
» tous une grande merveille. »

« Si-tost qu'ils furent passez, ils allèrent avec les
» autres François à l'assaut, qui ne dura guères
» depuis leur arrivée ; car les Anglois perdirent

» toute force et toute résolution de résister : les
» nostres vont tête baissée contre leur bastion, et
» emportent une pointe de vive force : de là feux et
» pierres fondent si impétueusement que les enne-
» mis effrayez quittent leurs deffenses ; les uns sont
» tuez sur la place, les autres noyez dans la rivière
» de Loire, et y moururent bien des Anglois jus-
» qu'au nombre de cinq cens combattans : nul ne
» fut épargné que les seuls prêtres par le comman-
» dement de la Pucelle. Ce brave Glacidas, tousjours
» accoutumé à vaincre, abandonna son quartier, et
» se jetta en la basse cour des tourelles : après lui
» suivit une grande file de ses soldats, et plusieurs
» braves capitaines, entre lesquels estoient le sei-
» gneur de Moulins, le seigneur de Pommier, le
» bailly de Mentes, avec plusieurs autres chevaliers,
» bannerets et nobles d'Angleterre, qui tous furent
» noyez ; car comme ils pensoient se sauver, le pont,
» desjà fort ébranlé par les bombardes, éprouvé par
» le feu, et de surcroist extremement chargé par la
» pesanteur de cette foule, fondit sous eux, et s'en-
» fonçant dans l'eau d'un effroiable bruit attira avec
» soy toute cette multitude. Et quoy que les soldats
» François fussent faschez de la perte de ceux qui
» furent ainsi submergez, desquels ils eussent pû
» tirer bonne rançon, si est-ce qu'ils se resjouis-
» soient davantage du bien public, et de l'avantage
» d'une signalée victoire, en laquelle, à trois di-
» vers assauts du fort de Sainct-Loup, gangné le
» mercredi, de celui des Augustins, emporté le
» vendredi, et des tourelles, prises le samedi, les
» Anglois perdirent environ huict mille hommes,
» et du costé des François n'y demeurèrent qu'en-
» viron cent soldats, et pas un seul homme de
» marque. »

Après le siège on fit des réparations aux tourelles, et on les fortifia de nouveau. Elles offrirent bientôt, comme par le passé, une porte entre deux tours avec herse et pont-levis, mais on y ajouta un ravelin, espèce d'esplanade entourée d'eau, avec un pont, nommé *Jacquin*, et dont l'entrée était tournée vers l'est. Le plan que nous avons désigné sous le n° 6 donne une idée bien précise des tourelles en 1428 et depuis.

En 1562, le duc de Guise vint assiéger Orléans qui était occupé par les calvinistes sous les ordres de d'Andelot-Coligny. L'armée royale, assez considérable, et avec *trente-trois doubles canons de fer*, s'approcha de la ville par la Sologne. La frayeur s'empara tellement des avant-postes protestans de Cléry, d'Olivet et des Augustins, qu'ils se précipitèrent tous à la porte des tourelles qu'ils encombrèrent au point de ne pouvoir ni la fermer ni lever le pont. D'Andelot et quelques officiers accoururent et parvinrent, par leur intrépidité, à lever le pont au moment où les soldats du duc de Guise allaient pénétrer dans la ville, favorisés par cette confusion.

Peu de temps après, le 23 mars, le duc de Guise s'empara du fort des tourelles par surprise ou par la trahison d'un fourrier gascon qui en fut accusé, et qu'on pendit sur le martroi. Mais Dandelot avait fait abattre de suite la première arche du pont, et établir des batteries sur la seconde ainsi que sur les deux *mottes*. Quelques mois après la publication de la paix, on répara les tourelles, et l'on y plaça une *très-belle Vierge en pierre, sculptée par Hubert*.

C'était sur la tourelle de l'ouest que les arquebusiers plaçaient un oiseau et le tiraient à certain jour de l'année, depuis que le Chapitre les avait empêchés de le mettre, selon un usage fort ancien, sur la tour de Saint-Aignan.

Lors des constructions du nouveau pont, et pour en faciliter les travaux, on disposa, depuis la porte du châtelet, un pont en bois qui s'étendait jusqu'à la hauteur des mottes et facilitait l'établissement des pilotis. La même année 1751 on démolit toutes les maisons qui se trouvaient sur l'ancien pont, mais on ne commença à le dépaver, du côté des Augustins, qu'en juillet 1760, et à l'abattre qu'en août de la même année. Les tourelles disparurent au mois de décembre : la Vierge qui les ornait fut transférée dans une chapelle décorée à cet effet à Saint-Aignan, et la Belle-Croix fut déposée à l'hôtel-de-ville.

Le Pont. Le mauvais état de l'ancien pont nécessitait d'en faire un nouveau que les Orléanais réclamaient depuis long-temps. Enfin les travaux en furent confiés à M. Hupeau, premier ingénieur des ponts et chaussées, auquel cette construction fait encore beaucoup d'honneur, malgré le grand nombre de ponts élevés sur divers points du royaume depuis cette époque.

Le gouvernement était dans l'usage, qu'il serait bon sans doute de voir adopter de nouveau, d'employer en temps de paix ses soldats à des travaux publics. A l'exemple des Romains, il les habituait aux fatigues de la guerre, et évitait de les laisser oisifs ou d'imaginer des moyens de les tenir en haleine. C'est ainsi que des monumens remarquables ont pu être faits sans devenir trop onéreux aux citoyens ou à l'Etat. C'est alors que les régimens Français devaient être plus glorieux encore d'avoir contribué à la prospérité de leur pays par leur travail, que d'avoir participé au gain d'une bataille.

Vers l'année 1750, M. Hupeau, premier ingénieur des ponts et chaussées, projeta le pont d'Orléans : l'exécution en fut confiée à M. Soyer, ingénieur en chef. Au commencement de l'année 1751 on travailla aux premiers batardeaux nécessaires pour sa construction. La première pierre en fut posée le 8 septembre, à la culée du côté de la ville. Le régiment de Chartres, envoyé en garnison, y fut employé en 1751, 1752 et 1753 où la culée du portereau et les quatre dernières piles du côté du portereau se trouvèrent à peu près achevées. Le régiment d'Orléans remplaça celui de Chartres en octobre 1753, et fut logé comme lui dans les maisons du ravelin, dont on avait fait sortir les habitans afin que les soldats se trouvassent plus près de leurs travaux. En 1754 on acheva les arcades de la rue royale ; on bâtit la chancellerie du Duc d'Orléans, et l'on termina toutes les piles du pont. Le régiment partit en 1755, et en 1756 M. Chopine, entrepreneur, commença à faire cintrer toutes les arches, ce qui ne fut totalement terminé qu'à la fin de 1758. En 1759, monsieur Perronnet, premier ingénieur des ponts et chaussées, qui avait été chargé, dès l'année 1752, de diriger les travaux sous M. Hupeau, s'étant apperçu que les piles du côté du portereau avaient fléchi, en prévint M. Hupeau qui ordonna de les consolider ; et, pour qu'elles portassent moins de charge, il fit faire de *doubles arcades vuides comme des caves, sur chaque pile, et sur lesquelles porte le pavé*, et cela depuis la culée du pont jusqu'aux armes du Roi. La même année on pava le milieu jusqu'à moitié environ, et l'on commença les deux pavillons du portereau. Le 24 juillet on permit aux piétons de le traverser sur les trottoirs, et Madame la princesse de Conti, douairière, allant à Fontevrault, fut la première personne marquante qui y passa avec tous ses équipages, quoiqu'il ne fût pas entièrement pavé. Ce fait peu important est contredit, quoique très-certain, par quelques relations qui affirment que *Madame de Pompadour eut l'honneur de l'étrenner*. Il paraît, à la vérité, qu'on se hâta de le paver en entier pour lui procurer cet *honneur* dont les Orléanais *gaussèrent beaucoup* (1). En 1761 on fut contraint de battre des pieux

---

(1) On répandit alors cette épigramme, attribuée à un Orléanais :

Censeurs de notre pont, vous dont l'impertinence
    Va jusqu'à la témérité,

en travers de la Loire et de les scier au niveau du lit du fleuve pour garantir les piles des dégradations occasionnées par la rapidité du courant. Depuis cette opération confiée à M. Gaudin, sous-ingénieur, on n'a fait aucune réparation importante au pont.

Le premier marché passé à Jean Chopine, entrepreneur, le 29 mars 1751, pour la construction totale, était de 2,084,090 liv., et Jean Rondel fut subrogé dans ce marché par un arrêt du conseil, le 20 octobre 1761. Le compte des travaux n'a été arrêté définitivement que le 22 octobre 1773, et il s'élève au total à 2,670,856 liv.

Le pont est composé de neuf arches formant 333 mètres (1,026 pieds) de long et 15 mèt. 50 cent. (47 pieds) de large, y compris les trottoirs. La largeur de ses arches est inégale; la plus petite a 30 mèt. 50 centimètres (94 pieds) d'ouverture, et la plus grande 33 mètres (101 pieds 7 pouces) : deux pavillons assez élégans le terminent du côté du portereau ; l'un sert de logement au portier, l'autre de bureau à l'octroi. La grille en fer qui le fermait jadis, enlevée en 1794, avait été remplacée par une barrière en bois à laquelle on a substitué, en 1808, la grille de fer actuelle. Le milieu du pont, du côté de l'Est, est orné d'un écusson aux armes de la ville.

Les glaces de 1789, dont le refoulement occasionné par une crue subite du fleuve enleva beaucoup de ponts sur la Loire, ébranlèrent un peu celui d'Orléans ; et c'est depuis ce moment qu'on remarque des lézardes aux deux piles qui avoisinent le portereau. Cette portion avait été la plus difficile à construire, et nécessita des moyens extraordinaires, tels que l'emploi de balles de laine

---

Hupeau par un seul fait vous réduit au silence :
Bien solide est son pont ; ce jour il a porté
    Le plus lourd fardeau de la France.

pour maîtriser des sources profondes (1) sur lesquelles on établit des pilotis.

En 1814, l'armée de la Loire, pour assurer sa retraite, avait fait préparer des *fougasses* sous les deux dernières arches du côté du portereau, et nous eûmes alors l'occasion de remarquer le soin apporté dans la construction des doubles voûtes dont nous avons parlé. Le maréchal Davoust avait établi des palissades et un corps-de-garde sur le milieu du pont dont l'autre partie, du côté de la ville, fut peu de jours après occupée par une division prussienne. Cent-vingt bouches à feu françaises garnissaient les quais de Saint-Marceau, et menacèrent, pendant plusieurs jours, la ville d'une destruction prochaine : heureusement la prudence du maréchal et l'affection de l'armée pour la France, rendirent ces formidables préparatifs inutiles. Le 29 juillet 1815, les Prussiens s'étant dirigés sur Blois et Tours, on s'empressa de reboucher avec soin les trous des fougasses, et l'on répara le pont : néanmoins depuis ce moment l'eau paraît s'infiltrer plus aisément à travers la maçonnerie, et pourrait occasionner des réparations majeures qu'il serait peut-être bon de prévenir.

PORTE BANNIER. L'origine du nom de la porte *Bernière* et des *Berniers*, dont on a fait le mot *Bannier*, n'est pas connue. Quelques auteurs ont pensé qu'il venait de l'expression *bannier*, publier à son de trompe, et que c'était primitivement une place où l'on publiait ce qu'il importait de faire connaître au peuple. Mais en émettant cette opinion, ils n'ont pas pris garde que le nom de Bannier n'a été affecté à la rue et à la porte que depuis la dernière clôture, et que précédemment elle portait le nom de porte Bernière

(1) M. le comte de Tristan a émis l'opinion que les sources de la Loire, dans cet endroit, pouvaient avoir une communication souterraine avec le gouffre ou gèvre de la maison de la source du Loiret, et être produites par les eaux qu'il absorbe.

ou Bernier, *porta Bernerii*, selon des chartres très-anciennes du trésor de Sainte-Croix et même des actes de 1456 et 1464.

Les terrains qui étaient en avant de cette porte, lorsqu'elle se trouvait après la seconde clôture vers l'angle Nord-Ouest de la rue royale actuelle, s'appelaient champs des *Berniers*, d'où nous conclurions que sa dénomination vient plus probablement d'un lieu où les seigneurs percevaient le droit de *bernage*, redevance seigneuriale en *son*, convertie depuis en menus grains, que devaient certains habitans de St.-Jean-de-la-ruelle et des environs, et dont les détenteurs sont appelés dans les titres *Bernerii*.

La plus ancienne porte Bannier, qui se trouvait dans le martroi actuel, était flanquée de deux *grosses tours crénelées et non couvertes*, ainsi qu'elles sont représentées dans le plan que nous avons indiqué sous le n° 2. Mais elle y est appelée par erreur porte Parisis, parce qu'on y a donné à cette dernière le nom de porte de l'hôtel-Dieu, qu'elle n'a jamais eu.

Lorsque l'on construisit la quatrième clôture, on recula la porte Bannier vers le lieu qu'elle occupe aujourd'hui, et on lui donna à peu près la même forme qu'à l'ancienne, démolie peu de temps après. En 1563, Charles IX, pour s'assurer de la fidélité des habitans divisés entre eux par la différence de religion, ordonna de construire une citadelle à la porte Bannier, et de démanteler toutes les autres fortifications. M. de Cypierre, gouverneur d'Orléans, y fit travailler avec activité, et elle était déjà garnie de soldats en 1564 (1). En 1565, les Orléanais étaient

---

(1) Ce fut contre ce gouverneur, attaqué de la maladie de la pierre, que les Orléanais, mécontens de la démolition de leurs fortifications, firent ce distique :

Grandia viventi cujus cessere furori
Saxa, brevis putrem calculus interimit.

De là est venu ce mauvais jeu de mot appliqué souvent à ses

accusés

accusés non-seulement de répandre, mais de fabriquer des caricatures, des chansons et des libelles contre Henri III et contre sa cour. Après la prise de Gien, l'ordre avait été donné de s'emparer d'Orléans, et d'en punir sévèrement les habitans. Ce fut en vain que l'armée royale, commandée par le prince de Montpensier et le duc d'Aumont, tenta de s'emparer de la citadelle de la porte Bannier; elle fut obligée de renoncer à ce projet. Quelque temps après, le Roi de Navarre et le prince de Montpensier ayant fait la même tentative, ne furent pas plus heureux, car le canon du fort leur fit éprouver des pertes, et détruisit même la maison du faubourg Bannier où logeait le prince de Montpensier qui faillit être enseveli sous ses ruines. En 1588, suivant André Duchêne, immédiatement après l'assassinat du duc de Guise à Blois, Roscieux, son écuyer, qu'il qualifie à tort du titre de maire d'Orléans, vint en toute hâte dans cette ville, fit prendre les armes aux habitans qui assiégèrent la citadelle, et s'en rendirent maîtres le 31 janvier 1589, malgré la résistance d'un lieutenant et de quelques soldats que M. d'Entragues, gouverneur d'Orléans, y avait laissés. Elle fut bientôt démantelée, et l'usage de faire une procession à Saint-Paterne, en mémoire de cette victoire, se perpétua jusqu'au règne de Henri IV. La garnison de cette citadelle s'était rendue si odieuse par ses exactions, qu'un auteur contemporain a dit, en parlant de la prise de ce fort, « qu'après vingt-quatre ans ou
» plutôt vingt-quatre siècles d'existence, ceste Ba-
» bel ou Babylone fust prise, et détruit le nid de
» tyranneaux d'où sortoient des picoreurs, meur-

---

successeurs du même nom, et faisant allusion aux cailloux des armes de la ville :

    Trois cailloux valent mieux que six pierres;

pour leur dire que les habitans valaient mieux que leur intendant.

» triers et pillards. » Les Orléanais avaient tellement en horreur cette forteresse dont les soldats exerçèrent souvent des exactions, et des voies de fait, que lors de leur soumission à Henri IV, en 1594, ils demandèrent avec instance et obtinrent qu'à l'avenir il ne serait plus construit ni bâti aucune citadelle dans leur ville, *sous quelque prétexte que ce fût*. En 1653, la porte Bannier fut démolie par arrêt du conseil. En 1754 on acheva de raser la citadelle et les restes de la porte Bannier, et l'on construisit les deux pilastres qui existent maintenant sur l'emplacement des deux tours. Bientôt on plaça une fort belle grille en fer qui disparut en 1794, et fut remplacée de suite par une grille en bois à laquelle a succédé, en 1810, la grille actuelle. En 1761 on avait bâti le logement du portier qui existe encore.

Un fait assez remarquable se passa non loin de cette porte, lorsque les Anglais levèrent le siège de la ville en 1429. Ce fait est représenté d'une manière grotesque et peu exacte dans le plan que nous avons désigné sous le n° 2, car il est placé près de la porte Renard.

Un chevalier assez riche, nommé le Bourdebar, était tombé au pouvoir de Talbot, peu de jours avant la prise des tourelles par Jeanne d'Arc, et il avait été donné en garde à un moine Augustin, confesseur de Talbot. Ce moine, pour assurer davantage la rançon qu'on espérait du prisonnier, lui avait fait mettre les fers aux pieds; et ignorant la défaite des siens, cherchait à remettre son captif à la bastille Saint-Pouair; mais le chevalier jugeant de la défaite complète des Anglais par le désordre et la précipitation de leur retraite, se jeta brusquement sur le moine, et l'obligea, en le menaçant de l'étrangler, à le porter sur ses épaules jusque dans la ville où il entra par la porte *Bernier*, au grand étonnement de ses concitoyens. Sa présence d'esprit et sa hardiesse leur furent très-utiles, car on obtint du moine, prisonnier à son tour, beaucoup de renseignemens sur les projets des chefs ennemis.

PORTE BARENTIN. Cette porte qui a conservé le nom d'un intendant d'Orléans, est sur le bord de la Loire, à l'angle Sud-Est de la ville. Tout le quartier qui l'avoisine s'appelait autrefois le ravelin Saint-Laurent, et ce nom lui était resté d'un cavalier en terre, en fascines et en pierre, ayant la forme d'un cœur, ainsi qu'on le voit représenté dans le plan auquel nous avons donné le n° 10. En 1564, existait encore dans ce lieu la grosse tour de St.-Laurent, dont nous avons parlé en décrivant la quatrième enceinte; mais elle fut détruite vers cette époque, suivant Lemaire, et ses débris avaient servi à faire le ravelin ou cavalier destiné, en 1591, à protéger la ville du temps de la Ligue. Vers 1765, M. de Barentin, intendant de la généralité, fit applanir ce ravelin, déblayer le quai, et établir une grille de fer remplacée depuis 1794 par une clôture en bois. Il ne reste plus d'autre trace des anciennes fortifications dans cet endroit que la porte très-remarquable murée depuis long-temps, et sur laquelle on a pratiqué les salles du jardin des plantes qui servent maintenant de serres.

C'est à cette porte que se présenta d'abord mademoiselle de Montpensier, avant de pénétrer dans la ville par la porte brûlée.

PORTE BRULÉE. *Cette illustre porte, et qui sera tant renommée par mon entrée*, dit Mlle. de Montpensier dans ses mémoires, était située, selon les uns, à l'extrémité de la rue Rose, ce que nous croyons inexact, parce que cette porte avait, antérieurement à l'entrée de Mademoiselle, le nom de porte Rose; selon d'autres écrivains, elle était placée vis-à-vis la rue creuse, ce que nous croyons plus volontiers. Sans lui donner cette illustration dont parle Mademoiselle, cependant la hardiesse qu'elle montra dans cette occasion, rattache à cette porte de la quatrième

enceinte un souvenir historique intéressant, et dont nous emprunterons quelques détails aux mémoires de l'*héroïne* de cette époque. Le 16 mars 1652, lors de la guerre de la Fronde, elle se présenta, pour entrer à Orléans, à la porte Bannier qu'on refusa de lui ouvrir, et elle fut obligée de loger dans le faubourg, à l'auberge du *Port-salut*. Comme elle avait un vif désir de conserver la ville aux Frondeurs, elle se présenta le lendemain à la porte de Saint-Laurent qu'on refusa de lui ouvrir également, et pendant ce temps le même refus était fait à la porte du pont au garde des sceaux qui demandait à être introduit au nom du Roi. Mademoiselle ne se rebuta point, et placée près de la porte de Saint-Laurent, sur une éminence d'où elle apercevait la porte de la Faux qui donnait sur la rivière, elle engageait les mariniers qui l'entouraient à l'y conduire, lorsque ceux-ci, pleins de l'enthousiasme que leur inspirait la présence de la fille de Gaston, lui proposèrent de rompre une porte qui était beaucoup plus voisine. Elle les y encouragea, en évitant néanmoins d'y envoyer *ses gens, afin de pouvoir désavouer l'entreprise, si elle ne réussissait pas.* Mais « pour les voir travailler et les animer par ma
» présence, je montai (dit-elle) sur une butte de
» terre assez haute qui regardait cette porte; je son-
» geai peu à prendre le bon chemin pour y parve-
» nir, je grimpai comme un chat; je me prenois
» aux ronces et aux épines, et je sautai toutes les
» hayes sans me faire aucun mal.... Je descendis du
» lieu où j'étais pour aller voir de quelle manière
» tout se passait. Comme le quai en cet endroit étoit
» revêtu, et qu'il y avoit un fond où la rivière entroit
» et battoit la muraille, quoique l'eau fût basse, l'on
» amena deux bateaux pour me servir de pont, dans
» le dernier desquels on mit une échelle, par laquelle
» je montai. Elle étoit assez haute, je ne comptai pas
» le nombre des échelons, je me souviens seulement
» qu'il y en avoit un de rompu et qui m'incommoda

» à monter.... Ma présence animoit les bateliers, et
» ils travailloient avec plus de vigueur à rompre la
» porte; les bourgeois en faisoient de même dans la
» ville, Grammont les faisoit agir, et ceux de la
» garde de cette porte étoient sous les armes, spec-
» tateurs de cette rupture sans l'empêcher.... Quand
» je la vis rompue, et que l'on eut ôté deux planches
» du milieu (l'on n'auroit pu l'ouvrir autrement, y
» ayant deux barres de fer en travers, d'une grosseur
» excessive); Grammont me fit signe d'avancer.
» Comme il y avoit beaucoup de bois, un valet de
» pied me prit, me porta, et me fourra par ce trou,
» où je n'eus pas sitôt la tête passée que l'on battit
» le tambour. Je donnai la main au capitaine, et je
» lui dis, Vous serez bien aise de vous pouvoir vanter
» que vous m'avez fait entrer. Les cris de *Vivent le*
» *Roi, les Princes! Point de Mazarin!* redoublèrent :
» deux hommes me prirent, me mirent sur une chaise
» de bois; je ne sais si j'étois assise dedans ou sur les
» bras, tant la joie où j'étois de me voir en un si
» plaisant état me transportoit. Après avoir passé
» quelques rues, portée en triomphe, je leur dis que
» je savois marcher, et que je les priois de me mettre
» à terre, ce qu'ils firent; je m'arrêtai pour attendre
» les dames qui arrivèrent un moment après, crot-
» tées aussi bien que moi, et fort aises aussi. Il
» marchoit devant moi une compagnie de la ville,
» tambour battant, qui me faisoit faire place; je
» trouvai, à moitié chemin de la porte à mon logis,
» Monsieur le gouverneur qui étoit assez embarrassé,
» et l'on l'est bien à moins. A l'égard de Messieurs de
» ville, qui me saluèrent, je leur parlai la première;
» je leur dis que je croyois qu'ils étoient surpris de
» me voir entrer de cette manière; que fort impa-
» tiente de mon naturel, je m'étois ennuyée d'at-
» tendre à la porte Bannière; que j'avois trouvé la
» porte brûlée ouverte, que j'étois entrée; qu'ils en
» devoient être bien aises, afin que la Cour qui étoit

» à Cléry ne leur sçût point mauvais gré de m'avoir
» fait entrer; que cela les disculpoit, et que pour l'a-
» venir ils ne seroient plus garants de rien, puisque
» l'on se prendroit à moi de tout; que lorsque des
» personnes de ma qualité sont dans un lieu elles y
» sont les maîtresses; et avec assez de justice je la dois
» être, ajouté-je, en celui-ci, puisqu'il est à Monsieur.
» Ils me firent leurs complimens, assez effrayés; je
» leur répondis que j'étois fort persuadée de ce qu'ils
» me disoient, qu'ils m'alloient ouvrir la porte,
» que les raisons que je leur avois dites étoient cause
» que je ne les avois pas attendus, etc., etc. »

Le lendemain les princes arrivèrent au faubourg Saint-Vincent, et des conférences, dont nous avons parlé à l'article de ce faubourg, y eurent lieu.

Cette entrée fut célébrée dans le temps par une harangue burlesque en vers adressée à *Mademoiselle de Montpensier par les bateliers d'Orléans*, et contenant le récit de ce qui s'était passé. Cette pièce, assez rare aujourd'hui et composée par un nommé d'Angerville, qu'on croit un nom supposé, se trouve jointe au recueil de pièces contre le cardinal Mazarin, et a été imprimée séparément chez Hotot, à Orléans.

PORTE DE BOURGOGNE. L'ancienne porte de Bourgogne, située à cinquante pas du coin Nord-Est, formé par la rue corne-de-cerf avec la rue Villeneuve, était flanquée de deux tours dont l'une a été abattue en 1824, et ce qui restait de l'autre à peu près détruit par un incendie, le 5 janvier 1827. Ces deux tours étaient jadis jointes par un arc surmonté d'une tourelle au milieu de laquelle se trouvait une crèche avec une statue de Saint Aignan ou de la Vierge. Les armes de la ville s'y trouvaient aussi sculptées et peintes. (*Voyez* Hôtel de la Mairie.)

Lorsque Louis XI fit tracer la troisième enceinte, il plaça la porte de Bourgogne au-delà de la chapelle de Saint-Aignan, (Notre-Dame-du-chemin), dans l'endroit où elle est aujourd'hui. Comme les autres portes, elle était flanquée de deux tours et couverte, mais elle offrait un témoignage de la dévotion du Roi. Il y était sculpté en relief, à genoux devant la Sainte-Vierge, tenant l'enfant Jésus. Au bas on lisait ces rimes :

> Ici voyez le Roi pourtraict
> Louis unzième qui parfaict
> A Sainct-Aignan : puis en briefs jours
> A cloz les murs, fossés et tours.
> Ses bienfaicts lui soient examen :
> Priez pour lui, dictes Amen.

Nous avons suivi, pour ce bas-relief et cette inscription, les rectifications manuscrites d'Hector Desfriches sur l'ouvrage de Lemaire, car ce dernier avait écrit que la statue devant laquelle le Roi était à genoux était celle de Saint Aignan. Ces sculptures furent mutilées en 1567, et il ne restait qu'un fragment de la statue de Louis XI, la tête de la Vierge, le pied de l'enfant Jésus et l'inscription, lorsque Hector Desfriches la nettoya pour la transcrire.

En avant de la porte se trouvaient *quelques fortifications* élevées sous Louis XII en 1513, et un pont dont l'entrée était au sud-est vers la Loire, et dont on a découvert récemment les restes (1). Suivant le journal manuscrit de Pothier, moine de Saint-Euverte, on commença à détruire la porte Bourgogne en 1563; mais cela ne doit s'entendre que des fortifi-

---

(1) Les matériaux de ce pont ont servi à bâtir celui de la maison rouge sur la route de Pithiviers, et la pierre de clef de voûte qui portait la date de sa construction (1668), se trouve encore à ce pont.

En 1573, Claude de la Châtre ayant réuni les troupes catholiques, vint faire le siège d'Orléans qui était au pouvoir des Protestans. Parmi les capitaines qui se distinguèrent le plus, on remarque *Charretier de la porte Bourgogne, soldat sans naissance, mais d'une bravoure qui peut faire monter dans tous les rangs de la société. Il était né dans une maison à l'angle de la porte Bourgogne, vis-à-vis la chapelle de Saint-Aignan.*

cations qui la précédaient, car la porte même subsista jusqu'au moment où on détruisit celle de Saint-Vincent, de la Madeleine, etc.

En 1814, les arbres qui ombrageaient l'entrée de cette porte ont été abattus pour faciliter la défense de la ville, parce qu'ils masquaient des pièces de canon disposées sur les remparts entre des *sacs à terre* amoncelés autour d'elles.

PORTE DES TANNEURS. On ne sait point à quelle époque elle avait été bâtie sur les débris d'une vieille tour qui faisait partie des fortifications de la tour neuve. Elle avait été faite sur le modèle de la vieille porte Bourgogne, et François Ier la fit réparer. Deux massifs très-épais soutenaient son cintre en ogive et qui était surmonté d'une tourelle assez forte, élevée de quinze à vingt pieds au-dessus de la porte. On communiquait de cette tourelle avec la tour neuve par un chemin pratiqué sur les murs de ville. Cette porte située, comme nous l'avons déjà dit en décrivant les enceintes de la ville, vers le milieu de la rue des tanneurs, du côté de la rue de la tour neuve, a été démolie totalement en 1781. On apperçoit encore un de ses jambages et sa poterne ou guichet.

PORTE DE LA TOUR NEUVE. Cette porte de l'enceinte de Louis XI ouvrait sur la Loire, près de la tour du même nom, et à l'extrémité Sud de la rue qui l'a conservé. Elle ne fut jamais très-forte ni remarquable. Au temps de la Fronde elle avait été barricadée avec soin. Vers 1791 elle disparut, lorsque l'on continua le nivellement du quai jusqu'au fort Alleaume.

PORTE DE L'EVANGILE. Cette petite porte, placée entre la porte Bannier et la tour le Roi, avait été ouverte dans les murailles, pour la sortie des habitans, lorsque Charles IX fit faire la citadelle. On la boucha dès qu'elle devint inutile, et on en apperçoit encore les traces.

PORTE DU CHATELET. Cette porte est souvent confondue dans les divers écrits sur Orléans avec la porte Jacquin Rousselet et la porte Saint-Jacques ; cependant elles étaient distinctes. Dans le principe la porte Jacquin Rousselet fermait l'entrée du pont; la porte du châtelet était à côté de Saint-Jacques, et fermait la ville ; la porte Saint-Jacques était placée dans la demi-lune de fortification, et conduisait au bourg d'Avenum. Depuis la réunion de ce bourg à la ville et la suppression de la demi-lune, la porte intérieure prit le nom de porte de Saint-Jacques, et celle du pont fut indistinctement désignée sous son ancienne dénomination et sous celle de porte du châtelet. En dernier lieu elle servait seule et portait indifféremment les trois noms. Cette ancienne porte de Jacquin Rousselet était flanquée de deux tours assez grosses qui ont commencé à être démolies en 1637. On en voit une seule dans le plan signalé sous le n° 10. Elle était en outre couverte *d'une courtine, crénelée, et armée d'une double herse outre la porte.* Il y avait au-dessus une statue de Saint-Jacques, que les Protestans détruisirent. Elle provenait de la tête du pont où on l'avait mise en 1388 à la porte des tourelles. A cette époque (en 1562), les huguenots *trouvèrent un prestre célébrant la messe en un grenier,.... c'estoit le vicaire de Saincte-Catherine... Ils le prirent revestu de ses ornemens sacerdotaux et le menèrent à la porte du pont, lui mirent en teste un morion, et sur l'espaule une hallebarde, et le firent demeurer tout le jour sans boire ni manger avec ces pendarts gardans la porte, qui ne cessoient de se mocquer de lui à pleine gorge.*

On voit encore au mur de la chapelle Saint-Jacques la trace de la porte intérieure de la ville. Quant à la porte du vieux pont, elle disparut lors de sa démolition, et fut rasée lors de l'aplanissement du quai.

PORTE DUNOISE. Elle avait pris son nom de sa position sur le chemin qui conduisait en *Dunois*, et était située dans la rue actuelle de la cordonnerie où l'on apercevait quelques restes de ses tours en 1430.

Elle a totalement disparu depuis : cependant on trouve encore quelques fragmens de ses fondations dans une des caves des maisons construites sur son emplacement, entre la rue de l'aiguillerie et celle des trois-clefs. Elle était défendue par deux tours demi-rondes en dehors et carrées en dedans de la ville, surmontées d'une maçonnerie carrée et très-forte, garnie de créneaux et sans couverture. Elle fut remplacée par la porte Renard lorsqu'on joignit Avenum à la ville.

Porte du Soleil. Henri III descendait la Loire en 1586, et débarqua à la porte du soleil où il fut reçu par Marie Touchet, épouse de M. Balzac d'Entragues et par sa fille Henriette, connue depuis sous le nom de marquise de Verneuil. Marie Touchet lui témoigna dans cette entrevue sa reconnaissance de ce qu'il avait accordé le grand prieuré de France au fils qu'elle avait eu de Charles IX, et qui fut reçu l'année suivante par les chevaliers de Saint-Jean-de-Jérusalem. Le Roi accepta les rafraîchissemens qui lui furent offerts dans son bateau, et continua sa route.

Cette porte avait été pratiquée à l'extrémité de la rue qui porte encore son nom, pour donner accès aux habitans sur la Loire. Elle a été démolie lors de l'aplanissement du quai en 1769.

Porte Madeleine. Sa construction était à peu près la même que celle de la porte Saint Jean, si ce n'est qu'elle était un peu plus large et garnie d'une double herse. Il en existait encore quelques ruines lorsqu'on la disposa en arc de triomphe pour recevoir l'empereur Napoléon, à son retour d'Espagne; mais ayant pris une autre route, il ne vit point les préparatifs extraordinaires qu'on avait faits pour sa réception.

Le 15 décembre 1810, on adjugea pour 72,000 f. les travaux de constructions à faire aux portes Madeleine, Bourgogne, et Saint-Vincent : ils furent commencés en mars 1811, et terminés en août de la même année. Les grilles de fer ont été adjugées la même année, et posées l'année suivante.

Porte Parisis. Cette porte avait pris son nom de sa position sur la route de Paris, qui passait jadis dans le faubourg de Saint-Vincent. Elle était, comme les anciennes portes de la ville, flanquée de deux tours, crénelée, couverte d'une courtine et défendue par une herse outre la porte. Après la quatrième clôture de la ville, elle devenait inutile, et l'on ne conserva que ses deux jambages qui servirent encore long-temps à fermer le cloître de Sainte-Croix. L'auberge de l'épervier avait été construite sur ses ruines à l'est, et à l'ouest on a élevé quelques bâtimens ajoutés à l'hôtel-Dieu, lors de la construction des tours de Sainte-Croix. On voit encore les gonds qui la portaient dans le mur de l'hôtel-Dieu. Ce passage, trop étroit et dangereux les jours de fêtes publiques, va être élargi par la démolition de l'auberge de l'épervier et de quelques maisons voisines. Ces démolitions viennent de mettre à découvert des fragmens de l'ancien mur de clôture de la première enceinte qui longeait la belle allée. Il était construit, selon l'usage des Romains, par assises régulières de larges briques et de moellons taillés; mais ce genre de construction n'existait qu'à la hauteur de 6 pieds environ au-dessus du sol, le surplus ayant été évidemment réparé depuis sa construction primitive.

Porte Renard. Elle remplaça la porte Dunoise lorsqu'on eut joint le bourg d'Avenum à la ville. Son nom est venu, dit-on, d'un bourgeois nommé Regnard qui étant de garde à la porte, se défendit vaillamment et préserva la ville d'une surprise. Jeanne d'Arc logea à côté de cette porte pendant son séjour à Orléans (*Voyez* Maison de l'Annonciade), et elle fut la visiter le jour même de son arrivée. En 1540 il en restait déjà si peu de vestiges qu'on n'était pas d'accord sur le lieu où elle se trouvait. Il paraît néanmoins qu'elle était appuyée d'un côté à la maison de la Croix d'or, et de l'autre à celle de l'Annonciade : sa position est ainsi indiquée dans le plan que nous avons désigné sous le n° 33. Du reste nous n'avons pu nous procurer aucun renseignement sur sa forme précise, et nous avons vu seulement, par des réparations qu'on y fit en 1430, qu'elle était flanquée de deux tours et surmontée d'une plate-forme sur laquelle on avait placé pendant le siège une énorme *baliste*, appelée *grant couillard* dans les comptes de la ville. M. l'abbé Dubois nous a laissé, dans ses manuscrits, une description et des conjectures très-probables sur cet instrument de guerre qui jetait sur les assiégeans des pierres d'un volume considérable.

PORTE SAINT-JEAN. C'est la seule porte de la dernière enceinte qui reste à peu près intacte aujourd'hui, et elle peut donner une idée de la construction de celles qui ont été démolies. Elle est appuyée de deux tours demi-rondes, et forme un massif de maçonnerie d'un aspect très-fort et revêtu de pierres de taille dont le quart environ est taillé en bosse. De vastes cénacles disposés pour sa défense se trouvent pratiqués dans l'intérieur ; ils sont voûtés en plein cintre, et l'on voit encore la place qu'occupait la lourde herse qui, outre la porte de bois et le pont-levis, en fermait l'entrée. Elle est couverte en ardoises en totalité. En 1591, le capitaine du Couldrai qui commandait à Orléans, et qui fut tué depuis pour ses trahisons, ayant été chargé par le maire d'Orléans d'aller prendre un convoi pour les Ligueurs, et de l'escorter jusqu'à Etampes, fit prévenir d'Entragues, qui commandait l'armée royale, de s'en emparer; mais il ne put ou ne voulut point le faire. Du Couldrai prépara une autre trahison, et après avoir bivouaqué à la Grange-des-groux, il se présenta à la pointe du jour à la porte Saint-Jean pour y entrer, feignant d'être poursuivi, mais à dessein de s'en emparer et de livrer la ville. Le maire Hanapier, sans

défiance,

défiance, s'y rendit pour la lui faire ouvrir ; mais un des échevins, nommé Cahouet, refusa de donner les clefs avant le jour, et fit braquer les couleuvrines du portail, ce qui sauva Orléans d'un coup de main.

En 1815, le maréchal Gouvion Saint-Cyr et le général Dupont étant venus passer la revue des troupes en garnison à Orléans, et les exciter à servir le Roi contre l'invasion de Bonaparte, un régiment de cuirassiers, après avoir obligé par son attitude menaçante les deux généraux à se sauver en s'embarquant sur la Loire, sortit de la ville en rompant la porte Saint-Jean qui était peu solide et mal gardée.

PORTE DE SAINT-VINCENT. En 1811 on acheva de raser cette porte de la dernière enceinte, et l'on bâtit sur ses fondemens les deux pavillons qu'on y voit maintenant. Peu de temps après on y plaça la grille de fer qui, en 1815, fut bardée de madriers épais pour résister aux troupes étrangères. En avant on pratiqua alors des redoutes en terre ; on plaça des chevaux de frise, et l'on établit quelques fortifications qui heureusement devinrent inutiles, et furent enlevées peu de temps après.

POSTE AUX LETTRES ET POSTE AUX CHEVAUX. Il serait bien à désirer que dans chaque grande ville ces établissemens occupassent un local fixe dans le centre de la ville, et que leur position, souvent à l'extrémité la moins commode des cités, ne fût point laissée au choix à peu près arbitraire des directeurs et des maîtres de poste. L'hôtel des postes aux lettres, qui a été long-temps vers le milieu de la rue d'Illiers, est maintenant rue de la Bretonnerie, près de Saint-Paterne ; à la vérité trois boîtes sont dispersées dans la ville. L'une a été placée, à la demande du commerce, tout récemment, près de la Bourse ; l'autre est sur la place de l'étape, à l'hôtel de la mairie ; et la troisième dans la rue royale, vis-à-vis le marché-aux-veaux ; mais il nous semblerait avantageux pour l'industrie d'avoir dans le centre des affaires le bureau de chargement, d'affranchissement, de poste restante, etc. Quant à la poste aux chevaux, on construit en ce moment aux frais du maître de poste, et dans le local de l'ancien grenier à sel, des écuries qui la rapprocheront de la place du martroi.

L'établissement de la poste aux lettres à Orléans date du règne de Louis XI qui, comme on sait, fut l'inventeur de ce moyen de correspondre. En 1562 il existait déjà depuis long-temps un bureau de *dépesches et postes*, bien organisé, à Orléans ; car nous lisons dans le rapport d'un huissier, que le Parlement de Paris envoyait au prince de Condé, « Je me suis transporté chez Jean Leroy, maniant la poste sous Philippe Lévêque, son beau-père, pour lui bailler lettres et les faire tenir en diligence à la cour du Parlement ; à quoi il m'a dit, comme aussi a fait la femme dudict Lévêque, qu'il n'y avoit plus de poste assise à Orléans, qu'elle étoit à Saint-Péravi, sur le chemin de Châteaudun; et ne se voudroit charger de faire tenir aucun paquet pour les recherches, arrêts et ouvertures qui se font desdites par ordre du gouverneur. » On voit, par cette réponse, que dans tous les temps on s'est dispensé d'observer le secret des lettres ; mais il faut convenir qu'un si mauvais exemple de la violation des secrets particuliers n'a jamais été plus effrontément et plus souvent donné que de nos jours.

POTERNE SAINT-SAMSON. Cette petite porte de la première enceinte de la ville était à l'extrémité Nord-Ouest de la rue du même nom. Il ne reste plus d'autres traces de sa position qu'une enseigne gravée sur pierre, représentant un *bouc* aujourd'hui mutilé, des lettres et des mots dont quelques-uns sont effacés. On y lit cependant encore distinctement : T. GENT. AY COING DE LA POTERNE SAINCT SAMSON T. REVVERREZ

s. 1573. D'anciens habitans de ce quartier prétendaient que cette pierre avait été faite pour rappeler les événemens de la Saint-Barthélemi, dont le signal fut donné près de cette poterne par le meurtre d'un Protestant. (*Voyez* Place du cloître Saint-Samson.) Ils assuraient que l'animal gravé sur cette pierre représentait le *bouc émissaire*; que les mots devaient être lus ainsi : *Toi gentil, au coing de la Poterne Sainct-Samson onc te reverrez*; que l'S barrée du haut en bas, était l'initiale du graveur, et la date de 1573 très-rapprochée à dessein de celle de la St.-Barthélemi; enfin que tout cela faisait allusion au désir que les habitans avaient de ne plus revoir les Protestans s'emparer de l'autorité. Nous consignons ici cette explication qui nous a toujours semblé torturée, sans pouvoir en donner une plus satisfaisante.

Porte de la Poterne. Elle a souvent été confondue avec le guichet de Saint-Benoît qui en est voisin. (*V.* Guichet de Saint-Benoît.) Elle existait lors de la première enceinte de la ville; elle fut restaurée sous François Ier, et depuis, à l'époque de la Ligue; on voit encore les jambages qui furent construits alors pour soutenir une porte en bois qui n'a été détruite qu'en 1790. Antérieurement au siège de 1428 elle est appelée par Aldrevalde, sous Louis-le-Gros, *Posterula quæ usque hodiè Sancti Benedicti dicitur*, poterne de Saint-Benoît, du nom de l'église qui en est voisine. En 1080, dans un diplôme de Philippe Ier, qui confirme aux moines de Saint-Benoît la donation faite par Théodoric d'Orléans de la seigneurie de Saint-Benoît-du-retour, elle est dénommée *Postica Aglerii*, et un peu plus tard *Postica Algerii*, dont on a fait porte d'Alger, sans qu'il soit possible de savoir pourquoi elle a été appelée ainsi. C'était jadis une fausse porte pratiquée dans une tour de la ville. Depuis le siège de 1428 elle est constamment appelée la *poterne Chesneau* et la *grande poterne*, et elle a donné son nom à la rue qui y aboutit.

Les assiégés avaient établi dans cet endroit une batterie dont nous avons parlé à l'article de la rue du plat-d'étain; et les Anglais, pour lui riposter, avaient disposé, entre la turcie Saint-Jean-le-Blanc et le portereau, des canons lançant des pierres du poids de quatre-vingts livres et plus. Une des pierres lancées par ces canons appelés *passe-volant* tua une femme le 17 octobre 1428, près de la poterne, *et elles firent moult de domaiges aux logis et édifices d'Orléans*. Les bateliers-mariniers de la Loire eurent long-temps, près de cette porte, un bureau où se percevaient les droits seigneuriaux et bizarres établis sur la rivière. Ils y avaient en dernier lieu une statue de Saint Nicolas, et au-dessous un tronc et un tableau peint sur bois représentant la ville de ce côté. Il paraît que c'était vers le même lieu que se trouvait l'inscription citée par Polluche et relative aux anciens bateliers et marchands fréquentant la Loire.

POUDRIÈRE, *OU PLUTÔT* MAGASIN A POUDRE. Le magasin à poudre à tirer a été placé dans notre ville dans divers endroits. Jadis il était à l'arsenal devenu l'hôpital général : précédemment, et pendant le siège de 1428, il était près de Saint-Hilaire et du châtelet. Depuis long-temps il est établi dans l'ancienne tour de la quatrième enceinte, appelée la tour de Bourbon. On l'avait choisie, dans le principe, comme la plus solidement construite, et à cause de ses murailles et de ses voûtes épaisses. Depuis qu'on a reconnu que de semblables magasins sont également dangereux par leur explosion, soit pour les gardiens, soit pour les citoyens qui les avoisinent, et que les dangers sont d'autant plus grands que la matière détonnante se trouve moins libre dans son expansion, on a construit sur le sommet de cette tour, et au milieu du jardin qu'on y a pratiqué, un petit bâtiment dont la couverture et les parois du côté opposé à la ville sont tellement légers, quoique impénétrables à l'eau, que tout accident est écarté des habitations voisines.

Cette tour est aujourd'hui la seule qui reste de la dernière enceinte : nous décrirons brièvement sa construction, pour donner une idée de celles qui ont été détruites.

Un chemin souterrain voûté, pratiqué sous le rempart, et détruit en 1807, conduisait au cénacle voûté du centre de la tour; un escalier étroit, mais assez commode, mène encore à une vaste cave maintenant remplie d'eau. Un autre escalier sert à monter dans une chambre voûtée en plein comme les autres, et placée au-dessus de l'étage du milieu. Un troisième escalier, restauré depuis peu d'années, aboutit dans le jardin près du magasin actuel. Le revêtement de cette tour en pierres de taille à facettes est enlevé en grande partie; les meurtrières de chaque étage, très-écrasées à l'extérieur, ne permettraient pourtant à l'intérieur l'usage que de canons de petit calibre. Les murailles ont environ 5 mètres d'épaisseur, et les voûtes ne sont soutenues par aucun pilier.

PRÉFECTURE. L'hôtel de la préfecture occupe les bâtimens du couvent des Bénédictins de Bonne-Nouvelle.

Le nom primitif de ce monastère était *Sancta Maria puellaris*, *Nostre-Dame des filles*, ce qui indique une réunion de vierges consacrées à Dieu. Effectivement, dans l'origine c'était un monastère de Religieuses qui se consacraient à l'éducation des jeunes filles. Vers l'année 800, des chanoines leur succédèrent, et ajoutèrent au nom de cet oratoire celui de *Nostre-Dame de bonnes novelles*, qui se trouve consigné dans une chartre de *Gaudefredus* ou *Gaufredus* et de son fils, possesseur de l'abbaye en 880 ou environ.

Il paraît que dans l'origine Charlemagne avait fait bâtir ce monastère sur les ruines d'un ancien temple ou d'un château romain, ce que confirme raient les nombreux fragmens de sculpture qu'on a découverts lors des constructions de 1672, et le nom que portait encore à cette époque une grosse tour appelée *tour de Charlemagne*. Ces bâtimens tombaient en ruines lorsque le Roi Robert, qu'on a regardé à tort comme leur fondateur, les releva, et donna aux chanoines, en 1021, divers biens. En 1149, Simon I er., seigneur de Beaugenci, possédait *jure hœreditario* cette abbaye qu'il avait donnée en fief à un chevalier d'Orléans appelé Hugues. Il la retira et la remit à Manassès de Garlande, évêque d'Orléans. Selon la volonté de Simon, Manassès en gratifia les Religieux de Marmoutiers qui vinrent s'y établir en assez grand nombre. Les désordres de la guerre amenèrent le relâchement; la communauté fut dispersée et réduite en prieuré simple. En 1567, le prieuré tomba en commande, l'église et les bâtimens éprouvèrent la fureur des religionnaires, et restèrent dévastés jusqu'en 1653. A cette époque, les Bénédictins de la congrégation de Saint-Maur traitèrent avec François Brachet, prieur titulaire, et vinrent y demeurer en 1654 pour y établir des études monastiques en remplacement de leur collège de Marmoutiers à Paris, qu'ils venaient de céder aux Jésuites. Peu de temps après on supprima le titre du prieuré, et les biens se trouvèrent réunis au monastère. En 1670, les Bénédictins commencèrent à édifier la maison conventuelle dont la majeure partie existe encore. Elle ne fut totalement achevée qu'en 1683. L'église, élevée sur les débris de l'ancienne qui remontait au huitième ou neuvième siècle, ne fut cependant bâtie qu'en 1741, quoique les fouilles de ses fondations eussent été pratiquées en 1672 (1).

(1). En 1672, lorsqu'on fit des fouilles pour l'église de Bonne-Nouvelle qui occupait une partie de la cour actuelle de la préfecture et longeait la rue de Saint-Sauveur, on déterra beaucoup d'antiquités romaines et des médailles des empereurs romains. Cependant la majeure partie était des règnes de Constantin-le-Grand et de ses fils Constantin et Constance, ce qui peut donner lieu de

Il existait dans l'ancienne église de Bonne-Nouvelle une petite paroisse, sous le nom de la Madeleine, dont la fondation était antérieure à l'année 1450; mais en 1709 les Bénédictins avaient obtenu sa suppression et sa réunion à la collégiale de Saint-Pierre-en-pont, sous la condition qu'ils feraient rebâtir le chœur de cette église qui n'avait point été réparé convenablement depuis les troubles religieux. L'église de Bonne-Nouvelle, telle qu'elle était en dernier lieu, se faisait remarquer par une architecture simple et de bon goût; l'intérieur était orné de marbres précieux, de dorures bien disposées, d'une coupole peinte avec talent par Parrocel, et de tableaux très-beaux, au nombre desquels se trouvait celui qui orne aujourd'hui le maître-autel de Sainte-Croix, Jésus au jardin des oliviers par Jouvenet; la communion de Saint Bruno par Deshais, qui se trouve maintenant au musée; enfin plusieurs autres de Hallé, Vien, Restout, etc.

Les Bénédictins furent à peu près les premiers Religieux à Orléans qui sortirent de leur maison claustrale. Elle servit bientôt aux séances du département et de logement à ses bureaux et à quelques membres de son directoire. En l'an VIII (1799), le premier préfet du Loiret, M. Maret, et ses bureaux y furent installés, et depuis on a opéré divers changemens dans ses distributions intérieures et extérieures. En 1807 on détruisit l'église qui jusque là avait servi de dépôt littéraire et de bibliothèque publique.

conjecturer qu'ils avaient fait travailler à cet ancien édifice. Parmi les pierres taillées, sculptées, ou seulement ébauchées, qu'on a rencontrées, se trouvait une tête d'Apollon, une de Mercure, des faunes, des satyres, et de nombreuses priapées qui engagèrent à jeter dans les fondations ces débris curieux. Néanmoins il en existait encore en 1787 quelques fragmens dans la cour des Religieux, où ils avaient été placés sur la demande de l'un d'eux. En démolissant la tour de Charlemagne, on avait également trouvé plusieurs médailles des gouverneurs des Gaules, mais malheureusement on n'en n'avait conservé aucune description.

Peu après, son emplacement fut occupé par le portail, les deux pavillons actuels, un petit jardin et une portion de la cour. Vers le même temps on fit le perron qui règne en avant du bâtiment principal, et l'on pratiqua quelques ouvertures dans la façade qui n'en a pas moins conservé de ce côté, et même au midi, un aspect monastique peu agréable à l'œil.

En ce moment l'hôtel de la préfecture et son jardin, qui est assez beau, comprennent tout ce qui est resté des bâtimens des Bénédictins, l'emplacement de l'église de Saint-Germain qui leur avait été donné et celui de la chapelle de l'Université. Les escaliers intérieurs ont été conservés ; et les cellules ont été disposées pour les bureaux. Des salles très-belles ont été pratiquées et ornées au rez-de-chaussée, sous la préfecture de M. A. de Talleyrand, ainsi qu'un local assez convenable dans les mansardes, pour servir de dépôt aux archives, alors bien nombreuses et très-précieuses, mais dont la quantité et l'intérêt ont diminué depuis qu'on en a détruit une partie, et rendu une autre assez considérable à M. le Duc d'Orléans. La préfecture possède une bibliothèque peu nombreuse et composée en majeure partie de livres théologiques et religieux, extraits du dépôt littéraire lorsqu'il fut transféré dans le local de la bibliothèque actuelle ; il s'y trouvait alors quelques tableaux assez bons.

PRÉVÔTÉ. Les prévôts d'Orléans furent, de temps immémorial, en possession de cette maison située près de l'ancien châtelet et des prisons de Saint-Hilaire, maintenant rue du châtelet, n° 5. Elle était en très-mauvais état lorsque Louis XII la fit rebâtir telle qu'elle était en dernier lieu. Les prévôts y tenaient ce qu'on appelait le siège de la *cage*, par corruption du mot *case*, maison. C'était une juridiction particulière où ils étaient les seuls juges : ainsi un arrêt du siège de la *cage* était un jugement rendu par le prévôt seul en son hôtel.

Dans la salle d'audience étaient conservés les étalons des poids et mesures qui furent remis au juré étalonneur, lors de la réunion de la prévôté au bailliage, et dont le bureau est aujourd'hui à la préfecture, dans l'ancienne chapelle de l'Université. Depuis la suppression des prévôts (1), cet hôtel a été loué d'abord, et ensuite vendu à des particuliers qui l'ont successivement approprié à leurs besoins, en détruisant en grande partie les ornemens qui le décoraient, et il n'offre plus que quelques vestiges de sculpture aux croisées.

Prisons. L'entrepôt actuel des sels servait autrefois de prison, et portait le nom de prison de Saint-Hilaire. Précédemment il y en avait eu d'autres au châtelet même qui en était voisin. La tour neuve servait aussi de lieu de détention pour les condamnés, et la tour à Pinguet de maison de force et de correction. Lorsque, sur la demande du représentant Ballet, la haute Cour vint siéger à Orléans, on établit près d'elle une prison dans la maison conventuelle des Ursulines et dans celle des Minimes. En 1793 l'ancien Séminaire même et la maison de la Croix servirent de maisons d'arrêt. De toutes ces prisons, celle des Ursulines conserva seule cette destination pour les conscrits réfractaires, les filles de mauvaise vie et les condamnés à des peines correctionnelles, jusqu'au moment de l'incendie de la prison de Saint-Hilaire. On y transféra alors tous les détenus et condamnés, sans distinction, et l'on y fit des travaux qui l'ont rendue une des prisons les mieux distribuées, les plus sûres et les plus aérées de France. (*V.* Entrepôt des sels, Palais de justice, Ursulines, etc.)

Providence (*Maison de la*). Cette maison, située place du cloître de Saint-Aignan, faisait jadis

(1) De nos jours nous avons vu, dans un moment pénible à rappeler pour notre département, le rétablissement des prévôts, ou plutôt d'un tribunal d'exception, avec des pouvoirs et des attributions bien plus étendues qu'autrefois.

partie de la maison royale construite par Louis XI. Elle est très-aérée et parfaitement convenable au but que se sont proposé les fondateurs de cet établissement philantropique, l'un des plus utiles de notre ville. Il est destiné à recevoir les filles pauvres, à leur donner une éducation relative à leur position, et enfin à les mettre à même, par les métiers qu'on leur apprend, de n'être point à charge à la société par leur oisiveté ou leurs vices. Une ordonnance du Roi, du 6 octobre 1814, autorisa cette institution d'une charité vraiment chrétienne, et que dirigent les dames les plus recommandables et les plus respectables.

Puits Jacob. Lorsque Louis XII eut ordonné, en faisant achever la dernière enceinte de la ville, de laisser des endroits sur les anciens fossés pour y pratiquer des places publiques, on réserva la place du marché de la porte Renard, et plus tard, lors de la construction de la boucherie, on sentit la nécessité d'avoir un puits public qu'on creusa en face et vers le milieu de cette place. Ce puits prit le nom de *puits Jacob;* et vers 1600, lorsqu'on le restaura, on plaça au-dessus de sa voûte en pierre deux bas-reliefs très-médiocres représentant Rachel puisant de l'eau et en offrant à Jacob. Nos ancêtres avaient senti la nécessité, pour obtenir de prompts secours dans les incendies, de faire faire beaucoup de puits publics qui tous avaient été pratiqués à grands frais et aux dépens des quartiers où ils étaient situés. Quelques-uns d'entre eux obstruaient, à la vérité, la voie publique; d'autres étaient assez mal entretenus : on les a fait disparaître à peu près tous, sans accorder aucune indemnité aux habitans, et sans les remplacer par des fontaines qu'il serait bien utile de disposer dans les divers lieux de la ville où l'eau est très-rare dans les temps de sécheresse, et souvent de mauvaise qualité.

Récollets. Ce couvent était occupé dans le principe par les Cordeliers qui s'établirent en 1240 dans un terrain que la ville leur donna ainsi qu'une chapelle qui s'y trouvait et était dédiée à Saint Cheron, *Caraunus* (1). Cette communauté était déjà célèbre en 1271, et Saint Bonaventure, général des frères Mineurs, dans un Chapitre de son ordre qu'il tint à Orléans, la désigna comme la première de la province de Touraine.

En 1583, les Cordeliers inhumèrent dans leur église l'épouse de M. de Saint-Mesmin, prévôt d'Orléans, dont les ancêtres étaient les bienfaiteurs du couvent. *Non contens de la somme de six écus qu'on leur donna pour la sépulture et le service de la défunte*, ils demandèrent à M. de Saint-Mesmin de prendre dans ses bois, qu'il faisait alors couper, quelques provisions pour leur usage. Mais ils éprouvèrent de sa part un refus d'autant plus sensible que Madame de Saint-Mesmin ne les y avait point habitués, et qu'ils regardaient les libéralités annuelles de cette dame comme des rentes que sa famille devait acquitter. Le dogme théologique du purgatoire servait alors d'aliment aux disputes religieuses; et les Cordeliers, pour se venger du prévôt, profitèrent de cette disposition des esprits pour répandre le bruit que l'âme de Mlle. Louise de Mareaux, épouse de M. de Saint-Mesmin, était au pouvoir du diable, et demandait que son corps fût exhumé. Ils avaient excité leurs

(1) Cette chapelle semble avoir survécu seule aux dévastations que les Normands commirent au dixième siècle dans une abbaye de Saint-Jean, dont les biens usurpés par les comtes et les marquis d'Orléans furent restitués en 975 par le duc Hugues, à la prière de l'évêque Arnoul.

Lorsque le Chapitre de Sainte-Croix se rendait aux Jacobins en procession, lors des rogations, il chantait un motet en l'honneur de *sanctus Caraunus*, devant l'église des Cordeliers. La statue de ce saint avait été retrouvée en 1642 dans une maison voisine du couvent des Récollets, et avait été placée sur un des autels de la paroisse de Saint-Michel, dont les maisons voisines étaient dans la censive dite de Saint-Cheron.

novices à produire du fracas sur les voûtes de leur église, *et l'un deux à parler pour la morte*. Le prévôt, justement offensé de cette fourberie audacieuse qui leur servit de prétexte pour cesser l'office dans l'église, porta plainte au Roi. François Ier nomma des juges pour vérifier l'assertion des Cordeliers, et parmi eux l'on remarque un cardinal, le premier président du Parlement de Paris et sept conseillers. Bientôt les Religieux, convaincus de la plus grossière imposture, furent condamnés à faire amende honorable, à être fustigés jusqu'au sang dans la prison, à y rester pendant deux ans au pain et à l'eau, et enfin à être chassés du royaume. On les ramena à Orléans pour subir leur arrêt dont ils se gardèrent bien d'appeler, mais M. de Saint-Mesmin n'en demanda point l'exécution ; quelques-uns d'entre eux furent mis en liberté, et les plus coupables demeurèrent en prison où ils moururent. Ce jugement enleva à ce couvent toute la considération dont il jouissait ; néanmoins il subsista, quoique les moines y fussent peu nombreux. En 1562, les Protestans ayant établi leur arsenal dans l'église, le feu prit aux poudres, et elle sauta ainsi que plusieurs maisons voisines, sous les débris desquelles on trouva beaucoup de cadavres. Au temps de la Ligue, ces moines turbulens opposèrent aux partisans de Henri IV deux prédicateurs tellement célèbres dans les annales du temps, que nos pères contribuèrent à élever des statues à ces orateurs, le Père Picart et le Père Hilaret. En 1610, leur relâchement devint tel que le Chapitre tenu à Angoulême priva de sa charge, *pour ses déportemens*, Jean Robinet qui s'était fait élire leur gardien en leur promettant de rebâtir le couvent. Ce Robinet changea d'habit peu après, se dit réformé, chassa les Religieux profès et novices, ne gardant qu'un seul prêtre qu'il avait nommé gardien, et refusa de recevoir le provincial qui se présenta avec trois des Religieux expulsés. Le provincial s'étant

adressé

adressé aux magistrats pour être introduit, Robinet se plaignit d'avoir été *excédé* par les Religieux, et montra des lettres du général, datées de 1609, qui l'autorisait à se réformer. Cette querelle donna lieu à l'expulsion des Cordeliers qui furent immédiatement remplacés par les Récollets auxquels Henri IV avoit permis précédemment de s'établir à Orléans.

À peine les Récollets étaient-ils en possession de ce couvent, que Gabriel de l'Aubespine, évêque d'Orléans, leur ordonna, en 1611, de faire disparaître les tombes et les effigies des Pères Hilaret et Picart (1), en ajoutant qu'il fallait oublier ces temps de fanatisme, et qu'il était inconvenant de voir des *mendians en bronze*, tandis que leurs débris seraient utilement employés à réparer la communauté.

Les Récollets réparèrent l'église et les bâtimens claustraux qui avaient été dévastés à différentes fois, suivant l'inscription qu'on lisait au-dessus de la porte de l'église :

Templum hoc Pr. B. Francisci temporibus
Constructum, semel ab Anglis.... 1428,
Iterùm ab hœreticis destructum.... 1562,
Gastonis I,
Aureliorum Ducis, pietas, civium benevolentia
Restituit. anno D. MDCXXXVI.

Le couvent des Récollets fut un des premiers mis en vente sur la prisée de 30,000 liv.; adjugés pour une somme plus forte le 24 novembre 1790, les bâtimens furent démolis de suite pour faire place aux élégantes constructions qui les ont remplacés, et por-

---

(1) Ces prédicateurs énergumènes ne nous seraient aujourd'hui connus que de nom, si leur couvent n'avait point fait imprimer un recueil de vers très-médiocres du Père Hilaret, et ne nous avait transmis dans ses registres que le Père Picart, auquel les contemporains accordent plus de talent et de modération, avait été choisi comme prédicateur de Sainte-Croix, *moyennant 800 liv.*, et de Saint-Paul, *moyennant 300 liv. pour ses honoraires.*

tent aujourd'hui, dans la rue de la Bretonnerie, les n°s 1 et 3.

On remarquait dans le cloître de ces Religieux la sépulture de noble homme *Jacques de Thou*, un des ancêtres de l'historien de Thou. Il avait été échevin d'Orléans en 1439 et 1440, continué en 1445 et 1446, et il était décédé le 4 octobre 1447. Leur préau ou galerie, orné de peintures très-mauvaises représentant les quatre fins de l'homme, faisaient l'admiration du peuple; mais les amateurs des arts remarquaient dans leur église deux tableaux d'un des Religieux frère *Luc*, et un autre de *Snelle*, où Saint François donne le cordon de son ordre à un Roi.

SAINT-AIGNAN (ÉGLISE DE). L'église de Saint-Aignan était autrefois la première collégiale de la ville : c'est maintenant une des paroisses les plus considérables. Elle est fort ancienne, et la munificence de nos Rois la rendit très-célèbre, particulièrement au onzième et au quinzième siècle. Son Chapitre jouissait de très-beaux privilèges (1), et la vénération qu'on a conservée jusqu'à nos jours pour les reliques de son patron, l'un des plus recommandables des évêques d'Orléans (2), l'ont fait remarquer dans tous les temps.

L'origine de l'église de Saint-Aignan n'est pas connue. L'opinion la plus accréditée est que Diopet

---

(1) Les Rois de France étaient chanoines d'honneur du Chapitre de Saint-Aignan, de même que les Ducs d'Orléans. Jusqu'en 1536 on donnait l'investiture au doyen, par la *tradition* d'une épée, d'une ceinture, d'une gibecière, d'une paire d'éperons dorés, et on lui plaçait un épervier sur le poing. Les évêques d'Orléans étaient chanoines honoraires de Saint-Aignan et prenaient possession de cette dignité avec beaucoup de solennité le jour de leur entrée. Le 17 novembre, et le 14 juin, jours des deux fêtes de Saint-Aignan, le bailli du Chapitre était seul juge à Orléans; en outre, les droits d'entrée appartenaient pendant deux jours aux chanoines qui percevaient encore *cinq deniers* sur chaque boutique ouverte, etc., etc.

(2) Quoique les renseignemens sur la vie de Saint Aignan

où Diodet, quatrième évêque d'Orléans, fit bâtir sur les débris d'un temple romain (1), vers l'an 349, une chapelle sous l'invocation de Saint-Pierre, qui prit ensuite le nom de Saint-Pierre-aux-bœufs, en raison de sa position au milieu des champs labourés à l'aide de ces animaux. Suivant Hubert, chanoine et historien de cette église, elle aurait pris le nom de Saint-Aignan avant Clovis ou au moins sous le règne de ce prince, époque de la translation des restes du saint évêque, de Saint-Laurent-des-orgerilz, où ils avaient été déposés, dans l'église dont il est devenu le patron.

Clovis serait donc le premier de nos Rois qui aurait enrichi l'église de Saint-Aignan, et l'aurait rendue digne, par des constructions nouvelles, de fixer l'attention de ses successeurs. Dans le principe

et sur l'époque de son avènement au siège épiscopal soient peu certains; malgré les contradictions qui résultent des écrits de quelques légendaires qui, en cherchant à concilier les dates peu concordantes de la mort de Saint Euverte et de la durée de l'épiscopat de Saint Aignan, ont avancé qu'il y avait eu deux évêques du même nom. Néanmoins, il est avéré, sans avoir égard aux choses extraordinaires et aux faits absurdes même racontés dans les chroniques, qu'au temps d'Attila, en 451, l'évêque d'Orléans, Saint Aignan obtint par ses démarches auprès d'Aétius, gouverneur romain dans les Gaules, qu'il viendrait secourir Orléans, et que par ses discours il sut encourager les habitans à se défendre, en même temps qu'il les fortifiait par sa piété dans la résolution de soustraire leur ville à la férocité du Roi des Huns.

(1) La plupart des églises catholiques des premiers siècles furent ainsi élevées sur les débris de temples payens, et la position de Saint-Aignan au milieu de constructions romaines donne lieu de croire à cette assertion : car, indépendamment des anciens murs de ville et des arènes qui en étaient assez proches, on a trouvé en différens temps des débris de constructions de cette nature dans l'emplacement des greniers du Chapitre et dans quelques jardins voisins. Dernièrement encore, en 1820, en aplanissant la place du cloître on a découvert un caveau sépulcral dont les matériaux et la disposition indiquaient une origine romaine.

elle était desservie par des Moines qui, en 841, sous leur abbé Léodebode, fondateur de Fleury-Saint-Benoît, ne suivaient point encore la règle de ce dernier Saint (1). D'après les renseignemens que nous ont transmis leurs écrivains, Nicole Gilles et d'autres auteurs, Charlemagne fit rebâtir l'église de Saint-Aignan, vers l'année 812, avec beaucoup de magnificence, et augmenta ses revenus. Cette réédification, si elle eut lieu, fut beaucoup endommagée en 865 sous Charles-le-Chauve, car les Normands brûlèrent alors toutes les églises d'Orléans, excepté Sainte-Croix. Cependant quinze ans plus tard l'église de Saint-Aignan était en état de recevoir les corps de Saint Martin et de Saint Benoît, qui y furent déposés pour les soustraire aux profanations de ces mêmes Normands. Selon Glaber elle fut consumée en 999 par un incendie qui détruisit presque toute la ville et les faubourgs. Soit qu'elle eût souffert du feu ou qu'elle tombât de vétusté, le Roi Robert qui avait beaucoup de dévotion à Saint Aignan, rétablit son église sur de nouveaux fondemens, et un peu plus loin *de la rivière de Loire qu'elle ne l'étoit auparavant* (2). La dédicace de cette nouvelle basilique eut lieu avec beaucoup de pompe le 14 juin 1029, jour de la délivrance d'Orléans par les *mérites de Saint Aignan*, et l'on chanta à cette occasion des hymnes

---

(1) On ne sait point à quelle époque ces moines furent institués : l'année de leur sécularisation est également ignorée. Sous Pepin ils avaient déjà la dénomination de chanoines ; mais on sait qu'alors on donnait ce nom à beaucoup de Religieux réunis en communauté. Il paraît que les chanoines ne commencèrent à vivre en particulier et à former un Chapitre, dans l'acception actuelle de ce terme, que sous le Roi Robert.

(2) L'esplanade que Louis XI avait fait disposer et planter d'arbres, au sud de l'église, était son ancien emplacement : elle servait, en dernier lieu, de promenade aux chanoines ; elle fait aujourd'hui partie de la maison des Dames Ursulines, et l'on voit encore les deux tourelles qui la terminaient.

que le Roi lui-même avait composées. Il est même de tradition que l'office du 17 novembre, encore en usage, est dû à ce Roi.

En 1370, les habitans d'Orléans, pour mettre leur ville en état de résister aux entreprises de l'armée anglaise commandée par Kanolle, abattirent l'église de Saint-Aignan et tous les édifices qui étaient au-delà de leurs murs.

Charles V commença à la relever, et Charles VI acheva de la réédifier; mais en 1428 les Orléanais furent obligés de la sacrifier de nouveau à la sûreté de leur ville, lorsque les Anglais tentèrent de s'emparer des faubourgs, et assiégèrent Orléans.

Charles VII, pour dédommager le Chapitre, qui célébrait alors son office à la petite église de Saint-Germain, des pertes qu'il avait éprouvées, et afin d'appaiser ses répétitions contre les habitans pour la perte de son église, lui accorda un droit sur les gabelles de Languedoc, pour être employé à sa reconstruction.

Louis XI crut sans doute *se concilier la faveur de Saint Aignan, et obtenir son intercession pour ses énormes péchés,* en se chargeant de réparer l'église qui lui était dédiée, ce qu'il commença en 1476. Vers la même époque, il entreprit la troisième clôture de la ville, ainsi que nous l'avons dit; et non content de mettre l'édifice qu'il reconstruisait à l'abri de nouvelles insultes, il combla le Chapitre de dotations et de présens, et disposa une très-belle esplanade au midi de l'église, où il aimait beaucoup à jouir de la vue de la Loire et du coteau de la Sologne. Cependant il n'acheva point tout-à-fait ce monument tel qu'il était avant les troubles de religion, car Charles VIII y fit travailler après lui, et Louis XII le termina en faisant élever six chapelles qui accompagnent les nefs. La consécration en fut faite le 28 août 1509.

Aux seconds troubles religieux en 1567 les calvinistes dévastèrent l'église de Saint-Aignan l'une des premières, et détruisirent la voûte et la couverture de sa nef principale, depuis le portail actuel jusqu'à sa tour qui occupait l'angle de la rue des cinq marches, et qui a disparu en 1804 seulement. Depuis les troubles de 1567, on éleva un mur qui terminait cette église près de son portail latéral, et l'on ne répara point ce qui avait été dévasté.

L'ancienneté de la construction de l'église de Saint-Aignan, l'ébranlement qu'elle a dû éprouver de la fureur des Protestans, et encore plus l'abandon absolu dans lequel elle a été laissée depuis 1792, principalement lorsqu'elle servit d'atelier pour les tentes de l'armée, avaient fait concevoir des craintes motivées sur son peu de solidité; mais elle a été consolidée depuis peu par des contreforts construits au sud, du côté qui semblait menacer ruine; et il y a tout lieu de penser que, grâces à quelques autres réparations, cet édifice, l'un des plus remarquables de la ville, sera conservé très-long-temps encore.

Sa coupe intérieure est agréable à l'œil; ses fenêtres principales sont d'un bel effet et son ensemble est généralement bien : cependant ses nefs latérales sont un peu écrasées. On y voit aujourd'hui peu d'ornemens, et la chapelle de la Vierge est à peu près la seule chose digne d'attention, à cause de la statue de la Vierge qu'on dit être du sculpteur Orléanais Hubert, et qui y a été transportée des tourelles de l'ancien pont, lors de leur destruction. Cette statue est aujourd'hui la seule qui puisse donner une idée du talent de cet artiste dont les ouvrages ornaient cependant presque toutes les églises d'Orléans.

La châsse de Saint Aignan, dont les ossemens brûlés en 1562 par les huguenots furent néanmoins recueillis *en notables parties* suivant Hubert, et depuis préservés en 1793 d'une destruction totale, d'après un procès-verbal de 1803, dressé par M. Bernier, évêque d'Orléans, se trouve placée derrière le maître-autel, dans une vaste armoire en bois. La vénération des Orléanais, de nos Rois et des étrangers même, pour les reliques de Saint Aignan s'est manifestée constamment; et peu de Saints l'ont autant mérité par leurs vertus morales et religieuses. Dans tous les temps on découvrit sa châsse dans les instans de calamité publique; et, de nos jours, lorsque les hordes de Cosaques menacèrent nos murs le 18 février 1814, des habitans pieux se prosternèrent devant les reliques de Saint Aignan, pendant que quelques soldats disposés en tirailleurs, et la nouvelle de la victoire de Montereau, délivraient la ville de la présence de ces barbares. En mémoire de cette délivrance, un salut a été institué par la Ville, sur la demande de plusieurs citoyens, et cette solennité fixera pour la postérité l'époque à laquelle Orléans échappa au pillage, en même temps qu'elle donnera l'occasion de remercier et d'honorer l'Eternel.

La chapelle souterraine de cette église qui servait de sépulture aux chanoines (1) mérite d'être visitée par les artistes qui y reconnaîtront des restes de construction de l'édifice bâti par le Roi Robert. Elle était dédiée à Saint Martin, en mémoire, dit-on, de ce que les reliques de ce Saint y avaient été déposées, comme nous l'avons dit, en 886 et 887.

Outre quelques ornemens d'église très-anciens, échappés aux Protestans, et qu'on disait avoir été donnés au Chapitre par le Roi Robert et par Louis XI, on montrait encore en 1792, dans la sacristie de cette église, le modèle en bois de la châsse donnée par ce Roi, et qui pesait *six vingt marcs d'argent travaillé*. Les amateurs d'antiquités y remarquaient encore ré-

(1) Le Chapitre était composé, outre l'abbé, titre dont les Rois et les Ducs d'Orléans s'honoraient, d'un doyen, d'un sous-doyen, d'un chantre, d'un chévecier, d'un sous-chantre, de trois prévôts, de trente-un chanoines, de deux chanoines semi-prebendés, de deux prébendés réguliers et de quatre chanoines honoraires.

cemment un coffre en bois qui avait survécu à tant de désastres et qu'on croit avoir été donné, avec des ornemens sacerdotaux, par Louis-le-Gros lorsqu'il se fit sacrer à Orléans, ou par Louis XI qui y aurait fait sculpter la cérémonie de son sacre ; ce coffre est maintenant au musée.

SAINT-ANTOINE (CHAPELLE DE). Nous avons déjà eu l'occasion de parler de l'hospice dont cette chapelle, placée sur une des mottes de l'ancien pont, faisait partie. Elle avait été complètement ruinée en 1428. Louis XII l'avait fait réparer en 1501 ; mais elle fut de nouveau détruite au temps de la Ligue et rebâtie en 1637. Elle disparut avec l'ancien pont et les mottes. Nous ajouterons aux renseignemens que nous avons déjà donnés sur l'hôpital de Saint-Antoine, que lors de la construction de la dernière enceinte de la ville, un nombreux concours d'artisans, de vagabonds et de mendians affluant à Orléans dans l'espoir d'obtenir quelques terrains et des secours pour s'y fixer, la police fut contrainte de redoubler de vigilance et de ne permettre le séjour de la ville qu'aux étrangers qu'elle pourrait sans crainte admettre au nombre de ses habitans. En conséquence on affecta l'hôpital de Saint-Antoine et sa chapelle, qu'on dépouilla de ses ornemens à cet effet, pour recevoir les mendians et pélerins valides qui ne devaient y rester que vingt-quatre heures, au bout desquels ils étaient obligés de *vuider les lieux sous peine de la corde.*

SAINT-ARMEL (COUVENT DE). Il existait très-anciennement un petit couvent d'hommes et une petite chapelle ainsi dénommés, et sur lesquels il nous reste bien peu de renseignemens. Lemaire place cette chapelle et le puits qui en conservait le nom, dans la rue des-ormes-Saint-Victor où nous voyions encore tout récemment un puits public. Des auteurs plus récens ont indiqué ce puits et ce couvent dans la rue actuelle du paradis, près de l'ancienne paroisse de Notre-Dame-du-chemin, et c'est la position que nous lui avons donnée. Mais des renseignemens que nous avons trouvés depuis dans les archives de l'église de Saint-Victor, nous porteraient à adopter l'opinion de Lemaire, et à croire que la conformité de nom de la rue des pensées, appelée jadis aussi rue du paradis, a pu jeter dans l'erreur les écrivains plus récens que lui.

Saint-Avit (Eglise de). C'était une collégiale qui occupait une partie de la caserne du Séminaire, ainsi que nous l'avons dit. Suivant nos anciens annalistes, Childebert l'avait fondée, vers l'an 542, pour acquitter un vœu qu'il avait fait s'il réussissait dans la guerre d'Espagne contre Amaury, et s'il parvenait à ramener en France sa sœur que ce prince maltraitait. Saint Avit, religieux de Saint-Mesmin-de-Mixi, retiré dans un ermitage près de Châteaudun, y était mort avec une telle réputation de sainteté que les Orléanais disputèrent aux habitans de Châteaudun ses dépouilles mortelles, et les déposèrent près de la ville, dans l'endroit où Childebert fit bâtir une église en son honneur.

Cette collégiale était donc une des plus anciennes d'Orléans lorsque les Normands la dévastèrent; elle éprouva plus tard le même sort que toutes les autres églises placées hors des murs, et fut détruite lors du siège de 1428. Relevée de ses ruines quelque temps après, elle fut de nouveau démolie en partie par les religionnaires en 1562; enfin elle disparut totalement en 1710 pour faire place aux constructions du Séminaire. Le clergé de cette collégiale était composé en dernier lieu d'un doyen, d'un chévecier, de dix chanoines, et de quatre chapelains à la collation de l'évêque d'Orléans. La paroisse de Saint-Georges, qui en était voisine, en dépendait.

Avant les troubles des Protestans, on admirait les vitraux du chœur de cette église et les sculptures de son portail reconstruit sous Louis XI.

Saint-Benoît (Guichet de). Cette petite porte,

percée lors de la quatrième enceinte de la ville, est maintenant la seule qui existe intacte du côté de la Loire. Elle est aussi appelée quelquefois guichet de la poterne, et elle a été souvent confondue à tort avec la porte de la poterne Chesneau.

Saint-Benoît-du-retour (Eglise de). Les Moines de Fleury-Saint-Benoît, dont nous aurons occasion de parler plus tard, avaient été contraints d'apporter à Orléans et de déposer dans l'église de Saint-Aignan, alors hors de la ville, les reliques de leur patron, pour les soustraire à la fureur des Normands. Ils cherchèrent ensuite à avoir une maison dans la ville, où ils pussent se retirer avec plus de sécurité. En l'an 1080, Théodoric d'Orléans leur céda ou leur donna un terrain dont une justice très-étendue dépendait. Ils bâtirent dans ce lieu une maison pour s'y réfugier, et une chapelle où de nouvelles invasions des Barbares les forcèrent de déposer momentanément les restes de Saint Benoît qu'ils ramenèrent ensuite à Fleury. Cette translation ou cet heureux retour, car suivant les légendaires les *arbres fleurirent en hiver sur les bords de la Loire, pendant qu'une nacelle sans rame et sans voile ramenait le Saint en remontant le courant*, donnèrent lieu à la dénomination de cette succursale de Fleury qui devint bien plus tard une paroisse. La cure était à la nomination du camérier de Fleury, et en dernier lieu, depuis l'introduction de la réforme de Saint-Maur, elle demeura toujours la propriété de la communauté.

L'église de Saint-Benoît-du-retour et les bâtimens qui en dépendaient ont été mis en vente le 23 avril 1791 sur la mise à prix de 12,500 liv.; adjugés pour une somme un peu plus forte, les bâtimens furent distribués par un particulier pour son usage, et l'église qui subsiste encore servit successivement de magasin de papiers d'Auvergne et de magasin à sel. On y lisait, avant sa suppression, une épitaphe composée par M. Guyot, docteur-régent de l'Université, en l'honneur de M. Faulcon, curé de cette paroisse, mort en 1748.

Sainte-Catherine (Eglise de). Cette église, totalement détruite, a donné lieu, par sa position rue de l'aiguillerie, d'appeler cette rue du même nom que la paroisse qui occupait l'emplacement d'une maison portant le n° 5. Ce n'était, dans le principe, qu'une petite chapelle dépendant de Saint-Pierre-en-sentelée, alors situé hors de la ville. Mais en 1359, l'armée du prince de Galles ayant ravagé l'Orléanais et détruit Saint-Pierre, la chapelle de Sainte-Catherine remplaça cette église. En 1365, elle fut érigée en paroisse et agrandie; mais cet édifice n'était point remarquable; ses voûtes étaient peu élevées, et l'intérieur était peu orné. On y remarquait cependant des tableaux attribués à Perelle et à Michel Corneille, ainsi que deux statues de Hubert, placées aux deux côtés de l'autel. Elle fut supprimée, ainsi que plusieurs autres paroisses, en 1791, sur la demande de l'évêque d'Orléans et de la Ville. Elle a été démolie le 5 août de la même année pour faire place à un chantier de bois à brûler, et depuis aux chantiers d'un entrepreneur de bâtimens.

Sainte-Colombe (Eglise de). L'église ou plutôt la chapelle de Sainte-Colombe existait dès le onzième siècle, car en l'an 1028 le Roi Robert confirma la donation que Roger, évêque de Beauvais, et Oldoric son neveu, évêque d'Orléans, firent à l'abbaye de Colombs au diocèse de Chartres, de l'église de Sainte-Colombe d'Orléans et des revenus qui en dépendaient. Cette église devint ensuite une paroisse que M. de Neiz, évêque d'Orléans, supprima le 7 juillet 1645 en répartissant ses paroissiens entre les églises de Saint-Liphard, Saint-Pierre-Lentin et Bonne-Nouvelle. La chapelle devait être démolie, mais le clocher seul disparut, et elle existe encore dans l'enclos des Dames du calvaire où elle sert de pensionnat. En 1790 le bénéfice de Sainte-

Colombe était encore à la nomination du doyen de la cathédrale.

SAINTE-CROIX (ÉGLISE CATHÉDRALE DE). L'église de Sainte-Croix, l'une des plus belles de France par la délicatesse de ses ornemens, la hardiesse, la légéreté et l'élévation de ses tours, a été plusieurs fois ruinée, reconstruite, augmentée et embellie. De temps immémorial, nos Rois ont témoigné pour cette basilique une sollicitude et une affection particulière (1); cependant, malgré leurs libéralités et le zèle de nos évêques pour en activer les reconstructions et les réparations, elle ne fut jamais totalement achevée; aussi présente-t-elle un monument dans le genre appelé gothique, usité dans le 12e et le 13e siècle, avec des additions postérieures, constamment faites suivant le goût adopté en 1277 par un architecte inconnu, mais habile, à en juger par le portail de la fausse-porte de l'évêché, et par ce qui reste du même temps.

L'époque de sa construction primitive étant enveloppée de ténèbres, les renseignemens transmis à cet égard par nos anciens historiens et les écrits plus récens ne reposant sur aucun document authentique, nous sommes obligés de conserver une partie des récits merveilleux dont la fondation de ce monument a été environnée, sans doute afin d'augmenter la ferveur du peuple et son zèle pour une religion dont les principes sages et purs n'ont pour-

(1) L'empereur Charlemagne vint, dit Lemaire, « par dé-
» votion en l'église de Sainte-Croix d'Orléans pour obtenir
» pardon d'un péché énorme qu'il n'osoit confesser, *où estant*
» *avec Sainct Gilles, priant Dieu, un ange apporta à Sainct*
» *Gilles une feuille de papier escrite, portant rémission et abso-*
» *lution du péché commis par l'empereur, laquelle feuille ou cé-*
» *dulle a esté gardée dans la châsse des Ozannes jusqu'aux trou-*
» *bles de 1562.* » Plusieurs de nos Rois, sans avoir la conscience chargée d'aussi grandes fautes, vinrent en pélerinage dans cette église à diverses époques, et contribuèrent à son embellissement.

tant pas besoin de faits miraculeux pour être vénérés.

La religion catholique avait été reçue avec ardeur dans Orléans; et deux églises, l'une dédiée à Saint-Etienne, placée dans l'intérieur de la ville, non loin de ses murs d'enceinte, l'autre sous l'invocation de Saint-Marc et située à l'extérieur, servaient à la réunion des fidèles, lorsque le bruit se répandit que Sainte Hélène, mère de Constantin, avait trouvé la vraie croix à Jérusalem. Cet événement remplit de joie tout le peuple chrétien, et l'église institua une fête annuelle en l'honneur de l'invention de la croix. Deux ans après, le siège épiscopal d'Orléans vint à vaquer par la mort de l'évêque Denisian. Les électeurs, assemblés pour lui choisir un successeur, n'ayant pu s'accorder et s'étant même livrés à des voies de fait, l'empereur Constantin fut obligé d'interposer son autorité, et envoya un de ses officiers qui réunit à Orléans, vers l'an 330, dans l'église de Saint-Etienne, tous les évêques de la province pour nommer un nouveau pasteur (1).

Un sous-diacre de l'église de Rome, appelé Euverte, venait d'arriver à Orléans pour délivrer ses deux frères alors prisonniers de guerre dans les Gaules. Il était logé chez le portier de l'église de St-Etienne, qui lui avait offert généreusement l'hospitalité. Ce portier

(1) Nous suivrons ici les actes qui ont été donnés par Surius, en faisant observer qu'on l'a accusé d'en avoir changé le texte, et que La Saussaye, Lemaire et Symphorien Guyon n'ont pu parvenir à expliquer les contradictions qui s'y rencontrent. Ces divers commentaires ont tellement embrouillé la question, qu'il est encore douteux si Saint Aignan a succédé immédiatement à Saint Euverte; car, en conservant la date de l'épiscopat de Saint Euverte et celle de la délivrance d'Orléans par l'intercession de Saint Aignan, au temps d'Attila, événement moins incertain que le reste, Saint Euverte aurait gouverné son église pendant un siècle et aurait vécu *six vingts ans*. Baillet et plusieurs autres agiographes regardent d'ailleurs les actes de la vie de ce saint évêque comme imparfaits et altérés, si toutefois ils ne sont pas en partie supposés.

l'engagea à voir, avant son départ, la cérémonie de l'élection de l'évêque, et l'introduisit dans l'église au moment où les prélats prosternés demandaient à Dieu de les éclairer dans leur choix. Bientôt un *pigeon descendu du ciel*, et se reposant sur la tête du sous-diacre qui était debout près de la porte d'entrée, sembla aux évêques être un indice assuré de la volonté du Seigneur; mais comme il parut incertain si le pigeon s'était arrêté sur la tête d'Euverte ou sur celle d'une autre personne qui se trouvait près de lui, il fut conduit devant l'autel entre deux des principaux prétendans à l'épiscopat, *et voyla que le pigeon, symbole du Sainct-Esprit, laissant les deux autres, vint s'asseoir de rechef sur la teste de Sainct Euverte, ce qui donna sujet à tous ceux qui estoient dans l'église de s'escrier : Il est digne, il est juste, c'est luy que Dieu a choisi pour estre nostre évesque.*

Saint Euverte fut ainsi proclamé évêque; il fut fait diacre immédiatement après dans l'église de Saint-Marc, et ramené dans celle de Saint-Etienne pour y être ordonné prêtre et y être sacré. Sa sagesse, sa piété et sa modération augmentèrent rapidement le nombre des chrétiens confiés à ses soins; et les deux seules églises d'Orléans ne suffisant plus à leurs réunions, il résolut de bâtir un édifice plus vaste dans un lieu qui lui fut, dit-on, miraculeusement indiqué, mais que nous croyons être celui qu'occupaient l'église de Saint-Etienne et d'anciennes fortifications de la ville (1).

(1) En 1628, l'architecte Lefebvre, en construisant le perron de la principale porte latérale Nord, trouva les fondations de deux demi-tours et d'une porte d'entrée fortifiée, ainsi que des médailles de Marc-Aurèle; mais nous ne voyons pas clairement, dans le récit des contemporains, que cette découverte ait plutôt fait reconnaître un ancien château, comme le dit Lemaire, que des fortifications de la première enceinte d'Orléans, dont l'église de Saint-Etienne était peu distante. En 1827 on a trouvé, en démolissant les murs de la première enceinte de la ville, devant la porte de l'évêque, une petite statue de dix-huit pouces de hauteur; elle était au milieu

En travaillant aux fondations de ce nouveau monument, on trouva des espèces d'amphores remplies d'une grande quantité de pièces d'or à l'effigie de Néron. L'évêque fit porter ce trésor, dont on ne nous a point fait connaître la valeur, à l'empereur Constantin, qui le lui renvoya en y ajoutant des dons plus considérables pour l'aider à bâtir son église (1).

Saint Euverte, en mémoire de l'invention encore récente de la vraie croix (2), crut devoir mettre cet édifice sous l'invocation de la Sainte-Croix, et sa détermination fut fortifiée par un autre miracle; car au moment de la consécration de l'hostie, le jour de

de la maçonnerie et entre un lit de débris de briques romaines et de moellons appareillés. Elle est grossièrement sculptée et en pierre coquillère (*faluns*), semblable à celle des tombeaux trouvés à Saint-Aignan et ailleurs; elle est assise dans un siège plein et à dossier. Sa robe est assez bien drapée et contenue par une ceinture qui semble indiquer une jeune fille : elle tient une guirlande de fruits; la tête manque, mais les fragmens que nous en avons vus, quoique la rupture du cou nous parût très-ancienne, auraient pu être réunis. Elle semblait avoir porté un voile attaché sur le sommet de la tête. Les mains et les pieds ont été brisés par la négligence des ouvriers qui l'avaient jetée au moellon, lorsqu'elle en fut extraite par les soins du voyer de la ville, pour être ensuite déposée au musée, sur la demande du directeur de cet établissement. Cette statue, qui offre l'apparence d'une déesse connue des Gaulois sous le nom de *Néhalénia*, ajouterait aux renseignemens recueillis sur l'existence d'un temple ou d'un château dans cet endroit.

(1) C'est sans doute par ce motif que l'empereur Constantin a été aussi regardé comme le fondateur de Sainte-Croix, et que la fête de Saint Constantin est indiquée au 21 mai dans le bréviaire d'Orléans. D'après un procès-verbal dressé par le lieutenant-général du bailliage, le 6 avril 1734, on lisait l'inscription suivante sur l'une des cloches que l'on avait descendues des tours en 1725 : « Constantin. *In hoc signo † vinces*. Le nom que je porte de Cons-» tantin-le-Grand, empereur, de l'église d'Orléans premier fon-» dateur. M'ont faicte Jean Lelimeur et Jean Buret. 1573. »

(2) Nous avons préféré adopter l'opinion de plusieurs écrivains sur le motif qui a paru déterminer Saint Euverte à donner à son église le nom de Sainte-Croix, en raison de la découverte récente de la vraie croix, que de penser avec quelques autres qu'un ange lui avait ordonné de la dédier à la Sainte-Croix ou plutôt à Jésus crucifié.

l'inauguration de ce temple, une main sortit d'une nue resplendissante au-dessus de la tête de Saint Euverte, et bénit l'église. *Ce miracle fut apperçeu, non de toute la compagnie, mais seulement des tesmoins ordonnés de Dieu, qui furent quatre ; à sçavoir : Sainct Euverte qui célébroit la messe, Sainct Baudelle qui lui servoit en office de sous-diacre, Eleusin qui estoit au bas de l'église avec les pénitens, et une saincte fille nommée Precopie, vierge consacrée à Dieu* (1).

Saint Aignan, suivant les actes de sa vie (2), succéda immédiatement à Saint Euverte, et fut même choisi par lui. Il fit augmenter l'église de Sainte-Croix, qui demeura telle qu'il l'avait laissée jusqu'en 865. Les Normands la brûlèrent alors presque entièrement, et elle éprouva de nouveau le même sort en 999 ; mais Arnoul, évêque d'Orléans, la fit promptement réparer, et sans doute peu solidement, puisque le rond-point de l'église et la nef tombèrent inopinément de vétusté en 1277.

(1) Ce miracle, qui ne fut visible que pour quatre personnes au milieu d'une si grande multitude rassemblée pour la cérémonie de la dédicace de l'église, s'accrédita néanmoins à un tel point, qu'on voyait encore en 1648, dit Lemaire, « au linteau de dessus l'ancien » portail de l'église, joignant la tour du clocher qui fut basti par » Saint Euverte, la structure paroissant, ainsi que disent les archi- » tectes, de mil à douze cens ans, *dans une pierre taillée, une gra- » veure et sculpture d'une main ayant les doigts estendus, comme » sortans d'une nuë, et deux pots, ce qui démonstre le trésor trouvé » par S. Euverte dans les fondemens, et le miracle de la bénédiction » céleste dessus ce saint temple, lors de la dédicace de l'église.* » En 1482, M. de Brilhac, évêque d'Orléans, avait fait attacher à la voûte du chœur, au-dessus de l'autel, une nuée de laquelle sortait une main qui bénissait l'église. La gravure qui est au commencement de l'ancien bréviaire d'Orléans, imprimé en 1734, a conservé cette nuée et cette main, avec ces mots : *Templum manu Dei dedicatum.* Depuis un temps immémorial elles font partie des armoiries du Chapitre de Sainte-Croix.

(2). « Il est vrai, dit Polluche, que ces actes, aussi bien que » ceux de Saint Euverte, sont défectueux en bien des endroits : » cependant rien ne nous empêche d'ajouter foi à ce que disent leurs » auteurs, qui n'ont pas eu intérêt de tromper en tout sur le

Robert de Courtenay, évêque d'Orléans, entreprit, en 1278, de rétablir Sainte-Croix; il céda, à cet effet, au Chapitre presque tous ses droits dans les revenus de l'église, et obtint de Philippe-le-Hardi la permission de prendre dans ses forêts et d'extraire de ses carrières tous les matériaux nécessaires à cette construction. Plusieurs seigneurs et les habitans de la ville fournirent des fonds qui ne furent néanmoins utilisés que sous Gilles Pastay, successeur de Robert de Courtenay. La première pierre fut posée, le 11 septembre 1287, au pilier placé à droite de l'arcade qui termine la grande chapelle de la Sainte Vierge (1), et les travaux furent continués avec beaucoup d'activité. On conserva, à cette époque, diverses parties de l'église qui parurent solides, entre autres le portail et les tours qui étaient alors à peu près au milieu de la longueur de l'église, à partir de la grille du chœur jusqu'à la grande porte extérieure.

Lorsque les calvinistes surprirent Orléans en 1562, l'église de Sainte-Croix n'était pas terminée, et elle fut préservée d'une ruine totale parce qu'elle servait de magasin aux Reîtres qui étaient venus à leur secours; néanmoins le pavé noir et blanc fut enlevé et le trésor pillé. Mais en 1567, malgré les efforts du prince de Condé pour soustraire cet édifice à la fureur de son parti, et quoique la paix eût été signée (2),

---

» temps de la fondation et sur les premières augmentations de » Sainte-Croix. » (*Description d'Orléans*, page 18.)

(1) Il y avait alors une grande et une petite chapelle de la Sainte-Vierge : la grande chapelle était celle qui existe aujourd'hui. En 1622, Léonor d'Orléans, duc de Fronsac, fils du comte de Saint-Paul, gouverneur de cette ville, ayant été tué au siège de Montpellier, son cœur fut apporté à Orléans et inhumé dans cette chapelle. Madame la comtesse de Saint-Paul, pour honorer la mémoire de son fils, la fit revêtir et paver en marbre noir et blanc. Elle était séparée de la nef par une colonnade qui a été détruite en 1792.

(2) Le prince de Condé avait fait murer toutes les portes de Sainte-Croix, et même il avait fait tirer un coup de couleuvrine

des religionnaires s'y introduisirent par les fenêtres, les portes ayant été murées, et minèrent, dans la nuit, les quatre piliers qui soutenaient le clocher, élevé de 324 pieds et terminé par une boule de cuivre surmontée d'une croix de même métal du poids de 3,020 liv., ce qui occasionna sa chute et celle d'une partie du monument. Cependant les tours, le portail, le chœur, onze chapelles autour du chœur et six piliers de la nef ne furent point détruits.

En 1580, Charles IX et la Reine-mère firent faire à cette église quelques réparations indispensables.

En 1598, Henri IV, en passant à Orléans, avait promis au Chapitre de Sainte-Croix de faire rétablir cette église; en effet, peu après il affecta des fonds pour cet objet (1).

En 1595, le pape Clément VIII avait exigé de ce Roi, pour l'absoudre de l'excommunication qu'il avait encourue comme hérétique, la promesse de faire construire un monastère d'hommes et un de femmes dans chaque province de France et du Béarn. Henri IV obtint d'être dispensé de ces fondations pieuses, en s'engageant à faire réédifier la Cathédrale d'Orléans. Le pape accorda en outre, à sa sollicitation, l'indulgence du Jubilé de 1600 à tous

---

sur un protestant qui était parvenu sur le toit, et coupait à coups de hache le plomb doré dont il était revêtu. Malgré ces précautions, des religionnaires, excités, dit-on, par Théodore de Bèze, s'introduisirent, pendant la nuit du 23 au 24 mars, dans l'église, pratiquèrent des mines aux quatre piliers du clocher, et les firent sauter avec fracas.

(1) Le 2 juillet 1599, Henri IV repassa à Orléans: il confirma sa promesse, et le 2 août il affecta à la réédification de Sainte-Croix 3 s. 9 d. sur chaque minot de sel vendu dans les généralités de Tours, Bourges, Moulins, et Orléans. Ce droit était affecté alors à l'évêque d'Orléans et à d'autres particuliers, en indemnité de terrain qu'on leur avait pris pour établir un canal latéral à la Loire, dont on voit encore les traces dans la plaine de Cléry où on les appelle la vieille rivière. Ce projet ne fut point mis à exécution, si ce n'est en cet endroit et plus près de Meung. Il serait bien à désirer qu'on s'en occupât de nouveau avec succès.

ceux qui, au lieu d'aller à Rome, viendraient visiter cette basilique. Ce jubilé fut même prolongé de deux mois, pendant lesquels le Roi et la Reine vinrent en cette ville, et posèrent la première pierre de l'église actuelle, le 18 avril 1601 (1). En 1601, le 20

(1) Une inscription latine, dont nous avons donné le texte et la traduction dans les *Notices historiques des Cimetières d'Orléans*, page 97, était attachée au pilier dont Henri IV avait posé la première pierre ; elle fut enlevée en 1793. M. l'abbé Dubois l'a fait replacer sur un pilier qu'il a cru être celui qui la portait autrefois. Nous ferons observer, à cet égard, qu'il n'a pas cité exactement Symphorien Guyon pour appuyer son opinion, et que le passage de cet historien sur lequel il s'est fondé peut s'appliquer également au second pilier à gauche de la porte latérale Sud, où se trouvent deux pierres d'attente établies dès l'origine pour recevoir des inscriptions, tandis que le pilier sur lequel M. Dubois a placé celle dont nous parlons ne paraît point, à raison de la continuité de ses moulures, avoir jamais eu cette destination. (*V. Symphorien Guyon*, page 463, et la *Notice historique de l'église cathédrale d'Orléans*, par M. l'abbé Dubois.)

Nous joignons ici cette inscription et sa traduction telle que nous l'avons insérée dans les notices historiques sur les cimetières d'Orléans.

POSTERITATI SACRUM.

Anno per Jesum-Christum reparatæ salutis MDC, die XVIII novebr., sepoltis bellorum civilium cineribus, partibus sublatis, parta firmaiaq. toto regno pace, ubi fessa res in Henricum IV gloriosissimum regem cessere, & lamentabile regnum tot quassatum impetubus tantisper elata cervice refloruit, Clemens VIII, summus Potifex, Pater orbis, & Fracorum amor, ad promerendam Dei gratiam, succidedas hæreses & ecclesiæ stabilienda columina, in hac Aureliorum civitate, Jubilæum ad tres menses indixit, ad quod ex orbe Franco, reliquisque terrarum partibus tot populorum globi confluxere, ut innumeros hospites, urbe non capiente sacratissimum Eucharistiæ epu-

A LA POSTÉRITÉ.

L'an de grâce 1600, le 18 novembre, les guerres civiles étant appaisées, tout le royaume étant pacifié, et la France, qui avait été ébranlée par tant de secousses, commençant à renaître sous le glorieux règne de Henri IV, Clément VIII, souverain pontife, le père de l'univers, l'amour des Français, afin de faire participer les Fidèles aux grâces du Seigneur, et de raffermir la foi ébranlée par les hérésies, indiqua un Jubilé de trois mois dans cette ville. Il y vint tant de monde de toutes les provinces de France et des autres royaumes du globe, que les lieux destinés à recevoir les étrangers furent insuffisans, et, ce qu'on

avril, Henri IV donna encore 30,000 liv., payables en dix ans, et, en décembre de la même année, 40 arpens des plus beaux bois de la forêt.

En 1612, Louis XIII permit d'abattre 100 arpens de bois-futaie dans la forêt d'Orléans pour les charpentes de l'église (1), les 40 arpens donnés précédemment par Henri IV se trouvant insuffisans.

En 1642, M. Barbet s'engagea, moyennant

aura peine à croire, le sacrement d'Eucharistie fut donné à cinq cent mille personnes.	lum, quod vix credatur, quingentis mille hominibus, magnâ omnium admiratione, fuerit impertitum.
Les faveurs de ce Jubilé ayant été prolongées de deux mois, et le Roi très-chrétien étant venu pour participer aux grâces qui y étaient attachées, avec son excellente épouse Marie de Médicis, alors enceinte du noble Dauphin Louis, il fut frappé, en entrant dans ce temple, de voir combien il était déchu de son ancienne splendeur; et combien il avait été dévasté et ruiné pendant les guerres civiles en l'année 1567. Il résolut de le reconstruire sur un meilleur plan, et avec une magnificence vraiment royale; il posa la première pierre de cet édifice aux acclamations d'un grand concours de personnes, l'an 1601, le 18 avril.	At verò Jubilæi gratiâ, per alios duos menses prorogata; cum idem Rex christianiss. ad percipiendas ecclesiæ matris eulogias unâ cum excellentiss. conjuge Mariâ Medicæâ quæ tum nobiliss. Delphinum Ludovicum, pergratum podus utero gestabat, magno principum comitatu huc venisset, ut attigit sacratissima hujus ædis limina, perculsus antiquissimæ atque olim gloriosissimæ ecclesiæ ruderibus, quam civilium discordiarum turbo anno Christi MDLXVII prostraverat, ipsam à fundamentis reparandam, ac in meliorem formam restaurandam suscepit, occœpitque Regiâ planè munificentiâ, primumque lapidem hujus columnæ fundamentis magnâ spectantium audientiumq. laudatione substravit, anno MDCI, die XVIII aprilis.
Le Doyen, les Chanoines et tout le Chapitre, le siège étant vacant, ont fait graver ce marbre pour conserver le souvenir de ce fait, et éterniser la libéralité et la piété du Roi.	Decanus sodalesque Canonici & omne Capitulum, vacante Episcopi sede, ad conservandam hujus facti memoriam signandamque piissimi Regis liberalitatem. h. m. pp.

(1) Nous ferons remarquer ici, avec M. l'abbé Dubois, qu'on a tort de croire que la charpente de l'église de Sainte-Croix et celle de nos principaux édifices sont en bois de châtaignier; car on ne trouve point cette espèce d'arbre dans la forêt d'Orléans d'où l'on

150,000 liv., à mettre une partie de la nef en état de recevoir les fidèles, et à construire un clocher en forme d'obélisque, que Mansard, premier architecte du Roi, fit détruire en 1691, à cause de son peu de solidité; quant à la nef on n'y avait pas travaillé.

En 1662 on fit construire le croisillon du côté du midi, et l'on ouvrit une porte, dont on voit encore les traces, dans la chapelle du Saint-Esprit, pour l'usage des Fidèles qui habitaient la partie Sud de l'église. On démolit la salle du Chapitre et quatre boutiques de libraires, qui gênaient les constructions. On bâtit la salle du Chapitre, plus près des tours, où elle était en dernier lieu, et les boutiques de libraires qui donnèrent leur nom au cloître de ce côté.

En 1676 on travailla aux voûtes entre les deux portes latérales ainsi qu'aux rosaces, meneaux de vitraux et aux couvertures des bas côtés.

En 1685 on répara la couverture de la grande nef, on vitra les croisées, on pava les nefs et l'on démolit les murs qui séparaient la partie de l'édifice où se célébrait l'office, de celle qui venait d'être terminée.

Depuis cette époque, ce monument était pavé et vitré comme il l'était en 1792. On y établit, en 1690, sur les dessins de Mansard, à l'entrée du chœur, un très-beau jubé, qui fut supprimé en 1791 lorsqu'on a établi une paroisse dans la cathédrale, afin de démasquer le maître-autel.

En 1705 et 1706, les chapelles furent fermées par de belles grilles en fer, et l'on fit sculpter les stalles et leurs dossiers.

En 1707 on termina le clocher actuel (1).

Vers l'année 1708, on commença à démolir les

a tiré tous les bois qui ont été employés à leur construction. Une opération chimique très-simple nous a d'ailleurs convaincus que ces charpentes ont été faites en bois de chêne.

(1) On employa six mois à poser ce clocher, dont la construction a coûté 40,000 liv. Son obélisque est terminé par une boule en

anciennes tours et le portail (1), que Lemaire n'a point hésité à faire remonter jusqu'au temps de Saint-Euverte.

L'architecte de Coste avait proposé un plan pour le portail et les nouvelles tours, aux fondations desquelles on travailla jusqu'en 1710. Cet architecte étant mort, M. Gabriel, premier architecte du Roi, présenta un autre projet qui fut agréé le 28 décembre 1723 et suivi jusqu'en 1764 (2). Pendant ce temps on acheva la démolition des anciennes tours, on agrandit la place du parvis, et l'on transporta la chapelle de l'hôtel-Dieu, qui était en avant de l'ancien portail, dans le lieu où elle est aujourd'hui, qu'on appelait alors cloître de l'hôtel-Dieu. Enfin on fonda la tour du midi sur un banc de pierre qui se trouve à quarante pieds de profondeur, et le reste sur un banc de terre jaune qui est seulement à vingt pieds de profondeur. Les fondations des deux tours

cuivre, qui a 5 pieds 8 pouces de diamètre et 18 pieds de circonférence. Il est surmonté par une croix dorée.

(1) Nous n'avons aucun dessin de cet ancien portail, et nous ne pouvons juger que très-imparfaitement, par le plan d'Orléans dressé en 1690, de la forme des tours qui l'accompagnaient. Ces tours existaient depuis un temps immémorial ; elles n'étaient éloignées que de 11 pieds du mur qui sert maintenant de clôture provisoire à l'église. Leur élévation était de 105 pieds ; elles étaient inégales en largeur. Les cloches étaient placées dans la tour du midi ; l'autre tour s'appelait la tour du change, parce qu'elle était sans doute destinée à recevoir les cloches si des réparations nécessitaient leur déplacement. Le portail avait 24 pieds de large : les architectes pensaient qu'il pouvait avoir 1,000 ou 1,200 ans ; ses ornemens gothiques étaient curieux.

(2) M. Gabriel, premier architecte du Roi, fit faire, en 1739, un joli modèle en bois des tours de Sainte-Croix, qui n'a depuis long-temps d'autre abri contre les atteintes du public qu'un enclos en planches, pratiqué dans l'intérieur de l'église. Il serait à désirer que ce modèle fût placé, soit dans une chapelle fermée de Sainte-Croix, soit au musée ou à la bibliothèque publique d'Orléans. Il a coûté 11,548 l., rendu à Orléans, de Versailles où il avait été exécuté sur une échelle de 4 pouces pour toise.

et du prolongement de l'église avaient été évaluées à 4,891 toises cubes, et avaient été adjugées d'abord, en 1705, à 39 liv. 15 s. la toise; en 1722 à 50 liv.; et enfin, à ce qu'il paraît, à 60 liv. : ce qui a dû produire 293,460 liv. de dépense, et, en y ajoutant les terrassemens, environ 400,000 liv.

En 1725 on avait descendu les cloches de la tour : La première, appelée S^t.-Guillaume, pesait 7,847 liv.; la seconde Saint-Quiriace, 3,533 liv.; la troisième Saint-Mamert, 2,585 liv.; la quatrième Constantin, 1,993 liv.; la cinquième Sainte-Hélène, 1,100 liv. Les Protestans s'en étaient emparés en 1562, mais les boulets qu'ils en avaient fabriqué avaient été rendus au Chapitre, et pesaient 16,455 liv. de métal qui servit à fondre de nouvelles cloches. Lorsqu'elles furent descendues, on les déposa d'abord sous l'une des tours, et on les vendit ensuite, en 1736, à Marmoutiers, Montauban, et à S^t.-Aignan d'Orléans.

En 1766, M. de Jarente de la Bruyère, évêque d'Orléans et directeur général des économats, obtint de Louis XV l'autorisation d'employer une partie des fonds de cette caisse pour terminer sa cathédrale : il en confia les travaux à M. Trouard, intendant et contrôleur des bâtimens du Roi, qui crut devoir modifier le plan de M. Gabriel, et cette église fut continuée.

En 1773, M. de Murville succéda à M. de Jarente dans la direction des économats, et M. Legrand, architecte, fut chargé de terminer les tours. On s'aperçut alors que ce pesant édifice avait éprouvé un peu d'affaissement; et des travaux jugés nécessaires à sa solidité, mais qui ont nui à son élégance, furent exécutés. M. de Murville avait envoyé à Orléans trois architectes du Roi, M. Guillaumot, M. Mique et M. Jardin. Ils remarquèrent que les fondations de la tour du nord s'étaient enfoncées de 9 pouces dans la terre jaune sur laquelle elles étaient établies, et que du côté du nord les tours s'étaient écartées d'environ six pouces de leur aplomb. Différens motifs furent donnés à la lézarde qui pouvait faire craindre pour la solidité de cette partie de l'édifice ; mais comme elle n'avait point fait de progrès depuis long-temps, la solidité des tours était assurée de ce côté. Néanmoins ces architectes décidèrent, pour plus de sécurité, 1°. que tout le tour du péristyle serait entouré d'un tirant de fer de quatre pouces carrés d'épaisseur ; 2°. que les deux vitraux qui sont des deux côtés sous les rosaces seraient renforcés par un mur qui diminue leur hauteur et leur largeur ; 3°. que les escaliers qui devaient conduire aux tours, et qui affaiblissaient les deux gros piliers intérieurs, seraient remplis de maçonnerie jusqu'à la hauteur des basses ailes ; 4°. que la plateforme qui porte les tours serait appuyée sur de nouveaux arcs construits les uns au-dessus des autres de la manière la plus solide ; 5°. enfin, que le troisième ordre des tours serait diminué de hauteur et de pesanteur.

En 1787, M. de Brou remplaça M. de Murville, et M. Paris fut choisi pour finir les tours. Il changea le dernier ordre qu'il rendit circulaire et plus léger que M. Trouard ne l'avait projeté ; enfin cette construction fut achevée en 1790.

Depuis ce moment, les injures du temps endommagèrent beaucoup les parties de l'église qui étaient restées à découvert : l'oxidation du fer employé en abondance et sans précaution avait fait éclater les pierres ; leur mauvais appareil faisait craindre en outre la destruction prochaine de ce majestueux monument, lorsqu'on confia à M. Pagot, architecte de la ville et du département, le soin d'y faire des réparations et des restaurations urgentes (1). Il prit des

(1) Les détails de ces restaurations et des échafaudages, simples, solides et peu coûteux, employés dernièrement à la construction des voûtes, seraient d'un grand intérêt si M. Pagot se déterminait à les publier ; son expérience, appuyée sur le succès, pourrait servir de guide aux architectes chargés de la direction de

mesures aussi ingénieuses que promptes pour remédier au danger qui menaçait les tours et réparer les dégradations que cette église avait éprouvées. Elle est maintenant à l'abri des intempéries sur tous les points; et si l'ensemble des tours et du portail a perdu un peu de sa légèreté par suite de ces travaux, l'édifice a beaucoup gagné en solidité (1). Ce qui reste de constructions à faire à Sainte-Croix est si peu considérable en raison de celles qu'on y a faites depuis quelques années, que nous avons l'espoir de voir bientôt cette belle cathédrale dans l'état de perfection qui est depuis bien long-temps désiré. Les premiers travaux de restauration ont été faits en 1816 et 1817, et on y employa 40,000 fr. En 1818 et 1819 ils continuèrent et coûtèrent 30,000 fr. En 1820 et 1825 on y dépensa 80,000 fr. Les constructions de consolidation et celles nécessitées pour terminer l'édifice coûtèrent 160,000 fr., du 3 juillet 1825 à la fin de 1826. Enfin la somme allouée pour achever les voûtes, carreler le péristyle sous les tours, faire le perron, placer les grilles ainsi que les portes, etc., et qui a été employée de 1826 à 1828, est de 74,000 fr.

travaux du même genre. Nous avons eu lieu de nous convaincre personnellement que des échafauds construits suivant l'ancien mode, pour faire une étendue déterminée des voûtes, avaient coûté 150,000 liv. de charpente, et 50,000 liv. de ferrure, en 1790; et qu'en prenant cette somme pour base de celle nécessitée pour les voûtes à faire en dernier lieu, il eût fallu 120,000 liv. environ pour les échafauds seulement, tandis qu'ils n'entrent dans la dépense que pour 22,000 francs.

(1) Cependant nous partageons l'opinion de beaucoup d'artistes qui ont vu avec bien du regret s'élever en 1821, sans doute sur l'avis exprès du Conseil des bâtimens, des murs intérieurs, aux quatre angles du dernier ordre des tours. Ces murs, construits derrière les colonnes, interceptent le jour, surtout lorsqu'on regarde les tours d'angle en angle, et nuisent à l'effet que M. Paris avait voulu conserver, en changeant même le projet de M. Trouard. Ne serait-il pas possible d'enlever ces murs qui donnent au dernier ordre un aspect bien moins léger qu'au second, et d'employer, si on le juge nécessaire, d'autres moyens de consolider cette partie de l'édifice?

Quinze à seize mille francs sont encore nécessaires pour opérer le déplacement et le replacement des orgues, celui de la chaire à prêcher et quelques autres dépenses de détail; nécessairement ils seront alloués cette année par le département, et l'on aura fait à cette imposante basilique une dépense totale de 400,000 fr. depuis 1816 (1).

(1) Si nous réunissons toutes les sommes qui ont été employées depuis l'époque où l'on prit la résolution d'augmenter l'église et de bâtir les tours, le total des dépenses faites et de celles à faire encore pour réaliser ce projet, s'élevera à 8,196,952 fr.; savoir : environ 50,000 liv. employés par M. Coste, de 1708 à 1710 ; 25,000 liv. par M. Gabriel, de 1723 à 1738 ; 83,952 liv. par le même architecte, pour élever toute la construction de 12 pieds 6 pouces en 1739; 140,000 liv. pour l'élever de 16 pieds 9 pouces en 1746; à peu près 260,000 liv. pour l'exhausser de 17 pieds 9 pouces en 1752 et années suivantes. Les premiers travaux de M. Trouard ont coûté 2,400,000 liv., de 1768 à 1773 ; ceux de M. Legrand 365,000 liv. en 1774; 420,000 liv. en 1775; 500,000 l. en 1776; 200,000 liv. en 1777 ; 600,000 en 1778 ; 140,000 liv. en 1779; 250,000 liv. en 1780 ; 415,000 liv. en 1781 ; 236,000 liv. en 1782. MM. Guillaumot, Mique et Jardin firent dépenser en consolidations et reconstructions 120,000 liv. en 1783; 200,000 liv. en 1784; 300,000 liv. en 1785 ; 400,000 liv. en 1786. M. Paris fit faire des travaux en 1787 pour 136,000 l.; en 1788 pour 280,000 l.; en 1789 pour 120,000 liv.; en 1790 pour 150,000 liv.; les restaurations, reconstructions, achèvement, enfin tous les travaux dirigés par M. Pagot, de 1816 à 1829, dont le montant s'élève, ainsi que nous l'avons dit, à 400,000 fr.

Si nous ajoutons à cette somme de 8,196,952 francs que coûtera l'augmentation de Sainte-Croix, l'évaluation de ce qu'on aurait payé pour bâtir en 1708 ce qui existait déjà de l'édifice, en prenant pour base de cette évaluation le prix moyen des travaux de 1708 à 1729, et en regardant la portion construite antérieurement à 1708 comme formant les deux tiers en sus du prolongement des tours, nous aurons pour prix de la partie ancienne 13,661,586 fr., ce qui formera un total de 21,858,538 fr. pour prix approximatif de la totalité de l'église. En joignant à ce total le prix de quelques constructions commencées et abandonnées, le modèle en bois des tours et du portail que fit faire M. Gabriel, on pourra porter la somme totale qu'aura coûté Sainte-Croix à 22 millions de francs. Ces calculs sont loin d'être exagérés; car M. Coste, dans ses considérans sur les motifs qui devaient déterminer à achever cette basilique, écrivait, en 1709, que ce qui en existait déjà avait dû coûter, au

L'architecte, plein de goût, qui donna le premier plan de Sainte-Croix, dut se conformer aux usages de son temps : aussi cette église, comme toutes celles du treizième siècle, est construite en forme de croix, et son chevet est incliné pour représenter Jésus-Christ mort sur la croix et penchant la tête en expirant. Cette inclinaison est à peine sensible ; cependant l'arcade qui termine le rond-point du sanctuaire n'est pas en face du milieu de la nef, mais vis-à-vis du troisième pilier de la grande nef du côté du nord (1).

L'intérieur de l'église offrait jadis aux amateurs des arts de superbes vitraux peints par Le Vieil père et fils, et des dossiers de stalles (2) sculptés avec un rare talent par Jules Dugoullon en 1706. Elle possède encore une Sainte-Vierge en marbre blanc, due au ciseau de Michel Bourdin, sculpteur né à Orléans, et un tableau de Jouvenet, *Jésus au jardin des oliviers*, qui orne le fond de son maître-autel. On y remarque aussi un très-beau Christ en bois, qu'on attribue à Hubert, autre sculpteur Orléanais ; le buffet d'orgues de l'ancienne abbaye de Saint-Benoît-sur-Loire ; la chaire à prêcher, dont les ornemens et les figures ont

---

prix d'alors, 14 millions, et l'on voit que notre évaluation ne le porte qu'à 13,661,586 francs.

(1) Une chose assez remarquable et dont le motif ne peut guère s'expliquer, c'est que le carrelis de cet édifice n'est pas de niveau et penche d'environ un demi-pied du côté du midi. M. Fourny de Villiers, qui s'occupa du nivellement d'Orléans et de ses faubourgs en 1789, l'a aussi observé. Il a trouvé, en outre, en prenant pour base de son opération le pavé de Sainte-Croix, près du jambage occidental de la porte latérale Nord, que ce pavé est élevé de 60 pieds au-dessus du n° zéro de l'échelle des crues de la Loire, gravée sur la culée du pont, du côté de la ville.

(2) Ces dossiers, dont les médaillons représentent les principaux traits de la vie de Jésus-Christ, sont ornés de trophées et de groupes d'une très-belle exécution. On les a transférés, sans doute provisoirement, dans le palais épiscopal : ils pourraient être plus convenablement employés à l'ornement intérieur de la cathédrale qui est jusqu'à présent bien peu en harmonie avec la richesse extérieure.

été très-bien exécutés par MM. Romagnési, et le maître-autel donné par Louis XV en 1729 : il est d'une forme assez élégante, et revêtu de marbres précieux; un médaillon et des corniches en bronze ciselé par Vassé et dorés ajoutaient à sa beauté : ils ont disparu en 1793.

Parmi les inscriptions placées dans cette basilique et qui présentent de l'intérêt, on distingue, outre celle qui rappelle l'époque de sa reconstruction par Henri IV, les épitaphes de M. de la Saussaye, doyen du Chapitre, de M. de Jarente de la Bruyère, et de M. Rouph de Varicourt, évêques d'Orléans, et particulièrement celle de M. Pothier, dont les restes, déposés en 1823 dans un retranchement destiné sans doute à devenir une chapelle, attendent un monument digne de ce jurisconsulte célèbre.

L'extérieur de cette basilique offre un aspect majestueux, agréable et pittoresque en même temps, par la multiplicité, la disposition et la forme svelte des arcs-boutans, des galeries, des contreforts, des clochetons et de tous les ornemens qui flattent généralement dans l'architecture gothique. La vue de l'ensemble du portail et des tours est admirable ; leur légèreté, jointe à une grande élévation, les rosaces qui les éclairent, la colonnade jadis à jour qui les termine, tout y est exempt du mauvais goût de l'époque où elles furent construites, et en est d'autant plus digne de remarque. Il est bien fâcheux que les détails d'exécution ne répondent point au goût qui a présidé à leur décoration; mais grâces aux travaux qu'on y a faits récemment, les accidens qui pouvaient provenir de la négligence et même de l'impéritie apportée dans l'appareil et dans la pose des pierres, ne sont plus à redouter. Un autre point de vue, peut-être plus flatteur encore que celui du portail, est celui que présente le monument derrière l'abside, dans le jardin de l'évêché, à quelque distance du chevet. De là l'œil embrasse avec satisfaction toute l'étendue, le développement et les

Sanctuaire

Sacristie

Chœur

14 mèt.s 22 cent.

Clocher

Portail du Sud

1. des ...
2. du P...
   tous les...
3. Aut. de...
   de St...
4. de la ...
5. de St...
6. de St...
7. de la ...

proportions heureuses de ce magnifique édifice dont on ne peut trop admirer la grâce et la construction savante (1).

Le Chapitre de Sainte-Croix était composé, en dernier lieu, de dix dignitaires, le doyen, le sous-doyen, le chantre, l'archidiacre de Pithiviers, celui de Beauce, de Sologne, de Beaugenci, de Sully; le scolastique et le sous-chantre; deux personnats, le pénitencier et l'archiprêtre; de quarante-six canonicats, dont un affecté à la théologale; six demi-prébendés et six de résidence étroite; enfin de quatre

(1) Voici les dimensions générales de l'église. Longueur totale, lorsqu'elle sera terminée, 148 mèt. 30 centim., ou 456 pieds environ; savoir : saillie de quatre marches du perron d'entrée, 1 mètre 52 centimètres; longueur du perron depuis la grille jusqu'aux marches, 5 mètres 60 centimètres; longueur du péristyle, 15 mèt. 58 centimètres; augmentation de la grande nef, 15 mètres; grande nef, 40 mètres; chœur, 31 mètres; sanctuaire, 19 mètres; basse nef, sa largeur devant la chapelle de la Vierge, 7 mètres 70 cent.; profondeur de la chapelle de la Vierge, 9 mètres 75 centimètres; épaisseur des murs, 1 mètre 95 centimètres; saillie des piliers et revers en pierre derrière la chapelle de la Vierge, 1 mètre 20 cent. En déduisant la largeur du perron, la saillie des marches, l'épaisseur des murs et des piliers de dehors, on aura sa longueur dans œuvre qui est de 138 mètres. Sa largeur totale est de 53 mètres 64 centimètres ou 164 pieds 11 pouces environ : savoir, nef principale, 14 mètres 22 centimètres; deux fois la largeur de la première nef, 15 mètres 40 centimètres; deux fois la largeur de la seconde nef, 13 mètres; les murs de chaque côté, 3 mètres 90 centimètres; les arcs-boutans de chaque côté, 7 mètres 12 centimètres : en en déduisant les murs et les arcs-boutans, on aura sa largeur dans œuvre qui est de 42 mètres 60 centimètres. Sa largeur aux croisillons est augmentée de leur saillie et de celles du perron et des marches; savoir : saillie du croisillon, des deux côtés, 11 mètres 68 centimètres; saillie du perron 7 mètres 10 centimètres; saillie des marches, 1 mètre 40 centimètres, qui, ajoutés à sa largeur générale 53 mètres 64 centimètres, donnent 73 mètres 82 centimètres. Ces dimensions ne peuvent être appliquées rigoureusement à toutes les parties de l'église, attendu qu'il existe des différences sensibles dans la largeur des nefs, de pilier en pilier, etc., de telle sorte que pour donner un plan rigoureux de Sainte-Croix, il faudrait en relever tous les points, et dans tous les sens, en le traçant irrégulièrement suivant la construction.

chanoines nés, savoir : les abbés de Saint-Euverte, de Saint-Mesmin, de Cluny et de Saint-Benoît. En outre il y avait deux chanoines non capitulans, appelés *mamertins*, établis en 1355 pour remplacer au chœur les chanoines malades ou absens. L'évêque d'Orléans nommait à tous les canonicats et dignités, excepté à celle de doyen que le Chapitre conférait ainsi que le titre de chanoine mamertin. Le grand archidiaconat était joint au doyenné et l'archi-prêtre était choisi alternativement par l'évêque et par le doyen. Les chanoines avaient jadis le droit de porter l'habit violet et les paremens écarlate, mais cela avait été réservé pour les dignitaires depuis 1560 environ. Le Chapitre d'Orléans était uni par des liens de confraternité particulière avec le Chapitre de Bourges, celui de Reims, et l'abbaye de Cluny. Jésus-Christ était regardé comme le premier chanoine de Sainte-Croix, et deux portions pour les prébendes qui lui étaient affectées étaient envoyées chaque année à l'hôtel-Dieu. Le clergé actuel de la cathédrale se compose, outre l'évêque, de dix chanoines titulaires parmi lesquels sont réparties les anciennes dignités principales; de trente-sept chanoines honoraires résidans; d'un chanoine d'honneur, et de dix-sept chanoines non résidans.

Nous terminerons cette notice sur la cathédrale par quelques faits historiques plus particulièrement relatifs au Chapitre qu'à l'église, et cependant dignes d'être joints à ceux que nous avons cités à l'article de la place du parvis de Sainte-Croix et à celui des bibliothèques.

Quelques docteurs-régens de l'Université étaient chanoines de Sainte-Croix, et avaient droit aux honneurs attachés à ce titre. Vers l'année 1500, un de ces docteurs et chanoines étant mort, son corps fut transporté dans la cathédrale pour y recevoir la sépulture; mais les docteurs-régens ayant prétendu à la préséance sur le Chapitre et même sur le doyen, il s'éleva une contestation très-vive pendant laquelle les élèves emportèrent le corps de leur professeur dans l'église de Bonne-Nouvelle, où ils l'inhumèrent; il en résulta une délibération du Chapitre, qui privait de ses *gros fruits* tout prébendé qui paraîtrait au chœur en tout autre costume que celui de chanoine. En 1508, on pratiquait encore au chœur un singulier usage dont on ne connaît nullement l'origine ; la veille de la Sainte-Croix de mai, un marguillier-clerc, vêtu d'une *aube* et d'un *amict*, présentait au célébrant, pendant le *Magnificat*, un cierge d'une main et une *quenouille* de l'autre. Il fut alors décidé qu'à l'avenir le bâton de scolastique remplacerait la quenouille. Dans le même temps on supprima les congés accordés aux chanoines pendant le carnaval, et on fixa à soixante-sept jours ceux des vendanges, avec cette particularité qu'on infligea la peine d'excommunication à ceux qui révéleraient *aux chanoines de résidence le secret de ses congés*.

En 1528, l'évêque Jean de Longueville, prélat grave et rigoureux observateur de la discipline, eut avec son Chapitre un différend très-sérieux alors, qui semble bien futile aujourd'hui, et dont la barbe, les crocs, le toupet, et la chaussure des chanoines étaient le vrai motif, mais dont l'objet apparent était la coutume usitée de temps immémorial de faire présenter à l'évêque par le chevecier des *battoirs pour se récréer à faire bondir des estœufs* (balles de paume) (1). Jean de Longueville prétendit qu'on devait lui donner de préférence des raquettes : le chevecier invoqua l'ancien *us*; de part et d'autre il y eut des protestations de faites; mais la discussion

(1) Le jeu de paume était alors la récréation des seigneurs les plus distingués, et tellement goûté des écoliers de l'Université, même jusqu'en 1600, que plusieurs d'entre eux ont décrit la manière de jouer aux *estœufs* (à la paume), et que Guyot, élève de l'Université, vers 1610, nous a laissé sur ce jeu un poëme latin intitulé *Pila palmeria*.

en demeura là fort heureusement : car on voit, à la même époque, qu'on ne s'en tenait pas toujours à des paroles, puisqu'il fut défendu aux chanoines, par un réglement, de répondre à *des argumens par des coups de poing.* Les discussions relatives à la barbe se renouvelèrent avec plus de vivacité et d'entêtement lors de la nomination de Jean de Morvilliers à l'évêché d'Orléans. Depuis long-temps la mode qui avait varié à cet égard pour les gens du monde, avait aussi été adoptée quelquefois par le Chapitre. On avait d'abord prescrit aux chanoines de faire raser leur tonsure la veille de la Purification, en leur accordant dispense pour la barbe, pourvu que celui qui la conservait s'abstînt d'officier; enfin on leur avait prescrit de se faire raser de manière à ce qu'il n'existât aucune trace de crocs et de moustaches, en y ajoutant l'ordre de ne paraître au chœur qu'avec des chaussures carrées et de *forme décente.* Ces derniers réglemens du Chapitre étaient en vigueur, lorsque Jean de Morvilliers voulut faire son entrée. Le Chapitre s'y refusa unanimement, 1°. parce qu'il ne voulait pas que les calvinistes, alors livrés en grand nombre à l'inquisition, profitassent du droit de *rémission* accordé aux évêques à leur entrée ; 2°. parce que le prélat refusait de couper la barbe qu'il portait longue. Le droit de rémission fut racheté par la promesse que fit l'évêque de donner 600 liv. aux hospices, et 100 liv. à la sacristie de Sainte-Croix. Quant à la barbe, Henri II écrivit, à ce sujet, au Chapitre une lettre (1).

(1) *Lettre de Henri II au Chapitre d'Orléans.*

 « Notre ami et féal Jean de Morvilliers, évêque d'Orléans, dé-
» libérant de faire son entrée, et d'autant que portant barbe vous
» pourriez différer sa réception, sous ombre des coutumes et
» usances observées en semblable cas, nous avons bien voulu vous
» avertir comme l'ayant employé en plusieurs affaires, tant en no-
» tre royaume que hors d'icelui, comme nous avons encore
» délibéré de faire pour ses vertus, expérience et dextérité que
» nous lui connaissons au maniement des affaires, il est contraint,

qui n'applanit point encore les difficultés, car le Chapitre ne consentit à l'entrée de l'évêque que plusieurs années après, le 26 novembre 1559.

Vers le même temps, les dommages auxquels étaient tenus les fabriciens de Sainte-Croix envers les personnes que les chiens de garde du cloître blessaient en les mordant, lorsqu'ils n'étaient point retenus aux heures prescrites furent modifiés, et on voit que la nourriture de ces cerbères, assez nombreux, coûtait chaque année deux muids de blé. Il paraît qu'en l'année 1560 la récolte du vin fut mauvaise ou très-tardive; car on voit, à cette époque, que le fermier d'une vigne donnée à l'évêché, sous la condition expresse que le prélat fournirait du vin nouveau, à la messe de la Transfiguration, fut dispensé de cette redevance d'après une déclaration signée de plusieurs cultivateurs attestant que l'intempérie de la saison empêchait la maturité du raisin.

Le registre des délibérations du Chapitre était, depuis quelques années, écrit d'un mélange ridicule de latin et de mauvais français. Pendant les troubles religieux, de grandes lacunes, dont s'excuse le scribe, s'y font remarquer; enfin, en 1576, la langue française prévalut. Deux des dernières délibérations, écrites en latin, sont assez remarquables. L'une charge l'archi-prêtre de pourvoir au logement du prédicateur et à sa nourriture; l'autre, un peu pos-

» pour le bien de notre service, de s'accommoder à la façon de ceux
» auprès desquels il a à résider et négocier; et encore le recon-
» naissant personne si vertueuse, désirant singulièrement l'ob-
» servation des saints décrets, entretenement de bonnes et loua-
» bles coutumes et de toutes choses qui appartiennent à l'honneur
» de Dieu et de notre mère Sainte Eglise; nous pensons bien que
» vous ne voudrez pas, pour si peu de chose, empêcher ladite ré-
» ception; néanmoins nous vous prions et commandons que, sans
» vous arrêter à ce qu'il porte barbe, comme dit est, vous ayez
» à le recevoir en votre église, sans qu'il soit tenu d'abattre ladite
» barbe. Donné à Chambord, le 4 mai 1556. *Signé* Henri; *et plus*.
» *bas*, du Thiers. »

térieure, fixe à 20 s. par jour le traitement de ce prédicateur, attendu le prix élevé des denrées. Enfin on voit, le 7 mars 1594, qu'à la réunion des magistrats et de notables, indiquée pour prêter le serment de fidélité à Henri IV, les chanoines portaient sur le bras, comme simple ornement, l'aumusse dont ils se couvraient jadis la tête.

SAINT-DONATIEN (ÉGLISE DE). En 1123, Louis VI, dans des lettres datées de Lorris, donne à Brice, évêque de Nantes, et à ses successeurs, une église des Saints martyrs Donatien et Rogatien, ainsi que les dépendances situées *in pago Aurelianensi, eo tenore ut jura à cœteris episcopis nostris debita tanquam episcopi et capellani nostri nobis et hæredibus nostris persolvant.* L'expression *in pago* pourrait donner lieu de révoquer en doute qu'il fût question de l'église de Saint-Donatien d'Orléans ; mais comme il n'existe point dans l'Orléanais de bourg auquel cette donation puisse être appliquée, il est à peu près certain que l'église de Saint-Donatien existait dès cette époque. On voit au surplus qu'en 1178, un prêtre nommé Henri la tenait de la libéralité de Louis VII, qui la donna à l'abbaye de Saint-Euverte, dont Roger II était alors abbé, pour en jouir après la mort du prêtre qui la possédait. Le Chapitre de Sainte-Croix et l'évêque d'Orléans approuvèrent cette donation l'année suivante, mais à la condition que la redevance d'une *collation* ou *pastum* due au Chapitre, le jour de Saint Donatien et Saint Rogatien, lorsqu'il se rendait dans cette église, continuerait à être fournie par le desservant, et qu'il ne serait point affranchi du service qu'il devait à la cathédrale. En 1183, Philippe-Auguste, par des lettres datées de Châteauneuf-sur-Loire, confirma la donation de Louis VII, et jusqu'à la suppression des églises, l'abbé de Saint-Euverte nomma au prieuré-cure de Saint-Donatien. Cette église souffrit un peu pendant le siège de 1428, mais elle fut promptement réparée. Les Protestans y commirent aussi des ravages en 1562, mais elle fut restaurée de nouveau; et en 1650 on y ajouta une nef, et on la mit dans l'état où elle est aujourd'hui, car elle a peu souffert du vandalisme de 1793.

SAINT-ELOI (EGLISE DE). Cette église qui subsiste encore, et dont l'entrée principale, très-remarquable par les sculptures qui y restent, se trouve dans la rue qui conserve son nom, était anciennement sous le patronage de Saint Maurice. Les reliques de Saint Eloi qui s'y trouvaient, avaient fait joindre le nom de ce dernier Saint à celui de Saint Maurice, dès l'année 1388, suivant quelques titres où on la trouve ainsi désignée *Saint-Maurice, aliàs Saint-Eloi*. Dans d'autres titres de 1390, elle porte la même dénomination. Sa forme gothique, ses vitraux, et quelques ornemens intérieurs, la rendaient un des monumens les plus curieux de notre ville avant 1567; mais alors les Protestans la dévastèrent tellement qu'il ne resta qu'une portion de la chapelle dédiée à Saint Eloi et sa statue. Les habitans se réunirent ensuite dans cette chapelle; et peu à peu le nom de Saint Maurice fut oublié; le nom de Saint Eloi prévalut et resta à l'église lorsqu'elle fut rebâtie long-temps après les troubles. Le curé de Saint-Eloi avait jadis le titre de chapelain de l'évêque qui le nommait, et il avoit le droit de porter la crosse aux grandes cérémonies. Cette paroisse avait été supprimée, sur la demande de l'évêque et de la Ville, dès l'année 1791. Elle fut mise à prix le 19 mars de la même année pour 5,000 l., mais elle fut adjugée pour une somme plus forte, et disposée, quelque temps après, en raffinerie de sucre, où l'on fabrique encore en ce moment. Dans sa muraille extérieure, on voit, sur la rue des éperonniers, un très-vieux bas-relief conservé de l'église primitive, et replacé lors de la nouvelle reconstruction; il est très-mutilé aujourd'hui, et représentait Saint Maurice, commandant de la légion thébéenne, à cheval, et mis à mort par ordre de Maximien, pour avoir persévéré avec ses soldats dans la foi catholique.

Saint-Etienne (Eglise de). Suivant nos anciens historiens, une des premières églises construites à Orléans, et qui lui servit de cathédrale avant que Saint Euverte ne fût appelé au trône épiscopal, était dédiée à Saint Etienne; mais ils ignoraient, ou du moins ils ne disent pas d'une manière précise, si l'église de Saint-Etienne fut détruite pour faire place à Sainte-Croix, ou si elle fut conservée, ce qui donnerait une grande ancienneté à l'église de Saint-Etienne dont nous nous occupons, et qui n'était pas éloignée de la cathédrale. Quoi qu'il en soit, l'église de Saint-Etienne, placée dans la rue du cloître de ce nom, était regardée comme une des plus vieilles de la ville; et quelques portions de sa construction indiquaient son antiquité, lorsque M. Alphonse d'Elbène, évêque d'Orléans, supprima cette paroisse pour la réunir à celle de la Conception, dont elle demeura la succursale ou chapelle pendant quelque temps. En 1722, les réparations coûteuses que son état de vétusté exigeait, engagèrent à en demander la démolition qui eut lieu la même année. Cette détermination est d'autant plus fâcheuse, que ce vaisseau, petit, mais très-curieux par ses voûtes, par les ornemens de ses piliers intérieurs et par ses vitraux, avait échappé intact aux ravages des Protestans, et aurait pu nous donner aujourd'hui une idée positive de l'architecture de nos premières églises. Son emplacement sert maintenant de jardin à l'une des maisons de la rue où elle était située.

St.-Eufroy (Chapelle de). La petite chapelle de St.-Eufroy, peu connue, si ce n'est au temps du siège de 1428, était située entre la rue gâte-bois et l'ancien chemin de ronde des murs de la dernière enceinte de la ville, à peu près à égale distance de Saint-Paul et de la barre Flambert. Elle serait ignorée aujourd'hui si l'on ne voyait qu'au temps du siège elle servait

de

de lieu de *prière aux gardiens des murs*, que les Anglais, entrés pêle mêle, et en petit nombre, avec les habitans à la suite d'une sortie qui précéda l'arrivée de Jeanne d'Arc, *s'y cachèrent comme dans un lieu de refuge;* enfin qu'elle existait non loin du logis qu'occupait la duchesse d'Etampes lorsqu'elle séjournait à Orléans. Sa position se trouve indiquée d'une manière précise dans le plan auquel nous avons donné le n° 36.

EGLISE DE SAINT-EUVERTE. Nous ne reproduirons point ici le récit des miracles attribués aux *mérites de Saint Euverte*, évêque d'Orléans, et aussi incertains que la date de son épiscopat; et nous fixerons sa mort, d'après les légendaires les plus accrédités, au 5 décembre 390. Alors existait, selon nos anciens historiens, un citoyen romain converti à la religion catholique, et habitant, à l'occident d'Orléans, un castel et des terrains qu'il devait à la munificence des gouverneurs des Gaules. Sa piété l'avait engagé à y construire un oratoire appelé Sainte-Marie-du-mont, parce qu'il dominait la ville et la Loire. Après la mort de Saint Euverte, ce Romain, appelé Tetradius, et disciple de Saint Martin, fit enterrer avec pompe le corps de l'évêque d'Orléans dans cet oratoire, alors très-vénéré des fidèles. Vers l'année 866, lorsque les Normands ravagèrent la France, on enleva le corps de Saint Euverte pour le déposer dans l'église cathédrale et le préserver des insultes des Barbares. En 875, il fut réinstallé avec solennité et *de grands prodiges* dans l'église de Sainte-Marie-du-mont qui avait été rebâtie et portait déjà le nom de Saint-Euverte.

L'empereur Charles-le-Chauve vint visiter le tombeau du saint évêque, et enrichit l'église où il reposait, de présens et de dotations, entre autres d'un clos de vignes qui porte encore, dans le quartier de Saint-Marc, la dénomination de clos de l'empereur. Antérieurement à l'année 1160, des chanoines séculiers desservaient cette église, car leur abbé Stephanus Tornacencis demanda alors des secours d'argent aux chanoines de Saint-Martin de Tours pour réédifier son église qui avait été brûlée. Le même abbé rétablit aussi le monastère; mais en 1359, le prince de Galles le livra, ainsi que l'église, à la discrétion de ses soldats qui les dévastèrent, y demeurèrent quelque temps, et avaient établi leur cimetière dans le voisinage (1).

Charles V et les chanoines de Saint-Martin de Tours contribuèrent à aider les Religieux à réparer

(1) Il paraîtrait que le terrain donné à Tetradius par les gouverneurs des Gaules, contenait un ancien cimetière; ou qu'en faisant bâtir l'église de Notre-Dame-du-Mont, ce citoyen romain en aurait fait disposer un non loin de cet oratoire. Le souvenir de ce lieu d'inhumation dut se conserver long-temps, et l'on ne voit pas clairement dans les anciens titres de Saint-Euverte si les troupes du prince de Galles établirent un cimetière près de Saint-Euverte, ou si elles se servirent d'un endroit qui avait encore cette destination. Ces réflexions naissent de la découverte peu connue de chambres sépulcrales, déblayées en 1805 par M. Laisné de Villevêque, lors des travaux nécessités pour établir sa filature de coton. Ces chambres sépulcrales, bâties à la manière des Romains, étaient en avant du corps de bâtiment des Religieux, vers le sud, et séparées par un corridor dans lequel chacun des cénacles voûtés ouvrait par une porte assez étroite. Les chambres qui occupaient la droite de la galerie construite de l'ouest à l'est ont été fouillées, on y trouva des urnes entières contenant des cendres, des fragmens de vases et quelques médailles; les chambres situées à gauche de la galerie et qui se trouvent engagées sous le bâtiment, sont restées intactes. Plusieurs cercueils en pierre et un en plomb, déterrés dans les environs et sur différens points, indiquent que ce cimetière servit à diverses époques reculées. On trouva dans ces cercueils, outre un collier de femme, en ambre et en verre, quelques médailles, mais peu d'inscriptions, et aucun signe qui ait pu faire présumer que ces sépultures appartinssent à des chrétiens.

Nous avons déjà donné quelques notes sur ces fouilles curieuses dans les Etrennes Orléanaises de 1828, et nous nous proposons d'en faire l'objet d'un mémoire spécial dont nous devons tous les élémens aux soins et aux recherches de M. Ath. de Villevêque. La plupart des médailles font partie de sa collection précieuse, et sont de Vespasien, Titus, Hadrien, Antonin-le-pieux, Sabine, Faustine mère et Faustine fille.

les désastres commis par les Anglais ; et, en 1428, la même nation fut cause de la ruine absolue des bâtimens de cette communauté ; car les habitans, pour leur sûreté, furent contrains de les abattre lors du siège.

Il paraît qu'on les releva peu de temps après, car nous voyons qu'en 1539, les Religieux s'opposèrent à la détermination prise de leur enlever une portion de leur enceinte pour former la troisième clôture de la ville. Les habitans furent autorisés à leur prendre ce qui était nécessaire pour cette clôture, à la charge de leur donner un emplacement équivalent d'un autre côté, ce qui donna lieu à l'agrandissement de leur enclos vers le sud et vers l'ouest.

En 1562, les Protestans ravagèrent les bâtimens où ils établirent une caserne de cavalerie dont les chevaux étaient dans l'église, et ils exercèrent de très-mauvais traitemens contre les Moines. Néanmoins en 1564 on réparait déjà les dégâts causés à l'église. Enfin Henri IV accorda des fonds pour réparer tous ces désastres, et la maison conventuelle qui existe aujourd'hui, ainsi que l'église, furent reconstruites sous son règne, vers 1615, à la sollicitation de M. d'Escures, premier abbé commandataire et frère de celui qui donna son nom à une des rues de notre ville. En 1655, l'humidité produite par l'élévation des remparts, menaçait de détruire l'église qui n'était pas encore tout-à-fait terminée ; les Religieux présentèrent alors une requête au Duc d'Orléans, qui leur permit d'enlever des terres autour de leur église, dans une largeur de douze pieds, et à la charge de construire un mur pour empêcher l'éboulement du reste du rempart.

On ignore l'époque précise à laquelle les chanoines de Saint-Euverte embrassèrent la règle de Saint Augustin ; mais ce fut vers le milieu du douzième siècle, et cette abbaye devint célèbre. Le relâchement s'y était introduit depuis long-temps lorsqu'elle fut réformée en 1636, et alors les chanoines réguliers de la congrégation de France remplacèrent les anciens Religieux, auxquels on donna une pension viagère.

Cette abbaye avait autrefois le privilège de donner à souper aux évêques d'Orléans la veille de leur entrée (1); de leur administrer les derniers sacremens, et de leur donner la sépulture dans le chœur de leur église. Les abbés commandataires avaient le droit que leur avait accordé le pape Pie II, en 1466, d'officier en habits pontificaux dans tout le diocèse, et celui de porter la mitre, la crosse et l'anneau. En 1754, un chanoine de la cathédrale avait légué à cette communauté une bibliothèque fort belle et dont nous avons déjà parlé.

En 1791, l'église de Saint-Euverte servait de paroisse. Depuis sa suppression elle a servi de magasins et de nitrière artificielle pour la salpêtrerie établie dans la maison conventuelle. En 1805, les bâtimens principaux et le vaste enclos furent vendus par le Gouvernement à M. Laisné de Villevêque qui les disposa de suite pour y former une filature de coton, qui est en activité depuis cette époque. La salpêtrerie fut alors restreinte aux bâtimens adjacens à l'église, et supprimée il y a peu d'années. L'église qui est une des plus jolies de la ville, était en très-mauvais état, et la couverture en était presque détruite; elle a été donnée dernièrement, à la sollicitation de l'évêque d'Orléans, à la fabrique de Sainte-Croix,

---

(1) En 1707, lorsque M. du Cambout de Coislin fit son entrée, il alla coucher à Saint-Euverte au lieu de se rendre, la veille, à la Cour-Dieu. Le prieur, mécontent de sa nomination ou de ce qu'on le dispensait d'une partie du cérémonial usité, s'absenta à dessein, *et lui fit offrir en son nom deux œufs frais pour son souper, et une botte de foin pour sa monture*, observant qu'il n'allait ni en de-çà ni au-delà de ce qu'il devait. Mais les chanoines ajoutèrent à ce repas par trop frugal *deux pigeons en ragoût, une poularde, une perdrix, et deux poulets*, plus du fourrage et de l'avoine pour les chevaux de l'évêque et de sa suite.

qui l'a fait réparer, et qui la loué pour des chantiers à bois. La tour qui fut construite en 1566 par Langelas servit long-temps à fabriquer du plomb de chasse *dit anglais;* elle est aujourd'hui sans emploi et bien conservée.

Nous devons à l'un des prieurs de Saint-Euverte, M. Pierre Pothier, un journal intéressant des faits qui se sont passés à Orléans de 1560 à 1596. On consultera toujours avec quelque intérêt ces notes qui remplissent une lacune de notre histoire, et sont déposées à la bibliothèque publique.

SAINT-EVROU (ÉGLISE DE). Saint Evrou, mort de vieillesse et d'avoir fait, selon les agiographes, *une abstinence complète de toute nourriture pendant quarante-sept jours,* excita la piété des Orléanais, qui lui élevèrent une chapelle auprès de la porte Dunoise, dans le lieu où ses reliques avaient été apportées de Bayeux, en 945, et déposées dans une hôtellerie après la guerre que Hugues, duc d'Orléans, entreprit contre Richard, duc de Normandie, par ordre de Louis-d'outre-mer. Ces reliques avaient été mises à l'abri des fureurs de la guerre, par Herluin, chancelier du duc et abbé de Saint-Pierre-en-pont; il les avait apportées à Orléans, ainsi que d'autres reliques enveloppées dans des peaux de cerfs, et les avait fait accompagner par trente Moines du couvent de Saint-Evrou que les soldats français avaient dévasté. Cette chapelle fut détruite vers l'année 1300, et les reliques transférées à Saint-Pierre-en-pont où il y en avait déjà une partie.

Nous avons placé cette chapelle à tort rue de la porte Saint-Jean : sa position est incertaine et indiquée par nos anciens auteurs au commencement de la rue de la porte Saint-Jean, ce qui est une erreur évidente, et au coin de la rue du tabourg avec la rue de la vieille-poterie, ce qui est plus probable. Quant à nous, nous l'indiquerions vers la rue du coq et la rue cordonnerie, dans le voisinage de l'ancienne porte Dunoise, ce qui serait d'accord avec les renseignemens les plus anciens conservés sur cette chapelle.

SAINT-GEORGES (EGLISE DE). La paroisse de St.-Georges dépendait de la collégiale de Saint-Avit dont nous avons parlé. Elle fut supprimée et réunie à celle de Saint-Michel, le 12 novembre 1632, par M. de Netz, évêque d'Orléans. Cette église qui n'offrait rien de remarquable fut démolie peu de temps après, et a laissé son nom à la rue dans laquelle elle était située, près de la halle au blé.

SAINT-GERMAIN (EGLISE DE). Deux églises ont porté ce nom à Orléans; l'une, Saint-Germain-d'Auxerre ou des fossés, avait été cédée aux Dominicains et Jacobins (*Voyez* Caserne des Jacobins); l'autre, dont nous nous occupons, avait le surnom de Saint-Germain-des-Juifs (*in Judœariâ*), à cause de sa position dans le quartier qu'habitait cette nation. Elle était petite, mal bâtie, assez remarquable par ses vitraux, et située dans la rue de Saint-Germain, au commencement de la venelle du même nom, où l'on voit encore un de ses piliers qui forme l'angle des bâtimens de la préfecture, son emplacement ayant servi, en 1770, à agrandir le jardin des Bénédictins.

Cette paroisse dépendait, de temps immémorial, du Chapitre de Saint-Aignan auquel elle fut remise par la résignation que lui en fit le curé Jean Pelin. Cette réunion, confirmée en 1431 par une bulle d'Eugène IV, fut nécessitée par l'impossibilité où se trouvaient les chanoines de faire leur office à Saint-Aignan ou à Notre-Dame-du-chemin qui avaient été rasés lors du siège de 1428. Le Chapitre y célébra l'office jusqu'au moment où Saint-Aignan fut réparé. Saint-Germain redevint alors une paroisse dont M. de Jarente, évêque d'Orléans, supprima le titre en 1769, et partagea les paroissiens entre Saint-Pierre-le-puellier, Saint-Liphard et Saint-Pierre-en-pont.

SAINT-HILAIRE (EGLISE DE). Le Roi Robert fut

le fondateur de cette église qu'il fit bâtir devant son palais du châtelet, *ante palatium suum*, suivant une ancienne chronique, ce que confirme Helgaut, moine de Saint-Benoît, par cette phrase insérée dans la vie du Roi Robert, qu'il écrivit vers l'an 1050, *in ipsâ civitate Aurelianis, œdificavit monasterium in honore sancti Hilarii.*

C'était, dans le principe, un monastère dont les chanoines avaient été tirés de celui de Saint-Euverte. Ils étaient au nombre de six, lorsque le Roi leur confia le soin de cette chapelle qui devint celle du palais de nos princes ou du châtelet, près duquel elle était située. En 1176, Louis VIII lui donne ce titre dans une chartre où il dit, *pro majore capellâ sancti Hilarii*, ce qui indique que déjà il existait une chapelle plus petite dépendant du palais; c'était celle de Saint-Louis dont nous parlerons plus loin.

Le prieur de Saint-Hilaire était chapelain du Roi; et, dans le principe, ses chanoines demeuraient chez lui dans de petites cellules qu'on distinguait encore lorsqu'on démolit sa demeure en dernier lieu. Les chanoines de Saint-Hilaire avaient embrassé la règle de Saint Augustin en même temps que Saint Euverte, et il y eut un prieuré qui subsista jusqu'aux premières guerres des Anglais. L'abbé de Saint-Euverte conserva toujours le droit de nommer au prieuré-curé de Saint-Hilaire dont le titulaire, chanoine né de l'église de Saint-Aignan, pouvait se faire suppléer par un vicaire.

En 1407, le 26 novembre, tous les corps administratifs et judiciaires se rendirent en grand deuil, et processionnellement dans cette église, et de là à Saint-Samson où quarante-six prêtres célébrèrent autant de messes pour le repos de l'âme du Duc d'Orléans, assassiné par le duc de Bourgogne. Cette cérémonie funèbre fut une des plus marquantes de cette nature qu'on ait faites à Orléans.

Parmi les inscriptions qu'on lisait dans cette église, on remarquait celle-ci.

> Un père étoit mortel, et le fils y succède:
> Un chacun à son tour, et fort et foible, y cède.
> Sachons qu'il n'y a rien de stable en ce bas lieu,
> Et que pour vivre heureux il faut mourir en Dieu.
>
> Ci git hon. homme Est. Jacquemin, lequel mourut le 23 apvril 1609. J. Lescot m'a gravée l'an 1609.

Cette petite église, qui était devenue une paroisse, fut du nombre de celles qu'on supprima en 1791. Elle fut mise en vente la même année sur la prisée de 4,500 liv.; adjugée pour 10,000 liv., elle a été rapidement démolie ainsi que les nombreuses *échoppes* qui l'entouraient, et sur son emplacement on a bâti le passage actuel de la cour des halles.

SAINT-JACQUES (CHAPELLE DE). Son portail est un des plus gracieux, comme architecture gothique, que nous connaissions, et il est généralement assez bien conservé. M. Pensée, l'un de nos collaborateurs pour l'Album du département du Loiret, en a fait, pour cet ouvrage, un dessin très-fidèle et très-remarquable.

On ne sait pas d'une manière précise à quelle époque fut fondée cette chapelle située près de la Loire, à l'extrémité de la rue des hôtelleries, et dont les entrées se trouvaient en face de la demi-lune qui conduisait de la porte du vieux pont dans le bourg d'Avenum. Il paraîtrait que primitivement elle fut bâtie par Louis-le-Jeune, pendant qu'il habitait le châtelet, vers 1155, lorsqu'après avoir épousé et fait sacrer à Orléans, Constance, fille du Roi de Castille, il entreprit avec toute sa cour un pélerinage à Saint-Jacques de Compostelle, et fit construire sur sa route plusieurs chapelles pour servir d'asile aux pélerins que son exemple engagerait à faire le même voyage.

La chapelle de Saint Jacques d'Orléans fut probablement une des premières construites par ce Roi que la politique plutôt que la piété engagea à entreprendre ce pélerinage lointain, qui eut depuis tant d'imitateurs. En l'année 1359, l'existence de la chapelle de Saint-Jacques est constatée par une délibération de l'évêque d'Orléans, qui répartit les paroissiens de Saint-Pierre-en-sente-lée, alors hors ville, et détruit par les troupes du prince de Galles, entre la chapelle de Sainte-Catherine et celle de Saint-Jacques.

Ce qui reste de remarquable aujourd'hui de cet édifice, ne peut remonter qu'au quinzième siècle, et doit être attribué à la dévotion bien connue de Louis XI *envers monsieur Saint Jacques*. Avant son règne, la plupart des édifices de la ville étaient en mauvais état; et Saint-Jacques, placé près de la rivière, avait souffert plus que tous les autres du siège de 1428.

Depuis un temps immémorial la confrérie des pèlerins était en possession de l'administration du temporel de cette chapelle régie par des proviseurs. Nous apprenons, par des poursuites dirigées contre l'un d'eux accusé d'infidélité en 1752, qu'outre quelques rentes, dont les plus anciens titres ne remontaient pas au-delà de 1588, elle possédait un *petit Saint Jacques en argent, conservé dans un étui de cuir bouilli, une robe pour l'usage du roi du baston, qui avoit coûté 75 écus sols en* 1588, et enfin le bâton qui était très-riche.

En 1562 et 1567, cette chapelle avait beaucoup souffert de la fureur des Protestans qui en brûlèrent les titres, notamment ceux d'une donation qui lui avait été faite le 14 mai 1499 par Hervé de la Coustre, seigneur de Chanteau; en outre, ils s'emparèrent des ornemens, détruisirent une petite tour élégante qui servait de clocher, s'élevait entre les deux portes et était surmontée d'une statue de Saint Jacques en plomb doré. Ils arquebusèrent la façade, et l'auraient détruite de fond en comble si ce local ne leur eût point été utile, à cause de son voisinage du pont, pour y serrer des farines et des grains.

Cette destination préserva heureusement la jolie façade gothique qui existe encore aujourd'hui, et dont les ornemens variés sont dignes, par leur disposition et leur exécution, d'attirer les regards des artistes.

En 1777, une contestation élevée entre les proviseurs et un couvreur chargé de la réparation de la toiture, amena la suppression de cette chapelle. Cette difficulté ayant été soumise aux marguilliers de Sainte-Catherine dont Saint-Jacques dépendait alors, ceux-ci décidèrent que, vu son mauvais état de réparation, et attendu la suppression de toutes les confréries, le temporel de cette chapelle devrait être réuni à leur église, ce qui fut exécuté. Depuis ce moment elle servit encore quelquefois, comme jadis, de lieu de station aux processions de Sainte-Catherine, et fut ensuite louée comme magasin. Elle fut vendue en 1790, et elle sert depuis ce temps de dépôt pour le sel, ce qui a beaucoup contribué à en endommager l'intérieur où l'on voit encore l'escalier de l'horloge (1), la place des deux autels jadis élevés dans deux vastes niches que formaient deux arcs en ogive assez élégans, surmontés d'ornemens d'assez bon goût, et d'un calvaire assez bien exécuté. Les autels sous l'invocation de Saint Jacques et de la Sainte-Vierge ont disparu en 1792, ainsi que les vitraux qui étaient fort beaux, à en juger par un fragment que nous possédons, et qui est d'un travail très-remarquable sous le rapport du dessin et sous celui des couleurs ; il représente Jésus crucifié, deux saintes à ses côtés, et la ville de Jérusalem dans le fond.

On voit dans le mur Nord de cette chapelle la trace

---

(1) On montre sur le cadran de l'horloge, et tout autour, les trous des balles d'arquebuses tirées, dit on, par les religionnaires ; mais cette portion du bâtiment, et surtout le cadran, semblent postérieurs à cette époque.

de la porte de ville de la première enceinte, et la rainure de la herse qui y était placée et fermait la cité d'Orléans proprement dite, en laissant le vieux pont et la porte de la demi-lune extérieure, dont nous avons parlé, pour l'usage des habitans d'Avenum. (*Voyez* Vieux pont.)

SAINT-JEAN-L'EVANGÉLISTE. Non loin du couvent de la Madeleine se trouvait jadis une chapelle de S^t.-Jean-l'Evangéliste, *dite de l'habit*, avec un prieuré desservi par des Religieux de l'ordre de Fontevrault qui, selon l'institution de cet ordre, devaient toujours être dans l'enclos des monastères de femmes. Cette chapelle, ruinée pendant les troubles de 1562, n'a point été relevée, et devenait inutile par le changement convenable opéré dans l'ordre de Fontevrault, de ne plus établir de couvents d'hommes près ceux de femmes, et de donner seulement aux Religieuses un prêtre pour administrer les sacremens. (*Voyez* Couvent de la Madeleine.)

SAINT-LAURENT-DES-ORGERILS. Si l'on ajoutait foi entière aux *actes de la vie* de Saint Aignan, il aurait été abbé de Saint-Laurent, et enterré dans la chapelle souterraine de cette église d'où on l'aurait ensuite transféré à Saint-Pierre-aux-bœufs, appelé Saint-Aignan depuis sa translation. Mais nous avons déjà dit, et nous ne saurions trop répéter, que les légendes de la vie de Saint Aignan et celles de la vie de Saint Euverte sont généralement controuvées. Il paraît même certain que Saint Aignan n'a jamais eu d'autre lieu de sépulture que l'église où l'on montre encore ses reliques.

Dans l'origine il existait assurément un monastère à Saint-Laurent-des-orgerils dont le surnom rappelle la position au milieu de champs où l'on cultivait principalement de l'orge. Nous voyons que vers l'an 1091 Jean Ier, évêque d'Orléans, fit un règlement pour cette communauté, et permit au prieur et aux Moines de choisir à l'avenir, sans la participation des évêques, un vicaire pour exercer les fonctions curiales dans leur église, à condition que ce vicaire serait tenu d'assister au synode diocésain, et serait justiciable de l'évêque; en outre que les Moines continueraient la prestation, à l'égard de la cathédrale, de certains droits accoutumés, tels que de fournir deux peaux de chèvre au chantre de l'église d'Orléans pour lui faire des bottes le jour de la procession des rameaux (1), et de donner un repas au Chapitre la veille de la fête de Saint Laurent.

En 1140, Elie, évêque d'Orléans, bénit l'église de Saint-Laurent qui avait probablement été réparée récemment; mais Raoul, archidiacre de la ca-

---

(1) Voici les renseignemens qui semblent les plus certains sur cette singulière redevance. Selon les *rubriques* adoptées par toutes les églises de France depuis Louis-le-Débonnaire, les Chapitres des cathédrales étaient dans l'usage de se rendre pour la bénédiction des palmes dans une église hors des murs de la ville ; cette procession ne se trouve constatée à Orléans qu'au dixième siècle, et alors le Chapitre de Sainte-Croix se rendait au couvent de Saint-Laurent-des-orgerils, à travers les chemins fangeux de l'*Avenarie* (bourg d'Avenum) et de la campagne qui les séparait de Saint-Laurent. Le grand chantre était obligé d'aller, la veille et le jour même de la fête, veiller dans l'église de Saint-Laurent aux préparatifs nécessaires pour recevoir la procession des rameaux dont la solennité profitait beaucoup aux Religieux. Il lui déplut bientôt de faire ce trajet dans la boue, à travers les halliers, et il représenta au Chapitre qu'on pourrait se rendre sans inconvénient dans une église moins éloignée, par des chemins moins préjudiciables à ses chaussures. D'un autre côté, les Moines de Saint-Laurent, afin de ne point perdre les profits qu'ils retiraient de cette procession, et pour appaiser les plaintes du grand-chantre, offrirent de le dédommager de la perte de sa chaussure en lui donnant, chaque année, deux peaux de chèvre pour s'en faire des bottines. Leur offre fut acceptée, et la procession continua de se rendre à Saint-Laurent comme par le passé. Le grand-chantre, après avoir fait usage de ses bottes, en gratifiait les pauvres, coutume assez ordinaire alors ; car le jeudi-saint, dans beaucoup de couvents, les Religieux quittaient leurs chaussures et les donnaient aux indigens. Il ne restait plus en dernier lieu, de toutes ces pratiques, que celle de se rendre processionnellement, le jour des rameaux, de Sainte-Croix à la Croix-buisée, près de la porte de Saint-Jean (*Voyez* Coin Maugars.)

thédrale,

thédrale, le déféra au pape Eugène III, le 18 octobre 1145, comme simoniaque, pour avoir reçu, à cette occasion, 40 s. d'or (1).

Le 30 novembre 1428, les Orléanais détruisirent l'église de Saint-Laurent pour empêcher les Anglais de s'y fortifier; mais ceux-ci établirent bientôt sur ses débris une bastille ou un fort qu'ils appelèrent *vindesore* (windsor), et, le 5 mai 1429, la Pucelle « proposa d'assaillir cette bastille où étoient renfermés tous les grands chefs de guerre. Les Orléanois n'étoient pas de cette opinion, parce qu'il falloit implorer la protection du *benoist fils de Marie* dont on célébroit la glorieuse ascension. Les Anglois, pendant ce délai, insultèrent Jeanne d'Arc par leurs propos, dont elle ne fut pas contente. » Immédiatement après la levée du siège, les habitans rasèrent toutes les forteresses des Anglais, et celle-ci fut une des premières.

Vers l'année 1446 on commença à rebâtir l'église de Saint-Laurent. En 1625 on travailla de nouveau à son portail ainsi qu'à la tour du clocher, et l'on plaça au-dessus de sa porte principale un *gril* sculpté qu'on y voit encore.

Son prieuré dépendait de l'ordre de Cluny et du couvent de la Charité-sur-Loire qui y nommait en 1792. L'église est restée long-temps fermée depuis cette époque, mais elle a été peu endommagée, et son presbytère seul fut vendu. On n'y remarquait,

---

(1) Le Chapitre de Sainte-Croix profita de cette accusation pour adresser à l'évêque Elie d'autres reproches probablement très-fondés, puisque le Pape lui donna pour juges les évêques de la province de Sens. Par le conseil de Saint Bernard, l'évêque aima mieux se démettre de son évêché que de se soumettre au jugement des prélats désignés par le Pape. Saint Bernard intercéda ensuite pour lui auprès du Chapitre, afin qu'il payât ses dettes qui étaient considérables. Il paraît du reste qu'il était coupable des crimes qu'on lui imputait, et qu'il en vécut repentant. *Au surplus*, ajoute un de nos vieux historiens, *l'innocence est un mur d'airain qui protège contre la calomnie, et la pénitence est un ais qui sauve du naufrage.*

comme aujourd'hui, rien d'intéressant dans l'intérieur, si ce n'est son caveau qui occupe tout le dessous du chœur, et le rend élevé de plusieurs marches au-dessus du pavé de l'église.

On y lisait une inscription singulière, placée dans la nef du côté du cimetière, et qui rappelait que *Messire Louis de Beauveau, prêtre de la maison de Beauveau, s'étoit fait garçon meunier à Saint-Laurent par humilité.* Un procès-verbal *curieux de l'invention de son corps entier,* se trouve dans les minutes de Picqueret, notaire à Orléans.

SAINT-LIPHARD. Nous empruntons aux fabuleuses légendes de Saint Liphard et de Saint Léonard l'histoire de la fondation de cette église, et quelques circonstances qui expliquent certains usages adoptés dans notre diocèse.

Saint Liphard et Saint Léonard, tous deux fils de Rigomer, roi ou prince du Mans au temps de Clovis, naquirent dans l'Orléanais et sous son règne ; le premier à Orléans même, le second à Courvoy, près d'Ormes. Saint Liphard, auquel nos annalistes donnent le titre de comte d'Orléans, se retira du monde et vécut en solitaire, ainsi qu'Urbice son disciple, dans une grotte située près des mauves de Meung-sur-Loire où il mourut, après avoir été ordonné prêtre par Marc, évêque d'Orléans. Il avait demeuré quelque temps à l'abbaye de Saint-Mesmin-de-Mixi, où son frère Léonard se faisait distinguer par sa piété. Sa vie est remplie de faits d'un merveilleux absurde, dont nous ne citerons qu'un seul, parce qu'il semble avoir donné naissance à la coutume de porter à la procession des rameaux, et à quelques autres, des effigies de serpens.

Non loin de la grotte habitée par Saint Liphard et Urbice, était une fontaine près de laquelle se tenait un serpent ou dragon monstrueux qui inspirait une grande frayeur par ses ravages dans toute la contrée. Ce dragon, las d'être fui de tous les êtres vivans, et *d'ailleurs possédé par une grande quantité de diables,* s'approcha de la grotte de Saint Liphard. Le Saint, sans être ému de sa fureur, donna à Urbice une baguette que celui-ci fut planter devant le serpent et dans son chemin. Cette baguette l'arrêta soudain; il se roula autour et périt. Quant aux diables *que sa peau contenoit, ils se répandirent dans la campagne en hurlant et criant d'une façon épouvantable, se plaignant de ce que Saint Liphard les avoit chassés de leur domicile; tellement que les paysans de ce quartier-là, ayant entendu ces clameurs et le nom de Liphard, et craignant que le dragon n'eust blessé le sainct confesseur, s'en vinrent promptement à sa solitude; et l'ayant trouvé sain et sauf,...... ils louèrent Dieu, auteur de si grandes merveilles.*

Les habitans d'Orléans, en mémoire de ce Saint, firent bâtir un oratoire dans le lieu où il était né, de même que les habitans de Meung élevèrent et décorèrent une église dans l'endroit où il était mort. L'oratoire d'Orléans devint ensuite une paroisse qui fut supprimée en 1791, et mise en vente la même année sur la prisée de 5,200 liv. Elle n'offrait rien de remarquable, si ce n'est un vitrage du chœur. Le bâtiment existe encore dans la rue qui a conservé son nom, et sert de magasin de toilerie sous le n° 39.

SAINT-LOUIS. Indépendamment de l'église de Saint-Hilaire dont nous avons parlé, il existait une autre chapelle du châtelet, située dans le jardin même de ce palais, et portant le nom de chapelle de Saint-Etienne. En 1176, Louis VII la donna, ainsi que les revenus, au monastère de Saint-Euverte alors situé dans les bois, *in virgulto*, selon l'expression de la charte de donation. Depuis, elle a pris le nom de chapelle de Saint-Louis, et, après les troubles de 1562, elle fut donnée aux Augustins pour y faire l'office, leur couvent ayant été détruit par les Protestans. Des lettres-patentes de Charles IX, Henri III et Henri IV, les maintinrent dans cette possession qui fut de nouveau confirmée en 1670 par le Duc d'Orléans, à la condition néanmoins de n'en jouir qu'autant de temps qu'il plairait à son Altesse. Vers 1758 cette chapelle fut supprimée et disposée en magasins qu'on loua 200 liv. de rente foncière payable au domaine. En 1791 elle a été vendue à un particulier; elle existe en son entier; elle sert de magasin de vin, et fait partie de la maison de commerce située rue du châtelet ou marché à la volaille, n° 4.

Saint-Loup. Quoique cette ancienne communauté se trouve sur la commune de Saint-Jean-de-Braye et hors de la banlieue d'Orléans, néanmoins nous avons cru devoir en joindre l'histoire à celle des monumens de la ville, parce que plusieurs des faits principaux qui en font partie intéressent notre cité.

Saint Loup ou Saint Leu, archevêque de Sens, dont Surius et autres agiographes ont écrit minutieusement la vie, était né près d'Orléans, dans un ancien château que possédaient Saint Betton et Sainte Agia, ses père et mère. Après sa mort, en 631, divers membres de sa famille lui élevèrent dans le château de ses ancêtres une chapelle qui devint ensuite une paroisse, et reçut à ce titre divers legs jusqu'en 1227. Cette paroisse était du patronage de Saint-Pierre-en-pont dont le Chapitre céda ce droit, en 1249, à Guillaume de Bussy, évêque d'Orléans, en faveur des Religieuses de la *calle* ou de la chaussée, *Moniales de calleatâ*. Ces Religieuses existaient déjà depuis assez long-temps dans le faubourg Bannier, entre l'ancienne léproserie de Saint-Lazare et Saint-Pouair, vers le lieu occupé depuis par l'auberge du cygne. On leur donnait différentes dénominations; elles étaient appelées Religieuses de la *calle*, nom du lieu où elles demeuraient, *calleata*, dont on a fait par corruption *calceata*, filles de la *chaussée*; enfin elles étaient aussi nommées *Filles blanches, Nonains de Notre-Dame-des-vignes*, etc., ce qui indiquerait qu'elles suivaient la règle de Cluny. Leurs revenus étaient peu considérables, et le premier don qu'elles reçurent date de l'an 1234, époque à laquelle Saint Louis, avec l'agrément de la Reine Blanche sa mère, leur accorda, par une charte datée de son palais de Vitry, trois arpens de vignes au clos le Roi, près la chapelle de Saint-Aignan (Notre-Dame-du-chemin); dont une partie leur fut enlevée en 1513 par Louis XII pour servir à étendre les fortifications de la porte Bourgogne. En 1237, le même Roi, dans une nouvelle donation de 168 arpens de terre à Chanteau, les désigne sous le nom de Religieuses-blanches-de-la-vigne; et, en 1257, il leur permet de bâtir douze maisons pour l'exploitation de ces terres, et les appelle Religieuses de l'ordre de Citeaux.

En 1259, une de leurs prieures vendit à Arnould du *Leiret* (Loiret), pour 40 s. parisis de rente annuelle et perpétuelle, tout ce qu'elles possédaient de leur ancienne maison de la *cale*, faubourg Bannier, ce qui annonce que déjà, et depuis long-temps, elles étaient établies à Saint-Loup.

En 1309, Philippe-le-Bel leur octroya la permission de prendre trois charretées de bois, tirées à trois chevaux, de sa forêt d'Orléans, chaque semaine, avec autorisation d'enlever dans une semaine suivante ce qu'elles n'auraient point pris dans les précédentes. En 1359, Jean de Montmorency les accueillit dans son palais épiscopal pour les soustraire à la fureur des soldats du prince de Galles. En 1428 elles se réfugièrent dans une maison qu'elles possédaient en face de l'église de Saint-Germain. Les Anglais s'emparèrent alors de leur couvent, et y construisirent un fort ou une bastille au milieu de laquelle se trouvait leur église; car lors de la prise de ce fort par Jeanne d'Arc, le 4 mai 1429 (*Voyez* la note 2, page 255), des soldats anglais se réfugièrent dans le clocher dont on eut peine à les débusquer; et s'étant revêtus d'ornemens sacerdotaux, la Pucelle fit semblant de les prendre pour des gens d'église, et voulut qu'on les respectât. En outre, cent-quarante soldats anglais furent tués, et quarante amenés prisonniers à Orléans.

En 1448, l'église et le couvent se trouvèrent réédifiés, et les Religieuses renouvelèrent le refus qu'elles avaient déjà précédemment fait aux habitans de les laisser venir à l'office dans leur église. En 1555, le curé de Saint-Loup embrassa la réforme et se fit protestant; peu après l'abbesse suivit son exemple, et se retira chez une de ses amies à Montargis, en emportant des rentes et le prix de quelques domaines de la communauté. Cependant les Religieuses restèrent au couvent au nombre de quinze, sous la conduite de l'une d'elles, jusqu'en 1560, et alors elles furent contraintes de se dérober aux fureurs des huguenots qui ravagèrent et détruisirent presque tous les bâtimens.

En 1580, la prieure de Saint-Loup, Marie-Philippe de L'hôpital, fit réparer ces désastres, et joignit à ce qui restait de l'ancienne église formant la petite nef latérale au nord, une nouvelle église plus vaste. En 1581 et 1582, les querelles des habitans et de l'abbesse qui leur contestait de nouveau le droit d'assister à l'office du chapelain, se réveillèrent avec plus de force que jamais. Les Religieuses ayant refusé de nommer un curé, sous le prétexte qu'elles seules avaient fait réparer l'église sans la participation des habitans, ceux-ci furent obligés de se partager entre la paroisse de Saint-Jean-de-Braye et celle de Notre-Dame-du-chemin. Pendant ce temps, un sieur Illon se fit pourvoir de la cure de Saint-Loup en cour de Rome; mais les Religieuses parvinrent à capter la confiance de l'évêque d'Orléans, qui appuya de son autorité leur usurpation, et refusa de viser les lettres obtenues en 1608 par Illon.

En 1630, Marianne de Cochefilet, d'une famille aussi illustre que celle de L'hôpital, et parente d'une des femmes de Sully, devint prieure de Saint-Loup. Elle reçut quatorze Religieuses, et porta leur nombre à vingt dont les dots servirent à acheter des biens, à construire l'avant-chœur et le chœur des Religieuses ainsi que la basse-nef de l'église du côté du sud. Elle parvint à obtenir de Louis XIII, sur la demande de Gaston, duc d'Orléans, l'érection du couvent de Saint-Loup en abbaye, ce qui fut accordé en 1639 par Urbain VIII.

En 1653, Marie de Lenoncourt succéda à Marianne de Cochefilet, et la guerre des princes lui fit sentir la nécessité d'avoir à Orléans une maison où elle pût se retirer avec ses Religieuses. En 1655, 1656 et 1657, elle obtint les permissions nécessaires pour cet établissement qu'elle fonda rue du Petit-Saint-Loup, qui en a conservé le nom.

En 1672, les habitans du hameau de Saint-Loup firent de nouvelles tentatives pour obtenir que l'église du couvent servît de paroisse comme jadis; mais ce dont les communautés s'étaient emparées, était, comme on sait, bien difficile à recouvrer: aussi M. de Coïslin, évêque d'Orléans, ordonna-t-il aux réclamans de se partager entre les paroisses de Saint-Jean-de-Braye, de Sémoi et de St.-Marc, en enjoignant aux curés de n'exiger d'eux qu'une pinte de vin par arpent de vignes, et un boisseau de blé par arpent de terre ensemencée.

Vers l'année 1692, Louise-Charlotte de Châtillon, une des abbesses de Saint-Loup les plus riches en patrimoine, fit construire les murs de l'enclos du côté de la route de Châteauneuf; toute la pierre fut extraite de carrières pratiquées dans l'enclos même; et l'emploi ne coûta que 1,800 liv. En 1694, elle avait fait construire un moulin à vent en pierre. Sa nièce, Marie-Olympe de Châtillon, qui lui succéda, fit élever, en 1714, les éperons qui soutiennent la terrasse, et démolir les restes d'une grosse tour qui dominait la Loire dans le lieu où la terrasse forme encore un avancement.

En 1719, elle commença le bâtiment qui existe

aujourd'hui, et qui lui coûta, sans compter l'ardoise, le bois et la pierre, 17,606 liv. Parmi le grand nombre de prieures et d'abbesses qui furent mises à la tête de cette communauté, on en remarque de pieuses et de zélées pour les intérêts du couvent ; mais aussi les archives de ces Religieuses nous ont conservé sur l'immoralité, le fanatisme et la prodigalité de quelques-unes d'entre elles, des faits à peine croyables.

La fête de S^t.-Loup se célébrait autrefois avec beaucoup de pompe le 1er. septembre. Le concours du peuple qui s'y rendait devint tel, que, le 9 mai 1460, Charles, duc d'Orléans, pour éviter les accidens qui avaient eu lieu l'année précédente, prescrivit au grand guet d'Orléans, par une ordonnance, de se transporter au couvent de Saint-Loup, la veille et le jour de la fête, pour maintenir le bon ordre tant dans l'église que dans les environs. La même ordonnance oblige les Religieuses à donner au grand guet *un quartier de mouton, douze pains de chacun deux deniers parisis ; et deux jallais de vin, l'un de vieil, l'autre de nouveau.*

En 1792, le nombre des Religieuses de S^t.-Loup était réduit à cinq, y compris l'abbesse ; elles étaient toutes très-âgées, et il leur était défendu de faire des novices et de prendre des pensionnaires, dont le nombre avait été autrefois très-grand. Leur enclos et leurs bâtimens furent alors mis à prix sur la prisée de 46,000 liv., et adjugés, le même jour que le couvent de la Madeleine, pour 107,300 liv. Peu de temps après, l'acquéreur fit abattre les communs inutiles, le bâtiment de l'abbesse, le moulin en pierre, l'aile Nord de l'église, etc. : il ne conserva que la maison des chapelains et tout le bâtiment élevé en 1719, qu'il fit distribuer en maison particulière. C'est aujourd'hui une des plus belles maisons de campagne des environs d'Orléans, et des mieux situées pour l'étendue de sa vue et la bonté de ses produits en vins, fruits et légumes.

SAINT-LOUP (PETIT-). En 1653, ainsi que nous l'avons dit à l'article de Saint-Loup, l'abbesse de ce couvent, Marie de Lénoncourt, qui avait été victime des effets de la guerre civile de la part des Frondeurs, résolut de mettre sa communauté à l'abri d'insultes semblables, en lui ménageant une retraite convenable dans la ville. Après avoir obtenu les autorisations nécessaires, elle acheta, en 1655, des terrains et maisons, rue de Saint-Euverte, où elle fit disposer un local convenable. En 1657 elle y établit une de ses Religieuses, avec le titre de Mère des novices, mais sans mense particulière; et le couvent de Saint-Loup continua d'envoyer, jusqu'à la suppression de cette succursale, le pain, le vin, la viande nécessaires à la nourriture de la supérieure et des novices. En 1685, les Religieuses et novices du Petit-Saint-Loup furent rappelées à l'abbaye; quelques années après la chapelle fut détruite, et les bâtimens loués à des particuliers. Vendu en 1792 comme bien national, il fut disposé en salle de bal ou de concert; et enfin on y disposa une brasserie qui existe aujourd'hui et ouvre sur la rue du Petit-Saint-Loup.

Un auteur moderne a écrit que ce fut au Petit-St.-Loup, dans le parloir des Dames, que, le 19 août 1568, l'on signa à Orléans l'acte original de cette association si connue depuis sous le nom de la Ligue : c'est une erreur évidente, car nous avons acquis la certitude qu'à cette époque les Religieuses de ce couvent ne possédaient rien dans cet endroit de la ville. Mais il est probable que cet acte curieux (1), con-

(1) Voici l'extrait de cet acte :
« Nous soussignés, citoyens d'Orléans, prévoyant que tous les
» troubles advenus en la ville ne sont arrivés que par le peu d'in-
» telligence et amitié que nous avons eu les uns aux autres, et
» voulant dorénavant soigneusement obvier à la rechute de tant de
» maux et travaux ci-devant soufferts par le moyen et poursuite des
» perturbateurs du repos public, nos ennemis capitaux; désirant
» faire en sorte que le service et honneur que nous devons à Dieu et
» au Roi, notre prince souverain, soit inviolablement gardé, avons,

servé dans les archives de M. Lamoignon de Malesherbes, où il était encore en 1789, a été signé au couvent de Saint-Loup même, et dans la salle de l'ancien Saint-Loup que les Religieuses appelaient encore quelquefois en dernier lieu le Petit-Saint-Loup, parce qu'on y avait installé les novices qui étaient au Petit-Saint-Loup, lorsque l'abbesse, Mme de Châtillon, supprima cette maison destinée à servir de retraite à la communauté.

SAINT-MACLOU. La ville d'Orléans comptait plusieurs églises sous l'invocation de Saints vénérés en Bretagne, et Saint-Maclou était de ce nombre. Nous avons vu, à l'article du Collège, que le nom de Saint-Symphorien avait été confondu avec celui de Saint-Samson qui avait prévalu. C'est probablement à la même époque, et lorsque les Bretons se réfugièrent dans l'intérieur de la France en 868 ou 878, que fut fondée l'église de Saint-Maclou, sur

» sous le bon plaisir du Roi, par bonne, mûre et juste délibération,
» promis et juré, promettons et jurons les uns aux autres respecti-
» vement en foi et parole de gens de bien, d'avoir dorénavant telle
» et si ferme amitié les uns aux autres, que sur tous les différends,
» querelles, tumultes et séditions que lesdits perturbateurs du repos
» public nous pourront faire et exciter, nous nous soutiendrons et
» ferons les uns pour les autres jusqu'au dernier soupir; n'y épar-
» gnant les biens et moyens qu'il a plu à Dieu de nous donner ; et
» obvierons de tout notre pouvoir à telles sinistres entreprises. S'il
» se trouve quelqu'un réfractaire à cette tant sainte alliance, nous
» l'avons dès à présent tenu et réputé, tenons et réputons au nom-
» bre et parti desdits perturbateurs : en signe et témoins de quoi
» nous avons signé : »
« *Pour l'église :* De la Saussaye, évêque d'Orléans ; Viole,
» Bouchier, Boureau, Bomberault, Michu, Chenu, Toullier,
» Houzé, Pigouareau, Chopin, Dubois, Herbinot et Gandillon.
« *Pour le tiers état :* Colas, Lemasne, Lefèvre, Deloynes, Le-
» maire, Vaillant, Demeule, L'huillier, Alleaume, Sevin, Tran-
» chot, Delamarre, Prieur, Charron, Longuet, greffier en la
» prévôté d'Orléans ; Desfriches, Garnier, Pothier, Cheron ; Le-
» vayer, Hue, Campigni, Le Normand, Roucellet, Hazon, La-
» myrault, Coulombeau, Boulard, Peigné, etc. »
» (*Ni nobles Orléanais, ni magistrats, ne signèrent cet acte.*) »

laquelle nos anciens historiens ne nous ont laissé aucun renseignement, et que la plupart des auteurs modernes ont confondu à tort avec celle de Saint-Samson.

L'église de Saint-Maclou était située dans la rue qui a conservé son nom, et où l'on voit encore les restes de son entrée principale; elle longeait la place de Saint-Samson au nord. C'était un prieuré à la nomination de l'abbaye de Beaugenci, et, comme on voit, tout-à-fait distinct de celui de Saint-Samson. Le plus ancien acte relatif à cette église et dont le souvenir nous ait été conservé, est une décharge accordée le 31 janvier 1586 à Jean de Sulli d'une taxe ou redevance qu'il payait à la fabrique de Saint-Maclou.

L'église de Saint-Samson ayant été rebâtie par les Jésuites, et celle de Saint-Maclou étant en très-mauvais état, la proximité des deux édifices engagea, en septembre 1769, à supprimer Saint-Maclou, et à en réunir les paroissiens dans l'église de Saint-Samson. Une des nefs de cette église fut affectée à ce service; on abattit St.-Maclou, et son emplacement fut donné au prieur pour être joint à son presbytère, et former un jardin qui subsiste aujourd'hui.

Le dernier prieur de Saint-Maclou, M. de Reyrac, auteur de l'*Hymne au soleil*, a laissé dans les Lettres un nom qui perpétuera le souvenir de la petite paroisse qu'il administra. Il mourut en 1783, et fut enterré, sans aucune inscription, dans un caveau pratiqué sous la nef latérale Sud de l'église de Saint-Samson.

SAINT-MARC. Alixte, évêque d'Orléans vers l'an 345, est regardé comme le fondateur de l'église de Saint-Marc; jadis au milieu des bois, et située aujourd'hui au nord et près du faubourg de Bourgogne. Comme l'existence de l'évêque Alixte est encore un problème, la date de la construction primitive de cette paroisse est tout-à-fait incertaine. Sous Clotaire III, vers l'an 666, suivant une ancienne légende, Saint Annemont ou Chaumont fut conduit devant les états assemblés à Orléans dans le faubourg appelé *Marcialo*, et ailleurs *sanctus Martialus*, ce qu a donné lieu à plusieurs écrivains de penser qu'il s'agissait du faubourg de Saint-Marc; mais il n'y a nulle apparence qu'il ait existé une réunion d'habitations dans cet endroit, alors au milieu des bois, ainsi que nous l'avons dit à l'article du faubourg de Saint-Marc; et ce fait d'ailleurs ne prouverait en aucune manière l'existence de l'église de Saint-Marc à cette époque reculée.

En 1213, l'ordre des Templiers était en possession de cette église ainsi dénommée, *templum fratrum militiæ templi Marci, Aurelianensis*. De même que les Templiers avaient profité des dépouilles des malheureux Juifs, les chevaliers de l'ordre de Saint-Jean-de-Jérusalem furent gratifiés d'une grande partie de leurs propriétés, et l'église de Saint-Marc fut du nombre. Ils ajoutèrent à son titre celui de Saint Jean leur patron, et le commandeur de Malthe, pourvu de la commanderie de Boigni, nomma depuis ce moment à la cure de Saint-Marc jusqu'à la suppression de son ordre.

L'église de Saint-Marc a été ruinée bien des fois, d'abord par le prince de Galles, ensuite par les habitans d'Orléans, en 1428, et en dernier lieu par les Protestans, en 1565; elle a souvent été réparée et reconstruite à peu près en totalité en dernier lieu. Elle fut augmentée de deux nefs latérales dans le dix-septième siècle. En 1789, ses paroissiens avaient été réunis à Saint-Euverte, et à cet effet une porte et un pont avaient été pratiqués à l'angle Nord-Est des murs de ville, derrière l'église de Saint-Euverte. Malgré cette réunion et la suppression des églises en 1793, celle de Saint-Marc ne fut point dévastée. Elle n'offrait, comme aujourd'hui, rien de remarquable : cependant un petit monument très-ancien qui y était conservé de temps immémorial, était digne de fixer l'attention des antiquaires.

Ce

Ce monument était en marbre blanc, et incrusté dans la muraille près des fonts baptismaux; il représentait un baptême par immersion. Deux adolescens placés de profil l'un derrière l'autre, les mains jointes, la tête baissée, et plongés jusqu'à la ceinture dans une espèce de cuve, semblaient très-attentifs aux prières que récitait un évêque lisant dans un livre qu'un diacre tenait ouvert. A côté de ce dernier était une femme, portant un vase en forme de *tour de ville*, contenant probablement les huiles consacrées. L'évêque était vêtu, en guise de chappe, d'un manteau court comme celui des Moines, et les pointes de sa mitre se trouvaient au-dessus de ses oreilles; sa barbe était forte, mais arrondie. Le diacre, sans barbe, portait la couronne des *clercs*. Quant à la femme, un long voile qui laissait pourtant flotter ses cheveux couvrait sa tête, et l'enveloppait presque toute entière. Ces sculptures, malheureusement détruites aujourd'hui, remontaient probablement au dixième ou onzième siècle, au temps où les évêques portaient la barbe longue lorsqu'ils allaient à la guerre, et plus courte en temps de paix, pour se distinguer des Moines et des clercs qui devaient être rasés. La femme représentait peut-être une de ces diaconesses dont les conciles d'Orange en 441, d'Epaone en 517, et d'Orléans en 533, défendirent les ordinations usitées jusque-là plus fréquemment qu'on ne le pense. Nous adopterions cette opinion de préférence à celle de l'abbé Carré (1), qui pense que c'était plus sûrement une de ces matrones ou femmes pieuses, chargées du soin de la propreté des églises, de la *tenue*

---

(1) Parmi le petit nombre de descriptions de ce monument, nous renverrons à celle contenue dans les manuscrits de M. l'abbé Carré, réunis à la bibliothèque publique. Il fut le dernier curé de Saint-Marc, et avait été à même d'observer ces reliefs, et de nous transmettre son opinion à leur égard, avec cette critique judicieuse qu'il a apportée dans les différentes et précieuses notes qu'il nous a laissées sur plusieurs points de notre histoire.

du linge et de servir pour les oblations des personnes de leur sexe. On sait qu'elles donnèrent lieu, lors de leur suppression, aux communautés de femmes, et qu'elles portaient les cheveux longs et découverts, à moins qu'elles ne fussent condamnées à quelque pénitence; mais nous ne voyons point qu'on leur permît jamais de toucher aux choses consacrées.

Nous consignerons ici un fait qui se passa sous nos yeux, et dans l'église de Saint-Marc. L'ambition du chef du Gouvernement forçait de multiplier tellement les levées d'hommes que l'agriculture manquait de bras, et que chaque famille comptait plusieurs de ses membres dans les rangs de nos armées. De jeunes conscrits, de la paroisse de Saint-Marc, après avoir feint d'obéir à la loi, étaient rentrés dans leurs foyers et s'y tenaient cachés. Le 6 avril 1806, l'église de Saint-Marc fut cernée, pendant l'office, par la gendarmerie, chargée par ordre supérieur de s'emparer des réfractaires qui s'y trouvaient réunis; à peine se fut-on aperçu de cette mesure, que la plus grande confusion régna dans l'église d'où personne ne voulait se hasarder à sortir. Pendant ce temps, quelques femmes instruites du motif de cette alerte, et pour sauver la liberté de leurs fils menacés de peines sévères, entraînèrent tous les jeunes gens qui redoutaient la présence des gendarmes, dans la sacristie; elles les y habillèrent en femmes avec la majeure partie de leurs propres vêtemens, et les firent sortir, ainsi déguisés, avec la foule qui s'agitait tumultueusement dans l'église, sans que la gendarmerie pût parvenir à arrêter un seul des déserteurs qui lui étaient désignés.

SAINT-MARCEAU. L'église de Saint-Marceau est très-ancienne, et cependant l'acte le plus reculé qui en constate l'existence est une donation faite en 1105 de son bénéfice aux Religieux de Saint-Mesmin-de-Mixi par Baudouin, abbé de Bourgueil. On ignore à quel titre il en disposait, et on ne sait pas davantage pourquoi *Maussende*, femme pieuse, lui contesta ce droit, le réclama comme lui appartenant, et l'obtint par sentence arbitrale rendue par Richer, archevêque de Sens. Cette même femme en gratifia les mêmes Religieux de Saint-Mesmin, le 12 mai 1191, et cette donation fut alors confirmée par Reynier, évêque d'Orléans. Depuis ce moment jusqu'à celui de la suppression des communautés, l'abbé de Saint-Mesmin resta présentateur de la cure et du prieuré de Saint-Marceau.

Le 12 avril 1429, lorsque les Anglais s'étaient déjà rendus maîtres des faubourgs d'Orléans, quelques habitans déterminés passèrent la Loire en silence, pénétrèrent jusqu'à l'église de Saint-Marceau où vingt Anglais s'étaient enfermés, à leur approche; ils en percèrent la muraille, s'emparèrent de leurs ennemis, et les ramenèrent prisonniers dans la ville.

Le 8 octobre 1526, le cardinal Salviati, envoyé par le Pape près la cour de France, s'arrêta à Saint-Marceau où il reçut les félicitations du clergé et des corps administratifs; il s'y revêtit de ses habits pontificaux pour faire son entrée à Orléans où il descendit chez l'archidiacre de Beauce. En 1739, le même ouragan qui enleva la croix du monument de la Pucelle, renversa le clocher de cette église qui était très-élevé. Le vaisseau de cette paroisse servit de section en 1793, et ne fut pas dévasté; cependant des statues du sculpteur Orléanais Hubert, que les amateurs d'art prisaient beaucoup, disparurent alors. Aujourd'hui il est assez bien décoré, et sert, comme autrefois, de paroisse à tous les faubourgs (portereaux) situés au-delà de la Loire. Le cimetière qui attient à l'église pourrait être plus éloigné du faubourg. On y voit quelques inscriptions. Le 27 fructidor an V, la mère du représentant du peuple Léonard Bourdon (*Voyez* pages 227 et 387) y fut inhumée.

46 *

Saint-Martin-cuisse-de-vache. En 1026, le 12 juin, le Roi Robert assista à l'office divin et *porta chappe* dans l'église de Saint-Martin-cuisse-de-vache, près de Saint-Aignan, où les Religieux célébraient l'office pendant qu'on travaillait à rebâtir leur église, et qu'on se disposait à y faire la translation des reliques du saint évêque. Tel est le seul renseignement qui nous reste sur cette chapelle qui peut avoir été confondue par les anciens auteurs avec la chapelle souterraine de l'église de Saint-Aignan, qui avait conservé le nom de Saint-Martin depuis qu'on y avait déposé les reliques de ce Saint en 886, lorsque les habitans de la Touraine vinrent se réfugier à Orléans pour se dérober à la fureur des Normands. (*Voyez* Saint-Aignan.)

Saint-Martin-de-la-mine. Il existait à Orléans plusieurs églises sous l'invocation de Saint Martin; elles étaient distinguées par des surnoms. Nous ne connaissons plus guère celle dont nous nous occupons que par des restes de constructions conservées dans le mur extérieur d'une des maisons de la rue qui a conservé son nom. Quelques sculptures grossières qui s'y trouvent semblent indiquer une haute antiquité; mais l'époque de sa fondation est aussi incertaine que l'origine du surnom *de la mine*. On a prétendu qu'il était dérivé du mot latin *minor*, et que c'était *Saint-Martin-le-mineur* ou le Petit-Saint-Martin; mais le peu de documens qui nous restent sur cette église ne permet pas d'adopter cette opinion. Le 10 mars 1408, la paroisse de Saint-Martin-de-la-mine fut jointe à celle de l'alleu-Saint-Mesmin, et l'acte de réunion s'exprime en ces termes : « *Fit an-* » *nexa parochiarum sanctorum Maximini de allodio, et* » *Martini de atrio, per D. episcopum Aurel., consensu* » *Capituli.* » Cette qualification *de atrio* indiquerait qu'au principe cette église était basse, obscure, et comme un souterrain, à moins qu'on ne prétendît qu'elle était relative à sa position vers l'entrée de Sainte-Croix, ce qui ne semble pas probable.

SAINT-MARTIN-DU-MAIL. Cette autre église dédiée à St. Martin portait le surnom de *de latâ areâ*, et a laissé son nom propre à la rue où elle était située, qui s'est appelée Saint-Martin-du-mail, depuis l'établissement d'un jeu de *pal-mail* sur la promenade publique qui en a pris le nom de grand-mail. En 1221, Saint-Martin *de latâ areâ* était une paroisse hors de la ville, sur laquelle le Chapitre de Sainte-Croix prenait la dîme, en abandonnant deux muids de seigle au desservant. On ignore à quelle époque elle fut supprimée, mais en 1428 elle n'existait déjà plus, et l'on croit que son titre paroissial avait été réuni à celui de Saint-Georges, qui lui-même fut joint plus tard à celui de Saint-Michel.

SAINT-MESMIN-L'ALLEU. *Sanctus Maximinus de allodio*, rue des hennequins, nº 24. Suivant une charte du 16 février 837, de Louis-le-Débonnaire et de Lothaire son fils, Clovis Ier., en fondant l'abbaye de Saint-Mesmin-de-Mixi, avait donné à cette communauté un *alleu* ou maison de refuge pour se retirer au cas de guerre. Ces Moines établirent dans ce lieu un hospice, *hospitium*, et une chapelle qui, par la suite, devint une paroisse dont le curé était à la nomination de l'abbé de Saint-Mesmin.

En 1246, le bailli du Roi et celui de l'évêque d'Orléans eurent une vive contestation pour un meurtrier que chacun d'eux prétendait avoir le droit de juger. Ils ne purent se mettre d'accord, et par une convention assez singulière, datée du 12 juin, ils empruntèrent à l'abbé de Saint-Mesmin la cour de l'alleu-Saint-Mesmin, pour y décider par le duel de deux champions qui les représentèrent, lequel d'entre eux jugerait l'assassin.

En 1556, Jean de Morvilliers, évêque d'Orléans, réconcilia cette église paroissiale *qui avoit esté polluë par effusion de sang*, à la suite d'une querelle entre les habitans de ce quartier.

En 1791, la paroisse de l'alleu-Saint-Mesmin fut supprimée, et mise en vente l'année suivante ainsi que la maison conventuelle, les cour et jardin, sur la prisée de 21,600 liv. Adjugés pour une somme plus forte, ces bâtimens furent disposés en habitations particulières et en magasin pour le commerce d'épicerie en gros; c'est encore leur destination; et l'on y remarque une galerie pratiquée au nord du bâtiment d'habitation sur l'épaisseur de l'ancien mur de clôture de la première enceinte, auquel elle est adossée.

Saint-Michel (Petit-). Cette chapelle, bâtie sur l'emplacement d'une croix, n'existait point encore en 1358, car dans le procès-verbal d'entrée de Jean de Montmorenci, on lit : *et ad portam claustri Sancti-Aniani, per magnum vicum, versus crucem Sancti-Michaëlis accedere*. Mais en 1469 elle était déjà construite; car un couvreur et maçon d'Orléans lui donna quelques rentes pour la fondation d'un service, le lendemain de la Saint-Michel, pour le repos des trépassés. En 1460, les couvreurs et maçons firent construire une aile à cette chapelle dans laquelle ils continuèrent à faire acquitter les fondations de leur confrérie jusqu'en 1791.

Cette chapelle, peu remarquable, vendue le 12 novembre 1792, sur la mise à prix de 3,800 liv., a été transformée en magasin à sel, et conservée presque intacte.

C'est encore dans son voisinage que logent, par resté d'une ancienne habitude, presque tous les maçons étrangers qui se rendent à Orléans pour y travailler dans la belle saison.

Saint-Paterne. Orléans possédait, ainsi que nous l'avons fait remarquer plusieurs fois, différentes aumônes, au nombre desquelles se trouvait St.-Pouair. Cet hospice, situé long-temps hors des murs de la ville, fut ensuite remplacé par l'église de St.-Pouair, appelée maintenant Saint-Paterne, et qui fut construite sur ses débris. L'époque de la fondation de l'hospice de Saint-Pouair ainsi que celle de la construction primitive de Saint-Paterne sont également ignorées. Il n'existait sûrement point d'église marquante à Saint-Pouair, lors du siège de 1428, car il n'en est point parlé dans la nomenclature des édifices que les habitans démolirent pour leur sûreté, lors de l'approche des Anglais. Ce n'était probablement qu'une chapelle rasée alors avec l'aumône. Le prieuré attaché à la paroisse de S*t*.-Paterne était fort ancien, et il semblerait même que dans le principe il faisait partie d'un monastère ravagé en 1359 par le prince de Galles. Tous les titres de l'aumône Saint-Pouair et de l'église de Saint-Paterne ont été lacérés et brûlés en 1428 et en 1567, de sorte qu'il est impossible d'éclaircir aujourd'hui ces faits que les anciens historiens ne nous ont point conservés.

L'église de Saint-Paterne, long-temps appelée Saint-Pouair, avait pour collateur l'abbé de Saint-Père-en-vallée : il serait donc possible que les anciens Religieux de Saint-Pouair aient jadis dépendu de cette abbaye, et jusqu'au moment où le concile de Latran défendit aux Bénédictins de desservir des cures, en leur en conservant seulement la présentation.

L'aumône de Saint-Pouair, dont le nom était assurément une corruption de celui de Saint-Père, resta près de cent ans en ruine : on ne s'occupa d'y rebâtir une église que vers l'an 1500, et c'est vraisemblablement à cette époque que la tradition, en l'absence d'actes, confondant le nom de Saint-Père-en-vallée avec celui de Saint-Pair ou Saint Paterne, évêque d'Avranches, affecta ce dernier à l'église actuelle.

En décembre 1588, immédiatement après l'assassinat des Guise à Blois, les Orléanais, excités par Bassompierre, et plus encore par un nommé Roscieux, résolurent de braver l'autorité royale, et assiégèrent, dans la citadelle de la porte Bannier, d'Entragues leur gouverneur, qui n'eut que le temps de s'y réfugier. Vainement Henri III envoya pour les soumettre le maréchal d'Aumont ; il ne put parvenir à entrer dans la ville dont le duc de Mayenne avait dirigé la défense. Afin de réduire la citadelle et de la battre en brèche, les habitans remplirent de terre l'église de Saint-Paterne, et placèrent leur artillerie de manière à foudroyer le fort jusqu'aux *casemates*. (*Voyez* Porte Bannier.) Derrière le chevet de l'église, se trouvait alors un cavalier ou butte de terre appelée la *motte-tonneau* : ils en augmentèrent la hauteur et y placèrent des canons (1).

Quant à l'église de Saint-Paterne, elle fut promptement déblayée et réparée. En 1620, on y transféra les revenus, les ornemens, et jusqu'à la statue de Saint Mathurin, lorsque cette chapelle fut donnée aux Dames de la Visitation. (*Voyez* Visitation.)

Saint-Paterne fut une des dernières paroisses enlevées au culte et fermées en 1793, et elle fut aussi une des dernières qui lui furent rendues. Pendant ce temps, elle servit à diverses *assemblées patriotiques*, et particulièrement aux séances publiques du représentant de la Convention nationale, La Planche, dont les approbations et les admonestations burlesques firent trembler tant de citoyens de notre ville. Ce proconsul avait choisi Saint-Paterne pour y tenir des *assemblées d'épuration des corps administratifs et judiciaires par la voix du peuple*, ou plutôt de la populace. Ce fut là qu'il distribua la louange, le blâme, continua, destitua, ajourna, remplaça les fonctionnaires de la ville, en assaisonnant ses observations de pré-

(2) En 1733 on diminua l'élévation de cette butte, et on la planta en ormes pour accroître l'étendue de la promenade du mail; mais en 1776 la Ville céda ce terrain à divers particuliers qui y pratiquèrent des jardins environnés de murs. On voit encore les restes de cette butte dans un jardin qui attient à Saint-Paterne, et une maison assez jolie se trouve bâtie sur son rempart au sud.

tendues saillies et d'espèces de bons-mots dans *le goût du temps*, et qui rendront très-curieux pour la postérité les procès-verbaux imprimés de ces séances qui portent ironiquement son nom.

Ce fut dans l'une d'elles que M. Aignan, devenu depuis aide des cérémonies du palais impérial, et l'un des poètes distingués de notre époque, fût nommé à la place de procureur-syndic de la commune d'Orléans, dans un âge où l'étourderie tient souvent lieu de discernement et détruit l'effet des meilleures intentions.

Lorsqu'il fut permis de rouvrir les églises, celle de Saint-Paterne était encombrée de fourrages, et servait de magasin militaire. On fut donc obligé de se contenter, pour célébrer l'office, d'une chapelle pratiquée dans le local d'une ancienne loge de francs-maçons, faisant l'angle de la rue du chapon et du bœuf-Saint-Paterne. Enfin le jour de l'Ascension 1795, les paroissiens ont été remis en possession de leur église qu'ils ont décorée depuis à grands frais. Le presbytère avait servi aux bureaux des commissaires des guerres, et même à une filature qui subsista peu de temps : les habitans en ont fait depuis l'acquisition, et l'ont rendu à sa première destination.

SAINT-PAUL. L'église de Saint-Paul était, dans l'origine, celle du bourg d'Avenum, et l'époque de sa fondation est aussi incertaine que celle du bourg même. Il y avait, en outre, près de cette église une chapelle dédiée à Notre-Dame dite des miracles, dont le patronage avait été donné à Arnoul, archevêque de Tours, par Oldóric, évêque d'Orléans. En 1029, Arnoul gratifia l'abbaye de Saint-Mesmin-de-Mixi de ce bénéfice dont elle se mit en possession, tandis que le Chapitre de Saint-Pierre-le-puellier jouissait de celui de Saint-Paul qu'il tenait depuis 1012 de la libéralité du Roi Robert.

En 1297, un seigneur nommé Raoul, d'Orléans, fonda un autel, et institua un vicaire perpétuel en cette église, en l'honneur de la Vierge et de Saint Gilles.

Il paraît que vers 1329, époque de la deuxième enceinte de la ville, lorsque le bourg d'Avenum y fut joint, on réédifia sa paroisse à laquelle était déjà jointe la chapelle de Notre-Dame, car les chanoines de St.-Pierre-le-puellier et les Religieux de St.-Mesmin, jaloux de conserver leurs droits, nommaient séparément à une portion entière de la cure, au lieu de nommer alternativement à la totalité, comme cela se pratiquait généralement. L'usage d'avoir deux curés à Saint-Paul était alors déjà ancien. En 1228, sur la demande du curé nommé par le Chapitre de Saint-Pierre-le-puellier, et sur son observation qu'il était peu convenable que l'église de St.-Paul eût deux chefs, le pape Grégoire IX, la seconde année de son pontificat, avait adressé un rescript au doyen de l'église d'Orléans pour examiner cette plainte. Mais les Moines de Saint-Mesmin ayant député vers le légat du Pape, Raynold, évêque d'Ostie et de Veletri, celui-ci entendit les parties, et confirma l'abbaye de Saint-Mesmin dans ses anciens droits par une sentence du 25 mai 1238.

Les deux curés continuèrent à gouverner cette église, et à partager les revenus jusqu'au 20 mai 1750 où la suppression du Chapitre de Saint-Pierre-le-puellier ayant été ordonnée par décret de l'évêque d'Orléans, le titulaire de l'abbaye de Saint-Mesmin réunit les deux cures dont la nomination appartenait en dernier lieu à l'évêque, depuis qu'on avait donné à l'abbaye de Saint-Mesmin, en échange, la nomination du curé de Saint-Michel.

Outre la chapelle de Notre-Dame, il y avait encore, près de Saint-Paul, la chapelle de Saint-Jean, fondée en 1397 par Jean Tessier et son épouse. Cette chapelle était adossée au mur de l'Annonciade, et située au nord-ouest du presbytère actuel, auquel elle a été jointe en 1712. Sa position est indiquée sur le plan n° 36.

En 1628, Guillaume Turpin et sa femme fondèrent aussi dans cette église la chapelle du Saint-Esprit dont le bénéfice était un patronage laïc, appartenant à cette famille.

En 1664, Jacques Alleaume, curé de Saint-Paul et de Notre-Dame-des-miracles, fonda le séminaire des prêtres de Saint-Paul, qui était placé au sud-ouest de l'église, et dont le local sert aujourd'hui de logement aux vicaires.

L'église de Saint-Paul, comme toutes celles d'Orléans, a beaucoup souffert des ravages des protestans. En 1482 elle avait été accrue d'un sixième, environ, de sa longueur du côté de l'ouest, et l'on avait bâti le portail que les religionnaires mutilèrent. Vers la même époque, on avait ménagé, sous la partie Nord-Ouest de la nef latérale gauche, un caveau dont la descente, aujourd'hui murée, était située près de la porte du presbytère. Ce caveau, destiné jadis aux inhumations, n'a plus d'autre issue que par une large pierre disposée dans le carrelis, près de la porte d'entrée principale, et qui servait autrefois à descendre les corps.

En 1629 on répara les dommages occasionnés par les Protestans, mais on ne restaura point le portail, parce qu'on avait le projet d'augmenter l'église et de la joindre à la tour qui fut élevée, vers cette époque, sur les fondemens d'une des tours de la deuxième enceinte de la ville, et qui existe encore maintenant.

A l'ouest de cette tour, se trouvaient des galeries ou portiques à l'imitation de ceux du grand cimetière, qui s'étendaient jusqu'à la rue Machecloux et bornaient le cimetière de Saint-Paul au nord. Cet emplacement et ces portiques ont fait place à un chantier de bois à brûler qui s'y trouve établi depuis la suppression des cimetières de l'intérieur de la ville.

En 1793, la tour de Saint-Paul fut vendue, et l'église ne dut sa conservation qu'à la réunion de *la section de la liberté et de l'égalité* qui tenait ses séances alternativement à Saint-Paul et à Recouvrance. Monsieur Lebrun, architecte, adjudicataire de cette tour, parvint avec peine à la conserver, et il la céda depuis, le 5 décembre 1818, à la paroisse de Saint-Paul, moyennant une rente qu'elle paye annuellement à sa famille.

Nous nous serions abstenu de parler du miracle attribué à la Vierge de l'église de Saint-Paul, s'il n'avait pas motivé les nombreuses processions que les autres paroisses y firent en divers temps, et particulièrement celle qui suivit immédiatement la délivrance d'Orléans, à laquelle Jeanne d'Arc assista. Elle ne prévoyait certainement point alors que cette procession serait perpétuée en son honneur. Les annalistes d'Orléans rapportent, d'après Vincent de Beauvais, qu'en l'an 897 les habitans du bourg d'Avenum se voyant pressés par les ennemis, portèrent une image de la Ste.-Vierge qu'ils vénéraient dans leur église, sur la porte de la ville, et qu'un d'entre eux se plaçant derrière cette statue, lançait ses traits à coup sûr contre les assiégeans, et en tuait un grand nombre. L'un des ennemis s'apercevant d'où partaient les dards meurtriers, se plaça de manière à atteindre l'habitant d'Avenum; mais la statue de la Vierge avança le genou et reçut le dard qui, s'y fixant, ne put atteindre celui qu'elle protégeait. Ce miracle répandit, bien entendu, l'épouvante parmi les assaillans qui renoncèrent à leur entreprise, après avoir perdu beaucoup de monde. Depuis ce moment, Notre-Dame-des-miracles, représentée par une Vierge noire avec une flèche dans le genou, fut singulièrement vénérée à Orléans et conservée jusqu'en 1562. Alors cette ancienne statue de bois noirci devint la proie des Protestans qui la brûlèrent au milieu du marché de la porte Renard. Après les troubles, on en fabriqua une nouvelle, qui fut elle-même détruite en 1793. On l'a remplacée depuis, et la chapelle, élégamment décorée, où elle se trouve aujourd'hui, est assez constamment

tamment remplie d'*ex voto* en cire, et de cierges qui lui sont offerts pour la prier d'intercéder auprès de Dieu pour la guérison de telle ou telle maladie, ou la réussite de telle ou telle entreprise; de sorte qu'il arrive nécessairement que les vœux des supplians sont souvent en opposition les uns aux autres.

SAINT-PHALLIER. Cette chapelle, qu'on distingue encore dans une maison de la rue du bourg Saint-Marc, n° 21, était un ancien prieuré sous l'invocation de *Saint-Gervais*, alias *Saint-Phallier*; dépendant de l'abbaye de Saint-Benoît-sur-Loire. Nos annalistes se sont à peine occupés de ce prieuré qui semblait à l'abbé Carré l'un des plus anciens du diocèse, ainsi qu'il le démontre dans ses manuscrits déposés à la bibliothèque publique.

Vers l'an 623, Léodebode donna au monastère de Saint-Pierre ou Fleury-Saint-Benoît plusieurs pièces de terre et des bâtimens hors des murs d'Orléans. Il paraît avéré que pendant long-temps les Religieux habitèrent la métairie ou l'hospice appelé plus tard Saint-Phallier, et cultivèrent les champs qui en dépendaient. Le relâchement s'étant établi dans la plupart de ces domaines appartenant aux abbayes, et qu'on appelait alors *obédiences*, Charlemagne voulut qu'on les transformât en maisons religieuses; et, en 817, Louis-le-Débonnaire ordonna qu'on y mît au moins six Religieux. Telle fut sans doute l'origine du prieuré qui remplaça la métairie donnée à Fleury par Léodebode, et sur le terrain de laquelle on construisit alors une chapelle. Il est même probable que ce prieuré était destiné à servir de retraite aux Moines de Saint-Benoît, au cas de dissension civile; mais les Normands ayant pénétré dans l'intérieur de la France, les Religieux de Fleury-Saint-Benoît ne trouvant point les bâtimens de Saint-Phallier assez vastes, demandèrent l'hospitalité aux chanoines de Saint-Aignan. Bientôt les uns et les autres furent obligés de se mettre en sûreté dans la ville même, et l'abbé de

Saint-Benoît y établit Saint-Benoît-du-retour. (*Voyez Saint-Benoît-du-retour.*) Après la défaite des Normands, les Moines des diverses abbayes rentrèrent dans leurs possessions, firent cultiver leurs terres, et envoyèrent des Religieux, à cet effet, dans leurs *celles*, ainsi qu'ils les appelaient. Peu après l'expulsion des Normands, l'abbaye de Fleury-Saint-Benoît, rentrée dans son prieuré de Saint-Phallier, se chargea du soin de desservir la paroisse de Fleury-aux-choux qui en était voisine; et, en 1077, le Roi Philippe Ier lui confia la cure de Chanteau.

En 1123, le concile de Latran renouvela la défense déjà faite aux Moines de desservir des cures, en leur conservant néanmoins le droit d'y nommer. Différens conciles leur défendirent aussi d'avoir des écoles publiques, mais Saint-Benoît fut excepté; car, en 1235, l'abbé Jean, dans un Chapitre général tenu à Fleury, assigna à dix de ses Moines les revenus du prieuré de Saint-Gervais, situé en la paroisse de Saint-Marc d'Orléans, pour subvenir à leur entretien pendant qu'ils se perfectionneraient dans les sciences à l'Université d'Orléans, pour professer ensuite dans ses écoles; et ces revenus ne suffisant pas, il y joignit plus tard ceux de Saint-Benoît-du-retour : ces revenus sont évalués, dans un recensement des rentes de l'abbaye, en 1164, à 6 sous chacun.

Les bâtimens du prieuré de Saint-Gervais furent du nombre de ceux détruits par les Orléanais à l'approche du prince de Galles, en 1359. Ils ne furent point rétablis; cependant il existait, à ce qu'il paraît, une petite chapelle ravagée en 1428, lors du siège des Anglais. Quoique Louis XI ait témoigné quelque vénération pour Saint Phallier, cependant il ne fit point relever la totalité des bâtimens de ce prieuré; et c'est même par conjecture qu'on lui attribue la réédification de la chapelle dont on trouve encore les restes.

Ce prieuré était tombé en commande, et était

devenu un bénéfice simple ; d'abord à la nomination de l'abbé de Saint-Benoît, et, en 1772, à celle du Roi. Le dernier titulaire fut M. l'abbé de Champfort, qui décéda en 1789; mais il ne jouissait point des seigneuries et justices de Fleury-aux-choux et de Chanteau, qui avaient été cédées par lettres-patentes à M. Henry, seigneur de la Brossette ou du castel de Chanteau, moyennant une rente foncière.

Les terrains environnant ce prieuré, et la chapelle, ont été vendus en 1792, et morcelés. Quelques travaux faits pour cultiver ces terres, ont indiqué que les bâtimens avaient autrefois une certaine étendue au nord. On y a déterré des fondemens assez épais, des tombeaux en pierre, semblables à ceux qu'on rencontre encore assez souvent ; enfin quelques armes en fer, très-rouillées, et beaucoup de ces petits pots qu'on mettait jadis près des morts avec du charbon, de l'eau-bénite et de l'encens.

SAINT-PIERRE-AUX-BŒUFS. D'après les actes de la vie de Saint Ay et ceux de la translation du corps de Saint Baudille, le nom de Saint-Pierre ou de Saint-Pierre-aux-bœufs était celui de l'église de Saint-Aignan, avant que ce Saint n'y fût vénéré. (*V.* Saint-Aignan.)

SAINT-PIERRE-EN-PONT. L'église de Saint-Pierre-en-pont était la seconde collégiale d'Orléans, et son antiquité était au moins égale à celle de Saint-Aignan. Elle s'appelait, dans le principe, St.-Pierre des hommes, parce que, selon nos anciens historiens, Diopet, évêque d'Orléans dans le quatrième siècle, avait établi deux baptistaires à Orléans; l'un pour les hommes, à Saint-Pierre-en-pont, l'autre pour les filles, à Saint-Pierre-le-puellier : mais cette assertion est dénuée de preuves aussi bien que l'existence de Diopet, sur l'épiscopat duquel on ne possède aucun renseignement certain. Cette église était un collège de chanoines, ou, selon l'expression d'Etienne de Tournay, une abbaye de clercs, *très* aliæ clericorum abbatiæ; scilicet : *Sancti-Petri virorum*, *Sancti-Petri puellarum*, et *Sancti-Aviti*. On la trouve néanmoins désignée dans quelques actes antérieurs à 1300, sous le nom de *Sanctus-Petrus in ponte*.

Le nom français de cette église, adopté depuis 1400 environ, Saint-Pierre-*em* pont et Saint-Pierre-*en*-pont, a beaucoup exercé nos anciens historiens, dont l'opinion la plus commune est qu'il a pris son origine de la position de cet édifice au centre de la ville, *in puncto civitatis*. Quelques écrivains modernes, dont nous adopterons plus volontiers les conjectures, pensent qu'il existait un pont en face de la poterne Chesneau, vers le milieu de la ville; que ce pont, peut-être celui même dont parle César, avait été détruit depuis la domination romaine, et remplacé par celui qui existait au temps de Jeanne d'Arc, à l'extrémité sud-ouest de la ville, et pour ainsi dire hors de ses murs. (*Voyez l'article des Ponts.*) Les renseignemens que nous avons recueillis sont tous en faveur de ce système, et donneraient au surnom de l'église dont nous nous occupons, une étymologie toute naturelle, Saint-Pierre-en-pont, *Sanctus-Petrus in ponte*, Saint-Pierre situé sur le chemin ou dans la rue qui conduisait au pont.

Le Chapitre de Saint-Pierre-en-pont conservait quelques usages assez singuliers, et possédait des redevances curieuses. Le doyen, qui devait être d'extraction noble, avait le droit de se faire recevoir dans l'église en habit séculier, portant des éperons dorés, une ceinture, une épée, et un oiseau sur le poing. Le prédicateur de Louis XI, Guillaume Compaing, prit possession, avec ce cérémonial, en 1471. Le maire de la paroisse d'Ouvrouer-les-champs et le seigneur de Bapaume étaient tenus d'offrir au Chapitre, la veille de l'Ascension, et pendant qu'on chantait le *Magnificat*, un bélier *suranné*, couvert de sa laine, avec des cornes dorées auxquelles étaient attachés deux écussons aux armes de Saint-Pierre, et une bourse contenant 5 sous parisis, pendue à son cou. La présentation avait lieu dans le cloître, où les officiers du doyenné et un boucher se trouvaient réunis pour constater si le bélier était recevable ; mais comme cela donnait souvent lieu à des contestations, l'on convint d'en payer la valeur en argent, sans être dispensé de l'offrir : alors on le regardait comme non recevable, et on payait la somme convenue.

La tour de Saint-Pierre-en-pont, qui subsiste encore, de même que la totalité de l'église réparée après les ravages des Protestans, servait de *beffroi* à la ville avant que les échevins eussent fait élever celle du musée. On y sonnait le *couvre-feu, les réjouissances publiques, les alarmes*, ainsi que nous le voyons constaté par un arrêt du parlement de Paris, du 10 avril 1323, relatif à l'entrée de Roger, évêque d'Orléans, où on lit cette phrase : *Usque ad horam quâ pulsatur ad ignitegium in ecclesiâ Sancti - Petri virorum*. On y sonnait aussi, pendant la nuit, *la levée, retraite, et continuation du guet*, et la cloche destinée à cet usage s'appelait la *trompille de la guette* où *chasse-ribault*. La cloche du beffroi de Saint-Pierre-en-pont fut bien des fois mise en mouvement en 1428, suivant le journal du siège, et servait à prévenir les habitans des entreprises de l'ennemi.

Le Chapitre de cette collégiale se composait d'un doyen, d'un chantre, d'un chévecier, et de treize autres chanoines tous nommés par l'évêque, excepté le chévecier qui était choisi par le doyen, et cumulait les fonctions de curé.

L'église est une des plus remarquables de la ville par l'ancienneté évidente des murs extérieurs du côté Nord : au moins c'était l'avis de M. Coste, architecte, lorsqu'il vint à Orléans, en 1708, pour les travaux de Sainte-Croix. Effectivement, cette partie de l'édifice semble avoir existé depuis l'origine, et le peu d'ornemens qui s'y trouvent en ferait remonter la construction au sixième ou septième siècle. En 1793, elle fut mise en vente sur la prisée de 10,000 liv., y compris les bâtimens adjacens; adjugée pour une somme plus élevée, elle a été successivement employée à une raffinerie, à des magasins de vin, et de fourrages pour la troupe. Elle est aujourd'hui sans destination précise, et sert quelquefois à des spectacles ambulans. La sculpture de l'arcade du maître-autel, faite aux frais des Bénédictins, lorsqu'on y transféra la paroisse de Saint-Sauveur sous cette condition, était due au ciseau de Leclerc, fils du célèbre graveur de ce nom; mais on n'en peut plus guère juger le mérite sur les fragmens qui en restent.

SAINT-PIERRE-EN-SENTE-LÉE. Des dissertations assez nombreuses ont paru en différens temps sur l'origine encore douteuse du surnom de cette église. Les unes avaient pour but de démontrer qu'il venait de Saint Pierre et Sainte Lée, patrons primitifs de cette paroisse, et que le mot *ensentelée* n'était qu'une contraction de Sainte Lée. Nous ajouterons, à l'appui de cette opinion qui nous paraîtrait concluante, si les termes d'actes authentiques ne venaient pas la combattre, que le nom de Saint-Pierre ne lui a été donné que postérieurement à celui de Sainte-Lée qu'on trouve établi seul dans les actes de 930, et qu'alors il serait possible qu'on eût élevé depuis un autel en l'honneur de Saint Pierre dans l'église de Sainte-Lée, d'où serait dérivé le surnom *en-sente-lée*, c'est-à-dire dans Sainte-Lée.

Les autres mémoires, appuyés de divers actes, mais tous postérieurs à l'année 930, tendaient à prouver que le nom de cette église, appelée pour la première fois Saint-Pierre-en-sente-lée en 1087, venait des mots *semita lata*, voie, *sentier large*, qu'on trouve dans quelques titres, et même du mot *santellas* qu'on y lit aussi, et qu'il avait rapport à sa position. L'église de Saint-Pierre était, à la vérité, hors ville et sur les fossés; elle pouvait donc être située près d'une voie spacieuse, pratiquée sur le revers de ces fossés, et remplacée par la *grande allée* qui a pu lui faire donner cette distinction équivalente à celle usitée vers le même temps dans quelques villes, telle que Saint-Pierre-au-cours ou sur la promenade de la ville. On a prétendu aussi qu'il pouvait y avoir eu, dans l'origine, deux chapelles; l'une dédiée à Saint Pierre, et l'autre à Sainte Lée : mais nous ne voyons rien qui puisse appuyer cette conjecture, si ce n'est le long partage de son administration entre deux curés, comme nous en verrons la preuve en 1389.

En 930, Hugues-le-Grand, père de Hugues-Capet, donna l'abbaye de Saint-Symphorien aux Moines qui adoptèrent depuis le nom de Religieux de Saint-Samson; il y ajouta deux églises situées dans le faubourg de la ville, Sainte-Lée et Saint-Sulpice, *cum duabus ecclesiis in honorem Sanctæ Lætæ, Sanctique Sulpicii in suburbio præfatæ urbis positis.* En 1087, Philippe Ier, on ne sait à quel titre, donna au Chapitre de Sainte-Croix ses droits sur cette église : *Ad preces...... Hugonis decani..... et totius Capituli, ... dedimus et concessimus quidquid juris habebamus in donatione ecclesiæ Sancti-Petri in semitâ latâ.* En 1148, Philippe de France, fils de Louis-le-Gros, ayant contesté au Chapitre de Sainte-Croix, comme doyen de Saint-Samson, ses droits sur Saint-Pierre-en-sente-lée, fut condamné par une bulle du pape Eugène III, dans laquelle on lit cette phrase : *Ex parte dilecti filii nostri Philippi, fratris illustris Francorum regis, querelam accepimus; quod nos ecclesiam Sanctæ-Lætæ quam ad decanatum suum asserit pertinere, ei violenter auferatis.* La dépendance de Saint-Pierre envers le Chapitre de Sainte-Croix est de nouveau confirmée par la distribution de 40 sols à prendre sur cette église pour l'anniversaire de l'évêque Gilbert de Garlande. *Dist. XL.... sol super ecclesiam Sancti-Petri in semitâ latâ,* et pour celui de Manassés Ier, porté à cent sols.

En 1344, le Chapitre de la cathédrale ayant attribué au Pénitencier le soin de confesser et d'administrer ses chanoines, augmenta les revenus de ses charges, et lui donna le patronage de Saint-Pierre-en-sente-lée. L'évêque d'Orléans approuva cette résolution, et déclara qu'il joignait cette cure à perpétuité à la pénitencerie, exemptant le titulaire de synode, droits épiscopaux, etc.; ce qui fut confirmé par le pape Clément VI, en 1346.

Cet édifice très-bien bâti, *nobiliter et honorabiliter fabricatus*, devint la proie des flammes en 1359, lors de l'arrivée du prince de Galles sous nos murs. On ne jugea point convenable de le relever; et une charte de Hugues, évêque d'Orléans, du 13 janvier 1364, assigna aux paroissiens la chapelle de Sainte-Catherine, rue de la barillerie, comme église principale, et celle de Saint-Jacques, rue des hôtelleries, comme succursale, en ordonnant que l'emplacement de Saint-Pierre servirait de cimetière. Il paraît néanmoins que la distinction des curés de Saint-Pierre et de Sainte-Lée existait alors, et survécut même à ce démembrement, ce qui serait en faveur de la première opinion que nous avons émise sur l'origine de l'étymologie du surnom de cette église; car en 1389, un arrêt du Parlement, du 29 janvier, relatif aux contributions que le clergé devait fournir pour les fortifications de la ville, s'exprime ainsi : « *Ca-* » *pellanos et firmarios magistri Guillelmi de Bourdevillá* » *pro parte curati ecclesiæ parochialis Sancti-Petri* ad » *santellas, magistrum Johannem Cami canonicum S.* » *Ernas curatum in parte ecclesiæ parochialis S.-Petri* ad » *santellas.* » C'est le seul acte où l'on trouve l'expression *ad santellas*.

Lorsque Louis XI fit faire la troisième clôture de la ville, quelques habitans conçurent le projet de réédifier Saint-Pierre; et ils obtinrent, en 1501, du pape Alexandre VI, la distraction des paroissiens de Saint-Pierre d'avec ceux de Sainte-Catherine. La même bulle joignit l'office et la dignité de pénitencier à la cure de Sainte-Catherine, ainsi que le droit de nommer à celle de Saint-Pierre. Les Protestans, vers 1567, ravagèrent la nouvelle église; mais elle fut restaurée, et c'est probablement de sa consécration par Jean de l'Aubespine, évêque d'Orléans, après ce désastre, que parle Pothier, prieur de Saint-Euverte, dans ses manuscrits, et qu'il fixe à la date du 18 novembre 1590.

Lorsqu'on réduisit le nombre des paroisses de la ville, en 1791, Saint-Pierre-en-sente-lée devint succursale de S^{te}.-Croix. Cette église fut mise en vente le 10 avril 1793, sur la prisée de 5,228 livres, mais elle ne fut point adjugée. Ses grilles furent enlevées, ses autels rasés, et un magasin de fourrages disposé dans sa nef principale. Elle n'a été rendue au culte qu'en 1805, sous l'évêque Bernier qui en sollicita l'abandon de la part du Gouvernement pour en faire une succursale de Sainte-Croix, qu'il bénit le 1er août. Cette église, assez petite, et toute bâtie en briques, est maintenant passablement décorée. Le maître-autel et quelques tableaux qui s'y trouvent sont remarquables. On y lisait autrefois l'épitaphe du baron Sirot, que mademoiselle de Montpensier, dans ses Mémoires, se défend d'avoir composée (1).

(1) « Passant, tu vois dans ce tombeau celui qui a fait des actions dignes d'une gloire immortelle : c'est défunt messire Claude d'Etufo de Pradines, baron de Sirot, lieutenant général dans les armées du Roi, descendu de l'illustre maison d'Etufo, néapolitaine, qui a eu des vice-rois et autres grands hommes, dont quelques-uns d'entre eux, pour avoir pris les intérêts de la France, comme le reste de leur famille, furent, après les Vêpres Siciliennes, obligés de se rendre en France. Toute l'Europe a été le théâtre de sa valeur. La Hollande l'a connu ; l'Italie l'a admiré ; l'Empire en a profité ; les Souverains en ont été jaloux, puisqu'il a paru dans la lice contre le roi de Danemarck et celui de Suède, avec tant de succès, qu'il a abattu d'un coup de pistolet le chapeau de celui qui a enlevé la couronne à plusieurs princes. Il s'est particulièrement signalé ès sièges d'Arras, secours d'Ouville, bataille de Rocroy; à Courtray, à Armentières. Ces exploits lui ont

Le presbytère et une partie de l'ancien cimetière qui se trouvait en avant de cette église, ont été seuls aliénés. On y remarquait autrefois un grand Christ, mal sculpté et bizarrement peint ; mais on lui attribuait des miracles singuliers. Depuis la restauration de l'église, on a planté, en avant de sa porte latérale, des arbres qui seraient d'un effet très-agréable, s'ils n'étaient pas masqués par un mur très-élevé et par des stations dues à la piété d'un riche habitant, ce qui donne à cette entrée l'aspect d'un cloître. Le grand Christ en bois a été remplacé par un autre, portant cette inscription : *Venerandam hanc crucem, pro religionis triumpho tota civitas plaudens et orans, publicæ pietati offert, die 5ta jan^{rii}, A. D. 1816*, et posé par les premiers Missionnaires qui vinrent à Orléans, où ils avaient loué, avec les libéralités de quelques habitans, une maison, rue des bons-enfans, au coin de celle du petit-sanitas. On avait conçu le projet de placer la bourse dans cet édifice, avant que M. Bernier ne s'en fût emparé, et il serait difficile maintenant de trouver un emplacement plus convenable.

Saint-Pierre-le-Puellier. Nous avons déjà dit,

» fait avoir les principales charges dans les armées royales, et lui
» en ont mérité de plus grandes. Sa récompense a été l'affec-
» tion des Rois, parce qu'il y en avoit peu d'autres qui éga-
» lassent ses services. Toutes les vertus d'un grand guerrier
» se sont trouvées en lui, et celles d'un vrai chrétien y ont
» encore été plus remarquables. Comment est-ce donc que
» la mort a vaincu ce victorieux, après l'avoir attaqué sou-
» vent sans le pouvoir abattre, après l'avoir chargé de plaies,
» sans pouvoir entamer son courage ? Parce qu'il combattoit
» pour la liberté du Roi et celle du royaume, elle lui a donné
» le coup fatal devant Gergeau, dont il est mort à Orléans,
» le 8 d'avril 1652. Passant, prie Dieu pour son âme, et pense
» que cette vie n'est qu'une milice. »

Les deux Rois dont il est parlé dans cette épitaphe, sont Christian IV et Gustave-Adolphe. Il tua le cheval du premier d'un coup de pistolet, et d'un autre abattit le chapeau et brûla les cheveux du second.

à l'article de Saint-Pierre-en-pont, que Diopet, évêque d'Orléans, avait établi deux baptistaires à Orléans; l'un pour les hommes, l'autre pour les filles; d'où serait venu le nom de Saint-Pierre des jeunes filles, *Sanctus-Petrus puellarum* : mais nous avons fait remarquer que cette origine était aussi douteuse que l'épiscopat de Diopet. Selon Glaber, c'était un monastère de Religieuses que le Roi Robert sécularisa et remplaça par des chanoines et un doyen. Il serait possible, quoi qu'en ait écrit M. de Luchet, de concilier ces deux versions, et de penser que Diopet a pu établir un baptistaire dans cette église, près de laquelle lui-même, ou des gens pieux qui lui succédèrent, formèrent un monastère de filles à l'instar de ceux de même nom, créés par Sainte Coubete, suivante de Sainte Hélène, ainsi que le dit Lemaire.

Le Roi Robert avait doté ce Chapitre, et y avait réuni, en 1012, les deux églises de Saint-Michel et de Saint-Paul d'Avenum. En 1125, Louis-le-Gros approuva, par des lettres datées de Lorris, la réunion faite par Jean, évêque d'Orléans, des revenus de ce doyenné, alors en mains laïques, à ceux du Chapitre. En 1642, Théobalde, évêque d'Orléans, trouvant le revenu du doyenné qui n'était que de 30 livres parisis, trop peu considérable, y joignit un canonicat avec prébende; et ce Chapitre, composé de trois dignités et de dix chanoines, exista jusqu'en 1775. A cette époque, un décret de M. de Jarente, évêque d'Orléans, du 7 avril, le supprima, et réunit sa mense capitulaire au Séminaire de la ville.

L'église de Saint-Pierre-le-puellier devint alors une des paroisses d'Orléans, et fut supprimée avec d'autres petites curés en 1791. Le 4 novembre 1793, elle fut mise en vente sur la prisée de 5,228 livres, et adjugée pour 15,000 livres. Depuis ce temps elle a servi constamment de magasin à sel; ce qui l'a beaucoup endommagée. Enfin, en 1816, les habitans de ce quartier en ont fait l'acquisition pour la somme de 12,000 francs : elle a été réparée, et repavée avec une partie des carreaux en pierre de l'église de Notre-Dame-du-chemin. Son clocher a été refait dans le même temps, et elle est restée oratoire de Sainte-Croix jusqu'en 1827. Elle vient d'être érigée de nouveau en paroisse. Les figures en pierre du maître-autel, sculptées, dit-on, *selon la légende du Christ pleurant* (1),

(1) Glaber, moine de Cluny, plus que crédule, et auquel nous devons néanmoins des ouvrages qu'on peut encore consulter avec fruit, rapporte le miracle du Christ de Saint-Pierre-le-puellier, qui, selon nos anciens auteurs, présagea aux Orléanais l'affreux incendie de 999. Il raconte que l'an 998, sous le règne du Roi Robert, un Christ, placé à Saint-Pierre-le-puellier, répandit des larmes, et qu'on s'assura qu'elles sortaient vraiment de ses yeux. Prévoyant quelque malheur, parce que le Seigneur avait pleuré sur Jérusalem avant sa destruction, les habitans vinrent prier en foule, et résolurent de conserver ces larmes, qui coulaient abondamment, dans *des vases et des chaudrons d'airain*; mais elles les trouèrent, et ne purent être recueillies que sur un *corporalier* présenté par Renaud, alors doyen du Chapitre, qui s'en était servi le matin pour la consécration des hosties. Les *chaudrons* et le *corporalier* étaient conservés dans la sacristie, dit Lemaire, comme preuve du miracle; mais les religionnaires les détruisirent en 1562. Nous ajouterons à ce récit de Glaber une autre relation de lui, qui ne rendra pas beaucoup plus croyable le fait précédent. Il dit, en parlant des forêts voisines d'Orléans, qu'un loup entra un jour dans l'église de Saint-Pierre-le-puellier avec les chanoines, à l'heure de matines, qu'il s'embarrassa dans les cordes du clocher, en prit une dans sa gueule et sonna jusqu'à ce que le Chapitre, réuni aux assistans, se fût efforcé de le chasser. L'invraisemblance de ces narrations étonne moins, lorsqu'on voit, dans le même temps, Cosme Guimier affirmer dans les annotations à la pragmatique-sanction, que le Roi Robert étant à Orléans et priant pour la paix devant l'image d'un Christ qu'on croit être celui de Saint-Pierre-en-sente-lée ou de Saint-Pierre-le-puellier, entendit ce Christ lui répondre à haute voix qu'il n'aurait point de paix tant qu'il n'extirperait point de son royaume les blasphèmes et les autres crimes religieux. N'est-on pas fondé à supposer dans tous ces faits relatifs à un roi dévot et superstitieux, quelques fraudes intéressées, dans le genre de celle qui fit punir long-temps après, et avec justice, l'imposture des Cordeliers d'Orléans?

par

par Hubert, et long-temps enfouies sous la masse de sel qui remplissait l'édifice, ont été conservées. Elles donneraient une idée bien peu avantageuse du talent de ce sculpteur, si réellement elles étaient de lui ; mais nous en doutons avec M. Polluche.

L'église de Saint-Pierre-le-puellier avait été dévastée, comme toutes les autres, par les Protestans, et sa tour n'a point été relevée. Quelques-unes de ses chapelles, vers le chevet, offrent à l'extérieur des portions qui remontent à la plus haute antiquité, et semblent exister depuis sa fondation. Elles ont beaucoup de rapport avec les parties anciennes de Saint-Pierre-en-pont, que nous avons indiquées, et paraissent du même temps. Dans l'intérieur on lit une inscription singulière en l'honneur d'une jeune fille nommée Rose de Palis, une autre jouant en latin sur le nom propre *Foi* (*fides*) ; enfin celle de Viot de Mercure, valet de chambre de Henri IV, restaurée par sa famille en 1816. (*Voyez les* Notices historiques sur les Cimetières d'Orléans.)

C'était à Saint-Pierre-le-puellier que les possesseurs de certains héritages situés à Beaugenci devaient payer, le 13 janvier, fête de l'Invention de Saint-Firmin, pendant l'Epître de la Messe, la redevance de la maille d'or de Florence, dont nous parlerons à l'article Université.

SAINT-SAUVEUR. Suivant l'historien Rigord, les Juifs d'Orléans avaient une synagogue dans laquelle les habitans établirent une chapelle après leur expulsion, *in ecclesiâ quæ quondam Aurelianis fuerat synagoga, præbendas perpetuò instituerunt*. Cette chapelle, en raison de sa position dans le quartier des Juifs, ne peut être que Saint-Sauveur qui porta d'abord le nom de Sainte-Marie, lorsque les Orléanais y placèrent des clercs pour célébrer l'office et seconder les intentions de Philippe-Auguste, quand ce Roi ordonna de convertir en églises toutes les synagogues d'un peuple qu'on accusait de crimes, peut-être imaginaires, mais avec raison, de rapines, et de posséder beaucoup trop d'argent.

En 1200, le même Roi donna la chapelle de Sainte-Marie aux frères du Temple, par des lettres datées de Lorris. Ces chevaliers mirent cette église sous l'invocation du Sauveur, et ne profitèrent, comme on sait, des dépouilles des Juifs, que pour en être eux-mêmes frustrés sur des accusations à-peu-près semblables, et les laisser aux frères de l'hôpital ou de Saint-Jean-de-Jérusalem. Ceux-ci furent mis en possession de Saint-Sauveur en 1312, sous Philippe-le-Bel; et, en 1313, l'Ordre de Malthe afferma à *Vincent Boghi*, harencher à *Orléans, et à Adelot de Lour sa femme, un estaçon à harens vendre, qui fust jadis au Temple, assis au coing de la porte harencherie d'Orliens*. Cette porte était sûrement une de celles de la poissonnerie; car, à cette époque, on ne pouvait vendre de marée et de poisson que dans ce lieu. Les chevaliers de Malthe possédèrent cette chapelle et les bâtimens assez considérables qui en dépendaient, jusqu'à leur suppression. Ils furent mis en vente le 10 avril 1793, sur l'évaluation de 14,200 livres, et vendus sur une enchère plus élevée à un imprimeur de la ville, qui disposa ses ateliers dans la chapelle. Aujourd'hui cette imprimerie, qui occupa depuis un local dans la rue de la préfecture, y est réétablie, et les autres bâtimens sont occupés par les bureaux du Conservateur des hypothèques.

SAINT-SERGIUS *ET* SAINT-BACCHUS. C'était un oratoire situé près de Saint-Aignan et vers la principale porte du cloître, dans la rue des cinq-marches, où l'on voit encore les restes du portail du cloître. Les chanoines étaient tenus de porter l'évêque jusqu'à cette chapelle où les barons le reprenaient pour le reporter jusqu'à Sainte-Croix. Le bréviaire d'Orléans fait *commémoration* de ces deux martyrs, le 7 octobre; et à la procession des Rogations, le Chapitre s'arrêtait toujours dans le lieu jadis occupé par cette chapelle, et devant la porte d'une maison qui y attenait, appelée *porta patens*, pour y chanter une Antienne et une Oraison en l'honneur des deux Saints. C'est après l'an 1375 et l'entrée de Jean de Montmorenci, évêque d'Orléans, qu'on ne trouve plus de traces de cette église qui semble avoir disparu vers 1400.

SAINT-SULPICE. La petite paroisse de Saint-Sulpice, située dans la rue du cloître de ce nom, avait sa principale porte d'entrée sur la place du cloître du même nom, où l'ancien martroy, et occupait tout l'espace qui compose aujourd'hui les maisons de la rue du cloître Saint-Sulpice, n°s 9, 10, 12; c'était une des plus anciennes églises de l'extérieur de la ville, dans laquelle elle avait été enclavée avec le vieux martroy qui y touchait lors de la seconde clôture. Nous avons vu, à l'article de Saint-Pierre-en-sentelée, qu'elle existait dès l'an 980, et qu'elle avait été donnée aux chanoines de Saint-Samson. Depuis la cession faite par les chanoines de Saint-Samson aux Jésuites, elle était devenue un annexe de la paroisse de Saint-Maclou, et fut supprimée vers 1769. En 1778 elle servait déjà de magasin, et sa destination fut la même jusqu'au moment de sa démolition en 1795.

Cette église était obscure et mal décorée intérieurement ; à l'extérieur elle offrait aux antiquaires des sculptures assez remarquables par leur ancienneté ; et comme elle avait peu souffert pendant les troubles religieux, on remarquait dans sa construction le genre d'architecture adopté pour les monumens religieux dans le septième et le huitième siècles, et dont on trouve des traces à Saint-Pierre-en-pont, à Saint-Pierre-le-puellier, et principalement à Saint-Benoît-sur-Loire.

SAINT-VICTOR. Dans le cimetière de cette paroisse, dont la porte principale ouvrait sur la rue du même nom, existait un puits appelé, de temps immorial, le puits de Saint-Léger, et dont l'eau était regardée comme très-efficace pour guérir les fièvres et l'hydropisie. Saint Léger, comme on sait, était évêque d'Autun, et eut les yeux crevés par ordre d'Ebroin, maire du palais, tué en 681. Le nom de ce puits, et quelques autres renseignemens assez vagues, ont donné lieu de conjecturer que dans le principe Saint-Victor était une communauté fondée par Saint Léger ou établie en son honneur. En 860, 930, 990 et 1000, elle est désignée, dans des lettres-patentes de nos Rois qui énumèrent les églises dépendantes de la Cathédrale, sous le nom de *Notre-Dame-des-forges* (*Cellæ Sanctæ-Mariæ fabricatæ*), et nous voyons encore dans ce quartier un puits qui a conservé le nom de *puits-des-forges*.

En 999, cette église fut la proie des flammes, et le Roi Robert la rebâtit en 1029, suivant Helgaut qui lui donne la dénomination de monastère, affecté alors, à la vérité, à presque toutes les églises. En 1359, elle fut dévastée par le prince de Galles; en 1428, les habitans la démolirent pour leur sûreté au commencement du siège; et le 27 novembre 1567, les Protestans la ruinèrent et brisèrent ses vitraux qui étaient, selon les contemporains, les plus beaux de la ville.

On ignore l'époque où elle a pris le nom de Saint-Victor, qui lui est sans doute venu de quelque translation de reliques de ce saint Martyr de Marseille; mais en 1428 elle est désignée ainsi dans le journal du siège. En 1789, on voit dans l'état de l'argenterie envoyée à la monnaie par les différentes églises, pour les besoins du Gouvernement, que celle de Saint-Victor en donna 19 marcs 3 onces. Elle fut supprimée deux ans après, lors de la réduction des paroisses de la ville par M. de Jarente. C'était une des plus riches cures de la ville, dont Symphorien Guyon, l'un de nos historiens d'Orléans les plus curieux, mais aussi le plus crédule et le plus prolixe, fut titulaire en 1657.

L'emplacement de cette paroisse a été vendu et disposé en fabrique et magasin de poterie : elle subsiste toujours rue Saint-Victor, n° 2, et fournit principalement de très-bonnes formes à sucre.

SAINT-VINCENT. Cette paroisse, hors de la ville, dans le faubourg du même nom et sur l'ancienne route de Paris, n'offre rien de remarquable sous le rapport des arts et de l'histoire. Elle s'appelle aussi Saint-Vincent-des-vignes, à cause de sa position au milieu d'un vignoble fort ancien. Helgaut nous apprend qu'elle avait été bâtie ou rétablie par le Roi Robert, et que c'était un monastère : *fuit et in ibi monasterium Sancti-Vincentii, martyris Christi.* Elle fut ravagée par les troupes du prince de Galles en 1359, et démolie le 29 décembre 1428 par les Orléanais, lors du siège des Anglais. Elle avait été rétablie, mais les Protestans l'ayant dévastée de nouveau, on la répara peu après. Elle a donné son nom depuis à l'un des cimetières extérieurs de la ville qui l'avoisine. Fermée à la même époque que les autres paroisses, cette église fut mise en vente avec son ancien cimetière particulier, le 12 novembre 1792, sur l'évaluation de 5,000 liv.; mais elle ne fut point adjugée, et elle a été rendue au culte une des premières.

On y remarque aujourd'hui l'épitaphe de M. Perdoulx de la Perrière, Orléanais qui s'était acquis une grande réputation parmi ses contemporains par son érudition et ses recherches historiques peu connues maintenant. Cette inscription y avait été transférée du grand cimetière où elle se trouvait placée.

La châsse de Sainte Christine s'y trouve déposée. La fête de cette Sainte, dont les reliques avaient été données en 1701 à Olivet et à Saint-Pierre-Lentin, y attire beaucoup de gens pieux et de curieux dans le mois de juillet. Elle fut vendue à l'encan en 1793, achetée par un brocanteur de vieux meubles, puis revendue à l'église, il y a quelques années, lorsque M. l'évêque Bernier en fit la reconnaissance.

L'*Assemblée* de St.-Vincent, qui se tient à la porte même de la ville, est ordinairement très-fréquentée; et c'est une des premières réunions villageoises, appelées *Corps-saints*, qui ont lieu pendant la belle saison.

SAINT-VRAIN. Lors des ravages de l'armée du prince de Galles en 1359, il existait, hors de la ville, dans le *martrey*, une chapelle dédiée à Saint Vrain : les Anglais s'en emparèrent et la détruisirent. La vénération des Orléanais pour ce Saint engagea un prêtre, pieux et riche, à la faire rebâtir, et il obtint d'y célébrer l'office. Cette chapelle, suivant divers renseignemens, était placée dans l'île de maisons contenues entre les rues Gaillot et du barillet, détruites en 1750. Nous avons cru devoir en faire mention dans ce lieu, quoique Symphorien Guyon en ait parlé comme faisant partie du grand cimetière, et comme étant la même que celle de Sainte-Anne; néanmoins nous pensons qu'il a existé deux oratoires de ce nom à Orléans; l'un dans le martroy-aux-corps, comme le dit Guyon; et l'autre, rue du barillet, dans le martrey-hors-ville, suivant plusieurs actes.

SANITAS (PETIT-). Les maire et échevins d'Orléans, pour retirer les pestiférés, et former, dans la ville, une maison de santé pour les maladies contagieuses, achetèrent de Jean l'Ami et d'Agnès Fillon sa femme, en juillet 1580, une maison avec son jardin qu'ils disposèrent en hospice sous la dénomination du Petit-Sanitas. Il donna son nom à la rue vers le milieu de laquelle il était situé, et qui le porte encore. La maladie contagieuse qui engagea la Ville à établir cette maison, commença par une coqueluche qui dépeupla beaucoup Orléans; à la suite la peste se manifesta avec tant de violence, que les hospices sanitaires des environs se trouvèrent insuffisans. C'est peu de temps après cette maladie qu'on présenta la supplique dont nous avons parlé à l'article de la rue de la *corroierie*.

SANITAS (GRAND-). On confondit pendant long-temps, sous le nom de peste, les diverses maladies contagieuses qui désolèrent la France à différentes époques, et particulièrement depuis le retour des Croisés, où la lèpre, fléau qui ne semble point avoir été connu antérieurement à ces expéditions, dépeupla trop souvent nos provinces. On établit alors des maladreries pour séparer les malades des autres habitans, et Orléans eut sa léproserie de Saint-Lazare, qu'on donna ensuite aux Chartreux à la charge d'entretenir celle de Saint-Mesmin; mais les germes de cette maladie existaient toujours, et ce n'est guère que vers 1500 qu'on chercha des moyens efficaces de la détruire. On en attribuait, à juste titre, la propagation à la malpropreté et au défaut d'usage de linge; aussi nous voyons, en 1566, les échevins d'Orléans, afin d'arrêter les progrès de la maladie contagieuse qui régnait alors, multiplier l'emploi des tissus de fil, et, à cet effet, appeler de la Flandre des ouvrières en toile de chanvre et de lin, en les encourageant, les surveillant et les récompensant largement. Il paraît que jusque-là on ne se servait généralement que de vêtemens de laine, même sur la peau.

En 1586, la sollicitude des magistrats de la ville les engagea à augmenter les refuges des pestiférés: ils en avaient senti l'insuffisance peu de temps avant, lorsqu'ils avaient établi le Petit-Sanitas. Ils achetèrent donc de M. N. de Gyvès, conseiller au présidial, une maison à l'extrémité de la paroisse de Saint-Laurent, pour y loger les habitans attaqués de maladies épidémiques. En 1587 ils y ajoutèrent un demi-arpent de vignes pour y faire un cimetière, et ils accrurent de nouveau son enclos en 1625 et 1630.

En 1619, cet hôpital, appelé le Grand-Sanitas, était vacant, et les habitans d'Orléans étaient dans la plus grande sécurité, lorsqu'une famille, Adam Absolu, de Patay, vint se fixer à Orléans. Le chef était malade, et appela un chirurgien qui crût reconnaître dans la fièvre qui le dévorait, les symptômes de la peste, nom qu'on donnait alors à toutes les maladies réputées contagieuses; il fit son rapport à la Ville, et les Autorités firent porter le malade au Grand-Sanitas où il fut traité jusqu'à parfaite guérison. Les échevins lui fournirent du linge et des vêtemens qu'on brûla, et l'on paya le chirurgien, dont les honoraires, pour trois semaines de visites assidues, montèrent à soixante sols, suivant sa quittance. Les chaleurs furent excessives cette année, et la Loire était presque à sec, ce qui contraignit M. de Chiveray, lieutenant-général du Gouvernement, à prendre des mesures très-sévères pour préserver les habitans du fléau qui les menaçait. Il chassa de la ville tous les gens sans aveu et sans moyens d'existence : c'est depuis cette époque qu'il fut défendu de mendier sans une autorisation de l'Administration municipale.

Malgré ces précautions, les campagnes des environs restèrent infectées de cette maladie, qui se manifesta de nouveau en 1624. En 1625, les maire et échevins établirent sur les citoyens un impôt pour l'entretien des Sanitas ; ils demandèrent en même temps, et obtinrent de Louis XIII, la permission de construire les bâtimens qui existent aujourd'hui, ainsi qu'une chapelle sous l'invocation de Saint-Louis. Ces constructions étaient à peine achevées en 1626, lorsque la contagion se développa avec tant de violence, que, du 1er septembre au 1er février 1627, il mourut plus de dix-huit cents personnes. Dès l'année 1625, Louis XIII avait accordé pour la reconstruction du Sanitas et pour son entretien, les droits passés et à venir de 8 sols 6 deniers sur chaque minot de sel vendu au grenier à sel d'Orléans. En 1626 il y ajouta 12 sous à percevoir sur les autres greniers à sel de la généralité. Ces droits furent long-temps perçus au profit de cet établissement, totalement bâti en 1632. On plaça alors un buste de Saint Louis au-dessus de la porte d'entrée.

En 1643 on recueillit au Grand-Sanitas deux cents prisonniers espagnols faits à la bataille de Rocroi. On disposa plus tard ces bâtimens pour y mettre les mendians, et enfin les gens attaqués de démence, avant qu'il n'y eût des loges de construites pour eux à l'hôpital-général.

La maison du Sanitas, située dans le faubourg Madeleine, est devenue une propriété particulière, et l'on y a disposé une fabrique de poterie commune, dont les produits sont de très-bonne qualité.

Voici les dates des années où les maladies contagieuses ont causé le plus de ravage à Orléans : 1372, 1502, 1561 (il périt alors, en trois mois, près de 10,000 habitans), 1580, 1626; enfin 1814, où la fièvre se manifesta dans les hôpitaux provisoires de Saint-Charles, des Augustins, etc., encombrés de blessés qu'on amenait de l'armée, entassés pêle-mêle dans les voitures requises pour leur transport.

SÉMINAIRE. Le rétablissement de la religion catholique nécessitait celui des Séminaires : cependant il ne commença à s'en former un à Orléans qu'en 1804; et le 12 floréal an XIII (1805), on fit les premières quêtes, dans toutes les paroisses, pour aider à l'accroître. Divers habitans envoyèrent des meubles, du vin, etc., etc., pour contribuer à la formation de cette pépinière d'ecclésiastiques dont le nombre avait beaucoup diminué pendant les persécutions, et depuis par les infirmités de ceux qui leur survécurent. Après avoir occupé un local très-resserré, le nouveau Séminaire fut transféré dans celui qu'il occupe derrière l'abside de Sainte-Croix. Plusieurs maisons y ont été jointes, et une chapelle y a été bâtie par les soins et les libéralités de son créateur, M. l'abbé Mérault. On remarque dans cette chapelle une inscription en mémoire de M. de Varicourt, évêque d'Orléans, dont le souvenir est encore cher aux élèves, et qui ordonna d'y placer son cœur. Le fondateur du Séminaire en est resté le directeur jusqu'en 1824, sous l'épiscopat de M. de Beauregard, évêque actuel du diocèse. L'ancien Séminaire ayant été rendu à sa destination première, on travaille en ce moment à en réparer les bâtimens.

SPECTACLE (SALLE DE). Les spectacles remontent, à Orléans, aux règnes de Charles VII, Charles VIII, et Louis XII, où l'on joua sur des tréteaux, pendant leurs divers séjours, des *moralités*, des mystères, des mères-sottes, etc. Cependant la fête des fous, dont nous avons parlé à l'occasion de la place du cloître de S^{te}.-Croix, avait offert, antérieurement, de ces scènes burlesques, où les mystères de la religion étaient travestis en parades de foire, ainsi qu'ils le furent en 1450, lorsque, par ordre de l'archevêque de Lyon, on plaça un théâtre devant sa maison dans le cloître, près de la salle du Chapitre, comme nous l'avons dit en parlant de cette maison remarquable.

Ces scènes de bateleurs prirent une nouvelle faveur, vers 1545, par les soins de Jean et de Jacques de la Taille, de Bondaroy, en Gâtinais, qui composèrent, ainsi que Jean Claveret, des dialogues un peu moins déraisonnables. Déjà en 1499, lors de l'entrée d'Anne de Bretagne, femme de Louis XII, *elle avoit été conduite sous un dais à Sainte-Croix, et s'en estoit retournée aux flambeaux dans la salle neuve de l'hostel-de-ville, où l'on joua une comédie farce et mascarade; et c'estoit la première ni triviale, ni trop joyeuse, ni indécente, qu'on donna dans Orléans.*

Sous Louis XIII, les écoliers de l'Université non contens de jouer eux-mêmes, ainsi qu'ils le faisaient depuis long-temps (1), des mystères, des prover-

---

(1) On lit dans les notes de manuscrits protestans, que dans

bes, etc., etc., s'établirent juges des pièces que venaient représenter des troupes d'acteurs ambulans. Les directeurs leur envoyèrent, au principe, des billets; mais cette déférence de leur part pour les lettrés servit bientôt de titre contre eux. On exigea, comme un droit acquis, l'envoi de vingt-quatre billets, au renouvellement de chaque troupe, et ces entrées se partageaient entre les *élèves des nations germanique, picarde, francisque et champenoise, établies en l'Université.* Les Autorités d'Orléans maintinrent plusieurs fois ce privilège acquis aux écoliers de l'Université, ainsi que le droit de *siffler* ou *d'approuver* les acteurs, pourvu qu'ils n'exigeassent pas plus *des vingt-quatre billets accoutumés*, et qu'ils ne s'attroupassent ni sur le théâtre, ni même à la porte, à l'effet *de siffler et faire cabale.*

La première salle de spectacle, ou plutôt le premier local disposé, de temps à autre, en salle de spectacle, fut la salle basse de l'ancienne Université, rue des gobelets. La seconde fut établie bien plus tard dans la rue du colombier, dans les bâtimens d'un ancien jeu de paume appelé *la perle*, où se trouve maintenant la maison de commerce, n° 27, qui a fait de ce local des magasins d'épicerie.

Cette salle était fort incommode : on y arrivait par une longue allée très-obscure, et les couloirs étaient peu larges; aussi le feu ayant pris au théâtre en 1757, il en résulta des accidens nombreux et graves, occasionnés par le défaut d'issues. En 1758, le Duc d'Orléans la fit rétablir et décorer; mais il n'obvia point à l'inconvénient de la mauvaise disposition du local. Enfin le 8 juin 1792, M. Lebrun, architecte de la ville, proposa de former une société en

---

un *proverbe naturel*, joué en 1530 à Beaugenci, lors du paiement de la maille d'or, J. Calvin, qui fut le héros de ce voyage, dont le but était d'obliger les débiteurs de cette redevance à l'acquitter, se trouvait chargé d'un rôle dans *la comédie*, et s'en acquittait fort bien.

commandite pour la construction d'une nouvelle salle de spectacle.

La paroisse de Saint-Michel, sur la place de l'étape, supprimée en 1791, mise à prix pour 7,000 l., venait d'être vendue 32,200 livres. Elle lui sembla propre, par sa position et son isolement entre deux rues et le jardin de l'hôtel-Dieu, à l'exécution de son projet. Elle fut rapidement appropriée à cette destination, et avec autant de goût que la forme de l'édifice permettait d'en apporter dans sa distribution intérieure et dans ses ornemens.

Le théâtre fut *machiné*, c'est-à-dire disposé de manière à pouvoir jouer des *pièces-féeries*. Quoique la forme longue de cette salle nuisît à l'illusion et à son élégance, elle était tellement préférable, sous tous les rapports, à celle de la rue du colombier, que cette dernière fut totalement abandonnée peu de temps après. Elle appartient encore à la famille de M. Lebrun qui en était resté seul propriétaire, et l'avait fait restaurer en 1818, peu avant son décès.

Une autre salle de spectacle a été établie pendant quelques années dans l'église de Saint-Pierre-Lentin, et des *amateurs associés* s'y firent remarquer par le choix des pièces qu'on y représentait, ainsi que par le naturel qui caractérisait le talent de plusieurs d'entre eux. Une troisième salle fut aussi disposée et subsista quelque temps dans les anciens greniers du Chapitre de Saint-Aignan, derrière le chevet de l'église. Une société d'amateurs joua quelque temps sur ce théâtre, occupé depuis par les *jeunes élèves de la rue de Bondi*, et enfin abandonnée à cause de son trop grand éloignement du centre de la ville. On voit encore les restes de sa façade ornée de colonnes.

L'ancienne paroisse de Saint-Michel, dont la salle de spectacle occupe les bâtimens, était, dans le principe, une chapelle hors des murs de la première enceinte, que le Roi Robert donna en 1012 au Chapitre de Saint-Pierre-le-puellier. On pense généralement

ralement qu'elle n'a pris le titre de paroisse qu'après l'arrivée du prince de Galles, en 1359, lorsqu'on la rétablit et qu'on y transféra, ainsi que nous l'avons dit, les fondations pieuses de Saint-Martin *de latâ areâ* ou Saint-Martin-du-mail, qui n'existait plus en 1428, lors du siège. Saint-Michel se trouva alors au nombre des édifices abattus par les habitans pour leur sûreté ; mais il fut réédifié peu de temps après, et on y avait transféré la paroisse de Saint-Georges, supprimée avec la collégiale de Saint-Avit dont cette dernière dépendait.

L'église de Saint-Michel était peu remarquable : on y voyait dans l'intérieur un tableau, alors estimé, de de Sève, et deux statues d'Hubert. La chaire à prêcher était, dit-on, d'un travail curieux : c'était la même qui avait servi au temple des Protestans à Bionne, et qui en avait été enlevée peu de temps après l'événement grotesque de la vache à Colas, que nous avons raconté à l'article du faubourg de Bourgogne. C'était à l'un des piliers de sa nef qu'on lisait les stances de M. Bourglabbé, gravées en mémoire de ses enfans, et que nous avons données à l'article de la Croix-rouge. La présentation de la cure de Saint-Michel appartenait à l'abbaye de Saint-Mesmin, et lui avait été donnée en dédommagement de la portion qu'elle avait dans celle de Saint-Paul.

Lors des fouilles que nécessitèrent les fondations de quelques parties de la salle de spectacle, on trouva beaucoup de tombeaux en pierre, de petits pots contenant, suivant les usages anciens, du charbon, de l'encens, etc. ; enfin des médailles romaines dont on n'a gardé aucune description.

TEMPLE PROTESTANT. Lorsque Bonaparte, en rétablissant le culte catholique comme religion de l'Etat, laissa à chacun la liberté de conscience, et donna l'exemple de cette sage tolérance seule capable d'éviter les querelles de religion et les guerres de fanatisme plus désastreuses que toutes les autres, il ordonna que des temples protestans seraient ouverts dans chaque ville où il se trouverait un certain nombre d'habitans professant cette religion. On assigna alors, à Orléans, aux Protestans l'ancienne église de Saint-Pierre-Lentin qui fut réparée et consolidée pour y établir leur prêche.

L'église de Saint-Pierre-Lentin, *Sanctus-Petrus lactentium*, paraît avoir tiré son surnom de l'usage où l'on était encore en 1256 de faire élever les enfans qui naissaient à l'hôtel-Dieu dans une maison hors de cet hospice, et que la Ville louait 12 livres 15 sols chaque année, *pro locagio baptisator.*, suivant l'expression d'un compte de *la baillie* d'Orléans : de là sera probablement venue l'épithète de *lactentium*, dont a fait *lentin* par corruption. L'habitude de porter à cette paroisse les nouveaux nés à l'hôtel-Dieu pour y être baptisés, s'est conservée jusqu'à sa suppression.

Le clergé de Sainte-Croix allait jadis en procession à cette paroisse le mercredi des Cendres, après Sexte, et y recevait cette marque d'humilité chrétienne : *die Cinerum, fit processio post Sextam ad Sanctum-Petrum-lactentium, et ibi donantur Cineres canonicis, et illis qui volunt accipere*. Depuis sa suppression en 1791, on avait disposé, comme nous l'avons dit, l'intérieur en salle de bal et de spectacle où se réunissait une *société d'acteurs bourgeois* qui rivalisèrent quelque temps avec les bonnes troupes de comédie et de vaudeville. Ce temple est encore une propriété particulière, dont la Ville paye un loyer annuel de 600 fr. pour le culte protestant; il serait à désirer qu'elle pût faire l'acquisition de ce local, ou en approprier un autre à cette destination.

Tours de ville. Les tours de ville de la première enceinte, si nous en jugeons par la tour blanche qui est la seule restée intacte, avaient deux étages au-dessus du rez-de-chaussée, et une couverture très-élevée ; les murs en étaient très-épais, et en moellons bien appareillés. Celles de la seconde enceinte étaient à peu près semblables; mais celles de la troisième étaient généralement moins élevées, plus larges, et leurs murs, plus épais, étaient revêtus de pierres de taille comme la tour de la brebis et celle de l'étoile existant encore dans l'intérieur des jardins de la filature de la motte-sans-gain. Quant à celles de la quatrième enceinte, dont il ne reste plus que la tour de Bourbon, elles étaient uniformes et engagées d'un quart environ de leur dimension dans la muraille ; elles étaient élevées de quatre étages, dont trois à la hauteur des remparts, et un qui les dominait; plusieurs d'entre elles étaient terminées, à leur partie inférieure, par un souterrain en forme de *cul d'œuf*, et couvertes d'une toiture conique très-élevée avec une charpente très-solide. Leurs murs avaient communément cinq mètres d'épaisseur ; les étages étaient séparés par des voûtes en pierre et à peu près en plein cintre ; des escaliers en pierre conduisaient d'un étage à l'autre ; leur entrée était un chemin creux pratiqué sous les remparts, et elles avaient des canonnières pratiquées à chaque étage, très-évasées en dehors, serrées en dedans, et bâties en pierres de taille qui formaient des retraites saillantes les unes sur les autres. Enfin leur extérieur était revêtu de très-belles pierres de taille dont le tiers environ était taillé en pointe de diamant et disposé symétriquement. Plusieurs de ces tours avaient été démolies par ordre de Charles IX ; le reste fut rasé à la hauteur des remparts sous le règne de Henri IV et postérieurement. Leur démolition totale, opérée successivement depuis quelques années, a produit, pour terme moyen, par chaque tour, 3,200 mètres cubes de moellons, sans y comprendre les pierres de taille de revêtement extérieur, celles des escaliers et des entrées : en ajoutant le tiers environ d'élévation au-dessus des remparts qu'on avait rasés précédemment, on verra qu'elles devaient contenir 4,270 mètres cubes de matériaux; et par là on pourra juger du prix que coûteraient aujourd'hui des constructions faites aussi solidement.

Suivant la description des enceintes de la ville, que nous avons déjà donnée au commencement de cet ouvrage, on remarquera que la première avait de vingt-quatre à vingt-huit tours, que la seconde avait augmenté ce nombre de huit à dix; enfin que la troisième, réunie à la quatrième, en avait au total trente-sept, y compris les anciennes, mais sans compter les portes de ville au sud et quelques guichets.

TOUR OU FORT ALLEAUME. Ce fort était une espèce de tour carrée, élevée à la hauteur des murs, assez avancée dans la Loire et placée à l'extrémité du quai du même nom, vis-à-vis la rue de l'égout Saint-Aignan. Il avait été construit, en 1570, par les soins de Jacques Alleaume, receveur de la ville, et il portait son nom. Les travaux de ce fort, fondé profondément, avaient été interrompus et dérangés par une crue considérable de la Loire qui fit alors beaucoup de ravages. Vers 1770 il fut démoli en partie, et plus tard on y pratiqua une habitation abandonnée long-temps au voyer de la ville. Enfin, en 1811, il a été rasé au niveau du quai, et bientôt après, en 1812, le mur de ville qui existait de la tour neuve jusqu'à ce fort disparut totalement. Il y avait jadis une capitainerie particulière attachée à ce fort. Catherine de Médicis, en qualité de Duchesse d'Orléans, la supprima, et Louis XIII, le 2 mai 1618, confirma cette suppression.

TOUR DES ARQUEBUSIERS. Cette tour, démolie en 1816, était située vis-à-vis l'angle Nord-Est du jardin de l'hospice de la Croix; elle avait servi jadis aux arquebusiers pour tirer le pavois, et avait gardé le nom de ce corps militaire dont les exercices avaient été séparés de ceux des arbalétriers, comme nous l'avons dit à l'article de la caserne des buttes. En dernier lieu elle se trouvait rasée à la hauteur des remparts, et la Ville louait à des particuliers un assez joli jardin pratiqué sur sa plate-forme; quelques autres tours en possédaient de semblables, tant sur le grand-mail que sur le petit et sur les remparts de l'hôpital et du jardin de ville. La démolition de cette tour, opérée en grande partie par des mines en usage aujourd'hui, et qui offrent peu de danger, peut servir de base d'évaluation pour toutes celles qu'on a détruites depuis peu et dont les matériaux ont servi presque généralement à faire les encaissemens des chemins-charretiers des boulevards extérieurs. Cette démolition a coûté 5,300 fr. pour 3,100 mètres cubes de maçonnerie.

TOUR BLANCHE. La tour de ce nom, située rue de l'écu-vert, dans une maison qui ouvre sur la rue de la tour neuve, est la seule qui reste à peu près intacte de la première enceinte d'Orléans. Elle prouve que les tours de cette enceinte avaient été une addition faite aux murailles primitives, et bien postérieurement, car la construction de celle-ci et des autres fragmens qui subsistent, est toute différente de celle des murailles auxquelles elles ont été liées. Cette tour n'offre dans aucune de ses parties cet appareil d'assises régulières de larges briques et de moellons cubiques taillés, ou de pierres cubiques seules régulièrement rangées, qui caractérisent généralement les constructions romaines, et sont le caractère des murs primitifs au milieu desquels elle est enclavée. Ses murailles, très-épaisses, sont solidement bâties en moellons *recrépis* et sans pierre de revêtement ; sa charpente conique est bien faite et bien conservée, mais elle doit être postérieure au temps de sa construction. Elle avait été distribuée intérieurement en chambres habitables, qui servent maintenant de magasins ; on arrive à son rez-de-chaussée par un perron de quelques marches, et on ne peut juger s'il existe des caves au-dessous du sol.

Tour de l'Etoile. Elle subsiste presque tout entière, mais dépouillée de ses pierres de revêtement, dans le jardin de la filature de la motte-sans-gain où elle produit un effet très-pittoresque par la masse de lierres dont elle est enveloppée, et qui permettent à peine d'en distinguer le contour.

Tour de la Brebis. Un petit fort précédait cette tour demi-circulaire et s'étendait à l'ouest de la ville dont il formait l'angle Sud-Ouest. Lors de la construction de la filature du Duc d'Orléans sur la motte-sans-gain, ancienne butte ou cavalier; on éleva sur les débris de cette tour une salle de bains, et sur le fort ou cavalier avancé, au sud-ouest, des cénacles pour les ouvriers employés à la pompe-à-feu : on distingue encore les restes de ces constructions par les pierres de taille qui garnissent extérieurement ces murs épais jusqu'à la hauteur de douze à quinze pieds au-dessus du sol.

Ce petit fort, en avant de la tour, et quelques autres constructions avaient été faites ou réparées du temps de la Ligue, ainsi que l'élévation de terre sur laquelle se trouve le bâtiment de maître de la filature, et appelé proprement la motte-sans-gain. Le dessein qu'on s'était proposé en construisant cette butte était de surveiller la navigation de la Loire, et de s'emparer des bateaux qui descendaient cette rivière avec des vivres ou des munitions pour l'armée royale ; mais les bateaux qu'on arrêta se trouvant tous vides, on n'obtint point de ces travaux les bénéfices qu'on en attendait ; et le nom de butte, fort ou motte-sansgain, resta à cette élévation de terre dont la dépense avait été en pure perte.

Tour de la Fauconnerie. Cette tour, que M. Alphonse d'Elbène fit détruire pour agrandir son palais épiscopal, appartenait à la première enceinte de la ville, et formait son angle Nord-Est. Elle avait donné son nom à une seigneurie dont les droits superbes appartenaient aux évêques, et lui survécurent jusqu'en 1792.

Tour des Connins. Elle avait pris son nom des mots *connils* et *connins* (lapins), et par conséquent d'une garenne qui se trouvait vis-à-vis la portion du rempart de Saint-Euverte où l'on voit encore les traces de cette tour détruite sous Charles IX, en 1563. Nous avons trouvé relativement à cette tour une anecdote dont nous sommes loin de garantir l'authenticité, d'autant mieux qu'elle nous semble avoir été transmise dans l'intention de flétrir la mémoire de Louis XI, en ajoutant aux crimes déjà bien assez nombreux qu'on lui reproche. Il aimait, dit-on, à prendre le plaisir de la chasse dans la garenne de Saint-Euverte et Saint-Phallier, et se trouvait dans la tour des Connins, récemment élevée dans cette garenne, lorsqu'il apperçut deux jeunes officiers de sa cour, qui, sans permission, *y arcquebusoient des connins*. Aussitôt il fit tirer *un coup de fauconneau, de la tour*, qui tua l'un d'eux, qu'on enterra de suite près de la croix de pierre, et blessa l'autre, qu'on porta en son logis.

Tour feu Michau-Quanteau. Cette tour est absolument la seule qui reste de la deuxième enceinte de la ville. Elle est située, rue de la vieille-poterie, dans la cour d'une maison n° 15. Depuis la suppression des murs de la deuxième clôture, et probablement sous François Ier, si nous en jugeons par quelques sculptures qui existent à des croisées percées depuis la construction de cette tour, on la disposa intérieurement de manière à l'habiter. En 1770 le feu prit dans les combles, et toute la couverture ainsi que le dernier plancher furent brûlés ; depuis cette époque on l'a recouverte en appentis, en diminuant beaucoup de son élévation.

Tour gouvernante. La tour de ce nom était sur le petit-mail, à peu près vis-à-vis la rue des grands-champs. Un assez joli jardin, dans lequel on remarquait des arbres verts très-élevés, occupait sa plate-forme établie à la hauteur des remparts depuis qu'elle avait été rasée par ordre de Charles IX. La Ville louait ce jardin qui a été détruit lors de la démolition de la tour. On en a tiré 3,173 mètres 77 centimètres cubes de matériaux, qui ont coûté à extraire 5,400 fr.; en ajoutant à cette quantité de matériaux, pour le tiers de sa hauteur détruite sous Charles IX, environ 1,058 mètres, on aura, pour la totalité de ce qu'elle contenait, 4,231 mètres cubes.

Tour Juranville. Elle était située entre la tour de Pénincourt et la porte de la forêt. Charles IX la fit raser lorsqu'il renouvela l'ordre de démolir les fortifications; il fit ainsi disparaître l'endroit où les premiers Protestans furent enfermés et assassinés à Orléans : que n'a-t-il pu faire disparaître également de son règne les horribles massacres qui le souillèrent! Cette tour, appelée à tort tour de Martainville dans quelques écrits sur Orléans, servit quelquefois de prison; et c'est au pied de ses murs qu'on préluda à la Saint-Barthélemy, ou plutôt qu'on exécuta *la petite Saint-Barthélemy*, selon l'expression des manuscrits protestans.

Nous avons vu, à l'article de la place des quatre-coins, que le gouverneur d'Orléans, en 1569, pour éviter les rixes entre les citoyens ou pour se venger des Protestans, avait ordonné qu'on les arrêtât et qu'on les enfermât dans la maison-carrée et dans la tour Juranville. Pendant qu'une partie du peuple massacrait les malheureux prisonniers des quatre-coins, une autre portion se rendait à la tour de Juranville dans laquelle les détenus s'étaient barricadés : bientôt on en approcha des matières combustibles disposées tout autour; la flamme et la fumée pénétrant dans la prison, forcèrent les religionnaires à se précipiter du haut de la plate-forme; on les recevait au bas sur des piques, des sabres, des hallebardes, en les repoussant au milieu du brasier qui environnait la tour, avec une barbarie digne du fanatisme qui animait alors les esprits. On a confondu, je crois, ce fait avec la Saint-Barthélemy même, ce qui a donné lieu à quelques auteurs d'écrire que ce massacre, ordonné par toute la France, avait commencé à Orléans près des remparts de la porte de Saint-Vincent : c'est une erreur, car l'assassinat de 1572 prit naissance dans la place du cloître Saint-Samson, ainsi que nous l'avons dit d'après les témoignages les plus certains.

Tour neuve. La tour neuve, qui s'est toujours appelée ainsi depuis son origine jusqu'à sa destruction, formait l'angle Sud-Est de la ville, lors de la première et de la seconde enceintes. On ne sait rien de positif sur sa construction primitive, mais on conjecture, avec vraisemblance, qu'elle a été bâtie ou au moins réparée et augmentée de hauteur dans le 9e siècle, pour résister aux incursions des Normands. Vers le même temps on éleva à Beaugenci une tour du même nom, qu'on vient de détruire, et qui se trouvait absolument dans la même position relativement à la ville.

La tour neuve d'Orléans servit long-temps de lieu de détention et de supplément à la prison de Saint-Hilaire ou du châtelet ; des personnages marquans y ont été enfermés. Les Protestans en détruisirent la couverture en 1562, pour mettre des canons sur sa plate-forme. Elle ne fut pas recouverte depuis, et elle avait en 1798, lors de sa destruction complète, 103 pieds de hauteur et 42 pieds de diamètre à sa base. L'épaisseur de chacun de ses murs était de 8 à 10 pieds ; ils étaient formés de deux constructions séparées dont le vide était rempli de décombres et de terres amoncelées et foulées. Sa forme était circulaire, et sa base bien plus large que son sommet. Elle occupait, sur le quai qui conserve son nom, la place qui se trouve vis-à-vis des chantiers de la maison n° 30. Cette tour et les fortifications qui l'environnèrent jusqu'en 1500, et dont elle n'était en quelque sorte que le donjon, eut des capitaines particuliers; mais en 1579, *Æneas Coustelly*, qui en était gouverneur, donna sa démission en faveur des habitans, et il n'en fut point nommé d'autres. Cette suppression approuvée par Henri III, le fut de nouveau par Louis XIII.

En 991, Charles de Lorraine, compétiteur de Hugues-Capet, et vaincu par ce dernier, fut enfermé avec toute sa famille à Orléans dans une tour où il mourut, *manens verò Carolus in custodiâ Aurelianis in turri*. On pense, avec vraisemblance, que cette tour était celle dont nous nous occupons. L'archevêque de Reims, Arnulphe, qui avait trahi les intérêts de Hugues-Capet, et Seguin, archevêque de Sens, qui protesta contre la déposition d'Arnulphe, y furent enfermés près de trois ans, et mis en liberté par le pape Jean. En 1015, le Roi Robert, après avoir pris Sens sur Raynard qui accablait le peuple d'exactions, et avait *craché quelquefois au visage* de Léotheric, archevêque de Sens, en l'injuriant, envoya prisonnier à la tour neuve Frotmond son frère, qui s'était défendu long-temps dans la tour de Sainte-Colombe. En 1120, Louis-le-Gros fit conduire à la tour neuve les Moines de Saint-Denis pour avoir choisi Sugger pour leur abbé, sans l'avoir consulté; ils furent relâchés peu de temps après, et l'élection confirmée.

Depuis 1560 on l'appela quelquefois tour de l'Amiral, parce que, pendant la tenue des Etats, les Guise avaient formé le projet d'enfermer Coligny dans cette tour, le Roi de Navarre dans celle de Loches, et le connétable dans celle de Bourges.

En 1562, les religionnaires s'étant emparés de l'argenterie de toutes les églises, la portèrent dans la tour neuve d'où le prince de Condé, par ordre duquel elle avait été déposée sous inventaire, l'enleva pour en faire battre monnaie.

En 1589, Henri III ayant envoyé le cardinal de Retz en Suisse pour obtenir des troupes et réprimer

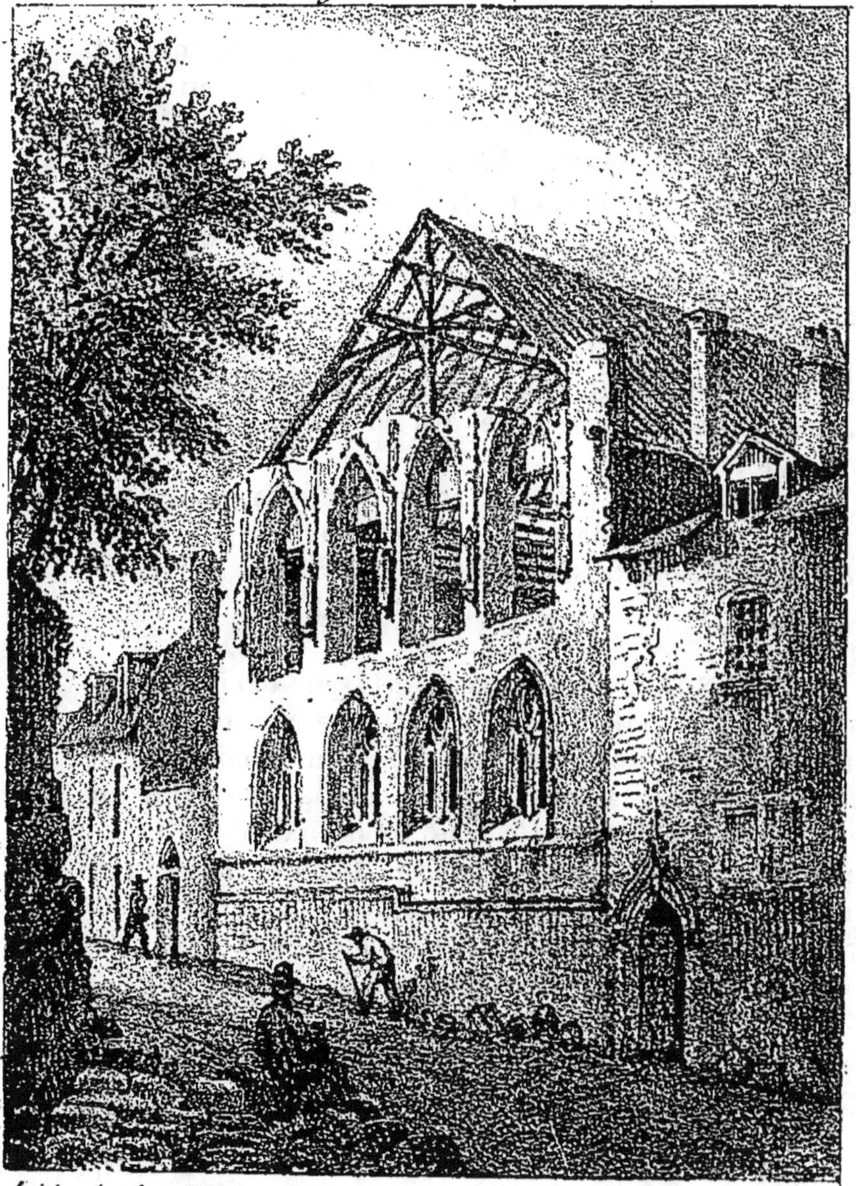

Lith. de Senefelder. Ch. Pensée.

Ancienne Université.

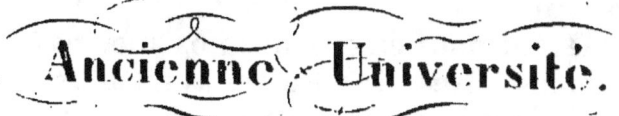

l'insolence des Ligueurs, cet émissaire fut arrêté à Orléans par Neuvy-le-Barrois qui l'enferma dans la tour neuve. En dernier lieu elle servait de cachot aux condamnés aux fers, et était divisée en deux étages outre le rez-de-chaussée.

Tour Notre-Dame. Cette tour de la deuxième enceinte était située sur le quai de Cypierre entre la rue du pont-de-Cé et celle de l'écu-d'or. On croit, sur le récit des contemporains, que le coup de *veugliaire* ou canon à boulet de pierre qui tua le comte de Salisbury aux tourelles, pendant le siège de 1428, et lorsqu'il regardait la ville qu'il *croyoit déjà sienne*, fut tiré de cette tour, ce qui la rendait digne de remarque.

Tour Saint-Louis. Sur cette tour de la quatrième enceinte, semblable à celles qui l'avoisinaient, *les chevaliers de l'arc* faisaient élever, le 3 mai de chaque année, un oiseau de bois qu'ils abattaient avec des flèches.

Tour André. Nous avons dit, en décrivant les enceintes de la ville, qu'il existait plusieurs tours dont les noms et la position exacte étaient inconnus; de ce nombre était la tour André, de la deuxième enceinte, et située dans le fond de la maison de la rue de Recouvrance, connue sous le nom de maison de François Ier, et c'est en parcourant les titres de cette propriété que nous avons trouvé son vrai nom et sa situation que nous ignorions.

Trinité (Chapelle de la). Nous n'avons pu parvenir à découvrir la position et même l'existence précise de la chapelle de la Trinité dont parle Lemaire dans son édition *in-4°*. de l'Histoire d'Orléans. Il paraît qu'elle était déjà inconnue du temps de M. Polluche, car il ne donne aucun renseignement à son égard.

Université. Si nous en croyons nos anciens historiens, quelques élèves des Druides ayant adopté les croyances religieuses des Romains, et ayant été initiés par eux dans les sciences que l'on cultivait alors en Italie, continuèrent à donner des leçons publiques dans différentes villes de la Gaule, et notamment à Orléans. Lorsque la foi catholique y fut prêchée, ses apôtres trouvèrent dans notre cité des hommes instruits et par conséquent de nombreux partisans.

Ces assertions qui ne reposent que sur des présomptions, acquièrent néanmoins un grand degré de vraisemblance par les conciles que nos premiers Rois, et particulièrement Clovis, y convoquèrent; car ces assemblées donnent lieu de croire qu'il existait, dès cette époque, à Orléans, des hommes recommandables par leur savoir. Nous lisons en outre, dans Grégoire de Tours, que Gontran, Roi d'Orléans, avait placé dans la capitale de son royaume son fils *Gondobaudus* pour l'y faire instruire, et qu'en 588, lorsque ce roi fit son entrée dans notre ville, il y fut harangué en langues syriaque, hébraïque, latine et juive. Ce passage d'un de nos historiens les plus véridiques, et d'ailleurs témoin oculaire des faits qu'il rapporte, nous confirme dans l'opinion qu'il existait à Orléans, depuis bien des années, des *écoles* (1) où l'on enseignait les diverses langues et probablement le droit romain.

Depuis ce temps les études d'Orléans ont joui d'une grande célébrité, et y ont attiré beaucoup d'élèves distingués par leur rang.

(1) On donna d'abord le nom d'écoles à toutes les réunions de professeurs et d'élèves, quelles que fussent les sciences qu'on y enseignait; long-temps après on les appela collèges, classes; et c'est seulement vers les douzième et treizième siècles qu'elles prirent le nom d'Université (écoles universelles), parce que depuis cette époque on y étudiait dans les quatre facultés qui sont censées comprendre toutes les études. Cependant il existait plusieurs Universités où l'on ne prenait des degrés que dans une ou deux facultés, par exemple à Orléans pour le droit, à Montpellier pour la médecine, etc. Les docteurs, au bout de vingt ans de professorat, avaient le titre de comte.

Louis-

Louis-le-Débonnaire fut élevé et cultiva les sciences dans notre ville, jusqu'au moment où Charlemagne, son père, le fit couronner Roi d'Aquitaine, en 781. Robert, Roi de France, né à Orléans, y fut sacré, couronné et marié : il y cultiva les lettres avec tant de succès, qu'on lui doit plusieurs hymnes conservées par l'Eglise, et dont la latinité n'est pas dépourvue de cette élégante simplicité qui convient à ce genre de poésie.

Les collèges d'Orléans étaient assurément très-florissans en 840; car on voit *Théodulphe*, évêque de cette ville, engager les prêtres de son diocèse à mettre, sans rétribution, *dans les écoles de Sainte-Croix, Saint-Aignan, Saint-Benoît, Saint-Liphard, etc., leurs neveux et parens pour y être instruits, et enjoindre aux curés de faire écoles et enseignement.* On lit aussi dans l'histoire de Bretagne d'Argenton, qu'en l'an 966 *un fils du duc de Bretagne fut envoyé étudier à Orléans.*

L'an 1230, pendant la régence de la reine Blanche, il survint à Paris des troubles inquiétans et provoqués par le grand nombre des écoliers de l'Université. Ces *émotions* furent difficilement appaisées, et la plupart des professeurs ayant écouté les propositions du Roi d'Angleterre, qui cherchait à les fixer à Oxford, les étudians se rendirent presque tous à Orléans; de ce nombre étaient plusieurs princes et seigneurs des cours de Navarre, de Bretagne, de Champagne, etc. Mais peu d'années après, en 1236, il s'éleva une querelle violente entre eux et les habitans. Ce *tumulte*, dont Matthieu Paris raconte le sujet dans la *Vie de Henri III*, coûta la vie à plusieurs écoliers, parmi lesquels se trouvait le neveu de Thibaut, comte de Champagne. Philippe de Berruyer, qui occupait alors le siège épiscopal, ayant appris ces voies de fait, en excommunia les auteurs. Néanmoins quelques seigneurs, parens des écoliers blessés, tués ou jetés dans la Loire, voulant en tirer vengeance, vinrent en armes dans la ville, et massacrèrent quelques Orléanais. Ces représailles durèrent jusqu'au moment où Saint Louis interposa son autorité pour les faire cesser.

Les études reprirent leur cours paisiblement, et le pape Boniface VIII envoya en 1298, aux professeurs et aux élèves, une bulle apostolique avec le sixième livre des Décrétales.

Le pape Clément V, qui avait suivi dans sa jeunesse les cours des collèges d'Orléans, leur accorda différens privilèges; et, par quatre bulles du même jour, datées de Lyon le 27 janvier 1305, il ordonna qu'à l'avenir il y aurait *collège et université de droit canon et civil à l'instar de l'université de Tolose, etc.* (1). Les professeurs et les écoliers, enorgueillis de ces privilèges, négligèrent de les faire approuver par le Roi Philippe-le-Bel, et se réunirent, l'an 1309, dans le couvent des Pères Jacobins (2). Ils y firent lire et publier les bulles du pape Clément pour les faire observer, nonobstant l'opposition que semblaient disposés à y apporter les habitans. Ceux-ci ayant été informés du lieu où se tenait l'assemblée, s'y portèrent en foule, injurièrent et menacèrent les *écoliers, professeurs et Frères-prêcheurs*, s'ils ne renonçaient pas à plusieurs des immunités que leur avait accordées le pape, ce qu'ils refusèrent opiniâtrément. Des menaces on en vint à l'exécution, et les étudians ayant opposé de la résistance, et fermé les portes du cou-

(1) Parmi ces privilèges, on remarque ceux-ci: « Que les maisons louées aux docteurs ou écoliers seront taxées par quatre personnes, deux choisies par les docteurs et écoliers, et deux par les Orléanais; que l'évêque d'Orléans aura seul connaissance des délits commis par les écoliers, qui ne pourront être punis, même en cas de flagrant délit, par la justice séculière; que nul écolier ne sera constitué prisonnier pour dettes, etc., etc. »

(2) Cette communauté était alors *ès fauxbourgs de la porte Parisis*; par conséquent au même lieu qu'occupe aujourd'hui la caserne des Jacobins. On appela long-temps ces Religieux Frères-prêcheurs, Dominicains, et enfin Jacobins.

vent, on les enfonça et l'on commit des dégâts dans l'intérieur de la communauté. Une information eut lieu à ce sujet contre les Orléanais; plusieurs d'entre eux furent condamnés solidairement, par arrêt du parlement, en 1000 liv. tournois d'amende, etc. (1); mais l'arrêt resta sans exécution.

En 1312, les professeurs, pour faire cesser toute division entre l'Université et les habitans, firent confirmer leurs bulles par des lettres-patentes de Philippe-le-Bel, qui modifia un peu les privilèges accordés par Clément V, et fit remise aux condamnés des peines portées en l'arrêt du parlement. D'autres lettres-patentes, obtenues peu de temps après, permirent aux docteurs de tenir leur Université et leurs assemblées dans les salles du couvent des Frères-prêcheurs, et d'avoir une cloche ou horloge pour avertir de l'heure des leçons (2).

C'est donc de l'année 1312 que date l'existence légale de l'Université d'Orléans sous cette dénomination; et quoique son établissement réel fût antérieur

(1) L'arrêt devait être exécuté le neuvième jour de l'année 1311. (L'année commençait alors le samedi, *veille des grandes Pasques, après Vespres dictes.*) Il portait que les habitans paieraient 1000 liv. tournois d'amende, divisibles entre les accusés, selon leurs facultés...... *Et, en outre, deux d'entre eux devant faire procession depuis les halles, passans par la grande rue et sortans de la porte Parisis pour aller à l'église des Jacobins, tenans chacun un cierge de deux livres de cire qu'ils offriront sur l'autel de l'église. Qu'aussi ceux qui sont dénommés en l'arrêt, étant en habit décent, ils offriront chacun un cierge de deux livres de cire, estant de genoux, et prieront six docteurs et six écoliers, qui s'y trouveront si bon leur semble, qu'ils leur remettent et pardonnent leurs fautes.*

(2) « Lequel horloge a esté faict l'an 1310 par le Chapitre » de Sainte-Croix d'Orléans, comme il se justifie par les vers » latins gravez en lettres sur l'horloge de l'Université. »

Hanc horas æquè campanam nocte dieque
Quæ numerat fieri, fecit mater sacra cleri,
Quâ renitet sacris documentis Aurelianis,
Anno millesimo centeno ter quoque deno.

à celui des Universités de Paris et de Toulouse, elle n'était cependant comptée par rang d'ancienneté qu'en troisième lieu.

Les lettres-patentes de Philippe-le-Bel semblaient devoir concilier les intérêts des Orléanais et des étudians, et établir entre les deux partis une paix durable; mais elle ne fut pas de longue durée. L'Université sollicita et obtint de Louis-le-Hutin, en 1315, l'ordre pour le bailly et le prévôt d'Orléans de faire exécuter l'arrêt du parlement, dont nous avons parlé, contre six seulement des habitans. Dès-lors les injures réciproques et les mauvais traitemens recommencèrent, et devinrent le prétexte de la retraite des docteurs, que plusieurs auteurs accusent d'avoir excité cette querelle à dessein de se retirer à Nevers, où ils méditaient depuis quelque temps de transporter l'Université, ce qu'ils firent.

Philippe-le-Bel venait de monter sur le trône; et quoiqu'il trouvât bien téméraire cette démarche des docteurs de transférer, de leur propre autorité, l'Université d'Orléans à Nevers, cependant il eut la prudence de se concerter avec le pape Jean XXII, ami des lettres et élève de l'Université d'Orléans, pour faire revenir les professeurs dans cette ville. Le pape envoya le cardinal Gancelin, son neveu, pour réformer l'Université et l'installer de nouveau; il approuva en 1320 les statuts et les réglemens que le cardinal jugea nécessaires à la prospérité des études. Le Roi confirma de suite ces statuts, et en ajouta quelques autres par un édit daté du mois d'avril de la même année.

Pendant ce temps, les écoliers, tout aussi turbulens à Nevers qu'à Orléans, se querellaient avec les citoyens, et chaque jour voyait naître de nouvelles altercations (1), ce qui hâta le retour des docteurs

---

(1) « Mais comme le peuple de Nevers est assez mal-endurant, » et qu'entre les escoliers plusieurs se trouvoient mal complection-

et des élèves. Vers la fin de l'année 1320, tout fut rétabli à Orléans comme précédemment.

Le retour de l'Université et la réputation de ses professeurs attirèrent dans notre ville un tel concours d'hommes éclairés et d'écoliers, qu'un auteur du temps l'appela *sola civitas populo plena, et universitas gentium domina*. Dix docteurs professeurs et régens étaient attachés à cette Université pour le droit civil et le droit canon; en outre plusieurs maîtres et docteurs y enseignaient la grammaire, la philosophie et la théologie. Une augmentation aussi grande de population composée de différentes nations (1) devait amener de nouveaux démêlés; c'est ce qui arriva en effet, et les élèves furent sur le point de se retirer en 1336, mais la sagesse et la modération du recteur *Anianus de Casis* les retinrent. Il proposa de nouveaux réglemens, et les fit adopter le 24 mars 1337, dans l'église de Bonne-Nouvelle (2), sur l'avis de dix docteurs régens et de dix procureurs des nations.

» nés, ils n'arrestèrent gueres d'avoir debat. Et, certain jour, » plusieurs particuliers, citoyens de Nevers, prindrent la chaire » du docteur, en colère, la portèrent sur le pont et la jettè-» en Loire, disant ces mots : Que par le diable, elle retournast » à Orléans d'où elle estoit venue, etc., etc. »

(1) Les écoliers de l'Université furent d'abord divisés en dix nations, « la Française, l'Allemande, la Lorraine; de Cham-» pagne, de Bourgogne, la Normande, la Picarde, de Tou-» raine, de Guyenne et d'Ecosse. » En 1538, un arrêt du Parlement les réduisit à quatre : la Française, qui comprenait les Bourguignons, Aquitains et Tourangeaux; la Germanique, à laquelle on réunit la Lorraine; la Picardie et la Champagne furent jointes ensemble; on en fit de même de l'Ecosse et de la Normandie. Chaque nation avait, outre son chef appelé procureur, un receveur, un assesseur, un bibliothécaire et un bedeau (*pedellus* vel *bedellus*) chargé de porter la robe et la masse aux armes de la nation. Les princes et seigneurs étaient élus préférablement à tous autres, bien entendu, à ces diverses charges, quels que fussent d'ailleurs leur savoir ou leur mérite.

(2) Monseigneur Jean de Bourbon, arrière-petit-fils de Saint

Les études prospérèrent, et l'on vécut en bonne intelligence de part et d'autre jusqu'en 1388. Alors quelques habitans se rendirent coupables d'excès contre les écoliers, et on les punit. Indépendamment de quelques autres motifs de différends sans cesse renaissans entre les étudians et les Orléanais, il en existait un très-difficile à détruire, c'était l'abus que faisaient les élèves, princes et seigneurs, de l'exemption de péage qui leur était accordée pour leurs vivres et ceux de leur suite (1). Philippe-de-Valois écouta les justes réclamations des citoyens d'Orléans, et réforma ces abus par son réglement de juin 1337.

Sous Charles VII les études furent interrompues, les docteurs et les écoliers de la ville seulement participèrent à sa défense. Vers la fin de son règne elles reprirent faveur, quoique Martial d'Auvergne, poëte du temps, leur ait adressé les vers suivans dans une satyre aujourd'hui peu connue, et dont les critiques peuvent s'appliquer à plus d'un siècle.

> En justice il y a de grands abus ;
> Mais qu'en dit-on ? je m'y trouve confus.
> On nomme juges, jeunes petits enfans.
> Savent-ils rien ? ils viennent d'Orléans :
> Qu'ont-ils appris ? à bien jouer de la flûte.

Cependant dans le même temps les Grecs ayant été chassés de Constantinople, et s'étant répandus

---

Louis, était alors procureur de la nation de Guyenne, et assista en cette qualité à l'assemblée tenue en l'église de Bonne-Nouvelle, affectée à la nation germanique pour célébrer l'Office divin. Il y fut arrêté qu'à l'avenir toutes *querelles et différends seroient terminés par preud'hommes et arbitres.* On convint aussi d'abolir le *béjaune*, *le morphe*, de même qu'en 1514 on abolit *la bienvenue*, *le rabouin*, *la belle réponse*, et *la gain guerrier*, tous droits qui se percevaient sur les écoliers lors de leur entrée et de la prise de leurs degrés.

(1) Les princes, ducs, comtes, etc., étudiant à l'Université, faisaient venir de leur pays quantité de vivres qu'ils appelaient *garnisons*; et leurs domestiques, toujours nombreux, en trafiquoient sous leur authorité.

en Europe, Capnion, l'un d'eux, très-renommé pour son savoir, vint se fixer à Orléans où il attira la foule à l'Université en professant les élémens de la langue d'Homère et de Démosthènes, dont on s'était peu occupé jusqu'alors.

Jusques en l'année 1512 il n'y eut que très-peu de rixes, et encore étaient-elles occasionnées par l'usage qu'avaient conservé les écoliers de porter des armes, nonobstant la défense expresse qui leur en avait été faite par nos Rois et par les papes : il est vrai que ce privilège avait été conservé aux nobles allemands, prédilection beaucoup plus propre à fomenter les querelles qu'à les assoupir. De nouveaux réglemens parurent alors, et le nombre des docteurs demeura fixé à cinq pour le droit civil, et trois pour le droit canon. Au cas de décès, leur remplacement ne pouvait avoir lieu à l'avenir que dans une assemblée tenue en présence des *gens du Roi*, et de deux échevins de la ville chargés de veiller à ce que le choix tombât sur l'homme *le plus docte, le plus idoine, et le plus capable à enseigner*, sans que pourtant ils eussent voix délibérative.

En 1533, le cruel Henri VIII député à l'Université d'Orléans le chevalier Brian ; Fox, depuis évêque d'Herefort, et M. Paget, pour la consulter sur son divorce, après lequel il épousa Anne de Boulen qu'il fit ensuite décapiter. La réponse de notre Université fut semblable à celles des Universités qu'il consulta également.

Les nouveaux statuts étaient en vigueur en 1561, lorsque les religionnaires surprirent Orléans et en chassèrent les catholiques et les docteurs-régens.

Les classes furent peu suivies depuis ce moment désastreux. Les guerres de religion et celles de la Ligue anéantirent presque l'Université, et il n'y eut plus que quatre docteurs-régens, non compris l'instituaire, auxquels Henri III demanda des avis sur la validité des mariages des enfans de famille sans le consentement de leurs pères.

Henri IV étant monté sur le trône, la paix ramena l'amour des sciences et des lettres. Sous son règne et sous celui de Louis XIII, l'Université reprit un peu de son ancienne splendeur (1). En 1626,

(1) Un voyageur anglais, dont les observations sur notre ville et sur ses environs sont généralement judicieuses, Pierre Helluin, que nous avons déjà cité à l'occasion des monumens de Jeanne d'Arc, rend compte de ce qui se passait à l'Université pendant qu'il habitait Orléans, vers le milieu du règne de Louis XIII; mais il le fait avec une ironie dont le but évident est de donner une grande supériorité aux Universités d'Angleterre sur les nôtres. Nous transcrirons néanmoins ce passage, vrai sous quelques rapports, et qui peut encore être profitable aujourd'hui pour les élèves en droit et en médecine.

« Il me reste à parler de l'école de droit d'Orléans, l'une » des premières où refleurit le droit civil. Philippe-le-Bel l'é-» tablit en Université sur le même plan et pour le même objet » que celle de Bologne en Italie. Les huit chaires d'abord fondées » sont réduites à quatre, à raison du nombre des nouvelles » Universités françaises. La maison dans laquelle les professeurs » donnent leurs leçons s'appelle les *grandes écoles*; et le quartier, » celui de l'Université. Point de collège pour faciliter les études » des élèves et soulager les professeurs : les grandes-écoles même » ne sont rien autre chose qu'une vaste grange devenue propre » aux écoles par cinq rangs de bancs et une chaire au milieu; ja-» mais édifice ne répondit moins à sa pompeuse dénomination. » La première dignité est celle de recteur qui change tous les » trois mois, de manière que dans une année chaque profes-» seur la reçoit à son tour. La seconde est celle de chancelier » à vie, au nom duquel on délivre les degrés et les lettres » authentiques; cette place est à la nomination de l'évêque comme » dans les autres Universités de France. Les professeurs, peu » difficiles à conférer les degrés, ne les refusent qu'à ceux qui » ne peuvent en payer les frais : avec une bourse d'or on » sera mieux reçu qu'avec la thèse la plus savante. Les con-» ditions à remplir pour parvenir aux degrés se réduisent à un » petit nombre auxquelles même on satisfait de la manière la » plus triviale. Quand vous avez choisi la loi que vous pré-» tendez expliquer, les docteurs-régens vous conduisent sous » les décombres d'une vieille chambre qu'ils appellent leur bi-» bliothèque, et qu'on appellerait plus convenablement le ma-» gasin d'un bouquiniste, car les volumes qu'on y trouve sont

une place de docteur-régent vint à vaquer; dix candidats d'un mérite égal, et sortis des Universités de Bordeaux, Toulouse, etc., se présentèrent. L'un d'eux fut choisi par le sort; mais les autres prétendans, réunis aux magistrats de la ville, ayant interjeté appel au parlement sur ce choix irrégulier, sous le prétexte que le candidat favorisé par le hasard, avait soutenu une thèse contraire à l'autorité royale, sa nomination fut annulée. Le même arrêt ordonna que le nombre de huit docteurs serait complété dès que le nombre des élèves le demanderait, et que provisoirement il en serait élu trois, outre ceux qui existaient déjà.

Plus tard les docteurs-régens observèrent, dans une supplique présentée au Roi, que l'Université n'ayant pas plus de vingt à vingt-cinq élèves assistant aux leçons de chacun des docteurs, *leur nombre de six était excessif, voire inutile*. Louis XIII, par lettres-patentes, réduisit ce nombre à quatre, outre l'instituaire.

En dernier lieu l'Université se composait d'un chancelier qui était scolastique de l'église cathédrale, de cinq docteurs-régens dont un en droit, et de huit docteurs agrégés. La charge de recteur était remplie alternativement, et tous les trois mois, par l'un des docteurs.

Cet établissement recommandable a été anéanti,

```
» plus vieux que l'imprimerie, et entassés les uns sur les autres au
» milieu des toiles d'araignées. Cette bibliothèque sert de salle
» de conférence. Après deux ou trois argumens faiblement poussés,
» on proclame le répondant digne du degré qu'il demande; on
» appose le sceau sur les lettres qui attestent avec quelle peine
» et par quels soins le candidat parvient au degré de docteur
» ou de licencié; le contenu de ces diplômes répond au début,
» et c'est ainsi que les docteurs se multiplient à Orléans. »
```
On serait tenté de croire, d'après ce récit, qu'Helluin avait eu à se plaindre de l'Université : il n'en était sûrement pas de même des dames et des demoiselles d'Orléans, qu'il affirme, un peu plus loin, être *les plus aimables de toutes les Françaises*.

comme beaucoup d'autres de même nature, par cette prétendue régénération universelle qui détruisit, sans discernement, ce qui était bon et ce qui pouvait être vicieux. Depuis sa suppression, le lycée d'abord, ensuite l'académie et le collège royal, ont remplacé en partie l'Université. Espérons que bientôt elle sera complétée par une faculté de droit.

Le premier local, occupé par nos écoles, était situé, selon quelques chroniques de notre province, dans la rue actuelle des basses-gouttières, vers le lieu qu'occupe aujourd'hui le bureau des douanes; de là elles furent transférées dans le couvent des Frères-prêcheurs ou Jacobins.

En 1336 on construisit les salles pour l'école de droit, dans la rue de l'écrivinerie (1); et en 1337 elle y fut transférée.

En 1498, Louis XII, qui venait de prendre les rênes du gouvernement, donna à la capitale de son ancien duché une preuve de l'attachement qu'il lui avait voué, en faisant élever la nouvelle Université dans la rue qui prit dès cet instant le nom de rue des grandes-écoles. Ce fut pour Orléans le premier bienfait de ce Roi sage et constamment appliqué à la prospérité de son royaume.

Cet édifice, qui était parvenu jusqu'à nous sans avoir éprouvé d'altération sensible, se composait de deux salles très-vastes. La salle inférieure, soutenue au milieu par des piliers (2) assez élégans, était destinée aux classes; la salle supérieure contenait la

(1) C'est là, dit-on, et dans une des salles basses occupées aujourd'hui par un magasin de verre, que fut établie à Orléans la première imprimerie. Le premier livre sorti de ses presses serait la traduction française du *Manipulus Curatorum*. (Matthieu Vivian, 1490.)

(2) On apercevait encore, avant sa destruction, la fin du nom de J. Calvin sur l'un de ces piliers, et celui de Théodore de Bèze presque entier. Le nom de Pothier se lisait sur la muraille en face de la porte d'entrée, et les lettres qui le formaient avaient quelque ressemblance avec son écriture.

bibliothèque (1). La principale porte d'entrée, au-dessus de laquelle on lisait l'année de la fondation, répondait peu à la façade bâtie dans le goût gothique et ornée de sculptures bien exécutées. Une petite porte, beaucoup plus décorée que l'entrée principale (2), conduisait, par un couloir assez obscur, dans de grandes salles et dans d'autres salles qui y avaient été ajoutées. La forme des croisées et l'ensemble du monument lui donnaient un aspect sévère et religieux. Il n'en reste plus qu'un amas de décombres et quelques parties peu importantes, conservées pour des magasins (3).

Parmi les hommes célèbres dont l'instruction honora le plus l'Université, nous citerons, outre plusieurs papes, princes et souverains, les professeurs Anne Dubourg, brûlé à Paris, en 1559, pour ses opinions religieuses; Jean Coras, tué à Toulouse, en 1572, pour la même cause; Charles Dumoulin, Guillaume Fournier, Antoine Lecomte, François Florent, François Osius ou Ory, Jacques Delalande, Prévot-de-la-Janès, Pothier. Enfin, au nombre des élèves on remarque de Thou, Jean Reuclin, Erasme, Budée, Sleidan, Calvin, Hottman, Lambert-Daneau, Guy-Coquille, Théodore de Bèze, Paul Mérule, Auguste de Thou, Charles Feiret, du Cange, Denis Godefroy, Vincent Placeius, Charles Perrault, etc. etc.

(1) Gyphonius, qui reçut le bonnet de docteur à Orléans en 1567, et se rendit célèbre par son savoir, fut le fondateur de cette bibliothèque disséminée depuis, et dont une partie, notamment les registres curieux de la nation allemande, se trouve maintenant à notre bibliothèque publique.

(2) Si l'on démolit jusqu'aux fondemens cet édifice, il serait bien intéressant de surveiller ces fouilles et de réclamer la pierre d'inscription ainsi que les médailles qui sûrement y ont été jointes, afin de les déposer au musée ou à la bibliothèque.

(3) Un dessin très-fidèle de la façade de l'Université a été joint à la première Livraison de l'Indicateur.

Indépendamment des privilèges généraux accordés aux élèves de l'Université, dont nous avons parlé, une redevance dont l'origine était inconnue appartenait aux écoliers de Picardie.

Cette redevance sur laquelle un titre du 14 janvier 1416 s'exprime ainsi, *A tali tantoque tempore quod de initio memoria non extitit*, s'appelait la maille d'or de Beaugenci, et semblait avoir été fondée soit par les comtes de cette petite ville, soit par le Chapitre.

En dernier lieu les possesseurs de certains héritages situés près de la porte Vendôme à Beaugenci, étaient tenus, et avaient été condamnés plusieurs fois à offrir, le 13 janvier, aux écoliers de Picardie en l'Université d'Orléans, un denier d'or, dit *maille* de Florence, pendant la messe que ces derniers faisaient chanter dans l'église de Saint-Pierre-le-Puellier d'Orléans en l'honneur de Saint-Firmin, patron d'Amiens et de Beaugenci. Après que le sous-diacre avait chanté l'Epître, la maille d'or était offerte, par ceux qui y étaient obligés, au procureur de la *nation de Picardie* en l'Université : elle devait être du poids de *deux deniers 17 grains trébuchans*, évalués 49 sous en 1555; 5 liv. en 1648, et 13 liv. 18 s. en 1789. Le procureur la remettait aux écoliers picards, s'il y en avait dans l'Université; dans le cas contraire, les débiteurs la remportaient.

Lorsqu'on manquait à servir cette espèce d'*hommage-lige*, les écoliers de l'Université avaient le droit de se rendre à Beaugenci avec leurs bedeaux et officiers, des tambours, des trompettes, des hautbois, etc., aux frais des débiteurs, et de les sommer devant la porte de l'église de Saint-Firmin, de leur payer la *maille d'or*.

C'est ainsi que le 13 janvier 1530, *Jean Calvin, de Noyon en Picardie*, vint avec ses condisciples réclamer à Beaugenci la maille d'or qui ne leur avait point été présentée. Le 13 janvier 1727, la même réclamation

réclamation eut encore lieu, avec des frais bien plus considérables encore qu'en 1530.

Les coins de cette pièce d'or sont conservés dans le cabinet de M. Pellieux aîné, médecin à Beaugenci, dont nous avons eu plus d'une fois occasion de citer les intéressans essais historiques sur cette ville. Ces coins représentent, d'un côté, Saint Jean-Baptiste ; et au revers une fleur de lis épanouie. Ils semblent être de la même forme que ceux qui servirent à frapper, en 1302, la monnaie de Philippe-le-Bel, connue sous le nom de *petit florin d'or* ; seulement autour de la fleur de lis on lit : *Florentia*, au lieu de *P. Di. grat. fra. R.* Les champs affectés à cette redevance font maintenant partie de la ville de Beaugenci, et la rue qui les traverse s'appelle encore rue de la maille d'or.

URSULINES (COUVENT DES). Cinq Religieuses et une Sœur-converse du couvent de Poitiers, avec trois Religieuses du couvent de Bordeaux, de l'Ordre de Sainte Ursule, arrivèrent à Orléans le 23 février 1622 dans un bateau qui aborda au quai de Recouvrance, après avoir couru de grands dangers sur la Loire. Elles avaient été demandées pour fonder un couvent sous la protection spéciale du vicaire-général de l'évêque d'Orléans. Le 14 juin suivant elles obtinrent l'approbation de Gabriel de l'Aubespine, alors évêque, qui nomma première prieure la Sœur Catherine de Saint-Paul, et pour supérieur M. Simon, doyen de Sainte-Croix. En 1623 elles demandèrent et obtinrent des lettres-patentes du Roi, qui leur furent communes avec la maison de Poitiers. Elles formèrent bientôt des écoles, et eurent jusqu'à cent jeunes demoiselles à élever. Avec leurs économies, et en outre avec la somme de 35,000 l. provenant des libéralités d'Antoinette Godard, veuve de M. Bidault, elles bâtirent en 1675 leur maison claustrale, terminée en 1689, telle qu'elles la possédaient en 1791. On les en expulsa le 5 mars de la même année pour y placer la haute cour nationale, pour laquelle la Convention avait autorisé une dépense de 83,000 liv.

Les Religieuses-Ursulines se réfugièrent alors au couvent de la Visitation, rue Bannier, où elles furent accueillies comme des sœurs, et où elles sont restées jusqu'à la suppression des communautés. Elles avaient toujours été en assez grand nombre, quoique possédant des revenus peu considérables, et avaient fourni le couvent de Blois en 1624, celui de Beaugenci en 1629, celui d'Issoudun en 1630, et celui de Saint-Charles en 1656. Dès qu'il leur fut possible de se réunir en communauté, les Ursulines formèrent un nouveau couvent dans la rue des basses-gouttières. Aidées de quelques dons, elles achetèrent, il y a une dixaine d'années, le local qu'elles occupent maintenant dans le cloître Saint-Aignan, au commencement de la rue des cinq marches. Leur maison principale avait été bâtie en 1792 par un riche marchand de bois, sur les ruines de la portion de l'église de St.-Aignan, abattue par les Protestans; elles y ont ajouté le terrain qu'occupait la tour de l'église et celui de la belle terrasse que Louis XI avait fait pratiquer au sud de l'église, et qui servit long-temps de *pourmenoir* aux chanoines.

M. Bosselet, curé d'Ingré, a publié quatre volumes in-4° sur l'histoire de l'Ordre de Sainte Ursule, dans lesquels il a fait preuve de patience et de dévouement pour cette fondation pieuse.

Les anciens bâtimens du couvent des Ursulines, rue de la Bretonnerie, étaient remarquables par leur régularité et leur bel enclos qui s'étendait jusqu'au grand-mail. Leur maison conventuelle, disposée en premier lieu pour devenir la prison de la haute cour nationale, est aujourd'hui la seule prison de la ville. L'église appropriée d'abord en salle d'audience pour la haute cour, servit ensuite à celles du tribunal criminel, et enfin aux cours d'assises : c'est encore sa destination depuis qu'elle forme l'aile gauche du palais de justice auquel elle a été coordonnée.

VISITATION (COUVENT DE LA). Tandis que le comte de Saint-Pol, gouverneur d'Orléans, achevait la ruine des Protestans par la destruction de leur temple de Jargeau, son épouse avait exalté les têtes de quelques Orléanaises, et avait fait demander à Saint François-de-Sales des Religieuses d'Annecy pour fonder à Orléans une maison de la Visitation. On ne connaissait point encore sa réponse, et déjà seize jeunes personnes riches se proposaient de doter l'établissement en y entrant; mais l'évêque d'Orléans, sur les représentations de quelques chefs de famille, s'opposait à ce dévouement dans lequel persistèrent seulement trois novices envoyées par madame de Saint-Pol. Pendant ce temps, les habitans attendaient impatiemment l'arrivée des Religieuses Ursulines qu'ils préféraient aux Sœurs de la Visitation, parce que les premières devaient se livrer à l'enseignement.

Enfin François-de-Sales envoya du monastère d'Annecy, à Orléans, quelques Religieuses qui y formèrent un établissement, en septembre 1620, dans une maison voisine de la porte Saint-Jean. Leur arrivée excita quelques troubles que l'évêque eut de la peine à appaiser; néanmoins, en mars 1621, elles achetèrent, des administrateurs de l'aumône générale, la chapelle de Saint-Mathurin, rue Bannier, appelée l'hôpital des aveugles, et qui avait été momentanément cédée aux cordeliers de Meung, depuis 1556, pour y avoir un pied-à-terre lorsqu'ils venaient administrer les sacremens et faire la quête à Orléans. La Ville était alors chargée de payer au chapelain de Saint-Mathurin 20 liv. tournois pour le dédommager des revenus de cette petite église de fondation royale, et à la nomination du Duc d'Orléans pour le bénéfice.

Les Religieuses de la Visitation commencèrent la construction de leur communauté dès qu'elles furent en possession de la chapelle de Saint-Mathurin et des jardins qui en dépendaient ; mais les bâtimens ne furent achevés qu'en 1684. Leur église, quoique terminée en 1656, ne fut cependant consacrée qu'en 1727 sous l'invocation de Saint Joseph, par M. Paris, alors coadjuteur de l'évêque d'Orléans. Cette communauté avait fourni les maisons de Rennes, de Tours, de Montargis et de Chartres.

Expulsées elles-mêmes de leur couvent en 1792, après y avoir donné l'hospitalité aux Dames-Ursulines, comme nous l'avons dit, les Sœurs de la Visitation vécurent isolées jusqu'au moment où elles purent sans danger se réunir avec les Dames-Ursulines. Elles se séparèrent ensuite, et achetèrent une maison, rue de Saint-Euverte, où elles sont établies maintenant, et qu'elles ont beaucoup accrue ; cette maison porte les n°s 19, 21, 23.

Leur ancienne maison claustrale de la rue Bannier, mise en vente en 1792, sur la prisée de 64,000 liv., fut adjugée le 12 novembre pour 125,000 liv. Peu de temps après, les bâtimens ont été disposés en maisons particulières qui forment les n°s 65, 67, 69, 71 dans la rue Bannier, et ouvrent aussi sur la rue du bœuf-Saint-Paterne. Une raffinerie de sucre y prospéra quelque temps.

On voyait dans leur ancienne église, bâtie avec goût sur les dessins d'un Religieux-Feuillant de Tours, un tableau de Mignard le Romain, un de Bon Boullogne, et deux autres de Bourdon et Chelles, qui attiraient l'attention des artistes, ainsi que les douze apôtres en pierre, ébauchés avec talent par Hubert. Dans un parloir on remarquait aussi un tableau représentant Saint François-de-Sales, prêchant les montagnards de Savoie. Quelques-uns de ces tableaux sont au musée.

Voisins (Couvent de). Les Religieuses de Voisins, près de Saint-Ay, éprouvèrent souvent les dévastations qu'occasionnent la guerre et les troubles religieux. Dès l'année 1400 elles s'étaient ménagé une retraite dans une maison d'Orléans, ouvrant sur la rue du coq-d'Inde, n° 10, et sur le cloître de Saint-Pierre-en-pont. Elles y avaient placé quelques Religieuses, et bâti une chapelle : en 1417 elles y demeuraient. En 1428 elles s'y réfugièrent de même qu'en 1562 et 1565. Depuis ce temps elles la louèrent à des particuliers. Elle est devenue la propriété de plusieurs habitans. (*Voyez* Rue du coq-d'Inde.)

COMMERCE.

Dans tous les temps Orléans fut par sa position sur la Loire et au centre de provinces fertiles l'une des villes de France les plus favorables au commerce.

Sous le nom de *Genabum* elle était, à l'époque des conquêtes de César, le marché, le lieu où les Carnutes venaient trafiquer et échanger leurs denrées. Pendant la domination romaine, sous les premiers Rois de France et sous le règne de Gontran, Roi d'Orléans, ses relations commerciales s'accrurent, et sa navigation devint très-active.

Depuis, il exista peu d'entreprises commerciales, peu d'établissemens industriels auxquels les Orléanais soient demeurés étrangers. Pendant quelque temps les Juifs, peut-être trop nombreux dans notre ville, se rendirent les maîtres presque absolus de son commerce lointain; mais aussitôt après leur expulsion par Philippe-le-Bel, l'industrie orléanaise reprit un nouvel essor. Les relations avec l'Orient et l'Inde amenaient alors dans nos murs, par de nombreux bateaux, des produits exotiques qui se distribuaient ensuite dans les provinces les plus éloignées.

Paris même, dont les relations actuelles ont anéanti les affaires commerciales des provinces, venait faire ses approvisionnemens à Orléans. La découverte de l'Amérique et la culture des terrains féconds de ses îles vivifièrent encore les spéculations orléanaises.

Indépendamment des affaires considérables en épicerie qui se faisaient à Orléans, cette ville possédait des fabriques de lainage de diverses sortes, des vinaigreries très-renommées, des cireries et surtout des tanneries qui jouissaient d'une grande réputation.

Tel était à peu près l'état du commerce à Orléans, lorsque Sully conçut l'heureux projet d'établir entre la Loire et la Seine une communication par le moyen d'un canal. Pendant ce temps les Hollandais, alors l'une des premières puissances maritimes, avaient formé chez eux des raffineries de sucre dont les produits leur procuraient d'immenses bénéfices. Le gouvernement de Louis XIV ayant été à portée, pendant les guerres de Brabant, d'apprécier les résultats de cette branche de commerce, chercha, sans y réussir, à l'introduire en France : Louis XV fit de nouveaux efforts à cet égard, et bientôt des familles hollandaises vinrent établir quelques-unes de ces manufactures dans notre pays. La situation d'Orléans, favorable aux arrivages des matières premières, la main d'œuvre alors peu chère, les débouchés déjà établis sur presque tous les points du royaume, firent regarder notre ville comme une des plus propres à former ces nouveaux établissemens.

On attribue généralement aux ancêtres d'une famille encore très-nombreuse à Orléans, et dont le nom primitif *Vandeenberghen* indique assez l'origine, les premiers succès obtenus dans notre ville pour le raffinage du sucre. Le nombre de ces usines s'accrut assez rapidement; et quoique l'épuration du sucre brut semblât long-temps réservée à quelques adeptes, néanmoins plusieurs commerçans réussirent à fabriquer du sucre supérieur à celui des Hollandais pour la qualité, mais la blancheur et l'éclat lui manquaient encore. Ce ne fut guère que sous Louis XVI qu'on vit s'augmenter rapidement la quantité des raffineries, dont le nombre s'éleva jusqu'à trente-deux : plusieurs d'entre elles parvinrent alors seulement à émettre des produits tels, que la dénomination de sucre royal leur fut accordée.

Les résidus considérables de ces fabriques, connus sous le nom de *mélasse* et *gros sirops*, furent bientôt distillés, et accrurent le commerce des spiritueux sous le nom de *taffiat*; mais le Gouvernement induit en erreur par le rapport de médecins aussi peu instruits qu'on l'était alors en chimie et en pharmacie, défendit, comme insalubre, l'emploi du *rhum* et du *taffiat* regardés aujourd'hui à juste titre comme très-salutaires. On fit donc fermer les distilleries, défenses furent faites d'en établir de nouvelles, et les sirops furent vendus à vil prix aux Allemands qui les distillaient et nous les revendaient ensuite.

Tandis que les raffineries de sucre prospéraient, les vinaigreries prirent un plus grand accroissement, et augmentèrent leur renommée par d'excellens produits. Les droits établis aux barrières de Paris rendaient l'entrepôt indispensable dans les villes voisines de la Capitale, et l'activité des maisons de commerce d'Orléans leur procurait de nombreux et lucratifs débouchés pour les épiceries ainsi que pour les produits de leur sol. Les vignes se multiplièrent, et les vins de nos contrées s'enlevèrent rapidement. Les fabriques de lainage continuaient de prospérer, et occupaient des bras nombreux, lorsqu'un Orléanais introduisit une nouvelle branche d'industrie en formant une fabrique de ces bonnets propres à la coëffure des Turcs et appelés gasquets.

Peu de temps après, le Duc d'Orléans conçut le projet d'établir dans notre ville une filature de coton, et commença à le mettre à exécution.

L'année 1789 arriva, le mauvais état des finances

du royaume servit de prétexte à des désordres qui ruinèrent bientôt totalement, et pendant de trop longues années, le commerce de toute la France. Orléans éprouva ce revers de fortune plus encore que beaucoup d'autres cités, et vit ses manufacturiers s'éloigner emportant les débris de fortunes acquises avec loyauté par de longs travaux. Enfin le calme avait à peine commencé à reparaître que ses habitans les plus actifs recommencèrent des opérations commerciales, dont les succès encouragèrent quelques étrangers à venir se fixer parmi nous. Les raffineries reprirent leurs travaux, la fabrique de gasquets de Tunis se continua avec succès, les vins de notre territoire furent demandés, nos vinaigres conservèrent leur ancienne réputation, et des industries nouvelles furent tentées. La filature créée par le Duc d'Orléans était alors en pleine activité, deux fabriques de toiles peintes occupaient beaucoup d'ouvriers, les métiers à couvertures de laine alimentaient par leurs produits une partie du royaume. A la vérité les droits de Paris n'existant plus, le commerce d'épicerie était loin d'avoir récupéré sa splendeur ; en compensation celui des sels était devenu très-avantageux. Tout devait faire espérer de voir en peu d'années Orléans reprendre son rang parmi nos villes les plus commerçantes. Des guerres extérieures, que l'inquiétude et l'ambition du chef multiplièrent sans cesse, paralysèrent de nouveau les efforts des négocians ; et si quelque branche d'industrie obtint des bénéfices dans cet état de choses, la plus grande partie éprouva des pertes.

Le commerce actuel d'Orléans est bien loin de l'état de prospérité dont il a joui, et chaque jour on le voit décroître avec effroi. Néanmoins ce serait encore une des villes de l'intérieur les plus susceptibles de reprendre un rang distingué par son industrie, si les causes qui neutralisent l'activité de ses habitans pouvaient être détruites. Au nombre de ces causes nous n'hésitons point à placer en première ligne ses entrées trop élevées, sa contribution mobilière et ses patentes, dont les charges empêchent de former de nouvelles manufactures et détruisent peu à peu celles qui subsistent encore. Le véritable moyen de ranimer son industrie serait sans doute de parvenir à diminuer considérablement les charges qui pèsent sur ses habitans actuels : alors on y en attirerait de nouveaux qui amèneraient nécessairement une diminution de prix dans la main-d'œuvre, et donneraient les moyens de soutenir la concurrence avec les pays où elle est moins coûteuse.

Nous n'entreprendrons point ici de discuter la question des entrepôts sollicités par diverses villes de l'intérieur, ni de démontrer que c'est peut-être l'unique moyen de revivifier le commerce languissant des provinces. Les bornes de cet ouvrage ne nous permettant point de traiter cette question d'un si haut intérêt, nous devons nous borner à donner les notions les plus essentielles sur les produits agricoles et industriels qui alimentent encore nos relations de commerce.

BANQUE. Orléans ne possède point de Banque particulière, ni même aujourd'hui de correspondant de la Banque de France. Toutes les opérations de ce genre y sont faites ou directement ou par les courtiers de commerce. Trois ou quatre maisons s'y livrent maintenant aux opérations de banque en même temps qu'elles sont occupées de commerce particuliers ou d'entreprises étrangères.

BLANCHISSERIES DE CIRE. Sous les règnes de Henri III et de Henri IV, et antérieurement, les blanchisseries de cire et les fabriques de bougies et de cierges d'Orléans jouissaient d'une réputation méritée. Peu à peu les abeilles devinrent moins communes dans nos contrées : les ciriers d'Orléans furent contraints de s'approvisionner dans le Perche et dans la Bretagne, ce qui les força de diminuer la qualité de leurs produits pour soutenir la concurrence avec le Mans et quelques autres villes. Sous Louis XV, l'une de nos blanchisseries de cire avait obtenu le titre de manufacture royale, qu'elle a repris depuis quelques années. Le nombre de ces établissemens, dont les procédés principaux sont l'emploi des lavages à chaud et l'étendage au pré pour la dépuration des cires, est maintenant de quatre, situés dans les environs de la ville.

Blés, Farines. Ce commerce a toujours été très-considérable à Orléans placé entre la Beauce et le Berri dont le blé est le principal produit.

Brasseries. Avant que la culture de la vigne ne devînt aussi commune qu'elle l'est depuis une centaine d'années dans nos cantons, il y avait à Orléans deux fabriques renommées d'hydromel, une de cervoise, et jusqu'à huit brasseries qui étaient encore en pleine activité en 1600. Depuis que le vin est devenu tellement abondant dans certaines années qu'il est plutôt une cause de ruine que de profit pour le cultivateur, la consommation de la bière n'est plus qu'un objet de luxe seulement, et une ou deux brasseries sont bien suffisantes pour satisfaire aux besoins des habitans. Quant à l'hydromel et aux autres boissons de ce genre dont nos ancêtres faisaient un grand cas, elles sont à peine connues aujourd'hui.

Néanmoins si les brasseurs, moins gênés par les exigeances du fisc, pouvaient donner une boisson vineuse à bas prix, elle deviendrait indubitablement une grande ressource, dans les années de disette de vin et dans les années ordinaires, pour les habitans de la Beauce et de la Sologne qui ne boivent le plus souvent, dans les chaleurs de l'été, qu'une eau impure et malfaisante. Sous ce rapport, des innovations peuvent être tentées avec succès en s'attachant à vaincre surtout l'insouciance des cultivateurs de ces deux pays sur l'insalubrité de leurs boissons habituelles.

Cendres gravelées. On appelle ainsi, comme

on sait, le produit de l'incinération des lies de vin dans un fourneau disposé à cet effet. Cette espèce de potasse est très-utile pour la teinture, et il y en a presque toujours eu deux fabriques aux environs de la ville, depuis cinquante ou soixante ans. Il serait bien à désirer, dans l'intérêt du commerce, que leurs produits, mieux surveillés, ne fussent livrés que très-purs et sans mélange.

Céruse. Deux étrangers associés ont tenté, et avec succès, d'introduire ce genre d'industrie parmi nous. Leur fabrique, établie à Saint-Privé et opérant d'après les procédés hollandais, eut pendant quelque temps une activité qui s'est ralentie. Il serait bien à désirer que des encouragemens et des débouchés lui donnassent une nouvelle vie, ainsi que les moyens d'employer sans danger des ouvriers que leur imprudence expose souvent à des accidens fâcheux, que l'expérience de médecins instruits était pourtant parvenu à diminuer extrêmement.

Chandeliers, Etrilles. Vers l'année 1800, un quincailler d'Orléans, homme d'esprit et de mérite, conçut le projet de fabriquer, par un procédé très-simple, ces instrumens dont la consommation est si grande. Cette fabrique parvint à acquérir assez rapidement une réputation méritée; mais diverses circonstances nuisirent à la prospérité de son chef. Cette branche d'industrie, alors à peu près abandonnée, a repris une nouvelle activité; elle est maintenant dans un état très-florissant et exploitée par deux maisons dont l'une fabrique, indépendamment des objets en fer, des chandeliers en cuivre confectionnés avec soin.

Chapellerie. Ainsi que nous l'avons fait remarquer à l'article de la rue de la croix-de-bois, p. 190, il existait à Orléans des fabriques de chapeaux de feutre très-anciennes; il paraît qu'elles jouissaient de quelque réputation, car les seigneurs de la cour de Henri III., lorsqu'il vint processionnellement de

Chartres à Orléans, se munirent dans notre ville de *coëffure en feutre gris*. Il y a toujours à Orléans deux ou trois ateliers où l'on fait des chapeaux communs.

CHARBON ANIMAL *ou* NOIR ANIMAL. C'est ainsi que l'on appelle le résultat obtenu de la calcination des ossemens, appliqué généralement aujourd'hui au raffinage du sucre. On sait que la découverte de *Lowitz* sur les propriétés antiputrides et décolorantes du charbon, donnèrent lieu aux expériences de *Kehls* publiées en 1798, et à celles de *Schaub*, en 1800, pour la décoloration du miel et du suc de betteraves. C'est avec satisfaction que nous rappelons ici que ces essais, jusqu'alors plus théoriques que pratiques, furent mis en usage pour la première fois à Orléans par un de nos concitoyens et anciens amis M. *Guillon*, qui les appliqua avec succès à l'épuration du sucre des colonies. Ce principe étant généralement adopté, on ne tarda pas à reconnaître la supériorité du charbon animal sur le charbon végétal jusque-là employé pour purifier et décolorer le sucre brut. M. *Figuier*, de Montpellier, en décembre 1811, écrivit le premier que le charbon animal avait une action bien plus forte que le charbon végétal; et, en 1812, M. *Desrones* profitant des observations de M. *Figuier*, substitua heureusement ce nouveau charbon au charbon ordinaire, dont on se servait pour le raffinage.

Peu de temps après, quelques raffineries d'Orléans ayant mis en pratique ces nouveaux procédés, excitèrent à établir une brûlerie d'os de chevaux, de bœufs, etc., sur l'île Arraut, près de Saint-Privé. Ses produits étant enlevés rapidement, il se forma successivement deux ateliers de même nature, l'un sur la route d'Ingré, l'autre près du château de l'Hesper; mais elles n'utilisent point encore les produits ammoniacaux de la combustion des matières animales.

COUVERTURES. Les couvertures de laine d'Orléans sont

sont connues avantageusement, et ses fabriques en ce genre sont nombreuses : cependant on n'en compte en ce moment que trois ou quatre principales ; les autres, moins considérables, sont établies pour la plupart hors de la ville, dans le quartier de Saint-Laurent, du faubourg Madeleine. On fabrique aussi maintenant quelques couvertures de coton (1).

Draperies. On a vainement tenté jusqu'ici d'établir à Orléans des fabriques de draps. Pendant quelques années une seule sembla présager à notre ville de nouvelles sources de prospérité, mais les événemens de 1815 et le haut prix de la main-d'œuvre obligèrent de fermer ces ateliers établis dans l'ancien local des Récollets et où l'on tissait des draps à l'instar d'Elbeuf, de Louviers et de Sedan. Orléans pourrait cependant rivaliser pour ce genre d'industrie, si ce n'est avec les fabriques de draps fins, au moins avec celles de Châteauroux et de Romorantin qui l'avoisinent, et dont les produits sont envoyés en grande partie à l'apprêt et à la vente dans notre ville.

Plusieurs maisons recommandables font la *grosse* et la *belle draperie* à Orléans, soit pour leur compte, soit à commission.

Epicerie en gros. Ce genre de commerce qui était jadis le plus considérable d'Orléans, est maintenant réduit à l'approvisionnement des contrées qui nous avoisinent dans un rayon de trente à quarante lieues, où il lutte péniblement contre la concurrence de Paris et de Lyon. Un petit nombre de maisons se livre encore à la vente sur place des cafés, huiles,

(1) Des médailles d'or, d'argent et de bronze ont été obtenues, aux diverses expositions, pour cette fabrication, pour celles des creusets, des limes, des gasquets de Tunis, etc., etc. Nous n'avons pas cru devoir en faire mention à chacun des articles ; ces encouragemens, très-flatteurs pour le manufacturier, n'étant, comme on sait, que de bien petite considération pour les consommateurs, tant que les expositions ne seront composées que de pièces de choix fabriquées à grands frais, au lieu de l'être d'objets de fabrication journalière.

savons, indigos, etc.; mais ce nombre décroît tous les jours.

FILATURES DE COTON ET DE LAINES. Une des premières filatures de coton formées en France, l'avait été à Orléans par le Duc d'Orléans, sous la direction d'un Anglais, et sous les arcades de l'ouest et du nord de l'ancien grand cimetière. Transférée ensuite dans les vastes bâtimens qu'il fit construire à la motte-sans-gain, sa prospérité sembla, pendant quelques années, devoir augmenter celle de notre ville. La position politique de la France entrava ses travaux, et le directeur de cet établissement, qui s'en était rendu propriétaire, ne put supporter les pertes qu'il essuya. Depuis ce moment, ces superbes bâtimens ont eu diverses destinations dont aucune n'a obtenu une heureuse réussite. Une autre filature avait été créée dans la rue du pot-de-fer, mais elle ne subsista que pendant dix à douze ans. Enfin, en 1823, M. Laisné de Villevêque en créa une d'après un système de filage alors nouveau, dans les bâtimens de l'ancienne maison couventuelle de Saint-Euverte. Ses métiers étaient d'abord mus par des chevaux; depuis 1817 ils sont mis en activité par une machine à vapeur; et grâce à l'activité de ses propriétaires qui ont eu trop souvent à lutter contre des forces majeures de non-succès, elle avait employé jusqu'ici d'assez nombreux ouvriers; mais depuis le 1er avril 1829 ses travaux ont cessé.

Les laines se filaient autrefois à la main, et occupaient beaucoup d'ouvrières à Orléans; depuis peu d'années on les file à l'aide de machines, et deux ou trois ateliers, parmi lesquels on remarque celui de la machine à vapeur de MM. Benoist-Mérat et Desfrancs, les filent soit pour leur compte, soit à façon.

FLANELLES. On appelle ainsi les étoffes rayées noir et blanc, bleu et noir, dont les femmes de la campagne font leurs vêtemens d'hiver. Une seule fabrique de ce genre existe à Orléans, rue des grands-champs, et ses produits sont généralement reconnus de très-bonne qualité.

GASQUETS DE TUNIS. On appelle ainsi des espèces de calottes dont les Turcs se servent pour leurs turbans. Anciennement on les fabriquait presque toutes sur la côte d'Afrique : des fabriques de ce genre se sont établies à Orléans où elles ont prospéré long-temps sans rivalité. Il en existe toujours deux dans notre ville, dont la plus considérable est celle de MM. Benoist-Mérat et Desfrancs, rue St.-Martin-du-mail; mais elles ont à lutter aujourd'hui contre d'autres manufactures de même nature dont les produits sont, dit-on, moins beaux. L'une des causes de la prospérité des fabriques de gasquets d'Orléans était la nuance de la couleur rouge de sa teinture qui était regardée comme un secret impénétrable : quel est aujourd'hui le secret de ce genre qu'on ne parvienne à découvrir? Le premier travail de ces calottes se fait à la main, et elles sont tricotées en Beauce par économie de main-d'œuvre.

IMPRIMERIE. LITHOGRAPHIE. La première imprimerie fut établie à Orléans, vers l'an 1490, dans les salles basses de l'ancienne Université, rue de l'écrivinerie, aujourd'hui de la préfecture. En 1500 il y avait deux imprimeries, et lors des troubles de 1565 notre ville en comptait trois. (*Voyez, page* 230, *la Rue Pothier.*) Orléans possède aujourd'hui cinq imprimeries, et ce nombre serait au-dessus des besoins de la localité, si la proximité de Paris ne donnait point à ces ateliers la possibilité de participer aux entreprises nombreuses de la librairie moderne. C'est ainsi que quelques éditions sorties des presses de M. Couret de Villeneuve, jouissent encore d'une belle réputation parmi les bibliographes, de même que plusieurs Auteurs italiens imprimés chez monsieur J.-M. Rouzeau-Montaut.

Ce n'est qu'au mois d'août 1828 que le Gouvernement, cédant aux demandes réitérées depuis cinq ou six ans de brevets d'imprimeurs lithographes, en accorda deux pour Orléans. Le premier octobre suivant, l'un de ces établissemens était en pleine activité, rue royale. (*Voyez page* 234.)

Laines. Un des produits les plus importans des contrées qui avoisinent Orléans a toujours été la laine qui se distinguait jadis en laine de Sologne et en laine de Beauce. Aujourd'hui le croisement des races et l'introduction des mérinos ont anéanti, ou à peu près, ces distinctions; et à force de chercher à obtenir des laines fines on est arrivé à regretter, pour certains emplois, les lainages primitifs. Plusieurs maisons s'occupent à Orléans spécialement du commerce des laines, et les expédient aux pays de fabriques. Autrefois des magasins considérables de laines d'Espagne existaient aussi dans notre ville. Le lavage des laines occupe aujourd'hui à Orléans beaucoup d'ouvriers.

Limes. Cette fabrique, établie à Orléans depuis douze à quinze années, accroît chaque jour sa réputation; et ses limes, bien taillées, soutiennent déjà la concurrence de celles d'Allemagne; bientôt, nous n'en doutons point, elles atteindront la qualité de celles des fabriques anglaises.

Pépinières. La culture des jeunes arbres forestiers, à fruits, et d'agrément, dans les environs d'Orléans, était connue sous Charles IX. Sous Henri III et Henri IV elle s'accrut beaucoup, mais elle ne devint, pour ainsi dire, générale que sous Louis XIII. L'extrême division des propriétés et surtout la vente des biens nationaux donna un grand essor à cette industrie agricole; chaque nouveau propriétaire, grand ou petit, désirant embellir le terrain dont il devenait possesseur, de plantations utiles ou agréables, le bénéfice amena la concurrence; et bientôt l'on vit des pépinières s'établir sur divers points de la France. Les propriétaires eux-mêmes en formèrent, et ces divers établissemens nuisirent à la prospérité de ceux d'Orléans. Quoique cette branche de commerce ait un peu souffert depuis une douzaine d'années, c'est encore maintenant une des plus considérables de notre ville. Les arbres tirés d'Orléans sont généralement beaux et de bonne qualité; le terrain où ils sont élevés étant d'une qualité très-bonne, mais pourtant ordinaire, leur reprise est à peu près assurée partout où on les transporte.

Les étrangers visitent avec étonnement ces champs nombreux qui servent à former des pépinières dans les faubourgs de Saint-Marceau, de Saint-Marc et de Saint-Vincent; et ils admirent avec raison le soin qu'on apporte dans le greffage, l'élagage et les labours.

On évaluait en 1790 le nombre de pieds d'arbres vendus à Orléans, année commune, sans y comprendre les plants et les *paradis*, à plus de 200 mille; mais ce calcul est difficile à établir d'une manière exacte, surtout aujourd'hui.

C'est dans le faubourg Saint-Marceau qu'on trouve le plus spécialement les arbres à fruits et d'agrément. Les faubourgs de Saint-Marc et de Saint-Vincent fournissent plus d'arbres dits *forestiers*, tels que noyers, ormeaux, mûriers noirs et blancs, tilleuls, etc., que d'autres espèces à fruits et d'agrément.

POTERIE; TUILERIE. Peu d'années après l'établissement des raffineries à Orléans, on tenta d'y fabriquer des formes à sucre; bientôt elles furent regardées comme les meilleures en ce genre, comme celles qui résistaient le mieux au changement rapide de température, et enfin comme celles qui transsudaient le moins. Ces qualités qui tiennent, outre les soins dans la fabrication et la cuisson, à la nature de la terre qu'on tire en grande partie de la petite commune de Saran qui avoisine la ville, sont encore celles qui distinguent les quatre fabriques principales qui existent aujourd'hui. La poterie commune qui se fait aussi à Orléans et avec la même terre, est d'une nature très-bonne et appréciée des consommateurs. Deux poteries particulièrement ont beaucoup amélioré leurs produits depuis quelques années : ce sont celles de Saint-Victor et du Sanitas.

Si les poteries ont gagné en perfection depuis quelque temps, les tuileries ont beaucoup perdu; et il est vraiment inconcevable qu'on continue à faire usage, pour les bâtimens ruraux surtout, de briques, de tuiles et de carreaux d'aussi mauvaise qualité que ceux fournis par les tuileries de Saint-Privé.

Ces tuileries extraient la terre qu'elles emploient sur leur propre sol, elles la préparent et la cuisent très-mal, d'où il résulte des matériaux de construction de peu de durée.

Nous ne doutons point que des tuiles et des carreaux faits avec l'excellente terre de Saran et bien cuits ne rivalisassent avec ceux qu'on emploie à Paris, et il serait bien à désirer de voir s'élever quelques tuileries dont cette terre alimenterait les fabrications. Cette industrie bien dirigée pourrait affranchir notre département d'une portion du tribut annuel qu'il paye à l'Anjou pour ses ardoises dont la qualité et l'épaisseur diminuent tous les jours et occasionnent de fréquentes réparations dans les campagnes.

Les habitudes des camps ont rendu, depuis 1790, l'usage du tabac à fumer bien plus général qu'il ne l'était avant cette époque, et c'est aussi depuis ce moment que nous avons vu s'élever à Orléans, avec succès, des fabriques de pipes à fumer, maintenant au nombre de deux.

Nous ne parlerons point ici de la fabrique de porcelaine qui exista environ vingt années, de 1792 à 1812, d'abord près du grand mail, ensuite dans l'église des Capucins, et enfin dans une maison de la rue de l'égoût-Saint-Aignan. Sa fabrication était belle et solide; mais obligée de s'alimenter de terre à Limoges et de soutenir la concurrence, elle ne put subsister long-temps à cause du prix de la main-d'œuvre.

Il paraît que du temps des Romains, ou peu après leur domination, des fabriques de poterie, à l'instar de celles qu'ils avaient établies sur plusieurs points de la Gaule, existaient à Orléans. De nombreux fragmens de vases, des puisets à extraire ou à préparer de la terre, enfin des terres déjà préparées et malaxées, trouvées vers un même point sous les fondations de la halle au blé actuelle, peuvent étayer les conjectures à cet égard. Divers noms et quelques renseignemens restés sur différens quartiers de la ville, et notamment vers la rue Saint-Martin-du-mail et de la vieille-poterie, indiquent que dans des temps plus modernes il existait à Orléans des fabriques de ce genre. Quelques notes assez vagues, à la vérité, et recueillies çà et là, nous ont appris qu'au temps du siège de 1428 Orléans expédiait des *pots à cuire, par la haute et basse Loire*, et pour Paris et Chartres.

RAFFINERIES DE SUCRE. Les raffineries, dont la première semble avoir été établie par les ancêtres de la famille *Vandebergue*, comme nous l'avons dit, et vers l'année 1653, étaient devenues très-nombreuses en moins d'un siècle. En 1777, lors du passage de Monsieur, on comptait à Orléans quinze raffineries qui pouvaient fabriquer 800,000 livres de sucre par an; leur nombre diminua ensuite, mais il s'augmenta en 1796. Depuis ce moment, les plus vastes de ces usines ont été démolies, et il en reste aujourd'hui dix à douze parmi lesquelles cinq à six seulement sont en activité.

Pendant long-temps les procédés de raffinage ont été, ainsi que nous l'avons déjà observé, une sorte de secret possédé par les chefs ou par leurs contre-maîtres seulement. Il en est résulté une routine qui a beaucoup nui à nos manufactures lorsque des documens généraux et assurés engagèrent à élever des raffineries à Paris et dans d'autres villes. Orléans, dont le sucre avait obtenu une réputation méritée, fabriqua long-temps avec des procédés anciens, plus coûteux, moins sûrs et moins rapides que ceux adoptés ailleurs à la même époque. Le premier chef de raffinerie qui tenta d'innover (*Voyez* Charbon animal, *page* 606), ne put lutter contre la prévention, et fut obligé de porter dans la Capitale le fruit de ses observations où elles furent avidement accueillies. Depuis peu d'années toutes les raffineries d'Orléans ont enfin adopté le mode d'épuration reconnu le meilleur, et l'une d'elles obtient aujourd'hui des résultats qui mettent son sucre, pour la beauté et la qualité, au-dessus de presque tous ceux qui se fabriquent en France.

Maintenant que l'on ne doute plus de la possibilité de raffiner avec toutes les eaux et dans tous les pays, ce qui nuit essentiellement à la prospérité de nos raffineries c'est l'incertitude des arrivages, occasionnée par la navigation incertaine de la Loire. Sous ce rapport, la construction d'un canal latéral à la Loire, qu'Henri IV avait conçu, et dont les projets nouveaux sont confiés en ce moment à l'un de nos députés, activerait ce genre d'industrie dans notre ville, et mettrait nos raffineries à même de soutenir la concurrence des villes où l'on reçoit les matières premières à jour fixe.

TANNERIE, MÉGISSERIE, CORROIERIE, PARCHEMINERIE, COLLE CLAIRE ET COLLE FORTE. Les cuirs apprêtés à Orléans ont joui pendant long-temps, dans le commerce, d'une réputation de qualité justement méritée. Aujourd'hui encore ils sont considérés comme supérieurs à ceux qu'on tanne dans différentes contrées. Depuis le règne de Louis XV, la petite ville de Meung s'est emparée de la majeure partie de cette fabrication que facilitent les ruisseaux ou *mauves* qui la traversent. Néanmoins il existe encore dans notre ville, outre plusieurs maisons de commerce pour les cuirs, quatre à cinq tanneries considérables, cinq corroieries, quinze mégisseries et chamoiseries, quatre ou cinq parcheminneries et deux fabriques de colle claire et colle forte.

TONDEURS DE DRAPS. Le nombre de ces ateliers si nécessaires pour donner aux draps l'aspect qui les rend vendables, était autrefois très-considérable à Orléans où l'on en compte encore cinq.

TEINTURERIES. Les teintures d'Orléans, divisées jadis en *petit teint* et en *grand teint* ou *bon teint*, ont joui pendant long-temps d'une certaine célébrité; aujourd'hui où elles sont beaucoup plus soignées, elles sont à peine connues. Cependant les couvertures, les draps communs de Châteauroux et de Romorantin y sont teints avec succès. La couleur des gasquets de Tunis, qui demande des soins et une nuance rouge toute particulière, se faisait jadis dans les fabriques mêmes, et le procédé était regardé comme un secret. Aujourd'hui l'une de ces fabriques confie ses tissus à un teinturier qui lui fournit de très-belles nuances, la chimie ayant fait des progrès tels qu'il n'existe vraiment plus de secrets impénétrables dans les arts. Le nombre des ateliers de teinture, non compris ceux établis dans les manufactures mêmes, est en ce moment de six, sans y comprendre les teinturiers-chiffonniers.

VERMICELLERIES. La proximité, la quantité et la bonne qualité des blés que produit la Beauce, la possibilité de cultiver avec succès la pomme-de-terre dans des terrains plus légers, et d'en obtenir une fécule abondante, tous ces motifs devaient faire naître l'idée de convertir les fécules en pâte que nous tirions jadis du Piémont et de l'Italie. Vers l'année 1813, deux fabriques de cette espèce se sont établies dans nos murs où elles existent toujours.

VINS ET VINAIGRES. La récolte des vins des environs d'Orléans est une des plus fortes branches de son commerce avec Paris et ses environs. La grande quantité de vignes très-bien cultivées qui nous entourent est quelquefois, mais bien rarement, une source de prospérité pour les vignerons propriétaires. Le plus souvent elle ne leur procure qu'une existence bien peu en rapport avec les soins qu'ils se donnent; elle devient même la source de leurs privations et de leur dénuement dans les années trop abondantes ou improductives.

Parmi les vins des environs d'Orléans on distingue aujourd'hui ceux de St.-Jean-de-Braye, de St.-Denis-en-Val, de St.-Jean-de-la-Ruelle, auxquels viennent se joindre ceux des petites villes voisines dont quelques-uns sont d'une qualité égale ou supérieure, comme ceux de Sandillon, de St.-Ay, de Beaugenci, etc.

Plus de deux cents maisons se livraient au commerce de vin, dont quelques spéculateurs augmentaient encore l'activité avant que la création des droits-réunis et le désagrément de leur surveillance forcément tracassière, ne vinssent dégoûter d'acheter et de vendre des vins, des vinaigres et des eaux-de-vie. Une cinquantaine de maisons, parmi lesquelles on en compte de très-considérables, mais dont le nombre décroît chaque jour, bravent heureusement encore ces dégoûts, et retardent la misère qui menace nos cultivateurs de vignes, en leur procurant quelques débouchés bien lents.

Soixante vinaigreries environ fournissent aux demandes que l'ancienne réputation de cet acide engage à adresser à Orléans. Ces vinaigreries sont alimentées par les vins blancs des environs et principalement par ceux du Blaisois, de l'Anjou et de Nantes. Cette fabrication, soumise aujourd'hui à un mode de travail presque uniforme et très-simple, ne peut que donner de très-bons acides lorsque le choix de la matière première est de bonne qualité. Il serait bien à désirer que, d'un commun accord, tous les fabricans ne livrassent au commerce que des vinaigres d'un degré suffisant, d'une limpidité et d'un goût agréable. Dès-lors, et surtout dans les bonnes années, ils n'auraient plus à redouter la concurrence des acides pyroligneux dont la découverte a beaucoup nui à notre industrie par leur emploi, surtout en teinture.

Parmi les industries qui depuis une trentaine d'années ont été tentées et n'ont pu se soutenir dans notre ville, nous citerons une fabrique d'acétate de plomb (*sel de Saturne*), qui, alimentée par les excellens vinaigres d'Orléans, a donné pendant quelques années des produits très-estimés, et que l'emploi des acides pyroligneux a forcée de cesser ses travaux; une fabrique de corderie par mécanique, formée au faubourg de Saint-Laurent; une usine pour la préparation de l'antimoine en régule; une manufacture de draperie fine; enfin des ateliers pour la fabrication de carreaux à huit pans, en terre solide et bien cuite, etc., etc.

Peu de villes, du reste, relativement à leur population, offrent autant de magasins de toilerie, de mercerie, de rouennerie, et une aussi grande quantité d'orfèvres, d'horlogers, d'ébénistes, de ferblantiers, menuisiers, serruriers, chapeliers-fabricans et autres, etc., etc.

Depuis bien des années cependant tous les commerces en gros et en détail y éprouvent une sorte de malaise et de langueur qui s'accroît chaque jour. Il serait donc bien à souhaiter de voir s'y former des industries nouvelles pour y attirer des ouvriers et des consommateurs.

Outre la grande proximité de notre ville avec Paris où tout se centralise maintenant, ses charges locales ne sont point en harmonie avec ses ressources. On doit donc former des vœux pour que la bienveillante sollicitude de ses administrateurs en allège le poids qui nuit si essentiellement à sa prospérité.

HOMMES ET FEMMES
CÉLÈBRES, ILLUSTRES, RECOMMANDABLES,

ET AUTEURS D'OUVRAGES MANUSCRITS ET IMPRIMÉS,

NÉS A ORLÉANS.

A.

ABBON *ou* ALBON, moine de Fleury-Saint-Benoît, fut abbé de ce monastère et l'un de nos plus anciens agiographes. D'anciennes chartes de l'église de Saint-Aignan d'Orléans indiquaient cette ville comme le lieu de sa naissance. Il fut massacré en 1004 par un Moine gascon, de l'abbaye de la Réole, où il était allé pour mettre la réforme. En 986, sous le pontificat de Jean XV, et en 996, sous celui de Grégoire, il fut envoyé à Rome par le Roi Robert, et obtint de ces Papes ce que le monarque désirait. Il composa et dédia aux Rois Hugues et Robert un recueil de canons sur les devoirs des Rois et des sujets. Ses ouvrages se trouvent dans les *Acta Sanctorum ordinis sancti Benedicti*.

ADALANDE, né à Orléans, était frère de Raymo ou Remo, évêque d'Orléans, et d'une famille noble. Ils donnèrent leur nièce Adalanda en mariage à Ingelgerius, comte de Gâtinais, vicomte d'Orléans et gouverneur de Touraine, avec la ville d'Amboise, ainsi que plusieurs terres dans l'Orléanais et la Touraine, afin de se ménager un protecteur pour enlever le corps de saint Martin aux habitans d'Auxerre qui refusaient de le rendre. Ces reliques avaient été conduites à Auxerre lorsque les Normands avaient pillé Tours et brûlé l'abbaye de Marmoutiers en 866. Ingelgerius, à la tête d'une armée, força l'évêque d'Auxerre d'Auxerre à rendre le dépôt qui lui avait été confié, et le ramena, en l'année 887 ou 897, à Tours où il fut reçu par Adalande, alors archevêque de cette ville.

AGIE OU AUSTREGILDE (*Sainte*), mère de Saint-Loup, était née, suivant quelques agiographes, à Orléans, et mourut, vers 600, au château possédé par cette famille et qui a conservé le nom de son fils.

ALEXANDRE (*Jacques*) naquit vers 1653 et mourut en 1673. Il publia en 1726 un traité du flux et du reflux de la mer, et en 1734 un traité des horloges, ouvrages alors assez estimés.

ALIX (*François*) mourut en 1784, âgé de 86 ans. Il était doyen du présidial, avait été anobli en 1777, et avait publié quelques opuscules sur le Droit civil. C'était un magistrat vertueux, intègre et généralement estimé, suivant le dire de ses contemporains.

ALLANT (*Jean*), poète français, né en 1557. Il avait de la facilité, de la verve, de l'élégance même, pour le temps où il vivait; mais ses vers sont licencieux et se sentent de la mauvaise compagnie qu'il voyait et en laquelle le place l'abbé Gouget.

ALLEAUME (*Jean*), mathématicien de Louis XIII et des Etats de Flandre, a laissé quelques écrits sur la science qu'il cultivait, imprimés en 1627. Il était né à Orléans, et sa famille y était aussi considérable que recommandable.

ALLEAUME (*Louis*), poète latin, écuyer, seigneur de Verneuil, lieutenant-général, était né vers 1550, et mourut en 1593. Ses opuscules, à la louange de son ami Audebert et à celle d'Orléans, se sentent de la boursoufflure regardée alors comme nécessaire en poésie. Il n'est pas bien certain que cet Alleaume appartînt à la famille Orléanaise de ce nom: on le croit, au contraire, originaire d'Alençon.

ALLEAUME DE LA SALLE (*Jacques*), docteur en Sorbonne, chanoine et doyen de Sainte-Croix, mourut en 1719. Il était prédicateur ordinaire de la Ville, et avait laissé des sermons manuscrits.

ALLEAUME (*Jacques*), théologien distingué, curé de Saint-Paul, prédicateur ordinaire de la Ville, mourut en 1665. Il avait fait imprimer deux oraisons funèbres.

AMELOT DE LA HOUSSAIE (*Abraham-Isaac*), né en 1634, sur la paroisse de Sainte-Catherine où il fut baptisé, mort en 1706; écrivain politique peu estimé aujourd'hui, quoiqu'il ait joui pendant long-temps d'une grande célébrité. Il fut secrétaire d'ambassade à Venise. Il a laissé, outre ses traductions des *Annales* de Tacite, du *Prince* de Machiavel, de l'histoire de Venise de Velferus, des mémoires critiques et littéraires peu véridiques, et dont la meilleure édition est celle de 1737, en trois volumes in-12.

ANDRÉ, Bénédictin né à Orléans au commencement du onzième siècle, a écrit l'histoire de Saint Benoît depuis Aimoin jusqu'au règne de Henri fils du Roi Robert. On lui attribue aussi la vie de Gauzelin, archevêque de Bourges, après avoir été abbé de Saint-Benoît. Ses manuscrits sont au Vatican.

ANGRAN (*Christophe*), né à Orléans, et mort en 1703, avocat au Parlement de Paris où il s'était acquis de la célébrité. Il a laissé un commentaire latin sur les Pandectes, qui se trouve à la bibliothèque d'Orléans.

ANGRAN (*Jean*), sieur de Rue-neuve, conseiller en l'élection d'Orléans où il était né en 1656. Il a laissé des observations sur les jardins et sur l'agriculture. Il est mort en 1724.

ARNAULT DE NOBLEVILLE (*Louis-Daniel*), né en 1701, membre de la Société de médecine de Paris et médecin très-connu. Il a laissé un traité de médecine et une histoire des plantes des environs d'Orléans, manuscrit de la bibliothèque d'Orléans, auquel il avait travaillé avec MM. Lambert et Salerne, médecins, et M. Carraud, chanoine de Sainte-Croix. En outre il avait publié un manuel des Dames de charité, une suite de la matière médicale de M. Geoffroy, 1756, 1757, et un traité du rossignol, sous le titre d'*Œdologie*, en 1751.

ASSELINEAU (*Pierre*), médecin, auteur de quelques opuscules, mort en 1676.

AUDEBERT (*Germain*), né le 13 mars 1518. Il eut la réputation d'un des plus grands poètes latins de son temps. Scévole de Sainte-Marthe et Raoul Boteraye, auteurs d'un poëme sur Orléans, en parlent avec éloge. Il fit un voyage en Italie, pendant lequel il devint le disciple d'Alciat. A son retour, il publia des poëmes sur les villes de Venise, de Rome et de Naples, qui lui valurent des récompenses honorifiques. Ami intime de Théodore de Bèze dont il ne partageait cependant pas les opinions, il mourut âgé de quatre-vingts ans en 1598. Il avait été président de l'élection d'Orléans, et était estimé comme magistrat et jurisconsulte. Son fils *AUDEBERT* (*Nicolas*), né en 1556 et mort en 1598, se distingua également dans la magistrature.

AUNAIRE *OU* AUNHAR (*Saint*), évêque d'Auxerre, mort en 605. Il était fils d'un Orléanais riche et d'une famille recommandable nommée *Pasteur*, ce qui a donné lieu d'écrire qu'il était né d'un berger. Il fut quelque temps l'un des jeunes seigneurs de la cour de Gontran, roi de Bourgogne. Il se voua ensuite au sacerdoce, se mit sous la discipline de Syagne, évêque d'Autun, et succéda à Saint Ethére, évêque d'Autun. Il rassembla un synode, vers 578 ou 586, à Auxerre où il fit adopter quarante-cinq statuts qui furent suivis et vénérés pendant bien long-temps. Le premier de ces statuts était contre l'*idolâtrie des étrennes de janvier*. Baillet et les autres agiographes, en célébrant ses vertus, s'accordent à dire qu'il ne négligea point les avantages temporels de son église; ce soin malheureusement trop commun et porté à l'excès dans tous les temps, contribuait puissamment dans les premiers siècles à la haute célébrité et même à la sainteté.

AUSTREIN, évêque d'Orléans et mort en 609, frère de Saint Aunaire, partagea ses soins pour leur sœur Austregilde.

AUSTREGILDE OU AIGE. (*Sainte*), sœur de Saint Aunaire et de Saint Austrein, épousa Betton, seigneur appartenant à la famille royale, dont elle eut St. Leu, évêque de Sens, élevé par ses deux oncles. L'église de Saint-Aignan d'Orléans célébrait la fête de cette Sainte.

B.

BAILLY (*Alberte*), Religieuse de la Visitation, née à Orléans, a fait imprimer en 1641 un panégyrique de Saint François-de-Sales.

BALDERIC, né en 1050, évêque de Dol en 1131, a laissé la vie de Robert d'Arbrissel, une histoire de la guerre sainte, etc.; tous ouvrages savans, mais sans génie et sans goût.

BARBIER (*Marie-Anne*), née en 1670, morte en 1745. Mademoiselle Barbier avait reçu une brillante éducation, et son goût pour la poésie se manifesta par quelques vers qui eurent des succès. Ses liaisons avec l'abbé Pellégrin l'ont fait à tort regarder comme le prête-nom de cet abbé. Elle a laissé des tragédies : *Arries et Petus, Cornélie, Thomiris, La mort de César*, et la comédie du *Faucon*; son style est extrêmement négligé et peu correct.

BARBEROUSSE (*Pierre*), avocat, mort en 1670. On lui doit un traité très-érudit sur l'entrée des évêques d'Orléans et sur leur privilège de délivrer les prisonniers. Il est auteur d'un autre traité intitulé *Aretophilus*, dont la traduction se trouve dans le Dictionnaire des Gaules d'Expilly.

BARBOT DU PLESSIS, né vers la fin du dernier

siècle, auteur de manuscrits de la bibliothèque d'Orléans sur l'astronomie, la physique et les mathématiques.

BARROIS, mort en 1745, maître des écoles de charité de Saint-Euverte, a laissé quelques opuscules sur l'histoire d'Orléans.

BASCLE (*Claude* LE), théologien et prêtre, mort en 1678. Il a laissé des ouvrages de piété français et latins, imprimés en 1667 et 1671.

BEAUVAIS DE PRÉAU (*Claude-Henri*), graveur, né en 1732, mort en 1766.

BEAUVAIS (*Guillaume*) de l'Académie de Cortone, né en 1698, mort en 1773, a laissé quelques manuscrits, et fait imprimer un traité des médailles romaines assez estimé.

BEAUVAIS DE PRÉAU (*Claude*), né en 1701, a laissé quelques poésies.

BEAUVAIS (*Louis-Alexandre-Auguste*), professeur de langue grecque à Dijon, né en 1724, est auteur de poésies latines.

BEAUVAIS DE PRÉAU (*Charles-Nicolas*), né le 1er août 1745. Médecin, receveur-général de l'hôtel-Dieu d'Orléans, électeur de Paris, juge-de-paix, député en 1791, député de la Convention à Toulon ; pris par les Anglais, délivré lors de la reprise de cette ville, et mort à Montpellier. Son buste et ses cendres furent envoyés à la Convention, et la rue Sainte-Anne, d'Orléans, où il avait demeuré, prit son nom pendant quelques jours. Il est auteur, ou plutôt éditeur avec quelques additions, des Essais historiques sur Orléans, de Polluche, imprimés in-8° en 1778, et l'un des bons ouvrages sur cette ville. En outre, il a travaillé avec d'autres collaborateurs à la topographie d'Olivet et à divers mémoires de médecine, etc. La bibliothèque d'Orléans possède quelques manuscrits de lui.

BELLE-TESTE, mort à Paris en 1808, âgé de trente ans, secrétaire-interprète du Gouvernement pour les langues orientales. Il avait fait partie de la Commission des sciences et arts de l'expédition d'Egypte. Il reçut deux blessures en combattant près de Kléber, et publia des cartes et des mémoires sur l'Egypte. Depuis son retour il travailla à la traduction d'un ouvrage arabe sur la minéralogie, et à un recueil moral et politique turc, intitulé *Les quarante Visirs*. Vertueux et savant il sut se concilier les suffrages et l'estime des gens de lettres et des gens de bien.

BÉRAULT (*Nicolas*), né vers 1473 et mort en 1550. Sa réputation de savant distingué le fit choisir par le connétable de Montmorenci pour faire l'éducation des jeunes de Coligny ses neveux. Il fut d'une rare probité. Erasme en fait l'éloge comme littérateur, et Gessner comme jurisconsulte. Il fut le troisième des commentateurs de Pline, et il a laissé divers ouvrages peu connus aujourd'hui.

BÉRAULT, né en 1571, fut principal du collège de Montargis, et publia plusieurs pièces de vers latins.

BERTRAND (*François*), né en 1611, poète latin et auteur du *Juvenilia*.

BERSON (*Jacques*), Cordelier, docteur en théologie, né en 1584, et orateur chrétien distingué.

BESCHARD (*Matthieu*), chanoine de Saint-Pierre-le-Puellier, mort vers 1640. Il a laissé quelques poésies latines.

BLANCHARD (*Isaac*), né vers 1608, s'adonna à la poésie latine, et fut regardé comme un poète distingué par ses contemporains.

BLANDIN, curé de Saint-Pierre-le-Puellier, mort en 1816. Il est auteur d'un *Traité de paix entre la nation et le clergé*, 1790, et de quelques opuscules sur des discussions religieuses.

BOILLÈVE (*Joseph*), chanoine régulier, prieur de la Conception, mort en 1767. Il s'était occupé de l'histoire de l'Orléanais, et a laissé quelques travaux bons à consulter.

BONGARS (*Jacques*), conseiller et maître-d'hôtel du Roi, né en 1554 et mort en 1610. Jeune encore et étudiant en droit à l'Université d'Orléans, il y fit imprimer en 1591 des commentaires sur Justin, qui commencèrent sa réputation. Louis XIII l'accueillit et le nomma ambassadeur en Allemagne où il resta vingt-cinq ans. Pendant ce temps il travailla à une histoire des Croisades intitulée *Gesta Dei per Francos*, imprimée à Hauau en 1611. Il a conservé la réputation d'un calviniste modéré et savant, ainsi que d'un critique judicieux. On connaît encore de lui ses *Epistolæ*, Leyde, 1641; *Collectio hungaric. rerum scriptorum*, Francfort, 1600; enfin des notes sur Pétrone et des variantes de Paul Diacre. Casaubon a fait son éloge en des termes un peu trop pompeux.

BORDES (*Jean-Charles*), oratorien, né en 1706, a laissé quelques écrits utiles sur les hommes célèbres de l'Orléanais et de France.

BOULARD DE NAINVILLIERS (*Anne*), née en 1628 et morte en 1706, devint abbesse de Port-royal.

BOULAY (*Jacques*), chanoine de Saint-Pierre-en-pont, mort vers 1735. Il a laissé sur la culture de la vigne un ouvrage assez rare aujourd'hui, intitulé *Le Vigneron français*. Le chapitre où il dévoile les fraudes et les vols trop familiers de son temps, et encore de nos jours, commis par les vignerons à gages, lui en fit des ennemis si acharnés que la tradition a faussement accrédité un conte d'après lequel il aurait été trouvé pendu par eux à sa maison de campagne. Il paraît que réellement il en reçut de mauvais traitemens qui l'engagèrent à se défaire de ses vignes. Son livre, imprimé à Orléans en 1723, contient des choses très-bonnes et encore très-utiles sur les vignobles de l'Orléanais particulièrement.

BOURBON (*Nicolas*), oratorien, de l'Académie française, professeur d'éloquence au collège royal, chanoine de Sainte-Croix, né en 1574, mort en 1644; poète latin assez élégant. Ses œuvres ont été imprimées en 1630, 1631, et 1654, sous le titre de *Poëmatia*, etc. Quelques biographes assurent qu'il est né, comme son oncle Bourbon-l'Ancien, à Vandœuvre; mais plusieurs de nos historiens le revendiquent comme Orléanais, peut-être parce qu'il vint étudier dès son enfance à l'Université d'Orléans.

BOURDIN (*Michel*), né en 1622. Il y a eu plusieurs sculpteurs Orléanais de ce nom; mais *Michel*, auteur du tombeau de Louis XI à Cléry et de la Vierge de Sainte-Croix, est le plus connu, et regardé à juste titre par les artistes de nos jours comme un homme très-remarquable par son talent. M. Al. Lenoir, dans son musée des monumens français, avait rappelé à son égard un conte populaire d'après lequel Bourdin aurait été pendu pour avoir volé une lampe d'argent dans l'église de Cléry. Nous n'avons trouvé aucune trace de ce fait, malgré des recherches minutieuses, et au contraire nous avons acquis la certitude que *Michel* BOURDIN a été enterré au grand cimetière d'Orléans où il avait une épitaphe, à la vérité très-modeste, mais qui exclut toute idée de culpabilité d'un crime aussi vil.

BOURGOIN (*Daniel*), né en 1601. Quelques opuscules lui ont acquis la réputation de jurisconsulte habile.

BOUTHIER (*Sébastien-François*), né en 1738, mort en 1798. Il s'était adonné à l'étude du grec, et a laissé un manuscrit qui se trouve à la bibliothèque publique. Il contient la traduction du Livre de Job, des proverbes, de plusieurs odes de Pindare avec des notes et des remarques très-savantes.

BOYETET *ou* BOFFET (*Claude*); né en 1570, mort en 1625, avocat au Parlement, et traducteur d'Homère.

BOYVIN (*Nicolas*), mort en 1516. Il eut la réputation d'être un maître d'écriture très-habile à une époque où l'imprimerie étant encore dans l'enfance rendait ce mérite très-remarquable.

BRACHET (*Jacques*), chanoine de Sainte-Croix, mort en 1544. Ses traductions avec commentaires de plusieurs auteurs latins jouissaient encore après sa mort de quelque estime.

BRANDOLIN (*Augustin-Lipse*), né en 1543. Ses écrits théologiques sont aujourd'hui à peine connus.

BRETON DE MONTRAMIER (*Antoine*), mort en 1781, doyen des docteurs-régens et professeur de l'Université, est auteur d'un éloge de Pothier. C'était un savant estimé et modeste.

BRIZART OU BRITARD (*Jean-Baptiste*), né en 1721, mort en 1791. Cet acteur tragique avait d'abord étudié la peinture sous Carle-Vanloo, mais bientôt son goût pour le théâtre l'emporta. Il débuta à Orléans, et obtint ensuite des succès à Nantes, à Lyon et à Bordeaux. Sa figure noble, sa haute taille, sa voix pure et sonore le firent remarquer à Paris, autant que son intelligence pour les rôles tragiques. Il travailla beaucoup, et obtint bientôt de la célébrité ; mais la frayeur que lui causa la submersion d'une barque dans laquelle il se trouvait au passage du pont Saint-Esprit lui fit blanchir subitement les cheveux, et dès-lors il quitta l'emploi des jeunes princes pour celui des pères et des rois, dans lesquels il excellait. Il habitait assez souvent, sur la fin de sa vie, une maison de campagne qu'il possédait à la Chapelle-Saint-Mesmin, non loin du château qu'avait acheté depuis mademoiselle Raucourt.

BRUNEAU (*Antoine*), avocat au Parlement, né en 1686, a laissé quelques opuscules sur le Droit.

BURLART (*Hugues*), chanoine théologal et curé de Sainte-Catherine en 1592, mort en 1614. Ce prédicateur furibond ne fut pas toujours pénétré de cet esprit de charité, caractère distinctif des ministres de l'Évangile. Il combattit Calvin plutôt en énergumène qu'en homme sage, et contribua par son peu de modération aux querelles religieuses de son époque. On ne connaît de lui qu'un écrit sur la *cène de Calvin* qui lui fait peu d'honneur. (*Voyez, page* 205, Rue des Hennequins.)

C.

CAILLY OU ACCEILLY (*Jacques* DE), chevalier de Saint-Michel, né en 1604, mort en 1673, poète français. Sa famille, très-recommandable dans l'Orléanais, était déjà considérée, à l'époque du siège d'Orléans, par les services qu'elle avait rendus à la province. Un de ses ancêtres, Guy de Cailly, était seigneur de Reuilly, lorsque la Pucelle, à son arrivée, vint loger au fort de Chéci dépendant de cette seigneurie. Guy de Cailly la reçut avec enthousiasme et la suivit à tous les combats et assauts du siège de Jargeau. Jeanne d'Arc sollicita pour lui de Charles VII des lettres de confirmation d'anoblissement. Les liaisons d'amitié se formèrent, à ce qu'il paraît, entre cette famille et celle de Jeanne d'Arc; et ce point n'est pas sans intérêt pour l'histoire. Un Jacques de Cailly donna une de ses filles en mariage à Charles Du Lys, cousin au cinquième degré de la Pucelle, et conseiller du Roi. Les armes de cette famille devinrent alors mi-partie des Du Lys et des Cailly. Une seconde alliance eut lieu postérieurement entre Jacques de Cailly et *Nanon* Du Lys. Ce Jacques de Cailly était l'aïeul de celui dont nous nous occupons. Une Catherine de Cailly avait fait des vers italiens et français vers 1600, et un autre Jacques de Cailly a fait aussi des poésies en l'honneur de la Pucelle; une de ces pièces de vers se trouve dans l'édition de Hordal imprimée en 1612 à Pont-à-Mousson. Le chevalier d'Acceilly, connu sous ce nom parmi les gens de lettres, était oncle du précédent, et ses poésies sont estimées par leur légèreté et par le bon goût qui les a dictées. (*Voyez* le Ménagiana, l'abbé Goujet, l'abbé Le Clerc, le P. Bouhours, etc.)

CARRÉ (*Pierre-Florent*), né le 5 septembre 1747, mort en 1817. Curé de Saint-Marc en 1783, archiviste du département en 1791, commissaire au dépôt littéraire de Gien en 1794, desservant de La Bussière en 1801; homme de bien et littérateur judicieux, il fit beaucoup de recherches pour éclaircir des points douteux de l'histoire de l'Orléanais et pour fixer l'attention sur des usages anciens dignes d'être remarqués. Il a fait imprimer, en 1811, le catalogue raisonné de seize opuscules dont les manuscrits sont à la bibliothèque publique, et qu'il est bon de consulter pour l'histoire de notre ville.

CASTANET, chanoine de Sainte-Croix, mort en 1742. Il existe divers manuscrits de ce chanoine plus patient qu'instruit, qui l'ont fait placer au rang des généalogistes qu'a produits notre ville.

CHAMPCHERIEUX (*Guillaume*), né en 1631, théologien estimé.

CHANGEUX (*Pierre-Jacques*), grammairien, né en 1740, et auteur d'opuscules sur la langue française.

CHANTEREAU (*Louis*), né en 1531, évêque de Mâcon, et confesseur ordinaire de Louis XII.

CHARTIER (*Daniel*), sieur de la Bourlandière, né en 1582, commentateur et critique, a revu et fait réimprimer les œuvres d'Alain Chartier.

CHARTIER (*Jean*), peintre et graveur, auteur d'un recueil intitulé *Les Blasons vertueux*, en 1574.

CHATEAU (*Nicolas*), Religieux-Carme et théologien, mort en 1669.

CHATEAU (*Guillaume*), graveur estimé, né en 1635 et mort en 1683.

CHAUMEIX (*Abraham Joseph* DE), commentateur et critique, né en 1725, et mort en 1770 à Moskow où il professait. Il se montra un des plus grands antagonistes des auteurs de l'Encyclopédie. Voltaire l'accabla de sarcasmes et de plaisanteries qui le firent bafouer, et l'engagèrent à s'expatrier. Il avait été d'abord maître d'école à Neuville-aux-bois. Ses écrits sont tombés dans un oubli mérité.

CHENU (*Jacques*), conseiller en la prévôté, jurisconsulte, mort vers 1610.

CHESNEAU, prêtre et auteur de remarques sur l'histoire de France publiées vers 1755.

CHEVILLARD (*François*), chanoine de S^{te}.-Croix et curé de Saint-Germain, est classé par ses contemporains au rang des poètes français. Il publia, vers 1641, *Les portraits parlans*, et mourut en 1659.

CHOTARD (*Pierre*), né en 1584, avocat célèbre. Il voyagea en Italie où on lui confia l'éducation de Camille Borghèse devenu pape sous le nom de Paul V.

CHOTARD (*Philippe*), neveu du précédent, et jurisconsulte, a laissé des manuscrits qui se trouvent à la bibliothèque.

CHRÉTIEN (*Guillaume*), né en 1560 et médecin célèbre du Roi de France Henri II. Il a laissé plusieurs ouvrages sur la science anatomique et une traduction de la thérapeutique de Galien.

CHRÉTIEN (*Florent*), fils du précédent, naquit en 1541 et mourut en 1596. Elevé dans la religion protestante, on lui confia l'éducation du jeune prince de Béarn, depuis Henri IV, qui le nomma son bibliothécaire à Vendôme. Né avec d'heureuses dispositions pour la poésie, il acquit une haute réputation parmi ses contemporains. Il a laissé divers ouvrages en vers, parmi lesquels on distingue une traduction des quatre livres de la Vénerie d'Oppian, le Cordelier, et Jephté traduit de Buchanan; il eut part à la fameuse *Satyre-Ménippée*.

CLAVERET (*Jean*), versificateur français, né vers 1666.

COLAS (*Claude*), écuyer, seigneur de Malmusse, jurisconsulte, mort en 1667. Il a laissé quelques manuscrits et entre autres un commentaire sur les Décrétales.

COLAS DE PORTMORAND (*Alexandre*), abbé de la Madeleine de Pleine-Selve, né en 1671, théologien.

COLAS DE GUYENNE (*Jean-François*), chanoine de Saint-Aignan, mort en 1772, prédicateur.

COLLEMAN

COLLEMAN (*Jean*) s'occupa, dès sa jeunesse, des sciences physiques et mathématiques, et devint, selon l'expression du temps, astrologue de Charles VII et de Louis XI. Il était né en 1463.

CORDIER (*Claude-Simon*), chanoine de Sainte-Croix, secrétaire de l'évêché et secrétaire perpétuel de la Société littéraire d'Orléans, était né en 1704; il mourut en 1773. Il composa plusieurs petits poëmes en vers latins, qui lui valurent la réputation méritée d'homme de goût. Ces poëmes, dont plusieurs ont été imprimés, sont très-rares aujourd'hui. Ils sont intitulés : *Aurelia Nympha, sive Aurelianorum origo; Silenus vindicatus, sive Magdunensium asinorum origo; Myrtis et Grisetta, sive Feles Balgenciaci; Autumnales Parnassi feriæ; Ratapolitani imperii excidium; Amphionis alumnorum iter ad Parnassum.* Il a laissé quelques fragmens d'un poëme latin sur la ville de Beaugenci.

CORNEILLE père (*Michel*), recteur de l'Académie de peinture, et peintre très-estimé, naquit en 1601 et est mort en 1664.

COQ (*Luc* LE) curé de Saint-Germain, né en 1669 et mort en 1742, a publié une oraison funèbre de M. de Coislin, évêque d'Orléans, et un recueil de cantiques spirituels.

COURBEVILLE (DE), Jésuite et auteur de plusieurs traductions, était né vers 1740.

COURET DE VILLENEUVE, né le 29 juin 1749, et mort à Gand le 20 janvier 1806, noyé dans la Lys où il semblait être tombé par accident. Il dirigea pendant plusieurs années à Orléans une imprimerie que lui avait laissée son père. Il fit paraître plusieurs éditions très-soignées de différens auteurs italiens et français, et publia le premier journal remarquable de l'Orléanais. Il avait fait des recherches sur l'histoire d'Orléans, qu'il se proposait de publier. Quelques succès académiques formèrent sa réputation d'homme de lettres, et son dernier écrit fut un éloge de Kléber,

CRIGNON D'AUZOUER. Il sut allier les délassemens que procurent les Lettres avec les soins d'un commerce étendu qu'il parvint à faire prospérer au-delà même de ses espérances. Jeune encore il traduisit un discours en vers latins sur la science du gouvernement, adressé à François II, lors de son sacre, par le chancelier de l'Hôpital. Divers opuscules le mirent depuis en relation d'amitié avec un grand nombre d'hommes recommandables dans la littérature et dans les arts. Député du département du Loiret, il fut réélu cinq fois, et mourut, le 4 décembre 1826, avec ce titre honorable lorsqu'il est conféré librement.

D.

DALLIER (*Lubin*), jurisconsulte, né en 1521.

DANIEL (*Pierre*), avocat et bailli de Saint-Benoît-sur-Loire, né en 1530 et mort en 1603. Il parvint à sauver de la destruction, lors des troubles de 1565, les livres et les manuscrits précieux de la bibliothèque de Saint-Benoît. On lui doit des notes et des commentaires sur Virgile, etc.

DANIEL (*François*) fit paraître à Lyon, en 1618, *Franc. Danielis Aurelii T. C. notæ in Petronii satyricon.*

DANGERVILLE, né en 1650, est qualifié par ses contemporains de poète français.

DANGLEBERMES, médecin très-instruit, né vers 1430.

DANGLEBERMES (*Jean-Pyrrhus*), né vers 1475, mort en 1521, fils du précédent. Il étudia les belles-lettres à l'Université d'Orléans, sous le célèbre Érasme. Il s'appliqua ensuite à la jurisprudence, et devint professeur dans la même Université. Dumoulin étudia sous lui en 1517. François Ier, appréciant son savoir, le nomma chancelier au conseil souverain de Milan en 1521; il mourut peu après, suivant Alciat son ami, pour avoir pris une médecine qui l'empoisonna. Parmi ses ouvrages tous latins et assez nombreux, mais surchargés de phrases ampoulées et d'ornemens déplacés, nous citerons seulement une Vie de Saint Euverte et de Saint Aignan, un panégyrique d'Orléans, un commentaire sur la Coutume d'Orléans, un autre sur la Loi salique, enfin un écrit sur la danse et sur la musique.

DELACROIX-FOREL, mort en 1793, chirurgien habile et auteur d'un traité d'accouchement en faveur des sages-femmes de la campagne, imprimé en 1784.

DELAFOSSE (*Jean-François*), né en 1734, ancien chanoine de Sainte-Croix, auteur de quelques oraisons funèbres et d'un recueil de poésies imprimées en 1807.

DELAGUEULE-DE-COINCES (*René-Louis*), conseiller au bailliage, né en 1736. Il s'était occupé de l'histoire de son pays, et a laissé quelques manuscrits sur ce sujet.

DELAHAYE (*Aignan*), chanoine de Sainte-Croix, a laissé quatre volumes in-16, déposés à la bibliothèque, de notes grammaticales écrites en latin sur le texte hébreu des saintes Ecritures. Il est mort en 1728.

DELAHAYE (*Pierre-François*), né en 1748, oratorien, professeur de physique au collège de Vendôme, et mort juge-de-paix du canton de Saint-Marceau d'Orléans. Il a publié, en l'an XI (1802), un discours adressé au premier Consul sur l'influence de la Religion pour développer les qualités propres à former les grands hommes.

DELALANDE (*Jacques*), seigneur de Lumeau, docteur-régent en l'Université d'Orléans et maire de la ville, né en 1622 et mort en 1703. Il préféra le titre de professeur à celui de magistrat, et a laissé deux volumes in-f° intitulés, *Specimen Juris romani gallici ad Pandectas seu Digesta*, manuscrit déposé à la bibliothèque publique.

DELAROUE (*Guillaume*). On le croit né à Orléans, et l'on pense que c'est à sa famille qu'on doit le premier jardin des plantes créé à Orléans. Il a laissé un manuscrit in-f°, d'une écriture du seizième siècle, déposé à la bibliothèque publique, et intitulé : *Traité des plantes contenues au jardin de mon père Guillaume Delaroue, juré en l'état de pharmacie à Orléans.*

Defay Boutheroue, naturaliste distingué, né en 1736, professeur d'histoire naturelle à l'école centrale d'Orléans, et auteur de mémoires et d'observations sur l'histoire naturelle et la minéralogie de l'Orléanais.

Defay (*François*), chanoine de Jargeau, poète latin, mort vers 1645.

De-Guyenne, avocat au Parlement de Paris, né en 1712, mort en 1767, et auteur de divers opuscules sur le Droit.

Deheère (*Nicolas*), doyen de Saint-Aignan, abbé de Notre-Dame de Beaugenci, aumônier du Roi, prédicateur distingué, né en 1577 et mort en 1624. Il a laissé quelques discours manuscrits.

Deloynes de Talsi, vicaire-général et doyen de Sainte-Croix. Il publia en 1790 une notice, insérée au tome 3 des Mémoires de l'Académie royale des inscriptions et belles-lettres, sur un manuscrit relatif à Jeanne d'Arc, faisant partie de la bibliothèque du Chapitre de Sainte-Croix.

Deloynes (*Jean*), médecin distingué par son savoir, mort vers 1582.

Deloynes d'Autroche (*Claude*), chevalier d'honneur, né en 1743, mort en 1823. Versificateur laborieux, il a publié en 1788 une traduction d'Horace, dont les remarques sont très-estimées des gens de lettres. En 1803 il fit imprimer une traduction de l'Enéide, et, plus tard, une traduction du Paradis perdu, de Milton, et de la Jérusalem délivrée, du Tasse. Citoyen bienfaisant, il secourut l'indigence en lui procurant du travail : c'est ainsi qu'il embellit le château de la Porte où il passait la belle saison.

DÉMERÉ, abbé, né en 1751 et professeur de rhétorique au collège royal d'Orléans. Il a laissé divers opuscules, et entre autres *Orléans délivré*, traduction de l'*Aurelia liberata* de Charbuis.

DESCHAMPS (*Etienne-François*), né en 1745, instituteur des Sourds-et-Muets sur lesquels il a publié divers ouvrages.

DESCHAMPS (*Antoine-Louis*). Il fut membre du Conseil de la Commune en 1793, juge-de-paix en 1794. Il a laissé de fâcheux souvenirs sur son exaspération politique. Il a publié divers mémoires en 1789, et une instruction sur les juges-de-paix en 1790.

DESCOMTES DE LA CLÉMENDIÈRE, doyen de Saint-Pierre-en-pont, curé de Sainte-Catherine, né en 1520 et mort en 1600, est qualifié de poète latin élégant par ses contemporains; ses œuvres se trouvent jointes à celles d'Audebert son ami.

DESFRICHES (*Hector*), chirurgien, mort en 1647. On le croit auteur de remarques critiques sur l'histoire d'Orléans, in-4°, de Lemaire. Ce manuscrit déposé à la bibliothèque publique est joint à divers autres, sous le n° 431.

DESFRICHES (*Thomas-Aignan*), né en 1715, mort le 3 nivose an IX (1800), âgé de quatre-vingt-six ans, paysagiste très-distingué. Il était issu d'une famille estimée dans le commerce depuis le quatorzième siècle; et l'un de ses ancêtres, qualifié seigneur de Saint-Lié, avait été en 1600 le quatrième maire d'Orléans et élu deux fois.

Son goût pour les arts se manifesta dès l'âge le plus tendre, et ses parens consentirent à le laisser suivre son penchant pour la peinture en le confiant, en 1733, à *Natoire*. Ses progrès furent rapides et annoncèrent le germe d'un grand talent. Mais son père dont la santé s'altérait, dont la famille était fort nombreuse, et qui désirait accroître un commerce déjà fort étendu, réclama ses soins et fut obligé de le rappeler près de lui.

Contraint de renoncer à la peinture, M. Desfriches ne put résister au charme que lui offrait le dessin, et il consacra bientôt tous les momens qu'il put dérober aux affaires pour étudier le paysage.

Il créa, pour ainsi dire, un genre nouveau et qui convenait au peu de temps qu'il pouvait sacrifier aux arts. A l'aide de la mine-de-plomb et d'un papier plâtré, il produisait avec une facilité étonnante ces charmans paysages aujourd'hui très-recherchés des amateurs, et dont il aimait à gratifier ses amis et ses connaissances les moins intimes. Divers voyages qu'il fit en Hollande et en Suisse pour son commerce, et les rives du Loiret près desquelles il possédait une maison de campagne, fournirent une ample moisson à ses crayons.

Le burin multiplia ses œuvres, et nous aimons à rappeler ici que le directeur de notre musée, M. le comte de Bizemont, l'ami de M. Desfriches et son émule dans les arts, fut un des premiers graveurs qui reproduisirent avec talent les charmantes compositions de notre compatriote.

Un goût très-pur et un grand tact pour discerner *le faire* de chaque maître, mirent M. Desfriches à portée de former une collection précieuse de tableaux des peintres les plus célèbres. Cette collection, la première en ce genre qui ait existé à Orléans, et dont la majeure partie est encore possédée par madame de Limay sa fille, attira plusieurs fois des étrangers de marque et des artistes dans nos murs.

M. Desfriches, que ses talens faisaient estimer autant que ses qualités personnelles, compta au nombre de ses amis intimes ses contemporains les plus marquans parmi les gens de qualité, les gens de lettres et les artistes, les Larochefoucaud, de Choiseuil, Watelet, Vernet, Cochin, Houdon, Pujol, Soufflot, etc., etc., Mably, Condillac, etc.

Il avait inspiré à madame de Rohan-Chabot l'heureuse idée de former dans son hôtel, à Paris, une école de dessin pour les jeunes gens sans fortune ; il en fut le directeur, et transmit facilement à ses élèves l'enthousiasme qu'il éprouvait : c'est là qu'il devint le premier guide, l'ami et le protecteur de *Casas*, si connu depuis par ses ruines de la Grèce et son rare talent.

Les soins qu'il donna à cette école ne sont pas ses seuls titres à la reconnaissance publique sous le rapport des beaux-arts. Outre le monument ancien de la Pucelle, qu'il parvint à faire rétablir avec goût, ainsi que nous l'avons fait remarquer, page 368, il obtint la fondation, dans notre ville, d'une école gratuite de dessin qui subsiste toujours.

Parmi le grand nombre de ses compositions nous en citerons une achetée 1000 liv. par le grand Duc de Toscane pour l'offrir au pape Pie VI, et une vue d'Orléans que nous avons signalée page 42 de cet ouvrage.

DESHAYES-GENDRON, médecin du Roi, né en 1723, a publié en 1760 un ouvrage, alors estimé, sur les maladies des yeux.

DE-TROIES *père et fils*, tous les deux successivement présidens au présidial, ont laissé un journal de ce qui s'est passé à ce tribunal de 1686 à 1740. Malgré l'incorrection de ce manuscrit déposé à la bibliothèque publique, il est bon de le consulter pour l'histoire de notre ville.

DIJON (*Louis*), chanoine de Sainte-Croix, né en 1615, et auteur de quelques vers latins qui lui ont valu la qualification de poète.

DOLET (*Etienne*), né en 1509 de parens estimés, étudia à l'Université où il se fit remarquer par ses succès. Il fut secrétaire d'ambassade à Venise ; littérateur recommandable, et imprimeur célèbre. Ses opinions religieuses à une époque où des écrits *pour* ou *contre* telle ou telle croyance semblaient être d'un grand mérite, lui suscitèrent des persécutions. Il fut d'abord mis en prison à Lyon, et relâché sur sa promesse d'être plus circonspect à l'avenir; de nouveaux écrits le firent arrêter une seconde fois et conduire à Paris où il fut condamné et brûlé comme athée en 1546. Parmi ses ouvrages assez nombreux et écrits en latin, on distingue *Francisci primi fata* (en vers), imprimé en 1529. La vie de Dolet a été écrite par M. Née, en un volume in-8°, Paris, 1776.

Doré (*Pierre*), théologien, né en 1569. Il est auteur de trente et quelques ouvrages peu dignes d'être cités : tels sont l'*Anti-Calvin*, les *Allumettes du feu divin pour faire ardre les cœurs humains en l'amour de Dieu*, 1586, etc., etc.

D'Orléans (*Louis*), né en 1543 et mort en 1622, avocat-général pour la Ligue, fut un critique judicieux et un commentateur estimé.

Ducerceau (*Jacques – Androuet*), architecte de Henri II, né de parens obscurs, et mort en 1585, se distingua dans son art. Il commença le pont-neuf sous Henri III, en 1578, et fit divers bâtimens dans la Capitale; il continua la galerie du Louvre par ordre de Henri IV, en 1596. Il paraît que, voulant se retirer à Orléans, il y avait bâti une maison, rue des hôtelleries. On lui attribue également la construction d'une autre maison, rue de Sainte-Anne, appelée la maison des *oves*, parce que ce genre d'ornement y est répété partout; mais ce bâtiment d'assez mauvais goût semble être bien postérieur à Ducerceau. Obligé de s'expatrier pour ses croyances religieuses, il fut victime des fluctuations de l'esprit humain et mourut sur le sol étranger. Il a laissé divers écrits sur l'architecture et un recueil dédié à Catherine de Médicis, des plans, coupes et élévations des châteaux royaux de France, ouvrage assez rare aujourd'hui.

Dubois (*François-Noël-Alexandre*), né en 1752, mort le 2 septembre 1824, chanoine laborieux et théologal de la cathédrale. Depuis 1794 jusqu'au moment du rétablissement du culte, il se consacra à l'éducation de la jeunesse pour laquelle il publia, en 1803, sa *Flore Orléanaise*, justement estimée des botanistes. Depuis il a donné au public divers opuscules. Il travaillait en dernier lieu, et depuis long-temps, à des dissertations sur le siège d'Orléans et sur divers points obscurs de notre histoire. Il a légué ses manuscrits à la bibliothèque publique où ils peuvent être consultés avec fruit.

Duchemin (*Nicolas*), jurisconsulte, et auteur de divers écrits latins de 1525 à 1531.

Ducreux (*Gabriel-Marin*), né en 1723, chanoine à Auxerre, aumônier de Monsieur; il fit paraître, vers 1778, divers écrits sur l'histoire ecclésiastique, les Siècles chrétiens, dix volumes in-12, les Œuvres complètes de Fléchier, 1783, et un recueil de poésies en 1781.

Dufour (*Antoine*), Dominicain, docteur en théologie, confesseur et prédicateur du Roi, évêque de Marseille, mort en 1509.

Dumoulin (*Pierre*), célèbre théologien protestant, né en 1568 et mort en 1658.

Dupleix (*César*), sieur de Lormoy et de Chilly, avocat au Parlement, né en 1610, était doué de beaucoup d'esprit. Lorsque le père Coton publia sa fameuse lettre après l'attentat de Ravaillac, il parut, sous le titre d'*Anti-Coton*, un écrit remarquable qui s'enleva rapidement et qu'on attribua à tous les hommes marquans de cette époque connus pour leurs opinions anti-jésuites. Cette lettre, mélange adroit de sarcasmes et de raisonnemens, sans nom d'auteur ni d'imprimeur, alors si recherchée, était de *César* Dupleix; et le secret n'a été divulgué qu'après sa mort.

Durit (*Michel*), avocat au présidial en 1589, a laissé quelques écrits sur l'histoire de France.

Dusaussay (*Louis*), chanoine de Sainte-Croix,

a laissé, vers 1718, quelques écrits sur l'histoire d'Orléans.

DUTERTRE (*Marguerite*), maîtresse sage-femme très-distinguée à l'hôtel-Dieu de Paris, née en 1633 et morte en 1701.

E.

EGROT (*Maurice*), seigneur d'Espuis, né en 1717 et mort en 1796, auteur d'un Essai sur Dieu et sur l'homme, en 1788, et des devoirs de l'homme, en 1780, imprimés à Orléans chez J.-M. Rouzeau-Montaut.

EMERY (*Bernard*), né en 1570, publia en 1561 une méthode alors très-remarquable pour apprendre à chanter.

EUMELIUS *ou* EUMERIUS, évêque de Nantes, né en 545, prélat instruit et qui assista au quatrième Concile d'Orléans.

ETIENNE, évêque de Tournay, né en 1203, d'abord abbé de Saint-Euverte, a laissé un volume d'épîtres et de sermons.

F.

FLACOURT (*Etienne* DE), commandant et directeur général à Madagascar, né en 1660, auteur de quelques voyages et de l'histoire de la grande île de Madagascar en 1661.

FONTAINE DES MONTÉES (*Charles*), comte de Prémery, évêque de Nevers, conseiller d'honneur au Parlement de Paris, né en 1730, et auteur de quelques sermons.

FONTENAY (*Jean* DE), *maistre en escriture* célèbre dans son temps, fit paraître, vers 1500, un livre de *chiffres* d'une belle forme et de *caractères* pour écrire des *lettres secrètes*.

FOREST (*René-Guillaume*), géographe et littérateur,

né en 1722, auteur d'un mémoire sur les jeux floraux et sur l'histoire de Clémence Isaure, 1775, d'une carte historique et géographique des premiers événemens de la vie de Henri IV.

FORNIER ou FOURNIER (*Guillaume*), jurisconsulte, conseiller au présidial, docteur-régent en l'Université, né en 1530, mort en 1588; auteur de quelques commentaires sur le Digeste et les Pandectes, etc. Il fut un des Orléanais affectionnés par Henri III.

FORNIER ou FOURNIER (*Raoul*), né en 1562, mort en 1627, docteur-régent en l'Université, fils du précédent et auteur de la Philosophie chrétienne en deux livres, du Prédicateur, etc., *Rerum quotidianarum*, etc.

FORNIER ou FOURNIER (*Henri*), conseiller au présidial, né en 1563, mort en 1615, auteur de quelques opuscules sur le Droit.

FOUCAULT (*François*), oratorien et curé de Saint-Pierre-en-sente-lée, théologien *distingué* en 1631. On peut juger de son mérite dans le livre suivant, imprimé en 1630 à Orléans, chez Hotot : *Le pain cuit sous la cendre, apporté par un Ange au prophète Elie pour conforter les moribonds et les aider à gangner la mort.*

FOUCAULT (*Nicolas*), curé de Saint-Michel, né en 1650, mort en 1692, auteur de prônes imprimés en 1703.

FOUCAULT (*Damien*), né en 1675, imprimeur en réputation à cette époque.

FOUCHER (*Toussaint*), Carme, théologien en 1638.

FOUGEU (*Pierre*), seigneur d'Escures et du Poutil, maréchal-général des armées du Roi, gouverneur de la ville et du château d'Amboise. Henri IV l'appelait son ami, et l'employa utilement dans diverses négociations. Il donna son nom à une rue de notre ville où il était né en 1554. Il mourut en 1621 au château du Poutil où Henri était venu le visiter. (*Voyez* Rue d'Escures.)

FOURCROY (DE), doyen de Sainte-Croix, mort en 1694, auteur de sermons manuscrits.

FUET (*Louis*), avocat au Parlement de Paris, né en 1739, orateur distingué.

G.

GARRAULT (*François*), sieur des Georges, conseiller en la Cour des monnaies de Paris, né en 1584. Il avait la réputation d'être un antiquaire fort instruit.

GAST (*Gabriel* DE), docteur-régent en l'Université, mort vers 1579, jurisconsulte, auteur d'opuscules sur le Droit.

GAUDILLON (*François*), Jésuite instruit, né en 1589, mort en 1631.

GAUDÉ (*Samuel*), médecin et littérateur, mort en 1650.

GAUTRUCHE (*Pierre-Denis*), Jésuite, né en 1602, mort en 1681; auteur d'une histoire sainte jusqu'en 1700, imprimée en 1706, et d'ouvrages théologiques.

GÉDOIN (*Nicolas*), chanoine de la Sainte-Chapelle, abbé de Beaugenci, et de l'Académie française, né en 1660. Parent de la célèbre Ninon de l'Enclos, il obtint par elle ses bénéfices. Ses contemporains, parmi lesquels on cite Voltaire et d'Alembert, le regardaient comme un homme de bien, instruit, aimable et plein de candeur. Il a laissé, outre des mémoires insérés dans les collections de l'Académie, une traduction de Quintilien, imprimée en 1718, et une de Pausanias, publiée en 1731. Il mourut près de Beaugenci en 1744.

GEORGEON (*Pierre*), avocat au Parlement, né en 1708, mort en 1747, et auteur d'une histoire de Pologne.

GÉRARD-DUBOIS, oratorien, né en 1629, mort en

en 1696, a laissé quelques écrits sur l'histoire ecclésiastique.

Germon (*Barthélemy*), Jésuite, né en 1663, mort en 1718, commentateur et critique éclairé.

Geron (*Dom Guillaume*), Bénédictin, né en 1701 et mort en 1767, l'un des biographes de son Ordre.

Gervaise (*Jacques*), né en 1620, mort en 1670, peintre et membre de l'Académie de peinture.

Gervaise (*Nicolas*), prévôt de Suèvres, né en 1699, agiographe.

Geuffronneau (*Jean*), sieur de Serry, poète latin médiocre, né en 1664.

Gilles-d'Orléans, Dominicain et prédicateur du Roi, connu par plusieurs sermons, né en 1723.

Girard, né vers 950. On connaît de lui un poëme à la louange de Hugues, fils du Roi Robert, mort en 1019, et dont il fit l'épitaphe.

Godard (*Claude*), né en 1672. Cet artiste fut, à ce qu'il paraît, d'abord sculpteur, et aurait exécuté de sa main divers travaux à Orléans, parmi lesquels on citait deux squelettes en pierre qui ornaient le fronton du portail du grand cimetière du côté du Bon-Pasteur; il serait ensuite devenu ingénieur du Roi. Suivant d'autres renseignemens, Godard aurait été tout simplement un homme de goût, instruit dans les arts qui se rattachaient à la place qu'il occupait; et, à ce titre, il aurait fait exécuter, sur ses dessins, des sculptures qu'on admirait avec raison.

Grapperon (*Jean-Baptiste-Esprit*), né en 1774, mathématicien et physicien, auteur d'un mémoire estimé sur un galvanomètre, publié en 1803, et de plusieurs autres opuscules.

Grata (*Gaspard*), chanoine de Saint-Aignan, mort en 1677, s'occupa d'astronomie avec succès.

Griveau, curé de Sennely, mort en 1817, auteur d'une histoire de Sennely et de la Sologne en général, manuscrit déposé à la bibliothèque publique.

Groslot (*Jérôme*). Cette famille a fourni deux

baillis d'Orléans, Jacques et Jérôme, tous deux chanceliers de la reine de Navarre. Le dernier joua un rôle très-actif dans les troubles religieux de notre ville, et son entêtement aggrava souvent la position des Catholiques et celle des Protestans dont il était un des plus zélés partisans de France. Il fut poignardé à Paris, lors de la Saint-Barthélemy, et l'historien de Thou vit traîner son cadavre à la rivière, sans oser détourner les yeux de cet affreux spectacle. C'est ce bailli qui a construit les bâtimens de l'hôtel-de-ville actuel.

GROSLOT (*Jérôme*), né en 1621, descendant du fameux bailli Groslot. Il cultiva les lettres, et se fit connaître par des poésies latines élégantes et spirituelles.

GROSTÊTE DE LA MOTTE (*Claude*), théologien protestant, ministre de l'Eglise française à Londres, né en 1713.

GROSTÊTE (*Marin*), sieur du Chesnay, médecin, mort en 1650.

GUIART (*Guillaume*), né en 1306, et auteur de quelques poésies et du roman des *Royaux lignages*, dédié à François Ier.

GUIBERT (*Alexandre*), mathématicien, conseiller en l'élection, et auteur d'un toisé des cubes et des surfaces, etc., dédié à la Reine-mère en 1580.

GUILLAUME V, évêque de Paris en 1305.

GUILLEMEAU (*Jacques*), chirurgien et opérateur distingué; né en 1609.

GUILLEMEAU (*Charles-Guillaume*), doyen de la faculté de médecine de Paris, médecin ordinaire du Roi, né en 1656, auteur d'un traité d'anatomie et de chirurgie, et d'un autre sur les maladies des yeux.

GUYON (*Jacques*), curé de Saint-Victor, mort en 1650, auteur d'une introduction à l'histoire d'Orléans de son frère S. Guyon.

GUYON (*Symphorien*), frère du précédent, l'un de nos historiens d'Orléans le plus abondant en faits, mais aussi le plus prolixe et l'un des plus crédules. Il était oratorien et curé de Saint-Victor; il mourut en 1657, laissant, outre son histoire de l'Eglise, diocèse, ville et Université d'Orléans, en deux volumes in-f°, imprimée en 1647, chez Maria Paris, à Orléans; un petit ouvrage, fort rare aujourd'hui, intitulé : *Notitia Ecclesiæ aurelianensis et Historia chronologica Episcoporum Ecclesiæ aurelianis* (Vivien Hotot, 1637, in-8°). Ces écrits sont indispensables pour les auteurs qui s'occupent de l'histoire de notre cité.

GUYOT (*Guillaume Germain*), doyen et chanoine de Soissons, aumônier honoraire du Duc d'Orléans, prédicateur du Roi, né en 1724, mort en 1793. Il étudia sous les Jésuites et devint un de leurs professeurs distingués au collège de Caen. Il quitta les Jésuites en 1754; après leur expulsion, en 1762, il se retira en Lorraine où il devint prédicateur et aumônier de Stanislas Ier. Après la mort de ce Roi, il prêcha le Carême devant la Cour de France, et devint aumônier du Duc d'Orléans. Il a laissé un grand nombre de manuscrits parmi lesquels nous citerons, outre ses sermons, la continuation de l'histoire d'Angleterre de Hume, depuis 1688 jusqu'en 1721, à laquelle il travaillait au moment de son décès. On distingue, dans le nombre des ouvrages qu'il a publiés, les oraisons funèbres du roi Stanislas et de Louis XV, l'histoire d'Angleterre et celle de France représentées par figures gravées par F.-A. David, auxquelles il coopéra; enfin plusieurs articles du dictionnaire de Trévoux.

GUYOT (*Germain-Antoine*), né en 1694, mort en 1750, avocat au Parlement de Paris, auteur de divers ouvrages de Droit sur les fiefs et les droits seigneuriaux.

GUYOT (*Pierre-Jean-Jacques*), né en 1719 et mort en 1784. Il se distingua dans ses études, et obtint, à vingt-un ans, une place de docteur agrégé à l'Université, pour laquelle le Roi lui accorda une dispense d'âge. Après la mort de M. Pothier, son confrère et son ami, il surveilla l'édition de ses œuvres posthumes publiées en 1776, et dédiées à monsieur de Miromenil. Il parvint à acheter et à faire publier à Lyon, en 1782, une seconde édition des Pandectes revues et augmentées par l'auteur. Il a laissé des discours d'une latinité pure et élégante, et quelques ouvrages qui avaient servi de texte et de commentaire aux leçons de Droit romain et de Droit canon qu'il professa pendant plus de quarante années.

GYVÈS (*Jacques* DE), seigneur de Chameules, avocat du Roi, né en 1616, mort en 1684, jurisconsulte et littérateur, auteur de commentaires manuscrits sur la Coutume d'Orléans.

H.

HARVET (*Israël*), médecin, mort en 1624.

HAUTEFEUILLE (*Jean*), mécanicien, né en 1647, mort en 1724.

HILAIRE. Ce grammairien, qui a joui pendant longtemps de quelque célébrité, était né vers 1160.

HUBERT (*Etienne*), docteur en médecine, lecteur du Roi Henri-le-Grand, professeur de langue arabe, ambassadeur à Maroc, était né en 1570; il mourut en 1614.

HUBERT, né vers 1670, acquit dans notre ville et à Paris la réputation d'habile sculpteur. Il y avait peu d'églises à Orléans, avant 1792, où l'on ne remarquât des statues ou des ornemens de cet artiste plein de goût et de talent.

HUBERT, ancien notaire au châtelet, auteur de quelques nouvelles et de romans publiés vers 1778.

HUBERT (*Robert*), chantre et chanoine de Saint-Aignan, aumônier du Roi et pronotaire du Saint-Siège, né en 1620 et mort en 1694. Il a laissé les *Antiquités historiques* de l'église royale de Saint-Aignan d'Orléans, imprimées en 1661 chez Hotot, un volume in-4° très-rare, et un traité de la noblesse, imprimé en 1681. On connaît de lui un manuscrit intitulé, *Martyrologium ecclesiæ regalis Sancti-Aniani aurel.*, dans lequel il se trouve des renseignemens curieux pour l'histoire de notre province. Il existe aussi à la bibliothèque publique et chez des particuliers divers manuscrits d'un Hubert, chantre de l'église de Saint-Aignan, qui semble n'être pas le même que le précédent, quoiqu'on les ait souvent confondus : ce dernier serait auteur de mémoires pour l'histoire d'Orléans, avec la généalogie des seigneurs qui ont possédé les grands fiefs de la province; de généalogies des familles de l'Orléanais, en huit volumes manuscrits; d'un recueil de pièces tirées des chartres des églises du diocèse d'Orléans, en huit volumes in-4°. Tous ces écrits doivent être consultés par les auteurs qui recherchent des documens sur l'histoire de l'Orléanais.

HUGUET (*Claude*), lieutenant de l'élection de Pithiviers, né vers 1600, auteur de poésies légères.

HUGUIER (*Gabriel*), grammairien, né en 1695, mort en 1772.

HUMERY (*François*), sieur de la Boessière, conseiller au bailliage, mort en 1715, jurisconsulte.

HURAULT (*Pierre*), né en 1706, mort en 1783, astronome et auteur d'un opuscule sur la *Welte de fer pour jauger les futailles.*

I.

IMBAULT (*Laurent*), militaire, puis Chartreux, né en 1744, auteur des *Réflexions d'un Solitaire* sur l'état actuel du Clergé de France, imprimées en 1791.

ISAMBERT (*Nicolas*), docteur en Sorbonne, théologien, né en 1570, mort en 1642.

J.

JACOB, fameux rabbin juif, né en 1190.

JAY (*Jean* LE), jurisconsulte, mort en 1567.

JOGUES (*Isaac*), remarquable par son zèle pour la propagation des doctrines catholiques, fut missionnaire chez les Iroquois où il mourut en 1647.

JOGUES DE GUÉDREVILLE (*Augustin-Guillaume*), né en 1721, mort en 1802, grammairien, auteur d'une *Méthode pour apprendre à lire en français*.

JOLLIVET (*Antoine*), théologien mystique, mort en 1660.

JOLLIVET (*Euverte*), avocat au Parlement, poète latin, né en 1601, mort en 1636.

JOUSSE (*Daniel*), né en 1704, mort en 1781. Le nom de ce jurisconsulte occupe une place distinguée après celui de M. Pothier dans les fastes de la jurisprudence. Il a laissé beaucoup d'ouvrages manuscrits et imprimés parmi lesquels nous citerons : *Traité de la juridiction ecclésiastique volontaire et contentieuse; Des communautés et gens de main-morte, où il est traité en particulier de l'administration des villes, hôpitaux et fabriques; Notice des principaux principes de jurisprudence, d'ordre et d'économie nécessaires à tous les citoyens dans l'usage ordinaire de la vie, pour le gouvernement de leur maison et de leurs affaires domestiques; Traité des crimes; Traité de la contrainte par corps en matière civile; Extraits du Traité de Locke sur l'éducation des enfans et de celui de M. Fleury sur les devoirs des maîtres et des domestiques*, etc., etc.

JOUSSE (*Daniel-Charles*), fils du précédent, né en 1742 et mort en 1769, conseiller au présidial d'Orléans. Il fit paraître entre autres opuscules, chez Deburc à Paris, en 1766, *Lettre d'un Orléanais à un de ses amis sur la nouvelle histoire de l'Orléanais, par le marquis de Luchet*. Cet écrit, maintenant assez rare, est utile à consulter pour l'histoire de notre ville.

JOUSSET, curé de Saint-Germain, biographe, mort en 1695.

L.

Lalleu (*Jean* De), né vers 1236, acquit de la célébrité comme orateur chrétien. Il devint chanoine de Paris et chancelier de l'Université de Paris; il mourut en 1306, après avoir pris l'habit des Religieux-Jacobins. Il a laissé des sermons manuscrits.

Lambron (*Gilles*), né en 1738, mort en 1823; chirurgien habile et citoyen recommandable. Ses talens et ses vertus feront long-temps bénir sa mémoire. Il contribua beaucoup à la propagation de la vaccine sur laquelle il a laissé quelques observations.

Lamyrault *ou* Amyrault (*Moïse*), professeur de théologie protestante à Saumur, né en 1596, mort en 1664.

Landré (*Christophe*), médecin, lecteur du Duc d'Orléans Charles II, né vers 1518. Il a publié : *Histoire de nostre temps; La clef de l'entelechie d'alchymie; Œcoiatrie ou Traité de secrets domestiques; Les secrets d'Alexis, piedmontois*, en 1576.

Landré (*Guillaume*) traduisit, de l'espagnol, en 1577, l'histoire de Primaléon de Grèce; il a traduit aussi, en vers français, le Roland furieux.

La-Forêt (*Etienne*), avocat au Parlement et jurisconsulte recommandable, né vers 1613.

Lasaussaye (*Charles* De), docteur en Sorbonne, doyen de l'église d'Orléans, curé de Saint-Jacques-de-la-boucherie et chanoine de l'église de Paris, naquit en 1565 et mourut à Paris en 1621. C'est le premier des historiens de notre province, et on lui doit les recherches primitives qui ont guidé les pas de ses successeurs. Ses annales de l'église d'Orléans, écrites en latin et imprimées en 1615, en un volume in-4°, sont entachées de faits controuvés et d'ornemens déplacés; néanmoins elles sont encore estimées et doivent être consultées par tous les écrivains qui s'occuperont de l'histoire de l'Orléanais.

LATOUR (*Jean-Louis-François-Dominique*), fils d'un médecin distingué que ses ouvrages firent appeler près du Roi de Hollande, Bonaparte. Il a publié en 1810, à Orléans : *Nosographie synoptique*, ou *Traité complet de médecine présentée sous forme de tableaux*. Il est auteur, en outre, d'un éloge de Fourcroy, d'un éloge d'Antoine Petit, médecin, et d'un Manuel sur le croups, publié en 1808.

LAUBESPINE (*Sébastien* DE), évêque de Limoges, ambassadeur de France, secrétaire des conseils du Roi, né en 1582.

LAURÉAULT DE FONCEMAGNE, membre de l'Académie française et de celle des inscriptions et belles-lettres, a publié des mémoires sur l'histoire de France, de 1741 à 1743.

LE BAS (*Jean*), habile chirurgien et démonstrateur en 1778.

LEBLANC, chirurgien distingué, mort en 1777, a laissé un traité sur les opérations chirurgicales les plus délicates qu'il pratiqua avec les plus grands succès.

LEBRUN (*Pierre*), né de parens obscurs. Il se destina à l'état ecclésiastique et reçut l'ordination de M. de Jarente, évêque d'Orléans, en 1792. Il fut successivement prêtre, munitionnaire de l'armée pour les tentes à une époque où tout était mis en réquisition au maximum pour des soldats qu'on laissa constamment dénués de tout ; enfin il fut entrepreneur de voitures publiques, et le premier particulier qui organisa un service de diligences régulier et actif pour Paris. Il mourut au commencement de 1829, laissant un testament abondant en legs de charité et d'amitié, et dans lequel il n'oublia guère que sa famille.

LECLERC (*Paul*), Jésuite et théologien, né en 1657, mort en 1740.

LE-COCQ (*Luc*), chanoine de Saint-Pierre-en-pont, né en 1669 et mort en 1742, très-bon prédicateur et littérateur. La bibliothèque de son Chapitre possédait, en manuscrit, une traduction des grands hommes de Plutarque, à laquelle il avait consacré plusieurs années de sa vie.

Lefèvre, architecte, né en 1703.

Le-Gaigneux, chanoine de Saint-Aignan d'Orléans, publia en 1768 une généalogie de la famille Colas d'Orléans, dans laquelle on trouve quelques renseignemens utiles pour l'histoire de notre ville.

Le-Gendre (*Jean*), né en 1550. Il a laissé *la continuation de la mer des histoires* de 1533 à 1550; il était regardé par ses contemporains comme un profond mathématicien.

Le-Grant (*Louis-Nicolas-Gabriel*), né le 19 janvier 1732, mort en 1799. Il entra chez les Jésuites en 1747, et les quitta pour cause de santé; nommé à une cure dans l'Orléanais, il fut forcé de l'abandonner pour la même raison. En 1793 il fut enfermé dans la prison de la Croix; il émigra après le 18 fructidor, et fut reçu au collège catholique d'Augsbourg où il mourut respecté et vénéré pour ses talens et sa piété modeste et tolérante. Il a laissé un panégyrique de Saint Paul, un recueil de sermons bien écrits, et des poésies fugitives parmi lesquelles on remarque un poëme de 400 vers latins sur la Jérusalem délivrée.

Lemaire (*Gilles*), médecin, prêtre, poète français, mort en 1657.

Lemaire (*Jacques*), avocat au bailliage d'Orléans, mort en 1650. Il a laissé quelques poésies latines.

Lemaire (*François*), né en   de Pierre Lemaire et de Marie Boillève. Il devint conseiller au présidial vers l'année 1606 et échevin en 1622. Cette charge lui donna la facilité de faire des recherches dans les archives de l'hôtel-de-ville pour composer son histoire d'Orléans; c'est le second de nos historiens : on ne peut pas, sans doute, le considérer comme un écrivain digne d'être cité; mais néanmoins il a le mérite de nous avoir conservé, au travers d'un fatras de phrases peu intelligibles et de divagations sans cesse renaissantes, des faits intéressans et qui pourraient être ignorés aujourd'hui. Il mourut en 1654 ou 1658, et fut enterré dans l'église de Saint-Eloi. Ses ouvrages sont : Histoire des antiquités de la ville et duché d'Orléans, in-4°, 1645, première édition, et in-f°, 1648. Cette seconde édition qui est plus recherchée lorsqu'elle contient quatre-vingt-seize pages intercalées entre le premier et le second tome ordinairement réunis en un seul; un recueil de poëmes et panégyriques de la ville d'Orléans, par M. Léon Tripault, P. d'Anglebermes, Raymond de Massac, Raoul Boulhrays, ensemble l'Hercule-Guespin, 1 volume in-4°, 1666; Origine de la ville d'Orléans, manuscrit refondu dans la seconde édition de son histoire d'Orléans.

LENORMAND (*Euverte*), évêque d'Evreux, né en 1662, mort en 1733.

LENORMAND (*Charles-François*), notaire à Paris, mort en 1816, fit paraître en 1790 un écrit intitulé : *Jean-Jacques Rousseau à Victor Rote*.

LÉONARD (*Dom Guillaume*), Bénédictin et voyageur, né en 1657.

LEPAGE (*Jacques-Claude-Pascal*), né en 1757, auteur des ouvrages qui suivent :

Nouveau style de procédure civile, Paris, 1806.

Traité de la vente judiciaire des immeubles, Paris, 1806.

Questions sur le Code de procédure civile, Paris, 1807.

Manuel pratique des greffiers et des juges-de-paix, 1807.

Traité des saisies et contraintes, deux volumes in-12, Paris, 1807.

LEROY D'EGUILLY (*Jérôme*), né en 1691, mort en 1768, auteur de quelques poésies françaises.

LEROY (*Charles-François*), oratorien et théologien, né vers 1740.

LÉTOILE (*Pierre* DE), chanoine de Sainte-Croix,

archidiacre, official, grand-vicaire, docteur-régent en l'Université, président au Parlement de Paris, mort en 1531. C'est sous ce professeur que Calvin étudia à Orléans. Il y avait au grand-cimetière une épitaphe en l'honneur d'une demoiselle Marie de Létoile, composée par Théodore de Bèze dont elle aurait été la maîtresse; elle était, dit-on, fille de Pierre de Létoile, et mourut à vingt ans, très-instruite et écrivant facilement en prose et en vers latins.

Le-Trosne (*Guillaume-François*), élève de Pothier, avocat au bailliage et magistrat éloquent, mort en 1780, à l'âge de cinquante-six ans; il a laissé plusieurs ouvrages d'économie politique et un éloge de Pothier, qui est encore le plus estimé de tous ceux qui ont paru.

Léveillé (*Pierre*), peintre estimé, né vers 1540.

Levassor (*Michel*), oratorien, auteur de remarques sur l'histoire de France en 1718.

Levé, garde de l'orfévrerie-joaillerie, a laissé un manuscrit, déposé à la bibliothèque, bon à consulter, et intitulé : *Statuts et privilèges des marchands orfèvres-joailliers de la ville d'Orléans*. Ce volume in-f° de 500 pages doit avoir été écrit vers 1785.

Lezeau (*Simon-François*), traducteur, né en 1688, mort en 1777.

L'Huillier (*Jérôme*), docteur-régent en l'Université, jurisconsulte, mort en 1633.

L'Huillier (*Claude*). Il existe à la bibliothèque un manuscrit intitulé : *Recitationes in quosdam titulos Pandectarum*, qu'il a composé avec M. Guillaume Fournier.

Lhuillier-Desbordes (*Joseph-Jérôme*), né en 1754 et mort en 1809, conseiller au bailliage et siège présidial d'Orléans. Il a laissé quelques ouvrages en vers, justement estimés : *Etude des belles-lettres utiles aux magistrats*, épître couronnée à l'Académie de Rouen en 1784; *Les preuves morales des dogmes, de l'existence de Dieu et de l'immortalité de l'âme*, Paris, 1802; *De l'influence des femmes sur les mœurs*, 1786.

LOISEAU (*Lainé*), secrétaire perpétuel de la Société d'agriculture d'Orléans, né en 1778; il a laissé des notes sur les Essais historiques de MM. Polluche et Beauvais de Préau, manuscrit joint à un volume in-4° déposé à la bibliothèque et intitulé : *Mélanges historiques et littéraires relatifs à l'histoire d'Orléans*.

LOSNE (*Etienne* DE), graveur, né en 1570.

LOUVEAU (*Jean*), né en 1584; il a donné en 1558 une traduction de l'Ane d'or d'Apulée, et plus tard les *pourtraicts* des vrayes médailles des empereurs d'Orient et d'Occident.

LOUP (*Saint*) ou *Saint* LEU, évêque de Sens. La vie de cet évêque est peu connue : Surius seul nous en a conservé quelques fragmens. D'après un manuscrit ancien, on prétend qu'il naquit près d'Orléans, dans le lieu qui porte son nom et que possédait sa famille alors riche et puissante.

LUC *ou* LUCAS, doyen de Sainte-Croix, commentateur et critique instruit, mort en 1510.

M.

MAINFERME (*Jean* DE LA), Religieux de Fontevrault, né en 1646 et mort en 1693, a laissé quelques écrits sur l'histoire ecclésiastique.

MALLARD, avocat au Parlement de Paris, né en 1707, mort en 1765. M. Lacretelle a fait un juste éloge des talens et de la modestie de M. Mallard dans une notice consacrée à M. Legouvée, avocat au Parlement. Voici ce qu'en dit M. de la Malle, dans l'éloge de M. Tronchet prononcé le 14 avril 1802, en présence de l'élite du Barreau de Paris et de l'archi-chancelier de l'Empire. « M Tronchet eut
» pour guides et pour appui les jurisconsultes les
» plus fameux, MM. Gacon et Bargeton. M. Mallard,
» ce

» ce savant homme, également profond dans le Droit
» romain et dans le Droit coutumier, dont la mo-
» destie enveloppa pendant long-temps le mérite su-
» périeur, mais qui s'éleva rapidement au-dessus de
» tous ses concurrens, et dont les consultations
» courtes et lumineuses acquirent une grande auto-
» rité. Ce fut lui qui reconnut surtout le mérite de
» M. Tronchet, et qui s'attacha particulièrement à
» lui. »

On voit dans la correspondance de Voltaire, relative aux *Calas*, combien cet homme de génie avait de confiance dans les talens et les lumières de M. Mallard.

Il a laissé un recueil de mémoires en 3 vol. in-f°, qui porte le n° 2,355 dans le catalogue de sa bibliothèque, fait par Debure, à son décès, et imprimé en un volume in-8°.

MARCHAND (*François*), sculpteur, né en 1543.

MARCHAND (*Claude*), scribe et libraire général de l'Université en 1556, auteur anonyme de la *Monodie ou Deuil et Epitaphes des plus fameux docteurs de l'Université*.

MARIE TOUCHET, *Voyez* TOUCHET.

MARIETTE (*François de Paule*), oratorien, né en 1684, mort en 1767, auteur de quelques opuscules, homme de mérite et de goût.

MARMONT-DU-HAUT-CHAMP (*Barthélemy*), fermier-général des Douanes de Flandres, né en 1754, romancier.

MARS (*Dom Jean-Noël*), Bénédictin, né en 1702, biographe.

MARTIN (*Guillaume*), lieutenant des eaux et forêts, mort en 1582. Il passait pour habile jurisconsulte, et a laissé quelques écrits sur l'aménagement des forêts.

MARTIN (*Alphonse*), conseiller au bailliage, mort en 1726, jurisconsulte distingué.

MARY (*Saint*) ou *Saint* MAY ou *Saint* MAIRE, né d'une famille obscure, entra jeune encore dans une abbaye d'Orléans. Son existence et sa piété furent, dit-on, révélées aux moines de Beuvon, près de Sisteron, qui le choisirent pour abbé, et vinrent, pour ainsi dire, l'enlever du monastère d'Orléans. Il eut lui-même, selon l'auteur de sa vie, des révélations; et son corps transporté, après la ruine de l'abbaye de Beuvon, à Forcalquier, y produisit des miracles. Il mourut le 27 janvier, vers l'an 555.

MASSAC (*Raymond* DE), médecin et auteur d'un poëme imprimé, vers 1640, sous le titre de *Pœan aurelianus*.

MASSAC (*Claude* DE), avocat au conseil, né en 1573, mort en 1617, auteur de poésies fugitives en vers français.

MASSON *ou* MAÇON (*Robert* LE), célèbre ministre protestant, né vers 1610.

MASSUAU (*Raymond*), né en 1707, mort en 1775, ancien maire d'Orléans, distingué par sa probité et ses talens littéraires; il a publié: 1°. Défense de la doctrine de l'Eglise sur le jubilé; 2°. Entretiens d'Eudoxe et d'Erigène sur les indulgences, Paris, 1760.

MASSUAU (*Madeleine*), Religieuse de Voisins, et auteur de quelques vers français assez mondains. Elle était née en 1749.

MASSUAU-DES-BROSSES (*Jérôme-Clément*), auteur d'un mémoire écrit vers 1770, pour servir à l'histoire des triomphes et des autres honneurs que les Romains décernaient à leurs généraux.

MEDOU, chanoine de Saint-Pierre-en-pont, a écrit, vers 1772, sur l'histoire ecclésiastique.

MEUNIER (*Jean-Marceau*). Ses talens seuls lui procurèrent successivement les places de secrétaire de plusieurs administrations; il se fit remarquer dans ces emplois, et fut successivement député à l'assemblée législative et au conseil des cinq cents. Inaccessible à la crainte, quoique d'un caractère doux et timide, il ne composa jamais avec ses devoirs, et fut toujours homme de bien. Il mourut en 1814, conseiller de la préfecture du Loiret.

MEUSNIER, doyen de Sainte-Croix, grand-vicaire et official, docteur de Sorbonne, mort en 1667.

MONDORÉ (*Pierre*), mathématicien, maître des requêtes et garde de la bibliothèque du Roi, né en 1572.

MONNET (*Aymond*), professeur en Droit, né en 1590, mort en 1646, auteur d'un poëme intitulé: *Calda tegula*, et d'un autre: *Tyrsander naufragus*.

MORIN (*Jean-Baptiste*), de l'Ordre de Saint Lazare, maître de musique de la chapelle de madame l'abbesse de Chelles, né en 1677 et mort en 1745, après avoir laissé quelques œuvres de musique pour l'orgue.

MOYNET (*Jean*), avocat au bailliage, et traducteur de quelques auteurs latins.

MOYREAU, organiste de Sainte-Croix, et auteur de quelques œuvres de musique estimées dans son temps, mourut en 1772.

MOYREAU, de l'Académie de peinture, graveur, né en 1690, mort en 1762.

MUSIUS (*Simon*), professeur de langue hébraïque à l'Académie de Paris, et auteur de commentaires sur les Pseaumes, imprimés vers 1770.

MUYS, connu sous le nom de *Siméon* MAROTTE, chanoine de Soissons et professeur d'hébreux au collège royal, né en 1587, mort en 1644.

N.

NOURRISSON, lieutenant en la prévôté, jurisconsulte, mort en 1583.

NYON (*Michel*), Jésuite, né en 1637, mort en 1666, auteur de notes et mémoires biographiques.

O.

ODON, ODO *ou* ODART, évêque de Cambray, né vers 1100, auteur d'une interprétation du Canon de la messe, insérée au tome VI de la bibliothèque des Pères de l'Eglise, et d'un ouvrage intitulé : *De villico iniquitatis*, publié vers 1130.

P.

PATAUD (*Jean-Jacques-François*), né de parens commerçans dans les cuirs, fut d'abord destiné à suivre cette carrière ; il se décida à embrasser l'état ecclésiastique dans un âge un peu avancé : aussi ses études primitives avaient souffert de son incertitude sur le choix d'un état. Il commença à se faire distinguer par des sermons débités avec chaleur. Il était curé de Saint-Marceau lorsqu'il fut dénoncé et conduit dans les prisons de l'abbaye. Pendant les temps orageux de la révolution il fut obligé d'embrasser diverses professions, et devint tour à tour fabricant de charbon de bois, buraliste de la loterie, et professeur d'anglais et d'italien. Enfin il rentra dans l'état ecclésiastique, prononça un éloge remarquable de Jeanne d'Arc, et, sur l'invitation de l'évêque Bernier, un discours sur l'anniversaire de la bataille d'Austerlitz. Constamment occupé de l'histoire de l'Orléanais, il avait rassemblé de nombreux matériaux et commencé cet ouvrage dont il avait annoncé la publication par souscription. Une maladie longue et douloureuse l'enleva, le 23 mars 1817, aux fonctions d'aumônier du lycée d'Orléans, et l'empêcha de mettre la dernière main à ses travaux ; il les a légués, ainsi que les manuscrits qu'il avait réunis sur le même objet, à la bibliothèque publique où ils peuvent être consultés avec fruit. Par le même testament, du 22 février 1817, il a rendu un de ses amis intimes dépositaire de vingt volumes environ de notes, etc., re=

latives à notre ville, et qui nous ont été obligeamment communiquées à l'expiration du délai de dix ans après sa mort, qu'il avait lui-même fixé pour l'ouverture de ce dépôt. Tous ces manuscrits semblent écrits avec une précipitation qui seule peut en excuser la négligence, l'incorrection et même quelquefois l'inconvenance ; néanmoins leur grand nombre atteste combien leur auteur était doué de mémoire et du désir de se rendre utile à son pays.

PARIS (*Etienne* DE), Dominicain, mort en 1561, évêque d'Abelonne en 1552. Il a laissé quelques ouvrages latins : *Christiani hominis institutio*, etc.

PARIS (*Claude*), lieutenant particulier au bailliage de Montargis, et auteur de quelques poésies françaises.

PATAS DU BOURGNEUF (*Jean-Léon*), trésorier de France au bureau des finances, né en 1703. Il publia, en 1745 et 1758, un mémoire alors intéressant sur les privilèges et les fonctions des trésoriers de France.

PATISSON (*Mamert*), imprimeur lettré, né en 1600.

PERCHE (*Jean-Jacques*), curé de Saint-Vincent, mort vers 1745, et qualifié de poète latin par ses contemporains.

PERDOULX (*François*), seigneur des Bourdellières, gentilhomme de la garde française du Roi, né en 1692, se distingua par des écrits théologiques.

PERDOULX DE LA PERRIÈRE (*Michel-Gabriel*), né en 1670 et mort en 1753. Il s'occupa de recherches et publia divers mémoires sur l'histoire d'Orléans ; il a travaillé avec Polluche et autres à un manuscrit de la bibliothèque publique, intitulé : *Bibliothèque des auteurs et écrivains de la ville et du duché d'Orléans*.

PERELLE *aîné*, peintre, né vers 1610.

PERELLE *père*, mort vers 1610 ; *Adam* PERELLE, fils aîné du précédent, mort vers 1640 ; et *Nicolas* PERELLE son frère, mort vers 1650, se sont distingués comme graveurs.

PERREAUX (*Philippe-Auguste*), avocat au bailliage, mort vers 1750, jurisconsulte très-profond.

PERRET (*Etienne*), né en 1564, jurisconsulte.

PERROT, mécanicien et intendant de la verrerie royale établie à Orléans, mort en 1687.

PETAU (*Claude*), chanoine de Sainte-Croix, théologien, mort vers 1628.

PETAU (*Denis*), Jésuite, savant et laborieux chronologiste, né en 1583. Il obtint, à l'âge de dix-neuf ans, la chaire de philosophie à l'Université de Bourges; il mourut en 1652 dans sa cellule du collège de Clermont. Outre diverses éditions excellentes de plusieurs auteurs, on lui doit : *De doctrinâ temporum et uranologium*, Amsterdam, 1703 et 1705; *Rationarium temporum*, Paris, 1633 et 1634; *Theologica dogmata*, 1644; *De ecclesiasticâ hierarchiâ*, 1643; les Pseaumes traduits en vers grecs, etc., etc. H. de Valois a écrit sa vie en tête de l'édition des œuvres de Saint Epiphane.

PETAU (*Paul*), né en 1568 et mort en 1614, conseiller au Parlement de Paris, était de la même famille que le précédent; il est surnommé PETAU l'antiquaire, et a laissé quelques écrits parmi lesquels on distingue : *Antiquariæ supellectilis portiuncula*, Paris, 1610; et *Veterum numismatum gnorisma*, 1620.

PETIT (*Antoine*), docteur en médecine et littérateur, né en 1718 d'un père de la communauté des tailleurs, devint un médecin célèbre, et mourut en 1794 à sa maison d'Olivet. Il avait fondé à Orléans une maison de consultations gratuites pour les indigens. (*Voyez p. 315.*) Ses principaux ouvrages sont : *L'Anatomie chirurgicale de Palfyn*, Paris, 1753; *Projet de réforme sur l'exercice de la médecine*, etc. On lui attribue *Le Miroir*, comédie jouée en 1747, et *Le Bacha de Smyrne*, joué la même année. Il fut honoré pendant sa vie des faveurs du Gouvernement, et son attachement pour son pays doit rendre sa mémoire chère à ses compatriotes.

PETIT (*Antoine*), médecin du Roi Henri IV, devint aussi médecin de Louis XIII : son fils, Jean PETIT, devint également médecin de Louis XIII.

PHARÈS (*Simon* DE). Cet astrologue de Charles VII était à Chinon lorsque Jeanne d'Arc y arriva; bientôt il prédit la ruine du parti anglais. Il a écrit une histoire de son temps, qui se trouve parmi les manuscrits de la bibliothèque du Roi; il était né sur la paroisse de Saint-Michel, vers le temps de l'assassinat du Duc d'Orléans.

PICAULT DE LA RIMBERTIÈRE, juge honoraire de la prévôté, auteur d'observations sur la Coutume d'Orléans, manuscrit destiné à l'impression, revêtu de l'approbation du censeur, et déposé à la bibliothèque publique. On pense qu'il a été écrit vers 1776.

PICHERY (*Anne* DE), née en 1583. Elle perdit ses père et mère de la peste qui affligea Orléans vers la fin de 1584 ; elle fut élevée par son aïeule maternelle, et mariée en 1601 à François-Philippe, bourgeois d'Orléans. Devenue veuve en 1616, le Père d'Olbeau la dirigea *dans le chemin de la perfectibilité chrétienne* jusqu'à sa mort arrivée en 1653. Son directeur a écrit sa vie et fait son éloge en vers français. Elle possédait de grands biens qu'elle légua à l'Ordre des Récollets dont son confesseur faisait partie. Serait-ce là le vrai motif des louanges que lui donna ce confesseur, en cherchant à lui attirer une réputation de sainteté?

POLLUCHE DE LA GUILLAUDIÈRE (*Nicolas*), médecin très-estimé, mort en 1770.

POLLUCHE (*Daniel*), né en 1689, mort en 1768, le quatrième des historiens d'Orléans. Son goût pour l'étude, la littérature et les recherches sur les antiquités de sa ville, se manifesta de bonne heure. Occupé d'un commerce étendu que lui avaient légué ses parens, il s'y livra forcément, et l'abandonna dès qu'il en eut la possibilité, pour s'adonner exclusivement à ses études favorites; il fut bientôt en correspondance avec tous les hommes érudits de son temps, l'abbé Rothelin, l'abbé Lebœuf, Dom Toussaint Duplessis, Dom Gerou, etc.

Il publia un grand nombre de mémoires et de dissertations sur les points douteux ou intéressans de l'histoire d'Orléans. M. Beauvais de Préau en a conservé la nomenclature, à peu près complète, en tête de ses Essais historiques sur Orléans (*Voyez* Beauvais de Préau), qui ne sont qu'une réimpression, avec quelques additions, de la *Description de la ville et des environs d'Orléans, avec des remarques*, publiée par Polluche en 1736, chez Fr. Rouzeau : ce petit volume est très-rare aujourd'hui. Les nombreux manuscrits qu'a laissés M. Polluche, et dont il existe une faible portion à la bibliothèque publique, se trouvent maintenant disséminés. Il en existe dans des bibliothèques particulières à Orléans et à Paris; ce sont pour la plupart des renseignemens précieux pour l'histoire de notre ville et qu'on ne saurait trop désirer de voir réunis.

POTHIER (*Robert-Joseph*). Ce jurisconsulte célèbre, né en 1699 et mort en 1772, est un des hommes qu'Orléans se glorifie le plus et à juste titre d'avoir produits. Il devança son siècle dans cet esprit d'analyse, d'ordre et de méthode que l'étude approfondie des sciences exactes a fait adopter depuis. Ce fut un de ces hommes laborieux destinés à travailler avec ardeur au bonheur commun, sans être néamoins doués de ce génie créateur qui fait fleurir et prospérer les lettres et les arts. Ses premières études furent plus solides que brillantes. Une piété sincère le portait à embrasser l'état ecclésiastique; mais des considérations de famille, et le goût de l'étude des lois, qui se développa bientôt chez lui avec force, l'engagèrent à suivre la carrière du barreau. Devenu magistrat et professeur de Droit à l'Université, il fut constamment le modèle et l'ami de ses collègues et de ses élèves. Son caractère doux et modeste retrouvait toute la vigueur et toute la fermeté d'une âme peu commune lorsqu'il s'agissait de ses devoirs et du bien public. Sa vie et ses habitudes ont été tant de fois décrites, que nous nous contenterons de renvoyer à cet égard aux diverses notices qui ont été publiées sur cet homme marquant que l'Europe révère. Nous indiquerons particulièrement l'article de la biographie de Michaud, son éloge par M. Le-Trosne, placé en tête de l'édition in-4° de 1781, le meilleur et le plus complet qui ait paru jusqu'ici ; enfin la Biographie universelle classique pour les diverses éditions de ses nombreux ouvrages. (*Voyez, pour les hommages rendus à sa mémoire, l'article consacré à la maison qu'il habitait, p. 401.*)

PONCEAU (*Jacques*), premier médecin de Charles VIII, né vers 1425.

PONCET, peintre, mort vers 1640.

POULAIN DE VIÉVILLE (*Nicolas-Louis-Justin*), avocat au Parlement, mort en 1816, jurisconsulte et littérateur. Il a laissé : Code de l'orfévrerie, Paris, 1785; Essais sur l'histoire ancienne des tailles, 1783; Imitation de Jésus, traduction nouvelle, anonyme, Orléans, 1779.

POULLIN (*Jean-Jacques*), avocat au bailliage, et auteur d'une histoire de Pologne en 1778.

POULLIN (*Jean*), chanoine et sous-chantre de St.-Aignan, prédicateur, né vers 1744.

POULLIN DE LUMINA (*Etienne-Joseph*), auteur d'une histoire de Lyon en 1772.

POULIN, appelé aussi PAULIN, Jésuite, prédicateur et confesseur de Louis XIV, né en 1593, mort en 1653.

PRÉVOT (*Dom Nicolas*), Bénédictin, né en 1642, mort en 1717, agiographe.

PRÉVOST DE LA JANNÈS (*Michel*), magistrat, jurisconsulte, contemporain et ami de Pothier, docteur-régent en l'Université, né en 1696 et mort en 1749. Il a publié, avec Jousse et Pothier, des observations sur la Coutume d'Orléans, 1740; et, tout seul, Les principes de la jurisprudence française, exposés suivant l'ordre des diverses espèces d'actions qui se poursuivent en justice, Paris, 1750 et 1771; enfin l'éloge de M. Delalande. On connaît de lui un assez grand nombre de manuscrits.

Prou (*Claude*), Célestin, né en 1722, théologien.

Prousteau (*Guillaume*), né en 1626, mort en 1715, docteur-régent en l'Université. Quoiqu'il soit né à Tours, nous avons cru devoir consacrer cet article à la mémoire du fondateur de notre bibliothèque publique, auteur de divers ouvrages estimés sur le Droit.

Q.

Quichri (*Michel*), né vers 1520, théologien.

Quillerier (*Noël*), peintre, né en 1594, mort en 1669.

R.

Rabardeau (*Michel*), Jésuite et jurisconsulte, né en 1572, mort en 1649, connu par un ouvrage singulier et condamné par la Cour de Rome, intitulé: *Optatus gallus benignâ manu sectus*, Paris, 1641; dans lequel il prétend que la nomination d'un Patriarche en France, élu même sans l'intervention du Saint-Siège, ne serait point un acte schismatique.

Regnaud d'Orléans, sieur de Sinzé, conseiller au présidial de Vannes en 1597, auteur de mémoires sur l'histoire de France.

Riffé de Caubrai (*Pierre-Nicolas*), né en 1753, auteur de commentaires sur le Code Napoléon, 15 volumes in-8°, Paris, 1808.

Rippault-Desormeaux (*Louis*), avocat au Parlement, membre de l'Académie des inscriptions et belles-lettres, bibliothécaire du Prince de Condé, né en 1724; il a publié un abrégé chronologique de l'histoire d'Espagne, cinq volumes; Histoire de la maison de Bourbon, 1772; Mémoire sur la législation de Saint Louis, 1778; Mémoire sur la Saint-Barthélemy, 1786.

RIPPAULT (*Louis-Madeleine*), neveu du précédent, né en 1775, mort à la Chapelle-Saint-Mesmin en 1823. Il fut membre de la commission d'Egypte et bibliothécaire de l'empereur Napoléon. Un long travail sur l'explication des hiéroglyphes, commencé avant celui de M. Champollion, abrégea des jours que sa défaveur peu méritée auprès de Napoléon avait déjà un peu altérés. Il a publié une histoire de Marc-Aurèle; un mémoire sur le temple de Denderac, en 1800; une description abrégée des monumens de la haute Egypte, en 1800; un mémoire sur les Oasis, et des observations sur la géographie de Strabon par rapport à la haute Egypte.

RIVIÈRE, Jésuite, né en 1694, théologien.

RIVIÈRE (*Edme*), docteur-régent en l'Université, mort en 1659.

ROBERT, né vers 971, fut baptisé et couronné à Orléans en 990; il devint Roi de France en 996 et succéda à Hugues-Capet. Sa vie appartient à l'histoire de France : les seules particularités relatives à l'histoire de notre ville, c'est que ce prince y fit toutes ses études, combla de bienfaits les églises, et aimait à y figurer en habits ecclésiastiques dans les processions du Chapitre de Saint-Aignan, pour lesquelles il composa des hymnes et des répons qu'on y chante encore.

ROBERT (*Anne*), avocat au Parlement, né en 1618.

ROBERT (*Nicolas*), peintre du cabinet du Roi, né en 1610, mort en 1684.

ROBINEAU DE BOESNE, curé d'Ingré, de l'Académie de Soissons, prédicateur éloquent et profond, né en 1734.

ROGER (*Jean*), né en 1759, professeur de littérature latine à l'Académie d'Orléans, a traduit quelques odes d'Horace et fait jouer sur le théâtre de Saint-Aignan une comédie intitulée : *Le petit neveu.*

Rosgier (*Jacques*), prieur de Saint-Hilaire, théologien, mort en 1687; il avait été esclave en Barbarie. Il a publié la relation intéressante de ses malheurs, et est auteur de plusieurs ouvrages de piété.

Rondonneau (*Louis*), imprimeur-libraire, dépositaire de la collection du Bulletin des lois, auteur de Napoléon-le-Grand considéré comme législateur, etc., Paris, 1808.

Rosni (*Joseph-Caffin*), né en 1771, a publié :
1°. Histoire des antiquités de la ville d'Autun, *Bibractes des Eduens;*
2°. Recherches historiques sur les Druides;
3°. Voyage autour du palais-royal;
4°. Voyage autour du pont-neuf;
5°. Roman d'Adèle et Germeuil;
6°. Roman de l'Amant des onze mille vierges;
7°. Roman de l'Enfant des trente-six pères.

Rouet (*Simon-Alexis*), vigneron de la paroisse de Saint-Marc, mort vers 1813. Il a fait imprimer, en 1807, à l'imprimerie chrétienne, des lettres édifiantes sur une version littérale des Pseaumes 4, 24, 48, 54, 87, dédiés au pape Pie VII.

Rousse (*Jean*), docteur de Sorbonne, curé de St.-Roch de Paris, né en 1586, mort en 1659, prédicateur.

Rouxelle (*Dom*), Bénédictin, né en 1721, agiographe.

Rouzeau (*Simon*), chirurgien de la reine de Navarre, né en 1623, et auteur de poésies françaises.

Rouzeau-Couet (*Vincent*), né vers 1750, mort en décembre 1782, auteur de *La Fille travestie ou le Stratagème extravagant;* d'*Adelaïs de Bourgogne*, tragédie en cinq actes jouée à Orléans en 1779, etc.

Rouzeau-Montaut (*Jean-Matthieu*), imprimeur à Orléans, né le 2 mars 1755, mort le 30 décembre 1828. Sa famille, recommandable dans le

corps

corps de l'imprimerie, le destina de bonne heure à suivre cette carrière, et donna beaucoup de soin à son instruction. Il étudia avec succès, et voyagea en Hollande où l'imprimerie était alors portée à un haut degré de perfection. Il a publié, comme imprimeur, diverses éditions remarquables d'auteurs italiens; et il laisse des notes, recueillies avec exactitude depuis bien des années, sur l'histoire d'Orléans. Laborieux, instruit, constamment attaché à remplir ses devoirs et à contribuer au bonheur public, il se concilia, dans tous les temps, l'estime des gens de bien et des gens de lettres.

ROZIER (*François-Benoît*), né en 1733, mort en 1797, professeur de belles-lettres chez les Jésuites au collège de Navarre, de Rouen et de Paris. Il ne partageait point les principes de cet Ordre, et se retira à Orléans où il devint chanoine de St.-Aignan. Il fut enfermé à la prison de la Croix en 1793, et cette détention altéra sa santé. Il a laissé une oraison funèbre de Louis-Philippe, Duc d'Orléans, imprimée chez Charles-Abraham-Isaac Jacob en 1786, et une de Louis-Sextius de Jarente de La Bruyère, évêque d'Orléans, publiée chez le même en 1789. C'était un homme lettré, modeste, de mœurs douces, et pratiquant cette tolérance de religion qui en fait aimer et respecter les ministres.

S.

SEGOING (*Charles*), graveur, auteur du Trésor héraldique, 1657; de l'Armorial universel, 1660; du Mercure armorial, 1652.

SERVANT, grammairien, né vers 1740 et mort empoisonné avec son épouse, le 25 février 1767, pour avoir fait dissoudre et avalé de l'arsenic au lieu d'une médecine composée de sels qui leur avait été ordonnée. Il est auteur d'une épître adressée à monsieur J. du Coudray, maire d'Orléans, intitulée : *La France sauvée, ou le Siège d'Orléans*; et d'une autre épître adressée à M. de Reyrac, prieur de Saint-Maclou, auteur de l'*Hymne au soleil*, intitulée : *Le bon usage de la poésie*.

SEURRAT DE LA BOULLAYE (*Jacques-Isaac*), député à l'assemblée constituante, et auteur d'une brochure imprimée à Paris; Desaint, 1790, intitulée : *Motion sur le droit de gruerie*.

SÉVIN (*Michel*) publia quelques *novelles*, et, en 1548, un discours en vers sur les livres d'Amadis de Gaule.

SÉVIN (*Charles*), prédicateur, chanoine de Sainte-Croix, professeur en Droit, mort en 1569; auteur de sermons et exhortations au peuple chrétien, imprimés à Paris par Claude Fremy, et très-curieux par la bizarrerie des idées.

SIMON (*Mathurin*), doyen de Sainte-Croix, mort en 1627, théologien.

SIMONEAU (*Charles*), né en 1639, mort en 1728; SIMONEAU (*Louis*), son frère, mort en 1727; et SIMONEAU (*Philippe*), fils de *Louis*, mort en 1775, tous trois graveurs estimés.

SINSON, traducteur d'auteurs grecs et latins en 1778.

T.

TABOUREAU DE MONTIGNY (*François-Pierre*), avocat au Parlement. Il a laissé : *Ecrits patriotiques*, en 1789; *Discours prononcé au temple de la Raison, à la fête décadaire du 19 mai 1794*, imprimé chez Darnault, à Orléans, 1794; *L'homme sorti du sépulcre*, Paris, 1803.

TARGE (*Jean-Baptiste*), professeur de mathématiques à l'école royale militaire, né en 1714, et auteur d'une histoire d'Espagne.

TASSIN (*Guillaume*), géographe du Roi : on le croit

né dans notre ville, vers 1624. Il est auteur des Plans et profils des principales places de France, deux volumes in-4°; et des Cartes des différens gouvernemens de France.

TEMPLIER (*Etienne*), surnommé *Etienne II*, né en 1277, évêque de Paris.

TEMPLIER (*Etienne*). Il a laissé, vers 1640, un recueil de poésies latines, etc.

TEXTOR (*Jacques*), grammairien, mort en 1519.

THEMISEUL DE SAINT-HYACINTHE, ou plutôt *Hyacinthe*, cordonnier de Bel-Air, né en 1684, mort en 1746, commentateur et critique. Il passa pour être fils naturel de Bossuet dont la famille le protégea lorsqu'il eut perdu son père en 1701. Il fut d'abord officier de cavalerie, et fait prisonnier à la bataille de Hochstett; il se lia ensuite avec divers savans hollandais et allemands avec lesquels il publia un journal littéraire. Celui de ses ouvrages qui a fait sa réputation est le *Chef-d'œuvre d'un inconnu*, poëme heureusement découvert et mis au jour par le docteur Chrysostôme *Mathanasius*. La meilleure édition est celle de 1807, publiée par Leschevin, à Paris.

THÉVENARD, acteur de l'Opéra, né en 1669, et mort en 1741.

THIBAUT (*Jean*), Bénédictin, né en 1637, mort en 1708, sculpteur habile.

THOYNARD (*Nicolas*), né en 1629, mort en 1706, savant antiquaire.

THUREAU, mort vers 1665, théologien.

TOUCHET. Cette famille a acquis une espèce de célébrité peu désirable, par les maîtresses qu'elle a fournies à deux Rois de France. Marie Touchet, une des plus belles et des plus aimables femmes de son temps, fut distinguée à Orléans par Charles IX (*V. page* 276), et en eut un fils qui prit le nom et les titres de Charles de Blois, duc d'Angoulême. Jusqu'ici tous les biographes ont répété la même erreur sur la naissance de cette femme dont l'anagramme, fait par les beaux-esprits de son temps, était : *Je charme tout*. Sa famille, originaire de Patay, en Beauce, était connue depuis l'année 1400. La branche de laquelle est issue Marie Touchet portait le nom de Touchet-Beauvais, et avait pour armoirie un *écu d'azur à deux glaives d'argent en sautoir, la pointe en chef et la poignée aussi d'argent en forme de croix*. Nous croyons devoir donner ici la généalogie de cette famille, que nous sommes parvenu à nous procurer avec beaucoup de peine, et qui est intéressante parce qu'elle a été totalement inconnue ou négligée par nos devanciers.

Le premier membre connu de cette famille est Guillaume Touchet, marchand à Patay en 1400. Le second, fils du précédent, s'appelait Jean Touchet, et était aussi marchand à Patay; Renaud Touchet son fils, également marchand à Patay, épousa, vers 1467, Jacquette Bouchaut qui donna le jour à Jean Touchet, sieur de Beauvais, avocat et conseiller du Roi. Celui-ci épousa, en 1492, Marie d'Allier dont il eut Pierre Touchet, sieur de Beauvais; Lubin Touchet, Matthieu Touchet et Léonarde Touchet. Pierre Touchet l'aîné, sieur de Beauvais et bourgeois d'Orléans, se maria à Marie Targe ; de cette alliance est issu Jean Touchet, sieur de Beauvais et de Grillart, conseiller du Roi et lieutenant particulier au bailliage et siège présidial d'Orléans : en 1552 il épousa Marie Mathy, fille naturelle du sieur Mathy, premier médecin du Roi (1). De ce mariage est née dame Marie Touchet, *Madame de Belleville, amie du Roi Charles IX*, qui épousa, après la mort du Roi, à ce qu'il paraîtrait, messire François de Balsac, seigneur d'Entragues, dont elle eut la marquise de Verneuil (Henriette de Balsac), maîtresse de Henri IV, et la prétendue marquise de Bassompierre, Marie de Balsac. (*Voyez, pour l'histoire de leur vie*, Bayle,

---

(1) C'est probablement là ce qui a donné lieu de dire qu'elle était fille d'un apothicaire d'Orléans.

Dreux du Radier, etc.) Cette famille a possédé dans nos environs le château de la Chapelle-Saint-Mesmin et celui de Malesherbes. (*Voyez l'*Album du département du Loiret, *art.* Pithiviers.)

Toussaint (*Paul*), célèbre ministre protestant à Hanau, né en 1572.

Trippault (*Thomas*), jurisconsulte, né en 1558.

Trippault (*Emmanuel*), sieur de Linières, lieutenant particulier au bailliage de Neuville, né en 1641, auteur de quelques opuscules en vers français et de *Libellus anagrammatum illustr. virorum Aurelian.*

Trippault (*Léon*), sieur de Bardi, conseiller au bailliage, mort en 1580, a laissé un livret intitulé: *Sylvula antiquitatum Aurelianorum*. C'est à lui qu'on doit la conservation d'un manuscrit qui se trouvait à l'hôtel-de-ville et qui contenait le journal du siège d'Orléans; il le fit imprimer; et quoiqu'il y en ait eu beaucoup d'éditions, ce livre est encore assez rare. (*Voyez page* 27.)

Turquois (*Laurent*), avocat, né en 1651, a laissé des mémoires sur l'histoire de France.

V.

Vaillant (*Dom Guillaume-Hugues*), Bénédictin, né en 1619, mort en 1678, poète latin.

Vallée (*Geoffroy*), fameux par son irréligion, l'un des plus beaux hommes de son temps, aimait beaucoup les plaisirs et était d'une recherche extrême dans sa toilette. Quoique doué d'un esprit médiocre et ayant peu d'instruction, il n'en publia pas moins ses opinions religieuses dans un livre intitulé: *La béatitude des chrestiens ou le fléau de la foy, par Geoffroy Vallée, natif d'Orléans, fils de feu Geoffroy Vallée et de Girarde Bernuyer, etc.* Un procès lui fut intenté en 1572 sur son athéisme ou plutôt sur son déisme; il fut reconnu fou et pourtant condamné à être pendu, sentence bisarre et qui ne fut exécutée, en 1574, qu'à la sollicitation d'un confesseur de Charles IX : prêtre et Roi bien dignes de telles exécutions et de provoquer l'athéisme plutôt que la conviction des vérités religieuses.

VANDEBERGUE (*Georges*), avocat du Roi au bailliage, prévôt, lieutenant-général de police, mort en 1748, auteur de poésies latines.

VANDEBERGUE—SEURRAT (*Claude*), mort le 15 décembre 1783, négociant estimable et instruit, auteur d'un voyage à Genève et d'un mémoire intéressant sur le commerce d'Orléans.

VAULOUÉ (*Jean*), médecin assez célèbre, né en 1662.

VOLMÉRANGE (*Benoît Le Pelletier de*), auteur de divers ouvrages dramatiques parmi lesquels nous citerons : *Le mariage du Capucin*, comédie en trois actes, 1798 ; *Le triomphe de l'amour*, drame en cinq actes, etc., etc.

VULFIN-BOÈCE, né vers 825, grammairien et poète latin célèbre, selon Théodulphe, évêque d'Orléans, et selon le Père Sirmond, Jésuite.

W.

WOLDEMAR (*Michel*). Ce dernier nom était celui de sa famille, recommandable dans le commerce, et très-opulente. Né le 17 septembre 1750, il reçut une brillante éducation, et se livra à l'étude de la musique et du violon sous Lolli. Des revers de fortune l'obligèrent à utiliser ses talens, et il mourut professeur de musique à Clermont-Ferrand, en janvier 1816. Il est auteur de plusieurs œuvres de musique.

AUTEURS
ET MANUSCRITS ANONYMES
QUI ONT ÉTÉ PARTICULIÈREMENT CONSULTÉS
PAR L'AUTEUR DE L'INDICATEUR ORLÉANAIS.

La Saussaye. — Voyez, pour ses ouvrages, son article aux personnages illustres, etc.

D'Anglebermes. — Idem.

Le Maire. — Idem.

Symphorien Guyon. — Idem.

Polluche. — Idem.

Beauvais de Préau. — Idem.

L'abbé Carré. — Idem.

L'abbé Dubois. — Voyez, pour ses ouvrages, son article aux personnages illustres, etc.

L'abbé Pataud. — Outre les manuscrits qu'il a écrits, réunis et légués à la bibliothèque, trente volumes de mémoires secrets, cahiers et notes confiés par lui à un ami. (Voyez, pour ses ouvrages, son article aux personnages illustres, etc.)

Vandebergue-Seurrat — Idem.

Couret de Villeneuve. — Idem.

Léon Trippault. — Idem.

Rouzeau-Montaut. — Des notes manuscrites en marge de nos anciens historiens. (Voyez, pour ses ouvrages, son article aux personnages illustres.)

De Luchet. — Le seul volume in-4° qu'il ait publié, en 1766, de son histoire de l'Orléanais, qui devait former trois volumes.

Dom Morin. — Histoire générale des pays de Gâtinais, Senonois, et Hurepoix; un volume in-4°, Paris, V⁰ Chevallier, 1630, assez rare.

L'abbé Vallet, curé de Saint-Louis de Gien. — Manuscrit sur la ville de Gien, deux volumes in-8° qu'il a légués à la bibliothèque de Gien, sans avoir eu le temps de les revoir.

Chastigner. — Recueil d'histoire de Pierre Chastigner de Sully, etc., jusqu'au temps de 1623, *signé Chastigner; mon nom tourné, j'y reprends charité;* un volume in-f°, manuscrit légué par l'abbé Vallet à la bibliothèque de Gien.

P. Blondel. — Procès-verbal des inscriptions et épitaphes du grand cimetière et des cimetières d'Orléans, supprimés en 1787. Le brouillon de ce travail, qui contient diverses notes qui manquent au procès-verbal possédé par la bibliothèque, m'a été obligeamment confié par M. Pelletier, notaire.

ANONYMES. — *Des persécutions et martyrs esprouvés dans tous les tems par ceulx de la religion réformée vrayment, à Orléans. Que mes neveux soyent fidèles à Dieu et continuent ces notes: ceux qui n'auront rien à mettre, tant mieux.* Ce volume in-4°, qui m'a été communiqué, est écrit dans différens temps et de diverses mains; il contient des documens curieux.

Vandebergue (Le chevalier de). — Divers cahiers de notes extraites des archives de la Ville et de l'hôpital.

Pellieux aîné. — Histoire de Beaugency; deux volumes in-16.

Le Gall. — Calendrier historique de l'Orléanais, 1787.

Chronique, sans titre, du siège d'Orléans. — Elle a été imprimée par Godefroy, sous le titre d'Histoire de la Pucelle.

Journal d'un bourgeois de Paris, sous Henri III et Louis XI.

Histoire de Charles VII; de J. Bouvier dict Berry, roy d'armes de France.

Histoire du mémorable siège de la ville d'Orléans par les Anglois, etc; Orléans, Charles Jacob, 1739. — Ce petit volume contient une description de la ville; une liste des maires et échevins, de 1569 à 1739; une note sur les cinquanteniers; l'histoire du siège ou plutôt celle de la Pucelle; la généalogie de Jeanne d'Arc, ses armoiries, etc.; la vie du comte de Dunois. Il est assez rare.

Pothier. — Journal de P. Pothier, prieur de Saint-Euverte, depuis 1560 jusqu'en 1596. Il se trouve à la bibliothèque publique, sous le n° 394, joint à divers mémoires sur les abbayes du diocèse.

C. Dusaultoir. — Recueil manuscrit des lois, ordonnances, arrêtés et règlemens de police; un volume in-f° déposé à la mairie par l'auteur, en 1823.

Enfin la plupart des manuscrits relatifs à l'histoire de la ville, énoncés dans le catalogue de la bibliothèque publique, imprimé en 1820 chez J.-M. Rouzeau-Montaut.

Parmi les écrits sur Jeanne d'Arc, nous avons aussi consulté ceux qui présentent de l'intérêt par les faits pour ainsi dire neufs et peu connus qu'ils contiennent.

J. Masson.—Histoire mémorable de Jeanne d'Arc; Paris, Pierre Chevalier, 1612; un volume in-12.

L'anglet Dufresnoy. — Histoire de Jeanne d'Arc; Amsterdam, 1775; un volume in-12.

Le Brun-des-Charmettes. — Histoire de Jeanne d'Arc; Paris, 1817; quatre volumes in-8°.

Berriat-Saint-Prix. — Jeanne d'Arc; Paris, 1817; un volume in-8°.

D'Albany. — Histoire de Jeanne d'Arc; deux volumes in-8°, Picard, Paris, 1825.

Charbuy. — *Aurelia liberata à Puellâ, vulgò dictâ Jeanne d'Arc;* un volume in-8°, Orléans, Couret de Villeneuve, 1782; par Charbuy, professeur au collège d'Orléans. (Traduit par l'abbé Démeré.)

ANONYME. — Histoire de la Pucelle. Cette histoire, d'un auteur inconnu et qui semble avoir été témoin des faits, contient une partie du règne de Charles VII, de 1422 à 1429 : elle existe manuscrite à Orléans, et a été imprimée à Paris en 1660, en un volume in-12.

ANONYME. — La historia de la Donzella de Orléans, y de sus grandes hechos, sacados de la chronica real; por un cavallero discreto embiado por embaxador de Castilla en Francia por los Reyes Ferdinando y Isabel; un vol. in-8°, Burgos, 1562.

Beroald. — La Pucelle d'Orléans restituée par l'industrie de François de Beroald, sieur de Verville; un volume in-12, Tours, 1599.

Le livre de la Pucelle, etc., avec les procédures et interrogatoires, imprimé avec la chronique de Normandie; un volume in-8°, Rouen, 1581.

Sibylla Franciæ, seu de admirabili Puellâ Johannâ Lotharingâ, ductrice exercitûs Francorum sub Carolo VII; dissertationes aliquot Coævorum scriptorum historicæ et philologicæ; omnia ex bibliothecâ Melchioris Goldasti eruta; un vol. in-4°, Ursellis, 1606. (Ouvrage curieux et rare.)

Le miroir des femmes vertueuses ou la passion de Griseldis, et l'histoire de la Pucelle d'Orléans; un volume in-12, Paris 1547.

Aureliæ urbis memorabilis Obsidio, etc; auctore L. Miguello, juventutis Aurelianæ moderatore; un vol. in-8°, Aureliæ, 1560. (Le même avec des additions, Paris, 1631, rare et intéressant.)

FIN.

TABLE
GÉNÉRALE ALPHABÉTIQUE.

A.

Agnès-Sorel (*Maison dite d'*). . . . . . . 404.
Aignan (*Proc. synd. de la Com., et poëte.*). . . 543.
Aiguilles (*Fabrique d'*). . . . . 165.
Alignemens. *Voyez* Voirie.
Annonciade (*Maison de l'*). . . . 23. 36. 37. 407.
Antiquités romaines et autres (*Découv. d'*). 3. 4.
   5. 41. 163. 178. 211. 223. 240. 302. 315.
   334. 335. 419. 468. 481. 488. 512. 571. *Voyez*
   Médailles.
Arbalêtriers (*Compagnie des*). . . . 201. 269. 283.
Arbre de la liberté. *Voyez* Liberté.
Archidiaconé et Doyenné. . . . . 48.
Arênes. . . . . 163. 178.
Armée de la Loire en 1814. . . . . . . 449.
Armoiries de la ville. . . . . 388.
Arquebusiers. *Voyez* Arbalêtriers.
Assemblée des trois Ordres en 1789. . . 289.
Aumusses des chanoines. . . . . 508.
Auteurs et Manuscrits consultés par l'Auteur. 673.
Avenum (*Bourg d'*). . . . 9. 44. 170. 543.

B.

Banque. . . . . 603.
Barrière, *assassin de Henri IV*. . . . . . 237.
Bastilles anglaises en 1428. . . 32. 122. 170. 253.
    Voyez Pressoir-Ars.
Beauharnais (*Famille de*). . . . 195. 237. 309.
Beauvais de Préau. . . . . . . 623. 673.
Beffroi. *Voyez* Horloge, Tocsin.
Belleforest, *cosmographe*. . . . . 27.
Bénédictins (*Ordre et Couvent des*). . . 37. 468.
Bernier, *évêque d'Orléans*. . . . . . 373. 480.
Bibliothèques. . . . . 258. 290. 469. 470.
Blés, Farines. . . . . 604.
Boucheries, Bouchers. . . . . 36. 242. 265.
Boulay (*Jacques*). . . . . 625.
Boulevards. . . . . 50 à 124. 175.
Bourbon (*Rue de*). . . . . . . 33. 179.
Brasseries. . . . . 604.
Bureau de bienfaisance. . . . . . . 316.
Burlart, *prédicateur ligueur*. . . . . . 202.

C.

Cage (*Tribunal de la*). *Voyez* Prévôts, Justice.
Calvaire (*Communauté du*). . . . . 271. 485.
Calvin (*Jean*). . . . . . . 569. 592. 653.
Calvinistes. *Voyez* Troubles de religion.
Carré (*L'abbé*). . . . . 628. 673.
                                         Carrefours

Carrefours. . . . . . . 125, et de 157 à 240.
Casernes, casernement. . . 125, et de 283 à 292.
Catherine de Médicis. . . . . 19. 385.
Cendres gravelées. . . . . 604.
Céruse (*Blanc de*). . . . . 605.
Chandeliers (*Fabrique de*). . . . . . 605.
Chapeaux, chapellerie. . . . . . 190. 605.
Charbon animal (*Fabrique de*). . . . . 606.
Charles IV, *Roi d'Espagne*. . . . . . 331.
Charles-Quint (*L'empereur*). . . . 17. 190. 225.
   237. 394.
Charles VIII. . . . . 14.
Charles IX. . . . . 17. 276. 672.
Chartreux, *Chartreuse*. . . . . 35. 293. 309.
Châtelet. . . . . . . 19. 22. 29. 233. 295.
Chenailles. . . . . 199.
Chirurgie, chirurgiens. . . . . 248.
Cimetières. . . . . . . 299. 333. 425. 537.
Cireries (*Blanchisseries de cire*). . . . . 603.
Citadelle. . . . . 18. 450.
Clubs. *Voyez* Société populaire.
Colas (*Famille*). . . . . 394. 410.
Coligny (*Famille*). . . . . 396.
Collèges, écoles, pensionnats. 37. 165. 172. 286.
   305. 312.
Commerce. . . . . 166. 599.
Condé (*Le Prince de*). . . . . 385.
Confrérie *du petit-cordon*. . . . . . . 307.
—— *de Saint-Gabriel*. . . . . . . 377.

Consultations gratuites (*Bureau des*). *Voyez* Bureau
   de bienfaisance.
Coqs d'Inde. . . . . 189.
Corps-saints (*Assemblées villageoises*). . . 283. 564.
Corps-de-garde. . . . . 227. 318.
Cosaques (*leur arrivée en 1814*). . . . . 194.
Cotignac (*confitures*). . . . . 359.
Coutume d'Orléans (*La*). . . . . 297.
Couvens (*Communautés*). — Table, de 120 à 156.
   — Histoire, de 241 à 599.
Couvertures (*Fabrique de*). . . . . 606.
Crimes, délits, attentats. *Voyez* Supplices.

D.

Danglebermes. . . . . 632. 673.
De Luchet. . . . . 673.
Desfriches (*Hector*). . . . . 27. 315. 457. 635.
Desfriches. . . . . 42. 212. 368. 635.
Diane de Poitiers. . . . . 212. 214. 411.
Divisions de la ville. . . . . . 43. *Voyez* Quartiers.
Draperies. . . . . 607.
Dubois (*L'abbé*). . . . . 25. 185. 462. 638. 673.
Ducerceau, architecte. . . . . 394. 638.
Duchesse d'Angoulême (*Madame la*). . . 176.
Ducs d'Orléans, Duché, grands jours. 296. 517.
   Voyez Louis XII.
Duis (*digue de la Loire*). . . . . 438.
Du Lys. *Voyez* Jeanne d'Arc.

Dunois (*Le comte de*). 675. *Voyez* Jeanne d'Arc, et Siège de 1428.
Du Tremblai (*Le Père*). . . . . 271. 274.

E.

Echevins. *Voyez* Maires.
Ecoles. . . . 172. 327. 416. *Voyez* Collège.
Economie domestique. . . . . 385.
Edifices publics. De 50 à 119. — Table, de 120 à 156.
— Histoire, de 241 à 599.
Ecrivains (*Maîtres*). . . . . 230.
Eglises. . . De 50 à 119. — Table, de 120 à 156.
— Histoire, de 241 à 599.
Emeutes populaires. . 178. 211. 227. 294. 387.
Enceintes de la ville; 1re. . . . . 3.
——— ——— 2e. . . . . 9.
——— ——— 3e. . . . . 13.
——— ——— 4e. . . . De 14 à 43.
Enseignes. *Voyez* Numéros.
Epicerie. . . . . 607.
Epitaphes curieuses, *Inscriptions*. 193. 264. 323.
    339. 340. 345. 357. 369. 380. 402. 403. 420.
    425. 457. 465. 475. 493. 518. 524. 555. 556.
    563.
Etablissemens publics. De 50 à 119. — Table, de
    120 à 156. — Histoire, de 241 à 599.
Etampes (*La duchesse d'*). . . . . . . 399.
Etats généraux *tenus à Orléans*. . . . 196. 217.

58 *

Etrilles (Fabrique d'). . . . . 605.
Etuves (Maison des). . . . . 214. 416.
Euverte (Saint), évêque. . . . . 487.
Evêché, Evêques. . . . . 35. 192. 213.
    328. 514. 522. 622.

F.

Farines. . . . . 604.
Fédération (La). . . . . 227.
Fêtes républicaines. . . . . 289.
Filatures de coton, de laine. 271. 280. 332. 608.
Filles de mauvaise vie. . . . . . . 174. 175.
Flambert (Burre, rivière). . . . 232. 240. 423.
Foires. . . . . 208. 220. 223. 224.
Flanelles (Fabrique de). . . . . 608.
Fous (Fête des). . . . . 220.
François Ier. . . . . 16. 383. 394. 399.
François II. . . . . 217. 385.
Fronde (Troubles de la). 197. 226. 325. 458.

G.

Galliot (Rue). . . . . 30.
Garde-nationale, volontaires, dixainiers, cinquante-
    niers, guet, garde urbaine. 270. 383. 384. 428.
Gasquets de Tunis. . . . . . . 280. 394. 609.
Gâtinais. . . . . 673.
Gaucourt (Raoul de), gouverneur d'Orléans. 214. 416.

Genabum . . . . 1. 162. *Voyez* Orléans.
Gendarmerie. . . . . 291.
Gontran, *Roi*. . . . . 303.
Gourville (*Jean de*). . . . . . 15. 199. 207.
Gouvion-Saint-Cyr (*Le maréchal*). . . . 463.
Grands-hommes. *Voyez* Hommes.
Grains, *subsistances, disette*. . . . . 292. 333.
Grilles des portes de ville. . . . . 20. 461.
Groslot (*Jacques*). . . . . . . 379. *V.* Hommes
    illustres.
Gui-l'an-neuf (*Le*). . . . . 166.
Guignard (*Oiseau*). . . . . 201.
Guise (*Ducs de*). . . . . . . 357. 445. 541.
Guyon (*Symphorien*). . . . . . . 644. 673.

H.

Hallebardiers. *Voyez* Arbalêtriers.
Halles (*Les*). . . . . 36. 216.
Haquebutiers. . . . . 283.
Hazon (*sa réponse à Colbert*). . . . . 166.
Henri II. . . . . 212. 413. 506.
Henri III. . . . 18. 192. 202. 342. 386. 460.
Henri IV. . . . . 18. 386. 492.
Hilaret (*Le Père*), *prédicateur de la Ligue*. . 475.
Hommes et Femmes célèbres, etc. . . . 618.
Horloge (*Gros*). 419. 423. 551. *Voyez* Beffroi.
Hospices, hôpital. 134. 171. 293. 342. 343. 346.
Hôtel-de-ville. . . . . 22. 38. 378.

58 **

Hôtel-Dieu. . . . . . 37. 348. *Voyez* Hospices.
Hubert (*L'historien*). . . . . 415. 477.
Huguenots. . . 204. *Voyez* Troubles de religion.

I.

Iles. . . . . 12. 32. 351.
Illiers (*Yvon d'*). . . . . 15. 207.
Imprimeries. . . . . 230. 592. 609.
Inondations de la Loire. . . . . 207.
Inscriptions. *Voyez* Epitaphes.

J.

Jacques II, *Roi d'Angleterre*. . . . . . 183.
Jean (*Maître*), *canonnier*. 184. 417. *Voyez* Siège.
Jeanne d'Arc. . 38. 40. 42. 181. 234. 319. 360.
    379. 403. 407. 440. 461. 628. 634. 675.
Jésuites. . . . . . 168. 235. 305. 306. 639.
Jousse, *jurisconsulte*. . . . . 199.
Joyeuse (*Frère Ange de*). . . . . 274.
Juifs. . . . . 205. 216.
Justice (*Palais de*), *juridiction, justices, tribunaux, etc.,*
   baillis, etc., consuls, etc., prévôts, jugemens. 297.
   298. 426. 428. 431. 470. 539.

L.

Laines. . . . . 610.

Lambron, chirurgien. . . . . 318.
     Voyez Hommes illustres.
Laplanche, *représentant du peuple.* . . . . 542.
Lasaussaye. . . . . 649. 673.
Latour père, *médecin.* . . . . 318.
Lebrun-Desmarets. . . . . 195.
Lemaire. . . . . 651. 673.
Leodebode, *abbé de Saint-Aignan.* . . . 478.
Léonard-Bourdon. . . . . . . 387. 537.
Léon-Trippault. . . . . 27. 673.
Léproseries. *Voyez* Hospices.
Lettres (*Poste aux*). . . . . 464.
Létuvée (*Fontaine*). . . . . 163.
Levées (*Turcies et*). . . . . . 207. 375.
Liberté (*Arbre de la*). . . . . 228.
Lieux remarquables. De 50 à 119. — Table, de
     120 à 156. — Histoire, de 241 à 599.
Ligue, ligueurs, etc. . 288. 462. 474. 531. 581.
Limes. . . . . 610.
Lithographie. . . . . 234. 609.
Loterie. . . . . 345.
Louis-le-Gros. . . . . 305.
Louis-le-Jeune. . . . . 296.
Louis XI. . 13. 251. 394. 456. 478. 519. 577.
Louis XII, *Duc d'Orléans.* 14. 15. 210. 295. 399.
Louis XIV. . . . . 19. 196. 359.
Louis XV. . . . . 20.
Lycée. . . . . 313. *Voyez* Collège.

M.

Maille d'or (*Redevance de la*). *Voyez* Université.
Mairie. *Voyez* Hôtel-de-ville.
Maires. . . . . 216. 297. 381. 382.
Maisons de la ville. . . . . 157.
— — remarquables. . . 137. De 390 à 417.
Maison-rouge. . . . . 196.
Manège. . . . . 306. 337.
Maréchaussée. *Voyez* Gendarmerie.
Mariage (*Contrat singulier de*). . . . . . . 279.
Marie-Louise (*L'impératrice*). . . . . . . 332.
Marchés. . . . . 36. 210. 223.
Martroi. . . . . 30. *Voyez* Places.
Mauléon (*Maison de*). . . . . . . 195. 210.
Médailles, *jetons de ville*. . . . 4. 5. 43. 163.
   164. 178. 179.
Médecins (*Collège des*), médecine. . . 198. 208.
   248. 620.
Mendicité, *mendians*. . . . . 291.
Mehémet-Effendi, *ambassadeur ottoman*. . 171.
Ménétriers, *joueurs de luth, etc*. . . . . 296.
Messageries. . . . . 293.
Miracles, *faux miracles, fraudes pieuses, superstitions,*
   sortilèges. 195. 198. 200. 279. 287. 296. 341.
   473. 486. 490. 524. 546. 558.
Missionnaires. . . . . 221.
Monnaie. . . . . 417. 433.

Montagne (*La*). . . . . 10. 229.
Monumens. *V.* Jeanne d'Arc. — *Belle-Croix.* 38. 40.
— *Monumens, etc.*, de 50 à 120. — Table, de
120 à 156. — Histoire, de 241 à 599.
Montpensier (*Mademoiselle de*). . . . . 197. 453.
Morin (*Dom*). . . . . 673.
Mottes. . . . . 12. 18. 42. *Voyez* Iles.
Municipalité (*Admin. municipale*). . . . . . 381.
Murs de ville. *Voyez* Enceintes.
Musée. . . . . 218. 418.
Musique. . . . . 243.

N.

Napoléon. . . . . 331. 371.
Notaires. . . . . 429.
Numéros des maisons. . . . . . . 50. 159.

O.

Olivet. . . . . 623.
Oratoire, oratoriens. . . . . . . 37. 312. 427.
Orbette (*Maison de l'*). . . . . 212.
Orléans (*Position d'*). . . . . 1.
—— (*Origine d'*). . . . . . 161 à 165.
Orléanais (*Noms des*). . . . . 165.

P.

Pal-mail (*Jeu de*). . . . . 208. 539.

Paix des Vaslins. . . . . 18.
Papes. . . . . 332.
Paroisses. . . . . 45.
Pastoureaux (*Guerre des*). . . . . . 214.
Pataud (*L'abbé*). . . . . . . 658. 673.
Pavage des rues. . . . . 158.
Paume (*Jeu de*). . . . . 505.
Pelletier; pelleterie. . . . . 238.
Pellieux, *auteur d'une hist. de Beaugenci.* 595. 674.
Pensionnat: *Voyez* Collège.
Pépinières. . . . . 610.
Personnages illustres, etc. *Voyez* Hommes illustres, etc.
Pestes. . . . . 565. 566. 567.
Petau (*Denis*). . . . . 306. *Voyez* Hommes illustres.
Petit (*Antoine*). . . . . 316. *Voyez* Hommes illustres.
Pharmacie, Pharmaciens. . . 249. 359. 634.
Pilori. . . . . 216. 298.
Pipes (*Fabrique de*). . . . . 286.
Places. De 50 à 120. 141. 142, et de 157 à 240.
Plans d'Orléans. . . . . De 22 à 38.
Poids et mesures. . . . . 227.
Poissonnerie, poisson. . . . . . 36. 435.
Police. . . . . 47. 382. 384. 431.
Poltrot-de-Méré, *assassin de Henri IV*. . . 357.
Polluche (*Daniel*). . . . . . . 661. 673.
Pompadour (*Madame de*). . . . . . 447.

ALPHABÉTIQUE. 689

Pont-Jacquin. . . . . 8.
Pont (*Vieux*). . . . . 11. 19. 437.
— (*Nouveau*). . . . . . . 20. 43. 446.
Poterie (*Fabrique de*). . . . . . 236. 611.
Population. . . . . . . 2. 8. 11. 14. 19.
Porcelaine (*Fabrique de*). . . . . . 274.
Portes de ville. *Voyez* Enceintes. — Porte-Renard.
   36. — Porte Bannier. 39. — Table. 143. —
   Histoire. 449, etc.
Portereau. . . . . . . 14. *Voyez* Faubourgs.
Pothier (*Robert-Joseph*). . . . . . 230. 401.
   Voyez Hommes illustres.
Pothier (*Pierre*), historien d'Orléans. . . . 515.
Poudre à canon (*Fabrication de*). 203. 235. 466.
Poutil (*Le*). . . . . 192.
Préfets, Préfecture. . . . . 469.
Prévôté. . . . . 36. 470.
Pressoir-Ars. *Voyez* Bastilles, — Clos. . . 36.
Prisons, prisonniers. 36. 270. 324. 348. 421. 471.
Projets. . . . . 21. 179.
Prospectus. . . . . v.
Protestans. . . . . 17. *Voyez* Troubles de religion.
Psallette (*La*). . . . . 219.
Puceau, *représentant de la Pucelle*. . . 181. 373.

Q.

Quartiers de la ville. 43. — Le 1er, de 50 à 60; —
   le 2e, de 60 à 86; — le 3e, de 86 à 106; —
   le 4e, de 106 à 119.

Quais. . . . . . . 20. De 50 à 120. 145. 232.
Question (*La*). . . . . . 298. *Voyez* Justice.

R.

Raffineries. . . . . 613.
Rameaux (*Procession des*). . . . . . 188.
Réverbères. . . . . 14. 324.
Reyrac (*L'abbé de*). . . . . 314. 533. 668.
Robert (*Le Roi*). . . . 296. 478. 481. 485. 517.
  588. 557.
Romagnési, *statuaire*. . . . . 372.
Rues. 30. 33. 37. 38. 49. De 50 à 119. — Table,
  de 120 à 156. — Histoire, de 157 à 240.

S.

Saint-Aignan (*Eglise et Chapitre de*). 13. 39. 40.
  41. 284. 425. 476.
Saint Aignan, *évêque*. . . . 490. *Voyez* Eglise de
  Saint-Aignan et de Sainte-Croix.
Saint-Barthélemy (*La*). . . . . 177. 224. 578.
Saint-Charles (*Maison de*). . . . . . . 169.
Saint-Euverte (*Eglise de*). . . . . . 37. 511.
Saint Euverte, *évêque*. 487. 511. *Voyez* Sainte-
  Croix.
Sainte-Croix (*Eglise et Chapitre de*). 24. 31. 37.
  38. 259. 281. 331. 486. 505. 522. 523.
Sainte-Colombe (*Eglise de*). . . . . . . 29.
                                    Saint

Saint François de Paule. . . . . 166.
Saint-Hilaire (*Eglise de*). . . . . 36.
Saint-Jacques (*Chapelle de*). . . . . 38. 40. 518.
Saint Loup. . . . . 35. 440. 526. 531. 619.
Saint-Paul (*Eglise de*). . . . . 10. 37.
Saint-Pierre-en-sente-lée (*Eglise de*). . 37. 552.
Saint-Pierre-en-pont (*Eglise de*). . . 38. 40. 438.
Saint-Pierre-le-puellier (*Eglise de*). . . 38. 556.
Saint-Samson (*Abbaye de*). 303. *Voyez* Collège.
Saint-Symphorien (*Abbaye de*). 303. *V.* Collège.
Sections. . . . . 46. 331. 537.
Siège d'Attila en 451. . . . . 8. 213.
Siège des Normands en 855 et 865. . . . . 8.
Siège de 1562. *Voyez* Troubles de religion.
Siège de 1428, et faits qui s'y rapportent. 5. 11. 25.
 27. 168. 179. 184. 185. 188. 190. 191. 193.
 196. 200. 203. 205. 211. 214. 215. 216. 229.
 231. 237. 239. 250. 253. 273. 319. 320. 321.
 353. 354. 355. 356. 358. 408. 439. 452. 462.
 466. 510. 523. 527. 635. *Voyez* Jeanne d'Arc.
Sel, *greniers, entrepôts*. . . . . 328. 421.
Séminaires. . . . . 289.
Serpens. *Voyez* Miracles.
Sociétés politiques. . . . . 314.
—— académiques. . . . 243. *Voyez* Académie.
Spectacle (*Salle de*), origine, etc. . 224. 398. 568.
Supplices, *crimes, fourches patibulaires*. 174. 224.
 226. 230. 321. 322. *Voyez* Question, etc.
Symphorien-Guyon. *Voyez* Guyon.

T.

Tanneries. . . . . 614.
Templiers. . . . . 534.
Teinturiers. . . . . 615.
Thou (*De*). . . . . 476.
Tocsin. . . . . 50.
Tombeaux (*Anciens*). *Voyez* Antiquités.
Tondeurs de drap. . . . . 615.
Topographie d'Orléans. 1. — Son étendue. 19. — Aspect. 21.
Touchet (*Marie*) et sa famille. 276. 383. 414. 460. 669.
Tourelles, tournelles. . . 12. 19. 23. 25. 39. 40. 284. 319. 439.
Tours de ville. . De 3 à 21. 152. 209. 468. 572.
Travaux publics (*récens*). . . . . . 209. 233.
Trente-sans-hommes (*Rue des*). . . . . 189.
Tribunaux. *Voyez* Justice, Supplices.
Troubles de religion ou des Protestans. 183. 186. 193. 205. 217. 218. 221. 235. 275. 281. 320. 337. 357. 358. 398. 404. 417. 419. 420. 424. 430. 445. 459. 465. 474. 479. 491. 519. 578. 579. 580.
Tuileries. *Voyez* Poteries.

U.

Université. . . . . 504. 581. 655.

V.

Vaccine. . . . . 318.
Verrerie. . . . . 182.
Vermicelleries. . . . . 615.
Vins et vinaigres, vignes. . . . 217. 615. 625.
Voirie. . . . . 159.
Vues d'Orléans. . . . . 38.

FIN DE LA TABLE.

ERRATA (*).

Pages.	Lignes.	
15.	29.	Tour St.-Pierre. — *Lisez* — tour St.-Michel.
50.	4	Dans la note, *au lieu de* — les nombres pairs étant toujours, etc. — *Lisez* — Les nombres pairs étant toujours à droite et les nombres impairs à gauche.
62.	14.	Rue des ormes-Saint-Victor. — *Ajoutez* — En 1646, du puits Saint-Armel. — Couvent St.-Armel. (*détruit.*)
69.	8	de la troisième colonne. — La Croix rouge relevée en 1805. — *Lisez* — n'a point été relevée.
71.	9	de la troisième colonne. — Académie royale, etc. — *Lisez* — Société royale, etc.
72.	13	de la première colonne. — Rue des huguenots. — *Ajoutez* — en 1593, des trois-voisins.
74.		Au bas de la première colonne, — *Ajoutez* — Place de Saint-Charles.... latérale nord de Sainte-Croix.
75.	6	de la quatrième colonne, — *Lisez* — En 1428.... au nord de l'église, dans le faubourg Bannier.
90.	12	de la deuxième colonne, — *Effacez* — En 1426, du puits Saint-Armel. — Et quatrième colonne — Couvent de Saint-Armel.
90.	22	de la première colonne, — *Ajoutez à la quatrième colonne* — Eglise de Saint-Germain détruite.
93.	8	de la quatrième colonne. — *L'accolade de l'Hôtel de la préfecture doit comprendre l'*Eglise de Saint-Germain.

(*) Nous avons cru devoir nous borner à relever ici les fautes graves, toutes les autres pouvant être facilement corrigées par les Lecteurs.

ERRATA.

Pages.	Lignes.	
98.	4	de la première colonne. — *Ajoutez à la quatrième colonne*, — Saint-Martin-cuisse-de-vache. Saint Sergius et Saint Bacchus, églises détruites.
97.		Après la dernière ligne de la quatrième colonne, — *Ajoutez* — Ile ou motte de Saint-Antoine et des poissonniers.
99.	14	de la troisième colonne, — *Lisez* — Paroisse de Saint-Pierre-le-puellier.
110.	2	de la première colonne. — *Ajoutez à la deuxième colonne.* — En 1449, des tondeurs.
114.		Rue du four-à-chaux. — *Ajoutez à la quatrième colonne.* — Collège de médecine. D.
120.	13.	*Au lieu d'*Académie, etc. — *Lisez* — Société royale, etc.
122.	23.	Bastille de Paris, etc. — *Lisez* — de Paris, faubourg Bannier, entre les Chartreux et la porte Bannier actuelle.
127.		Collège de chirurgie. — *Ajoutez* — ou Ecole, etc.
127.	27.	*Ajoutez* — Collège de médecine, rue du four-à-chaux. (*Détruit.*)
137.	11.	*Au lieu de* — Rue Saint-Eloi, — *Lisez* — Rue des éperonniers.
142.	9.	*Ajoutez dans l'accolade* — Place de St.-Charles.
143.	21.	*Ajoutez à la fin* — *Voyez* Poterne Chesneau.
134.	34.	*Après* — Hôpital-général et moulin, — *Ajoutez* 4.
135.	24.	*Ajoutez* — Iles ou mottes de Saint-Antoine et des poissonniers. D.
139.	16.	*Ajoutez* — Mottes. *Voyez* Iles.
148.	36.	*Effacez* — *Voyez* Boucherie, — *Et mettez* — 3. D.
150.	32.	*Ajoutez* — Saint Sergius et Saint Bacchus, chapelles D.
151.	23.	*Ajoutez* — Société royale des sciences, belles-lettres et arts, rue du Sanitas.

ERRATA.

Pages.	Lignes.	
152.	11.	*Ajoutez* — Tondeurs (*Rue des*). *Voyez* de la chèvre-qui-danse.
179.	37.	*Au lieu de* — deux cents actions de chacune 1000 fr. — *Lisez* — deux mille actions.
233.	31.	*Au lieu de* — 43,000 fr. — *Lisez* — 4,300 fr.
233.	34.	*Après* — Hôpital-général et moulin, — *Ajoutez* — 4.
270.	8.	*Au lieu de* — Saint François-de-Sales, — *Lisez* — Saint François-de-Paule.
372.		Dernière ligne de la note, *au lieu de* — 1439, — *Lisez* — 1429.
385.	17	de la note, *au lieu de* — la Ferté-Nabert, — *Lisez* — La Ferté-Hubert.

AVIS AU RELIEUR.

Le Faux-Titre et le Titre du Tome second doivent être placés à la page 241.

La vignette représentant la Vue d'Orléans, du côté de la Loire, doit être placée à la page 1.

La Lithographie des Tourelles, à la page 12.

Le Plan des dernières Enceintes de la ville, à la page 21.

Le premier Plan connu de la ville, à la page 22.

Le Plan général, à la page 156.

Les Lithographies des arabesques du plafond du cabinet dit *de Jeanne d'Arc*, à la page 410.

Le Plan de Sainte-Croix, à la page 503.

La Lithographie de l'ancienne Université, à la page 581.

Si l'on sépare les Lithographies et les Plans pour en former un Atlas à part, on les placera dans le même ordre.

www.ingramcontent.com/pod-product-compliance
Lightning Source LLC
Chambersburg PA
CBHW050055230426
43664CB00010B/1331